AF821220

सद्गुरु की शरण में जाकर एक नया जन्म होता है। जहां पुराना गलकर पिघल जाता है और सिर्फ रह जाता है- एक नया मनुष्य। नया मनुष्य बनना अर्थात् बंधनों से मुक्त होना, बच्चे सा निर्दोष बनना। कोरी स्लेट बनना। यह प्रयास से नहीं समझ या बोध से होता है और समझ के अंदर विस्फोट से होता है। पर्त दर पर्त अपने को उघाड़ते जाना है। अचेतन को चेतन बनाना है। यह तभी संभव होता है जब नज़र उस नज़र से मिल जाए और कहने को सिर्फ रह जाए- उस नज़र ने क्या से क्या बना दिया'।

स्वामी ज्ञानभेद भी इन्हीं नजरों द्वारा आत्मा को स्वयं के अहंकार बोध से मुक्तकर अस्तित्व के द्वार पर आखिरी छलांग लगाना चाहते है। सद्गुरु की अनुकंपा और करुणा ही इसमें उनके साथ है।

# उस नज़र ने क्या से क्या बना दिया?

स्वामी ज्ञानभेद

डायमंड बुक्स

ISBN : 81-288-1754-X



**प्रकाशक :** डायमंड पॉकेट बुक्स प्रा. लि.
X-30, ओखला इंडस्ट्रियल एरिया, फेज-2,
नई दिल्ली-110020
फोन : 011-41611861
फैक्स : 011-41611866
E-mail : sales@diamondpublication.com
Website : www.dbp.in

**वर्ष :** 2008

**टाइप सैटिंग :** आर. एस. प्रिंट्स, नई दिल्ली-49

**मुद्रक :** आदर्श प्रिंटर्स, शाहदरा, दिल्ली-32

---

Us Nazar Ne Kya Se Kya Bana Diya
*by : Swami Ghyanbhed*

खुशबू का रंगों-फूल का मेरा ख़्याल छोड़ दो,
तुम ख़्वाबों, दिल ज़मीर का अब इस्तेमाल छोड़ दो।
मैं तो कटी पतंग हूँ, जाने कहाँ गिरूं?
लूटेगा कौन-कौन, यह भी मलाल छोड़ दो।
बिकने को पहिली बार ही बाज़ार में चला
तुम मेरे साथ आज तो कोई दलाल छोड़ दो।
छिपने पै दिन, सवाल का देते न हम जवाब
तुम रात भर के वास्ते अपने सवाल छोड़ दो

-रामावतार त्यागी

करम-फर्माई[1] बढ़ती जा रही है।
मुसल्सल[2] खाई बढ़ती जा रही है।
निगाहों से वह ओझल हो रहा है
मिरी बीनाई[3] बढ़ती जा रही है।
इधर ज़ख़्मों ने चादर तान ली है,
उधर पुरवाई बढ़ती जा रही है।
बढ़ा आता है साहिल[4] मेरे जानिब
मगर गहराई बढ़ती जा रही है।
सिमटता जा रहा हूँ अपने अंदर
मेरी तन्हाई बढ़ती जा रही है।

---

1. कृपा, 2. लगातार, 3. देखने की क्षमता, 4. किनारा

# अंतिम निवेदन

मैं भली-भांति जानता हूं कि अपनी आत्मकथा लिखना अहंकार की ही यात्रा है। भले ही उल्टे-सीधे तर्क देकर मैं यह सिद्ध भी कर दूं कि ऐसा मैं अपने को महिमामण्डित करने के लिए न कर, केवल इसलिए कर रहा हूं, जिससे प्रेमी पाठक यह प्रेरणा ले सकें कि जब मैं परम मूर्च्छा में डूबा हुआ, ओशो से जुड़कर ध्यान और प्रेम से विकसित हो सकता हूं, तो दूसरे क्यों नहीं? पर मैं ध्यान और प्रेम से विकसित हुआ हूं-यह घोषणा भी अहंकार की ही घोषणा है। इसे भले ही मैं 'आत्म गौरव' के आवरण में छिपाना चाहूं पर अंदर से मैं भली-भांति महसूस करता हूं कि यह भी सूक्ष्म अहंकार है।

क्या जरूरत है कुछ लिखने की? लिखकर क्या मैं अपनी विशिष्टता का प्रदर्शन नहीं कर रहा हूं?

श्रीवल्लभ मरा तो संन्यास लेकर ज्ञानभेद का पुनर्जन्म हुआ। पर ज्ञानभेद अभी जिंदा है। वह अपने लेखन के द्वारा कुछ होने की निरंतर सूचना दे रहा है। इस पुस्तक के बाद ज्ञानभेद भी आपसे विदा लेता है।

ज्ञानभेद ने भी अपनी अतृप्त कामनाओं की पूर्ति के लिए ही दूसरा जन्म लिया था। पुराने जन्म में उसे धन-दौलत भोग-विलास, ऐश्वर्य, मान-सम्मान, पद और प्रतिष्ठा सभी कुछ मिला था, पर जो कुछ मिला था वह इसी संसार का था। पद की बैसाखी हटते ही उसे तिरोहित होना था। इसलिए उस बैसाखी के हटने के पूर्व ही होशियार श्रीवल्लभ ने संन्यास लेकर दूसरे संसार की नई सीढ़ी की खोज कर ली जिसका नाम था-संन्यास।

सरकारी नौकरी करते हुए वह साहित्य लिख तो रहा था पर उससे उसे प्रतिष्ठा नहीं मिली थी। वह औरों द्वारा प्रशंसित और चर्चित नहीं हुआ था। अस्तित्व का अजीब खेल है कि उसने ऊर्जा देकर, आशीर्वाद देकर, शक्तिपात कर मुझे माध्यम बनाकर ओशो की जीवनी लिखवा ली और मुझे ख्याति देकर मेरी भी कामना पूरी कर दी। कामना इसलिए पूरी की क्योंकि यही कामना मेरे लिए अंतिम बाधा थी। जब तक जो न मिले तभी तक उसके लिए आकर्षण रहता है। इस कामना के भी पूरे होने पर मुझे बोध हुआ-नाम हो भी जाए तो भी क्या मिलता है? कितना खोखला होता है सम्मान पाना जिसके पीछे अपमान

जुड़ा रहता है, प्रशंसा करने वाले व्यर्थ ही समय बरबाद करते हैं। प्रशंसा पत्रों का मूल्य क्या?

कक्षा तीन से एम.ए. तक की परीक्षाएं उत्तीर्ण करते हुए प्रमाणपत्र और डिग्रियां मिलीं। जाने कितनी आशु वाद-विवाद प्रतियोगिताओं, काव्य व कहानी-प्रतियोगिताओं, नाटकों, स्काउटिंग, एन.सी.सी. आदि-आदि प्रतियोगिताओं में पुरस्कार जीते। जाने कितने प्रशंसापत्र और पुरस्कार मिले। कभी उनका मूल्य था। उन्हें कलेजे से लगाकर रखता था। उन्हें देखकर जी जुड़ाता था। पर अब वे सभी न जाने किस टांड पर किस बोरे में भरे धूल खा रहे हैं। हो सकता है उन्हें दीमकों ने भोजन बना लिया हो।

ज्ञानभेद को ओशो की जीवनी प्रकाशित होने पर प्रेमी मित्रों से प्रशंसापत्र मिले। उन्हें भी उसने फाइल में खूब सजाकर रखा। उनका विज्ञापन भी किया। उनके विज्ञापन से उसका अपना विज्ञापन जो होता था। आज वे सभी पत्र भी व्यर्थ लगने लगे हैं।

ओशो ठीक कहते हैं-मनुष्य का कामनामुक्त होना बहुत कठिन है। इसलिए मैं यह नहीं कहता कि कामनाएं छोड़ो। कामना करना ही है तो शुभ की कामना करो। अपनी कामना को निखारते जाओ। प्रत्येक कामना पूरी होने और यह बोध होने पर कि कामनाएं दुष्पूर हैं, वे कभी पूरी होती ही नहीं, स्वयं कामनाएं गिर जाती हैं।

लेखक की कामना गिरी पर बुद्ध होने की कामना शुरू हुई। ध्यान और प्रेम के पंखों से उड़ा। कुछ अनुभव हुए भी। लगा कि जैसे मैंने पा लिया। उसे बांटने की फिर एक कामना जागी। इधर-उधर शिविर लेकर ध्यान भी कराने लगा। ध्यान और कुंडलिनी जागरण पर अनुभव जन्य पुस्तकें भी लिख दीं। ध्यान शिविरों में लोगों द्वारा चरण स्पर्श करने का भी मजा ले लिया। पर बहुत जल्द इसका भी खोखलापन उजागर हो गया।

लोग ऐसे हैं जिन्होंने बुद्धों की सुनी ही नहीं। ओशो को ही कितनों ने सुन कर गुना? जिन्होंने गुना, वे अपना विज्ञापन न कर च्वांगत्सू और सूफी सद्गुरुओं की भांति अपने को सभी से छिपाकर रखते हैं। वे विज्ञापन नहीं करते। वे शिविर नहीं लेते। गहन अभीप्सा से भरे जो थोड़े बहुत पहुंच जाएं उनके पास, वे स्वयं की तरह उसे भी मिटा देते हैं। वे कहते हैं-OSHO है क्या? दो शून्यों के मध्य श...श... का अर्थ है-खामोश हो जाओ। मौन। कुछ कहा-तो मन आ गया। जन्म से पहिले शून्य था, और मृत्यु के बाद भी शून्य है। सब कुछ शून्य से ही जन्मता है और शून्य में ही विलीन हो जाता है।

उस ज्ञानभेद को क्षमा करें जो अभी तक आपको ध्यान और प्रेम परोसता रहा। ध्यान क्रिया नहीं अक्रिया है। वह प्रयास से नहीं प्रसाद से घटता है। प्रेम भी अकारण है। इन्हें शब्दों में अभिव्यक्त किया ही नहीं जा सकता। पर शब्दों के जिन संकेतों से उनका बोध मिला था, छांट-छांट कर उन संकेतों का स्मरण दिलाता रहा।

पर कौन चाहता है ऐसे ध्यान और प्रेम, जिनसे कुछ मिलता न हो और जो कुछ पास हो उसे भी छोड़ देना हो?

-कौन होना चाहता है कंडीशनिंग से मुक्त?

-कौन, अभी और यहीं मरने को तैयार है?

-कितनों ने बुद्धत्व, परमात्मा और मोक्ष पाने की अंतिम ग्रंथि से मुक्ति पा ली है?

पर लोग नाटकबाज हैं। कम से कम वे ऐसा होने का अभिनय तो करना ही चाहते हैं। उस अभिनय से उन्हें पूजा और सम्मान मिलता है। कुछ लोग एक लाख में बुद्धत्व का प्रमाणपत्र बेच रहे हैं। पच्चासी या पच्चानवे लोग बुद्ध हो ही चुके। दस हजार लोगों को बुद्धत्व घटाने का लक्ष्य है। लोग ओशो जैसी ही दाढ़ी रखकर, उनकी जैसी ही वेशभूषा बनाकर उनका अनुकरण, अनुसरण और प्रदर्शन कर रहे हैं, जबकि सद्‌गुरु हमेशा कहते रहे-मेरा अनुकरण और अनुसरण मत करना।

पर मुझे यह सब कहने का अधिकार क्या? और कहने से लाभ ही क्या, क्योंकि जिसने ओशो को जीया और पीया है, वे तो सब कुछ जानते और समझते ही हैं। हाँ! नए लोग अवश्य भ्रमित हो जाते हैं।

तीन या चार माह पूर्व अस्तित्व के अदृश्य संकेत से ओशो के ही निकटतम रहने वाले एक सद्‌गुरु से मिलने का सौभाग्य प्राप्त हुआ। मुझ अपात्र पर उनका करुणाघन अकस्मात बरस उठा। उनसे किए गए वायदे के अनुसार उनके नाम का उल्लेख भी नहीं कर रहा हूँ।

उन्होंने कहा-"ज्ञानभेद! बहुत लिख लिए सुंदर, कलात्मक और अलंकृत पोथे। अब ओशो के अंग्रेजी प्रवचनों के अनुवाद में लग। अहंकार की यात्रा अब पूरी हुई अब 'कोई नहीं', 'कुछ नहीं' हो जा।"

मेरा गला रुंध गया। आँखों से अश्रुपात होने लगा। जैसे-तैसे कुछ शब्द निकले-"स्वामी जी! अपने रोग से वाकिफ हूँ पर छूटता नहीं अहंकार। आपकी कृपा, आशीर्वाद और शक्तिपात ही इससे मुक्ति दिला सकते हैं।"

और चारों ओर से बरस उठी ऊर्जा। आनन्द ही आनन्द।

फिर तो जो कुछ कहा उन्होंने, मैंने शब्द नहीं शब्दों के अंतराल में छिपे मौन को भी समझा। शब्दों के पीछे छिपे अर्थ को समझा। शब्दों का जाल पीछे छूट गया और मछली पकड़ में आ गई।

वहाँ से लौटने पर तीन-चार मास में ही च्वांगत्सू पर ओशो की दो प्रवचनमालाओं When the shee fits तथा The Empty Boat का हिन्दी अनुवाद करते हुए मैं विकसित और आनन्दित हुआ। 'कोई नहीं', 'कुछ नहीं' का स्वाद जाना मैंने। इसी के बाद । Bird on the wings The Beloved, Sufi's the People of the Path, The Grass grows by itself तथा The Rebel का अनुवाद करते हुए भी मैं बहुत आनंदित और विकसित हुआ।

पर इस पुस्तक के साथ 'ओशो मयखाने के ये दीवाने रिंद' की पाण्डुलिपियाँ जो प्रकाशक को भेजने को तैयार रखी थीं, उन्हें प्रेषित करते हुए यह ज्ञानभेद अब आपसे विदा लेता है। पूर्ण निरासक्ति भी आसक्ति का ही दूसरा छोर है, और रहना है मध्य में, और मध्य में रहते हुए संतुलन साधना, 'कोई नहीं' और 'कुछ नहीं' बनना कोई हंसी-मजाक नहीं। यह प्रयास से नहीं प्रसाद से घटता है।

जीवन यात्रा बनाम अंतर्यात्रा के जीवित पात्रों से और आप सभी से क्षमायाचना मांगते हुए मैं अपनी बात समाप्त कर रहा हूँ। पाठकों से भी नम्र निवेदन है कि अब वे भविष्य में कृपया मुझे कोई पत्र भी न लिखें और पूरी तरह मुझे भुला दें।

तभी रघुवीर सहाय ने अपनी एकं कविता में लिखा है-

यह जीवन यात्रा रहस्यमयी चीज है
इसमें पहुँचना इस बात पर निर्भर है
कि कौन, कहाँ, कैसे
रास्ते से कतरा गया।

यह कथा पिछले पाँच छः वर्षों में अनेक किश्तों में लिखी गई, अतः कहीं-कहीं घटनाओं की पुनरावृत्ति होना स्वाभाविक है। यथासम्भव उससे बचने का प्रयास किया गया है पर किसी संदर्भ के साथ जुड़ा होने से इसे हटाना सम्भव न हो सका। इसके लिए क्षमाप्रार्थी हूँ।

जीवन में मैं उन सभी का हृदय से आभारी हूँ जिन्होंने मेरे जीवन को विकसित और आनन्दित बनाते हुए प्रत्यक्ष या अप्रत्यक्ष रूप से सहयोग दिया। मैं अपने माता-पिता, प्रिय संबंधियों, गुरुजनों, मित्रों और मुझ पर स्नेह और प्रेम की रश्मियाँ बरसाने वाले सभी व्यक्तियों के प्रति अहोभाव और कृतज्ञता व्यक्त करता हूँ।

अब मन के बंधनों से मुक्त होकर, सभी के मोह और आसक्ति से मुक्त होकर, मैं किसी व्यक्ति विशेष के प्रति भी कृतज्ञता ज्ञापन नहीं कर रहा हूँ। यद्यपि उन सभी के प्रति मेरा रोम-रोम कृतज्ञ है, जिन्होंने मुझे विकसित होने में सहायता दी।

आत्मा से, स्वयं की अस्मिता से मुक्त होना ही आखिरी छलांग होती है। मैं, अपने 'मैं' की पराकाष्ठा पर पहुँच कर ही वहाँ से छलांग भरना चाहता हूँ। मेरे किए यह होने का नहीं। सद्गुरु की अनुकम्पा और करुणा ही इसमें मेरी सहायता करेगी।


निवेदक

**ज्ञानभेद**

गुरु पूर्णिमा महोत्सव 2006

18 एम. आई. जी.

बर्रा-6, कानपुर

उ. प्र. 208027

फोन नं. : 2285030

# अनुक्रमणिका

## खण्ड तीन

# खण्ड एक

## प्रवेश

यह 'बेइरादा नजर उनसे टकरा गई', पुस्तक का द्वितीय खण्ड है पर यह खण्ड भी अपने आप में पूर्ण है। प्रत्येक अणु में ब्रह्माण्ड है, और देखने वाले की दृष्टि और समझ पर निर्भर करता है। पर सामान्य पाठकों के लिए मैं अत्यंत संक्षेप में पूर्व कथा का संकेत देने का प्रयासरहित प्रयास कर रहा हूँ।

ओशो से जुड़ने से पूर्व मैं एक सामान्य टैक्सेशन अफसर था। अफसरों वाले सभी दुर्गुण मुझमें विद्यमान थे। एक दिन एक वकील साहब के घर रात, मैं गुलामअली की ग़ज़लें सुनते हुए आहिस्ता-आहिस्ता व्हिस्की की चुस्कियाँ भर रहा था, तभी रजनीश प्रेमी वकील साहब ने मुझसे पूछा-"क्या कभी आपने भगवान रजनीश की कोई पुस्तक पढ़ी है?" मेरे इन्कार करने पर उन्होंने कहा-'आप दर्शनशास्त्र और साहित्य के प्रेमी हैं। मैं आपको उनकी एक पुस्तक दे रहा हूँ। आप केवल 16 पृष्ठ मेरे कहने पर पढ़कर देखिए। पसंद न आए तो पुस्तक मेरे सिर पर पटक दीजिए।'

मेरी दृष्टि में तब अपने को भगवान कहने वाले रजनीश के प्रति मेरे मन में कोई सद् भाव न था। एक चुनौती के रूप में उनसे यह पुस्तक लेकर मैं घर चला आया। रात भर पढ़ता रहा उसे। दूसरे दिन रविवार था। दिन-रात पढ़ते हुए उसे समाप्त कर अगले दिन उन वकील साहब के यहाँ जितनी भी ओशो की पुस्तकें थीं, वह सभी उठा लाया। जीवन में एक नया मोड़ आया। मेरे अंदर जो क्रांति और विद्रोह का ज्वालामुखी पहले से धधक रहा था, मेरे विचार जो परवाज चाहते थे, मैंने पाया भगवान रजनीश की पुस्तकों में, वह विद्रोह, वह ज्वालामुखी मेरी अपेक्षा से भी कहीं अधिक है।

मैंने फिर उनके कैसेट भी सुने। ध्यान की भी शुरुआत हुई। जुआ, शराब, सभी स्वत: छूटते गए।

तभी एक दिन ध्यान में अपने अतीत से मुक्त होने के लिए, जीवन की पिछली घटनाओं को स्मरण कर मैंने जीवन को फिर से जीना शुरू किया। अपने तीन चार वर्ष तक के बचपन की अचानक सभी घटनाएँ जीवन्त हो उठीं।

मैं चार भाई-बहनों में सबसे छोटा था। पिताजी रोज सुबह पाँच बजे मुझे पैरम्बुलेटर या बग्घी में जंगल किनारे की 'चक्कर की सड़क' पर घुमाने ले जाते

थे। बाँसों के झुरमुट, पक्षियों का कलरव, और जंगल का एकान्त कुछ बड़ा होने पर मुझे ऐसा भाया कि रोज स्वतः आठ मील इस सड़क से जमुना किनारे श्मशान घाट से होता हुआ मैं खण्डहरनुमा टूटे किले पर घंटों एकांत में बैठा रहता था। वहीं मेरे कंठ से कविता फूट पड़ी। मैं एक साहित्यकार बना।

पिताजी आर्यसमाजी थे। रोज योगासन प्राणायाम व यज्ञ करते थे। मैं भी करने लगा। उनके साथ आर्यसमाज के अधिवेशनों और थियोसोफीकल लॉज जाकर प्रवचन सुनने लगा। तभी सत्यार्थ प्रकाश, पतंजलि योग सूत्र, वेद, उपनिषद, महाभारत और पुराण पढ़े।

ताऊजी कवि थे और उनके बड़े पुत्र अर्थात मेरे दादा, पहलवान मस्त जोरबा टाइप फ्रीनॉट हँसमुख इंसान थे।

उनसे चोरी छिपे कहानी उपन्यास पढ़ने का शौक उत्पन्न हुआ। कोर्स की किताबों की आड़ में उपन्यास पढ़ता था। गर्मी की छुट्टियों में तो शरत्चन्द्र, रवीन्द्रनाथ टैगोर, बंकिमचन्द्र और प्रेमचन्द्र के साथ प्रगतिशील साहित्य पढ़ा। आर्यसमाज अधिवेशनों में जाते हुए मूर्ति, मंदिरों और पुरोहितों के कर्मकाण्ड से तो मुक्त हो ही चुका था, अब धर्म द्वारा जनसामान्य का शोषण होता देख पक्का नास्तिक बन गया।

हाई स्कूल के बाद घर से भागकर बिना टिकट दिल्ली पहुँचा जहाँ से हरिद्वार, ऋषिकेष जाकर संन्यासी बनने का भाव था। पर बिड़ला मंदिर धर्मशाला में एक सज्जन ने समझा-बुझाकर घर वापस भेज दिया।

इंटर विज्ञान से कर रहा था। पिताजी चाहते थे इंजीनियर बनूं। पर हिन्दी साहित्य से बढ़ते प्रेम ने मुझे कवि, कहानीकार और उपन्यासकार बना दिया था। तभी हुआ किशोरावस्था का पहला प्रेम, जिसमें जीवन तक उत्सर्ग करने का भाव था। स्पर्श में रोमांच, सिहरन और आनन्द की अनुभूति ने एक जैसे नए संसार का झरोखा खोल दिया। उस प्रेम ने मिलन और विरह के सभी रंग दिखलाए।

पिताजी लोगों के जेवर गिरवी रखकर ब्याज पर धनराशि उपलब्ध कराते थे। ब्याज की दर थी सवा रुपया सैकड़ा से दो रुपया सैकड़ा प्रति माह तक। अधिकतर ग्राहक निम्न और निम्न मध्य वर्ग के मेहतर, मोची, दर्जी, बढ़ई, मेवाती, कंजर, नौकरी पेशा, रंगरेज, वेश्याएँ, शराबी और जुआरी तक होते थे। दुकान पर ही पढ़ते और दुकान का कार्य करते हुए मैं सभी चरित्रों के निकट सम्पर्क में आया। उनके जीवन के दुःखों और विवशताओं को समझा। शाम दुकान पर अध्यापकों, वकीलों और पिताजी के छह-सात मित्रों की गोष्ठी जमती थी जिसमें राजनैतिक बहसें होती थीं। नगर के क्रियाकलाप पर चर्चाएँ होती थीं।

इंटर के बाद मैंने इलाहाबाद यूनिवर्सिटी जाकर दर्शनशास्त्र और साहित्य पढ़ने की जिद ठान ली। इलाहाबाद में हिन्दू हॉस्टल में रहते हुए ऐसा लगा जैसे मैं इटावा के कुंए से एक सागर में आ गया हूँ। वहाँ के समृद्ध पुस्तकालयों में वह सभी कुछ था, जो मैं पढ़ना चाहता था। विश्वप्रसिद्ध साहित्यकारों की रचनाओं के हिन्दी अनुवाद। विश्व की सभ्यता और संस्कृतियों का इतिहास। सारी दार्शनिक विचारधाराओं का मकड़जाल और मनोविज्ञान के रहस्य। इलाहाबाद की 'परिमल' तथा 'प्रगतिशील लेखक संघ' की बैठकों तथा अन्य अधिवेशनों में पंत, निराला, महादेवी, इलाचन्द्र जोशी, जैनेन्द्र कुमार आदि उस समय के हिन्दी साहित्य के लगभग सभी शीर्षस्थ साहित्यकारों से भेंट हुई। उनके सान्निध्य में विकसित हुआ पर साहित्य में गुटबाजी देखकर चित्त खिन्न हो गया।

वहाँ मेरे दो मित्र, जो स्त्री से सेक्स सुख ले चुके थे, उनकी दास्तानें सुन-सुनकर स्त्री के प्रति आसक्ति जागी। फलस्वरूप एम.ए. प्रीवियस के बाद जब घर आया और घरवालों ने विवाह करने का आग्रह किया तो मैंने उसे स्वीकार कर विवाह कर लिया।

कुछ दिनों के मिलन के बाद वियोग में मैंने पत्नी को प्रेमिका के रूप में देखा। उसे बहुत लम्बे-लम्बे खत लिखे। एक-दो बार चोरी-छिपे उससे मिलने ससुराल भी जा पहुँचा।

हिन्दी साहित्य से एम.ए. पूरा कर रिसर्च ज्वाइन की। मैं जुलाई 56 में पुनः इलाहाबाद जा पहुँचा।

# भटकन और नई राह की तलाश

उस दिन घर से पत्र पाकर चित्त उद्विग्न था। मित्रों के व्यवहार से भी चित्त खिन्न था। साइकिल उठाकर संगम चल पड़ा। नाव से संगम आकर, घुटने-घुटने गंगाजी पार कर रेत में शांत बैठना मुझे बहुत अच्छा लगता है। आज न कोई पर्व था और न अधिक कोई भीड़भाड़। मैं एकटक जमुना के गहरे नीले जल और गंगा के दूधिये जल का मिलन देखता, रेत का घरौंदा बनाता रहा। सोचता रहा-विवाह कर मैंने भी तो प्रेम का एक घरौंदा बनाया है। वह घरौंदा एक बंगले और सुखमय जीवन में रूपान्तरित हो, इसीलिए रिसर्च करते, कुछ बनने यहाँ रुका हुआ हूँ। पर गारंटी कुछ नहीं कि डॉ. बनकर मैं यूनिवर्सिटी या कॉलेज में लेक्चररशिप पद पा ही लूंगा और इन तीन वर्षों में साहित्य क्षेत्र में कुछ ऐसा लिख दूंगा, जिससे मुझे यश और सम्मान मिले।

तभी अचानक याद आई, संगम तट पर महाकुम्भ के अवसर पर घटी वह भयंकर दुर्घटना, जिसमें पांच हजार लोग कुचल कर मर गए थे। भविष्य अज्ञात है। क्या वे पांच हजार लोग जानते थे कि उनकी मृत्यु ही उन्हें महाकुम्भ में ले आई है। हम अज्ञात भविष्य के पीछे पागल बनकर वर्तमान का सुख खो देते हैं। क्या कहीं अज्ञात रूप से मैं भी किसी ऐसी ही तो मृगतृष्णा के पीछे तो नहीं पड़ा हूँ? तभी अचानक मेरे हृदय पटल पर कुम्भ की एक-एक घटना उभरने लगी।

तब कितना बड़ा जनसैलाब उमड़ पड़ा था यहाँ, लगभग तीस-चालीस लाख का। तम्बुओं का जगमगाता एक पूरा नगर खड़ा हो गया था यहाँ। मैं भारत सेवक समाज का वालिंटियर बनकर अपनी ड्यूटी पूरी कर पूरा मेला घूमता था। धर्म के नाम पर उस ढोंग और अशिक्षित जनसामान्य की मूर्च्छा और अज्ञान का, धर्म के ठेकेदारों द्वारा शोषण करते देखकर मेरे मस्तिष्क की नसें चटखने लगी थीं।

इलाहाबाद को धर्म, न्याय और शिक्षा की नगरी भी कहा जाता है। इसकी प्रशस्ति में लोग कहते हैं कि यहाँ न केवल पवित्र गंगा, जमुना और सरस्वती का संगम होता है, यहाँ धर्म, न्याय और शिक्षा-साहित्य का भी संगम हो रहा है। दारागंज से लेकर कटघर और जमुना पुल तक पंडों, पुजारियों, संत महंतों,

धर्माचार्यों और नाविकों की बस्ती बसी हुई हैं, जिनकी जीविका लोगों की धार्मिक आस्था पर आश्रित है। सिविल लाइन्स जजों, अफसरों और वकीलों की बस्ती है। वकील और एडवोकेट न्याय के दलाल और ठेकेदार बनकर 'स्टे' और जमानत करवाने के नाम पर ही अपनी तिजोरियाँ भरते हैं और कुछ न्यायाधीशों से ताल्लुकात के बल पर बाकायदा मुकदमा जीतने का ठेका लेकर केस जिताते हैं।

कटरा, कर्नलगंज, ममफोर्डगंज में यूनीवर्सिटी और उसके हॉस्टल फैले हैं। यहीं प्रोफेसर्स और शिक्षाविदों के निवास स्थान हैं। इलाहाबाद के लोगों की अधिकतर रोजी रोटी, इन्हीं तीन धंधों पर आश्रित है। शिक्षा जगत से ही संबंधित साहित्य है। यूनीवर्सिटी के प्रोफेसर्स में ही कवि, लेखक और समालोचक भी हैं, यों साहित्यकार और उनके साहित्य के प्रकाशक नगर भर में फैले हैं।

...तो याद आ रहा था महाकुम्भ का वह हादसा, जिसमें 5000 लोग मरे थे और वह इलाहाबाद के लिए सबसे अधिक काला दिन था। उस दिन कोतवाली के आगे फुटपाथ पर लाशों को इसलिए प्रदर्शन के लिए रखा गया जिससे लोग अपने संबंधियों की लाश को पहचान कर उसे दाह संस्कार के लिए अपने साथ ले जाएं। फिर भी हजार के ऊपर बिना पहचानी लाशों का सामूहिक दाह संस्कार कर दिया गया। धर्म की बलिवेदी पर पाँच हजार लोगों ने जान दे दी। साधुओं के अखाड़ों और जूलूस को देखने उस दिन महामहिम राष्ट्रपति पधारे हुए थे। इसीलिए सुरक्षा की खातिर बाँध के ऊपर से नीचे गंगा की ओर जाने वाले जनसमूह को रोक दिया गया था, पर लाखों की भीड़ को पुलिस नियंत्रित न कर सकी। बल्लियाँ तोड़कर भीड़ के दबाव से बांध के नीचे खड़े लोग ट्रैफिक रोक देने पर आगे न बढ़ पा रहे थे। भीड़ उन्हें रौंदती हुई आगे बढ़ती रही। एक के ऊपर एक, लाशों का अम्बार लगता गया। जब तक स्थिति नियंत्रण में आए, पांच हजार लोग मर चुके थे।

राष्ट्रपति, संतों का दर्शन कर महाकुम्भ का पुण्य लूटने संगम तट पर आए थे। वह न आते, तो यह हादसा भी न होता। पर संतों महंतों के आश्रमों में उस दिन भगवान के भोग के नाम पर उसी तरह बदस्तूर हलवा, पूड़ी, खीर और रबड़ी का भोज हुआ। शरीर तो नाशवान है। आत्मा अमर है। कहा गया-संगम तट पर वे सभी मोक्ष को उपलब्ध हुए। पर क्या ऐसे मोक्ष के लिए ये साधु संत स्वयं तैयार थे?

आज यहाँ कितनी शांति, सौंदर्य और अनुग्रह बरस रहा है पर तब इसी में लाखों विद्युत के कुमकुमे जगमगा रहे थे, तम्बू क़नातों का एक पूरा नगर बस

गया था वहाँ। लाउडस्पीकर और जनसमूह के सैलाब का शोर अचानक थम गया था। उस दिन और पूरे नगर में उस रात एक मुर्दनी सी छा गई थी। पर यह खामोशी कुछ ही देर के लिए थी। संत महात्मा फ़िर रोज की तरह जीवन की नश्वरता पर लाउडस्पीकर पर प्रवचन करने लगे थे।

जिसका कोई संबंधी उस हादसे में मर चुका था या लापता था, वह शोक संतप्त आंसू बहाते बिलख रहा था, शेष इसलिए आनंदित थे कि वे तो सुरक्षित बच गए। भगवान और संतों की कृपा और उनके पुण्यों ने ही उन्हें बचा लिया।

इसी कुम्भ का पुण्य लाभ लेने मेरी माताजी और पिताजी भी इटावा से इलाहाबाद आए थे और दारागंज में किसी पंडे के निवास पर ठहरे थे। वे महान घटना से तीन दिन पूर्व ही मेले के एक अन्य हादसे में घायल होकर आमाहल्दी और चोट सज्जी का लेप कर स्वस्थ हो रहे थे। उनके साथ पंडों का शोषण और आश्रमों के माहौल का मैंने पूरा जायजा लिया था और धर्म के इस रूप ने, मार्क्स की उस अवधारणा को कि धर्म एक ऐसी अफीम है जो जनसमूह को मूर्च्छित कर देती है, मेरे अंदर और अधिक पुष्ट बना दिया था।

कहा जाता है-कुम्भ का प्रारंभ समुद्र मंथन के बाद हुआ जब दानवों से बचाकर अमृत का कुम्भ देवता आकाश मार्ग से ले जा रहे थे। जिन चार स्थानों पर कुम्भ से जल छिटक कर नीचे जा गिरा, अथवा विश्राम करने जहाँ-जहाँ देवताओं ने पृथ्वी पर उस अमृत कुम्भ को रखा, वही स्थान तीर्थ बन गया और वहाँ मेला जुड़ने लगा। कुछ अन्य ज्ञानी कुछ दूसरी कहानी ही कहते हैं। उनका मानना है कि धार्मिक लोग अपार कष्ट सहते हुए पैदल लम्बी यात्राएँ करते हुए, हिमालय और विंध्याचल की दुर्गम गुफाओं में बोध को उपलब्ध संतों, ऋषियों और मुनियों के दर्शन कर, अपना जीवन सफल बनाने के लिए जाया करते थे, और वहाँ पहुँचने से पूर्व ही मार्ग के कष्टों के कारण उनकी मृत्यु हो जाती थी। तभी करुणा कर उन प्रामाणिक संतों ने यह निश्चय किया कि प्रत्येक बारह वर्ष पश्चात भारत के चार तीर्थों में स्वत: इकट्ठे हुआ करेंगे, जिससे धार्मिक लोग सरलता से उनके सान्निध्य में विकसित होकर बोध को उपलब्ध हो सकें।

प्रारंभ में कुम्भ मेले में ऐसे ही प्रामाणिक संत आते थे पर कालान्तर में, लोगों का उत्साह और उमड़ते जन-सैलाब की धार्मिक भावनाओं का शोषण करने के लिए, नकली संतों का जमावड़ा होने लगा। प्रामाणिक संतों के 'अमृत वचन' ही वह अमृत था जो उन्हें शाश्वत जीवन की ओर अग्रसित करता था। नकली संतों के आवागमन और जन-सामान्य का कौतूहल और नकली प्यास देखकर प्रामाणिक संतों ने कुम्भ में जाना बंद कर दिया, अथवा यदि वह अनाम,

अज्ञात बनकर जाते भी थे, तो लाखों में गहन अभीप्सा वाले थोड़े से लोग ही उन्हें पहचान कर अपनी अंतर्यात्रा के पथ पर विकसित होने की ऊर्जा प्राप्त कर चुपचाप वापस चले जाते थे।

मनुष्य के लोभ, व्यवसायिकता और स्वार्थ ने जीवन के सभी मूल्य बदल दिए हैं। यदि शंकराचार्य ने पूरे देश में धार्मिक लोगों के मध्य शास्त्रार्थ करके अपनी प्रज्ञा और बोध को सिद्ध किया था तभी वह जगतगुरु कहलाए, पर आज के शंकराचार्य गद्दी पाने के लिए हाईकोर्ट तक मुक़दमे लड़ते हैं, एक-दूसरे से छल, बल, कौशल और हर संभव तरीके से लाखों-करोड़ों की सम्पत्ति का स्वामी बनने और प्रतिष्ठा पाने की खातिर संघर्ष करते हैं।

इलाहाबाद में तीन नदियों का ही संगम नहीं होता, यहाँ संगम है-धार्मिक आस्था, न्यायप्रियता तथा शिक्षा और साहित्य का। इलाहाबाद उच्च न्यायालय कभी अपनी न्यायप्रियता और निष्पक्षता के लिए प्रसिद्ध था। इलाहाबाद विश्वविद्यालय में कभी देशभर के योग्यतम श्रेष्ठ बुद्धिमान और प्रज्ञावान लोगों को चुनकर रखा गया था ताकि उनसे शिक्षा प्राप्त कर, युवक विकसित होकर समाज के लिए उपयोगी हो सकें। इलाहाबाद कभी हिन्दी साहित्य का केन्द्र था। वहीं से छायावाद, रहस्यवाद, प्रयोगवाद और प्रगतिवाद का जन्म हुआ अथवा यह धाराएँ विकसित हुईं। मैं इसी आकर्षण से तो इलाहाबाद आया था।

पर यहाँ आकर देखा-धर्म की भांति न्याय व्यवस्था और शिक्षा व्यवस्था भी प्रदूषित हो गई हैं। इस देश में सभी कुछ विकृत हो चुका है। धर्म, राजनीति, न्याय, व्यवस्था, शिक्षा और सामाजिक व्यवस्था। यह पूरा ढांचा ही सड़-गल चुका है। एक देश में सही अर्थों में रूस और फ्रांस जैसी कोई जन-क्रांति हुई ही नहीं।

इसी इलाहाबाद और प्रयाग को पवित्र गंगा यमुना और सरस्वती के संगम का तीर्थ कहा जाता है। इसे न्याय, ज्ञान और सादगी का संगम कहा जाता है। पर जो कहा जाता है, वह नकली मुलम्मा है, जो दूर से असली स्वर्ग होने का भ्रम उत्पन्न करता है।

जब अंदर उतर कर गहराई में जाओ तो पता चलता है, कि जिसे हम हीरा समझ रहे थे वह तो सिर्फ एक मामूली कांच का टुकड़ा है। यहाँ पंडे नाई सिर का ही मुंडन नहीं करते थे धर्म के नाम पर नर्क का भय दिखाकर और दान पुण्य कर स्वर्ग का प्रलोभन देकर बुरी तरह लूटते हैं। इसी तरह जो लोग यहाँ अपने संबंधियों के अस्थि विसर्जन के लिए आते हैं उन्हें पंडों और मल्लाहों को अपनी आस्था की बड़ी कीमत चुकानी होती है। पर्वों के अवसर पर जनसामान्य

पुण्य लूटने के लोभ से स्वयं लुटने आ जाता है। भेड़ें स्वयं अपना मुंडन कराकर भेड़ियों से कहती हैं-हमारा उद्धार करो, हमें मोहमाया से मुक्त करो।

आश्रमों में रहने वाले महंत, साधु-संत बिना कुछ श्रम किए देसी घी का मुफ्त का हलुवा-पूड़ी और पकवान उड़ाते हुए लोगों के आदर और सम्मान के केवल इसीलिए पात्र बने रहते हैं क्योंकि उन्होंने घर संसार को छोड़कर संन्यास लिया है। पर इन आश्रमों में पूरा घर संसार बसा होता है। उनके सिंहासन सोने और चांदी के होते हैं। दिन में भी देसी घी का अखण्ड दीप जलता रहता है। उनके पास हाथी, घोड़े और हथियार होते हैं। संगम में पहले किस अखाड़े या आश्रम में संत स्नान करें, इसके लिए उनमें खून-खराबा और झगड़े-फसाद होते हैं। उनमें प्रतियोगिता, महत्त्वाकांक्षा, अहंकार, हिंसा, द्वेष और घृणा सब कुछ दुर्गुण है, पर इसके बावजूद लाखों उनकी पूजा करते हैं।

आग का लक्कड़ जलाकर धूनी के आस-पास नंग-धड़ंग नागा बाबा गांजा सुलफा की चिलमें फूंका करते हैं। अश्लील गालियां बकते हुए आपस में झगड़ते रहते हैं। स्नान के बाद शरीर में राख मल शीशा देखते हुए माथे पर तिलक त्रिपुण्ड लगा और राख मिलाकर जटाएँ बांध धार्मिक श्रृंगार करते हैं पर उस श्रृंगार की पूजा तथा आराधना की जाती है। वे अपनी जननेन्द्रिय को लोहे की सांकल से बांध कर उसका प्रदर्शन करते हैं।

1954 के महाकुम्भ में बाँध के पास जो भयंकर दुर्घटना हुई, जिसमें पांच हजार लोग कुचल कर मरे, घायलों की कोई सेवा सहायता इन साधु-संतों और नागाओं द्वारा करना तो दूर, उनकी आंखें तक नम न हुईं। होती भी क्यों? वे निरासक्त जो थे। पर यदि निरासक्त ही थे, तो फिर भीड़ भरे संसार में आए ही क्यों थे? क्या अपने वैभव और संपत्ति का प्रदर्शन करने या सम्मान पाने?

धर्माचार्यों, पंडों, संतों और पुरोहितों द्वारा धर्म और आस्था के नाम पर किए जाने वाले नग्न शोषण और लूटपाट का अनुपम उदाहरण है महाकुम्भ।

जमुना किनारे किले के टीले पर एक अक्षयवट हुआ करता था कभी। यह विश्वास था कि जो लोग इस वृक्ष पर चढ़कर यमुना में कूदकर अपने प्राणों का विसर्जन कर देते हैं, वे सीधे स्वर्ग जाते हैं, लाखों लोगों ने उस अक्षयवट से कूदकर स्वर्ग पाने के लोभ में प्राण दिए। अकबर ने यह वृक्ष कटवाकर उसकी एक शाखा किले के एक अन्य भाग में लगवा दी जिसकी आज भी पूजा-अर्चना की जाती है।

दिल चाहता है तोड़ दूँ शीशा फरेब का
पर क्या करूं मुझे अभी खामोश रहना है।

प्रगतिशील साहित्य यही वैचारिक क्रांति उत्पन्न कर रहा है। समाज और समूह बदलने के उपाय फ्रांस और रूस में असफल हो गए, रूपांतरण तो व्यक्ति का हो सकता है। जरूरत है एक अहिंसक वैचारिक क्रांति की। प्रगतिशील साहित्य पढ़कर ही मेरी जंजीरें टूटीं।

संगम आया था शांति और सुकून पाने को। घर से आए पत्र की बात भुला देने के लिए। पिताजी ने पत्र में लिखा था-रिसर्च का चक्कर छोड़कर कोई छोटी-मोटी नौकरी ढूंढ़ो। स्वावलम्बी बनो। साहित्यकार बनने का ख्याल छोड़ो इसमें सिवाय अभाव और मुफलिसी के और कुछ नहीं। फिर तुम्हारी अपनी पत्नी है। इसके भरण-पोषण की तुम्हारी ही जिम्मेदारी है। मेरी कभी भी आंखें मुंद सकती हैं और तुम अपने बड़े भाई का स्वभाव अच्छी तरह जानते हो।

पर मैं इतनी जल्दी आत्मसमर्पण नहीं करूंगा। मैं संघर्ष करूंगा। एक ट्यूशन ढूंढूंगा। स्वावलम्बी बनूंगा। कुछ पाने के लिए उसका मूल्य चुकाना होता है।

गंगा-कितने पर्वतों, चट्टानों से रास्ता बनाती मैदान तक आती है। मनुष्य ने सतत संघर्ष करते हुए ही नदियों के किनारे सभ्यता और संस्कृति का विकास किया।

मैंने रेत का एक घरौंदा बनाया था पर नई आई लहर ने उसे मिटा दिया था। मैंने दूसरा नया घरौंदा नहीं बनाया। मैं उठ खड़ा हुआ।

मैं दारागंज में प्रो. पाण्डेय से भेंट करने उनके निवास स्थान की ओर चल पड़ा। शायद प्रो. पाण्डेय मेरे स्वावलम्बी बनने की दिशा में कुछ सहायता कर सकें। संभवत: घर से प्राप्त पत्र के द्वारा निराशा से ही उत्पन्न कुंठा और नकारात्मकता है। कितना सुंदर है यह जमुना-गंगा का मिलन? हिमालय में जन्म से ही बिछुड़ी दो बहनों का यह संगम कितना अधिक हृदयग्राही है? दूर जमुना में मछुओं की दो नावें कितनी दिलकश लग रही हैं? जल पर तैरते यह सफेद पक्षी अपने पंख फड़फड़ाते कितने लुभावने लग रहे हैं।

कोई है, जो मुझे प्रेम करता है। किसी की स्मृति मेरे मन प्राणों में बसी हुई है। वही तो एक बेहतर भविष्य के लिए मेरी प्रेरणा है।

# एम. ए. के बाद रिसर्च

रिसर्च मैंने अपनी जिद से करना शुरू किया था। बड़े भाई साहब के उकसाने पर पिताजी ने अब और पढ़ने के लिए हर माह पैसे भेजने में विवशता व्यक्त कर दी थी। मैंने उनसे छह मास की मोहल्लत मांगी थी जिससे उस अवधि में मैं पार्टटाइम रूप से कोई जॉब ढूंढ़कर स्वावलम्बी हो सकूं या तैयारी कर प्रतियोगी परीक्षाओं में बैठ सकूं।

शुरू का महीना मैंने अपने मित्र के साथ हॉस्टल में उसके सिंगल सीटेड रूम में मुफ्त तथा अवैध रूप से रहते हुए गुजार दिया। हॉस्टल में मुझ जैसे कम से कम पचास अन्य लोग भी इसी तरह वक्त गुजार रहे थे। इस बीच मैंने डिग्री कॉलेज में अध्यापक पद के लिए कई स्थानों पर प्रार्थना पत्र दिए। दो स्थानों पर साक्षात्कार के लिए गया पर असफलता ही हाथ लगी। इस बीच मुझे 50/- महावार पर एक ट्यूशन मिल गई थी और मुझे आठवें तथा दसवें दर्जे के भाई-बहनों को पढ़ाने साइकिल से 10-12 मील दूर जाना होता था। मैं भली-भांति समझ गया था कि लेक्चरर बनने के लिए जोरदार सिफारिश होनी आवश्यक है।

मैंने अमृत बाजार पत्रिका में भी एप्रेन्टिस के रूप में कार्य प्रारंभ किया। पर वहां मुख्य कार्य अंग्रेजी समाचारों का हिन्दी में अनुवाद करना था। पर वहाँ छह माह बिना पेमेन्ट काम करने की शर्त थी। पन्द्रह दिनों बाद मैंने वह कार्य छोड़कर प्रतियोगी परीक्षा की तैयारी शुरू करते हुए दो-तीन फार्म भर दिए।

हॉस्टल में अपने मित्र के साथ रहते हुए हालांकि मैं अपने खाने-पीने का खर्च स्वयं जुटा रहा था, पर उसके द्वारा संकेतों में यह प्रकट करने पर कि हॉस्टल आथोरटीज़ उसे कई बार टोक चुके हैं, मैंने भागदौड़ कर एक प्राइवेट मकान में रहने की व्यवस्था कर ली। एक तंग मुहल्ले में पुराने बने दो मंजिले मकान के पांच कमरों में चार छात्र किराए पर रह रहे थे और उन्हें एक पांचवें सहयोगी की तलाश थी। बीस रुपए महीना पर मुझे कमरा किराए पर मिल गया। मुझे एक चारपाई तथा बांस से बनी कुर्सी टेबल खरीदने में तीस रुपए और खर्च करने पड़े। उन छात्रों ने खाना बनाने और बर्तन मांजने के लिए एक औरत रख छोड़ी थी और तीस रुपए माहवार में महीने भर भोजन सुलभ हो जाता था।

यह मेरे संघर्ष के दिन थे। मित्रों के मुखौटे एक्सपोज होने लगे थे। उनसे मुझे कोई शिकायत भी नहीं थी। शायद उनकी परिस्थिति में मैं भी ऐसा ही करता। मैं ट्यूशन करने भी जाता था। जिन पाण्डेय जी के नीचे मैं रिसर्च कर रहा था, वहाँ भी तीन-चार घंटे कार्य करता था। प्रतियोगी परीक्षाओं की तैयारी के साथ, अखबार में वान्टेड के कॉलम पढ़कर नए-नए प्रार्थनापत्र भी भेज रहा था मैं। श्रीमतीजी के प्रेमपत्र और उन पत्रों में चोरी से भेजे तीस चालीस रुपए मेरे साहस को बढ़ाते हुए मुझे गतिशील बनाए हुए थे।

बी.ए. करने के बाद मैंने शांति निकेतन से एम. ए. करने का निश्चय किया भी था पर घर से अधिक दूर होने और वहाँ रहने तथा आने-जाने का खर्चा अधिक होने की संभावना से यह इरादा छोड़ देना पड़ा था। सुना जाता था कि वहां के प्रोफेसर बहुत सादगी से रहते हुए भी नंगे पैर ही विश्वविद्यालय आते हैं और अपना वेतन निर्धन छात्रों में बांट देते हैं। ऐसा ही बनारस विश्वविद्यालय के बारे में भी सुना गया था, पर उन छात्रों जैसा दयनीय, दुम हिलाने वाला कुत्ता बनकर रहना मेरे स्वाभिमान के विरुद्ध था।

ऐसे अपवाद तो इलाहाबाद विश्वविद्यालय में भी थे। लॉ कॉलेज के प्रोफेसर भट्टाचार्य अपने वेतन से कई निर्धन छात्रों की सहायता करते थे। प्रो. भटनागर भी छात्रों की हर संभव सहायता करने में गुरेज नहीं करते थे, पर उनका कम्युनिस्ट होना ज़रूरी था।

विश्वविद्यालय में दो-तीन प्रोफेसर्स अपनी रंगीन मिजाजी के लिए प्रसिद्ध थे। एम. ए. में टॉप करने या थीसिस स्वीकृत करने का प्रलोभन उनके कांटे में लगा वह आकर्षक चारा था जिसे निगलने में कुछ महत्त्वाकांक्षी सुंदर लड़कियां पीछे नहीं हटती थीं।

पर ज्यों-ज्यों मैं सीनियर रिसर्च स्कॉलर्स तथा कुछ प्राफेसर्स के निकट सम्पर्क में आता गया, कई प्राध्यापकों के मुखौटों के नीचे उनके अपने असली चेहरे प्रकट होने लगे। माँ सरस्वती के मंदिर में सरस्वती के प्रतिष्ठित पुत्रों द्वारा रिसर्च स्कॉलर्स का शोषण देखकर मैं आश्चर्यचकित रह गया। कुछ रिसर्च स्कॉलर्स उनके लिए पुस्तकें लिख रहे थे, जो प्रोफेसर्स के नाम से ही प्रकाशित होती थीं। वे उनकी रॉयल्टी भी लेते थे और पुरस्कारों का जुगाड़ भी कर लेते थे। रिसर्च स्कॉलर उनके लिए एक ऐसा विवश और उपयोगी बुद्धिजीवी था, जिसकी थीसिस स्वीकार कराने की वह पूरी गुरु दक्षिणा वसूल कर रहे थे। जो सम्पन्न और धनी रिसर्च स्कॉलर्स थे उनसे वे गुरुदक्षिणा के रूप में महंगी भेंट सामग्री और धनराशि वसूलते थे। छात्राओं से उनका यौवन और कौमार्य मांगा

जाता था। जो झुकने को तैयार न होकर नियमावली का हवाला देते थे, उन्हें अपने गाइड प्रोफेसर से भेंट करने के लिए ही चार-छह घंटे प्रतीक्षा कराई जाती थी। उनके कार्य में हजारों मीनमेख निकालते हुए पचासों अवरोध खड़े किए जाते थे। कहीं कोई सुनवाई थी ही नहीं। सेवा करने वालों को मेवा खाने का पूरा हक था।

संसार के बाजार में उतरकर मैं महसूस कर रहा था कि रुपया कमाना आसान नहीं है। बेरोजगारी बहुत ज्यादा है। अच्छी नौकरी के लिए जोरदार सिफारिश और पहुंच चाहिए। पर मुझे विश्वास था कि एक दिन सब कुछ ठीक हो जाएगा।

उन दिनों स्वेट मार्टिन की 'आगे बढ़ो' पुस्तक ने मुझे बहुत प्रेरणा दी। उसमें महान पुरुषों के जीवन के ऐसे अनेक उदाहरण दिए गए थे कि वे किस तरह कठिन संघर्ष करते हुए जीवन में सब कुछ पाने में सफल रहे।

उन दिनों मैं दो शेर अक्सर गुनगुनाया करता था–

**क्यों आसमां में छेद हो नहीं सकता,**
**एक पत्थर तो तबियत से उछालो प्यारे**

**है ग़म की रात तो सूरज तराश तू प्यारे**
**तेरा इलाज नहीं शग्ले मयकशी कोई।**

# रिसर्च अधूरी छोड़कर नौकरी की तलाश

एम. ए. में मुझे प्रथम श्रेणी की आशा थी। पर मिली द्वितीय श्रेणी ही। भले ही यूनीवर्सिटी में मेरी चौथी पोजीशन थी। प्रथम श्रेणी लाने के लिए मुझे छह अंकों की और आवश्यकता थी। अपनी यूनिवर्सिटी के ही दो होम पेपर्स, जिनमें मुझे प्रथम श्रेणी के अंक मिलने की पूरी आशा थी, मुझे केवल 48% अंक दे पाए थे। मेरे सीनियर रिसर्च स्कॉलर ने समझाया-'होम पेपर्स में अंक प्रतिभा से नहीं, गुरु सेवा से प्राप्त किए जाते हैं। गुरुजी यह सेवा या तो सुंदर, स्मार्ट लड़कियों पर करते हैं अथवा प्रत्येक तरह की सेवा करने वाले सुयोग्य शिष्यों पर,' और मैं तो एक विद्रोही शिष्य था।

अपनी ही यूनिवर्सिटी में लेक्चरशिप के लिए फर्स्ट क्लास फर्स्ट होना ही पर्याप्त नहीं था। इसके लिए रसूख, जाति और एप्रोच तीनों महत्त्वपूर्ण थीं। यूनिवर्सिटी में ब्राह्मणों और कायस्थों के दो गुट और दो छावनियाँ थीं। अधिकांश प्रोफेसर्स इन्हीं दो गुटों में बंटे हुए थे। अपनी अंतर्राष्ट्रीय प्रतिभा के कारण कुछ थोड़े से ही प्रोफेसर्स इसके अपवाद थे। गांधीवादी, समाजवादी और साम्यवादी विचारधाराओं से प्रभावित प्रोफेसर्स भी संबंधित राजनीतिक दलों से सम्पर्क रखते हुए अपने जातिवादी गुट में अपना वर्चस्व स्थापित करने का प्रयास करते थे।

कई प्रोफेसर्स से भेंट करने के उपरांत यह स्पष्ट हो गया कि सैकंड डिवीजन और चौथी पोजीशन के साथ किसी डिग्री कॉलेज में भी लेक्चरशिप मिलना आकाशकुसुम जैसा है और यह केवल तभी संभव है जब कोई तगड़ी राजनीतिक एप्रोच हो। इन्टर कॉलेज के लिए तो एल.टी. की डिग्री और आवश्यक थी। डिग्री कॉलेज की लेक्चरारशिप के लिए भी पीएच.डी. की डिग्री आवश्यक थी।

रिसर्च ज्वाइन करने के बाद मैंने प्रतियोगी परीक्षाओं में बैठने के लिए फार्म भर दिए थे और उनकी भी तैयारी साथ-साथ चल रही थी।

मैंने प्रोफेसर चन्द्रा के विरोधी प्रोफेसर पाण्डेय को अपना रिसर्च गाइड बनाया था। रिसर्च के लिए मेरा टॉपिक स्वीकृत हुआ-'भारतीय बोलियों का तुलनात्मक भाषाकोष।'

पर रिसर्च से पहले मैंने प्रोफेसर पाण्डेय की कूड़ा पड़ी लाइब्रेरी में पुस्तकें व्यवस्थित रूप में लगाई थीं। मैं उनकी लाइब्रेरी का चपरासी से लेकर लाइब्रेरियन तक बन गया। इसके अलावा मैं गुरुजी की साग-सब्जी भी यदा-कदा ला दिया करता था। रिसर्च स्कॉलर के बीच मशहूर था कि गुरु की सेवा करने के बाद ही मेवा मिल सकता है।

उन्हीं दिनों पाण्डेय जी की भाषा-विज्ञान की एक विख्यात पुस्तक छप रही थी, उसके प्रूफ देखना भी मेरी जिम्मेदारी थी। उसकी अनुक्रमणिका भी मैंने बनाई थी। वहीं मैंने जाना था कि यह पुस्तक भी दो सीनियर्स रिसर्च स्कॉलर ने लिखी है। गुरुजी ने केवल ग्रंथ या संदर्भ दिए थे। यह डॉक्टरेट दिलाने की फीस मात्र थी। रिसर्च स्कॉलर के मस्तिष्क का तेल निचोड़-निचोड़ कर प्रोफेसर लोग यश, पैसा सब कुछ बटोर रहे थे और वे मगरमच्छ बने विश्वविद्यालय के तालाब में अपनी पूँछ फटकारते अपनी दादागिरी का ऐलान करते मछलियों को हड़पते उन्मुक्त रूप से विचरण कर रहे थे। पूरा शिक्षा संस्थान गंधा रहा था।

विद्यार्थी तोड़-फोड़ कर रहे थे। रोज हड़तालें होती थीं। जोश भरे लेक्चर्स होते थे। प्रोफेसर्स के कायस्थ और ब्राह्मण गुट, यूनियन पदाधिकारियों को भड़काया करते थे और नए-नए शोशे छोड़ा करते थे। आजकल वी.सी. कायस्थ थे। अतः ब्राह्मण ग्रुप, यूनियन को दिन-रात भड़काता रहता था। छात्र भूख हड़ताल किया करते थे। धरना किया करते थे। जुलूस निकाला करते थे। पूरी यूनिवर्सिटी में विस्फोटक स्थिति थी।

पर मुझको केवल अध्ययन से मतलब था। मैं बचे समय में अपनी पत्नी को प्रेमपत्र लिखा करता था। अपने शोध-प्रबंध की आउट लाइन तैयार कर मैं सामग्री जुटाने में लग गया था। पर सामग्री संग्रह करने सभी क्षेत्रों का दौरा करना था। हर जिले के गजेटियर पढ़ने थे। तभी पत्नी का पत्र मिला मुझे।

"भाई साहब आजकल घर में रोज तूफान बरपा करते हैं। कहते हैं क्या जरूरत है कि आप रिसर्च करें। उन्हें सौ रुपया महीना भेजना बहुत अखरता है। वो कहते हैं कि आप नौकरी क्यों नहीं करते? वो चिल्ला-चिल्लाकर कहते हैं कि बी.ए., एल.टी. करने के बाद उन्होंने उन्नीस साल से कमाना शुरू किया था।

मेरे रोज खत लिखने तक पर टीका-टिप्पणी होती है। कहा जाता है कि यह फिजूल का खर्चा है। तुम्हारे हफ्ते में दो खत भी आते हैं तो भाई साहब बबकते हैं। कहते हैं-"रोज-रोज प्रेम पत्र लिखे जाएंगे तो पढ़ाई-लिखाई क्या खाक होगी?

भाभी भी मेरी टाँग खींचने से पीछे नहीं हैं। तानेबाजी करना तो उनकी आदत बन गई है। जो भी बात कहती हैं उसके दो मतलब जरूर होते हैं।

माताजी से शिकायत करती हैं कि मैं खाना बनाने में घी ज्यादा खर्च करती हूँ। बिना पाँचों कपड़े बदले खाना बनाने बैठ जाती हूँ। मेरी बनाई सब्जी में भाभी द्वारा चुपके से ज्यादा नमक या मिर्च मिलाकर मेरी आलोचना का उन्हें मौका मिल जाता है। न कुछ हाथ में आए तो मेरे ज्यादा साबुन घिसने पर ही लेक्चर झाड़ने लगती हैं। भाई साहब एक-एक प्वाइंट को बढ़ा-बढ़ाकर गरज-गरजकर पिताजी की नाक में दम कर देते हैं। तुम कोई नौकरी क्यों नहीं कर लेते? मैं ज्यादा नहीं चाहती। बस चाहती हूँ छोटा सा घर हो। तुम रहो मैं रहूँ...और रहे मेरा प्यार।"

पत्र पढ़कर मैं उद्विग्न हो गया था। तो भाई साहब फिर अपने असली रंग में आ गए थे। चाहते हैं मैं रिसर्च छोड़ दूं। नौकरी कर लूं। अपने कंधों पर जुआ रखकर जुट जाऊं हल चलाने में। क्या हुआ पिताजी के उन वायदों का, जो कहा करते थे-"तू जितना पढ़ेगा, मैं पढ़ाऊंगा तुझे। तू विलायत जाना चाहेगा तो विलायत भेजूंगा।"

अगर पिताजी मुझे आगे पढ़ाना ही चाहते हैं तो भाई साहब को डाँटते क्यों नहीं? उनकी बातों का प्रतिवाद क्यों नहीं करते? पिछले महीने तभी मनी-ऑर्डर देर से आया था।

फिर मैं एक नए विश्वास के साथ उठा। मैं नौकरी खोजूंगा। नौकरी करते हुए अपनी रिसर्च जारी रखूंगा। नौकरी न मिली तो ट्यूशन करूंगा।

मुझे विश्वास था कि युनिवर्सिटी में चौथी पोजीशन आने पर मुझे डिग्री कॉलेज की लेक्चरारशिप तो चाहने भर से मिल जाएगी। मैंने विज्ञापन टटोलकर दो-चार स्थानों पर प्रार्थना पत्र भेजे। प्रोफेसर पाण्डेय से जिक्र चलाया तो प्रोफेसर साहब बोले-

"तुम्हारी फर्स्ट क्लास 'मिस' हो गई, नहीं तो स्कॉलरशिप दिला देता और जहाँ तक लेक्चरारशिप का सवाल है, वह बड़ी मुश्किल चीज है। अपने विभाग में तो जानते हो कि पीएच.डी. और टॉपर से कम की नियुक्ति ही नहीं होती। डिग्री कॉलेज में भी बड़ा कम्पटीशन है। फर्स्ट क्लास वहाँ भी मारे-मारे फिरते हैं। पर तुम घबराओ मत। मैं प्रूफ रीडिंग के लिए किसी प्रेस से कहूंगा। तुम्हें कुछ मिल जाया करेगा।"

मैं संकोच से बोला-"क्या कोई ट्यूशन नहीं मिल सकती?"

पाण्डेय जी सिर खुजलाकर बोले-"अंग्रेजी और मैथ्स सिर्फ दो सब्जेक्ट में ट्यूशन मिलती है। बाकी ट्यूशन इंटर कॉलेज के अध्यापकों को मिलती है, जो पेपर आउट कर सकें, अच्छे नंबर दिला सकें। पर तुम घबराओ मत। मैं ट्यूशन दिलाने की कोशिश करूंगा।"

पर मैं जानता था कि पाण्डेय जी जिस काम के लिए 'कोशिश करूंगा' शब्द प्रयुक्त करते थे, वो काम कभी होता ही नहीं था। कोशिश करना पाण्डेय जी के स्वभाव के विरुद्ध था। वो कोशिश करते ही नहीं थे, जो भी करना होता था उसे किसी भी तरकीब से कर डालते थे। वह चाहते तो अपनी पुस्तक के ही प्रूफ रीडिंग का मुझे पेमेन्ट कर सकते थे।

मैंने निराश होकर इंटर कॉलेज तक की वेकेन्सी में प्रार्थना पत्र दिए। पर वहाँ मालूम हुआ कि एल.टी. और बी.एड. की माँग थी। फिर वहाँ भी 'सोर्स' चाहिए थे।

प्रत्याशियों से भेंट होने पर मुझे नौकरी मिलने की भयंकरता का आभास हुआ। हजारों लाखों बी.ए., एम.ए. वालों की लाइन लगी रहती थी।

एक दिन मैं रोजगार दफ्तर भी गया। वहाँ कई शिक्षित बेकारों से बात हुई। कई लोग तो चार-चार वर्षों से नौकरी खोज़ रहे थे। नौकरी जैसे आकाश कुसुम हो रही थी।

मुझे पूरी शिक्षा व्यवस्था पर तीव्र आक्रोश हो रहा था। जब इतनी नौकरियां नहीं हैं तो युनिवर्सिटी थोक में ग्रेजुएट्स और पोस्ट ग्रेजुएट्स का उत्पादन क्यों करती है? इंटर में जो छात्र पचपन प्रतिशत तक ला सकें, केवल उन्हें ही आगे बढ़ने का अवसर दिया जाए।

मित्रों के परामर्श पर बड़ी नौकरी का स्वप्न देखना छोड़कर मैंने छोटी-मोटी नौकरियों के लिए समाचार पत्रों मे विज्ञापन पढ़कर प्रार्थनापत्र भेजना शुरू कर दिया और जीवन-सरिता के प्रवाह के साथ बहना स्वीकार कर लिया।

# इलाहाबाद अलविदा!

आज रात की गाड़ी से मैं इटावा वापस जा रहा हूँ। मैं साइकिल लेकर इलाहाबाद से विदा लेने घर से बाहर निकला। इस समय युनिवर्सिटी रोड सुनसान पड़ी थी। दुकानें बंद थीं। केवल पान की दुकानें और दो-एक रेस्टोरेंट खुले थे।

पहले म्योर हॉस्टल मिला। केवल फर्स्टक्लास में इंटर पास करने वालों का वी.आई.पी. हॉस्टल, जो सर्वाधिक पी.सी.एस. और आई.ए.एस. अफसरों का उत्पादन करता है। कुछ और आगे बढ़ने पर एस.एच.एल. यानी सर सुंदर लाल हॉस्टल आया। समझो म्योर हॉस्टल का छोटा भाई। अपने दो मित्रों से मिलने मैं प्रायः इस हॉस्टल में आता-जाता था।

यूनीवर्सिटी गेट से अंदर प्रवेश किया। सामने विराट सीनेट हॉल और घंटा घर दिखाई दिया। हर पन्द्रह मिनट पर क्लाक टॉवर की घड़ी एक निश्चित संख्या में घंटियाँ बजाकर समय का बोध कराती थी।

इसी सीनेट हॉल में मैंने पहिला कन्वोकेशन एड्रेस का समारोह देखा था। इसी हाल में मैंने परीक्षाएँ दी थीं। उसी हाल में मैंने इंटर यूनीवर्सिटी बैडमिंटन चैम्पियनशिप और अगले वर्ष इंटर यूनिवर्सिटी बॉक्सिंग प्रतियोगिता देखी थी। इसी हाल में पं. जवाहर लाल नेहरू दावत खाने आए थे और हम छात्रों ने नारे लगाए थे-

**देश में अकाल है,**
**दावत खाना पाप है।**

पं. नेहरू पोर्टिको में बाहर निकल आए थे। मेज पर चढ़कर उन्होंने छात्रों को शांत करते हुए एक छोटी सी स्पीच दी थी और अकाल में सरकार द्वारा की जाने वाली सहायता के बाबत विस्तार से बतलाया था और पूरा प्रांगण पं. नेहरू जिंदाबाद के नारों से गूंजने लगा था।

इसी पोर्टिको में राज्यपाल और चांसलर के.एम. मुंशी की कार पर छात्रों ने जूते और चप्पलें फेंकते हुए 'हाय हाय' और मुर्दाबाद के नारे लगाए थे।

मैं कुछ देर सीनेट हॉल के सामने वाले विशाल बरगद के वृक्ष से साइकिल टिकाकर उसके नीचे बैठ गया। सामने दाईं ओर विशाल लाइब्रेरी की इमारत खोई हुई निश्चय लेटी थी। यहीं बैठकर मैंने न जाने कितनी उल्लेखनीय पुस्तकों का अध्ययन किया था।

साइकिल पर बैठकर चार पैडिल मारे तो अंग्रेजी विभाग और लॉ विभाग आ गए। अंग्रेजी साहित्य न लेने पर भी मैंने चोरी छिपे बैक बैंच पर खाली पीरियड में बैठे हुए न जाने रघुपति सहाय फिराक और प्रो. देव के कितने लेक्चर सुने हैं?

इन विभागों से विदा लेकर मैं अपने हिन्दी उर्दू विभाग की ओर बढ़ा।

हिन्दी विभाग के मेधावी प्रोफेसर डॉ. धर्मवीर भारती, डॉ. जगदीश गुप्त, पं. उमाशंकर शुक्ल आदि से मैंने साहित्य में सौंदर्य-बोध की सुवास पाई। डॉ. रामकुमार वर्मा की कवित्वमय प्रवचन शैली ने मुझे प्रभावित तो किया पर उनके कई मुखौटे थे। मुखौटे उतरने पर उनके प्रति श्रद्धा कुंठित हो गई।

यह वही विभाग है जहां किसी डाबर नयनों वाली सुंदरी से मेरे नयन मिले थे और उससे नेह निमंत्रण पाने पर भी मेरा दमित संस्कारित, दब्बू और कायर मन मिलने और बात करने का साहस न कर पाया था। अपने इसी शर्मीले और दब्बू स्वभाव के कारण ही छात्राओं से वोट न मांगने के कारण ही मुझे हिन्दी साहित्य परिषद के मंत्री पद का चुनाव हारना पड़ा था। जबकि कहानी प्रतियोगिताओं और वाद-विवाद प्रतियोगिताओं में सदा प्रथम आने पर मैं हिन्दी विभाग में सबसे अधिक विख्यात और चर्चित छात्र था।

इसी विभाग ने गुरुओं की चरण वंदना और बटरिंग न कर पाने के कारण मुझे फर्स्ट के स्थान पर सैकंड डिवीजन देकर मेरे भाग्य लेख पर जैसे प्रश्नचिह्न लगा दिया था।

मैंने भीगी पलकों से हिन्दी विभाग से भी विदा ली और इतिहास तथा दर्शनशास्त्र विभागों की ओर बढ़ा। लार्ज लेक्चर थियेटर इतिहास विभाग में ही था, जहाँ देश-विदेश से आए प्रोफेसर्स और प्रमुख हस्तियों के लेक्चर्स हुआ करते थे। इसी लेक्चर थियेटर में दर्शनशास्त्र के विभागाध्यक्ष प्रो. कॉल ने देश की राजनीतिक स्थिति पर प्रहार करते हुए एक बार कहा था-"एरिस्टोटिल हैड सैड, दैट दि फिलॉस्फर्स मस्ट बि दि किंग्ज़ ऑफ दि स्टेट" (अरस्तू ने एक बार कहा था कि राज्य का अधिपति या राजा कोई ज्ञानी, प्रज्ञावान पुरुष ही होना चाहिए) तभी देश प्रगति कर सकता है। अरस्तू का दार्शनिक से अर्थ ज्ञानी और प्रज्ञावान ही से था। पश्चिम का सारा विकास, वैचारिक क्रांति और प्रयोग से हुआ। पूरब की विचार शक्ति, विश्वास के गर्त में गिरकर दफन हो गई, उन्होंने नए प्रयोग किए ही नहीं, क्योंकि वे परम्परा के विरुद्ध थे।

इसी लार्ज लेक्चर थियेटर में एक बार अमेरिका से मनोविज्ञान के एक प्रोफेसर आए थे जिन्होंने सम्मोहन पर भाषण करते हुए कुछ लोगों को सम्मोहित

भी किया था। मुझे याद आया कि वे मुझे सम्मोहित न कर सके थे और उन्होंने कहा था कि इसके लिए सहयोग चाहिए, तुम मन में पहले से यह निश्चय किए बैठे हो कि तुम्हें सम्मोहित होना ही नहीं है, इसलिए तुम्हें सम्मोहित नहीं किया जा सकता।

इसी थियेटर में विश्व सभ्यता की संस्कृति के इतिहास पर प्रो. वी.सी. पाण्डेय धाराप्रवाह ऐसे लेक्चर दिया करते थे, कि इतिहास विषय न लेने वाले छात्र भी उसे सुनने बड़े चाव से आया करते थे और कोई भी छात्र अनुपस्थित न होना चाहता था। उनकी वाणी में ओज और प्रवाह था। रोमन और मिस्री सभ्यता पर लेक्चर देते हुए वह उस युग का जैसे सजीव चित्र प्रस्तुत कर देते थे।

वह युवा और सुंदर थे। यह कहा जाता था कि छात्राएं उन्हें प्रेमपत्र लिखती थीं और उनके कई छात्राओं से प्रेम-संबंध चल रहे थे। किसी छात्रा के प्रेमी ने प्रो. पाण्डेय के प्रेम-पत्रों को वी.सी. के पास भेजकर ऐसे भ्रष्ट प्रोफेसर को यूनीवर्सिटी से निकालने के लिए आंदोलन शुरू कर दिया और प्रो. पाण्डेय को विश्वविद्यालय से त्यागपत्र देना पड़ा। यूनिवर्सिटी स्वेच्छा से प्रेम करने वालों के विरुद्ध थी पर जो अधेड़ विभागाध्यक्ष छात्राओं को प्रलोभन देकर अथवा उनकी विवशताओं का लाभ उठाकर उनकी देह का शोषण कर रहे थे, वे पाक साफ बने अपने पदों पर ज्यों के त्यों विराजमान थे। वे पत्र लिखने जैसी बेवकूफी नहीं करते थे, जो भी करते थे वह फूंक-फूंक कर कदम रखते हुए बहुत होशियारी से करते थे।

प्रो. पाण्डेय ने इतिहास के संबंध में फैली इस धारणा को ध्वस्त कर दिया था कि इतिहास केवल महान, सम्राटों द्वारा युद्धों और रक्तपात की कहानी मात्र है। उनके लेक्चर किसी पुस्तक की जुगाली न होकर मौलिक और जीवन्त होते थे। वह कहा करते थे किसी सम्राट के दरबारियों अथवा कृपापात्रों द्वारा लिखा इतिहास निष्पक्ष नहीं हो सकता। बाद में उसके विरोधी इतिहासकारों का मत भी पूर्वाग्रहग्रस्त हो सकता है। इसलिए जरूरत है कि अन्य साक्ष्यों की सहायता से, प्रत्येक मत का विश्लेषण करते हुए तुम्हें अपना मौलिक मत बनाना चाहिए।

इतिहास विभाग से दर्शन शास्त्र विभाग की ओर बढ़ते हुए सिकुड़न भरी शेरवानी और पायजामा पहनने वाले प्रो. अली मेंहदी और मनोविज्ञान के प्रोफेसर विश्वास का चेहरा सामने घूम गया।

इन दोनों विभागों को प्रणाम करता मैं आगे बढ़ता हुआ यूनियन हॉल पर आया। इसी हॉल में यूनियन के उद्घाटन के अवसर पर मैंने देश के शीर्षस्थ राजनीतिकों के भाषण सुने हैं। इसी हॉल में स्टूडेंट फेडरेशन के ज्वाइंट सचिव

के नाते मैंने भी कई जोशीले भाषण दिए थे। हड़ताल, धरना प्रदर्शन जिंदाबाद और मुर्दाबाद के नारे जैसे मेरे कानों में अभी भी गूंज रहे थे। राजनीतिक दल, यूनीवर्सिटी यूनियन के चुनाव में आर्थिक तथा प्रत्येक संभव सहायता देते थे और इस प्रकार यूनियन भावी नेताओं का सृजन कर रहा था।

मैंने भीगी और नम आँखों से आर्ट फैकल्टी को प्रणाम किया। यूनीवर्सिटी रोड से पुनः वापस लौटते हुए मैंने म्योर सेंट्रल हॉल अर्थात विज्ञान व गणित विभाग की ओर साइकिल मोड़ दी। मुस्लिम हॉस्टल पार करते हुए विजयानगरम हॉल के चमकीले गुम्बज को काफी देर तक निहारता रहा। यह यूनीवर्सिटी का शेष आधा भाग था जिसमें स्वीमिंग पूल तथा प्लेग्राउंड भी था। यहाँ वाटर पोलो और हॉकी, फुटबॉल के मैचेज़ के साथ स्पोर्ट भी आयोजित किए जाते थे। म्योर हॉल से होते हुए ही मैं रोज अपने हॉस्टल लौटता था। हॉस्टल से तो मैं कभी पहले ही विदाई ले चुका था, मैंने अपनी साइकिल अब कंपनी बाग अथवा अलफ्रेड पार्क की ओर मोड़ दी।

हॉस्टल के ठीक सामने होने से यह पार्क और विशाल उद्यान मेरा प्रिय स्थल था। यहाँ स्थित पब्लिक लाइब्रेरी ने भी मुझे बहुत कुछ दिया है। पर सबसे अधिक दिया है उस उद्यान में खिले सुंदर सुवासित पुष्पों ने, जीवनदायिनी ताजी हवा और पक्षियों के कलरव ने। मैं सुबह-सुबह ओस भीगी दूब पर चलता हुआ सूरज की किरणों के स्पर्श से कलियों को फूल बनते हुए देखता था। चांदनी रातों में पार्क में पड़ी बैंच पर लेटा हुआ चांदनी और फूलों की सुवास को जी भर कर पीता था। कभी घने वृक्षों की छाया तले पुस्तकें पढ़ा करता था। मित्रों से गपियाते हुए उनके प्रेम-प्रसंग सुना करता था। कविताएं और कहानियां लिखा करता था।

अलफ्रेड पार्क को छोड़ते समय जी जाने कैसा सा हो गया? ऐसा लगा जैसे मैं अपने किसी प्रिय से विदा ले रहा हूँ।

पार्क से लौटते हुए सोच रहा था कि अपने आशियाने चलकर सामान को व्यवस्थित कर लूँ पर व्यवस्थित करने जैसा था ही क्या? एक बक्स, एक बिस्तरा और बांस की दो कंडियाँ। पिछली रात चौक जाकर मैं हरीराम के देसी घी के प्रसिद्ध समोसे और दालमोठ खरीद ही लाया था। पत्नी के लिए भी छोटी-मोटी दो-चार चीजें खरीदी थीं। माँ के लिए माला और कुशासन और पिताजी के लिए सुर्मेदानी। अनजाने ही साइकिल का हैंडिल सिविल लाइन्स की ओर मुड़ गया। हाईकोर्ट के वकील बैरिस्टरों के भव्य बंगलों और कोठियों को पार करता हुआ सिविल लाइन्स आ पहुँचा। यूनीवर्सिटी की लव लेन में तो

छात्राओं के दीदार होते थे पर सिविल लाइन्स की शाम, सड़कों पर इलाहाबाद के शीर्ष सौंदर्य की झाँकी मिलती थी। माननीय न्यायाधीशों, ऊँचे अफसरों और मोटी कमाई करने वाले एडवोकेट की पत्नियाँ, बहिनें और पुत्रियाँ लेटेस्ट फैशन में सजी-धजी वातावरण में अपने सौंदर्य की सुवास बिखेरती, घंटियों और पायलों के घुंघरू जैसे दिलकश और दिलरुबा हँसी बिखेरती हवा के ताजे झोंकों सी गुजर जाती थीं। लखनऊ में शाम हजरतगंज की जैसे गंजिंग मशहूर है, इसी तरह इलाहाबाद के छात्रों के लिए शाम इलाहाबाद की सिविल लाइन्स में घूमते और आँखें सेंकना बड़े टॉनिक का काम करता था। इससे उन्हें प्रेरणा और सुकून मिलता था। नवजीवन और उत्साह मिलता था।

पर इस समय तो सिविल लाइन्स सूनी पड़ी थी। पैलेस थियेटर बुत बना खड़ा था, जहाँ सप्ताह में एक बार कम दामों पर चलने वाली साढ़े नौ बजे रात की हिन्दी फिल्म मैं अक्सर देखा करता था। कॉफी हाउस भी अभी बंद था जहाँ शाम नगर के शीर्ष साहित्यकार एक कप कॉफी पीते हुए घंटों गपशप, बहसें और कवितापाठ किया करते थे। मैं कॉफी पीता यह कौतुक बड़ी दिलचस्पी से देखा करता था। पर साहित्यिक क्षेत्र में होने वाली गुटबाजी और चमचेबाजी से जी न जाने कैसा कुछ हो गया था?

वाह इलाहाबाद वाह! इटावा के कुंवे से निकालकर तूने मुझे सागर जैसे विशाल संसार का परिचय दिया। मेरे ज्ञान को विकसित किया। मेरी आस्थाएं तोड़ीं। मुझे निर्मल दृष्टि दी। कॉफी हाउस को पार करते हुए विशाल चर्च से गुजरते हुए मेरी साइकिल उच्च न्यायालय के सामने रुकी जिसे मैं कुछ देर बड़ी अजीब दृष्टि से देखता रहा। इलाहाबाद को धार्मिक दृष्टि से मुक्ति प्रदायक पवित्र और पावन कहा जाता है।

तभी मुस्लिम शासकों ने इसका नाम प्रयाग से बदलकर अलाहाबाद कर दिया, अर्थात जहाँ अल्लाह स्वयं आबाद है। इलाहाबाद की एक कॉलोनी अल्लापुर आज भी इसका प्रमाण है।

इलाहाबाद को पहले यूनाइटेड प्रोविन्स अर्थात यू.पी. की अंग्रेजों ने राजधानी बनाया था। पर कालान्तर में कई कारणों से इसे लखनऊ ले जाया गया। पर इलाहाबाद के तीन स्तम्भ कायम रहे। धर्म, न्याय और शिक्षा। संगम और कुम्भ के कारण इलाहाबाद पूरे देश में प्रसिद्ध था। यहाँ उच्च न्यायालय होने से बद्रीनाथ, अल्मोड़ा, नैनीताल, आगरा, मेरठ तथा पूरब से सुदूर बलिया, आजमगढ़ और दक्षिण में झांसी तथा ललितपुर आदि सभी 52 जिलों के लोग न्याय पाने यहाँ आते थे। इलाहाबाद इस तरह वकीलों और एडवोकेट लोगों की एक छावनी बन गया था।

जब मैं इटावा में आठवीं कक्षा में पढ़ता था तो राजासाहब मलाजनी का दत्तक पुत्र नाइन्थ का छात्र था। पिताजी बताया करते थे राजासाहब मलाजनी निःसंतान मर गए थे और रानी ने एक लड़के को गोद ले लिया था, जबकि राजासाहब के भतीजे उत्तराधिकार की लड़ाई हाईकोर्ट में लड़ रहे थे। रानीसाहब के वकील थे पं. मोती लाल नेहरू और उनके भतीजे ने डॉ. कैलाशनाथ काटजू को अपना वकील बनाया था। उन दिनों नोटों का प्रचलन कम था और मुद्रा के रूप में चांदी के कलदार रुपए चलते थे। पिताजी बताया करते थे कि इन दिनों वकीलों की फीस बोरे भरकर चांदी के कलदारों से चुकाई गई थी। तभी मैंने पहली बार जाना था कि हाईकोर्ट का न्यायाधीश होना एक बहुत बड़ी सम्मानित स्थिति है।

डॉ. ईश्वरीप्रसाद के फ्रेंच रेव्यूलशन पर प्रतिवर्ष होने वाले ऐतिहासिक लेक्चर को, लार्ज लेक्चर थियेटर में सुनने के लिए तीन न्यायमूर्तियाँ पधारी थीं। वाइस चांसलर ने स्वयं उनका स्वागत किया था। तभी पहली बार मुझे न्यायमूर्तियों को देखने का अवसर प्राप्त हुआ था।

फिर इलाहाबाद में रहते, बसते, अध्ययन करते, सिविल लाइन्स घूमते, इलाहाबाद में रहने वाले छात्रों से अंतरंग संबंध होने पर इन न्यायमूर्तियों और न्याय के दलाल वकील और एडवोकेटों के बारे में जो कुछ सुना, उनसे उनकी प्रतिमा खण्डित होने लगी।

इलाहाबाद के एक सीनियर एडवोकेट का पुत्र मेरा क्लासफेलो था। एक दिन यूं ही बातचीत में मैं न्यायमूर्तियों की प्रशंसा करने लगा। इसके प्रत्युत्तर में वह बुरा सा मुंह बनाकर बोला–"न्यायमूर्ति? छोड़ो पार्टनर, ये सभी सामान्य इंसान हैं। ठीक हम जैसे ही। घर पर एक ड्रिंक पार्टी में एक न्यायमूर्ति आवश्यकता से अधिक स्कॉच व्हिस्की पी गए और उल्टियाँ करने लगे। कंचन, कामिनी और कादम्ब, उनसे तो देवता तक प्रेम करते हैं। देवराज इन्द्र के कंचनमय स्वर्ग में कामिनी भी है और कादम्ब भी। कोई न्यायमूर्ति कैश में रिश्वत नहीं लेता पर कामिनी और कादम्ब का मजा तो हमारे पापा जैसे एडवोकेट ही उन्हें उपलब्ध कराते हैं। कोई धार्मिक प्रवृत्ति का एडवोकेट हुआ तो उसके सत्संग के लिए संतों का सम्मेलन आयोजित करते हैं, उनके परिवारों को विदेश में सैर-सपाटा करवाते हैं। तभी तो मेरे पापा स्टे लेने और जमानत पर मुवक्किल छुड़वाने के एक्सपर्ट कहे जाते हैं।"

फिर कुछ अचानक याद आने से वह सहमकर सकपकाया हुआ बोला था–"पर पार्टनर! यह बात तुम अपने तक ही सीमित रखना। न जाने मैं किस

झोंक में क्या कुछ कह गया? पर यहाँ ईमानदार न्यायमूर्तियाँ भी हैं। दो-चार अपवादों से इसे जनरलाईज नहीं किया जा सकता।"

हाईकोर्ट में न्यायमूर्ति, सेशन कोर्ट से प्रोन्नत होकर ही तो आते हैं, अथवा सीनियर एडवोकेट को नामित किया जाता है। वे सभी अपनी पुरानी आदतों को ही साथ लेकर आते हैं। उनमें अच्छे बुरे सभी तरह के लोग होते हैं।

अंग्रेजों के समय उनके भय और तानाशाही से न्यायाधीश भयभीत बने प्राय: निष्पक्ष और न्यायप्रिय बने रहते थे। पर स्वतंत्रता के बाद नेताओं के भ्रष्ट आचरण और प्रत्येक क्षेत्र में अपनी मनमर्जी से कार्य चलाने की प्रवृत्ति ने नैतिक मूल्यों को क्षत-विक्षत कर दिया। न्याय पालिका भी प्रभावित हुई। अधिकतर नेता स्वतंत्रता आंदोलन से पूर्व एडवोकेट ही थे। उनकी दूर दृष्टि ने राजनीति में भाग लेने के लाभ अच्छी तरह समझ लिए थे। एडवोकेट होने के कारण वे न्याय विभाग की प्रत्येक संदों और कमियों से परिचित थे। उनका एकमात्र उद्देश्य था अपने कार्य की सफलता, फिर चाहे वह भय दिखाकर प्राप्त की जाए या प्रलोभन के द्वारा।

मुझे बाद में ज्ञात हुआ कि कुछ एडवोकेट ठेके पर केस लड़ा करते थे। सेशन से फांसी की सजा पाए व्यक्ति को वह उम्र कैद या बीस वर्ष की सजा में बदलवाने के लिए पचास हजार या एक लाख का ठेका लेते थे। उनकी हाईकोर्ट की कुछ न्यायमूर्तियों से सैटिंग हो गई थी और रजिस्ट्रार की कृपा से वह अपना केस उसी न्यायमूर्ति के यहाँ ट्रांसफर करवा लेते थे। कुछ न्यायमूर्तियों के लड़कों, भतीजों और भांजों ने भी हाईकोर्ट में प्रैक्टिस शुरू कर दी थी और न्यायमूर्ति एक दूसरे को एक्मोडेट करते हुए न्याय को खुले आम बेच रहे थे। जो पूरे समाज में फैला था, उससे न्याय व्यवस्था कैसे पृथक हो सकती थी क्योंकि न्यायाधीश भी इसी सड़े-गले समाज के अंग थे। फिर भी आधे तियाही न्यायमूर्ति, न्यायप्रिय और ईमानदार थे, यह भी किसी आश्चर्य से कम न था।

भारी मन से साढ़े नौ बजे अपने आशियाने पर लौटा। हॉस्टल के पुराने मित्रों से कल ही मिल चुका था। मुझे जरा भी आशा नहीं थी कि कोई मित्र मुझे विदा करने या 'सी ऑफ' करने स्टेशन आएगा।

# आदर्श के कल्पित संसार से यथार्थ की ठोस भूमि पर

घर में जैसे मेरा ही इंतजार हो रहा था। भाई साहब, माताजी, पिताजी, पिताजी के दोस्त और खुद मेरी पत्नी ने ही महारथियों की तरह मुझे अकेला चक्रव्यूह में घेर लिया। उनके एक-एक तर्क से मेरे अस्त्र-शस्त्र टूट-टूट कर गिरते गए।

भाई साहब ने टोका-"रिसर्च करने चले हैं। बोलियों की डिक्शनरी बनाएंगे। तीन साल भाड़ झोंककर और चार हजार गँवाकर डॉक्टरेट पा भी ली तो कौन सा तीर मार लोगे? जब शादी की है तो घर-गृहस्थी संभालो। मैं तो उन्नीस साल से कमा रहा हूँ और तुम बीस पार कर चुके हो।"

पिताजी ने भी टोंका-"श्री! आखिर तेरा भाई कुछ गलत भी तो नहीं कहता। शादी हो गई है, अच्छा है जिम्मेदारी संभालना सीख।"

माँ ने नहले पर दहला लगाया-"और फिर अब तू बहुत जल्द बाप बनने वाला है। जिम्मेदारी नहीं संभालेगा तो गृहस्थी कैसे चलेगी?"

मेरे ऊपर से छत भरभरा कर गिर पड़ी। तो मैं पिता बनने जा रहा हूँ। एक नई हथकड़ी मेरे हाथों में पड़ने जा रही है। पर इसमें मेरा ही कसूर था। घरवाले दो वर्षों से पीछे पड़े हुए थे कि शादी कर लो। मैंने शादी अपनी मर्जी से ही की थी। शादी के बाद ऐसा होना ही था। पर इसके बहाने मेरे सपने, मेरे अरमान सभी समाधिस्थ हो रहे थे। मुझे महसूस हुआ जैसे मेरे विरुद्ध सभी घरवालों ने एक षड्यंत्र रचा था। शादी के बाद जो दहेज की रकम आई थी वो बिजनेस में लगा दी गई थी। दुकान की आमदनी सवाई हो गई थी। शादी का फंदा डालकर वे मुझे जिम्मेदारी के बंधन में जकड़ देना चाहते थे।

पत्नी भी दरवाजे में घूँघट की ओट शरमाते हुए जैसे मुस्करा-मुस्करा कर कह रही थी-"देखो भाई! मैंने तो कुछ किया नहीं! मैं तो कुछ जानती वानती नहीं थी। यह सब तुम्हारा ही किया हुआ है। अब जो बोया है, उसे काटो। रिसर्च का चक्कर छोड़ो। जैसी भी मिले नौकरी कर लो। घर से दूर...एक छोटी सी झोपड़ी हो। दो पंछी मस्त होकर रहें। मैं तो संतोषी जीव हूँ। जो भी मिल जाएगा, गुजर कर लूंगी।"

मैं सिर पर हाथ रखकर बैठ गया। मेरा सिर बड़ी तेजी से घूम रहा था।

आखिर मैंने परिस्थितियों के समक्ष आत्मसमर्पण कर दिया। भागता शिकार जब थक कर गर्दन झुका दे, तो मारने वाला शिकारी उदार हो उठता है। उसी उदारता से पिताजी बोले-"अब देर-सवेर तुझे गृहस्थी संभालनी है। हम लोगों की जिन्दगी का कुछ ठिकाना नहीं। चाहता हूँ तू मेरे सामने 'सैटिल' हो जाए। अपनी घर-गृहस्थी संभालकर जिम्मेदारी का उठाना सीख ले।"

मैं पस्त होकर बोला-"पर नौकरी आम के पेड़ से तो टपकती नहीं। लाख कोशिश कर ली पर कोई ढंग की नौकरी ही नहीं मिलती।"

इस बार कमान भाई साहब ने संभाली-"शुरू में यह उम्मीद मत करो कि तुम्हें कोई बहुत बड़ी नौकरी मिल जाएगी। शुरू में तो मैं भी एवजी में गवर्नमेंट कॉलेज में जूनियर लेक्चरर के रूप में लग गया था। और एक बार लगा तो बस तरक्की ही करता गया। तुम कहो तो डिस्ट्रिक बोर्ड में पार्टटाइम क्लर्की के लिए मैं कोशिश करूँ।"

मैं अभी इतना नहीं हारा था। चीखकर बोला-"नहीं...नंहीं...मैं क्लर्क नहीं बनना चाहता।"

इस बार पिताजी बोले-"कहो तो आटा चक्की खुलवा दूँ। तेल का कोल्हू लगवा दूँ।"

मैंने इस बात की कल्पना ही नहीं की थी कि इतना पढ़-लिखकर मेरे सामने आटा तेल के व्यापार का प्रस्ताव भी रखा जा सकता है। वाह अच्छा-खासा मजाक है? यह व्यापार करता देख कोई कहेगा-

**पढ़े फारसी बेचे तेल**
**यह देखो किस्मत का खेल**

मैं व्यूह तोड़कर घर से दूर घूमने जंगल चल पड़ा था पर यह सिर्फ वक्ती पलायन था। मैं हार गया था और मैंने अपनी हार स्वीकार कर ली थी और इसीलिए मुझे व्यूह से निकल जाने दिया था। पिताजी ही हँसकर बोले-"अभी आजाद पंछी है। पिंजड़े में धीरे-धीरे ही कदम रखेगा।"

पर तभी भाई साहब फट पड़े थे-"यूनिवर्सिटी ने इसका दिमाग खराब कर दिया है। अब बताओ इतना पैसा खर्च कर आप जनाब दो डंडे लाए हैं। हिन्दी साहित्य में प्राइवेट रूप से परीक्षा देकर भी दो डंडे लिए जा सकते थे। इन दो डंडों के लिए डेढ़ हजार सालाना खर्च करने की तुक क्या थी? खैर साहब..जो पैसा फूंकना था फूंक चुके...अब मरी डिक्शनरी बनाने में तीन साल का भाड़ झोंकना कौन सी अक्लमंदी है? बड़ी नौकरी नहीं मिलती तो छोटी नौकरी से

शुरू करो। इन्कमटैक्स महकमे में बाबू से आदमी तरक्की करते-करते इन्कमटैक्स कमिश्नर बन जाता है। पर मैंने क्लर्की पर लगाने की बात कह दी तो दस-दस हाथ ऊपर उछलने लगे। मत बन भाई क्लर्क। बूता है तो साहब बनकर ही दिखा दे।"

भाई साहब आधा घंटे तक तमाशा करते रहे थे। आस-पड़ोस के सारे लोग नाटक देख सुन रहे थे।

पिताजी ने कुछ बोलना चाहा था कि भाई साहब ने उन्हें भी आड़े हाथों लिया था-"आप चुप रहिए चच्चा! यह सब आपके ही लाड़ और शह से बिगड़ा है। इंटर साइंस साइड से की थी तो सीधे उसे ओवरसियर का कोर्स पूरा करने भेज दिया होता। तीन साल बाद कमाना शुरू कर देता। देख लो रामसहाय ओवरसियर ने पाँच सालों में पचास हजार कमा लिए। पी.डब्ल्यू.डी. में पैसा लूट रहा है। ठेकेदार घर बैठे कमीशन देते हैं। पर आपने उस वक्त मेरी राय न मानकर उसके कहने के मुताबिक उसे इलाहाबाद यूनिवर्सिटी भेज दिया। आवारागर्दी के लिए साहबजादे ने आर्ट साइड ले ली। यह कहानी कविता लिखना सब शोहदेपन की निशानी है। जब-जब मैंने उससे कुछ कहना चाहा आप बराबर मुझे दबाकर उसका पक्ष लेते रहे। अब आप जवाब दीजिए...क्या तीन सालों तक हम लोग उसकी आवारागर्दी के लिए हर महीने मनीऑर्डर भेजते रहेंगे। उसकी गृहस्थी की परवरिश करते रहेंगे।"

चच्चा का मुंह बंद हो गया था। और तो और वो चच्चा पर भी बरस पड़े थे।

"यह आपकी दया धर्म दुकान का भी सत्यानाश किए दे रही है। आप बीस-बीस रुपए ब्याज कम कर देते हैं। होना तो यह चाहिए कि जो ग्राहक चार छह सालों बाद चीज छुड़ाते हैं उनसे ब्याज पर ब्याज लिया जाए। उसकी सीधी सी तरकीब है कि उन्हें ब्याज ज्यादा जोड़कर बताया जाये इसके बाद कुछ कम कर दिया जाए। ग्राहक भी खुश रहता है और अपना नुकसान भी नहीं होता।"

भाई साहब उस दिन पूरे घर पर हावी हो गए थे। उन्होंने पिताजी तक को नाकारा घोषित कर दिया था।

मैं अपनी प्रिय चक्कर की सड़क पर घूमने निकल गया था। जंगल में झील के पास उसी टीले पर चढ़कर मैंने एक कविता लिखी-

"उन सभी ने मुझे चक्रव्यूह में घेर लिया है
सभी के हाथों में हैं तेज बर्छें, तलवारें
और नुकीले विष बुझे तीर

और मैं...
मैं निशस्त्र हीं इस व्यूह में यह
सोचकर घुसा था
कि मैं अपने घर में आया हूँ
और घर में युद्ध हो ही नहीं सकता।

हाँ! मैंने हार मान ली है
अपनी परिस्थितियों से
अपनी मजबूरियों से
और मैं गाड़ी में जुतने को तैयार
हारे हुए सांड की तरह खड़ा हूँ
जिसे उपयोगी बनाने के लिए
सभी ने उसका ऑपरेशन कर उसे बधिया बना दिया है।
हाँ मैं नपुंसक क्लीव की तरह
परिस्थितियों के आगे झुक गया हूँ
हालांकि मैं सोचता था
कि मैं परिस्थितियों को ही नहीं
पूरे जमाने और समाज को
अपने आगे झुका लूंगा।"

कविताएँ लिख लेने से मेरा बोझ कुछ हल्का हो गया। घूमते-घूमते मैं मरघट की तरफ निकल गया। दो अधजली चिताओं से मांस जलने की नारकीय बू आ रही थी। मुझे याद आया मैंने बचपन में एक बार कापालिकों की कहानियाँ पढ़कर कभी सिद्ध कापालिक बनने का सपना देखा था। पर यह सुनने पर कि कापालिक वमन, मल, मुर्दे का मांस सब कुछ खा लेते हैं, मेरा मन एकं अजीब घृणा से भर गया था। आज मरघट में आकर, मैंने बड़ी बेचैनी और घुटन महसूस की। मैं वापस टिक्सी मंदिर आ गया। वहाँ कई घंटे पत्थर की पट्टियों पर पड़ा सोचता रहा। अब जो होना हो, हो। मैंने अपने को अस्तित्व की मर्जी पर छोड़ दिया है।

रात आठ बजे मैं घर में चोर की तरह घुसा था। माँ ने टोका था-"कहाँ घूमता रहा। चल खाना खा ले। बहू अब तक दो जान से भूखी बैठी है।"

वैसे मेरी खाना खाने की तबीयत नहीं हो रही थी। पर पत्नी के दो जान से होने की बात सुनकर मैं खामोश रहा और बिना उत्तर दिए सीढ़ियाँ चढ़कर अपने तिमंजिले वाले कमरे में आ गया।

माताजी ने खाना लेकर पत्नी को ऊपर ही भेज दिया था। मैं एक शिशु की तरह उसके आंचल में सिर गड़ाकर निःशब्द कुछ देर तक लेटा रहा था। चुपचाप उसके पेट पर हाथ फेरता रहा था। मैंने पूछा था-"तुमने मुझे लिखा क्यों नहीं, बताया क्यों नहीं।"

वह लजाकर बोली-"यह बात क्या बताने की होती है? अब तो लगता है पेट में कुछ फड़कता है।"

मैं बड़ों-बूढ़ों की तरह बोला-"सीढ़ियाँ बहुत तेजी से मत चढ़ा करो। पानी की बाल्टी या वजनी चीज मत उठाया करो।"

खाना पड़ा ठंडा हो रहा था। दोनों प्रेम प्यार में खो गए थे। ध्यान तब टूटा था जब माताजी नीचे से पुकारती बोलीं-बहू! परांठे और ले जा। सब्जी तो कम नहीं हो गई?"

"नहीं माँ काफी है सब कुछ! अब कुछ भी नहीं चाहिए।" और मैंने कौर तोड़कर उसके मुंह में दे दिया था।

खाना खाने के बाद वह पिछले चार महीने की रिपोर्ट लेकर बैठ गई थी: अपनी मनोव्यथा और परेशानियों की उसने कुछ ऐसी तस्वीर खींची कि मेरा एक ओर तो घरवालों के व्यवहार के प्रति मन आक्रोश से भर उठा और दूसरी ओर उस पर बड़ा प्यार आया।

पत्नी ने भावुक होकर कहा था-"मेरे कोई बहुत ऊँचे सपने नहीं हैं। मैं चाहती हूँ बस एक छोटा सा घोंसला हो। तुम हो मैं हूँ। तुम दफ्तर से आओगे तो दरवाजे पर प्रतीक्षा करते मुझे पाओगे। दो जनों को दोनों वक्त आठ रोटियाँ चाहिए। बच्चे को थोड़ा सा दूध चाहिए। मैं सवा सौ रुपए में ही मज़े से गृहस्थी चला लूँगी।"

मैंने सोचना छोड़ दिया था। मैं चुपचाप आकण्ठ तक उसके प्यार में डूब गया था। अपने आपको शिथिल होकर लहरों के हवाले कर दिया था मैंने।

विश्वविद्यालय 'ज्वाइन' करते समय आँखों में भविष्य के सपने थे। मैं एक साहित्यकार बनूंगा। ऐसे साहित्य का सृजन करूंगा जिससे पूरे हिन्दी जगत में मुझे नाम और प्रसिद्धि मिले। मेरी रग-रग में क्रांति और विद्रोह का लावा उबल रहा था। मैं उसी क्रांति को अपने साहित्य द्वारा एक आवाज बनाना चाहता था।

उन दिनों मैंने जीवन भर विवाह न करने का दृढ़ निश्चय किया था। उन दिनों रजस गुण इतना प्रबल था कि सुबह बिस्तरे से उठते ही मैं पढ़ने-लिखने में डूब जाता था। पैदल या साइकिल से रोज 10-12 मील का चक्कर लगाना मेरे लिए एक सामान्य बात थी। मैं एक पुस्तकालय से दूसरे पुस्तकालय में जाता

था। साहित्य, इतिहास, दर्शन सभी कुछ पढ़ता था। विदेशी साहित्य का हिन्दी में अनुवाद पढ़ता था। विश्व सभ्यता और संस्कृतियों का इतिहास पढ़ते समय यह सपने देखता था कि कभी अवसर मिला तो मैं भी इटली, पेरिस और लंदन जाऊंगा। मिस्र, तुर्की, ईरान, ईराक और चीन का भ्रमण करूंगा।

मैंने यूनीवर्सिटी के दुकानदारों से दस से बीस रुपयों के विज्ञापन बटोर कर आठ और सोलह पृष्ठों की दो पत्रिकाएँ 'सोपान' और 'सौरभ' निकाली थीं। उसमें मेरी ही अधिकतर रचनाएँ मेरे और मित्रों के नाम से प्रकाशित होती थी। मेरा ख्याल था कि एक दिन विस्तार लेते हुए यही पत्रिकाएँ पूरे देश भर में प्रसारित होने लगेंगी।

पर एम.ए. प्रीवियस के बाद विवाह करने पर जैसे सभी महत्त्वाकांक्षाएँ विलीन हो गईं।

ज़िन्दगी प्यासी नदी सी छटपटाई उम्र भर
एक जंगल है कि जिसमें खो गया मेरा शहर।
धूप, नंगी धूप है और कैक्टस विष बुझे
अब तमाचा बन गई है ज़िन्दगी की दोपहर।
आज घर से निकलकर खोजता खुद को रहा
रेत, जलती रेत थी और एक लम्बा सफर।
एक धुएं और गर्द कीचड़ में गंधाती ज़िन्दगी
पन्नियां रंगीन चिपकाए हुए हैं होंठ पर।
भागकर जाना कहाँ है, और किससे दोस्तो
रोककर मैं पूछता हूँ, ठहर भाई, ओ ठहर।

मेरे सपनों का शहर ध्वस्त हो गया। मैंने स्वयं ही नष्ट कर दिया उसे। ज्यादा भागदौड़ का लाभ क्या? सिकन्दर ने विश्व विजय कर ली पर आखिर मिला क्या? अतृप्त और अशांत होकर ही मरा। इतिहास की पुस्तकों में सभी के नाम काले अक्षरों में ही अंकित होते हैं और नाम अंकित होने से ही उसे क्या मिल पाता है, जो दुनिया छोड़ चुका होता है।

मेरे सामने जिन्दगी का यथार्थ जलती रेत की तरह दूर-दूर तक फैला था। मुखौटे ओढ़े बड़े लोगों का असली चेहरा मैं अच्छी तरह जान चुका था। संतों महन्तों और नेताओं के, न्यायमूर्तियों और प्रोफेसर्स के, साहित्यकारों और कलाकारों के रंगीन पन्नियाँ चिपकाए खोखले व्यक्तित्व। ऊपर से आदर्शों और सिद्धांतों का ढोल पीटने वाले क्रांतिकारी, सुधारवादी, धार्मिक, ईमानदार और निष्पक्ष महामानव पर अन्दर से प्रतिक्रियावादी, ढोंगी, बेईमान, शोषक अन्यायी राक्षस। नहीं बनना मुझे ऐसा महान।

बस एक छोटी मोटी नौकरी मिल जाए। शहर के शोर-शराबे से दूर कहीं मैं पत्नी के साथ शांति और सुकून से रहूं। जिन्दगी में आदमी के लिए पेट भर रोटी और तन ढंकने को कपड़े मिल जाएं और साथ हो उसकी प्रेमिका, फिर पूरी दुनिया की बादशाहत भी व्यर्थ है।

हम जो गहरे में हृदय से चाहते हैं, वह पूरा हो ही जाता है, बशर्ते कि वह दिमाग से न सोचा गया हो। वह 1956 का जमाना था। पंचवर्षीय योजनाओं को पूरा करने के लिए ग्राम सुधार की योजनाओं के अंतर्गत मध्य भारत में ग्राम पंचायतों, केन्द्र और जिला पंचायतों का गठन किया गया था। पंचायत-इंस्पेक्टर की पोस्ट के लिए मैंने भी प्रार्थनापत्र प्रेषित कर दिया था। इसी तरह पंजाब में ए.डी.ओ. (असिस्टेंट डेवलपमेंट ऑफिसर) के लिए भी प्रार्थनापत्र पोस्ट कर दिया था।

रिसर्च करने का मेरा उत्साह, रिसर्च स्कालर्स की दुर्दशा और शोषण देखकर कभी का बुझ चुका था। नए विवाह और प्रेम ने मेरे अन्दर पत्नी के साथ घर गृहस्थी बसा कर रहने की चाह उत्पन्न कर दी थी।

मैंने नायब तहसीलदार तथा सहा. बिक्री कर अधिकारी की प्रतियोगी परीक्षाओं में भी भाग लिया था। परिणाम तो आठ दस माह बाद आना था। हाँ, पंचायत इंस्पैक्टर के लिए दिए गए साक्षात्कार का परिणाम अवश्य आ गया था। नियुक्ति पत्र में मुझे मुरैना में तुरंत ज्वादन करने का आमंत्रण मिला।

घर भर में उत्साह का वातावरण छा गया था। आखिर मैं अफसर होकर जा रहा था। पंचायत इंस्पैक्टर ही सही, पर था तो ऑफिसर। भाई साहब, डिप्टी साहब कहे जाते थे। वह स्कूलों के डिप्टी थे। सब डिप्टी इंस्पैक्टर ऑफ स्कूल्स। गवर्नमेंट कॉलेज के जूनियर लेक्चरर से शुरू कर उन्होंने यह तरक्की की थी। इस तरक्की को वह बड़ा फक्र समझते थे। घर के काम के लिए एक सरकारी चपरासी मिला था। दौड़े पर मिडिल स्कूल के टीचर्स बड़ी खातिरदारी करते थे। घर आकर भी वे अपने खेतों के साग-सब्जी दूध-दही भेंट स्वरूप दे जाया करते थे।

मेरी भी जिन्दगी कुछ इसी तरह शुरू होने जा रही थी। जहाँ प्रेम होता है, वहाँ महत्त्वाकांक्षाएँ गिर जाती हैं। कुछ होने और कुछ पाने की कामना पंगु हो जाती है। प्रेम की दौलत के आगे सारे प्रलोभन अर्थहीन हो जाते हैं। मेरा हृदय जन्म से ही प्रेम के लिए प्यासा रहा था। कई बहनों के मर जाने व दो बहनों के जन्म के बाद भाई साहब का जन्म हुआ था इसलिए माता-पिता उन्हीं को

सर्वाधिक प्रेम करते हुए उनकी हर जिद पूरी करते थे और मैं उस प्रेम से वंचित था।

मैंने अपनी पत्नी से पढ़ाई के कारण दूर रहते हुए, प्रेमिका जैसा ही प्यार किया। उससे भी प्रतिदान में मुझे वैसा ही पागल प्रेम मिला। यदि यह प्रेम न मिला होता, तो हर हाल में संघर्ष करता, स्वावलंबी बनकर मैं रिसर्च पूरी करता ही और साहित्य सृजन में डूबा रहता। पर वह प्रेम का ही जादू था, कि एक छोटी सी नौकरी को भी न्यामत समझकर मैं मुरैना चल पड़ा।

# नौकरी का नया अनुभव

मैंने मुरैना (म. भारत) जाकर पंचायत इंस्पैक्टर का पद ज्वाइन कर लिया।

उन दिनों जिला मुरैना डाकू लाखनसिंह और तमाम नामी डकैतों के कारण बहुत बदनाम और प्रसिद्ध था। पर प्रेम में रमा मैं निर्भय और निर्द्वंद्व उस जिले के देहातों में काम करने के लिए तैयार था।

मुझे याद है जिला कलेक्टर श्री पवार ने हम नव नियुक्त दस पंचायत इंस्पैक्टरों को सम्बोधित करते हुए कहा था-

"हमारे देश में 80% ग्रामीण अंचल है। ग्रामों का विकास ही देश का वास्तविक विकास है। पर गांवों में अभी भी अशिक्षा, पिछड़ापन, गरीबी, भुखमरी, बेकारी और अकर्मण्यता है। शासन ने गांवों के विकास के लिए पंचायतों का गठन किया है। वहां पानी पीने के लिए कुओं, पाठशालाओं और पंचायतघरों की आवश्यकता है। आप लोग यूनीवर्सिटी से अभी-अभी सीधे आए हैं। अभी आप लोग ताजे और नए हैं। आपमें उत्साह, ऊर्जा और देश के विकास के लिए कुछ करने की भावना है।

इसे आप मात्र नौकरी न समझकर एक मिशनरी कार्य समझें। यह देश की इकाई ग्राम के उत्थान की वह बुनियाद है जिस पर देश की प्रगति निर्भर है।" मैंने उन वचनों को अपना मूलमंत्र बना लिया।

दो सप्ताह मुरैना में मैं एक धर्मशाला में रहते हुए ट्रेनिंग लेता रहा। सुबह शाम ढाबे में दाल रोटी और सब्जी खाता रहा। हम सहयोगियों में पोस्टिंग को लेकर तमाम बातें होती थीं। कलैक्टरेट के कर्मचारी और अधिकारी हम लोगों को आश्वस्त करते हुए बतलाते थे-"आप लोगों को डकैतों से डरने की कोई आवश्यकता नहीं। बस आप लोग खाकी कपड़े मत पहनिएगा। आप लोग तो उनके गांवों को कुंवे, पंचायत और पाठशाला के लिए अनुदान देने की सिफारिश करेंगे। वे आपको सम्मान ही देंगे। शेष ट्रेनिंग, एस.डी.एम., पंचायत सैक्रेट्री तथा मुरैना के पंचायत इंस्पैक्टर के कार्यालय में दी गई, जहाँ व्यवहारिक रूप से मैंने अपना कार्य समझा। आखिर मुझे कैलारस पोस्टिंग का ऑर्डर मिला। यह स्थान तहसील जौरा और सबलगढ़ के बीच में स्थित था। वहाँ ए.सी.सी. सीमेंट की क्वैरी थी, जहाँ पहाड़ियों से चूने का पत्थर खोदकर इकट्ठा कर बामौर सीमेंट फैक्टरी तक पहुंचाया जाता था।

मैं बस द्वारा कैलारस पहुंचा। फिलहाल मेरा ऑफिस केन्द्र पंचायत के ही दफ्तर में था, जो थाने से मिला हुआ था। कार्यालय में मेरे आधीन एक सब ऑडीटर, एक क्लर्क तथा तीन चपरासी थे।

कार्यालय पहुँचने पर सबसे पहले सलाम झुकाने चन्द्रदत्त उपस्थित हुआ था। वह ब्लाक का पंचायत सैक्रेटरी था।

देहाती और शहरी सभ्यताओं के संगम का अद्‌भुत प्रतीक। उसकी कीचड़ से सनी आँखों में एक कुटिलता और गिजगिजापन झाँक रही थी। सब ऑडीटर मि. सेंगर एक मिलनसार युवक थे, जो बहुत जल्द मेरे मित्र बन गए। क्लर्क की पोस्टिंग की जानी थी और नया दफ्तर भी शीघ्र पृथक खोलना था। केन्द्र पंचायत कार्यालय में स्टाक रजिस्टर में लिखी बहुत सी चीजें दफ्तर से गायब थीं। मसलन दफ्तर में रेडियो नहीं था। गैस की लालटेनें नहीं थीं। लाइब्रेरी की तमाम पुस्तकें अलमारियों से गायब थीं और उनका इश्यू होना भी दर्ज नहीं किया गया था। महीने भर से कैशबुक बन्द नहीं की गई थी। पासबुक केन्द्र सरपंच साहब के घर पड़ी थी। मैंने फौरन चन्द्रदत्त को धमकी दी थी कि इसकी रिपोर्ट जिला हेडक्वार्टर भेज दूँगा। चन्द्रदत्त गिड़गिड़ाकर साथ ही साथ समझाने वाले स्वर में बोला–"साहब! आप इतमीनान रखिए। सब कुछ ठीक हो जाएगा। रेडियो खराब पड़ा है। उसकी मरम्मत करा ली जाएगी। मरम्मत के लिए ही शहर ले जाने को उसे सरपंच साहब ने अपने घर रख छोड़ा है।

गैस लालटेन न्याय पंचायत के सरपंच के यहाँ शादी में गई थीं। उनमें से एक खो गई है। उनसे जुरमाना ले लिया जाएगा। किताबें थानेदार साहब के यहाँ गई हुई हैं। कुछ किताबों को दीमक लग गई है। मैं अगली मीटिंग में प्रस्ताव पास करा दूँगा। आप धैर्य रखिए हुजूर! अब जैसा आप कहेंगे, होगा सब वैसा ही। पर हुजूर केन्द्र सरपंच साहब लीडर आदमी हैं। एम.एल.ए. साब के खास आदमी। पहले जागीरदार थे। गढ़ी क्या पूरा महल है उनका। उनसे बिगाड़ने में हुजूर कतई फायदा नहीं है। पर मैं यह नहीं कहता कि आप कानून के खिलाफ चलें। कानून छोटे-बड़े सभी के लिए एक है। पर सिर्फ बात इतनी सी है कि देखना यह है कि उसे लागू कैसे किया जाए? आप देखते रहिए हुजूर मैं कुछ दिनों में सारा कुछ ठीक कर दूँगा। साँप भी मर जाएगा और लाठी भी नहीं टूटेगी।"

मुझे सभी चीजों को समझना था। समझ-बूझ कर अपने को जमाना था। मैं इसके लिए राजी हो गया था पर इन त्रुटियों से संबंधित एक नोट केन्द्र सरपंच के पास भेज दिया था। यानी मैंने सभी त्रुटियां लिखित में ला दी थीं।

पहाड़ियों की गोद में स्लेट की छत वाले झोपड़ों का वह गांव मुझे बहुत पसंद आया। थाने की बगल में केंद्र पंचायत का कार्यालय था, जिसमें एक सब ऑडीटर पहले से नियुक्त था। उसे मेरे ही आधीन ग्राम और केन्द्र पंचायतों के विकास कार्यों का ऑडिट करना होता था।

केन्द्र पंचायत कार्यालय के बगल में पृथक बने एक कमरे के फ्लैट में मैं सब ऑडीटर के साथ ही रहने लगा। हम दोनों को अलग-अलग चपरासी मिले हुए थे, जो हम लोगों का भोजन बना देते थे। सब ऑडीटर - साथ मैंने पूरा कैलारस और आसपास के गांव घूमे। गांव में एक ही कुंआ था, जिसका पानी पूरा गाँव प्रयुक्त करता था।

कैलारस में सीमेंट क्वैरी के ऑफीसर्स और स्टाफ के लिए बने क्वार्टर थे। एक क्लब थी। क्वैरी के डॉक्टर बहुत सहृदय में प्रेमी व्यक्ति थे।

पन्द्रह दिन कैलारस में रहकर मैंने दस रुपए माहवार पर एक मकान किराए पर लिया। नीचे मकान मालिक रहते थे। ऊपर स्लेट की छत के दो झोपड़े थे। एक बड़ा और एक छोटा। दोनों के बीच एक छोटी सी छत थी। छज्जे पर मकान मालिक ने एक बाथरूम कम लैटरीन बनवा दी। पांच रुपया माहवार पर उसने सुबह शाम कुंए से चार-चार कनस्तर पानी देने का वायदा किया।

मकान की व्यवस्था होते ही मैंने पत्नी को कैलारस बुलवा लिया। उसकी गोद में चार मास की बच्ची कल्पना थी। हम दोनों को वह झोंपड़ा उन दिनों स्वर्ग से बढ़कर आनंददायक लगता था। जब मैं गांवों के एक सप्ताह के टुअर के लिए निकलता था उसे उसके मायके ट्रेन से ग्वालियर भेज दिया था। अगले शनिवार को ग्वालियर जाकर रविवार वहां रहते हुए सोमवार सुबह की गाड़ी से कैलारस वापस लौट आता था।

दफ्तर और घर से चार फर्लांग दूर क्वांरी नदी बहती थी, जहाँ जलक्रीड़ा करते हुए स्नान करना हम दोनों को बहुत प्रिय था। क्वैरी के डॉक्टर तथा क्वैरी मैनेजर के परिवारों के साथ भी परिचय हो गया था और कभी-कभार क्लब भी चला जाता था।

आप शायद विश्वास कर ही नहीं सकते कि रु. 135/- माहवार में उन दिनों परिवार चलाना विशेष रूप से कैलारस जैसे कस्बे में बहुत आसान था। चपरासी को केवल पैंतीस रुपया माहवार वेतन मिलता था। घर के किराए के लिए केवल रु. 10/- माहवार देने होते थे। एक रुपए में अरहर की दाल पाँच किलो आती थी। देसी घी चार रुपए सेर था। नमकीन एक रुपए किलो मिलता था। लगभग पचास रुपया महीने में टी.ए. से भी मिल जाता था। दौरों में खाने-पीने में मुश्किल

से आठ दस रुपया माहवार ही खर्च होते थे। कुछ ग्रामों के सरपंच जो भले और ईमानदार थे, उनके बहुत आग्रह करने पर मैं उनके घर भोजन कर लेता था। वे भोजन भी बहुत प्रेम से कराते थे। रोटी के फूले फुल्के में अंगुली से छेदकर वह उसमें मक्खन या देसी घी का लौंदा डाल देते थे।

दौरे के दौरान दो चार बार रास्ते में डाकू भी मिले। मैं तो इन्हें पहचानता न था और वे अपने हथियार अपनी चादरों में छिपाए हुए चल रहे थे। उन लोगों ने आदर से मुझसे 'जैराम जी' की थी। उनके निकल जाने पर यह जानकारी तो मुझे मेरे चपरासी ने दी कि फलाने डाकू के गिरोह के सरदार ने आपको जैराम जी की थी और वह आपकी ईमानदारी से गांव की सेवा करने से बहुत प्रसन्न है।

आदिवासियों के गांवों के विकास के लिए जो कुछ मुझसे संभव हो सकता था, मैंने करने का प्रयास किया। उनके गांवों में कुंवे खुदवाने के लिए पत्थर ब्लास्ट पर काफी खर्च होता था, इस कार्य के लिए धनराशि तो मैंने स्वीकृत करवा दी पर उन सभी का पूरा होना मैं देख न सका।

इटावा से मेरी माताजी आकर भी कुछ दिन मेरे पास रह गईं। वह वैसे ही गांव की रहने वाली थीं। उन्हें मेरे पास रहना बहुत अच्छा लगा।

तभी सामान्य निर्वाचन आ पहुंचा। तीन स्थानों पर प्रीसाइडिंग ऑफिसर का दायित्व संभालते हुए चुनाव करवाना था। वह ऐसा चुनाव था, जिसमें चुनाव में खड़े प्रत्येक प्रत्याशी का नाम व चुनाव चिह्न का छपा लेबल मत पेटी पर चिपकाना होता था। चुनाव में जितने प्रत्याशी खड़े होते थे, उनसे अधिक मतपेटियां साथ ले जानी होती थीं। जिले में चुनाव तीन चरणों में होना था और इसीलिए मेरी अलग-अलग तीन तहसीलों के सुदूर गाँवों में ड्यूटी लगाई गई थी।

ट्रेनिंग के लिए मुझे मुरैना जिला हेडक्वार्टर जाना होता था। ट्रेनिंग लेने के साथ मैंने प्रीसाइडिंग निर्देशिका का भी भली-भांति अध्ययन किया। छह माह कार्य करते हुए मुझमें बहुत आत्मविश्वास आ गया था और मैं महज इक्कीस वर्ष की आयु में चुनाव कराने का उत्तरदायित्व संभालने में जरा भी नहीं हिचक रहा था। मेरे अन्दर इस नए कार्य के लिए बहुत उत्साह और उमंग थी।

# पहला आम चुनाव बड़गाँव के घने वन में

श्यौपुर तहसील से स्टेशनरी व चुनाव पेटियाँ लेकर मैं अपनी पोलिंग पार्टी तथा चपरासी के साथ ट्रक में आ बैठा। पोलिंग पार्टी का एक प्रौढ़ सदस्य बहुत परेशान था। वह श्यौपुर तहसील का ही कर्मचारी था। मेरे लिए यह पहला और भारतीय जनतंत्र का यह दूसरा निर्वाचन था।

उसने कहा–"साहब! बड़गाँव घोर घने जंगलों के बीच एक छोटा सा गांव है। गांव के किनारे नदी पर रात में शेर तेंदुए पानी पीने आते हैं। बड़े बाबू ने मुझसे नाराज होने के कारण ही मेरी ड्यूटी ऐसी खतरनाक जगह लगा दी है। मैंने तो हनुमानजी का सवा रुपए का प्रसाद बोला है यदि जीते जी सही सलामत घर लौट आऊं।"

मैंने उसे डांटते हुए कहा–"श्रीवास्तव साहब! आप बेकार डर रहे हैं। हम लोगों के साथ भरी बंदूकें लिए चार आर्मी जवान चल रहे हैं। फिर उस गांव में गांववाले भी तो सही सलामत रहते हैं। आप व्यर्थ की बातें कर पोलिंग पार्टी के दूसरे सदस्यों को डराएँ मत। एक दिन मृत्यु सभी को आती है और यह हरगिज मत भूलिए, 90% लोग अपने घरों में चारपाइयों पर लेटे हुए ही मरते हैं।

ट्रक में मेरे साथ दो और पोलिंग पार्टीज थीं। रास्ते में दोनों निर्धारित स्थानों में पोलिंग पार्टीज को छोड़ता हुआ शाम लगभग साढ़े पांच पर हम लोग बड़गांव पहुंचे। मैं रास्ते भर घने जंगलों का सौंदर्य जी भर पीता रहा। पूरी यात्रा मेरे लिए बहुत रोमांचक और सुखद थी। मैं ट्रक ड्राइवर की बगल में आगे बैठा था अतः मुझे अधिक धूल का सामना न करना पड़ा।

सर्दियों के दिन थे। सूरज लगभग डूबने को था। ग्राम पंचायत एक बड़े गोल झोंपड़े में स्थित थी। वह झोंपड़ा काफी विशाल था और उसी को मतदान केन्द्र बनाना था। रात का खाना मैं अपने साथ टिफिन में लेकर गया था। चपरासी के साथ स्थान पूछकर दिशा मैदान से फारिग होने नदी की ओर चल पड़ा।

डूबते सूरज का नदी में प्रतिबिम्ब देखकर मैं मंत्रमुग्ध हो गया। नदी के उस पार घना जंगल सांय-सांय कर रहा था। सन्नाटे में जब कभी गूंजती पक्षियों के

स्वर एक अजीब रहस्यमयता उत्पन्न कर रहे थे। मुझे अपनी जानकारी के आधार पर अच्छी तरह मालूम था कि जंगली जानवर रात में ही ऊपरी गुफाओं के बाहर निकलते हैं और वे भी आदमियों से उतना ही अधिक डरते हैं, जितना आदमी उनसे।

हाथ मुंह धोकर जब झोंपड़े में आया तो सरपंच ने आतिथ्य दूध भरे गिलास से किया। मैंने चपरासी को रुपए देकर पहले ही से बाजार से आटा-दाल लाने को कह दिया था, जिससे वह सुबह भोजन तैयार कर सके। सरपंच ने झोंपड़े के बीच अलाव जला रखा था और बाकी सूखी लकड़ियां और लक्कड़ वहां रखे थे।

लक्कड़ के बारे में जिज्ञासा करने पर ज्ञात हुआ कि झोंपड़े में आग पूरी रात जलती रहेगी। जंगली जानवर आग देखकर पास नहीं आते। सिपाहियों ने गांव से अपने सोने के लिए चारपाइयां जुटा ली थीं पर मेरे आग्रह पर दो सिपाही ड्यूटी बदल-बदल कर रात जागने को तैयार हुए।

अधिक दूध की चाय पीने के बाद मैंने पोलिंग पार्टी को मतदान पेटियों पर लेबल चिपकाने व अन्य तैयारी पूरी करने में लगा दिया।

रात का अंधियारा घना होता जा रहा था और भयानक। दिन भर के थके लोग धीमे-धीमे सो गए थे। अलाव में दो-तीन लक्कड़ निरंतर जलते हुए शीत से कुछ राहत पहुंचा रहे थे। तभी शेर की दहाड़ से पूरा वन प्रांतर गूंज उठा। यह दहाड़ बहुत निकट नदी के पास से ही आई थी। संभवत: शेर पानी पीने नदी किनारे आया हो और शिकार पर झपटा हो।

कुछ-कुछ भय भी हुआ पर सरपंच ने आश्वस्त किया था कि आग जब तक जल रही हो, जंगली जानवर निकट आने का साहस नहीं करते। फिर दो गार्ड्स भरी बंदूकें लिए जाग ही रहे थे। मुझे एक क्षण को पत्नी और बच्ची की याद आई।

शेर की दहाड़ फिर सुनाई दी। दोनों गार्ड्स बंदूकें थामें और सावधान हो गए, पर आग की धीमी रोशनी में उनके चेहरों पर भय की परछाईं तैर रही थी।

मैं अपने को चारों ओर से एक अजीब रहस्यलोक में पा रहा था। चारों ओर से खुला गोल झोंपड़ा, जिसके पार घना जंगल, ठिठुरती रात, तेज जलती हवा और जंगली जानवरों का भय। आसमान में चमकते सितारे और-चिंगारियां उड़ाते चट-चट जलती सूखी लकड़ियां।

वह निकली तेज हवा<br>
पेड़ों से सर-सर-सर

कांप रहे ठिठुरे से
पत्ते थर-थर-थर।
चितकबरी नागिन सी
भाग रही शीत रात
छोड़ गई कोहरे की
केंचुल अपने पीछे
डंसती ठंडी बयार

आधी-अधूरी एक दो कविताएँ मुझे याद आ रही थीं। सुबह सात बजे से मतदान प्रारंभ कराना था जिसके लिए छह बजे उठना आवश्यक था। ग्यारह बज रहे थे। यही सब ऊट-पटांग सोचता मैं न जाने कब नींद के गहरे आगोश में चला गया।

आदिवासियों के लिए वह मतदान जैसे एक पर्व था। वे रंग-बिरंगे कपड़े पहने गाते-बजाते मतदान केन्द्र आ रहे थे।

एक बारह साल के लड़के ने अपने बापू के स्थान पर वोट डालने की जिद की। उसका तर्क था कि बापू के बीमार होने पर जब वह खेत-खलिहान, मौत-गमी, शादी-विवाह हर जगह जा सकता है तो बापू के नाम पर वह वोट क्यों नहीं डाल सकता?

मतदान बहुत शांतिपूर्वक सम्पन्न हो गया। सब कुछ समेटते एक घंटा और लग गया। उस झोंपड़े को प्रणाम करते हुए जहाँ मैंने अपने जीवन की रहस्यमय रोमांचक रात गुजारी थी, मैं ट्रक में आकर बैठ गया। संध्या का झुटपुट चारों ओर से घिरने लगा था।

ट्रक रास्ते में दो और पार्टियों को लेता हुआ श्यौपुर की ओर बढ़ा चला जा रहा था। सामने था दूर-दूर तक फैला घना जंगल। ट्रक की हैडलाइट में उसे विस्मय से निहारते हुए कहीं पड़ी हुई किसी कविता की कुछ पंक्तियों का स्मरण आ गया।

शून्य निशि में
घने जंगल बीच
धूल के बादल उड़ाती
जा रही सुनसान गाड़ी
नींद में यह ऊंघते से वृक्ष
केवल है हवा की सरसराहट
चीरती सुनसान को

अधबनी कच्ची राह पर
बढ़ी जा रही, फौलाद गाड़ी।

ट्रक ग्यारह बजे श्यौपुर तहसील पहुंचा। वहाँ मतदान कर्मियों का पूरा मेला लगा हुआ था। मतदान पेटियाँ सौंपते-सौंपते बारह बज गए। हलवाई की कढ़ाही में गर्म-गर्म पूड़ियां तली जा रही थीं। पूड़ी सब्जी खाकर पूरी पोलिंग पार्टी ने क्षुधा शांत की। जीवन का पहला मतदान सफलतापूर्वक सम्पन्न कराने की खुशी से मैं अभिभूत था।

दूसरी चुनाव ड्यूटी थी तहसील मुरैना के खेकड़ा गांव में। वह गांव, डकैत इलाके में स्थित था। डकैतों से सुरक्षा के लिए मेरी पोलिंग पार्टी के साथ आठ आर्म्ड गार्ड्स दिए गए थे। डकैत-इलाके में महीनों से कार्य करते हुए मैं भयमुक्त था। यदि डकैत मतपेटी ही छीनना चाहते हैं तो यह डकैत और पुलिस के बीच की बात थी। मुझे तो केवल चुनाव सम्पन्न कराना था।

खेकड़ा गांव भी ट्रक से जाना पड़ा। जिन पोलिंग पार्टीज को पक्की सड़क के किनारे स्थित गांवों में भेजना था, उसके लिए बसों की व्यवस्था थी पर कच्ची सड़क से जुड़े सुदूर बसे गांवों के लिए ट्रक ही उपलब्ध कराए गए थे। नियमानुसार इन चुनौती वाले बीहड़ स्थानों में अनुभवी और पुराने अधिकारियों की ड्यूटी लगानी चाहिए थी। पर पुराने लोग जुगाड़ करके अपनी ड्यूटी शहर या तहसील के निकट पक्की सड़क से जुड़े गांवों अथवा तहसील ही में लगवाकर चुनौती और जोखिम वाले स्थानों में नए अधिकारियों को धकेल देते थे।

खेकड़ा ग्राम के सरपंच ने पोलिंग पार्टी का स्वागत चाय पिलाकर किया। ड्यूटी पर लगे पुलिस वाले गांव से अपने लिए चारपाई और शराब के जुगाड़ में लग गए। मतदान केन्द्र एक स्कूल के भवन में बनाया गया था। अपना साथ लाया खाना खाकर मैंने पोलिंग पार्टी को काम पर लगा दिया।

खा-पीकर पुलिस वाले जुटाई चारपाइयों पर लेटे ही थे कि उन्हें खबर लगी कि गाँव में डकैतों का दल आ पहुंचा है। फौरन सभी पुलिस वाले बंदूकें लेकर छत पर पोजीशन बनाकर लेट गए। उन्हें मतदान पेटियों की नहीं, अपनी बंदूकों के लुट जाने का अधिक भय था। यह बात मुझे अपनी पोलिंग पार्टी में तैनात एक तहसील कर्मी से लगी। वह बहुत चालू किस्म का जीव था। मतदान केंद्र पर पर्दे लागकर पोलिंग बूथ नहीं बनाए गए थे। उसने गांव से ही बांस और चादरें जुटाकर एक घंटे में ही दो पोलिंग कम्पार्टमेंट खड़े कर दिए थे। उसकी कारगुजारी और कर्मठता के लिए जब मैंने उसे धन्यवाद दिया, तो वह खींसे

निपोतरे हुए बोला-"हुजूर! मैंने बांस और चादरें किराए पर ली हैं। इनको किराए पर लेने के वाउचर्स पर मैंने गांव वालों के फर्जी अंगूठे निशान खुद लगा दिए हैं। यदि हुजूर इन्हें अप्रूव कर दें तो सुबह पूरी पोलिंग पार्टी के लिए दाल बाटी चूरमे बनने का प्रबंध आसानी से हो जाएगा। जिन मतदान केंद्रों पर पोलिंग बूथ नहीं बनाए गए हैं, वहां टेम्प्रेरी बूथ बनाने के लिए चालीस रुपए खर्च करने का प्रावधान है।

मैंने हंसकर उन वाउचर्स पर हस्ताक्षर कर दिए, क्योंकि यह कारगुजारी उसने अपने लिए नहीं, पूरी पोलिंग पार्टी के हित के लिए की थी। कायदे से पोलिंग पार्टी की अनजाने गांव में भोजन व्यवस्था सरकार की ओर से ही होनी चाहिए थी, भले ही वह दैनिक भत्ता नहीं देते। सुबह मेरे चपरासी ने पूरी पार्टी के लिए दाल बाटी चूरमा बनाया जिसे सभी ने पूरे स्वाद से खाया और वह मतदान भी सफलतापूर्वक सम्पन्न हो गया। डकैतों ने उस मतदान में कोई उत्पात नहीं किया।

# पंचायत इंस्पैक्टर कैलारस

पढ़ने को अखबार, पत्रिकाएँ और पुस्तकें थीं, घूमने को घने जंगल और आदिवासियों के गांव थे। मेरे सामने अनन्त चुनौतियां थीं। पहले मैंने चपरासी लेकर साइकिल से पूरे इलाके का दौरा किया। इलाके का एक चौथाई आदिवासी क्षेत्र पथरीला और ऊबड़-खाबड़ था। सौ-सौ हाथ खोदने पर पानी मिलता था। कुंए बहुत कम थे। कुंआ खोदने के लिए डाइनामाइट से बोरिंग करना होता था। खिलौने जैसी गाड़ी में पानी के दो डिब्बे होते थे। सबलगढ़ से श्योपुर के बीच स्टेशनों पर गाड़ी लाइन में लगी भीड़ को पानी बाँटती थी। घड़ा लिए औरतों की कतार लगी रहती थी। चार-चार दस-दस कोस तक कोई कुंआ नहीं था। लोग सूखी नदी के किनारे गड्ढों से गन्दा पानी पीकर काम चला रहे थे। महीनों तक लोग नहाते नहीं थे। पूरे इलाके में घोर-दरिद्रता थी पर इसके बावजूद भी लोग मस्त और आनन्दित थे।

पहले जो ग्रांट दी गई थीं, वो उन्हीं गांवों को मिली थी, जहां पहले से कुंए थे। वहाँ के सम्पन्न लोग जोड़-तोड़ कर ग्रांट ले गए थे। ग्रांट आधी से अधिक समाप्त हो गई थी। और लगभग सारे काम अधूरे पड़े थे। अधूरे कुंए, अधूरी पाठशालाएँ, अधूरे पंचायतघर। सारे अधूरे निर्माण कार्य नई ग्रांट के सहारे प्रतीक्षा करते मौन खड़े थे। मैंने ग्राम पंचायतों के रिकॉर्ड का विस्तृत निरीक्षण किया। कई हिसाब फर्जी थे। ग्राम पंच, सरपंच और पंचायत सेक्रेटरी मिलकर आधे से ज्यादा पैसा हजम कर गए थे। सीधे-सादे गबन के केस थे और अब वे खातिर-तवाजा कर अपने गुनाहों पर सील ठुकवा लेना चाहते थे। अपने षड्यंत्र में वे मुझे भी भागीदार बनाना चाहते थे।

दौरे पर हर जगह मैं खाना खाने तक के निमंत्रण ठुकरा कर गाँव के बनिए से चपरासी द्वारा राशन मंगवाकर रोटी बनवाता था। जब सरकार डेली एलाउंस दे रही थी तो मुझे कोई अधिकार नहीं था कि मैं मुफ्त का खाना खाऊं।

दौरे पर चालीस मील अंदर के गाँवों में जाकर मुझे ज्ञात हुआ कि मैं वहाँ आने वाला पहला पंचायत इंस्पैक्टर था। उन गांवों में स्कूल थे पर प्रायः अध्यापक स्कूल से अनुपस्थित मिलते थे और खबर लगने पर यदि मिल भी गए तो अपनी विवशताओं का रोना रोते थे। उन गांवों में कुएं न होने से उन्हें मीलों

दूर से पानी ढोकर लाना होता था। प्राइमरी स्कूल के अध्यापक ही शिक्षित होने के कारण एलाउन्स मिलने के कारण ग्राम पंचायत के सचिव का काम करते थे। उन गांवों के बीस-चालीस मील तक कहीं कोई अस्पताल न था। जमीन पहाड़ी और बंजर थी। उनकी आय का साधन वन सम्पदा और बरसात में होने वाली वर्षा थी।

साइकिल से प्रतिदिन बीस-बीस मील यात्रा करते हुए मैंने पूरे क्षेत्र का दौरा किया। आदिवासियों के गांवों में पथरीली जमीन होने के कारण दूर-दूर कुंए न थे। वे लोग मीलों दूर से पानी लादकर लाते थे।

मैं पहली बार ही मुआइना करने इन सुदूर इलाकों में आया था। हालांकि इंस्पैक्शन बुक में इन गांवों के चार-चार निरीक्षण लिखे थे। पंचायत सेक्रेटरी भी कहीं मिले, कहीं नहीं। पाठशालाएँ कभी खुलती थीं और कहीं अध्यापकों द्वारा उनकी इच्छानुसार बन्द हो जाती थीं। एक स्थान पर सेक्रेटरी ने बताया- 'आपने हुजूर काहे की तकलीफ की? हम लोग बस्ता लेकर खुद हाजिर हो जाते। पिछले इंस्पैक्टर साहब बरोबर मुआइना कैलारस में ही लिख लिया करते थे।'

मेरे सामने रहस्य पर रहस्य खुल रहे थे। फर्जी मुआइना, फर्जी इंस्पैक्शन, फर्जी टी.ए. बिल।

मैंने महसूस किया कि हमारी पंचवर्षीय योजनाएँ इसीलिए ठीक प्रकार से सफल नहीं हो रही थीं, क्योंकि उन्हें चलाने वाले ईमानदार नहीं थे। आधे से ज्यादा पैसा बिचौली लोग हजम कर जाते थे। सर्वत्र जबर्दस्त गड़बड़-घोटाला था।

एक सरपंच ने बताया था-"इंस्पैक्टर साहब! इस ब्लॉक में तो तब भी आप बहुत काम देखेंगे। पर और-और ब्लॉकों में तो फर्जी तालाब खुदना दिखाए गए हैं। फिर तालाब से गाँव में बाढ़ आना दिखाया गया। तालाब फिर पटना दिखना दिखाया गया। इस तरह से कागज पर ही सारा काम दिखाकर भाई लोग पाँच-पाँच हजार तक हड़प गए।

दूसरे सेक्रेटरी ने जानकारी जोड़ते हुए कहा था-"कुक्कुट गृहों के लिए इंसपिट्टर साहब हजारों के लोन दिए गए। मुर्गे सब मिल-जुलकर खा गए। मुर्गियों की बीमारी दिखाकर सारा मामला दबा दिया गया।"

यह सब सुन-सुन कर मुझे आक्रोश होता था। मन होता था सारी बातों की रिपोर्ट लिखकर ऊपर भेज दूं।

पर मैं ट्रेनिंग के दौरान डिस्ट्रिक हेडक्वार्टर रहकर देख-सुन आया था कि ऊपर के लोग भी दूध के धुले नहीं हैं। वे अपने लेविल पर खा-पी रहे हैं। सारा राष्ट्र एक अंधकारमय पतन के कगार पर खड़ा था। ऊपर से नीचे तक लगभग

सब भ्रष्ट थे। बड़ी-बड़ी योजनाएँ ठेके पर चल रही थीं। ठेकेदार से इंजीनियर खा रहे थे। इंजीनियर अपने अफसरों और मिनिस्टरों को खिला रहे थे। ठेकेदार ठेके लेने के लिए मिनिस्ट्री के चक्कर लगाते थे। वहाँ भेंट-पूजा देकर नीचे फोन खटकवाते थे। सीमेंट में निर्धारित अनुपात से सवाया डियोढ़ा रेत मिलाया जा रहा था। लोहा घटिया क्वालिटी का लग रहा था। इंजीनियर घटिया माल पास करने की फीस अलग लेते थे। नतीजा था-बाँध चटख रहे थे। पुल समय से पहले धराशाई हो रहे थे। बनी बिल्डिंग दो बरसातों में चटख जाती थीं। फर्जी कुएं खुद रहे थे। फर्जी पाठशालाएँ और फर्जी पंचायत भवन बन रहे थे और सारा राष्ट्र एक मौन दर्शक की तरह खड़ा तमाशा देख रहा था। लोकसभा, राज्य सभा, विधान सभाएँ सारी की सारी खामोश थीं। समाचार-पत्र खामोश थे। जब कभी थोड़ा बहुत शोर होता था तो बहुत शीघ्र ही दब जाता था। या तो समाचार-पत्र खरीद लिया जाता था या आरोप सत्य सिद्ध न करने के कारण उस पर मुकदमा दायर करवा दिया जाता था। उसे सरकारी विज्ञापन मिलना बंद हो जाते थे। विरोधी दल के नेता तक रिश्वतें खा रहे थे। मुंह बंद करने के लिए ही उन्हें अगले इलैक्शन का ईंधन मिल जाता था।

एक-एक टुकड़ा पाकर सभी खामोश हो गए थे। भ्रष्टाचार के दानव ने सभी को गुलाम बना रखा था। नक्कारे में तूती की आवाज गुम हो गई थी।

पर मैं हारा नहीं। झुका नहीं। मैंने झुकना सीखा ही नहीं था। मैं अपनी इसी छोटी-सी नौकरी में कोई 'हीरोइक' कार्य करना चाहता था, जिससे एकाएक सनसनी फैल जाए।

मैंने ग्राम पंचायतो की निरीक्षण टिप्पणियाँ छः-छः पेज की लिखीं। ऑडिट रिपोर्ट में गबन और सरकारी धन के गड़बड़ घोटाले के बाबत लम्बे-लम्बे नोट लिखे।

परिणामस्वरूप उनकी पेशी डिप्टीकलेक्टर पंचायत के सामने हुई।

डिप्टीकलेक्टर माथुर उतरती उम्र के खुर्राट डिप्टीकलेक्टर थे।

वह प्रेम से मेरे कंधे पर हाथ रखकर बोले-"मुझे तुम पर गर्व है मिस्टर अग्रवाल। तुमने बड़ी मेहनत की है इन दिनों। पूरे इलाके का दौरा साइकिल से करना हँसी-खेल नहीं है। यह बड़ी अच्छी बात है कि दूर-दराज के आदिवासियों के गांवों के लिए तुमने ग्रांट मिलने के सुझाव भेजे हैं। मैंने सारे सुझाव ऊपर भेज दिए हैं। तुम्हें मालूम है केन्द्र सरपंच एम.एल.ए. का आदमी है और पाण्डेय एम.एल.ए. मंत्री जी के खास आदमी हैं। अब मंत्री जी के पास जो दुःख-दर्द लेकर पहुँचता है तो वह सभी को हाँ कर देते हैं। फिर पिछले चुनाव में उन्होंने

कुछ ग्रामपंचायतों में कुछ वायदे किए थे। जहाँ प्राइमरी पाठशाला है वहाँ मिडिल स्कूल बनना है। कुछ जगह पंचायत भवन बनना है।"

पर सर! मैं बीच में ही बोल पड़ा था-"पंचायत भवन से पहले कुंओं की जरूरत है। दस-दस कोस तक कुंआ नहीं है। लोग रेल के किनारे लाइन बांधकर पानी लेते हैं या गड्ढ़ों का गंदा पानी पीकर बीमारियां भुगतते हैं।"

"ठीक है, ठीक है। चार कुंओं की बात मैंने मान ली है। और फिर धीमे-धीमे सब ठीक हो जाएगा। अब एक दिन में तो हर आदमी की प्रॉबलम सुलझ नहीं सकती। अगली ग्रांट फिर आएगी। हमें तो इस ग्रांट में सभी का ख्याल रखना है। समस्याएं सभी की होती हैं। हम लोगों का फर्ज है हम सहानुभूति से हर वर्ग के आदमियों की समस्याओं को सुलझाएं। और फिर नए काम में कुछ गलतियाँ हो ही जाती हैं। बेहतर है उन गलतियों को सुधारने का मौका दिया जाए। गलतियाँ किससे नहीं होतीं? गलतियाँ तो तुमसे हमसे सभी से हो सकती हैं। अब अगर मैं मान लूँ कि करीब-करीब हर ग्राम पंचायत में गबन है तो सरकार पूछेगी कि मैं देख क्या रहा था? तुम्हारे पुराने कुलीग्ज़ कर क्या रहे थे? और हम लोग सरकारी नौकर हैं। हमारी अपनी विवशताएँ हैं। ऊपर से नीचे न जाने कितनी सिफारिशें कितने प्रेशर आते हैं। न मानें तो हम काम कर ही नहीं सकते।

और फिर तुम नए हो। इलाका सरकस है। डाकुओं के अड्डे तहसील भर में फैले हैं। ठाकुरों की तूती बोलती है। अब अगर तुमने कभी ठाकुरों को खिलाफ कर लिया तो तुम्हारा दौरे वाला काम करना ही मुश्किल हो सकता है।"

मेरी नसें चटखने लगी थीं। ठाकुरों ने अप्रत्यक्ष रूप से मुझे धमकी पहुँचाई थी। मैं समझ रहा था कि ग्राम पंचायतों में जो गड़बड़ घोटाला हुआ उसे माथुर साहब का भी आशीर्वाद प्राप्त था। उस कमाई में हिस्सा माथुर साहब का भी था। मैं बात की तह तक पहुँच गया था। मुझे जो लड़ाई लड़नी थी वो अकेले ही लड़नी थी। अपने बॉस से भी मुझे समर्थन नहीं मिल सकता था। मेरा चेहरा लाल हो गया था। उत्तेजित होकर बोला था मैं।

"तो आप मेरा ट्रांसफर कर दीजिए।" वह बोले-"पर ट्रांसफर तो इसका सोल्यूशन नहीं। मैं ट्रांसफर एक ब्लॉक से दूसरे ब्लॉक में करा सकता हूँ। पर स्थिति तो हर जगह एक सी है। जरूरत यह है कि वक्त के अनुसार तुम अपने काम करने का तौर-तरीका बदलो। हर आदमी पर वहम करना छोड़ दो। यह सोचना गलत है कि ईमानदार सिर्फ तुम हो और बाकी सभी लोग बेईमान हैं। आदमी दो-चार से लड़ सकता है पूरे समाज से तो नहीं लड़ सकता। ठाकुरों में तुम्हारी तरफ से बड़ा आक्रोश था। मैंने उन्हें बड़ी मुश्किल से समझा-बुझाकर

ठंडा किया है। वो डेपूटेशन लेकर मंत्री तक जाने की बात कर रहे थे।

तुम्हारा ट्रांसफर बस्तर झाबुआ भी हो सकता है। यह जगहें मध्य प्रदेश का काला पानी कही जाती हैं। पर ट्रांसफर की चूँकि तुम्हें फिक्र नहीं। इसलिए अफसर लोग कुछ और भी कर सकते हैं। यों हम सभी लोग तुम्हारी बैक पर तुम्हारी मदद के लिए मौजूद है, पर प्रोटेक्शन चौबीस घंटों की कहाँ तक हो सकती है? तुम्हारे इलाके के डाकू किडनैप कर हजारों लाखों बंधक फीस वसूल करते हैं। जूतों में दाल पिलाते हैं। मारते हैं, पीटते हैं...

मैं क्रोध में बगैर कुछ उत्तर दिए, पैर पटकता धर्मशाला में चला आया था। मुरैना आकर मैं धर्मशाला में ही रुकता था। पीछे से गलत रिपोर्ट देने; अनुशासनहीनता और बुरे व्यवहार के लिए मुझसे स्पष्टीकरण मांगा गया था।

थाना इंचार्ज रामसेवक था। उससे अक्सर बोल-चाल हो जाती थी। एक दिन रामसेवक ने मुझे अपने घर आमंत्रित किया। बड़ी खातिर तवाजा की। फिर वो धीमे-धीमे खुलने लगा जिसकी मैं पहले से प्रतीक्षा कर रहा था।

कहने लगा-"भाई! तुमने इलाके में तहलका मचा दिया है। मजा आ गया। इन ससुरे ठाकुरों की पोल-पट्टी खुली...तो साले बौराये सियारों की तरह हुवा-हुवा कर रहे हैं। अब यही मौका है कि इन्हें जरा भी ढील देकर हमेशा के लिए इन्हें अपना गुलाम बना लिया जाए। साँप पकड़कर पिटारी में बंद कर लेना अच्छा है। पर सांप खुला छोड़ देना तो बड़ा खतरनाक है। अब तुम मेरे दोस्त हो। मैंने सुना है ठाकुर लोग तुम्हारे खिलाफ कुछ साजिश कर रहे हैं। उन्होंने डाकू अमृतलाल से साँठ-गाँठ की है। वो तुम्हारा अपहरण करा सकते हैं।"

मैंने हँसकर जवाब दिया था-"अगर आपने ऐसा सुना है तो आप ठाकुरों को गिरफ्तार कर कार्यवाही कर सकते हैं।"

"पर कार्यवाही सबूतों के आधार पर होती है। सबूत न हों तो हम लोग जानबूझकर भी असली अपराधी को नहीं पकड़ सकते। पर भाई, तुमने माथुर साहब को नाराज कर अच्छा काम नहीं किया। सबऑरडीनेट को अपने बॉस का रुख देखकर ही काम करना चाहिए। अब माथुर साहब ने हुजूर कलक्टर साहब से तुम्हारी बातें नमक मिर्च लगाकर पेश की हैं। अब माथुर तुम्हारा करेक्टर रोल रंग देगा। तुम कनफर्म नहीं हो पाओगे। तुम्हारा प्रमोशन रुक जाएगा। तुम्हें वन मंथ नोटिस देकर कभी भी नौकरी से अलग कर दिया जाएगा।"

मैंने थानेदार रामसेवक को घूरकर देखा था। जैसे जान लेना चाहता था कि रामसेवक दोस्त है या दुश्मन? यों रामसेवक के साथ मैं दस-पाँच बार पहले भी बैठकर गपशप कर चुका था। रामसेवक ने ही बताया था कि लोग कहते हैं कि

साले पुलिस वाले बेईमान होते हैं। पर तनख्वाह है साली एक सौ साठ रुपल्ली। महीने में दो बार इंस्पैक्टर साहब दौरे पर आते हैं। उन्हें मुर्गा और बोतल चाहिए। हर टुअर पर उनके लिए सौ खर्च हो जाते हैं। कभी डी.वाई.एस.पी. साहब या डिप्टी साहब दौरे पर आ जाते हैं। और महीने में एक न एक अफसर आ ही जाता है। दो सौ उनकी खातिर तवाजा के लिए चाहिए। फिर साला दस हजार का यह थाना नीलाम पर लिया है। सिर्फ पोस्टिंग के दस हजार। दस हजार न देता तो तनख्वाह में सूफियों की तरह गुजारा कर किस्मत को रो रहा होता। दो शादी लायक बहनें हैं, दहेज जुटाना है। दो हजार रुपए महीने का घर खर्च है। अब यह सब निभाना है तो कमाई भी करना है। और यह कमाई अपने आप होती है मेरे भाई। थाने के दलाल बिना कहे-सुने सारा काम आसानी से कर देते हैं। जुए खेलने वाले, शराब, गांजा, ताड़ी वाले, लड़की अगवा करने वाले, चौरी डकैती करने वाले, खेत पर कब्जा करने वाले, दंगा फसाद करने वाले, सब गड्डी की गड्डी अपने आप पहुँचाते हैं। सर्किल इंस्पैक्टर, डी.वाई.एस.पी., एस.पी. तक वह बंधी पर्सेंटेज उनके घर पर पहुँचाता है। सारा काम आसानी से बंधे-बंधाए ढर्रे पर चल रहा है।

तुमसे पहले इसी पोस्ट पर दोहरे था। वह दो साल में एक लाख कमा ले गया। बिना दौरे पर जाए ही पूरे हल्के का दौरा दिखाकर तीन सौ का फर्जी टी. ए. बिल बनाता था। पंचायतघर, स्कूल, कुआं जो भी पंच अपने गांव में मंजूर करवाना चाहे, उससे पांच परसेंट कमीशन लेता था। उससे ऊपर नीचे वाले सब खुश रहते थे।"

यह सब कुछ रामसेवक से सुनकर मैं समझ गया कि वह डिप्टी कलेक्टर माथुर के इशारे पर ही वह मुझे आसान राह सुझा रहा है और परामर्श न मानने पर जो हो सकता है अचानक, उसका चित्र खींच कर मुझे आतंकित कर रहा है।

# हैज़ा की महामारी

मकान मालिक ने अपनी बैठक कार्यालय के लिए किराए पर दे दी। उसका किराया पन्द्रह रुपए माहवार तय हुआ। मेरी इस कृपा के एवज में उसने मेरे घर का किराया पांच रुपया माहवार कम कर दिया। कार्यालय खुलते ही एक क्लर्क की भी पोस्टिंग हो गई। घर के नीचे ही दफ्तर होने से मुझे कार्य करने में और सुविधा हो गई।

मैं घर-परिवार, दफ्तर और प्रकृति तीनों का आनन्द एक साथ ले रहा था। पूरे स्टाफ का वेतन लेने मुझे हर माह सबलगढ़ तहसील जाना होता था। दिन बड़ी मस्ती से गुजर रहे थे।

तभी अचानक गांवों में हैजा की महामारी फैलने की खबर मिली। मैंने तुरंत अगली ही सुबह ट्रेन से पत्नी और बच्ची को ग्वालियर भेजकर आसपास के गांवों में जाकर अफवाह की पुष्टि होने पर मुरैना जाकर रिपोर्ट कर आवश्यक सहायता मांगी। जिले से मुझे एक डॉक्टर, दो वेक्सीनेटर, दवाएँ और जीप मिली।

मैं भली-भांति जानता था कि हैज़ा एक छूत की बीमारी है और इस तरह इस महामारी के बीच घूमते हुए मैं भी उसकी चपेट में आ सकता हूँ। नया-नया विवाह, पत्नी का प्रेम और बच्ची के प्रति स्नेह कोई भी मुझे अपने निश्चय से डिगा न सका। यह जीवन और मृत्यु का संघर्ष था। प्रतिदिन क्षेत्र में चालीस-पचास लोग मर रहे थे। मैं तो केवल अपनी टीम के साथ स्वस्थ लोगों के प्रतिरोधी टीका लगवा रहा था। मल-मूत्र और उल्टी में लिपटे मरीजों को चूने का पानी चढ़ाकर जीवन देने का महत्त्वपूर्ण जोखिम भरा कार्य तो दो एक समाजसेवी संस्थाएँ और सरकार का मेडीकल विभाग कर रहा था।

वैक्सीनेशन के साथ-साथ मैं उन्हें बीमारी से बचने के उपाए और नित्य जीवन में बरती जाने वाली सावधानियों से अवगत कराता था। उन्हें एलोक्ट्रोल के पैकेट के साथ उल्टी दस्त शुरू होने पर दवाओं की गोलियां बांटता था। जैसे कोई जुनून था जो मुझे यह करने के लिए उत्प्रेरित कर रहा था। मेरे सबऑडीटर श्री सेंगर तथा मेरे चपरासियों ने भी इस महत्त्वपूर्ण जोखिम भरे कार्य में मेरा पूरा सहयोग दिया। मैं घर से खिचड़ी खाकर चलता था। साथ में चार रोटियां और सब्जी रहती थी। कभी खाने का अवसर मिला तो दोपहर दो-तीन बजे किसी

वृक्ष की छाया में बैठकर हमारा पूरा यूनिट भोजन करता था। कभी यह व्यवस्था उन गांवों के सरपंच स्वयं बहुत आग्रह और प्रेम से करते थे जिन गांवों में यह बीमारी फैली न थी।

उन पंद्रह दिनों में मैं जैसे यह भूल ही गया कि मेरी एक अदद पत्नी भी है जो मां के घर बैठी है। पिछले इतवार जब मैं दवाएँ बांटकर प्रतिरोधी इंजेक्शन लगवा चुका, तब मैंने ग्वालियर को कूच किया।

जब मैंने पत्नी को अपने पन्द्रह दिनों के कार्यों से अवगत कराया तो सारी शिकवा शिकायत भूलकर वह आंसू बहाने लगी। उसने उस दिन अपने ठाकुरजी की लम्बी अर्चना पूजन करते हुए उनकी कृपा के प्रति आभार व्यक्त किया जिन्होंने विपदा की इस घड़ी में उसके सुहाग को सुरक्षित रखा था।

इस अनुभव से मैंने जाना कि जीवन और मृत्यु के बीच कोई फासला है ही नहीं। दोनों एक ही सिक्के के दो पहलू हैं।

दो ढाई सौ व्यक्तियों की बलि लेकर पन्द्रह दिनों में स्थिति कुछ काबू में आई। बाद में मुझे पता लगा कि डिप्टी कलेक्टर माथुर ने मेरे मिशनरी कार्य की सराहना कर मुझे हैजाग्रस्त गांवों में भेजने के लिए मुझे जीप और दवाएं उपलब्ध कराई थीं, यह कार्य तो स्वास्थ्य-विभाग का था। शायद उन्हें आशा थी कि इस अभियान में मैं भी हैजे का शिकार हो जाऊँ और भ्रष्टाचार को उजागर करने वाली मेरी रिपोर्ट ठंडे बस्ते में डाल दी जाए।

मैं इस भयंकर हादसे के बाद भी स्वस्थ और प्रसन्न था। इसी सेवा-भाव के पुरस्कार स्वरूप मुझे अचानक पत्र मिला-'मेरा चुनाव लोक सेवा आयोग उत्तर प्रदेश द्वारा सहायक बिक्री कर अधिकारी पद पर कर दिया गया है। मैं पन्द्रह दिनों के अंदर ट्रेनिंग के लिए अमुक तिथि तक लखनऊ पहुंचूं।'

हॉस्टेल में रिसर्च करते हुए मैं खेल-खेल में इस पद की परीक्षा में सम्मिलित हो गया था। इलाहाबाद छोड़ने से पूर्व 102 बुखार में इंटरव्यू भी दे आया था। मुझे इस परीक्षा में चुने जाने की एक प्रतिशत भी आशा नहीं थी।

पर अस्तित्व मेरी हर उस इच्छा की पूर्ति कर रहा था जो मैंने सच्चे मन से चाही थी।

मैं पंचायत विभाग में एक मिशन लेकर ही आया था। ट्रेनिंग के दौरान मि. पवार जिला कलेक्टर ने मिशनरी भावना से ही गांवों के नव निर्माण और आदिवासियों की दयनीय दशा सुधारने की अपील की थी।

मैंने साइकिल से गांवों का तीस-तीस मील का रोज दौरा किया था। उन सुदूर स्थित आदिवासियों के गांवों के कुंए खुदने और पाठशाला व पंचायत भवन

बनने के लिए बड़ी-बड़ी धनराशियों को स्वीकृत की जाने की संस्तुति की थी। उन गांवों में पहले विकास कार्यों के लिए जो धनराशियां आवंटित भी की गई थीं, उनके विरुद्ध कुछ भी कार्य न किए जाने और केंद्र सरपंच द्वारा घोटाला किए जाने की रिपोर्ट भी ऊपर भेज दी थी।

सम्पन्न गांवों में जहाँ कुंओं, पंचायत घरों की कोई आवश्यकता न थी, दबंग ठाकुरों और नेताओं की सिफारिश के बावजूद मैंने उसे निर्माण कार्यों के लिए कोई सिफारिश न भेजकर पूर्व आवंटित धनराशि के दुरुपयोग की रिपोर्ट भेजी थी।

अब नई जिम्मेदारी और नया उत्तरदायित्व मुझे बुला रहा था। यह खुशखबरी मिल बांट कर उत्सव के रूप में मनाने के लिए मैं अपने ससुराल ग्वालियर चल पड़ा।

हम ये कहाँ भटक गए
किस पथरीले बंजर या
मरघट में?
जहाँ रेत की बरछियों से
हमारे चेहरे लोहूलहान हैं
जहाँ हड्डियाँ चटचटाती हैं
चिनगारियाँ छूटती हैं दिन रात की रगड़ से
और बुझ जाती हैं

किसी जंगल को आग नहीं लगती
जंगल सब कट गए हैं
अब तो बस इमारतों का एक जंगल है
और एक भूरा बादामी पिरामिड फाइलों का
जिसके शिखर पर
कोई एक काठ का चेहरा बैठा है
किसी एक गोंद से चिपका हुआ
अपनी उस गद्देदार कुर्सी से
क्योंकि कुर्सी ही सत्य है
रामनाम सत्य है।

# अधम चाकरी के दूसरे चक्रव्यूह में

पैंतीस वर्षों की नौकरी में मेरे पन्द्रह ट्रांसफर हुए! मैंने हर नगर और उसके आसपास के सभी दर्शनीय स्थानों को देखा। सैकड़ों-हजारों, व्यापारियों, वकीलों, अफसरों, कर्मचारियों और नेताओं के सम्पर्क में आया मैं। कुछ लोगों की चाल-ढाल, तौर-तरीके, स्वभाव और व्यक्तित्व आज तक नहीं भूल पाता मैं।

कभी-कभी मुझे लगता कि जैसे मेरा विभाग ही नहीं, यह पूरी दुनिया ही एक चिड़ियाघर है। इसमें एक से एक अजीब प्राणी हैं। किसिम-किसिम (किस्म-किस्म) के चौखटे, किसिम-किसिम की बोलियाँ, किसिम-किसिम के स्वभाव और किसिम-किसिम के तौर-तरीके।

'किस्म' शब्द को मेरे एक मित्र 'किसिम' कहकर ही पुकारते थे। वह कहा करते थे-"मित्र! इस अलबेली दुनिया में किसिम-किसिम के जिनावर (जानवर) और किसिम-किसिम के मनुष्य हैं और जिस किसिम का एक इंसान है उस किसिम का कोई दूसरा नहीं। ऋषि-मुनियों ने चौरासी लाख योनियों की किसिमों का पता लगाया है पर इस दुनिया में हर इन्सान अपनी किसिम का अकेला और अनूठा है। उसका रूप-रंग, बोल-चाल, तौर-तरीका और फिंगर प्रिंट्स भी किसिम-किसिम के हैं। अल्लामियाँ के पास जाने कितनी 'किसिमों' की डिज़ायनें, कितनी 'किसिमों के रूप रंग और कितने 'किसिमों' के अजब-अजब नमूने हैं।"

यह दर्शनशास्त्र वह अपने पेट में दो-तीन पेग उतारने के बाद बड़े सूफियाना-अंदाज में पेश करते थे। वाकई वह अपने किसिम के अजीबोगरीब इंसान थे। पर वस्तुत: उनका दर्शन उनके अपने जीवन के अनुभवों का निचोड़ था। वह स्टैनों के पद से धीमे-धीमे प्रोन्नत होते हुए सेल्स टैक्स ऑफिसर बने थे। उनके मुंह में हर वक्त तम्बाकू का पान दबा रहता था। मन भावन पीक को न थूकते हुए वे प्राय: इशारों में अथवा ऊँ...ऊँ... की ध्वनि करते हुए अपने को अभिव्यक्त करते थे। उनके स्टैनो, चपरासी बाबू सभी उनकी इस संकेत लिपि को भली-भांति समझते थे।

कभी-कभी मैं सोचता हूँ कि तम्बाकू में लाख बुराइयां हों पर कुछ खूबियां और अच्छाइयां भी हैं। जो लोग बहुत अधिक बोलते हैं, उनके लिए मौन में जाने

का यह एक सरल उपाय है। बोलने के रस से पीक का रस कहीं अधिक मनभावन है। "ऊँ", "ऊँ" द्वारा संकेत करते हुए अव्यक्त और अप्रत्यक्ष रूप में ओंकार का ही नाद होता है। तम्बाकू को चबाते हुए हम अपने दु:खों और पीड़ाओं को चबाते हैं। हमारे अंदर के आदिम संस्कार पशु की भांति अपने शत्रुओं को दांतों से चबाकर मार देना चाहते हैं। तम्बाकू चबाते हुए हमारी दमित हिंसा का भी रेचन हो जाता है।

पर यह सभी संभव है जब व्यक्ति होषपूर्ण हो। होशपूर्ण रेचन ही दमित मनोभावों से मुक्ति देता है। पर आम तौर से लोग तम्बाकू का सेवन मूर्च्छा में सोये-सोये करते हैं।

अल्प मात्रा में तम्बाकू का होशपूर्ण प्रयोग विचारों की भीड़ को एक स्थान पर केन्द्रित कर देता है। वह एकाग्रता देता है। पर एकाग्रता ध्यान न होकर, ध्यान में डूबने की एक सीढ़ी मात्र है।

मुंह में तम्बाकू का पान दबाए हुए ही मैंने एक ही विचार पर मन केन्द्रित कर अनेक ग्रंथों का सृजन किया है। उस बेखुदी में शरीर जैसे पिघल कर मात्र ऊर्जा का वर्तुल बन जाता था। भूख, प्यास और सारी शारीरिक व्याधियां मिट जाती थीं।

पर इसका यह अर्थ नहीं कि जो लोग तम्बाकू का सेवन न करते हों वे उसके सेवन के इस स्थिति में उतरने का प्रयास करें। यह लिखने का मात्र इतना ही उद्देश्य है कि जो लोग तम्बाकू का सेवन करते हों, वे निराश न हों। उसका सेवन भी होशपूर्वक करते हुए उसे एक ही विचार पर केन्द्रित करने का एकाग्रता का साधन बनाया जा सकता है। जो जहाँ, जिस स्थिति में है, उसके लिए वहीं से मार्ग है। आवश्यकता है-केवल जाग जाने की। समर्पित होने की। जब जाग जाने पर क्रोध, घृणा, हिंसा विदा हो जाते हैं तो तम्बाकू भी अपना रोल अदा कर विदा हो जाता है।

पर जिक्र मैं उन मित्र का कर रहा था जो अपनी 'किसिम' के एक नमूने थे। इस जगत में हर व्यक्ति अद्वितीय है। अपने नमूने और अपनी 'किसिम' का अकेला एक है। प्रत्येक के भिन्न-भिन्न रूप और स्वभाव हैं। उंगलियों की छाप भी पृथक है। उनके चलने-फिरने, बात करने, हँसने का तरीका भी अलग-अलग है। हम सभी के भौतिक शरीर जैसे दीये हैं। कोई मिट्टी का है तो कोई पीतल, तांबे, चांदी या सोने का। कोई सादा है तो कोई अलंकृत। पर उनमें स्नेह या प्रेम के तेल या घी से जो ज्योति जलती है वह एक ही है। चैतन्य सभी में एक ही है, जो अस्तित्वगत है। जल भरे हजार घड़ों में दीखता आकाश, बाहर के आकाश

से भिन्न नहीं है। घड़ा टूटता है, घड़े की दीवारों से घिरा आकाश में शून्याकाश में विलीन हो जाता है।

सरकारी दफ्तरों में काम करना एक पागलखाने में काम करने की तरह है। उन दिनों मैं भी उस पागलखाने का एक पागल था, जिसे हर वक्त प्रमोशन की सीढ़ियाँ फलांगते हुए उच्च से उच्च पद पर पहुंचने और प्रत्येक संभव भौतिक सुख-सुविधाओं को जुटाने की दीवानगी थी। पर स्वभाव से जो संवेदनशीलता और भावुकता प्राप्त हुई थी, उसके रहते किसी को सताने या उसका शोषण करने की वृत्ति कभी रही ही नहीं।

मुझे अच्छी तरह से याद है कि जब पिताजी आयकर कार्यालय में बहीखातों का बस्ता लादकर तारीख पड़ने पर वहाँ जाते थे और शाम वापस लौटने पर खीजकर कहते थे-'सुबह से शाम तक प्रतीक्षा कराने के बाद तारीख दी। यदि अगली तारीख देनी थी तो सुबह भी दे सकते थे।'

उनकी यह पीड़ा अनुभव करते हुए कर निर्धारण के लिए यदि मैं दस लोगों को बुलाता था जिनमें से चार-पांच तैयारी न होने या मेडीकल प्रमाणपत्र प्रस्तुत करते हुए स्वयं तारीख ले जाते थे। मैं सुबह सभी उपस्थित व्यापारियों से लाए विवरण पत्रों की जांच करते हुए जिनमें कुछ कमी होती थी, उन्हें पूरा करने को अगली तारीख दे देता था और केवल उतने ही लोगों को रोकता था जितने केस मैं शाम तक निपटा सकता था। उनमें से भी आधे लोगों को लंच बाद का समय दे देता था जिससे इस बीच वह भी अनावश्यक रूप से प्रतीक्षा न कर अपने काम निबटा सकें।

मुंडी लिपि की जानकारी होने के कारण मुंडी लिपि में लिखे बहीखातों की जांच में मुझे विशेष महारत थी और जो व्यापारी टैक्स की चोरी करते हुए दोहरे बहीखाते रखते थे, उनको पकड़ने की मेरी नैसर्गिक प्रतिभा थी। दोहरे बहीखाते पकड़कर टैक्स की चोरी पर अंकुश लगाने का कार्य मैं पूरी सर्विस भर करता रहा। मैं जहाँ भी रहा, मैंने टैक्स कलेक्शन करने के नए कीर्तिमान बनाए। पर इसके बावजूद मैं व्यापारियों में लोकप्रिय रहा।

सर्वे के दौरान मैं उनसे कहा करता था-"आर्थिक जगत में जिस तरह काले धन का प्रसार है, उसे देखते हुए मैं जानता हूँ कि टैक्स की चोरी करना व्यापारिक प्रतिद्वंदता के कारण एक मजबूरी बन जाता है। पर फिर भी दाल में नमक जितनी टैक्स की चोरी तो चल सकती है पर नमक में दाल खाने की बात बर्दाश्त नहीं की जा सकती। मत भूलो तुम्हारे व्यापार में सरकार भी एक पार्टनर है, जो तुम्हें सुरक्षा और सुविधाएँ देती है। उसे लोककल्याण के कार्यों के लिए

टैक्स की जरूरत है। टैक्स राष्ट्र की धमनियों में दौड़ने वाले रक्त की तरह है।"

मैं व्यापारियों को हर संभव सुविधाएँ देने का प्रयास करता था। उनके कई वर्षों से पेंडिंग पड़े रिफंड मामलों को मैंने एक अभियान बनाकर हर जगह तेजी से निबटाया। मेरा व्यवहार सभी व्यापारियों से मृदु, शिष्ट और प्रेमपूर्ण रहता था। उनका उत्पीड़न न हो, यह मुझे सदैव ख्याल में रहता था।

नौकरी के प्रथम आठ वर्ष तो मैं बहुत सख्त और ईमानदार अफसर बनकर रहा। दीवाली पर्व पर मिठाई का डिब्बा या नर्व वर्ष पर डायरी या कैलेन्डर स्वीकार करना भी मैं रिश्वत लेने के बराबर समझता था। अपने सुविधाभोगी रिश्वती सहयोगी और साथियों को बहुत हिकारत से देखता था। बुलंदशहर में मेरा एक कुलीग बहुत रिश्वती था। एक दिन मैंने उससे कहा-

"भाई! कुछ अपनी और विभाग की भी रेप्यूटेशन का तो ख्याल करो। यह खुला खेल फर्रुखाबादी खेलना कभी तुम्हारे लिए ही जाने बबाल बन सकता है।"

उसने कहकहा लगाते हुए उत्तर दिया-"तुम मेरी फिक्र छोड़कर अपनी फिक्र करो। रिश्वत लेने के लिए भी हिम्मत चाहिए। तुम्हें कौन रोकता है जेबें भरने से? तुम्हें किसी पर कमेंट करने का कोई अधिकार नहीं! मैं जो कर रहा हूँ, वह ऊपर चोटी के राजनीतिज्ञों से लेकर नीचे तक सभी कर रहे हैं। मैं कहता हूँ तुम्हारा ईमानदार बने रहना कहीं तुम्हारी जान के लिए बबाल न बन जाए? ऊपर के अफसरों का पेट नहीं भरोगे तो एडवर्स एन्ट्री मिलेगी ही। प्रमोशन में झंझटें आएंगी। और पार्टनर! मैंने तो सोच लिया है, मुसीबत आते ही रिजाइन कर मैं एसेम्बली का इलैक्शन लडूँगा। एम.एल.ए. बनकर कभी तुम्हारा वित्तमंत्री भी बन सकता हूँ।

उसकी एक-एक बात ने मुझे गहरे तक प्रभावित किया। उस दिन से मैंने दूसरों के दोष देखना लगभग बंद कर स्वयं को ही देखना शुरू कर दिया।

ओशो ठीक कहते हैं-"लोग पकड़े जाने के डर से ईमानदार बने रहते हैं। उनमें वह साहस होता ही नहीं कि वे रिस्क लेकर रिश्वत ले सकें। ऐसे ईमानदार लोग भी अंदर ही अंदर बेईमान ही हैं। दूसरों को रिश्वत से पैसा कमाकर ऐश करते देखकर वे उनसे ईर्ष्या करते हैं, घृणा करते हैं। अपने को उनसे श्रेष्ठ समझकर अपने अहंकार में फूलते ही जाते हैं। मुख्य बात है-शुद्ध विचार। अपने ही अंदर कोई गहराई से निरीक्षण करे तो उसके अचेतन में दमित वासनाओं, क्रोध, घृणा आदि नकारात्मक मनोवेगों का मवाद भरा पड़ा है।

यदि उपवास रखकर भोजन का चिंतन चलता रहे तो वह उपवास, उपवास

नहीं है। अपराध करने का विचार ही अपराध है। उस विचार को हम अपने अहंकार के खोल में छिपाए रहते हैं।

आठ वर्षों बाद काजल की कोठरी के काजल ने मुझे भी काला करना शुरू कर दिया। मेरे बाहर का सख्त खोल टूट गया। मैं व्यापारियों के प्रति सहिष्णु और तुलनात्मक रूप से कुछ सदय हुआ। उनकी भेंटें स्वीकार भी करने लगा। नाजायज काम न कर जायज काम करने लगा। जायज काम आसानी से होने के लिए भी लोग ऑब्लाइज करते ही थे। ऊपर के भी अफसर खुश रहने लगे। पत्नी तो जैसे हवा में उड़ने लगी।

सरकारी नौकरी के नाग का विष धीमे-धीमे असर दिखाने लगा। अपने विवेक और अंतरात्मा का स्वर दबाने के लिए मैं शराब पीने लगा। रमी, पपलू, ब्रिज, पोकर और फ्लैश की शुरुआत हुई।

उन्हीं दिनों मैंने डायरी लिखना शुरू किया। डायरी लिखकर जैसे मेरे हृदय का बोझ कुछ हल्का हो जाता था।

डायरी के पृष्ठ नौकरी के शेष जीवन का जैसे एक झरोखा है।

उसी डायरी के कुछ पृष्ठ मैं इसीलिए ज्यों के त्यों उद्धृत कर रहा हूँ, जिससे आपको मेरे इस जीवन का अंदाजा भली-भांति हो जाए।

# मेरी डायरी के कुछ पृष्ठ

4 अप्रैल, 1969। कल पार्टी में चार पैग पी गया था। घर आने पर श्रीमती जी से भयंकर गृहयुद्ध हुआ। हमेशा जब-जब पीकर घर लौटा हूँ, मेरे भाग्य में गृहकलह बदी है। कैसी अजीब बात है कि दफ्तर की जिस "टेंशन" को कम करने के लिए शराब पीता हूँ, पीने के बाद बीवी कलह कर फिर मुझे मानसिक रूप से छटपटाने के लिए अकेला छोड़ देती है। खुशामद कर सौ में से दो चार बार समझौता भी हो जाता है। शायद नशे में उस समय गालियाँ भी इतनी तीखी न लगती हों, पर सुबह-सुबह फिर चख-चख हो जाती है। इतना भिंगो-भिंगो कर मारती हैं, कि कभी-कभी मन होता है कि इस घर, घरवाली को छोड़कर कहीं दूर निकल जाऊँ-जहाँ विभाग का काला कानून न हो, जहाँ कदम-कदम पर अंतरात्मा की आवाज को दबाना न पड़े। जहाँ आत्मा को वेश्या की अस्मत की तरह नीलाम न करना पड़े। इस बीवी के भी होश ठिकाने आ जाएं। इसे आटा दाल का भाव अच्छी तरह मालूम हो जाए। यह हर वक्त कुरेदती रहती है। दफ्तर में ऊपर वाले बॉस जी.एम.डी. करते रहते हैं और घर में यह पूरी जनरल बन जाती है। ठीक इसी तरह बात करती है जैसे मैं उसका मातहत हूँ। किसी दफ्तर में होती तो दफ्तर को हिला कर रख देती। दो चार जहर खा लेते इसके व्यवहार से। इसको तो किसी जेल का जेलर या लड़कियों के हॉस्टल का वार्डेन बनाना चाहिए था। प्रतिक्रिया स्वरूप सुबह मैंने कह भी दिया था "तुम्हें तो कुंवारी रहकर, हॉस्टल का वार्डेन बनना चाहिए था। न तुम्हारे बच्चे होते ना पति होता। तुम्हें तो चाहिए सिर्फ मातहत हुक्म बजाने वाले मशीनी पुतले। तुमने आज तक मुझे मेरे नजरिए से कभी तौलकर नहीं देखा, और शायद जिन्दगी भर तुम मुझे समझ भी नहीं पाओगी।"

मेरी इसी बात पर उसने गुर्राकर जवाब दिया था..."तुमसे ज्यादा मैं तुम्हें जानती हूँ। तुम घोर स्वार्थी इंसान हो। तुम्हें सिर्फ अपने लिए जीना आता है। दिन भर दफ्तर में रहते हो, दोस्तों से हँसी-मजाक करते हो। चार बार चाय पानी करते हो। शाम फिर ताशों में आग लगाने निकल पड़ते हो। यह भी हो तो गम खा लूँ। पर अब तुम्हें रंग पानी पीना सूझने लगा है। हर हफ्ते तुम्हें गम गलत करने की जरूरत होती है। जरा मुझे भी मालूम हो तो वह कौन आगजली है, जिसकी याद

में गम गलत किया जाता है? दर्द और विरह के रिकॉर्ड बजाए जाते हैं। एक तुम्हीं दफ्तर वाले नहीं हो जिसे दफ्तर की इतनी मानसिक टेंशन हो और किस बात की टेंशन?

सब जी हजूरी करते हैं। तुमने जी हजूरी कर ली, तो कौन सी बड़ी बात है? पुराने जमाने में एक राजा को छोड़कर हर इंसान को जी हजूरी करनी पड़ती थी। कलाकार तक दरबारों के गुणगान गाया करते थे और फिर जितनी चापलूसी करते हो उससे सौ गुनी औरों की चापलूसी पा जाते हो। हिसाब बराबर हुआ। अब रही आत्मा की बात तो आत्मा-परमात्मा से इतनी ही लौ लगानी थी तो शादी क्यों की? ऋषिकेश में कुटिया बनाकर रामभजन करते। बीवी बच्चे जोड़ने की जरूरत क्या थी? आजकल महंगाई में ईमानदारी का नाम जपो तो दो चुपड़ी रोटियां भी नसीब नहीं होंगी। और फिर चलो रोकर गाकर ईमानदारी में गुजर भी कर लूँ, पर फिर भी जो रोज का आना-जाना लगा रहता है... गाहे बगाहे तुम्हारे बॉस महीने में दो-दो दौरा करते रहते हैं, उनका खर्च कहाँ से आएगा? लड़की की शादी कहाँ से होगी? लड़का इंजीनियरिंग कहाँ से पढ़ेगा? तुम्हारे शौक कहां से पूरे होंगे?' उसके लम्बे-चौड़े लेक्चर का मुझे एक शब्द याद है। यह बात नहीं कि वह एकदम गलत है। उसकी बहुत सी बातें सही हैं। पर सत्य इतना कड़ुआ होता है कि अप्रिय सत्य का बोलना ऋषियों तक ने वर्जित किया है। अप्रियम् सत्यम् ना ब्रूयात। पर फिर भी यह देवी जी लंगड़े को लंगड़ा कहना ही जानती हैं। हर वक्त मुझे यह अहसास कराती रहती है कि तुम एकदम बुद्धू और नकारा इंसान हो। मैं न होती तो कहीं जूतियां चटकाते घूमते। मेरी ही तकदीर थी जो यह अफसरी मिल गई वरना जिंदगी भर गांवों की धूल चाटते रहते। वो मैं ही हूँ जो तुम्हारे घर को घर बनाकर रखे हूँ। तुम्हारे बच्चों को इंसान बना रही हूँ। वरना तुम्हें बच्चों की परवाह ही कितनी है? और लोग बच्चों को रात-रात भर पढ़ाते हैं पर बच्चों को पढ़ाने के नाम से आपके सिर में दर्द होने लगता है।

जब उसके बारे में सोचता हूँ तो उसका लेक्चर, उसके ताने, खीज और आक्रोश जैसे जीवन्त हो उठता है।

शायद उसका यह प्रलाप, रोना, झींकना एकदम गलत भी नहीं है। हाँ, मैं एक नाकारा इंसान हूँ। मेरे उखाड़े से एक पौधा तक तो उखड़ता नहीं, मैं किसी को जड़ से कैसे उखाड़ सकता हूँ। वो तो अच्छे खासे जमे वक्ता और जिगर गुर्दे वाले इंसान को भी उखाड़कर रख दे। पर मैं भी बहुत कमीना इंसान हूँ। उसकी अच्छाइयों का ख्याल कर रहा था और फिर उसकी आलोचना पर उतर आया।

मेरी बीवी एक शानदार औरत है। मुझसे कहीं ज्यादा खूबसूरत है। उसे घर और गृहस्थी खूब संभालनी आती है। बच्चों को उसने खुद पढ़ाकर उन्हें काबिल और ज़हीन बनाया है। मैं बहुत लापरवाह और गैर जिम्मेदार आदमी था। हफ्तों नहाता तक न था। रोज, शेव नहीं करता था। पर शादी के बाद ही उसने अच्छी खासी तलवार कट मूछें, गालों में चुभने का बहाना लेकर साफ करा दी। मुझे रोज नहाने पर मजबूर कर दिया। मुझे धुले साफ कपड़े पहनना सिखांया। मुझे कपड़ों की और बदन की हिफाजत करना सिखाया। उसने मुझे प्यार दिया अपना सर्वस्व दिया। अगर न देती तो मैं शायद रंडीखाने में मिली गंदी बीमारियों को भुगतता हुआ किसी अस्पताल का बैड तोड़ रहा होता।

उसने मुझे दोस्तों की चालाकियों से बचना सिखाया। दोस्त कैसे बहाने बनाकर मेरी जेब का बोझ हल्का कर देते थे। मुझे बेवकूफ बना देते थे। बेवकूफ बनाने वाले दोस्तों का उसने पत्ता साफ कर दिया। सब दोस्त दुम दबाकर भाग खड़े हुए । बीवी इतनी कड़ी न पड़ती तो दोस्त शायद अमरबेल की तरह चूस कर रख देते।

मेरी बीवी की सबसे बड़ी तारीफ की चीज है कि उसने अपने आपको वर्षों तक अछूता और कुंवारा बनाए रखा। वरना यह साला ऐसा हिन्दुस्तान है जहाँ तेरह साल की लड़की माँ बन जाती है। दस साल की उम्र से उसे दुनियादारी की हवा लग जाती है। फिर मेरी बीवी ने मुझे अपना अछूता और मुसलसम प्यार दिया है। प्यार की क्या कोई कीमत होती है? प्यार तो बेमोल होता है। प्यार के लिए प्रिंस ऑफ वेल्स ने इंग्लैंड का राजसिंहासन त्याग दिया था। प्यार के लिए शाहजहां ने ताजमहल बनवाया था। प्यार के एवज में, मैं अगर अपनी कमाई बीवी के हाथों पर रख देता हूँ तो इसमें सचमुच एहसान जैसी कोई बात नहीं है। इस पैसे से वह घर चलाती है। आगे पीछे के लिए वह सोच-समझ कर सेविंग करती है। सेविंग न करे और अगर मैं पीछे मर जाऊँ...तो वास्तव में सोचने की बात है कि उसका और बच्चों का क्या होगा?

सरकार की पेंशन योजनाएँ जी.पी.एफ. स्कीम, सारी की सारी एकदम अधूरी है। जहाँ शादी के बाद औरत दूसरा पति न करके, विधवा की तरह समाज के जुल्म सहते पहाड़ जैसी जिन्दगी अकेले गुजारती है, वहाँ उसके लिए, उसके पति के जीवित रहते समय की तनख्वाह से सवाई तनख्वाह तो चाहिए ही। क्योंकि विधवा होने पर फिर से उसे डिपार्टमेंटल सुविधाएं कहाँ मिलती हैं? गेहूँ बाजार रेट से आधे या तीन चौथाई दाम पर कहाँ मिलता है? छोटी-मोटी चीज़े फ्री कब मिलती है? दो का नोट पाँच में कहाँ चलता है?

मेरे विभाग में रुपए की कुछ कीमत है, और जितना बड़ा अफसर होता है उसी अनुपात में उसके रुपए का मूल्य उतना ही अधिक होता है। मसलन देशी घी आम जनता को एक किलो पचास रुपए का मिलता है। चपरासी एक किलो चालीस रुपए का लाता है। हाँ, अगर होशियार चपरासी हो तो आधा किलो साहब के नाम पर वो फ्री तक डकार जाता है। पर जहाँ दाम लेकर चीज लेने की बात है... बाबू या क्लर्क उसी एक किलो के लिए पैंतालीस रुपए देता है। ए.एस.टी. ओ. पैंतीस रुपए किलो घी खरीदता है। मैं तीस रुपए किलो खरीदता हूँ। अपने ए.सी, डी.सी. साहब को बीस रुपए किलो दिलवाता हूँ। अगर उनके दाम नहीं आते तो पहले की तरह दाम अपनी जेब से ही नहीं देता। दुकानदार को पहले ही बता देता हूँ कि भाई अगर ऊपर से दाम नहीं आए तो तुम्हारा भाग्य। और दुकानदार भगवान से प्रार्थना करता है कि ऊपर से उसकी चीज के दाम न आएं। क्योंकि दाम न मिलने पर जब साहब उसका एहसान मानते हैं तो हजारों के खर्च में ठीक होने वाला केस कौड़ियों में हो जाता है।

पर मैं भी साला पूरा सी.एच.ओ.फोर. अर्थात् चूतियम सल्फेट हूँ। बीवी की बात करते-करते नोट की कीमत पर आ गया। वो तो दिमाग पर डायरी लिखने का भूत लग गया वरना... मैं सीधा ताश खेलने दोस्तों के घर भी जा सकता था, नशा कर रूस और अमरीका में पहुँच सकता था।

दफ्तर का टाइम हो रहा है। घड़ी की सुइयां... उठने को मजबूर बना रही हैं। शेष फिर...।

7 अप्रैल

तीन दिनों बाद फिर डायरी लिखने बैठा हूँ। जब मूड होता है तो इस डायरी में चन्द पृष्ठ और जुड़ जाते हैं। कितना छिपाकर रखता हूँ अपने इन लिखे पृष्ठों को। बीवी पढ़ ले तो आटा दाल का भाव मालूम हो जाए। बॉस पढ़ ले...तो दफ्तर से सीधी छुट्टी हो जाए।

पर चाहता तो हूँ...कि छुट्टी इस जीवन से ही मिल जाए। क्या रखा है ऐसे जीवन में? आखिर मेरे जीते रहने का उद्देश्य क्या है? किसके लिए जी रहा हूँ मैं? क्या बच्चों के लिए? बीवी के लिए? जिसको परवाह नहीं कि मैं रात भूखा रहा या प्यासा? रात मुझे नींद आई या नहीं? ब्लडप्रेशर मेरी नसें चटखाता रहा और मैं रात भर बिस्तरे पर मछली सी करवटें बदलता रहा। देवी जी के पास जाने को मन नहीं हुआ। और मन हो भी कैसे सकता था? रात बारह बजे जब मैंने जगा कर उससे कहा था..."उठो न। उठो देखो मुझे नींद नहीं आ रही है।"

"नहीं आ रही तो मैं क्या करूं? दिन भर की थकी हूँ। रग-रग दर्द कर

रही है। अभी-अभी तो आँख लगी थी। बारह बजे तक लिखते पढ़ते रहे तो मैंने तो नहीं कहा था कि इतना काम करो। चाहते तो मेरे साथ ही सो जाते। अब मुझे क्या नींद लाने वाली 'स्लीपिंग पिल' समझ रखा है?'

मैने सारी कड़वाहट भुलाकर, किताब के ही रूमानी मूड में कहा था... "ओह डार्लिंग! कभी तो प्यार से बोला करो। देखो, जो नॉवेल मैं पढ़ रहा था उसमें नायिका...।"

और श्रीमती जी ने बात काटकर कहा था..."मैं एक उपन्यास की नायिका नहीं हूँ। प्रत्यक्ष जीवन की जिन नायिकाओं के मांसल बदन की कल्पना कर मुझसे अभिसार करके मुझे बेवकूफ बनाने आए हो अब ऐसा हरगिज नहीं होने का।"

मैंने तन कर कहा था-"खूब सोच-समझ कर कह रही हो?"

"हाँ पूरे होश में कह रही हूँ। आज से हमारे तुम्हारे शरीर के ताल्लुकात पूरी तरह खत्म।"

"फिर मुझे पीछे से दोष मत देना।"

"जब गंदी बीमारियाँ भुगत कर आओ तो मुझे भी सूरत मत दिखाना।"

मैं तर्क करने के मूड में नहीं था। पर जबरदस्ती इस दलदल में फंसता जा रहा था। और न जाने क्या-क्या तर्क-वितर्क हुए थे। मैं झुँझलाकर पीने बैठ गया था। उसने हाथ से बोतल की शराब नाली में बहा दी थी।

मैंने चीख कर कहा था-"इतनी कीमती शराब नाली में बहा दी। जानती हो. .. पूरे अस्सी रुपए की शराब थी।"

"पर तुम्हारे पास तो हराम में आई थी। हराम का पैसा हराम में चला गया तो अफसोस क्यों।"

प्रत्यक्ष अपमान ने मुझे तिलमिला कर रख दिया था। मैं झुँझलाकर बोला था. .."पर हराम का खाना मुझे सिखाया तो तुमने ही। अपनी फरमाइशें गिना-गिनाकर मुझे बेईमान तो तुमने बनाया।"

"तुम झूठ कहते हो। बेईमान बनाया तुम्हारे खुद के अपने ज़मीर ने। बेईमान बनाया तुम्हें तुम्हारे ऊपर के अफसरों ने और दुनिया ने। मुझे दोष क्यों देते हो? मैं तो सूखी रोटी और फटे कपड़ों में मस्त थी।

"जैसी मस्त थीं, मैं खूब जानता हूँ। तुम...मुझे टोंकती थी; कहती थीं...मुझे कीमती साड़ियाँ चाहिए। जेवर चाहिए। बच्चों को अच्छा स्कूल चाहिए। बैंक-बैलेंस और कैश चाहिए।"

"पर सजती थी तो तुम्हारे लिए। तुम सजी सँवरी औरतों को पागल की तरह

देखते रह जाते थे। मैंने सज सँवर कर तुम्हारा ध्यान अपनी ओर खींचना चाहा तो गुनाह कौन सा किया? तुमने भी गहने जेवर के खिलौनें देकर क्लबों और होटलों में खूब मजे कर लिए। शराब पीकर कैबरे डांसों का तुमने खूब मजा लिया। सैकड़ों का जुआ खेलकर तुम नम्बरी जुआरी बन गए हो। वो तो तुम्हारे पास हराम का पैसा आता है...अगर आना बंद हो जाए और तुम हारते जाओ...तो मुझे इत्मीनान है कि तुम मेरे साथ-साथ मुझे और मेरे बच्चों तक को दाँव पर लगा दोगे।"

मैं इतना जलील तो नहीं था जितना जलील मेरी बीवी मुझे समझ बैठी थी। क्लब, होटल, कैबरे...यह सब मेरे जीवन की अनिवार्यताएं थीं। बॉस को खुश करने के लिए उनकी कंपनी भी मेरे लिए अनिवार्य थी। वो बेचारी क्या जाने कि इस सारे माहौल को मैंने पूरी तरह कभी भोगा नहीं है। राजा जनक की तरह मैं इस नर्क कुण्ड में अपने आपको इस तरह जलाता आया हूँ कि मेरे जलने का मेरे मन को एहसास तक नहीं हुआ है।

भोगी हुई चीज के लिए नफरत पाले रहने पर भी उसे भोगना कितना कष्टप्रद होता है, यह केवल वही समझ सकता है जिसे अपने शरीर को वेश्या की तरह बिना मर्जी ग्राहक की मर्जी पर छोड़ देना होता है।

पर दोष शायद किसी का भी नहीं है। सारा दोष तो उन सितारों का होता है जो किसी के जन्म लेते ही उसे दाएं-बाएं, ऊपर-नीचे से घेर लेते हैं और उसे वैसा ही भोगना होता है जैसा उसके पूर्वजन्म के कर्मों में उसके लिए निश्चित कर दिया होता है।

शायद पूर्व जन्म में हम दोनों के कुछ ऐसे कर्ज थे, जिन्हें उतारने के लिए ही हम दोनों का जन्म हुआ है। जिनसे मैंने पैसा खाया है वो जरूर उस जन्म में मेरा कर्ज लेकर मर गए होंगे। और शायद अपनी बीवी और बॉस का मैं पिछले हजार-हजार जन्मों का सबसे बड़ा कर्जदार था।

यह डायरी भी उपन्यास की तरह, एक ग्रंथ बनती जा रही है। साहित्यिक पढ़ेंगे तो कहेंगे-डायरी ऐसी नहीं होती? डायरी के शिल्प पर वो लम्बी-लम्बी परिभाषाएं देने लगेंगे। कहेंगे डायरी शैली में कथोपकथन का क्या काम? कहेंगे-डायरी शैली में क्या लिखने वाले की ही कथा होती है? पर डायरी मेरी अपनी है। कलम मेरी अपनी है। जो मन चाहेगा मैं लिखूंगा। आलोचकों को मैंने अपनी जिन्दगी में छटांक भर परवाह नहीं की। और फिर इस डायरी का कोई मुरब्बा तो पड़ना नहीं। मन का बोझ हल्का हो गया यही बहुत है।

पर मेरे बाद जिन लोगों का खाका मैंने खींच दिया है यदि किसी तरह यह

डायरी उनके हाथ लग जाए तो सैकड़ों को चार सौ चालीस वोल्ट के करेंट लग जाएंगे। पचासों गश खाकर अंततः चित हो जाएंगे।

वाह पट्ठे? तुम खूब लिख रहे हो डायरी? लिखते जाओ प्यारेलाल। औरत कोसती है और चीखती है, मर्द सहता है और खामोश रहता है। जब पानी सिर से ऊपर हो जाता है और उसका एहसास जिंदा रहता है तो वही आदमी लेखक बन जाता है।

अब बहुत लिख लिया है शेष फिर...।

डायरी लिखते-लिखते, डायरी ही पूरा उपन्यास बन गई। मैंने उसका नामकरण भी किया-लाल फीते का ज़हर।

मेरी साहित्यिक पुस्तकों के प्रकाशक उसका जिक्र सुनकर उसके प्रकाशन को बहुत उत्सुक थे। कई बार उन्होंने टोका भी। उसमें सरकारी विभाग की लाल फीताशाही, अफसरी जीवन के खोखलेपन, झूठे अहंकार, भ्रष्टाचार, शोषण और आपबीती कहानी है। पर उसमें नेक, ईमानदार और कर्तव्यनिष्ठ सहयोगी अफसरों के भी प्रेरक प्रसंग हैं। उस अव्यवस्थित पाण्डुलिपि को लेकर कई बार बैठा भी पर कलम आगे नहीं बढ़ी। उस मूर्च्छा का इतिहास जिनकी मूर्च्छा तोड़ सकता है वह उसे पढ़ेंगे ही नहीं।

यह अध्याय मेरे 1966 से 1988 तक के जीवन का एक छोटा सा झरोखा मात्र है।

# नौकरी करते हुए साहित्यिक और सामाजिक गतिविधियाँ

नौकरी में मेरी पहली नियुक्ति मुरादाबाद में हुई। हिंदी के प्रसिद्ध ग़ज़लगो दुष्यंतकुमार से वहीं भेंट हुई, हालांकि मैं उन्हें इलाहाबाद से ही जानता था। उन्हीं के द्वारा हिंदू डिग्री कॉलेज में अंग्रेजी के प्रवक्ता डॉ. शिवनाथ अरोरा से भेंट हुई जो हिंदी के अच्छे गीतकार थे। दुष्यंतकुमार और अरोरा जी मुरादाबाद में एक साहित्यिक संस्था पहले से चला रहे थे जिसकी हर रविवार को स्थानीय रेस्टोरेंट में बैठक हुआ करती थी। लगभग 8-10 स्थानीय कवि वहाँ इकट्ठे होकर कविता पाठ करते थे। साहित्य-सभा, एक कवि-गोष्ठी के रूप में ही कार्यरत थी। उस संस्था का सदस्य होने के बाद मुझे लगा जैसे मैं बौद्धिक रूप से जीवित हूँ। उन दिनों मैंने कई कविताएँ भी लिखीं।

मुरादाबाद में श्री एस.एन. चतुर्वेदी बिक्री का अधिकारी भी डिग्री कॉलेज की लेक्चरारशिप से त्यागपत्र देने के बाद ही विभाग में आए थे। उन्हें हिंदी साहित्य में प्रकाशित होने वाली नई-नई पुस्तकें पढ़ने का शौक था, जिन्हें वह स्थानीय पुस्तक विक्रेता से खरीदते भी थे और कुछ पुस्तकें पढ़ने के लिए ले आते थे। उनके द्वारा मुझे वह पुस्तकें पढ़ने के लिए उपलब्ध तो हो ही जाती थीं और उनसे साहित्यिक चर्चा भी हो जाती थी।

मुरादाबाद के बाद रामपुर और देहरादून की ढाई वर्ष की पोस्टिंग में मुझे कोई साहित्यिक वातावरण नहीं मिला पर बुलंदशहर आकर मैं पब्लिक लाइब्रेरी का सदस्य बन गया जहाँ साहित्यिक पुस्तकों का अच्छा संग्रह था। प्रतिदिन रात्रि सोने से पूर्व मैं कोई न कोई पुस्तक अवश्य पढ़ता था। वहीं रहते हुए प्रदर्शनी के समय होने वाले अखिल भारतीय कवि सम्मेलन में सह-संयोजक होने के नाते मेरा परिचय डॉ. शिवमंगलसिंह सुमन, रूपनारायण त्रिपाठी आदि अनेक सुप्रसिद्ध कवियों से हुआ।

दो वर्ष बाद मेरठ आने पर मुझे साहित्य के दूसरे पहलू से परिचय प्राप्त करने का अवसर मिला, जिसे जनसाहित्य या फुटपाथी साहित्य कहा जाता है। वहीं मेरा परिचय जासूसी उपन्यास सम्राट ओमप्रकाश शर्मा से हुआ जिनके उस

समय जासूसी उपन्यासों की बाढ़ आई हुई थी। पूरे भारतवर्ष में उनके पाठकों का (पैन फ्रेन्ड्स) सर्किल स्थापित था। यद्यपि श्री शर्मा ने 1857 की क्रांति पर आधारित एक ऐतिहासिक उपन्यास, नजीर अकबराबादी पर 'एक दूसरा ताजमहल' नाम से सामाजिक उपन्यास भी लिखे थे जो बहुत सफल और सशक्त थे पर उनकी लोकप्रियता जासूसी उपन्यासों के कारण ही थी। वह प्रगतिशील लेखक संघ के सक्रिय सदस्य थे और मेरठ में प्रति सप्ताह एक साहित्य गोष्ठी भी हुआ करती थी।

मेरठ में पोस्टिंग के दौरान ही अपने विभागीय साथियों की सोहबत में मैंने ड्रिंक्स लेना शुरू कर दिया था। यह पान गोष्ठी महीने में दो या तीन होती थीं जिनमें नॉनवेजीटेरियन चुटकुले बड़े शौक से सुने सुनाए जाते थे।

श्री ओमप्रकाश शर्मा रम के शौकीन थे। मैं जब भी उनके घर मिलने जाता था मेरा स्वागत रम के गिलास से होता था। स्वाभाविक रूप से उनको घर पर आमंत्रित कर मुझे भी उनकी खातिर में रम या व्हिस्की पेश करनी होती थी। शर्मा जी के लड़कों ने जनप्रिय लेखक के नाम से मेरठ में एक प्रकाशन भी खोल रखा था। बचपन से ही मैं ब्लैक सीरीज तथा शरलोक होम्स के उपन्यासों का शौकीन था। शर्मा जी के साहचर्य में आने के बाद मैंने उनके उपन्यासों का विपुल जासूसी साहित्य पढ़ा। उनके अनुरोध पर चार-छह जासूसी उपन्यास भी लिखे जिन्हें शर्मा जी के जनप्रिय लेखक प्रकाशन ने प्रकाशित भी किया। पर लेखक के नाम के स्थान पर मैंने उन्हें अपनी पत्नी चन्द्रकान्ता के नाम से प्रकाशित करवाया। इन उपन्यासों के साथ एक सामाजिक उपन्यास भी प्रकाशित हुआ।

मेरठ से ट्रांसफर के बाद मैं कानपुर आया। वहाँ एक गोष्ठी में मेरा परिचय गयाप्रसाद शुक्ल सनेही स्कूल के कवि पं. अभिराम शर्मा से हुआ जिनकी मधुशाला की तर्ज पर लिखी गई विजयशाला बहुत मशहूर थी जिसे 1938 में इंडियन प्रैस लि. प्रयाग ने प्रकाशित किया था। मेरे घर पर साहित्यिक गोष्ठियाँ होने लगीं। चाय पान के साथ मैं भांग (विजया) का भी प्रबंध कर देता था। अभिराम शर्मा की विजया से संबंधित कविताएँ, बच्चन की मधुशाला से कम नहीं थीं। यह बात और थी कि उन्हें इतनी लोकप्रियता न मिली। बानगी के लिए मैं उनकी कुछ कविताएँ नीचे दे रहा हूँ।

भर दे गिलास, भर दे गिलास।
प्रिय! होने दे विजया-विलास।
आया बसन्त, आया बसन्त

मधुपावलि ने गाया बसन्त
रंग गये रंग में दिग् दिगन्त
विजया-घट भर लाया बसन्त
बौरे रसाल, फूले पलास।
भर दे गिलास, भर दे गिलास।
भर दे विजया के विमल कूप।
पी जायें जहां नित रंक-भूप।
सब भूल-भूल निज रंग रूप।
हों एक रूप अच्युत अनूप।
कोई न नाथ, कोई न दास।
भर दे गिलास, भर दे गिलास।
पगध्वनि सुन-झुन, छुन छूम छूम।
मृदुगति-मराल की झूम-झूम।
विजया घट लेकर घूम-घूम
तू देता जा मुख चूम-चूम
प्यासे रटते हैं, प्यास प्यास।
भर दे गिलास, भर दे गिलास।

इसी अवधि में मैं बिरहाना रोड स्थित मारवाड़ी पुस्तकालय का भी सदस्य बना जिसका पुस्तकालय बहुत समृद्ध था। हिंदी साहित्य के साथ वहाँ बंगला से अनूदित साहित्य का भी विपुल भंडार था।

वहीं मैंने ताराशंकर वंद्योपाध्याय, विभूति भूषण, कालकूट, अन्नपूर्णा देवी और आशा जी का साहित्य पढ़ा। इस साहित्यिक वातावरण से अनुप्रमाणित होकर मैंने 'पेटीकोट सरकार' तथा 'चक्कर चुनाव का' नाम से दो उपन्यास लिखे थे। 'पेटीकोट सरकार' हास-परिहास पूर्ण रचना थी जबकि 'चक्कर चुनाव का' हिंदी साहित्य में चुनाव पृष्ठभूमि पर लिखा गया पहला आंचलिक उपन्यास था जिसकी बाद में 'कादम्बिनी' पत्रिका ने भूरि-भूरि प्रशंसा की थी। मेरठ में प्रिसाइडिंग ऑफीसर रहते हुए चौ. चरणसिंह के चुनाव क्षेत्र में बूथकैपचरिंग के साथ-साथ हरिजन मतदाताओं के डराने धमकाने और शासन के मूक दर्शक भर बने रहने की भूमिका देखकर मेरा मन तड़प उठा था। मैंने प्रिसाइडिंग-ऑफीसर डायरी में सारे तथ्यों का नंगा चिट्ठा लिखा था। यह दोनों उपन्यास भी मैंने अपनी श्रीमती चन्द्रकान्ता अग्रवाल के नाम से प्रकाशित कराए क्योंकि 'चक्कर चुनाव के' में सरकार विरोधी सामग्री भी थी और मेरा नाम उजागर होने पर मेरी नौकरी खतरे में पड़ सकती थी।

बदायूँ आने पर मैं डॉ. ब्रजेन्द्र अवस्थी के सम्पर्क में आया। उस समय कवि सम्मेलनों में ओज और वीररस के कवि के रूप में अवस्थी जी का डंका बज रहा था। वह स्थानीय डिग्री कॉलेज में हिन्दी के प्रवक्ता थे। उसी कॉलेज में मुरादाबाद वाले डॉ. शिवनाथ अरोरा भी थे जिनके दो गीत संग्रह प्रकाशित भी हो चुके थे। अंग्रेजी विभाग में ही कार्यरत मोहदत्त साथी भी ओज के अच्छे कवि थे। उन दिनों उर्मिलेश शंखधार हिंदी एम.ए. का छात्र था और उसकी कविताएँ भी बहुत लोकप्रिय हो रही थीं। हर रविवार मेरे घर साहित्य-गोष्ठी जमने लगी जिसमें काव्य के शौकीन सेशनजज, एस.पी. तथा आयकर अधिकारी को भी मैं निमंत्रित करता था। तत्कालीन जिलाधीश श्री फरहतअली भी काव्यप्रेमी थे। उनके प्रोत्साहन और अवस्थी जी के सहयोग से मैंने अखिल भारतीय सम्मेलन का संयोजन किया जिसमें बालकवि बैरागी, नीरज, निर्भय हाथरसी, बलवीर सिंह रंग, संतोषनन्द आदि अनेक सुप्रसिद्ध कवि आए। उस कवि सम्मेलन के लिए तीन चौथाई चंदा मैंने स्थानीय व्यापारियों से जुटाया था। कहा जाता है वैसा सफल कवि सम्मेलन बदायूँ के इतिहास में इससे पूर्व पहले कभी नहीं हुआ था। बदायूँ प्रवास में मैंने ऐसे तीन कवि सम्मेलन और आयोजित किएं। मेरा घर सभी कवियों का जैसे अड्डा बन गया। इधर-उधर के कवि सम्मेलनों से लौटते हुए कवि रास्ते में बदायूँ अवस्थी जी के घर अवश्य आते थे। अवस्थी जी उन्हें मेरे यहाँ ले आते थे। स्थानीय कवियों और शायरों के साथ मैं उसी शाम आनन-फानन में एक वृहद् काव्यगोष्ठी का आयोजन कर देता था। आगंतुक कवि की दक्षिणा का भी प्रबंध कर दिया जाता था।

वीर रस और ओज के कवि होते हुए भी बृजेन्द्र अवस्थी के व्यक्तित्व में एक लिजलिजापन था, जिसे मैं ऊपर ही ऊपर तो पसंद करता था पर मेरा हृदय उसे स्वीकार न कर पाता था। अवस्थी जी की विशेषता उनकी आशु-कविता थी। वह काव्य गोष्ठी या पूरे सम्मेलन का संचालन कोई गद्य-पंक्ति न बोलते हुए कविता में ही करने की क्षमता रखते थे। मैंने उन्हें इस भूमिका में कई बार देखा भी था। पर काव्यगोष्ठियों या मंच पर अपनी आशु कविता द्वारा वह मेरी, जिलाधीश, एस.पी. या जिला जज की प्रशंसा में जो कसीदे पढ़ते थे, उससे न जाने मुझे अंदर ही अंदर तकलीफ होती थी। लगता था-मां सरस्वती द्वारा दिए गए वरदान का क्या यह दुरुपयोग नहीं है? एक ओज के कवि को चारणों जैसी चापलूसी करते देख मुझे पीड़ा होती थी।

मैंने किशोरावस्था में इटावा प्रदर्शनी में हुए कवि सम्मेलनों में श्री रमानाथ अवस्थी के पिता श्री जगमोहन अवस्थी को आशु कविता में कवि सम्मेलन का

संचालन करते पहली बार देखा और सुना था और उससे बहुत प्रभावित भी हुआ था।

कभी-कभी दो-एक कवि या कवयित्री मेरे घर रात्रि में रुक भी जाते थे। उन लोगों से अंतरंग चर्चा के दौरान और स्वयं भी सजग निरीक्षण द्वारा कवि-सम्मेलन-संसार के अंधेरे-पक्ष का भी मुझे बखूबी ज्ञान हुआ।

कवि सम्मेलन से पूर्व कुछ ख्यातिवान कवियों के लिए सुरापान का प्रबंध तो करना ही होता था, पर तकलीफ तब होती थी जब वह अपने साथ पुछल्ले कवि या कवयित्री को भी साथ ले आते थे और उसकी बेजान और अप्रभावी काव्यपाठ के लिए वे पारश्रमिक दिए जाने का आग्रह करते थे।

तभी यह भी ज्ञात हुआ कि कुछ कवयित्रियां केवल किसी प्रसिद्ध कवि की प्रेयसी होने तथा अच्छा गला होने के कारण उनकी ही लिखी कविता पढ़कर वाहवाही बटोर रही हैं। काव्यमंच पर कवियों की काव्यात्मक नोंक-झोंक, चुटकुले और सम्पूर्ण फब्तियाँ जो पहली बार नई और लुभावनी लगी थीं, सात-आठ कवि सम्मेलन सुनने के बाद वे बासी लगने लगीं। तब ज्ञात हुआ वह सहज स्वत:स्फूर्त स्वाभाविक हास-परिहास न होकर, कुछ कवियों के मध्य पहले से तैयार नाटक की भूमिका पर थे। तभी यह महसूस हुआ कि कुछ कवियों के पास केवल चार छह कविताएँ हैं, जिनको ही वह बदल-बदल कर हर कवि सम्मेलन में दोहराते भर हैं। वर्षों से उन्होंने कोई नई कविता लिखी ही नहीं। केवल अपने मधुर कंठ और लटकों-झटकों के कारण ही वे अखिल भारतीय कवि का सम्मान अर्जित कर रहे हैं।

दो-चार कवि सम्मेलनों के संयोजन के बाद ही कवियों के बीच धड़ेबाजी का ज्ञान हुआ। अवस्थी जी हर कवि सम्मेलन में कुछ विशिष्ट कवियों को ही निमंत्रित करने तथा दूसरे धड़े के कवियों को भले ही वे ख्याति प्राप्त हों, न बुलाने का आग्रह करते थे। यही गुटबाजी लालकिले में पन्द्रह अगस्त को आयोजित होने वाले कवि सम्मेलन की थी।

तभी ओशो कहते हैं-'कवि, अपनी कविता में जिस ओज, शौर्य, रूप, सौंदर्य और दिव्यता की बात करता है, अपने वास्तविक जीवन में प्राय: वह बहुत दीन-हीन, लुंज-पुंज और व्यसनों के जाल में फंसा एक निरीह प्राणी मात्र है।'

वीरगाथाकाल के चारण कवि स्वंय युद्ध में भाग लेते थे। मध्य युग के संत कवि जैसी कविता लिखते थे वैसा उनका जीवन भी था। राजाओं के संरक्षण में पलने वाले रीतिकाल के श्रृंगारी कवि जो थे, वही उनकी कविता थी। वह कोई मुखौटा नहीं ओढ़ते थे। जैसा उनका जीवन था वैसा ही उनका काव्य। टैगोर,

निराला और मुक्तिबोध भी ऐसे ही कवि थे। इसीलिए कवि सम्मेलन के कवियों का अन्य कवियों से पृथक अपना एक अलग गुट विकसित हुआ। जिन कवियों के पास सुमधुर कंठ नहीं था अथवा जो हाव-भाव, लटकों-झटकों से और गुटबाजी से अनभिज्ञ थे, वह कवि सम्मेलनों से मिलने वाली आय और प्रशंसा से वंचित रहे।

कालान्तर में कुछ कवियों ने कवि सम्मेलन की इस धारा को प्रदूषण से मुक्त, सहज और स्वाभाविक बनाने में योगदान दिया जिनमें अशोक चक्रधर, गोविन्द व्यास, रमानाथ अवस्थी, बालकवि बैरागी, बेकल उत्साही, कुंवर बैचेन तथा शिवओम अंबर आदि प्रमुख हैं। पर फिर भी कवि सम्मेलन की कविता, तालियाँ बटोरने वाली कविता ही अधिक बनी रही।

उक्त तथ्यों के बावजूद बदायूं प्रवास में कविता के माहौल में रहते हुए बुद्धि से हटकर मेरा केंद्र हृदय बना। मेरे अंदर संवेदनशीलता और प्रकृति प्रेम उत्पन्न हुआ। प्रकृति प्रेम उत्पन्न किया मेरे चपरासी नजरअली ने, जो जन्मजात माली था। मेरे ऑफिस कम रेजीडेन्स में कई बीघा जमीन थी जिसमें पहले से उद्यान विकसित था। पर मेरा प्रोत्साहन पाकर नजरअली ने उद्यान में स्वीट पी लगाई। उसके आगे क्यारियों में पैंजी, फ्लास्क, डेजी, स्वीट सुल्तान, बर्फ नैस्टरशियम, डेलिया, गुल अशर्फी आदि विभिन्न रूप रंग और सुवास के पौधे रोपे। उसने गुलदावदी और मुर्केश के पंक्तिबद्ध पौधे लगाकर उद्यान को एक नई गरिमा दी। एक नया 'रोज कॉर्नर' बनाया।

जाड़ों में लॉन में बने चबूतरे पर मैं धूप में मेज कुर्सी डालकर फूलों के बीच बैठकर ही ऑफिस का कार्य किया करता था। खाली समय में फूल सी हल्की बटरफ्लाई बर्ड को स्वीट पी के फूलों का मधु चूसते देख मैं रोमांचित हो जाता था। नजरअली ने मेरे उद्यान को जिले के पांच प्रमुख सुंदरतम उद्यानों में से एक बना दिया था। हप्पू चपरासी जो मेरी भैंस की पूरी देखभाल करता था, उसने विविध सब्जियों की पीछे की ओर खेती की थी, जिसमें सभी चपरासी परिश्रम भी करते थे और फलस्वरूप मुफ्त सब्जियां भी प्राप्त करते थे। उद्यान में ही आम के पेड़ के ऊपर मैंने एक मचान बनवाया था जिस पर सीढ़ियों की सहायता से चढ़कर मैं कोयल के गीत सुनते हुए उद्यान का सौंदर्य पिया करता था।

सन् 71 में बदायूं में ही मैंने कार खरीदी थी। उस पर सपरिवार कभी मैं कछला घाट जाकर गंगा में जलविहार करता था तो कभी रविवार को आलू शकरकंद या नीबू नमक लेकर किसी ईंट-भट्टे पर पहुंच जाता था। भट्टे की गर्म

राख में आलू शकरकंद भुनवाकर उन्हें नमक नींबू के साथ खाना बहुत अच्छा लगता था।

बदायूँ में अगले वर्ष होने वाले कवि सम्मेलन में बालकवि बैरागी को भी आमंत्रित किया गया था। वह मेरे निवास स्थान पर ही रुके थे। वहां आमों में लगे मंच और फूलों के बीच उनका मन ऐसा रमा कि वह एक सप्ताह मेरे अतिथि बनकर रहे। वहां से मध्यप्रदेश जाने पर उन्हें मध्य प्रदेश का सूचना मंत्री बनाया गया। उन्होंने बहुत आग्रह से मुझे अपने पुतलीधर निवास स्थान पर सपरिवार आमंत्रित किया।

उस बार तो नहीं पर दो-तीन वर्षों बाद मैं उनके घर मनासा जा पहुंचा। यद्यपि वहां बैरागी जी नहीं थे पर उनके परिवार ने हम लोगों का हार्दिक स्वागत किया।

हिंदुस्तान पाकिस्तान युद्ध छिड़ जाने के कारण मैंने जिलाधीश के साथ पूरे जिले का दौरा करते हुए राष्ट्रीय सुरक्षा कोष एकत्रित करने में सक्रिय सहयोग किया, जिसके फलस्वरूप उ.प्र. में सभी जिलों में जो राष्ट्रीय सुरक्षा फंड जमा हुआ उसमें बदायूं का तृतीय स्थान था, जबकि बदायूं एक बहुत छोटा जिला था। सरकारी आदेश से कराया गया यह संग्रह ही मेरी जान का बवाल बन गया। एक वर्ष बाद बदायूं के एम.एल.सी. श्री अबरार अहमद जो चरणसिंह पार्टी के सचिव थे उन्होंने मुझसे चरणसिंह हैलीकॉप्टर फंड के लिए भी चंदा कराने का आग्रह किया। उस समय चरणसिंह विरोधी दल के नेता थे। मेरे इन्कार करने पर पी. ए.सी. का चैयरमैन होने के कारण उन्होंने मेरी फाइलों का स्पेशल ऑडिट करवाया। मेरे विरुद्ध कई शिकायतें करवाकर उन्होंने मुझे हर तरह से नुकसान पहुंचाने का यत्न किया।

इन्हीं दिनों मेरे प्रमोशन की बात भी चल रही थी। श्री नारायणदत्त तिवारी उस समय मेरे वित्तमंत्री होने के साथ-साथ मुख्यमंत्री भी थे। उन्हीं दिनों बालकवि बैरागी जी का फिर बदायूं आना हुआ। मेरी पत्नी से असरार अहमद वाला प्रकरण जानकर बैरागी जी ने श्री नारायणदत्त तिवारी को व्यक्तिगत रजिस्टर्ड पत्र लिखा।

प्रत्युत्तर में तिवारी जी ने बैरागी जी को पत्र लिखकर सूचित किया कि उन्होंने विशेष सचिव से कह दिया है और मेरी पदोन्नति सुनिश्चित है। तिवारी जी से प्राप्त पत्र बैरागी जी ने मुझे दिखाकर फाड़ दिया। तिवारी जी के आदेश और नोटिंग से यद्यपि दो वर्ष बाद मुझे प्रमोशन तो मिला पर नौकरशाही ने खुन्नस निकालने के लिए असरार अहमद द्वारा भिजवाई शिकायतों के आधार पर मेरी

विजीलेंस इंक्वायरी के आदेश कर दिए। इस आदेश से पूर्व अप्रत्यक्ष रूप से मुझे एक उच्चाधिकारी द्वारा बीस तोले सोने के कंगन की भेंट भिज़वाने का संदेशा भेजा गया था। तिवारी जी द्वारा दिलचस्पी लेने के कारण मैं निश्चिंत था। तिवारी जी के पद से हटते ही दो वर्ष बाद प्रमोशन के साथ-साथ मुझे विजीलेंस इन्क्वायरी की अग्निपरीक्षा से गुजरना पड़ा। यद्यपि मैं उस परीक्षा से बेदाग निकल आया पर दो-तीन वर्ष मुझे असह्य मानसिक यंत्रणा से गुजरना पड़ा।

# नौकरी के अलिखित नियम और नेताओं से टकराव

पैंतीस वर्ष की सर्विस में पन्द्रह स्थानों की खाक छानते हुए मैं ईमानदार और बेईमान सभी तरह के व्यापारियों, अफसरों और कर्मचारियों के निकट सम्पर्क में आया। मैंने सैकड़ों लोगों के दोहरी बहीखाते या टैक्स की चोरी करने वाले कागजात अभिग्रहीत कर, उनके हिसाब अस्वीकार कर बिक्री काफी बढ़ाकर निर्धारित करते हुए उन पर कर तथा अर्थदंड लगाया। कई लोगों ने मेरे विरुद्ध झूठी शिकायतें दर्ज कर मुझे भी तमाम मुश्किलों से दो चार भी किया।

टैक्स की चोरी कैसे रोकी जा सकती है, इसके संबंध में कुछ वित्तमंत्री और आयुक्त कई बार मीटिंग में फील्ड पर काम करने वाले अधिकारियों से सुझाव मांगते रहते थे। मैंने एक मीटिंग में कहा था–"जब तक समाज में काले धन का प्रसार नहीं रुकता, टैक्स की चोरी भी नहीं रुक सकती। बाजार में जो पूंजी लगी हुई है उसमें से 60% पूंजी ब्लैक मनी की है। उसकी बिक्री और आय व्यापारी छिपाने के लिए बाध्य है। यदि टैक्स की चोरी सरकार रोकना ही चाहती है तो पहले वह काले धन के प्रसार पर रोक क्यों नहीं लगाती? बिना अर्थदण्ड लगाए वह काले धन को व्हाइट बनाने के लिए उदार योजनाएँ क्यों नहीं लातीं? द्वितीय महायुद्ध के बाद जब जापान की पूरी अर्थव्यवस्था चौपट हो गई थी और भीषण बमबारी के कारण मेरे देश के तमाम भवन ध्वस्त हो रहे थे, जापान सरकार ने घोषणा की थी कि महायुद्ध के दौरान जिन्होंने काले धन की कमाई की है वे उससे जितनी चाहें बिल्डिंग बना सकते हैं। उनसे यह हरगिज पूछा नहीं जाएगा कि यह धन आया कहाँ से? इसके लिए तीन वर्ष का समय दिया गया और यह भी स्पष्ट कर दिया गया था कि तीन वर्ष बाद यदि किसी के पास काला धन पाया गया तो उसकी सम्पत्ति को जब्त करने के साथ सरकार उसे जेल की सलाखों के पीछे पहुंचा देगी। तीन वर्षों में ही जापान में टूटे खण्डहरों की जगह भव्य बिल्डिंग दिखाई देने लगीं। इसके लिए दृढ़ता और संकल्प चाहिए। काले धन के व्हाइट होने से सरकार को न केवल बिक्री कर बल्कि अधिक आयकर, हाउसटैक्स, एक्साइज ड्यूटी और बहुत से कर मिलेंगे। उसकी आय दुगुनी या ढाई गुनी हो सकती है।"

यह विचार तो मैंने उस सेमिनार में व्यक्त किए थे पर इसके अतिरिक्त बहुत कुछ ऐसा भी था जो अपनी नौकरी की सीमाओं के कारण मैं व्यक्त न कर सका था।

सरकार विदेशों से अरबों का कर्ज लेती है और उसका ब्याज चुकाने में ही उसकी बड़ी आय खर्च हो जाती है। अपने देश में ही मंदिरों, गुरुद्वारों के पास अकूत स्वर्ण सम्पदा है। लोगों ने अपने स्वर्ण आभूषण लॉकर्स में छिपाकर रखे हैं। सरकार स्वर्ण बॉण्ड जारी कर मंदिरों आदि का सोना ज़ब्त कर विदेशी कर्ज से मुक्ति पा सकती है। फिर काले धन का प्रसार नेताओं और बड़े अफसरों के बीच रिश्वत के रूप में बड़ी तेजी से फैल रहा है। लोग अपने काले धन को छिपाकर स्विज बैंक के खातों में जमा कर रहे हैं। पंचवर्षीय योजनाओं का आधे से अधिक धन रिश्वत की भेंट चढ़ जाता है।

पर जब कानून बनाने वाले ही कानून की दिन दहाड़े धज्जियाँ उड़ा रहे हों फिर कानून व्यवस्था तो एक मजाक बनकर रह जाती है।

जब मैं 1963 में बुलंदशहर में पोस्टेड था, एक दिन उस क्षेत्र के एम.पी. एक भट्टे वाले को लेकर मेरे घर पधारे थे। उन्होंने मुझे एक हजार रिश्वत की पेशकश करते हुए अपने भट्टे वाले मित्र के तीन वर्षों के केस ठीक करने की सिफारिश की।

मैं उनकी हिमाकत देखकर स्तब्ध रह गया। उन दिनों आदर्शवाद, ईमानदारी और सत्यनिष्ठा मेरे रोम-रोम में बसी हुई थी। मैं अपनी पत्नी को जोड़ लगी सस्ती साड़ियाँ पहनाता था और बाजार से पाँच रुपए की सिली बुरशर्ट खरीद कर बड़े गौरव और आनंद से रहता था।

मैंने जोश में नेताजी को आदर्श की दुहाई देते हुए ईमानदारी और शुचिता का पाठ पढ़ाया था। लाखों लोगों द्वारा चुने जनता के प्रतिनिधि को यह अपना अपमान लगा था। वह मुझे धमकियाँ देते चले गए।

उन्होंने कमिश्नर से मेरी लिखित शिकायत की थी कि आपके विभाग के अदने से एक अफसर ने मेरा अपमान किया। मुझे धक्के देकर अपने घर से बाहर निकाल दिया। मुझे उसके विरुद्ध मानहानि का मुकदमा दायर करने की अनुमति दी जाए।

बिक्रीकर एक्ट में एक प्रावधान के अनुसार अपने सरकारी दायित्वों को निर्वहन करते हुए किसी अफसर के विरुद्ध बिना विभागाध्यक्ष की अनुमति के कोई केस किसी अदालत में दायर नहीं किया जा सकता था।

कमिश्नर ने सहायक आयुक्त से जांच कर रिपोर्ट भेजने के लिए कहा था।

मैंने लिखित और मौखिक दोनों ही रूप में सभी तथ्यों से सहायक आयुक्त को अवगम कराते हुए अपनी रिपोर्ट में यह स्पष्ट कर दिया था कि उस भट्टे में एम. पी. महोदय की पत्नी साझीदार हैं और एक सर्वे के समय उनके भट्टे से करें चोरी के कागजात पकड़े गए थे और एम.पी. महोदय रिश्वत देकर अपना केस ठीक कराने का मुझे आदेशात्मक अनुरोध ही नहीं कर रहे थे वरन बल्कि खुले आम मुझे रिश्वत ऑफर करने आए थे।

सहायक आयुक्त ने उन एम.पी. महोदय से मिलकर कहा था-"कुछ नए लड़के यूनीवर्सिटी से आदर्शवाद और ईमानदारी का जुनून लेकर अच्छा कार्य कर रहे हैं। यह अफसर जिसे मैं अच्छी तरह जानता हूँ जो होली, दिवाली किसी भी त्यौहार पर मिठाई का डिब्बा तक स्वीकार नहीं करता। वह लिखित रूप से आप पर रिश्वत देने का आरोप लगा रहा है। आपने यदि मामले को उछाला तो उसका तो सिर्फ अधिक से अधिक ट्रांसफर होगा पर वह आपको अधिक बदनाम कर देगा। मैं उस भट्टे का केस दूसरे अफसर को ट्रांसफर कर दूंगा और मैंने उस अफसर को भी अच्छी तरह समझा दिया है कि आप जैसे सभी जनता के चुने प्रतिनिधियों के साथ शिष्टता और सौम्यता से व्यवहार करें।

यह मेरी किसी राजनेता से पहली टक्कर थी। वह सहायक आयुक्त बहुत सुलझे समझदार और फौज से रिटायर्ड एक ईमानदार अफसर थे, जिन्हें ईमानदारी की कद्र थी। उन्होंने मुझे समझाते हुए कहा कि नेताओं से व्यवहार करते समय बहुत शिष्टता, मिठास और चतुरता से बात करनी चाहिए। ऐसे लोगों को यदि गुड़ नहीं दे सकते तो गुड़ जैसी बातें तो कर उन्हें मिठास का अहसास करा देना चाहिए।

यह सीख मैंने गांठ बांध ली और आगामी सर्विस में मुझे उससे बहुत लाभ भी हुआ।

दस वर्ष बाद की एक घटना का भी मुझे स्मरण आ रहा है जब इस सीख को आजमाने और व्यवहार में लाने का अवसर मिला। दस वर्षों के अनुभव ने मुझे बहुत परिपक्व, व्यवहार कुशल, चुस्त, चालाक और लोकप्रिय अफसर बना दिया था। मैंने अपने उच्चाधिकारियों और अनुभव से सफलता के गुरुमंत्र सीखे थे-सभी से मृदु, मधुर व्यवहार। जबान पर घुली हो मिश्री पर कलम से सख्त बने रहना। उच्चाधिकारियों का सम्मान करते हुए उनकी मांगों की पूर्ति दूसरे व्यापारियों द्वारा करवा देना। इस समझौतेवादी फार्मूले का मूलमंत्र था-'खुदा भी खुश रहे और शैतान भी नाराज न हो।'

हर दो या तीन वर्ष बाद होने वाले ट्रांसफर्स में मेरा कई ऐसे उच्चाधिकारियों

से पाला पड़ा जो निरीक्षण के समय वी.आई.पी. खातिरदारी के साथ भेंट में कीमती तोहफों की अपेक्षा रखते थे। उनकी खातिरदारी के लिए ड्रिंक्स, मुर्गा, कबाब बहुत जरूरी आइटम थे। उन्हें दो चार हजार के उपहारों की भी दरकार होती थी। उनकी श्रीमतीजी को मुफ्त शॉपिंग कराने से यह मांग पूरी हो जाती थी। ऐसी व्यवस्था न करा सकने पर उल्टा सीधा निरीक्षण नोट, विपरीत टिप्पणियों के साथ चेतावनी भरे रिमार्क और वर्ष में एडवर्स एन्ट्री मामूली बातें थीं।

मुझे अपने सीनियर मित्र, सहयोगियों से कुछ ठोकरों के बाद यही नसीहत मिली थी–यदि नौकरी करनी है तो कुछ समझौते और एडजस्टमेंट तो करने ही होंगे। अपने इमीजियेट बॉस से रिश्ता बिगाड़कर नौकरी की ही नहीं जा सकती। हां, माना कुछ लोग फिर भी नौकरी करते हैं। पर किस कास्ट पर? वह हमेशा तनावग्रस्त, दुःखी, उदास और बीमार रहते हैं। उनकी पत्नी, बच्चे तक उनसे खुश नहीं रहते। उन्हें रद्दी से रद्दी जगह पोस्टिंग कर सबसे खराब स्टेशन दिए जाते हैं। एडवर्स एन्ट्रीज़ पाते हुए उनका समय पर प्रमोशन नहीं होता। उनकी ऊर्जा 'एक्सप्लेनेशन' और 'रिप्रेजेन्टेशन' देने में ही व्यर्थ खर्च हो जाती है।

मैंने बीच का रास्ता ही चुना था। एक अतिवाद था कि स्वयं खुलेआम रिश्वत लेकर अपनी तिजोरी भरो और जो भी गुर्राये उसकी ओर भी एक गोश्त का टुकड़ा फेंक दो।

नौकरी की सफलता का मेरा दूसरा गोल्डन नियम था–जिस जगह पोस्टिंग हो वहां का संग्रह बढ़ाना। समाज के हृदय को गतिशील बनाने के लिए कर या टैक्स ही वह रक्त है, जो उसे गतिशील बनाता है। बिक्री कर अधिकारी की सफलता की पहली परीक्षा यही है कि वह जहाँ रहे वहाँ के कलेक्शन में वृद्धि करे। टैक्स की चोरी पकड़े। अपने ऊपर वाले अफसर को खुश रखते हुए केवल दाल में नमक भर खाए। व्यापारी पिता के पुत्र होने के नाते से व्यापार की बारीकियों और व्यापारियों की कमजोरियों से मैं भली-भांति वाकिफ था। डबल बहीखाते रखते हुए कर की चोरी करना व्यापारियों की मजबूरी कम आदत अधिक बन गई थी।

मैं अपनी नव नियुक्ति के बाद जिले की विभिन्न व्यापार इकाइयों की एक मीटिंग अवश्य आयोजित करता था जिनमें प्रत्येक इकाई के अध्यक्ष और मंत्री के साथ जिले के दस सबसे अधिक कर देने वाले व्यापारी भी आमंत्रित किए जाते थे।

मैं अपने संक्षिप्त सम्बोधन में उन्हें समझाते हुए कहता था–"मैंने आपको मित्रता जोड़ने और आपका सहयोग लेने के लिए ही यह मीटिंग बुलाई है। आप लोग यह भली-भांति समझने का प्रयास करें कि आपके द्वारा की गई बिक्री और आय में सरकार का भी एक अंश है, जिसके द्वारा वह अस्पताल, स्कूल, व्यवस्था, सुरक्षा और विकास की योजनाएँ चलाती हैं। आपसे सरकार बिक्री कर ग्राहकों के वसूल कर जमा करने की अपेक्षा रखती है। मैं जानता हूँ कि काले धन के प्रसार और मार्केट की प्रतियोगिता के कारण टैक्स की चोरी करना कुछ लोगों की आदत बन चुकी है जिसे वे अपनी विवशता का नाम देते हैं। पर यह विवशता न होकर सरकार के प्रति बेईमानी है। अपनी ही सरकार के प्रति जिसे आप स्वयं चुनते हैं।

–मुझे सरकार ने इसीलिए यहां तैनात किया है जिससे मैं यह देखभाल कर सकूं कि बिक्री कर के रूप में सरकार को उसका भाग मिल रहा है या नहीं? टैक्स की चोरी को रोकना एक बहुत बड़ा प्रश्नचिह्न है, पर हां! मैं इतना जरूर जानता हूँ कि इसे कम किया जा सकता है। आप लोगों से मेरा निवेदन है कि आप दाल में नमक जरूर खाएं पर नमक में दाल नहीं। मैं टैक्स की चोरी सर्वे के समय आपके हिसाबों की जांच पड़ताल के द्वारा तो चैक करता ही रहूंगा पर कृपया आप अपनी एसोसिएशन के सदस्यों को यह भी बताएं कि टैक्स का अपवंचन करने पर डेढ़ गुने अर्थदण्ड का भी प्रावधान है और मैं इस प्रावधान का खुलकर प्रयोग करता हूँ।"

उस मीटिंग में मैं उनकी कठिनाइयों को भी समझने का यत्न करता था। उनके रिफण्ड वाउचर न मिलने की समस्या, कर्मचारियों द्वारा उनका उत्पीड़न करने और दफ्तर में बैठने या पीने के जल की समस्या।

तीसरे ही दिन गल्ला मंडी का सर्वे करते समय मैंने दो व्यापारियों के दोहरे बहीखाते अभिगृहीत किए। छह दुकानदारों के यहाँ लूज पर्चों पर छिपाई बिक्री का ब्यौरा 'सीज़' किया।

चार व्यापारियों की कैश गिनवाने पर रोकड़ के नाम, जमा के इन्द्राजों के अनुसार सैकड़ों हजारों का अंतर मिला, जो खरीद या बिक्री छिपाए जाने का प्रमाण था और जिसके आधार पर केस के समय घोषित बिक्री को अस्वीकार करते हुए कहीं अधिक बिक्री निर्धारित किया जाना सुनिश्चित था।

मैंने जिले के भट्टों को कोयला बेचने वाले दो कोल एजेन्ट के तीन साल के एकाउंट से वह विवरण नोट किया कि इन वर्षों में किस भट्टे से इन लोगों ने कितने टन कोयला खरीदा है।

भट्टों वालों के पिछले वर्षों के हिसाबों में इन कोल एजेन्ट्स से कोयले की, की गई आधी-अधूरी खरीद ही दर्ज थी। इसका अर्थ था कि ईंटों के उत्पादन में उन्होंने हिसाबों में दिखाई कोयले की खरीद से कहीं अधिक कोयला खरीद कर ईंटों का कहीं अधिक उत्पादन करते हुए अपनी बिक्री छिपाई थी। मैंने भट्टे वालों के लगभग सारे पुराने केस दोबारा खोल दिए।

उसे जिले में मूंगफली का रिकॉर्ड उत्पादन होता था। तीन चार मंडियों में मूंगफली के आढ़तियों के अहाते में खरीदी मूंगफली के पहाड़ जैसे ढेर लगे रहते थे। मेरा अपना अनुभव और सर्वेक्षण कहता था कि वे अपनी आधी खरीद भी हिसाबों में दर्ज नहीं करते और बड़े पैमाने पर टैक्स की चोरी करते हैं।

मूंगफली के पहाड़ के ढेर की पैमाइश और वजन का मैंने अपनी समझ से नया-नायाब फार्मूला ईजाद किया। हिसाबों की चैकिंग करने के बाद मैंने उसके अहाते में मूंगफली के बड़े पहाड़ को देखकर पूछा-आपके यहाँ मूंगफली का कितने क्विंटल स्टॉक है?

उसने स्टॉक रजिस्टर देखकर कहा-"अट्ठारह सौ पचास क्विंटल।" मैंने कहा-"आज मैं आपके स्टॉक को तुलवा कर फिजीकल वेरीफिकेशन करना चाहता हूँ।"

वह मुस्करा कर लापरवाही से बोला-"आप जरूर फिजीकल वेरीफिकेशन करें। पर इस ढेर को बोरों में भरने में ही शाम हो जाएगी और इतने खाली बोरे मेरे यहां हैं भी नहीं। अगर आपने एक-एक बोरा भी तुलवा कर देखा तो एक बोरे में मूंगफली भरने और तौलने में कम से कम सात मिनट लगेंगे। 3700 बोरों को तुलवाने में 25900 मिनट समय चाहिए। पूरी रात भर तौलने पर यह तौल पूरी नहीं होगी।"

वह बिल्कुल ठीक कह रहा था। आज तक स्टॉक का वेरीफिकेशन हुआ ही न था। तुलवा कर उसकी सत्यता की जांच करना व्यवहारिक रूप में असंभव था। इसीलिए आढ़ती जितना स्टॉक दिखलाते थे उसे स्वीकार करना विभाग की मजबूरी थी।

मैंने पूरे आत्मविश्वास से कहा-"आपके स्टॉक को तुलवाने में अधिक से अधिक एक डेढ़ घंटे का समय लगेगा।"

वह आश्चर्य से मेरा मुंह देखने लगा। मैंने अपने साथ लाए चपरासियों को व्यापारी के चार पल्लेदारों की सहायता से मूंगफली के पहाड़ जैसे ढेर को लकड़ी के पटरों की सहायता से जो पास खड़े उसके ट्रक में पड़े थे, चौरस कर, समतल कराते हुए एक क्यूब का आकार देने का आदेश दिया। ट्रक पर

खड़े होकर कुछ ही देर में पूरा ढेर एक क्यूब जैसी आकृति में बदल गया।

ओवरसियर वाले फीते से फिर मैंने उस क्यूब के ढेर की लम्बाई चौड़ाई और ऊँचाई का नाप करवा कर नोट किया। उसके बाद मैंने एक वर्ग मीटर ऊंचा, उतना ही लम्बा और और चौड़ा मूंगफली के ढेर का क्यूब बनवाकर उसका वजन करवाया। व्यापारी के माथे पर अब पसीने की धार बहने लगी।

मेरा गणित बहुत आसान था कि यदि एक वर्ग मीटर लम्बे-चौड़े और ऊंचे क्यूब में समाने वाली मूंगफलियों का वजन मान लो दो क्विंटल है तो पूरे ढेर के कितने धन क्यूब का वजन मैंने उनके मुनीम से जब केलकुलेट करवाया तो स्टॉक, स्टॉक रजिस्टर में दर्ज स्टाक से ढाई गुना निकला। मैं यह पूरा 'प्रोसीजर' और नाप तोल जब अपनी सर्वे डायरी में लिखने लगा तो व्यापारी ने मेरे पैर पकड़ लिए। उसने यह नाप-तौल न लिखने के लिए पांच हजार रिश्वत देने की पेशकश की। पर मैंने यह सब रिश्वत के लिए नहीं किया था। मेरा उद्देश्य था जिले का कलेक्शन बढ़ाना। टैक्स की चोरी रोकना।

मैंने उस मंडी के सभी आढ़तियों को इसी गद्दी पर बुलाकर कहा-'मूंगफली के ढेर का सही एस्टीमेट मालूम करने की आपने मेरी विधि भली-भांति देख ली है। मैं एक-एक कर आप सभी के स्टॉक की इसी तरह जांच करूंगा। मैं आप लोगों को एक सप्ताह का समय देता हूँ आप वास्तविक स्टॉक के अनुसार अपने स्टॉक रजिस्टर सही कर लें और जो खरीद छिपाई गई है उसे हिसाबों में दर्ज कर लें।

उन सभी व्यापारियों के सामने ही मैंने सर्वे डायरी में सारी नाप-तौल लिखते हुए कहा-यह एक रफ एस्टीमेट है। यदि ढेर को समतल करने में या नाप-तौल में कुछ थोड़ी बहुत त्रुटि भी रही हो तो उसके लिए भी मैं तीस चालीस क्विंटल की छूट दे सकता हूँ। पर नमक में दाल खाना ठीक नहीं। आप लोग शौक से दाल में नमक खाएं, इसमें मुझे कोई एतराज नहीं।"

पूरे सीजन में अलग-अलग मंडियों में मैंने अलग-अलग दुकानदारों या आढ़तियों के कई सर्वे किए और उसी के परिणाम स्वरूप पिछले वर्ष जहां मूंगफली से जिले को पंद्रह लाख बिक्री कर मिला था उसकी अपेक्षा इस वर्ष तेईस लाख बिक्रीकर प्राप्त हुआ, जबकि सर्वेक्षणों के आधार पर हिसाब अस्वीकृत करते हुए अतिरिक्त आरोपित बिक्रीकर और अर्थदंड पृथक से आना ही था।

उस जिले में मेरे ज्वाइन करने पर वहां का वार्षिक कलेक्शन बावन लाख था, और चार वर्ष बाद जब मेरा ट्रांसफर हुआ तो वहां का कलेक्शन सवा दो

करोड़ हो गया था। यह प्रत्येक उस सर्किल में हुआ जहां मैंने कार्य किया। ऑफिस के रिकॉर्ड के रख-रखाव और सभी तरह के मामलों के निस्तारण में भी आशातीत प्रगति हुई। जिन व्यापारियों के जो जायज काम वर्षों से लटके पड़े थे, उनको मैंने त्वरित गति से निबटाया। पर इससे मेरी सहज, स्वाभाविक प्रतिभा विकसित न हो रही थी। मैं एक अधूरेपन का एहसास करता था, इसीलिए दिन भर के परिश्रम के बाद मैं क्लब में पपलू और पोकर भी खेलता था। मेरी एक छोटी-सी मित्रमंडली थी। उसमें आयकर अधिकारी, स्टेट बैंक के एजेंट, पी. डब्ल्यू.डी. तथा सिंचाई विभाग के दो इंजीनियर भी सम्मिलित थे। हम लोग प्रायः चार आना प्वाइंट पर पपलू खेलते थे और सप्ताह में एक बार तीन चार पेग की चुस्की भी लगा लेते थे।

प्रत्येक रविवार मेरे निवास स्थान पर स्थानीय डिग्री कॉलेज के तीन लेक्चरार जिनमें हिन्दी के प्रसिद्ध कवि श्री वृजेन्द्र अवस्थी भी सम्मिलित थे, प्रायः आ जाते थे। दो तीन घंटों की अच्छी खासी काव्य-गोष्ठी और साहित्यिक चर्चा भी हो जाती थी। पर इलाहाबाद की 'परिमल' और 'प्रगतिशील लेखक संघ' की गोष्ठियों की भांति न तो उसमें लेख, कहानी या उपन्यास के अंश पढ़े जाते थे और न उसकी प्रत्येक कोण से आलोचना होती थी। केवल काव्य पाठ, 'वाह वाह, बहुत सुंदर' शब्दों द्वारा उसकी प्रशंसा, चायपान और किस्सा खत्म। क्या ऐसा साहित्य समाज को कुछ नई दृष्टि, नई दिशा दे पा रहा था? या था केवल मनोरंजन?

इन आयोजन में कभी-कभी डी.एम.एस., सभी न्यायाधीश, प्रसिद्ध अधिकारियों सहित जिले के प्रसिद्ध (नेता, व्यापारी) के साथ मेरी मित्र मंडली सपरिवार सम्मिलित होती थी। सभी के खाने-पीने की भी चाक-चौबंद व्यवस्था होती थी। पर फिर भी उससे मेरी बौद्धिक संतुष्टि नहीं होती थी। कुछ भी नई क्रांतिकारी रचना सृजित करने का जोश नहीं जागता था।

मेरे जीवन में श्रम और विश्राम दोनों थे। दिन भर दफ्तर के उबाऊ कार्यक्रम के बाद मैं मनोरंजन को भी बहुत महत्त्व देता था। कभी-कभी रविवार अपनी कार से परिवार को गंगा स्नान के लिए कछला घाट या सोरों ले जाता था। कभी मेरे एक व्यापारी मित्र अपने बाग में बने स्विमिंग टैंक में मुझे आम तथा चाट की दावत के लिए सपरिवार बुलवाते थे।

तभी भारत चीन का युद्ध हुआ। सभी जिलाधीशों को नेशनल डिफेंस फंड में जनता से अधिक से अधिक धनराशि जमा कर भेजने के शासनादेश प्राप्त हुए। उन दिनों बदायूं के जिलाधीश श्री फरहत अली थे। बहुत कार्यकुशल, लोकप्रिय,

साहित्य प्रेमी और गुण ग्राहक। उन्होंने फंड इकट्ठा करने का एक नायाब तरीका खोज निकाला।

वह हर मंडी, कस्बे या तहसील जाकर वहां के व्यापारियों, डॉक्टरों व सम्मानित सम्पन्न नागरिकों की एक मीटिंग बुलाते थे। वहां राष्ट्रीय सुरक्षा कोष में मुफ्त हस्त से दान देने के लिए एक छोटी सी तकरीर देते थे जिसके द्वारा देश की सुरक्षा का हवाला देते हुए उनकी देशभक्ति की भावना को उभारा जाता था। फिर वह तहसीलदार साहब से कहते थे-आप अपनी तहसील के सम्मानित पैसे वालों से राष्ट्रीय सुरक्षा के नाम पर कितना चंदा प्राप्त करने की आशा करते हैं?

तहसीलदार अपने साथ लाई सूची से व्यापारी का नाम और प्रस्तावित चंदा राशि की धनराशि पढ़ने जाते थे।

जैसे-लाला रघुवरदयाल - रु. 5000/-

लाला रघुवर दयाल खड़े होकर घिघयाते थे-"हुजूर! यह रकम बहुत ज्यादा है। मेरी इतनी हैसियत कहाँ?"

डी.एम. साहब फिर मेरी ओर घूमकर फरमाते थे-"सेल्सटैक्स ऑफिसर साहब! आप इनकी दुकान का सर्वे भी करते हैं और केस भी। आप इनकी हैसियत से अच्छी तरह वाकिफ हैं। आप ईमानदारी और निष्पक्षता से देश की सीमाओं की हिफाजत के लिए इनका योगदान कितना होना चाहिए, यह तजबीज करें।

फिर वह लालाजी की ओर मुखातिब होकर पूछते थे-कहिए लालाजी! आपको अपने सेल्स टैक्स अफसर की तजबीज मंजूर होगी?"

मन मारकर लालाजी मेरी ओर रहम भरी नजरों से जैसे कम धनराशि की तजबीज करने की प्रार्थना करते हुए मुझे देखते थे।

मैं दो हजार तजबीज करता था तो लालाजी को दो हजार चंदा देना ही होता था। यदि स्वेच्छा से चंदा देने को कहा जाता तो वे पांच सौ रुपए से अधिक हरगिज न देते।

इस तरह बदायूँ जैसे छोटे जिले में राष्ट्रीय सुरक्षा फंड में जो चंदा जमा हुआ, वह पूरे उत्तर प्रदेश के सभी बड़े-बड़े जिलों के भी योगदान से भी अधिक था और बदायूँ का पूरे प्रांत में तीसरा स्थान रहा था।

इस घटना से डी.एम. साहब का विश्वास जीतकर मैंने उनके सहयोग से उस जिले में चार सफल अखिल भारतीय कवि सम्मेलनों का भी आयोजन किया।

# बदायूँ से हापुड़, देहरादून, बिजनौर, कानपुर और फिर आगरा

बदायूं अपने जूए के लिए दूर-दूर तक प्रसिद्ध था। ककोरे मेले के अवसर पर गंगाघाट पर दस दिनों का मेला प्रति वर्ष लगता था। कचहरी तथा प्रमुख दफ्तरों का संचालन मेले में लगे कैम्पस द्वारा ही किया जाता था। गंगाघाट पर तंबुओं का एक छोटा-मोटा नगर बस जाता था। वहां ऑफिसर्स कैम्प्स में तो रमी, फ्लैश और ब्रिज की महफिलों के साथ ड्रिंक्स होते ही थे, रइसों के तम्बुओं में भी खुलेआम जूए की महफिलें सजती थीं। जुआ खेलने के लिए बरेली, शाहजहांपुर व दूर-दूर से सेठ आते थे और दस दिनों में लाखों-करोड़ों का जुआ हो जाता था। सम्पन्न घरानों में दामादों को ककोरा मेला का न्यौता भेजकर बुलाया जाता था और उन्हें जुआ खेलने के लिए हजार-हजार रुपए भी भेंट किए जाते थे।

बदायूं क्लब भी जिले के वकीलों, अफसरों और क्लब के मेम्बरों के लिए मशहूर जुआ स्थली था। 'अपराधी-जिला' होने के कारण वहाँ पाँच सेशन्स जज थे। फौजदारी के वकील दो-तीन घंटे के लिए कचहरी जाकर दो-तीन जमानतें कराकर जेबों में नोट भर कर क्लब आ जाते थे, और रात बारह बजे तक जुआ खेलते रहते थे। वहीं उनका खाना-पीना, खेलना, लड़ना और झगड़ना अखंड रूप से चलता रहता था।

बदायूँ में पहली बार स्वतंत्र प्रभार मिलने के कारण मुझे कई बार महामहिम राज्यपाल महोदय, मुख्यमंत्री तथा अन्य मंत्रियों से भेंट कर उनको निकट से देखने और जानने समझने का अवसर मिला। जिले के सभी उच्चाधिकारियों से भी मेरे निकट के सम्बंध विकसित हुए। विभिन्न विभागों के उच्चाधिकारियों के अंतरंग जीवन में भी झांकने का मुझे वहीं पहली बार अवसर मिला।

बदायूं में ही मेरा तीसरा उपन्यास 'नाक वाले' प्रकाशित हुआ।

बदायूँ में 1974 में ही मेरी माताजी की मृत्यु हुई। तभी मेरे छोटे मामाजी दस दिनों के लिए बदायूं आए। घर-परिवार में रहते हुए भी वे घर-संसार से विरक्त हो गए थे। घिरौल के निकट एक संत के सत्संग में रहकर वे भी

वानप्रस्थ बन गए थे। उनके सत्संग में दस दिन रहते हुए मेरी अध्यात्म में फिर से रुचि जागृत हुई।

स्वयं को जानने की सोई प्यास को जगाकर जो मेरे अचेतन में बचपन ही से थी, वे वापस चले गए।

बदायूं के बाद मैं हापुड़ आया। कार्यालय के सामने ही अशोक अग्रवाल और सुदर्शन नारंग के घर थे। ये दोनों युवा कहानीकार थे। अशोक तो 'संभावना प्रकाशन' के नाम से पुराने और नए साहित्यकारों की कहानी, उपन्यास, कविताएँ और नाटक प्रकाशित भी कर रहा था। उसके द्वारा प्रकाशित पुस्तकों के एक्सचेंज में उसके पास अन्य प्रसिद्ध प्रकाशनों की पुस्तकें आती थीं। उन दोनों से कुछ ही दिनों में घनिष्टता हो गई। उसने 'नुमाइश' के नाम से मेरा उपन्यास भी प्रकाशित किया, जिसका पूरा आर्थिक भार मैंने उठाया ही था। उसकी सम्पन्न लाइब्रेरी से मैंने आधुनिकतम साहित्य को पढ़ा।

हापुड़ में रहते हुए ही इंदिरा जी द्वारा लगाए गए आपातकाल का और थोपी गई परतंत्रता का अनुभव करते हुए मेरा सोया कवि जाग उठा। उस दौरान मैंने कई कविताएँ लिखीं। उन्हीं में एक पत्नी को सम्बोधित निम्न कविता प्रस्तुत है, जिससे पाठकों को मेरी उस समय की सोच और मन:स्थिति मालूम हो सकती है।

आज्ञा दो यशोधरा
बोलो! क्या तुम मुझे माफ कर दोगी?
यदि मैं नौकरी छोड़कर,
क्रांति की मशाल जलाने अनजाने पथ पर निकल पड़ूँ
अपने को झोंक दूँ क्रांति की ज्वालाओं में
इन्किलाब का शंख फूँककर कूद पड़ूँ
जनता के आन्दोलन में
मुझे डण्डों की मार खानी पड़ी
हो सकता है
कोई गोली मुझे जख्मी कर दे
हो सकता है मैं ठूँस दिया जाऊँ जेल की प्राचीरों में
और लूट ले शासन
तुम्हारा सारा धन और वैभव
और आज की राजरानी तुम
फुटपाथ की भिखारिन बन जाओ

बोलो क्या है इतना साहस?
बोलो क्या मिलेगी मुझे आज्ञा?
कि मैं अपनी अंतरात्मा की आवाज पर
निकल पड़ूँ अपनी अज्ञात मंजिल की ओर?

मैं जानता हूँ मुझे ऐसा करने का अधिकार नहीं है
बिना बच्चों को समर्थ बनाए उन्हें बीच मझधार में छोड़ देने का भी
मुझे कोई हक नहीं है,
पर कुछ हक मेरे ऊपर देश, समाज
और न्याय का भी है
कुछ फर्ज मेरे ऊपर सच्चाई और ईमानदारी का भी है।
सच कभी-कभी बिताई जिंदगी पर
खुद ही शर्म आती है
अपनी कायरता और नपुंसकता पर
मेरी गर्दन शर्म से जमीन में गढ़ी चली जाती है
बोलो क्या मिलेगी मुझे आज्ञा?
बोलो क्या मुझे पिंजरे से मिलेगी मुक्ति?

मैं जानता हूँ
मुझे मुक्ति पाकर भी नहीं मिलेगी
तुम लोगों की फिकर में
रातों को नींद नहीं आएगी
हो सकता है
किसी अनजान खण्डहर में
तड़पते-तड़पते मेरे प्राण निकल जाएं
और हो सकता है
पुलिस की कोई बुलेट मेरे सीने में गहरे धँस जाए
और निकल पड़े लाल लोहू का फौवारा

शहीद होने का मेरे वर्षों का अरमान पूरा हो जाए
या हो सकता है जेल की चहार दीवारी में
श्रम और मशक्कत करते हुए

कपड़ा बुनते और चक्की पीसते हुए
अनेक नए-नए अत्याचार सहते-सहते
मुझे तिल-तिल कर अपने प्राणों का विसर्जन करना पड़े
हो सकता है ईसा की तरह
सलीब पर लटका कर
ठोक दी जाएं बताशेदार कीलें मेरी गुदाज हथेलियों पर
और जबान पर रख दिए जाएं जलते लाल-लाल अंगारे
कलम पकड़ने वाली उंगलियाँ डुबो दी जाएं तेज़ाब के बर्तन में
और फिर जख्मों पर बुरका जाए नमक और नीबू

चौंको मत!
इस शासन में सब कुछ संभव है
संभव है
कर दिए जाएं आधुनिक यंत्रों से बुद्धिजीवियों के ब्रेन वाश
और फिर सब वही सोचें
जो वो चाहते हैं
इसीलिए इस नौबत के आने से पहले
मैं लिख देना चाहता हूँ
हर संभावित दास्तान
और अपने हृदय का सारा आक्रोश
और ज्वालामुखी का गर्म-गर्म लावा
मैं बिखेर देना चाहता हूँ
देश के कोने-कोने में

पर कुछ भी तो नहीं हुआ। सब कुछ पहले जैसा ही पूर्ववत चलता रहा। वही दफ्तर, वही फाइलें और वही आदेश। दफ्तर के बाद मित्रों के साथ बैठकर लम्बी-लम्बी बहसें। मैं अपने दोनों प्रगतिशील साहित्यकारों से पूछता था-"कहाँ छिपे बैठे हैं अभिव्यक्ति की स्वतंत्रता का नारा बुलंद करने वाले प्रगतिशील साहित्यकार? उनमें से कुछ तो अनुशासन-पर्व कहकर इसका समर्थन कर रहे हैं। केवल दो चार पैमफ्लेट्स चोरी छिपे प्रकाशित करने से आपातकाल का कुछ बनता बिगड़ता नहीं। जान हथेली पर लेकर जेल में सड़ने के लिए कौन साहित्यकार आगे आया? तुम लोग ही प्रगतिशील बनते हो। है हिम्मत आवाज खुलकर बुलंद करने की? वे दोनों बेशर्मी की खोखली हंसी हंसकर रह जाते थे।

और उसी दिन मैंने निम्न कविता लिखी-
मैं कायर हूँ
मुझे आवाज मत दो
मेरा आह्वान न करो
मैं एक कायर इन्सान हूँ।
मेरी एक अदद् बीवी
और तीन अदद बच्चे हैं।
मेरी एक जिम्मेदारी की एक छोटी-सी नौक़री
और एक सुख-सुविधामय छोटा सा घर है।
मैं कर्तव्यों की जंजीरों से बंधा हूँ
गृहस्थी की कीचड़ में ऊपर से नीचे तक फंसा हूँ।

और तुम?
तुम्हारी क्या?
तुम्हारे पास कोई नौकरी नहीं
तुम्हारी कोई गृहस्थी नहीं
तुम्हारा कोई उत्तरदायित्व नहीं
तुम नंगे और भूखे हो।
अंदर से बाहर तक मरुस्थल की तरह सूखे हो
चाहते हो सब तुम्हांरे जैसे हो जाएं
अपना सारा उत्तरदायित्व भूल जाएं

तुम इतना चीख क्यों रहे हो?
अपनी बुलंद आवाज का पिघला सीसा
मेरे कानों में क्यों उड़ेल रहे हो?
हाँ, हाँ, मुझे तेज आवाज से डर लगता है
मेरा रक्तचाप अपने आप उच्च हो जाता है
मेरे कर्तव्य की श्रृंखलाएँ
अपने आप बजने लगती हैं
भुजाएँ कुछ करने के लिए फड़क उठती हैं
पर मैं कुछ करूंगा नहीं
कौल से बंधा हूँ, तुम्हारे साथ चलूंगा नहीं।

मेरे भाई मुझे आवाज मत दो
मेरा आह्वान मत करो।

नौकरी करना भी जैसे एक व्यापार बन गया है। दुकानदार दुकानें सजाकर बैठते हैं और मैं भी अपना ऑफिस सजाकर बैठता हूँ। मैं वस्तुओं के स्थान पर अपनी बुद्धि, विवेक, सत्यनिष्ठा और कानून बेच रहा हूँ।

तभी बालस्वरूप राही ने लिखा है-

अपना-अपना माल सजाए, सभी बाजार में आ बैठे।
कोई इसे कहे मजबूरी कोई कारोबार कहे।
लूटमार में सबका यारो एक बराबर हिस्सा है
कोई किसको चोर कहे, तो किसको चौकीदार कहे?
ढूंढ़ रहे हो गांव में जाकर तुम किस सच्चाई को
सच तो सिर्फ वही होता है जो अपना दरबार कहे।
जिनकी आँखों में गैरत थी, वे कब के बेनूर हुए
उसकी खुद्दारी क्या देखें, जो खुद को खुद्दार कहे।

हापुड़ में मैंने पिछले पांच वर्षों में प्रकाशित सभी साहित्य को पढ़ा। वहीं शंकर की चौरंगी, ताराशंकर वंद्योपाध्याय का 'आरोग्य निकेतन' तथा ज्ञानपीठ आदि विभिन्न पुरस्कार पाने वाली अनेक रचनाओं को पढ़ा। इन्हीं दोनों के साथ दिल्ली जाकर मुझे अज्ञेय जी से भेंट करने का सुअवसर मिला। उसी के यहां कन्हैयालाल-नंदन, निर्मल वर्मा, रमेश गौड़ आदि साहित्यकारों से मेरी लम्बी भेंट और गुफ्तगू हुई। उन्हीं दिनों मैंने लीलाधर जगूड़ी की क्रांतिकारी कविताएँ पढ़ीं जो मुझे बहुत अच्छी लगीं।

1976 में हापुड़ एक तहसील था पर गुड़ गल्ले की मंडी होने के कारण वहाँ नया-नया दफ्तर खुला था। हापुड़ में रहते हुए बदायूं की भांति मुझे कई बार रोटेरी या लाइन्स के मुख्य अतिथि होने का अवसर मिला। मेरी विशेष 'टॉक्स' आयोजित की गई। मुझे कवि सम्मेलन और मुशायरे की अध्यक्षता सौंपी गई। पर यह मेरी योग्यताओं का नहीं, मेरे प्रभावी पद का सम्मान था।

हापुड़ के तीन वर्ष बाद बिजनौर में सहायक आयुक्त का पद भार संभालने के बाद काका हाथरसी के दामाद डॉ. गिरिराजशरण अग्रवाल से मेरा परिचय हुआ जो डिग्री कॉलेज में हिंदी के प्रवक्ता थे। वहाँ भी मुरादाबाद जैसी ही गोष्ठियों का सिलसिला शुरू हुआ पर महीने में केवल एक बार। काका हाथरसी से यों पूर्व परिचय था पर अब तो काका ने मेरी पत्नी को भी अपनी धर्म बेटी बना लिया था।

बिजनौर में एक्जीक्यूटिव चार्ज होने से मेरा दौरा गोपेश्वर से लेकर बद्रीनाथ तक होता था। पौड़ी गढ़वाल जिले में लैन्सडाउन में जो एक मिलिट्री हिल स्टेशन था, वहां बिक्रीकर कार्यालय भी था। वहां जीप द्वारा महीने में कम से कम एक बार मैं जाता ही था। वहां बुरुंश और चीड़ का सघन वन था। चांदनी रात में रात बारह बजे तक दो-तीन पैग लेकर चीड़ों के बीच घूमने में मुझे बहुत आनन्द आता था। रुद्रप्रयाग में नया बिक्रीकर कार्यालय खोलने की कवायद को लेकर मेरे वहां तीन-चार दौरे हुए। गोपेश्वर और बद्रीनाथ भी तीन-चार बार आना-जाना हुआ। एक बार तो वित्तमंत्री महोदय को सपरिवार केदारनाथ और बद्रीनाथ की यात्रा करवाने की पंडागीरी भी निभानी पड़ी। इसी अवधि में मैं फूलों की घाटी भी गया। कोटद्वार दुगड्डा नजीबाबाद और धामपुर के टूर तो लगते ही रहते थे। दो-तीन बार स्वर्गाश्रम और हरिद्वार भी आना-जाना हुआ।

बिजनौर से पहले देहरादून में अपनी दूसरी पोस्टिंग के दौरान मंसूरी, चकरौता और ऋषिकेश मैं प्रायः जाता रहता था।

डॉ. गिरिराजशरण अग्रवाल के सम्पादन में बाद में कई पुस्तकें प्रकाशित हुईं जिनमें उन्होंने मेरी रचनाओं को भी सम्मिलित किया। इसी बीच हापुड़ में मेरा व्यंग्यात्मक लघु उपन्यास 'नुमाइश' प्रकाशित हो चुका था।

बिजनौर में डेढ़ वर्ष रहने के बाद मेरा ट्रांसफर मैनपुरी हुआ। वहां भी छह माह रहने के बाद मैं फैजाबाद आया। फैजाबाद आकर मैं जैसा अयोध्या जी का पंडा बन गया। सभी नाते रिश्तेदारों और अधिकारियों को अयोध्या के मंदिर दिखलाते हुए सरयू स्नान करवाना जैसे मेरी रूटीन बन गई। फैजाबाद एक वर्ष रहते हुए मैंने गोंडा बलरामपुर और गोरखपुर की यात्राएं कीं। वहां के दर्शनीय स्थान देखते हुए मैंने तराई के सघन जंगल देखे।

फैजाबाद से फिर दूसरी बार कानपुर आया। कानपुर आकर कार्ड्स, ड्रिंक्स की पार्टी फिर पहले की तरह शुरू हो गई। कानपुर में सहायक आयुक्त प्रशासन के पद पर कार्य करते हुए आयुक्त, सचिव और मंत्रियों के काफी निकट सम्पर्क में आया। सचिवालय की सारी गतिविधियों से जानकारी हुई। बड़ी लड़की एम. ए. कर चुकी थी। यहीं उसका विवाह किया। लड़का भी पंतनगर से इंजीनियरिंग करने के बाद एक प्राइवेट फर्म में मैकेनीकल इंजीनियर बन गया था। केवल छोटी लड़की का विवाह मात्र होना था और मैं लगभग सारी जिम्मेदारियों से मुक्त हो गया था।

कानपुर में ही मुझे एनजाइना का एटैक हुआ। डॉक्टरों ने घोषित किया कि यह एनजाइना मुझे पूरे जीवन भर झेलना होगा। ब्लड प्रेशर की गोली नित्य लेते हुए रात नींद न आने पर कम्पोज भी लेने होते थे।

हाई ब्लडप्रेशर, एनजाइना, अनिद्रा, एक्जिमा और कोलाइटिस यह सभी सरकारी नौकरी की सहज स्वाभाविक नियामतें थीं। जो कलमें मैंने लगाई थीं उनके विकसित होने पर गुलाबों के साथ कांटे भी मुझे झेलने ही थे। कानपुर के साढ़े तीन वर्ष न जाने कब बीत गए और मैं आगरा आया।

ताजमहल, सिकन्दरा और फतेहपुर सीकरी मैं पहले भी देख चुका था, पर अब तो मुझे आगरा का बाकायदा गाइड बनना पड़ा। मथुरा, वृंदावन और ब्रजक्षेत्र बार-बार देखने की श्रीमतीजी की सुप्त आकांक्षा पूरी हुई। यहाँ आकर पुत्र का भी विवाह हुआ। भारमुक्त महसूस करते हुए "जिन्दगी शहर की बाहों में" व्यंग्य-संग्रह तथा "बरदाश्त से बाहर" काव्य संग्रह प्रकाशित हुए।

जब "बरदाश्त से बाहर" काव्य संग्रह मैंने पूना में ओशो के भाई निकलंक जी को भेंट किया था, तो उसकी कविताओं को पढ़कर उन्होंने कहा था-"स्वामीजी! यदि आपने ओशो को यह संग्रह भेंट किया होता तो उन्होंने अपने प्रवचनों में आपकी विद्रोही कविताओं का प्रयोग निश्चित रूप से किया होता। इन कविताओं में धधकता ज्वालामुखी है। समग्र जीवन में क्रांति का आह्वान है।"

आगरा रहते हुए फाइव स्टार होटल में डिनर ड्रिंक्स के सारे शौक पूरे हो गए। यहाँ एक दो फाइव स्टार होटल नहीं, चार फाइव स्टार होटल थे।

सही अर्थों में आगरा प्रवास में ही सब कुछ भोगने के बाद भोग की व्यर्थता का बोध हुआ। उन दिनों विभाग के आयुक्त श्री टी. जॉर्ज जोसेफ थे। बहुत ईमानदार और सख्त। उनके लिए किसी अधिकारी को पसंद करने की एक ही कसौटी थी-उसकी ईमानदारी और कार्यकुशलता।

अपने प्रदेश के तूफानी दौरे में उन्होंने जहां भी किसी अधिकारी को अपने दायित्व को पूरा न करते हुए भ्रष्ट साधन अपनाते देखा उसे तुरंत सस्पेंड कर दिया।

उन्हीं दिनों 'बरदाश्त से बाहर' कविता संग्रह भी प्रकाशित हुआ था। मैं ईमानदार और सख्त हो गया था। लोग पीछे से फब्तियां भी कसते थे-"नौ सौ चूहे खाकर बिल्ली हज करने निकली है।"

मैं मन ही मन कहता था-"नौ सौ चूहे खाने के बाद तो अक्ल आई। अब चूहों का शिकार करना ही नहीं है। बात ही खत्म।"

पर बात खत्म कहाँ हुई? बात तो शुरू हुई थी। बॉस अर्थात स्थानीय डिप्टी कमिश्नर की लड़की की शादी थी। दावत का प्रबंध फाइव स्टार होटल में किया गया। मुझसे कहलवाया गया-होटल के पंद्रह हजार के बिल का भुगतान मैं कर दूं। मैंने सुनी-अनसुनी कर दी बात। एक हजार की गिफ्ट देकर मैंने कुछ और देने का अध्याय बंद कर दिया।

प्रतिक्रिया स्वरूप मेरी फाइलें तलब की जाने लगीं। मेरी फाइल तैयार कर मुझे प्रतिकूल प्रविष्टि की तैयारियां की जाने लगीं। चापलूसी करने वाले अधिकारी डिप्टी कमिश्नर महोदय के कान भरने लगे।

मैनें एक गोपनीय अर्द्धशासकीय पत्र के द्वारा तीर छोड़ते हुए लिखा-"मैंने जब से आपकी लड़की की शादी में फाइवस्टार होटल में होने वाले डिनर का पन्द्रह हजार का पेमेन्ट आपके आदेशानुसार करने से इन्कार कर दिया, आप मेरे विरुद्ध प्रतिकूल प्रविष्टि देने के लिए हर अवैध उपाय आजमा रहे हैं। आपने फलां-फलां पत्र द्वारा मुझे कुछ फाइलें भेजने का निर्देश दिया जो फलां-फलां धारा के अनुसार अनुचित और अवैध है तथा न्यायिक प्रतिक्रिया में अवरोध है। फिर भी मैंने सील्ड कवर में आपके आदेशों का पालन करते हुए वे सभी फाइलें आपको प्रेषित कर दीं कि यदि धारा के निषेध के बावजूद आप उन्हें फिर भी खोलना चाहें तो उन्हें देखकर कोई भी टिप्पणी करने में स्वतंत्र हैं।

इसके अतिरिक्त अन्य ऐसे कई तथ्य हैं जिन्हें आयुक्त महोदय से भेंट कर मैं उनके समक्ष ही सप्रमाण प्रस्तुत करना चाहता हूँ। अतः आप मुझे आयुक्त महोदय से भेंट करने की आज्ञा प्रदान करें।"

अपीलों की पेंडेंसी कम होने के कारण इसी मध्य डिप्टी कमिश्नर महोदय मुझे सहायक आयुक्त निरीक्षण पद पर स्थानांतरित करवा चुके थे। जबकि जूनियर सहायक आयुक्त के संबंध में ही नियमानुसार यह कार्यवाही की जानी थी जबकि मैं सभी से वरिष्ठ था।

मेरा उक्त पत्र पाकर डिप्टी कमिश्नर महोदय के हाथों के तोते उड़ गए। उन्होंने एक अन्य सीनियर डिप्टी कमिश्नर के द्वारा जो दूसरे रेंज में तैनात थे और जिन्हें उनके गुणों के कारण मैं उन्हें बहुत सम्मान देता था, मुझसे दबाव पड़वाया कि मैं कमिश्नर जोसेफ साहब से मिलने की जिद न करूँ, वह मुझे अच्छी एन्ट्री देने का वायदा करते हैं।

वह मामला तो रफा-दफा हो गया। मैं सर्वस्वीकार भाव से सहायक आयुक्त निरीक्षण और भट्टा बनकर दूसरी रेंज के जिलों का दौरा करता रहा। छह महीने इसी तरह गुजर गए। मैं इस बीच धीमे-धीमे अंतर्मुखी होता गया। मेरा अध्ययन निरंतर बढ़ता गया। मैं धीमे-धीमे अपने आप में डूबने लगा और उसमें मुझे आनन्द आने लगा।

मैं बाहर-अंदर के सारे बंधन तोड़कर मुक्त पक्षी की तरह आकाश में उड़ान भरना चाहता था।

न केवल नौकरी के मुझे घर में भी पत्नी द्वारा लगाए बंधन असह्य लगने लगे थे।

श्रीमतीजी भली-भांति जानती थीं कि मेरा आनन्द, सुख-शांति, सुकून और बेखुदी उनकी मुट्ठी में कैद है। वे चाहें तो स्वेच्छा से प्रेम कर कृतार्थ कर सकती हैं और न चाहें तो मुझे कभी भी दुत्कार सकती हैं।

इसी प्रेम को पाने के लिए मैं उनकी हर शर्तें स्वीकार करता था। शपथें खाकर उन्हें विश्वास दिलाता था। रोता था, गिड़गिड़ाता था और उनका प्रेम पाकर निहाल होकर सो जाता था।

पर अपनी इस गुलामी और नपुंसकता से मुझे मन ही मन घृणा होने लगी। मैंने अलग कमरे में सोने का दृढ़ संकल्प किया। मैं अध्ययन, लेखन में समय गुजारने लगा। नींद न आती तो कमरा बंद कर शराब पीने बैठ जाता।

शुरू में श्रीमतीजी द्वारा अपना वार खाली जाते देखकर खूब झगड़ा बावेला खड़ा किया गया। पर मैं खामोश रहा। मैंने प्रत्युत्तर में कुछ कहा ही नहीं। अंदर ही अंदर एक कोल्ड-वार का सूत्रपात हुआ। उन्हीं दिनों मैंने निम्न कविता लिखी-

नूरजहाँ वापस करो सल्तनत
तुमने बना दिया है मेरे व्यक्तित्व को
एक चलनी की तरह
जिसमें सिर्फ छेद ही छेद हैं
जिसमें कुछ रह नहीं सकता
कोई भी तरल पदार्थ एक क्षण भी रुक नहीं सकता।
क्योंकि तुम नहीं चाहतीं
कि मेरे ऊपर, तुम्हारे सिवाय
कोई भी हावी रह सके
कोई भी व्यक्ति
कोई भी विचार
कोई भी चिन्तन या भावना

चलनी के बड़े-बड़े छेदों में से
सब कुछ निकल जाता है
सिवाय उस कूड़े के
जिसे मैं स्वयं निकालना चाहता हूँ
कभी मैंने अपना व्यक्तित्व तुम्हारे
व्यक्तित्व से पृथक न मानकर

अपने को तुम्हारे ही में समाहित कर दिया था
और जहांगीर की तरह गोश्त, रोटी
और चार प्याले शराब की खातिर
सल्तनत तुम्हारे सुपुर्द कर दी थी
पर तुम
तुमने मेरी भावना का आदर नहीं किया
जो विश्वास तुम पर सौंपा था
उसे बरकरार नहीं रखा
तुम बनती गईं स्वेच्छाचारिणी
एक मात्र निरंकुश तानाशाह
तुम चाहने लगीं-
मैं भी तुम्हारी कदम बोसी करूं
और अपने नाम की मोहर
बराबर आँख मूंदकर
पहले की तरह ठोकता रहूँ।

पर अब मैं नशे में नहीं हूँ
अब मैं सुनता हूँ दु:खी लोगों की आवाजें
आजादी के दीवानों के तराने
सुनता हूँ अपने नपुंसक व्यक्तित्व पर
लोगों के ताने
अपने बंधे परों को सहलाता हूँ
और उड़ने के सफल प्रयास में
अपने आपको घ़ायल कर लेता हूँ

जिसके लिए प्यार पाना एक अनिवार्यता
और विवशता हो
उसका यह अर्थ तो नहीं
कि उसके व्यक्तित्व को दमन के कोल्हू में पेर कर
सारी स्वतंत्रता का रस निकाल लिया जाए
और पंख कटे पक्षी की तरह
उसे आकाश में तनहा छोड़ दिया जाए।

छोड़ दो
मुझे तनहा छोड़ दो
मत दो मुझे रोटी और गोश्त
मत दो चार प्याले शराब
क्योंकि चार क्या आठ प्याले भी अब मेरे लिए बेअसर हो गए हैं।
अब मैं नशे में गाफिल नहीं होता
मेरी आंखें सब देखती रहती हैं और कान सब कुछ सुनते रहते हैं
और मन में घुमड़ता रहता है विद्रोह और तूफान
और सुलगती रहती है
कभी न बुझने वाली धधकती खामोश आग।

यह कविता मेरे उन दिनों की परिस्थितियों का यथार्थ दर्पण है। साहित्य समाज का दर्पण होता है और समाज उन व्यक्तियों के उस समूह का दर्पण है, जो साथ-साथ रहते हुए एक ही भाषा बोलते हैं। एक-दूसरे से संबंध जोड़ते हुए एक ही जैसे रीति-रिवाजों और पहले से निर्धारित नियमों और अनुशासन का पालन करते हैं।

मुझे यह शिकायत केवल पत्नी से ही नहीं, अपने सम्पर्क में आने वाले कई वरिष्ठ और कनिष्ठ साहित्यकारों से भी है। उनमें से कई कवि लेखक और साहित्यकार केवल मेरे पद प्रतिष्ठा और पैसे का उपयोग भर करने की खातिर ही मुझसे जुड़े। बिक्रीकर विभाग में अधिकारी होने के नाते व्यापारियों से चंदा कर मैं प्रायः कवि सम्मेलनों का संयोजन करता रहता था। कवियों को आमंत्रित कर उनकी दक्षिणा के साथ अच्छा मेजबान होने के नाते जो ड्रिंक्स करना चाहते थे उन्हें मैं बढ़िया से बढ़िया शराब जी खोलकर पिलाता था। दूसरे नगरों में कवि सम्मेलन से लौटते हुए मेरी पोस्टिंग का नगर निकट होने से प्रायः कुछ कवि मेरे यहां अतिथि बनना सौभाग्य समझते थे। ड्रिंक्स की खातिरदारी के साथ मैं स्थानीय कवियों को भी आमंत्रित कर एक कविगोष्ठी भी आयोजित कर उन्हें दान-दक्षिणा के ही साथ विदा करता था। यदि किसी कारणवश काव्यगोष्ठी का आयोजन नहीं हो पाता था अथवा अतिथि कवि महोदय को जाने की शीघ्रता होती थी, तो चलते-चलते कवि जी फरमाते थे-"भाई अग्रवाल साहब! रास्ते में मेरी जेब कट गई या कवि सम्मेलन का मिला पारिश्रमिक खरीददारी में खर्च हो गया, आप कृपया सफर खर्च के लिए दो ढाई सौ रुपए उधार दे दीजिए।"

मैं रुपया यह अच्छी तरह जानकर ही देता था कि वह कभी वापस मिलने वाला नहीं और उधार मांगना उनका एक ढोंग है। पर फिर भी मैं कभी इन्कार नहीं करता था।

महीने में एक काव्यगोष्ठी जिसमें शायर व स्थानीय कवि आमंत्रित किए जाते थे तथा जिले के सभी प्रमुख अफसर व प्रमुख नागरिक भी मैं सादर बुलाता था, उन सभी की स्वादिष्ट मिठाई नमकीन, ठंडाई या चाय कॉफी से आवभगत करना तो एक सामान्य शिष्टाचार था।

कुछ स्थापित कहानीकार, उपन्यासकार या कवि जो साहित्यिक पत्रिकाओं के सम्पादक भी थे, मेरे अतिथि बनकर प्राय: पांच दस हजार के विज्ञापन ले जाते थे। वे मेरी सुनाई कहानी या कविता की जी खोलकर प्रशंसा करते हुए उसे प्रमुखता देते थे पर अपने विशेषांक में छापते नहीं थे। उनका ख्याल था कि सरकारी नौकरी करते हुए मेरी कृति साहित्यिक हो कैसे सकती है? जबकि एम. ए. का छात्र होते हुए ही मेरी कहानियाँ साप्ताहिक हिन्दुस्तान तथा 'कहानी' में भी प्रकाशित होती रहती थीं और अखिल भारतीय प्रेमचंद कहानी प्रतियोगिता में भी मेरी कहानी को तृतीय पुरस्कार प्राप्त हुआ था। पर यह बात मैं कभी बताता नहीं था। आत्मप्रशस्ति गाने में संकोच जो लगता था। अपनी कहानी या कविता भी मैं उनके आग्रह करने पर ही सुनाता था।

गोविन्द व्यास की गजल का एक शेर तभी मुझे बहुत भाता था-

न गैरों से शिकायत है न अपनों से है मलाल।<br>बरगदों ने कब रखा है, पेड़-पौधों का ख्याल।

हिन्दी साहित्य में प्राय: स्थापित लेखक उस वट-वृक्ष की तरह हैं, जिनके नीचे कोई पेड़ं-पौधा विकसित हो ही नहीं सकता था। वे न तो उस पौधे को पृथ्वी से जल, नमी और ऊर्जा खींचने देते थे और न उन्हें सूर्य का प्रकाश मिल पाता है।

जितनी जी हुजूरी और चमचागिरी सरकारी नौकरी में है, साहित्य संसार में वह उससे भी अधिक है। जबकि साहित्यकार दावा करते हैं कि वे क्रांतिदर्शी, युग-प्रवर्त्तक और जनमानस के रहनुमाँ और दिशा निर्देशक हैं।

नौकरी करते हुए भी मेरे अंदर शासन और व्यवस्था के विरुद्ध एक बगावत भरी हुई थी। इस बगावत और विद्रोह का कारण था शासन में फैला भ्रष्टाचार और लालफीताशाही द्वारा आम जनता का निर्बाध शोषण।

बिक्रीकर विभाग में तो भ्रष्टाचार था ही। इस विभाग में रहते हुए कचहरी, पुलिस, पी.डब्ल्यू.डी., सिंचाई, बिजली विभाग तथा आयकर विभागों के सम्पर्क में आने पर पूरे शासन तंत्र में फैली सड़ांध से मैं अवाक रह गया। व्यापारी फर्जी या डबल बहीखाते रखते हुए केवल 40% या 50% बिक्री ही बहीखातों में दर्ज करते थे और 50% या 60% बिक्री या आय का अपवंचन कर रहे थे वे। अपने

गलत हिसाबों को मान्यता देने के लिए ही वह सीधे या वकीलों के द्वारा अफसरों को रिश्वत देते थे। केवल 5%-10% व्यापारी अफसर ही ईमानदार थे और अपनी ईमानदारी के कारण उन्हें घर-परिवार और समाज की प्रताड़ना ही मिलती थी। प्रोत्साहन और प्रशंसा नहीं।

मेरठ में चुनाव अधिकारी की ड्यूटी करते हुए छपरौली में मैंने चौधरी साहब के निर्वाचन क्षेत्र में आंखों से चौधरियों को मतपत्रों पर खुलेआम ठप्पा लगाते देखा। यह मतपत्र उन हरिजन मतदाताओं के थे जिन्हें जबरन मतदान केन्द्र पर प्रवेश नहीं करने दिया गया था। ड्यूटी मजिस्ट्रेट शिकायत सुनने पर भी कार्यवाही नहीं करते थे।

चुनाव करवाने के बाद मैंने निम्न कविता लिखी-

मैं अपने व्यक्तित्व को चिथड़ा-चिथड़ा कर
अपने जख्मों पर समझौतों के पैबन्द लगाता रहा हूँ
अपने आप से घृणा करते हुए
टालता रहा हूँ उस तूफान को
जिसमें फंसकर मेरी किश्ती टुकड़े-टुकड़े न हो जाए
प्रजातंत्र में भेड़ियातंत्र देखकर मैं स्तब्ध और आंतकित हूँ
बूथ कैप्चरिंग और फर्जी मतदान खुले आम हो रहा है।
मजिस्ट्रेट और पुलिस कहती है-आंखें मूंद लो, क्योंकि चौधरी साब मंत्री हैं
यहाँ सब कुछ वही होता है जो चौधरी साहब चाहते हैं
ऊपर के हुक्म का पालन करना ही नौकरी का तकाजा है।
मेरी दुविधा देख, बगल के पोलिंग स्टेशन के इंचार्ज मेरे सीनियर कुलीग ने
मुझे अलग ले जाकर प्रेम से समझाया
एस.वी.! यह जाटों का इलाका है।
जरा भी चूं-चपड़ की तो यह सीधे गोली मार देंगे
जो कुछ होता है, होने दो
समझदारी का यही तकाजा है।

कविताएँ या डायरी लिखकर अपना बोझ कुछ हल्का कर लेता हूँ।

और...इसी तरह नौकरी चलती रही और वक्त की घड़ी आगे खिसकती रही। घर से दफ्तर, दफ्तर से घर, घर से क्लब और रात सोने के लिए फिर घर। रोज खाना, रोज डकारें लेकर बिष्ठा त्याग कर फिर खाने लग जाना। ड्रिंक्स, हंसी मजाक और सेक्स। मैं प्राय: बुरी तरह ऊब जाता इस एकरस जिन्दगी से। इस एकरसता को तोड़ने के लिए कवि गोष्ठियाँ थीं, संगीत सम्मेलन और पिकनिक थे।

बदायूं से ट्रांसफर होकर मैं हापुड़ आ गया था। शायद वह सन् 76 था। तभी चुनाव हारने के बाद श्रीमती इंदिरा गांधी ने आपातकाल की घोषणा कर दी। प्रेस पर सेन्सर लगा दिया गया।

चारों ओर एक भय और आतंक का माहौल था। दफ्तर समय से खुलने लगे। विरोधी दल के सभी नेता या तो गिरफ़्तार कर लिए गए या भूमिगत हो गए।

ऊपर से सब कुछ शांत दिखता था पर अन्दर ही अन्दर लोगों के अंदर लावा धधक रहा था।

अभिव्यक्ति की स्वतंत्रता का अपहरण किए जाने से इमरजेंसी के विरुद्ध कई साहित्यकारों ने प्रतीक रूप में उसके विरुद्ध चोरी-छिपे तमाम कविताएँ लिखीं। पत्र-पत्रिकाओं में तो वे प्रकाशित नहीं होती थीं पर छोटी-मोटी सीमित व्यक्तियों की गोष्ठियों में उन्हें सुनाकर हम लोग अपनी कुंठाएँ दूर करते थे। एक दो चोरी-छिपे छपने वाली पत्रिकाओं में भी उन्हें स्थान मिल जाता था। पर उसमें भी कवि अपना नाम नहीं देते थे।

सरकारी नौकरी करते हुए मैंने भी इमरजेंसी के विरुद्ध 'खेदा' नाम से एक कविता लिखी थी जिसे हापुड़ में होने वाली कई काव्य गोष्ठियों में पढ़कर मैंने वाहवाही बटोरी थी। एक कांग्रेसी द्वारा एस.डी.एम. को इसकी सूचना दिए जाने पर उन दिनों के माहौल में यह संभव था कि पुलिस द्वारा मेरे घर की सर्च कर ऐसा साहित्य जब्त करने का आदेश भी दिया जा सकता था, पर ऐसा कुछ हुआ नहीं। वह एस.डी.एम. मेरा मित्र था और बात वहीं दफन हो गई। वह 'खेदा' कविता निम्न प्रकार है-

भागो भाइयो भागो,
आज जंगल में खेदा हो रहा है
पैरों में गुलामी की जंजीर डालने का,
षड्यंत्र रचा जा रहा है।
आज किसी भी हाथी का बचना-
करामात होगी
आज बहुतों की आजादी की
शायद यह आखिरी घड़ी होगी
पूरे ज़ंगल में गड्ढे और खाइयाँ खोद दी गई हैं
और उसके बाद बड़ी खूबसूरती से
वह घास पात से पाट दी गई हैं

जहाँ पैर पड़ा वहाँ खाई जेलखाना बन जाएगी
सारी जिन्दगी गुलामी की दास्तान बन जाएगी

भागो भाइयो भागो
सुख और आराम की नींद से जागो
शायद खेदे से तुम किसी चमत्कार से बच जाओ
जो घेराबन्दी की जा रही है, शायद तुम उसे लाँघ जाओ
एक ओर पहाड़ है
दूसरी ओर उफनती गरजती नदी है
तीसरी ओर लट्ठों, बल्लियों की बाढ़ लगा दी गई है
और पालतू हाथियों पर
रस्सों के फंदे बनाए, कुशल महावत बढ़े चले आ रहे हैं
जंगल में आग लगा दी गई है
शंख, घड़ियाल और घंटे बज रहे हैं
ढोल, नगाड़े बड़े जोश से पीटे जा रहे हैं
आज यह परीक्षा की घड़ी है
हर एक को अपनी जान की पड़ी है
सब अपनी-अपनी जान बचाने की फिक्र में हैं
दिशाहीन सब बिना सोचे विचारे भेड़ की तरह-
भागे जा रहे हैं।

रुको भाइयो रुको।
सब मिलकर खुद एक दीवार बन जाओ
बोल दो हमला अपने गद्दार साथियों पर
अपने बनैले दाँतों से फाड़ दो उनके पेट
रौंद दो महावतों को अपने पराक्रमी खम्भों से
कुचल दो उनके गुलाम बनाने के-
हौंसले और दर्प।
यह जरूर है, तुम में से कुछ जान से मारे जाओगे
यह तय बात है
बिना कीमत चुकाये, आजादी नहीं पाओगे

सोच लो, परीक्षा की घड़ी है
एक ओर आजादी
और दूसरी ओर गुलामी खड़ी है
गुलाम बन गए,
तो जिन्दगी भर लट्ठे ढोओगे
या सर्कस में कार्टून बने
सभी को सलामें झुकाओगे
या अपने ही साथियों को
गुलाम बनाने के नीच काम में
जोत दिए जाओगे
गुलामी की लौह साँकल से
हमेशा के लिए बाँध दिए जाओगे

निर्णय तुम्हें लेना है-
अपना बुरा और भला खुद तुम्हें समझना है
देर मत करो,
खेदे का शोर पास आ रहा है
सोचने समझने का वक्त,
बीता जा रहा है
आओ, भाइंयो आओ।
जान की बाजी लगाकर-
संघर्ष-करने के लिए,
एक लोहे की दीवार बनकर
खड़े हो जाओ।

उन दिनों यह कविता आपातकाल में वैचारिक स्वतंत्रता के संदर्भ में लिखी गई थी। आज ओशो की देशना को हृदयंगम कर सोचता हूँ कि क्या हमारा परिवार और समाज हमें पालतू हाथियों की तरह गुलाम नहीं बना लेता? माता-पिता कहते हैं-तुम मेरी तरह इंजीनियर बनो, डॉक्टर बनो या आई.ए.एस. बनो। बेटा संगीतकार या चित्रकार बनना चाहता है और बन जाता है डॉक्टर या इंजीनियर। वह बनना चाहता है कवि और लेफ्टीनेंट बनाकर उसके हाथों में बंदूक थमा दी जाती है।

# मैं स्वीकार करता हूँ...

पश्चिम के मुक्त समाज में विवाहित होते हुए भी पति या पत्नी के प्रेम संबंध अपेक्षाकृत सहज और स्वाभाविक माने जाते हैं, और विशेष रूप से तब, जब उन सम्बंधों में सेक्स न हो और वह बौद्धिक-मित्रता के तल पर विकसित हुए हों। स्त्री के आर्थिक रूप से स्वतंत्र होने पर, उसकी शिक्षा और सोच से तथा उसकी स्वतंत्रता के कारण भी ऐसा कुछ सीमा तक होना संभव हो सका है। अन्य स्त्री या पुरुष से विवाहेतर संबंध होने पर भी भारत जैसा बावेला वहाँ नहीं होता। हाँ, यदि यह बात प्रसिद्ध राजनेताओं या देश प्रसिद्ध व्यक्तियों के संबंध में हो तो वह बात अवश्य उत्तेजना प्रदान करने के लिए मीडिया की सुर्खियाँ बन जाता है। वहाँ समलैंगिकता, मदिरापान और जुआ भी किसी की छवि को बहुत अधिक प्रभावित नहीं करता, बशर्ते कि वह किसी प्रसिद्ध व्यक्ति के संबंध में न हो।

इसीलिए पश्चिमी जगत के जीवनी लेखकों ने अपने प्रेम-संबंधों, जुआ, शराबनोशी आदि ऐबों को भी बहुत बेबाकी से व्यक्त किया है। चर्च के फादर के समक्ष 'कनफेशन' के रूप में पाप की स्वीकारोक्ति की प्रथा ने भी इसमें सहायता की है। प्रारंभ में जब ऐसी बोल्ड जीवनियाँ प्रकाशित हुईं तो लोगों ने उसे हाथों-हाथ लिया। कला जगत में ऐसे लेखकों की बोल्डनेस सराही गई। इस प्रशंसा और सराहना से प्रेरित होकर फिर तो कुछ लेखकों ने अपनी जीवनियों में 'अति बोल्ड' होने की उपाधि प्राप्त करने के लालच में अपने विकृत सेक्स, स्वपीड़क या परपीड़क होने की उन तमाम काल्पनिक घटनाओं का भी अपनी जीवनी में उल्लेख किया, जो घटनाएँ उनके जीवन में कभी घटी ही नहीं थीं। ऐसी बोल्ड रचनाएँ भी ऐसे लेखकों ने ही लिखी थीं जो परिवार से पूरी तरह कटकर आवारा जीवन व्यतीत कर रहे थे, अथवा खुल्लम-खुल्ला शराबनोशी में चूर वेश्याओं के आगोश में पड़े रहते थे। पारिवारिक जीवन का दायित्व निभाते हुए किसी भी जीवनी लेखक की बोल्ड स्वीकारोक्तियों की जीवनी कम से कम मेरे देखने में तो नहीं आई।

भारत में गांधीजी ने अपनी आत्मकथा में जब यह स्वीकार किया कि मृत्यु शैय्या पर पड़े अपने पिता के जीवन की अंतिम रात्रि में उन्होंने अपनी पत्नी के साथ संभोग किया अथवा दक्षिणी अफ्रीका में अपनी पत्नी द्वारा शौचालय साफ

न करने या आज्ञा न मानने के कारण उन्हें घर से बाहर निकाल दिया तो उनकी इन स्वीकारिक्तियों के कारण ही उनके साहस की भूरि-भूरि प्रशंसा की गई। पर जब उनके निकट रहने वाले एक सहयोगी ने गांधीजी द्वारा नग्न कुमारी व्यस्क स्त्रियों के साथ सोने की घटना का उल्लेख किया तो गांधीजी की छवि को देखकर लोगों को उस पर विश्वास ही नहीं हुआ और यह रहस्य खोलने वाले उनके सहयोगी की ही लानत-नरामत की गई।

नेहरूजी का लालन-पालन ही योरोपीय वातावरण में गवर्नेस द्वारा हुआ। इंग्लैंड में उन्होंने शिक्षा पूरी की। अपनी जीवनी में भारत के समाज में अपनी छवि उज्ज्वल रखने के लिए, अपनी पत्नी की मृत्यु के बावजूद भी उन्होंने अपने प्रेम-संबंधों का खुलासा नहीं किया। श्रद्धामां और लेडी माउंट बैटन से तो उनके संबंधों की जबकि खुले आम चर्चा होती रही।

टॉलस्टॉय ने कहा था कि अपनी कब्र में लेटने के बाद ही वह अपने प्रेम संबंधों का खुलासा कर सकते हैं। ऐसी स्वीकारोक्तियों को करने के बाद लेखक अपनी छवि को तो दांव पर लगाने का तो साहस कर सकता है पर उन व्यक्तियों का नाम जगजाहिर कर जिनसे किशोरावस्था में उसके समलैंगिक और युवावस्था में जिन स्त्रियों से प्रेम-संबंध रहे, उनकी छवि खराब कर उनके सामाजिक जीवन को नष्ट करने की मूर्खता हरगिज नहीं कर सकता।

सेक्स की भूख, शरीर की एक सहज स्वाभाविक माँग है। बचपन आत्मरति में, किशोरावस्था समलैंगिकता में तथा यौवन स्त्री-पुरुष संभोग में गुजर जाता है। एक पुरुष कभी भी एक स्त्री से संतुष्ट नहीं हो पाता। सामान्य रूप से समाज में व्यभिचार न फैले इसीलिए चकले और वेश्यालय बने। सभ्य समाज में तीन या पांच सितारा होटलों या क्लबों में काफी ऊंची कीमत पर देह व्यापार खुले आम चलता है।

चूंकि भारतीय समाज में किशोरावस्था के प्रारंभ से ही लड़के-लड़कियों के मिलने पर पाबंदी लगा दी जाती है अतः समलैंगिकता जो सोलह वर्ष की आयु में समाप्त हो जानी चाहिए कुछ अधिक लम्बी अवधि तक चलती है।

हमारे समाज में नैतिक शिक्षाओं के उपदेश के चलते आठ-दस वर्ष की आयु से ही लड़के-लड़कियों के मिलने-जुलने पर प्रतिबंध लगा दिए जाते हैं। लड़के-लड़कियों के अलग-अलग स्कूल और कॉलेज हैं। परिवार के सदस्य लड़की की बारह वर्ष की आयु के बाद से ही कुछ इस तरह देखभाल और सुरक्षा करते हैं जिससे वह किसी लड़के से एकान्त में बात न कर सके। आस-पड़ोस के जिन लड़कों से छत मिली-जुली होने पर चोरी-छिपे मिलने की

आशंका होती है अथवा जिन परिवारों का एक-दूसरे के यहाँ आना-जाना होता है, वहाँ के सयाने बुजुर्ग अपनी लड़कियों की कौमार्य रक्षा के लिए सावधानी के तौर से रक्षाबंधन त्यौहार आने पर लड़कियों द्वारा उन लड़कों की कलाई पर राखी बंधवा कर उस बंधन को और मजबूत बनाने का प्रयास करते हैं। छोटे शहरों और कस्बों में और विशेष रूप से मध्यवर्गीय परिवारों में यह बंधन और भी सख्त और कड़े हैं।

मेरा बचपन और किशोरावस्था भी कस्बेनुमा छोटे से शहर में मध्यवर्गीय परिवार में पलते हुए ही बीता। स्वाभाविक रूप से वर्जनाओं और बंधनों ने कामवासनाओं का दमन करना सिखाया। किशोरावस्था में समव्यस्क कुछ लड़कों से समलैंगिक संबंध भी रहे। दमन के कारण स्वप्नदोष और हस्तमैथुन के दौरे से भी गुजरा।

इंटर कॉलेज में सहशिक्षा के दौरान किसी लड़की को देख कोमल भावनाओं का जन्म भी हुआ पर दमन कर उसे अचेतन की गहरी गुफा में धकेल दिया।

इस घेराबंदी और आरोपित प्रतिबंधों से मैं अंतर्मुखी हो गया। मैंने अपने को नशों में डुबो दिया अथवा प्रकृति सान्निध्य में विकसित होते हुए मेरी कुंठा कहानी या कविताओं के रूप में प्रकट हुई। इलाहाबाद यूनीवर्सिटी में सह-शिक्षा होने के बावजूद अंतर्मुखी होने के कारण मैं इतना दब्बू या शर्मीला हो गया था कि किसी लड़की से मेरा बात तक करने का साहस न होता था। एक दो लड़कियों ने मूक प्रेम भरे नेत्रों से निहारते हुए मौन-आमंत्रण भी दिया, पर इसके बावजूद मैं लाख साहस बटोरने के बावजूद भी उनसे बात तक नहीं कर सका। माता-पिता द्वारा पसंद की गई लड़की से विवाह करने के बाद ही यह यात्रा समाप्त हुई।

पर यात्रा शुरू तो होती है पर उसका अंत तो जीवन समाप्त होने पर ही 7होता है।

भले ही मैं किसी लड़की या प्रेमिका से प्रेम निवेदन करने का साहस न जुटा सका पर मैंने किसी से प्रेम नहीं किया, यह कहना भी गलत होगा। देशी-विदेशी उपन्यासों और कहानियों को पढ़कर मैंने मानसिक या बौद्धिक प्रेम तो किया ही है।

किसी शायर के शब्दों में मेरा घुटा-घुटा एकपक्षीय प्रेम कुछ इस तरह रहा है-

न तड़पने की इजाजत है, न फरियाद की है
घुट के मर जाऊं यह मर्जी मेरे सैय्याद की है।

अथवा

मेरी बात रही मेरे मन में

मैं कह न सका उलझन में

20-21 वर्ष की आयु में विवाह कर मेरी पत्नी ही दो वर्ष तक मेरी प्रेमिका के रूप में ही प्रतिष्ठित रही। एम.ए. प्रीवियस करने के बाद ही मेरा विवाह हुआ था। एक वर्ष एम.ए. फाइनल करते हुए, चार माह रिसर्च ज्वाइन कर और फिर चार-पांच माह नौकरी पर अकेले रहते हुए एक-दूसरे से दूर रहकर ही हम लोगों के बीच में रूमानी-प्रेम भी विकसित हुआ। हम लोगों ने एक-दूसरे पर कविताएं लिखीं। छटांक-छटांक भर के प्रेम-पत्र लिखे। रक्त से पत्र लिंखकर कसमें खाई गईं। मुझे याद है-एक पत्र में मैंने लिखा था-

इतना प्रेम किया है मैंने जितना जग में हुआ न होगा

सच कहता हूं मुझ सा पागल प्रेम किसी ने किया न होगा।

सर्विस के दौरान तो पत्नी मेरी इस तरह की जरूरत बन गई कि मैं उसे एक सप्ताह से अधिक के लिए मायके नहीं भेजता था। अपनी गंभीर बीमारी के झूठे तार भेजकर उसे बुला लेता था। पर यह चाल जब असफल होने लगी तो तुलसीदास की तरह हफ्ते भर बाद ही ससुराल धमकने की बेशर्मी भी मैंने हंसते-हंसते झेली।

पर जैसा होता है दो एक बच्चों के बाद ही यह रोमांस, बेकली, उत्सुकता, रूमानियत धीमे-धीमे विदा होती गई। नौकरी में महत्त्वाकांक्षा की सीढ़ियाँ अधिक महत्त्वपूर्ण हो गईं।

नैतिकता के आदर्श, ईमानदारी, बेदाग छवि, दबंग और निर्भीक व्यक्तित्व, यह सब कुछ नौकरी के प्रारंभिक वर्ष में तो कायम रहे पर धीमे-धीमे परिवार की बढ़ती जरूरतें, दो लड़कियों की शादी का लक्ष्य और उच्चाधिकारियों की मांगें, राजनीतिक दबाव और मेरे चारों ओर के भ्रष्ट वातावरण ने मुझे भी धीमे-धीमे अपने शिकंजे में कसना शुरू कर दिया। मैं धीमे-धीमे चटखने और टूटने लगा। समझौते करने लगा।

जब मेरा विवेक और मेरी अंतर्आत्मा मुझे कचोटती थी तो स्वयं को भुलाने के लिए मैं शराब पीने लगा। अपने को ब्रिज, रमी और फ्लैश में भूल जाने की कोशिश करने लगा।

जब ईमानदार था तब मैं अपने को छोड़ सभी को बेईमान समझता था। तब ईमानदार होने का अहंकार था। अब अपनी सामर्थ्य, रुतबे तथा कुछ कर पाने का अहंकार सिर पर सवार हो गया। पत्नी ने धन, जेवर और सुविधाएँ पाकर

समझौता कर लिया। मेरा जुआ खेलना और शराबनोशी को उसने स्वीकार कर लिया।

ओशो से जुड़ने से पूर्व मैं अपने अध:पतन के लिए पत्नी की फरमाइशों, परिवार की बढ़ती जरूरतों, अपने उच्चाधिकारियो की ऊल-जुलूल मांगों और पूरे सामाजिक परिवेश को उत्तरदायी मानता था। पर ध्यान की गहराइयों में जाने के बाद मैंने महसूस किया कि कोई और नहीं, मैं स्वयं ही पूरी स्थिति के लिए जिम्मेदार था। मेरे अंदर ही सुख-सुविधाओं, पद, प्रमोशन और महत्त्वाकांक्षा की भूख थी। मध्यवर्गीय समाज में विवशताओं में घुटा मेरा मन ही फाइव स्टार होटलों के विलासितापूर्ण वातावरण का आनन्द लेना चाहता था। मैं स्वयं ही अपनी दमित वासनाओं की पूर्ति करना चाहता था।

आज की आधुनिक सभ्यता और संस्कृति, वाइन, वूमैन और वेल्थ पर आकर ही समाप्त हो जाती हैं। कलाएँ उसकी चेरी हैं। सोसाइटी में भोग करते हुए सोसाइटी गर्ल्स की सोहबत में न जाता, यह कैसे संभव था? उनसे उपहार में मिले यौन रोग। एण्टीबायटिक इंजैक्शन के प्रयोग से उनसे मुक्ति तो मिल गई, पर यह रोग पत्नी से कैसे छिप सकता था? रोना-धोना छोड़ देने की धमकियां, भूख हड़ताल सभी कुछ तो हुआ। पर सोने का अंडा देने वाली मुर्गी को कौन छोड़ सकता है? टूटी रस्सी जुड़ी तो पर गांठ की कसमसाहट बनी रही। मैंने भी यौन रोगों का नरक भुगत कर क्षणिक सुख की उत्तेजना की व्यर्थता को समझा। उसने मुझे आत्मनिरीक्षण का अवसर प्रदान किया। जोरबा बनकर, खूब भोगकर मैंने भोग की व्यर्थता को जाना।

इस घटना का एक परिणाम हुआ, श्रीमती जी जहाँ पूजा-पाठ की ओर और अधिक प्रवृत्त हुईं मैंने साहित्य के पठन-पाठन में डूबकर स्वयं भी लेखन प्रारंभ किया। कानपुर में मारवाड़ी पुस्तकालय का सदस्य बनकर मैंने हिन्दी में अनूदित बंगला, गुजराती और मराठी उपन्यासों के साथ-साथ विश्व प्रसिद्ध उपन्यासों के अनुवाद के साथ हिन्दी साहित्य में पिछले पांच वर्षों में प्रकाशित उपलब्ध साहित्य का अध्ययन किया था।

काजल की कोठरी में कैसा ही सयाना प्रवेश कर कालिख से लाख बचने का प्रयास करे पर कालिख लगना अवश्यम्भावी है। इसी घटना से मेरी शराबनोशी और जुए की महफिलों पर विराम लगा। इसी अवधि में श्रीमतीजी ने जब मुझसे कहा-'मुझे नाथद्वारा ले चलो', मैं उन्हें नाथद्वारा ले गया। वहां मैंने सोने की चक्कियों में पिसती हुई केसर, पत्थर के कुंवे से डोल द्वारा निकाला गया देसी घी देखा। गोस्वामीजी को राजसी महल में और भगवान श्री नाथ जी

को एक पुराने हवेलीनुमा मकान में जिसे मंदिर का रूप दे दिया गया था, रहते हुए देखा।

भगवान के मंदिर में घी का दीपक जलता था और आरती के समय डोरी खींचकर उनकी छत पर लगा कपड़े का पंखा या मोरछल डुलाया जाता था जबकि उनके भक्त गोस्वामी जी एयरकंडीशंड महल में रहते हुए विलायती गाड़ियों का आनंद लेते हुए बम्बई में मौज मजा करते थे और अन्य गुसाईं मंदिर में सेवा अर्चना करते थे।

कथा कही जाती है कि भगवान श्री कृष्ण गोवर्धन पर्वत पर निवास करते थे। मीरा की आराधना से प्रसन्न होकर उन्होंने राजस्थान में आने का वायदा किया था और इसीलिए उसी वायदे को पूरा करने के लिए पर्वत पर बनी गुफा द्वारा वह नाथद्वारा विराजे। इतिहास का छात्र होने के नाते मैं जानता था कि जब औरंगजेब सभी प्रसिद्ध मंदिरों को तोड़ता वहां स्थापित मूर्तियों को खंडित कर मस्जिद की सीढ़ियों में लगवा रहा था तभी जतीपुरा में गोवर्धन पर्वत के निकट भगवान श्रीकृष्ण की मूर्ति को चोरी-चोरी गुफा द्वारा गोस्वामी उसे राजस्थान में नाथद्वारा ले गए और उसे छिपाकर एक हवेलीनुमा मकान में स्थापित किया।

मंदिर में भगवान श्रीनाथ की सेवा में सैकड़ों गुसाईं लगे रहते थे जिन्हें वेतन के स्थान पर रोज प्रसाद में सुबह शाम बीस या चौबीस पत्तलों का प्रसाद मिलता था। इन पत्तलों का भोजन पूरा परिवार तो करता ही था, शेष को वे बाजार में भेज देते थे या तीर्थयात्रियों को पैसे लेकर वह पंडों द्वारा उपलब्ध हो जाता था। देसी घी, सब्जी, राशन सब कुछ भक्त ही भेंट करते थे पर बदले में उन्हें पैसे देकर प्रसाद खरीदना होता था। मंदिर के पट खुलने-बंद होने का जन सामान्य के लिए एक निश्चित समय था, पर पंडे विशेष दक्षिणा लेकर धनी तीर्थयात्रियों को पीछे के दरवाजे से सुविधामय दर्शन करवाते थे। दर्शन के पुट खुलने पर धक्कम धक्का करते हुए स्त्रियों पुरुषों की भीड़ उमड़ पड़ती थी। दर्शन कर स्त्रियों को आगे बढ़ाने के लिए गोस्वामीजी या उनके पंडे धोती का कोड़ा बनाकर स्त्रियों पर प्रहार करते थे।

उन दिनों मंदिर के ट्रस्ट के चेयरमैन सेठ गोविन्द दास थे। मैंने उन्हें मंदिर की अव्यवस्था के संबंध में एक लम्बी शिकायत प्रेषित की जिसके परिणामस्वरूप भीड़ को कोड़े से पीटे जाने की प्रथा समाप्त हुई। मंदिर में भी बिजली की व्यवस्था हुई। बैक डोर दर्शन की प्रथा पर अंकुश लगा।

श्रीमतीजी मुझे सात कोस की परिक्रमा पर जतीपुरा ले गईं। मैंने गोवर्धन पर्वत पर भक्तों को टनों दूध पर्वत को दूध स्नान कराने के नाम पर नालियों में बहाते देखा जिससे सैकड़ों बच्चों का पेट भर सकता था।

मैंने अनेक भक्तों को सात कोस की परिक्रमा पथ पर पतली धारवाले गंगासागर से पूरे रास्ते दूध गिराते देखा। उनके पीछे एक मजदूर सिर पर दूध का कनस्तर लादे चल रहा था। मैं श्रीमतीजी की आकांक्षा इसीलिए पूरी कर रहा था क्योंकि मुझे आशा थी कि शिक्षित होने के कारण शायद अपने अंधविश्वासों और मूढ़ता से छुटकारा पा सकें। पर धार्मिक संस्कार बचपन से इतनी गहराई तक पहुंच जाते हैं कि व्यक्ति की शिक्षा भी उसके आगे पंगु हो जाती है।

श्रीमतीजी मुझे तीर्थ स्थानों की सैर इसलिए करा रही थीं जिससे मेरा चित्त धार्मिक बने। भगवान मुझे सद्‌बुद्धि दें। मैं अपने अपराध बोध के कारण उनकी हर इच्छा का पालन तो कर रहा था पर जो ढोंग, शोषण और अंधविश्वास मुझे दिखाई दे रहे थे, मैं उन्हें निरंतर हाईलाइट कर रहा था। जैसे हम दोनों के बीच अप्रत्यक्ष रूप से एक संघर्ष अब भी चल रहा था।

उस यात्रा से लौटने के बाद मैंने निम्न कविता लिखकर अपनी कुंठा और विद्रोह को व्यक्त किया-

सवा मन दूध का स्नान
मन भर का भोग
गोवर्धन महाराज की
शुद्ध रेशमी वस्त्रों का उत्तरीय
भक्त ने मानता मांगी थी
व्यापार में दो लाख का फायदा हुआ
गोवर्धन महाराज में बड़ा सत्त है
इस हाथ दो
उस हाथ लो
गोवर्धन महाराज
दूध का स्नान कर रहे हैं
गंदला होकर दूध नालियों में बह रहा है।

देखो मूर्खो देखो
पहले हमारे देश में
इसी तरह दूध की नदियाँ बहती थीं
देखने वाले देखें
एक क्या?

हजारों भक्त करवाते हैं दूध का स्नान
दूध पी-पी कर
बृज की भूमि और पवित्र होती है
उसकी धूल को
माथे पर लगाओ
जिह्वा पर रखो
सारे मसले एक चुटकी में हल
कुत्ते दूध पी रहे हैं
बच्चे चुल्लुओं से दूध इकट्ठा कर रहे हैं
जतीपुरे से दूर
नन्नू का बच्चा बूंद-बूंद के लिए तरसता है
सबका अपना-अपना भाग्य है
गोवर्धन महाराज की यही माया है
जैसे कर्म
वैसे फल
जो दूध का कराता है स्नान
अगले जन्म में उसे दूध की कमी नहीं होगी
जो देता है दान में स्वर्ण
उसे अगले जन्म में स्वर्ण मिलेगा
तो क्या स्त्री दान करने पर ही
अगले जन्म में विवाह होगा?

चुप, खामोश!
मत करो नास्तिकता की बातें
तुम क्या जानो बृज भूमि का महत्त्व?
रसखान ने इच्छा की थी
बृज भूमि का पत्थर होने की
वृक्ष या पक्षी होने की
बड़े भाग्यशाली होते हैं वे
जो बृजभूमि में जन्म लेते हैं
इस भूमि के कण-कण में

कृष्ण और राधा खेले थे
उन्होंने रास रचाये थे
वृन्दावन के निधि कुंज में
तोमार की सभी लताएँ
रात गोपी बन जाती हैं
पक्षी, बंदर सभी कुंज छोड़
दूर चले जाते हैं
रात भर होती हैं लीलाएँ
निधिकुंज की माटी पर
नन्हें नटवर नागर के चरण चिह्न
कभी भी देख लो।

नहीं करते विश्वास,
मत करो
विश्वास है, तभी प्रभु प्रसन्न होते हैं
करके देखो गोवर्धन महाराज की परिक्रमा
नंगे पैर
कुछ असम्भव माँगना है गोवर्धनधारी से
तो दण्ड परिक्रमा करो
लेट-लेट कर सात कोस
पूरे करो
चार या चालीस दिन में
या सात कोस तक
दूध की धार गिराते
गोवर्धन पर्वत के चारों ओर
परिक्रमा लगाओ
लगाकर देखो
चमत्कार होगा
व्यापार में होगा दूना मुनाफा
बिगड़ा मुकदमा फतेह होगा
मनचाही प्रेमिका पास आएगी

कैसी भी कठिन परीक्षा हो
निश्चय पास होगे तुम।

विश्वास करो
बड़ी शक्ति है परिक्रमा में
नोट करते रहते हैं गोवर्द्धनधारी
कौन करा रहा है दूध का स्नान?
कौन लगा रहा है परिक्रमा?
कौन दण्ड परिक्रमा?
कौन सवा मन का भोग?

जो जितनी चापलूसी करेगा
उतना पायेगा
जैसी पूजा
वैसा प्रसाद
जैसी साधना
वैसा फल
नहीं मानते
मत मानो
तुम किस खेत की मूली हो?
अमेरिकन तक मानते हैं
देख लो मुनि की रेती में
प्रभुपाद का आश्रम
गोरे लोग भी सिर मुड़ाए
चोटी रखे
राधेश्याम का जाप कर रहे हैं
अमेरिकन सुंदरियाँ चन्दन लगाए
कण्ठी पहिने
कीर्तन करती हैं।

यह सब सीधे स्वर्ग जायेंगे
गोलोक वासी होकर
गउएं, दूध, मक्खन और रबड़ी पाएंगे।

तुम लोटते रहे सूअर की तरह
अपने इसी गंदे संसार में
कोई तुम्हारी लाश पर थूकने तक नहीं आएगा
और मुझे लेने आएगा
अंतिम समय देवताओं का चार्टेड प्लेन
क्योंकि मैंने वैष्णव धर्म की कण्ठी ली थी
गोवर्धन की परिक्रमा की थी
सवा मन दूध का स्नान कई बार करवाया था
इक्कीस ब्राह्मण कई बार
जिमाए थे।

मैंने श्रीमतीजी को कविता सुनाना शुरू किया पर वह अधूरी सुनकर ही पैर पटक कर खड़ी हो गईं। बड़बड़ाती हुई बोलीं–

"तुम जिन्दगी भर नहीं सुधर सकते। नहीं मानते भगवान को, इसीलिए तो इतना भुगत रहे हो। यह दुनिया भर की बीमारियाँ, तनाव, जुआ, शराब यह सब कुछ भगवान पर विश्वास न करने के ही कारण हैं।"

मैंने टोंकते हुए कहा–"तुम्हारे गोवर्धन जी महाराज के गुसाईं जी भी तो शराब में धुत बम्बई में ऐश करते हैं, भगवान पहले उन्हीं को सुधार दें और मत भूलो, यह सारी बीमारियाँ हमारी खुद की बटोरी हुई हैं। इसकी जड़ है–हमारी अंधी महत्त्वाकांक्षा...।

श्रीमतीजी आगे सुन न सकी थीं और अपने कमरे में चली गई थीं।

मैं मानता हूँ मुझमें कामवासना का वेग संभवतः सामान्य लोगों से कहीं अधिक है। मेरी पत्नी ने इस खेल में मेरा बहुत साथ और सहयोग दिया। कोणार्क और खजुराहो के मंदिरों में अंकित मिथुन मूर्तियों के मैंने सभी संभव आसनों का प्रयोग किया और मैथुन की हर संभव विधियां अपनाईं। घर लाकर मैंने पत्नी को ब्लू फिल्में दिखलाईं। अश्लील फोटो और साहित्य भी उसे दिखाया और पढ़ाया।

पत्नी से संभोग करते हुए मैं उन दिनों प्रायः आँखें बंद कर उन स्त्रियों की छवि अपने हृदय पटल पर उभारते हुए प्रणय में डूबता था जो स्त्रियां मुझे सुंदर

और आकर्षक लगती थीं और नैतिक मान्यताओं के कारण जिनसे संभोग करने की इच्छा का मुझे दमन करना होता था। मैं कल्पना में आंखें बंद कर जैसे पत्नी से नहीं जैसे उक्त सभी अन्य स्त्रियों के साथ ही संभोग करता था।

स्त्रियों को जैसे अंतर्दृष्टि से यह बात ज्ञात हो जाती है। फिर मेरी पत्नी तो मेरी भावमुद्राओं से जैसे सब कुछ समझ जाती थी।

फिर भी उसने मुझे बर्दाश्त किया। भले ही धन, सुख-सुविधाओं और गृहस्थी की खातिर किया हो। यह उसका अनुग्रह और त्याग ही है।

# ओशो सभी को अपराध बोध से मुक्त करते हैं

इस पृष्ठभूमि में मेरी चिंता या फिक्र छोड़कर यदि मेरी पत्नी भक्ति मार्ग की ओर उन्मुख होकर पूजा-पाठ में डूबकर मेरी उपेक्षा करने लगी, तानों, व्यंग्यों के तीर चुभोने लगीं, यदि उसका प्रेम घृणा में रूपांतरित हुआ तो उसके लिए मैं, केवल मैं ही जिम्मेदार हूँ। मैंने जो बोया है वही मुझे काटना होगा। भले ही वह मेरी लाख उपेक्षा करे पर फिर भी अंदर ही अंदर मैं भली-भांति उसके अंदर कहीं गहरे में बहती प्रेम धारा का फिर भी अनुभव करता हूँ।

इसी अवधि में मैं उसके साथ गया जी, बोधि गया, राजगृह, कलकत्ता, भुवनेश्वर, पुरी और कोणार्क गया। अगले वर्ष माउण्ट आबू, अहमदाबाद, जामनगर, जूनागढ़, गिरनार, सोमनाथ द्वारका, उदयपुर, श्रीनाथ जी और जयपुर गया। तीसरे वर्ष में उसे बद्रीनाथ और केदारनाथ ले गया।

इन यात्राओं में मैंने भारत के तीन सुदूर क्षेत्रों में जाकर वहां की अलग-अलग सभ्यता व संस्कृति का अध्ययन किया। वहाँ की अनुपम कला-कृतियाँ देखीं। प्रकृति के मनोहारी दृश्य और ऐतिहासिक इमारतें देखीं। इन यात्राओं से हम लोगों के संबंधों की हिमशिला स्वत: पिघली और जीवन पहले की तरह गतिशील हो गया।

कानपुर से बदायूं स्थानान्तरण होने से कानपुर की कंपनी अपने आप छूट गई। आए दिन होने वाली ड्रिंक्स पार्टी भी समाप्त हो गईं। यहाँ आने पर मैंने भांग के चूर्ण का प्रयोग करना शुरू किया।

भांग के नशे में मैं एक बार एक घंटे तक आशु कविता में बात करता रहा और मैंने कई कविताएँ लिखीं। भांग के नशे में मैंने क्षण-क्षण बदलती रंगीन ज्योमैट्रीकल डिजाइनों के साथ शून्य अंतरिक्ष में भारहीन होकर उड़ने के आत्यान्तिक अनुभव किए। बदायूं से पूर्व भी होली के अवसर पर मैं जब कभी भांग का सेवन कर लेता था, पर तब सही डोज ज्ञात न होने से कभी-क़भी उल्टियां-दस्त भी हो जाते थे। पर अब सही डोज ज्ञात हो जाने पर मैंने भांग के नशे में जी भर मिठाइयों के तृप्तिदायी आनन्द का अनुभव किया। भांग एक ओर

जहां भूख-प्यास बढ़ा देती है तो दूसरी और स्वाद देने की संवेदनशीलता भी कहीं अधिक बढ़ जाती है। पर भांग के निरंतर सेवन से जब घुटनों में दर्द होने लगा और कब्जियत रहने लगी तो मैंने भांग का प्रयोग बंद कर दिया।

भांग से फिर शराब का नशा और गहरा चढ़ा, और एक दिन जब वह पराकाष्ठा पर पहुँच गया, जब ध्यान और ओशो सत्संग में मस्ती और आनंद घटने लगा तो एक दिन शराब से फिर अपने आप विरक्ति हो गई। कभी बड़े फक्र से कहता था-“मोसम कौन कुटिल खल कामी?” अब यह कहना मूर्खता लगती है। जो भी हुआ मूर्च्छा से हुआ। मेरे सजग और सचेत न रहने से हुआ। यह कुटिलता, दुष्टता और दमित कामवासना धर्म और समाज ने थोपी। ओशो ने हम सभी को अपराध बोध से मुक्त कर दिया है।

देखा जाए तो
हम सब के भीतर
एक अलग तरह का अकेलापन घिर रहा है
पैंतालीस-पचास की उम्र के बाद का,
पर हम उसकी
शिनाख़्त नहीं कर पा रहे हैं।

# नौकरी करते हुए मैं ज़ोरबा बनकर जिया

नौकरी के आखिरी पाँच वर्ष, जिनमें से तीन वर्ष तो मैंने जैसे खेल-खेल में गुजार दिए। इन तीन वर्षों में मैंने दाढ़ी कटाई ही नहीं। पीछे से सभी दफ्तर वाले मुझे 'बाबाजी' के नाम से पुकारते थे। 1889 के अंत में आर्यनगर में लगने वाले मैंने पहले ध्यान-शिविर में भाग लिया था। तभी से मैं सुबह कभी सक्रिय और कभी नाद ब्रह्म ध्यान और रात कुंडलिनी ध्यान नियम से करने लगा। कहीं बाहर भी जाता तो अपने साथ छोटा टेपरिकॉर्डर और ध्यान के कैसेट साथ ले जाता। ओशो के कैसेट सुनने का भी जैसे नशा सा हो गया था।

निष्क्रिय ध्यान प्रयोगों में मुझे ध्वनि-ध्यान सबसे अधिक अच्छा लगता, विशेष रूप से रात के सन्नाटे में झींगुर जैसी सूक्ष्म से सूक्ष्म ध्वनि नाभि से सुनते हुए मैं अद्‌भुत शांति और आनंद पाता। कभी ध्वनियों के प्रपात में स्नान करते हुए अनाहत की आहट पाने का प्रयास करता।

ताश पार्टीज में जाना भी बहुत कम हो गया था। अब कुंडलिनी ध्यान के दो चरणों के बाद मुझे शांत बैठने पर रीढ़ की हड्डी में पुलकन, सिहरन और कम्पन की अनुभूति होने लगी थी। यह अनुभूति निरंतर प्रगाढ़ होने लगी और तभी अचानक मुझे एक दिन शराब पीने से ही विरक्ति हो गई।

यह घटना अपने ही निवास स्थान पर अचानक ड्रिंक पार्टी देने के दौरान घटी। डिप्टी कमिश्नर के पद पर पदोन्नति के साथ कानपुर में ही पोस्टिंग मिल जाने पर सभी कुलीग्ज़ और एडवोकेट काफी दिनों से पार्टी मांग रहे थे। सभी जगह 'पार्टीज' एनजॉय करने के बाद मुझे पार्टी देना आवश्यक और अनिवार्य सा लगा। पर न जाने क्यों उस दिन मैंने स्वयं ड्रिंक्स नहीं लिए और तबियत खराब होने का बहाना बना दिया। उस दिन पहली बार होशपूर्वक मैंने ड्रिंक्स में लोगों को लड़ते-झगड़ते, गाली-गलौज बकते और बेवकूफी भरी अनर्गल हरकतें करते देखा। घर से बाहर आकर मैंने दो-तीन लोगों को उल्टियाँ करते और फोश-फोश गालियाँ बकते देखा और सुना। तभी अहसास हुआ कि मैं भी ड्रिंक्स में ऐसी ही ऊलजलूल हरकतें कभी न कभी अवश्य ही करता रहा होऊंगा।

उस दिन ड्रिंक्स न लेने का कारण, मेरे अंदर ध्यान की मस्ती ही थी। ओशो ठीक कहते हैं–'आदमी की फितरत ही नशे की है। चाहे वह रूप या शराब का नशा हो या ध्यान का। ज़ो नशा सबसे अधिक आनंद देता है तो उसके आगे बाकी नशे अपने आप छूट जाते हैं।'

उस दिन शराब छोड़ने का संकल्प करने के बाद भी मैंने पीटर स्कॉच की एक बोतल अपने ताला-बंद दराज में रख दी, स्वयं अपनी ही परीक्षा लेने के लिए। यह आजमाने के लिए कि मैं अपने संकल्प पर दृढ़ रह पाता हूँ या नहीं?

अनजाने में शायद यह कहावत भी आजमाना चाहता था कि चील के घोंसले में मांस सुरक्षित रह भी पाता है या नहीं? पर इन्सान, मांसभक्षी चील न होकर, बुद्धि, विवेक से सम्पन्न एक विकासशील चेतन प्राणी है। जो लोग बेहोशी में पशु की तरह जीवन व्यतीत कर रहे हों, उनके लिए यह कहावत निश्चित रूप से सटीक और सही है।

मैं अभी तक लगभग पशु जैसा ही जीवन जीता आया था। खाना-पीना, सेक्स और सो जाना। पर इस मूर्च्छा को तोड़ने का काम साहित्य ही करता था जिसके पढ़ने का मुझे बचपन से ही चस्का पड़ चुका था। हर रात सोने से पहले कोई पत्र-पत्रिका या नई पुस्तक जरूर पढ़ता था। चाहे वह लाइब्रेरी से लाई हुई हो या खरीदी हुई। पर पिछले दो वर्षों से मैं केवल ओशो-साहित्य पढ़ रहा था। ओशो-साहित्य मात्र साहित्य न होकर जैसे आत्मा का टॉनिक था। मुझ जैसे बज्र नास्तिक को ओशो ने ही आस्तिक बनाया। मत मानो ईश्वर या परमात्मा को। पर अपने को तो मानना ही होगा। अपने चैतन्य स्वरूप से कौन कैसे इन्कार कर सकता है? कौन इन्कार कर सकता है इस सम्पूर्ण अस्तित्व और प्रकृति से। जहाँ जो भी सुंदरतम है, वहीं परमात्मा है।

कलाकार या साहित्यकार भी साधक की तरह कभी-कभी अकस्मात् अस्तित्व की एक झलक पाकर उसे अपनी कला द्वारा जो अभिव्यक्ति देता है वही शाश्वत बन जाती है। विश्वप्रसिद्ध साहित्य के हिन्दी या अंग्रेजी अनुवाद पढ़ते हुए कलेजे में जैसे एक हूक उठती थी। उनमें वर्णित बहुत सारे अनुभव और अनुभूतियाँ मेरी भी थीं पर उसकी अभिव्यक्ति कहाँ हो पा रही थी? प्रकाशित होने को मेरी एक दर्जन पुस्तकें प्रकाशित हो चुकी थीं पर उनमें गहराई नहीं थी। उसमें तटस्थता और दो टूक बात कहने की सरलता और सादगी नहीं थी।

मैं सोचता था सेवानिवृत्त होने के बाद मनाली के निकट किसी गुमनाम गांव में रहते हुए प्रकृति का शाश्वत सौंदर्य पीते वहाँ लोगों के साथ घुलमिल कर

उनके जीवन को मूर्तिमान करूंगा या मध्यप्रदेश अथवा बिहार के आदिवासी अंचल में घने जंगलों के बीच आदिवासियों के साथ घुलमिल कर उनके जीवन के चित्र उकेरूंगा।

इस सोच के सहारे लगता था जैसे अभी मैं जिंदा हूँ। राख में कुछ चिंगारियां दबी हुई हैं जो शोले बनकर मेरे पशुत्व की योनि से मुझे छुटकारा दिला सकती हैं।

मैं अपने आप से घृणा करता हुआ एक नकली जिन्दगी जी रहा था। मैं दफ्तर जाते ही एक नया मुखौटा ओढ़ लेता था। यार दोस्तों के बीच ड्रिंक्स और कार्ड पार्टी में वह मुखौटा एक साथ बदल जाता था। घर में मैं तीसरा मुखौटा ओढ़ लेता था। पर इन तीनों मुखौटों के पीछे छिपा मैं भली-भांति जानता था कि मैं इन मुखौटों से अलग कुछ सर्वथा एकदम भिन्न व्यक्तित्व हूँ जो अंकुरित होने के लिए उचित समय की प्रतीक्षा कर रहा हूँ।

यह चारों मुखौटे ही जैसे मेरी जिन्दगी की कुर्सी के चार पाये और चार पुरुषार्थ थे। धर्म, अर्थ, काम और मोक्ष। उनका आधुनिकीकरण करते हुए उन दिनों मैंने एक कविता लिखी थी-

घिसटती जा रही है
कुछ यूं जिन्दगी मेरी।
मेरी कुर्सी के चार पाये हैं
अर्थ, आस्था, न्याय और नारी।
अर्थ को जोंडिस है
आस्था को तपेदिक है
न्याय को डिसेन्ट्री है
और नारी को अभावों का जुकाम है
चार के चार पाये ही लंगड़े हैं!
जीवन में शिकवे हैं, शिकायत हैं, झगड़े हैं।
फिर भी कमाल है
कि मैं कुर्सी से गिरता नहीं।
नहुष हूँ
टिका हूँ जाने किस आधार पर
पृथ्वी पर गिरता नहीं।

राजा नहुष शाप ग्रस्त होकर स्वर्ग और पृथ्वी के बीच अधर शून्य अंतरिक्ष में अटका रह गया था। मुझे लगता था कि मैं केवल खाने-पीने, सेक्स और सोने

ही के लिए नहीं जन्मा हूँ। मुझे कुछ और करना है। कुछ होना है। जो संभावनाएं मेरे बीज में सुप्त पड़ी हैं उन्हें एक विशाल छायादार वृक्ष बनना है। मैं इन्हीं दो के बीच झूल रहा था।

उन्हीं दिनों एक दिन मैंने अपनी डायरी में लिखा था-

"मेरे दफ्तर की कुर्सी के चार पायों में से एक के नीचे मेरी अंतररात्मा सिसक रही है। दूसरे पाये के नीचे न्याय का दम घुट रहा है। तीसरे पाये के नीचे मेरी भावनाएँ दम तोड़ रही हैं और चौथे पाये के नीचे मेरी स्वयं पर होने वाली आस्था ही कुचली जाकर पंगु हो गई है। मैं स्वयं अपनी अंतररात्मा पर बलात्कार करते हुए और साथ ही साथ स्वयं से नफरत करते हुए एक घुटन भरी जिन्दगी जी रहा हूँ जिसमें न कोई उल्लास है और न कोई आनन्द। मैं अपने को भुलाने के लिए जुए में दांव लगाता था। पैग पर पैग लेता चला जाता था, पर फिर भी अपने आपको कहां भुला पाता था? बेहोश तो मैं केवल दो एक बार ही हुआ वह भी होली के हुड़दंग में, वरना चार पांच पैग पीकर भी गाड़ी मैं स्वयं ड्राइव करते हुए ही घर लौटता था और कभी कोई दुर्घटना आज तक नहीं हुई। मैंने ड्रिंक्स की एक सीमा रेखा जरूर निश्चित कर रखी थी। मुझे उन लोगों से नफरत थी जो पीकर नालियों में लुढ़कते थे या जिन्हें लाश की तरह ढोकर घर पहुंचाना होता था अथवा वे लोग जो होश पीकर गालियाँ बकते थे।

शराब अंदर जाते ही मेरे अंदर का शायर जाग जाता था। गुलाम अली और जगजीतसिंह की ग़ज़लों को सुनते या गुनागुनाते हुए ही मुझे ड्रिंक्स में मजा आता था। यूं होने को ड्रिंक्स पार्टीज में मैंने ब्लू फिल्म देखीं, फोश से फोश गंदे नॉनवेजीटेरियन चुटकुले सुने, पर बहुत जल्द मुझे उस सबसे घृणा होने लगी।

ड्रिंक्स पीकर मैं प्रेम और करुणा से भर जाता था। मुझे दुनिया बहुत रंगीन और खूबसूरत लगने लगती थी। दो पैग पीकर मैं दफ्तर, फाइलें, डांट फटकार, खुशामद यह सब कुछ भुलाने के बाद ही शायराना हो पाता था।

उन दिनों मैंने कुछ रुबाइयां लिखी थीं, जिनका विषय था-'मैं क्यूं पीता हूँ?'

अपने दिल को एकाग्र करने के लिए पीता हूँ।
अल्लाह से मुलाकात करने के लिए पीता हूँ।
दोस्त! तुम क्या समझोगे मजबूरियाँ मेरी-
दोस्तों के जख्मों को भरने के लिए पीता हूँ।

जमाने की तल्खी को मिटाने के लिए पीता हूँ।
पत्थर के दिलों को पिघलानें के लिए पीता हूँ।

पीता हूँ दोस्त बनाने को दुनिया सारी
अपने को इंसान बनाए रखने के लिए पीता हूँ

सांपों की दुनिया में, मैं शराब पीता रहा।
वो दूध पीते थे, और मैं जाम पीता रहा।
पी-पी के दूध, वो उगलते रहे जहर-
मैं पी-पी के शराब गले मिलता रहा।

एक शराब का ही नशा नहीं, मुझे जाने किस-किस का नशा था? कुछ रुबाइयाँ इस ज़मीन पर भी लिखी थीं-

चांदी-की चांदनी रातों का नशा।
मोती सी रिमझिम बरसातों का नशा
सिर से पाँव तक नशे में चूर हूँ-
आता है याद मुझे मुलाकातों का नशा।

कुछ सावन के घुमड़ते बादलों का नशा।
कानों में गूंजती मल्हारों का नशा।
आज मुझको नशे में कुछ भी होश नहीं
अल्लाह जाने चढ़ा मुझपे किस किस का नशा?

केसर की क्यारी का नशा।
फूलों की खुमारी का नशा।
बर्फ के पहाड़ों का नशा मुझको
झील के डोलते शिकरों का नशा।

किसी को जमाने में दौलत का नशा।
किसी को जमाने में ताकत का नशा।
सभी को नशों में देखा मगरूर
सिर्फ सच्चा है उल्फत का नशा।

पत्नी का सशर्त-प्रेम मुझे उपलब्ध था, मैं उससे पूर्ण तृप्त और संतुष्ट नहीं था। ऐसा भी नहीं कि वह प्रियपात्र कोई और था और मैं उसे पा न सका था और मुझे उसकी जुदाई का गम था। वह प्रेमपात्र मेरी अधूरी सभी आकांक्षाओं को तृत्त करने वाला अनाम और अरूप था। वह मेरे ख्यालों और मेरे तसव्वुर में

था। वह मेरी सांस-सांस और हर धड़कन में था। वह अरूप होते हुए भी बहुत सुंदर और सलोना था। अनाम होते हुए भी उसके अनेक नाम थे। कभी-कभी उसकी झलक प्रकृति के सौंदर्य में या किसी की भोली चितवन या मीठी मुस्कान में मिल जाती थी। उन्हीं दिनों इस संबंध में मैंने अनेक रुबाइयां लिखीं-

चौक न द्वारे पुर पाया।
आंगन कभी न भर पाया।
कभी प्यार की बजी न वंशी
प्यारा पाहुन द्वार न आया।

सुख से मेरी पड़ी न भांवर।
कोरी की कोरी जीवन चादर।
उस पुस्तक से क्या लेना-देना?
लिखे न प्यार के जिसमें आखर।

जीवन ऐसी निर्मेय बन
जो सिद्ध न अब तक हो पाई।
गीत बहुत लिखता हूँ
जीवन मेरा
लंगड़ी चौपाई।

कोरी है जीवन की पाती
गाथा ऐसी कही न जाती
करता कोरी आंखों रोज सवेरा
रात-रात भर नींद न आती।

सजी रंगोली कभी न द्वारे।
सुना न मैंने 'प्रीतम प्यारे'।
किसको कितनी फुरसत जग में
मन का आंगन
कौन बुहारे?

जीवन ऐसा दीप समझ लो
जिसकी जलती कभी न बाती।
मैंने जीवन भर अलख जगाया
पर मिली प्रेम की कभी न पाती।

हर क्षण कुछ कसका करता है
बिना बात मन धड़का करता है

तन-मन कैसी आग लगी है
अंग-अंग चटका करता है।

आग लगी ऐसी सीने में
बढ़ती और-और पीने में।
खाक हुआ सब अंदर-बाहर
क्या रखा ऐसे जीने में?

यह आग प्रेम प्यार के विरह की आग न होकर स्वयं को न जानने की तड़प थी।

उन दिनों शौक-शौक में ऐसी ही लिखी रुबाइयों का एक संग्रह "साकिया और पिला" के नाम से दो संकलनों में प्रकाशित भी कराया और उसकी प्रतियां दोस्तों में मुफ्त बांटी। पुस्तक नहीं, उसके माध्यम से मैं अपनी मस्ती और पीड़ा दोनों बांट रहा था। पर पीड़ा को किसने समझा? किसने जाना?

x x x

मेरी छत्तीस वर्षों की सरकारी नौकरी मेरे लिए छत्तीस का आंकड़ा ही बनी रही जिसमें तीन और छह के अंक एक-दूसरे से हमेशा पीठ फेरे रहे। सरकारी शब्दावली में मेरी इमेज योग्य, कुशल कर्मठ, चतुर और दक्ष अधिकारी के रूप में थी।

पत्नी की निगाहों में मैं एक शराबी, जुआरी और भ्रष्ट व्यक्ति था।

दुनिया की निगाह में मैं सफल और सम्पन्न था। पर अपनी ही दृष्टि में मैं एक पतित, भ्रष्टाचारी, असफल और विपन्न था।

अपने आप से प्रेम करना तो मैंने ओशो से सीखा। उन्हीं से मैंने जाना कि जो अपने से प्रेम नहीं कर सकता वह किसी दूसरे को भी प्रामाणिक प्रेम नहीं कर सकता। अपनी निंदा करना परमात्मा की ही निंदा करना है क्योंकि प्रत्येक आत्मा ही परमात्मा है। पर यह बाद की कहानी है।

इस वक्त तो मैं अपनी सरकारी जिन्दगी की अनोखी दास्तान बयां कर रहा हूँ।

सन तिरासी में लिखी एक अनुकान्त कविता मेरी उन दिनों की भाव-दशा का सच्चा दर्पण है।

साड़ी गहनों में सजी मेरी पत्नी ने एक दिन मुझसे बहुत प्यार से कहा-

"बस ऐसा ही जीवन जीते हुए पूरी उमर गुजर जाये और यह उमर क्या, मैंने तो भगवान से तुम्हें जन्म जन्मों के लिए मांग लिया है। काश! यह मन्नत पूरी हो जाए?"

कविता यूँ है
हे प्रभु! यदि तू कहीं है
तो भावुकता में बगैर मेरी मर्जी जाने
बगैर मेरा पक्ष सुने
इकतरफा फैसला वरदान की तरह हरगिज मत दे डालना।
अंधे बैल की तरह कोल्हू के इर्द-गिर्द घूमते
गले में गुलामी का पट्टा डाले
और दो-दो दरबारों की चाकरी करता
मैं बहुत ऊब गया हूँ दीनानाथ,
जो भी करना, बहुत सोच समझ कर करना।
फाइलों पर बलात्कार करते
छोटों को घुड़कते
बड़ों के आगे दांत निपोरते, घिघियाते, मक्खन लगाते
कीड़े सा बिलबिलाते
कीचड़ में सुअर की तरह लोटते
यह साहबी जिन्दगी-अपुन को रास बिल्कुल नहीं आई।
मैंने सुख-शांति एक क्षण को भी नहीं पाई।
सब कुछ भूलने को शराब पीते
विवेक को लोरी देकर सुलाते
समझौतों की चँवर को डुलाते
मैंने तेरे ही अंश आत्मा को बहुत बहलाया
पर वही मुझे धिक्कारता बराबर पूछता रहा-
शाबाश बेटा! खूब किया अध्ययन, मनन का सदुपयोग?
क्या इसीलिए पढ़े थे फ्रांस और रूस की राज्यक्रांतियों के इतिहास?
क्या इसीलिए घोंटे थे रूसो मार्क्स, नीत्शे और सुकरात के वचन?
बौद्धों का शून्यवाद
शंकर का अद्वैतवाद
कांट का दर्शन
और क्रोपाटकिन का अराजकतावाद?
विश्व साहित्य का मनन कर तूने क्या खूब किया उनका सदुपयोग?
फाइलों पर यदि चिड़िया बिठाने और सुविधाएँ जुटाने का जुगाड़ करना था

तो एक अदद डिग्री काफी थी
चार्वाक का एक वाक्य ही काफी था तेरे लिए
वाइन, वूमेन वैल्थ
ईट ड्रिंक एण्ड बी मेरी।

जीवन के अड़तालीस बरस गुजारने के बाद
मैं सुविधाओं की कीचड़ से उबर कर
अब संघर्ष करना चाहता हूँ।
समग्र जीवन में क्रांति का शंख फूंकना चाहता हूँ।
यदि तुम हो करुणासागर?
तो दो मेरी लेखनी को सशक्त अभिव्यक्ति की शक्ति
मेरी कल्पना को नए-नए आकाश!
मेरी रचनाओं में कोटि-कोटि भावनाओं का स्वर गूंजे
बाकी जो बचे हैं थोड़े से दिन
वो ऐसे बीतें
कि जिनके बारे में मेरे चले जाने के बाद भी
मेरी पीढ़ियां मुझ पर गर्व कर सकें।
हे ईश्वर! यदि तू भजन स्तुति चापलूसी सभी से मुक्त
निष्पक्ष, न्यायी और निष्कलुष है
तो फैसला निश्चित ही मेरे पक्ष में होगा
पर यदि तू भी सुपर सांसारिक बॉस की तरह
खुशामद, बटरिंग, प्रार्थनाएँ और प्रेजेन्ट चाहता है
तो मैं नास्तिक भला
नहीं चाहिए मुझे कैसा भी वरदान
मैं जैसा हूँ, हूँ
मुझे छोड़ दे इसी तरह कीचड़ में बिलबिलाने के लिए-
मुझमें दम है
तो निकलूंगा
यदि कूवत है
तो कुछ न कुछ जरूर करूंगा।

नौकरी चलती रही और मेरे अंदर एक धीमी आग निरंतर सुलगती रही। उन दिनों मैं भी रजनीश को भगवान का ढोंग करने वाला एक फ्रॉड समझता था। पर तब उनके बारे में मैंने केवल लोगों से सुना था या जब कभी अखबारों में उनके बारे में मात्र पढ़ा था। न उनके प्रवचन सुने थे और न पुस्तकें पढ़ी थीं।

जब उन्हें सुना, पढ़ा और जाना, सारे कुहासे भरे बादल छंटकर सत्य के सूरज का उदय हुआ। उसके विचारों में पृथ्वी को स्वर्ग बनाने के ठोस सपने और सुस्पष्ट उपाय थे। समग्र जीवन में क्रांति कर सब कुछ बदलने का जबर्दस्त आह्वान था। मूर्च्छा से जागकर चैतन्य को उपलब्ध होना ही परमात्मा को प्राप्त करना था। उत्सव आनन्द ही जिनके जीवन का लक्ष्य था।

इसके बाद की दास्तान तो मैं पहले ही बता चुका हूँ।

नौकरी करते हुए मैंने जीवन का काला पक्ष इतनी प्रगाढ़ता से देखा कि जीवन के उजले पक्ष के धुंधले से लिखे सफेद अक्षर भी मैं आसानी से पढ़ सका। जोरबा बन मैंने जीवन को भरपूर जिया। जुआरी बन मैंने सब कुछ दांव पर लगाने का साहस सीखा। भोग कर मैंने भोग की व्यर्थता जानी। धन कमाकर मुझे अच्छी तरह अहसास हुआ कि धन साधन है, साध्य नहीं।

शासन के शिकंजे से मुझे हमशेा मन ही मन नफरत रही। शिकंजा चाहे राजनीति का हो, साहित्य या धर्म का, शिकंजा, शिकंजा ही होता हैं। वे अन्याय, शोषण और जुल्म करते ही हैं। ओशो ने इसीलिए कोई नया धर्म खड़ा नहीं किया। धर्म के साथ संगठन और व्यवस्था बनानी होती है। आश्रम चलाने के लिए भी उन्हें एक व्यवस्था मजबूरी में बनानी ही पड़ी। उन्होंने कहा था-व्यवस्था में लगे लोग, दो-चार साल काम कर, स्वेच्छा से योग्य नए लोगों को पद भार देकर स्वयं ध्यान में डूबें। पर सत्ता या शक्ति पाकर ऐसे कितने लोग हैं जो उसे स्वेच्छा से छोड़ना चाहते हैं।

कुछ लोग व्यवस्था से किसी कारणवश हटाए गए, वैचारिक मतभेद के कारण स्वयं हटे अथवा अपनी व्यक्तिगत महत्त्वाकांक्षाएं पूरी करने के लिए हटे, उन्होंने पूना आश्रम छोड़ अपने अलग-अलग आश्रम बनाए पर सभी ओशो के अनुगत हैं। ओशो के नाम पर ही सभी के ध्यान-शिविरों में लोग सम्मिलित होते हैं, संन्यास भी लेते हैं, ध्यान भी करते हैं, पर यहीं कोई चीज मन ही मन हर एक को खटकती है-ध्यान और प्रेम को जीवन के दो पंख मानने वाले सभी लोग क्या प्रेम से मिल-जुलकर नहीं रह सकते?

भोर सुहानी सजा रही थी सुन्दर सपनों की माला।
'जागो हुआ सवेरा' बोला-तब सराय का रखवाला।
'जीवन के अमृत से भर लो, तुम अपने-अपने प्याले
पता नहीं किस प्याले का रह जाये रीता ही प्याला।।'

सुबह, दिन और रात स्वप्न ही तो देखता रहता था मैं। रात में सोते हुए बंद आंख सपना देखते हुए उन सभी वासनाओं की पूर्ति करता था, जो समाज की वर्जनाओं, नीति नियम और अनुशासन के कारण पूरी नहीं कर सका था। दिन में खुली आंख उन दिवास्वप्नों में खोया रहता था जिनमें धन, वैभव, यश और सम्मान पाने की अंधी महत्त्वाकांक्षाएँ थीं।

दफ्तर के बाद सांझ ढलने पर जब खाली बैठता था तब जैसे एक अपराध बोध घेर लेता था। दिन भर दफ्तर में जो निर्णय लिए थे, उनमें से जो निर्णय किसी दबाव, प्रलोभन और अंतररात्मा की आवाज के विरुद्ध किए थे, उनकी याद कर आत्मग्लानि होती थी। अपने आप पर शर्म महसूस होती थी। मैं क्या से क्या बन गया? क्या बनना चाहा था और क्या बन गया?

दौलत के चक्रव्यूह में अभिमन्यु की तरह
होता रहा है खून निहत्थे ज़मीर का।

यह मेरा ही नहीं, मेरे कुछ अन्य साथी अफसरों का कमोवेश यही हाल था। इसी को भुलाने हम लोग कभी कहीं तो कभी कहीं गम गलत करने बैठ जाते थे। गम गलत करने का अधिकारी वर्ग के पास एक शरीफाना नुस्खा था, शराब की चुस्कियां भरते हुए पपलू या फ्लैश से मन बहलाव। कुछ सेक्स क्षुधित या जीवन रस को भरपूर पीने और जीने के शौकीन साथी अफसर रूप बेचने वाली सुंदरियों के आगोश में सुकून और सुख खोजते थे।

जब से ओशो के प्रवचन पढ़ना और सुनना शुरू किया था, शाम ड्रिंक्स और कार्ड्स के कार्यक्रमों से मैं बहाने बनाकर कन्नी काटने लगा। प्रवचनों को सुनने और पढ़ने के बाद जब कभी ध्यान भी करने लगा। फुरसत के क्षणों में अब भविष्य के दिवास्वप्नों के स्थान पर कहीं पढ़ी काव्य पंक्तियां प्रायः याद आ जातीं।

तू किसके लिए जोड़ता फिरता है सल्तनत?
इक कब्र ही है सेज हर शाहे जहान की
या
बुझ जाए सरे शाम ही जैसे कोई चिराग

कुछ यूं है शुरुआत मेरी दास्तान की

इन पंक्तियों की पृष्ठभूमि में ओशो के वचनों का स्मरण होता है। अब तक गुजारी गईं शामों और रातों का हिसाब कर लगता कि हर शाम और रात की कहानी जैसे अंधकार और मूर्च्छा की कहानी है। जब मैं होश के चिराग को बुझा देता था, पर तब भी पूरी तरह कहाँ बुझ पाता था वो! नशे में भी होश बना रहता था। नशा मेरी संवेदनशीलता और प्यास को उद्दीप्त कर देता था।

यह उन्हीं दिनों की तो बात थी जब आंख खुलते ही भोर में देखे सपनों को याद करते हुए मैं अपनी बैड टी लेता था। रात ओशो के सुने प्रवचन कैसेट को याद करते हुए उनके जागरण का मंत्र याद आता था कि हम जागते हुए भी दिवास्वप्न देखते और मूर्च्छा में जीते हुए अर्द्धजागरण में हैं। अब शाम बेहोश करने वाली शराब नहीं, ध्यान और प्रेम की शराब पीनी है।

घर, घर न लगकर एक सराय जैसा ही लगने लगा था, जिसे अचानक एक दिन छोड़कर चल देना है। बुद्ध ठीक ही तो कहते हैं-यहाँ सभी नाशवान और प्रवाहमान है। सभी कुछ बहा जा रहा है। प्रत्येक वस्तु या पदार्थ का रूप बदल रहा है। पूरी तरह से नष्ट कुछ भी नहीं होता। पंच तत्त्वों का शरीर जलकर या भूमि में दफन होकर पंचतत्त्वों में विलीन हो जाता है। सागर नदियों का जल सूर्य के ताप से भाप या बादल बन जाता है। बादल बरस कर पर्वतों पर जमकर बर्फ बन जाते हैं। गर्मी में बर्फ पिघलकर फिर नदी जवान हो जाती है। बच्चा युवा हो रहा है, युवा वृद्ध हो रहे हैं। वृद्धों का शरीर मृत्यु को प्राप्त हो रहा है और अधूरी वासनाओं को पूरी करने के लिए फिर नया शरीर ग्रहण कर रहा है।

- फिर धन अर्जित कर संचय करने से क्या लाभ?

- रोज-रोज खाना खाने और उसे पचाकर विष्ठा त्याग कर फिर-फिर खाने जैसे पशु तुल्य जीवन की क्या उपादेयता?

- लड़ना झगड़ना और संभोग कर फिर सो जाना, क्या इसीलिए यह जीवन मिला है?

मन कहता - तूने तो जीवन का कुछ न कुछ सार्थक प्रयोग भी किया है। तूने साहित्य का सृजन किया है। तूने कविताएँ, कहानियाँ और उपन्यास लिखे हैं। तूने अपने साहित्य द्वारा समाज के खोखलेपन और अंध संस्कारों और मूढ़ परम्पराओं पर चोट की है।

तभी मन का दूसरा स्वर पूछता - ऐसा जाने कितना साहित्य लिखा जा चुका है। उसे कितने पढ़ते हैं? उसे लिखकर तुझे क्या नाम, यश और सम्मान मिला?

उसे लिखकर तूने अपने मन का बोझ और अतृप्त वासनाओं का रेचन किया है।

तभी सहगल का गाया तराना याद आता, कि क्योंकि सहगल के गाये गीतों का एल.पी. रिकॉर्ड मैं प्रायः सुना करता था और उसे सुनकर बड़ा सुकून मिलता था।

चाह बरबाद करेगी यह मुझे मालूम न था
मुझपे ऐसी भी पड़ेगी यह मुझे मालूम न था

या फिल्म शाहजहाँ का वह गीत-

अब जी के क्या करूंगा जब दिल ही टूट गया

अथवा

गम दिए मुस्तकिल
कितना घायल है दिल, यह न जाना
हाय हाय, यह जालिम जमाना।

तब ये गीत शराब पीते हुए सुनता था। सहगल की दर्द भरी आवाज दर्दों पर मरहम लगाती, जख्मों को सहलाती सी बड़ा सुकून देती थीं। तब मैं सुर और संगीत में सुरा के साथ बहता था। शब्दों के पीछे अर्थ नहीं तलाशता था। यों कहना अधिक उचित है कि तब मैं उसे मूर्च्छा में ही सुनता था। अब कुछ होश जागा तो उन तरानों के शब्दों के पीछे छिपे अर्थ प्रकट होने लगे। वह बुद्धि के बंद कपाटों पर दस्तकें देने लगे।

अभी तक समझता था चाह बड़ी प्यारी चीज है। मैंने चाह की और मैंने विज्ञान व गणित से पिंड छुड़ाकर साहित्य से इलाहाबाद विश्वविद्यालय जाकर ही एम.ए. किया। ख्याति प्राप्त शिक्षा, राजनीति, इतिहास, साहित्य और दर्शन शास्त्र के मूर्धन्य विद्वान शिक्षकों के सान्निध्य में विकसित हुआ। हिन्दी उर्दू के साहित्याकाश में चांद सूरज और नक्षत्रों के समान चमकते सुप्रसिद्ध साहित्यकारों का सान्निध्य प्राप्त किया। मैंने चाह की और मैं स्वयं साहित्यकार बन गया। मेरी कुछ पुस्तकें भी प्रकाशित हो गईं। थोड़ी बहुत प्रसिद्धि भी मिल गई।

मैंने चाह की और मुझे सुंदर शिक्षित प्यार भरी पत्नी मिली। अच्छी नौकरी और योग्य संतान मिली। सभी भौतिक सुख-सुविधाएँ मिलीं।

पर इन चाहों के पूरे होने पर, चाह रूपी पुष्पों की गंध विलुप्त हो गई थी। उन बासी मुरझाए पुष्पों के साथ लगे कांटे अब चुभ कर दर्द देने लगे थे। प्यार और वासना का खुमार उतरने पर पत्नी से झगड़े तकरार बहुत बढ़ गए थे। पत्नी, धन, जेवर, बच्चे और वैभव पाकर अपने में सीमित होकर रह गई थी। मैं उसके

लिए केवल धन अर्जित करने की मशीन भर बनकर रह गया था।

नौकरी करते हुए लगता था जैसे मैं अपनी अंतररात्मा पर बलात्कार कर रहा हूँ। लगता था जैसे मेरी कुर्सी के एक पाये के नीचे न्याय सिसक रहा था। दूसरे पाये के नीचे ईमानदारी और सत्य कुचले जाकर सिसक रहे थे। तीसरे और चौथे पाये तले मुझे आस्था और उच्च नैतिक मूल्यों के कुचले जाने का अहसास होने लगा था।

इस चाह ने मुझे शराबी, जुआरी और विलासी बना दिया था। मेरे अहंकार के गुब्बारे को फुलाकर मुझे क्या से क्या बना दिया था।

अब चाह के द्वारा अपनी बर्बादी का अर्थ समझता मैं खून के आंसू रो रहा था। अपने आप से स्वयं पूछता था–

– शरीर घिसने से आखिर मिला क्या? तूने अपनी स्वतंत्रता और मुक्ताकाश में उड़ने की परवाज खो दी।

– अधिकारी तू जरूर बना पर तुझे एक अच्छा इंसान और मानवता की पीड़ा अभिव्यक्त करने वाला समर्पित साहित्यकार बनना था।

– तू कितनी पत्रिकाओं में छपता है? और छपेगा तो तब जब उन पत्रों में अपनी रचनाएँ भेजेगा। तुझे नोट, डी.ओ. दफ्तरी ऑर्डर लिखने और जुआ शराब से फुरसत मिले, लिखे और भेजे तब तो। तूने जो कुछ लिखा है वह कोरी बकवास है। उसमें रस, लक्षणा और व्यंजना की कलात्मक अभिव्यक्ति कहाँ?

पहले दिल टूटने का दर्द इसलिए होता था क्योंकि जिन सुंदरियों पर दिल आया था, वे आकाश कुसुम की तरह पहुंच से दूर थीं। चाह या वासना पूरी नहीं हुई थी। समाज के नीति नियम और अनुशासन को मानते हुए उस चाह का दमन करना पड़ा था।

अब इस चाह की व्यर्थता का अहसास होकर पूरा जीवन ही व्यर्थ लगने लगा था।

दिल जलायें रोशनी न हुई, क्या जलायें बहुत अंधेरा है।

भटक रहा हूँ कब से इन गुफाओं में, न शाम, न दोपहर, न कहीं सवेरा है।

अचेतन मन की भूल भुलइयों जैसी गुफाओं में अतृप्त वासनाओं, चाहों और दमित मनोवेगों का खौलता लावा धधक रहा था। मन विचारों का एक अंतहीन खड्ड लगता था जिसमें अंधेरा ही अंधेरा था। दिल में चाहों का शोर और धुंधलका था।

पर ज्यों-ज्यों ध्यान में डूबता गया, रेचन होता गया, घने अंधेरे में जैसे एक किरन मिली। विचार शांत होते गए। कामनाओं के दुष्पूर होने का स्वभाव समझ में आने लगा। महत्त्वाकांक्षाएँ नपुंसक और व्यर्थ लगने लगीं।

होगा जो होना होगा, मन के घावों का।
जिन्दगी नाम है-कुछ बदनाम अभावों का।
केवल भटके भटकाएगी, यह चाह न कुछ दे पाएगी
विस्तार बढ़ाओ अब न बहम के गांवों का।
जिन्दगी नाम है-कुछ बदनाम अभावों का।

# खण्ड-दो

एक जीवन मिला था
उसे जिया नहीं।
वह अमृत घट था
जिसे पिया नहीं।
भरमते रहे प्यासे और निरीह
उस झरने की खोज में
जो अंदर था - बंद और ठहरा हुआ
उसे अपने को दिया नहीं।
मांगते रहे प्यार और आश्वासन
'कृपण हो गए हैं लोग'
दोहराते रहे बार-बार
खुद को कुछ दिया नहीं
खोजते रहे अलंकरण
सजाने के, उन सपनों को
जो दिखे नहीं
बीत गई उमर
और एक अदद जीवन
यों ही बिना जिए
अंदर से भरा और ऊपर से रिक्त।

# आगरा से इलाहाबाद और ओशो साहित्य से परिचय

आगरा से ट्रांसफर होकर मैं इलाहाबाद आया। इलाहाबाद यह सोचकर आया था कि वहां के साहित्यिक वातावरण में मेरी सृजनात्मकता और सक्रिय होगी। वहां साहित्यकारों के सान्निध्य में मेरी जंग लगी बुद्धि फिर से धारदार प्रज्ञा बनेगी। पर अब यह इलाहाबाद वह इलाहाबाद कहां रह गया था?

लगभग सभी प्रसिद्ध साहित्यकार या तो शरीर छोड़ चुके थे या इलाहाबाद छोड़कर दिल्ली अथवा कहीं और जा बसे थे। अब साहित्य का केन्द्र दिल्ली बन गया था। सभी प्रमुख प्रकाशक दिल्ली में ही थे।

लेकिन इसके बावजूद कुछ मझोले या छोटे साहित्यकार तो थे ही, जो अपने को किसी से कम नहीं समझते थे। दो-तीन वरिष्ठ साहित्यकार भी थे जिनसे मेरी भेंट पूर्व भी कई बार हो चुकी थी। मेरी कानपुर पोस्टिंग के दौरान उन्होंने अपनी पत्रिका के लिए मेरे माध्यम से हजारों की धनराशि के विज्ञापन प्राप्त किए थे। ऐसा करना वे अपना अधिकार समझते थे। इसके लिए वे अनुग्रह या कृतज्ञता का एक शब्द लिखना भी अपनी गरिमा के विरुद्ध समझते थे। वे सरकारी अधिकारियों के साहित्यिक-शौक का शोषण करना बखूबी जानते थे और कोई भी साहित्य में कुछ महत्त्वपूर्ण लिख सकता है, वे यह मानने को तैयार ही नहीं थे।

पर अब इलाहबाद में 'परिमल' या 'प्रगतिशील लेखक संघ' जैसी साहित्यिक संस्थाएँ अस्तित्व में थी ही नहीं। एक दिन मैं इलाहाबाद यूनीवर्सिटी में हिन्दी के प्रवक्ता डॉ. मोहन अवस्थी से लिया।

मोहन अवस्थी बड़े प्रेम और अपनत्व से मिला। रीडर होने के बावजूद भी वह अपने वर्तमान जीवन से संतुष्ट नहीं था। मेरे हालचाल पूंछने के बाद एक गहरी सांस लेकर अवस्थी ने कहा-

"मित्र! अच्छा हुआ जो तुम इस यूनीवर्सिटी या कॉलेज के चक्कर में न पड़कर सरकारी नौकरी में चले गए। सरकारी नौंकरी में सुरक्षा और सुकून है।

सम्मान, रुतबा और धन है। इधर तो हर वक्त कच्चे धागे से बंधी तलवार सिर के ऊपर लटकती रहती है। शिक्षा विभाग में इस कदर राजनीति प्रवेश कर हावी हो चुकी है कि त्यागपत्र देने का मन होता है।"

इधर मैं अपनी सरकारी नौकरी से त्रस्त होकर इसलिए पछताता था-कि काश! मैं अधिकारी न होकर किसी यूनीवर्सिटी या डिग्री कॉलेज में लेक्चरार होता जिससे मेरी साहित्यिक प्रतिभा का विकास होता।

कोई भी अपने जीवन से संतुष्ट नहीं है। मन का स्वभाव ही संतुष्ट न होना है। जो पास नहीं है-मन उसी के पीछे भागता है। चाय-नाश्ता कर आधे घंटे बाद मैं वापस लौट आया।

और दो वर्ष यूं ही बीत गए। आखिर दूसरी बेटी का भी विवाह हो गया और अब मैं सभी उत्तरदायित्वों से मुक्त था। इसी अवधि में 'खुदा खैर करे' कहानी-संग्रह प्रकाशित हुआ। लड़की की शादी से मुक्त होकर ही उस दिन वकील साहब के यहाँ ड्रिंक्स ले रहा था और तभी उन्होंने ओशो का जिक्र छेड़ दिया।

फिर कैसे उनके अनुरोध पर ओशो की 'संभोग से समाधि' पुस्तक केवल सोलह पृष्ठ पढ़ने के लिए घर लाया और कैसे सारी रात और अगले पूरे दिन उसे पढ़ने के बाद मैं फिर वकील साहब के पास ओशो का अन्य साहित्य लेने पहुंच गया, इसकी कहानी आप शुरू में ही पढ़ चुके हैं।

बेइरादा नजर सद्गुरु ओशो से जा टकराई थी और मेरे जीवन में नई सुबह, नया प्रकाश लेकर आई थी।

1991 में एल.टी.सी. सुविधा का लाभ लेते हुए मैं श्रीमतीजी के साथ दक्षिण भारत घूमने चल पड़ा। मेरी यात्रा मद्रास से प्रारंभ हुई। मद्रास के समुद्र तट, मंदिर, घड़ियाल पार्क आदि देखते हुए मैं तिरुपति बालाजी गया। वहां का भव्य मंदिर देखने के बाद पाण्डुचेरी का सागरतट पर बसा सुंदर अरविंद आश्रम देखा। चिदम्बरम्, तंजौर, मीनाक्षी आदि के मंदिर देखता हुआ मैं रामेश्वरम गया। कन्याकुमारी में तीन सागरों का संगम और विवेकानंद रॉक देखी। कोवलम बीच में दो दिन गुजारते हुए पेरियार वन अभ्यरण देखा। मैं कोचीन और गुरुवायूर गया। ऊटी, बंगलौर, मैसूर और हैदराबाद का भ्रमण करते हुए पूना आया। पूना का ओशो का स्वप्न स्वर्ग पूना कम्यून देखी। पहले से बम्बई-गोआ का रिजर्वेशन होने के कारण पूना भी तीन दिनों से अधिक न रुक सका। फिर श्रीमतीजी भी मेरे साथ थीं जो ओशो के प्रति श्रद्धावान नहीं थीं।

बम्बई में तीन दिन रुककर गोआ गया और गोआ से सीधे कानपुर आ गया।

मेरा पूरा भ्रमण कार्यक्रम डेढ़ माह का था। श्रीमतीजी मंदिरों के दर्शन करती थीं और मैं किसी एकान्त कोने में बैठकर ध्यान। पाण्डुचेरी, कन्याकुमारी, धनुषकोटि, कोवलम बीच और ऊटी में रहते हुए मैं ध्यान की गहराइयों में उतरा। मुझे कुछ अतीन्द्रिय अनुभव भी हुए जिनका विस्तृत उल्लेख मैंने 'चल ओशो के गांव में' पुस्तक के अंतर्गत भारतदर्शन बनाम आत्मदर्शन चैप्टर में किया है।

# ध्यान की यात्रा पर

1990 के प्रारंभ में होने वाले कानपुर ध्यान-शिविर के बाद मैंने बहुतेरे ध्यान-प्रयोग किए। ओशो साहित्य का गहन अध्ययन किया। उनके अनेक प्रवचनों के ऑडियो कैसेट भी सुने। मैंने प्रामाणिक-अप्रामाणिक सभी तरह के संन्यासियों का सत्संग किया। उनके ओशो से जुड़ने-ध्यान करने और उनकी साधना के संबंध में भी अनेक प्रश्न कर ओशो-संसार के ब़ारे में बहुत कुछ जाना और समझा।

ओशो से उनकी भेंट का उनके दर्शन और स्पर्श से उत्पन्न उनकी सूक्ष्म अनुभूतियों का विस्तृत वर्णन जाना।

पर ध्यान करते हुए मैं स्वयं न तो निर्विचार हो पाता था और न श्वासन में शरीर और मन से तादात्म्य तोड़ पाता था। मुझे महसूस होता था कि मैं ध्यान को जैसे एक व्यायाम की तरह कर रहा हूँ। कुंडलिनी ध्यान में मैं शरीर को बहुत कंपाता और हिलाता था पर अंदर से कम्पन उत्पन्न नहीं होता था। सक्रिय ध्यान, नो माइन्ड ध्यान में रेचन बहुत करता था पर नकारात्मक भावों का विधायक भावों में रूपांतरण नहीं हो पा रहा था।

न मेरी समझ विकसित हो रही थी,

और न मेरा मन विसर्जित हुआ था।

ध्यान के दौरान कभी-कभी विचारों के भंवर में डूबता-तैरता बेचैन हो जाता था।

बहुत प्रयास करने के बावजूद भी मैं शांत और संतुलित नहीं हो पाता था। ध्यान शिविरों में हर ध्यान के बाद श्वासन में जाने को कहा जाता था, पर न शरीर शून्यता घटती थी और न विचार और भावशून्यता।

कहीं कोई बताने वाला भी नहीं था।

पूछने पर सब यही कहते थे कि रेचन करते रहो,

सक्रिय, कुंडलिनी, नाद ब्रह्म और नटराज ध्यान करते रहो,

ध्यान एक दिन स्वयं अपने आप घटेगा।

शिविरों में सुनता रहता था संन्यासियों के खोखले ठहाके, फूहड़ मजाक

जिन्हें वो रेचन कहते थे, और नॉन वेजीटेरियन चुटकुलों से रस ले-लेकर वह छत फाड़कर हंसते थे।

भजन-कीर्तन के नाम पर वो रात दो-दो बजे तक मंडली बांधकर गाते बजाते और नाचते थे और शिविर में आई स्त्रियों को तरह-तरह से रिझाते थे।

न मैं रात में ठीक से सो पाता था और न सुबह ध्यान करने के लिए तरोताजा हो पाता था।

ओशो के ध्यानसूत्रों को ठेंगा दिखाकर संन्यासी, नेत्रों, वाणी द्वारा निरंतर ऊर्जा विसर्जित करते हुए कहाँ मौन हो पाते थे?

कुछ न बोलते हुए भी वह आंखों, संकेतों से निरंतर संवाद में संलग्न रहते थे।

ध्यान के बाद ऊपर से मिर्चों का सेवन कर भोजन ठूंस-ठूंस कर करते थे।

होशपूर्ण रहने के स्थान पर वह गन के संकेतों पर नाचते थे और शिविर संचालक ओशो जैसी दाढ़ी फहराते उन्हीं की तरह वस्त्र और टोपा पहन कर ओशो होने का अनुकरण करते थे।

जबकि ओशो निरंतर कहते रहे-मेरा अनुकरण और अनुसरण मत करो। अपने स्वभाव के अनुसार विकसित होने का प्रयास करो। गेंदा कभी गुलाब नहीं हो सकता और इस प्रयास में गुलाब होना तो दूर वह गेंदे की तरह भी नहीं खिल पाता।

फिर मैंने शिविरों में जाना ही छोड़ दिया। मैंने यह भी नोट किया कि उन पुराने लोगों को छोड़कर जो अपना मार्ग उत्सव, आनन्द और प्रेम बतलाते थे अन्य पुराने संन्यासी शिविरों में आते ही नहीं थे और यदि अंतिम दिन आते थे तो सभी लोगों से मिलजुल कर चले जाते थे। मुझे ध्यान-शिविरों में ध्यान करने वाले वे संन्यासी जाने क्यों दिखलाई ही नहीं देते थे, जिनकी ऊर्जा सामूहिक ऊर्जा विकसित कर सके। हाँ! नए लोगों को ध्यान सीखने के लिए और रेचन करने के लिए ध्यान-शिविर सर्वथा उपयोगी थे। पर रेचन भी होशपूर्वक करने की कला कहाँ सिखाई जाती थी?

फिर मैंने अकेले ही ध्यान में डूबने का दृढ़ संकल्प किया। सक्रिय और कुंडलिनी ध्यान सीखने के बाद मैं इन दोनों ध्यान प्रयोगों को सुबह और शाम नियमित रूप से करने लगा। दो चार दिनों के लिए कहीं बाहर भी जाता तो भी इन ध्यान प्रयोगों के संगीत कैसेट अपने साथ ले जाता और इन ध्यान प्रयोगों को अवश्य करता। उन दिनों जैसे एक जुनून छाया था कि मेरी कुंडलिनी जागनी ही चाहिए।

कुम्भक, रेचक और पूरक प्राणायाम के साथ दोनों भृकुटियों के मध्य त्रिनेत्र पर ध्यान तो बचपन में बहुत किया था पर व्यवस्थित रूप से ध्यान-प्रयोग की विधि न जानने के कारण उसे सही मार्ग न मिल पाया था। अब तो ध्यान शिविर में मैंने यह ध्यान प्रयोग भली-भांति सीखे थे। नाद ब्रह्म और नटराज ध्यान भी अवकाश के दिन अवश्य करता था। पर पूरा जोर सक्रिय और कुंडलिनी ध्यान पर ही था।

और... आखिर ऊर्जा का ऊर्ध्वगमन होने ही लगा। मेरुदंड में सर्पिणी सी बलखाती, रोमांचित पुलकित करती एक ऊर्जा के ऊर्ध्वगमन की सुखद अनुभूति मन प्राणों को तरंगित होना प्रारंभ हो गई। कुंडलिनी ध्यान के तीसरे चरण में पन्द्रह मिनट क्या मैं आधे घंटे पौन घंटे तक ऊर्जा के ऊर्ध्वगमन के आनन्द में खोया रहता।

ऊर्जा के ऊर्ध्वगमन के पूर्व सक्रिय ध्यान के फ़लस्वरूप मैंने अपने अचेतन में प्रागैतिहासिक काल के पर्वत शिखर, कंदराएँ और आदिम घने वृक्षों का जंगल कई बार देखा ही नहीं था, ऐसा अहसास भी किया था कि मैं प्रस्तर शिलाखंड और एक विशाल वृक्ष था कभी। अलौकिक दिव्य गंधों और रंगों के अद्‌भुत दिव्य संसार में मैं विस्मय विभूत होकर खोया रहता था। आज बारह वर्ष बाद उन सभी अनुभूतियों को लिपिबद्ध करना बहुत कठिन है। टेलीपैथी जैसी कई शक्तियाँ और सिद्धियाँ भी मिलीं पर अपनी मूढ़ता के कारण मैंने उन्हें खो भी दिया। सन् 91 से 95 तक की अवधि ने जैसे मेरा पूरा रुपातंरण ही कर दिया था।

# मई 92 में पहली बार पूना कम्यून में

पूना कम्यून मैं पहली बार अपनी श्रीमती जी के साथ गया। तब अलग से कोई वेलफेयर सेंटर न था। मेरी श्रीमती जी भी ओशो के प्रवचन कैसेट बहुत चाव से सुनती थीं पर उनकी निष्ठा अपने पुष्टिमार्ग और भक्ति के कर्मकाण्डों में ही थी। पहले पास बनवा कर हम दोनों ने पूना कम्यून एक पर्यटक के रूप में देखी। पूना कम्यून में बुद्धा हाल से गुजरते हुए मेरे प्राण पुलकित हो उठे। बाँसों के झुरमुट में तेज बहती हवा से टकराते बांसों की ध्वनि, कृत्रिम झरने की कलकल और पक्षियों का कलरव एक अनूठे संगीत की सृष्टि कर रहा था। बुद्धा हाल में केवल झाँकने भर का अवसर मिला। मंच पर रखी खाली कुर्सी को मैंने श्रद्धा से नमन किया। उसी कुर्सी पर बैठकर सद्गुरु प्रवचन दिया करते थे।

मल्टी यूनीवर्सिटी कार्यालय, मरियम रेस्तरां, कृष्णा हाउस, स्वीमिंग पूल तथा 'मीरा' आदि सभी हम लोगों को दूर से दिखाए गए। पर जो भी कुछ दिखाया गया वह सभी अद्भुत था। विदेशी युगल बाँहों में बाँह डाले बड़ी मस्ती और स्वतंत्रता से घूम रहे थे। प्रत्येक स्थान पर गजब की स्वच्छता और भरपूर सौंदर्य बोध। लाओत्से हाउस भी दूर से देखा जिसमें सद्गुरु की समाधि स्थित है। गाइड ने हमें प्रत्येक स्थान के बारे में संक्षेप में समझाया। फिर हम लोगों को टी.वी. पर मेनीफेस्टो वाली फिल्म दिखाई गई।

मेरी श्रीमतीजी को सरोवर में तैरते राजहंस, मरियम रेस्तरां पर स्वयं उछलती नर्तन करती विशाल रंगीन आकर्षक फुटबॉल तथा बाशबेसिन में पैर से दबाकर टोंटी द्वारा जल निकलना और बंद हो जाना बहुत अच्छा लगा।

मैंने अपने एड्स टेस्ट के लिए रक्त का सैंपिल दिया, फार्म भरकर जमा किया, जिससे अगले दिन मुझे कम्यून में प्रवेश मिल सके।

मेरे लिए कम्यून में सभी कुछ अद्भुत और कल्पना से परे था। हाँ विदेशी युगलों को खुले आम आलिंगन और चुंबन करते देखना मेरे कंडीशंड मन को हजम करना कठिन लग रहा था। हालांकि सहजयोग प्रवचनमाला में मैं भारतीय संन्यासियों में काम वासना के गहरे दमन के कारण उत्पन्न कुंठा से मैं बुद्धिगत रूप से अवगत था। मैंने महसूस किया कि ऐसा लगना स्वयं मेरे द्वारा ही कामवासना का दमन करने के ही कारण है। विवाह होने से पूर्व मैं इक्कीस वर्ष की आयु तक कामवासना का ही तो दमन करता रहा था।

उस दिन अपने स्थानीय मेजबान के साथ मैंने पूना के दर्शनीय स्थल देखे और दूसरे दिन सुबह 6 बजे ही मैं पूना कम्यून चल पड़ा, जिससे मैं ध्यान प्रयोगों में भाग ले सकूँ, सद्‌गुरु की समाधि स्थल में मौन बैठ सकूँ और वहाँ की प्रत्येक वस्तु का अनुभव और आनन्द ले सकूँ।

दूसरे दिन बुद्धा हॉल में ध्यान करते हुए, कानपुर के ध्यान शिविर में ध्यान करने और बुद्ध ऊर्जा क्षेत्र में ध्यान करने का अंतर बखूबी समझ में आया। नाद ब्रह्म ध्यान मैं कुछ गलत तरीके से कर रहा था, तभी ध्यान करने वाला मास्टर जो शायद प्रत्येक साधक का निरीक्षण कर रहा था, मेरे निकट आया और मेरे कान में ठीक विधि से ध्यान करना समझाया।

सद्‌गुरु की समाधि पर मौन-ध्यान एक अभूतपूर्व अनुभव था। दस मिनट के मौन में तो मुझे आनन्द आया पर दस मिनट बाद विचार प्रक्रिया फिर शुरू हो गई। मैं जितना विचारों को रोकने का प्रयास करता था वे उतनी तेजी से और आने लगते थे। पर मौन में मध्य में सितार की ध्वनि फिर मन प्राणों में एक नई ऊर्जा भर देती थी।

पूना कम्यून जाने का इतना परिणाम तो हुआ ही कि मैं अब घर पर ही लगभग रोज ध्यान प्रयोग करने लगा और ओशो के प्रवचनों के कैसेट घर पर ही बड़े प्रेम और श्रद्धा से सुनने लगा।

# ललितपुर शिविर में संन्यास दीक्षा

मैंने 1990 के कानपुर के ध्यान-शिविर में भाग तो लिया था पर शिविर में रहा नहीं था। घर से तैयार होकर वहाँ जाता था और दो या तीन ध्यान कर घर वापस चला आता था। शिविर में चौबीस घंटे सभी साधकों के साथ ध्यान की जीवन-शैली जीते हुए ध्यान करना कुछ और ही बात होती है। इस बीच पूना आश्रम जाकर बुद्धा हॉल में 2000-3000 साधकों के साथ नादब्रह्म ध्यान भी कर चुका था। पर पूना आश्रम में पहली बार मैं अपने बचे-खुचे भारतीय संस्कारों के रहते वहाँ के वातावरण में अपने को लयबद्ध नहीं कर सका था। वहाँ के एरिस्टोक्रेटिक विदेशी वातावरण में मेरे हीन भाव ने भी मुझे समायोजित करने में बाधा उत्पन्न की थी। फिर वहाँ मैंने केवल 24 घंटे ही तो गुजारे थे। चौबीस घंटे वहाँ की नई जीवन शैली को समझने के लिए बहुत कम थे। हमारे लिए जीवन भर साथ रहने वाली अपनी पत्नी को समझना दूर की बात है हम तो यहां तक कि स्वयं अपने आप को भी नहीं समझ पाते। फिर केवल 24 घंटों में ओशो जैसे रहस्यदर्शी के साकार स्वप्न को समझना संभव कैसे था?

My Beloved, बाउल प्रवचनमाला में ओशो कहते हैं:- If you can find a person, who is wholly devoted to god, then devote yourself to that person-because love can not be taught, it can only be caught. Nobody can teach you the ways of love, you will have to live in close vicinity of a lover. Nobody can teach you, how to pray, you will have to live in close vicinity of one, who is in prayer. Watching him, feeling him, moving around him, tasting the flavour of his being, will teach you, what prayer is. Then prayer will not become a ritual. Then prayer will be a flowering within you, a spontaneous arising of a new vision.

यदि तुम्हें प्रभु प्रेम में पागल कोई दीवाना मिल जाए, तो पहले उसे खोजो, उससे प्रेम करो, क्योंकि प्रेम सीखा नहीं जा सकता, प्रेम में जीया जा सकता है।

कोई तुम्हें प्रीति करने की रीति सिखा नहीं सकता, उसे अनुभव करने के लिए तुम्हें किसी प्रेमी का निकट सान्निध्य चाहिए। कोई तुम्हें प्रार्थना करना नहीं सिखा सकता, प्रार्थना का रहस्य जानने के लिए तुम्हें उसके निकट रहकर जीना होगा जो प्रार्थना में झुका है। उसका सतत् निरीक्षण करते हुए, उसके इर्द-गिर्द

घूमते उसकी उपस्थिति में व्याप्त गंध का स्वाद लेते हुए ही प्रार्थना के मर्म को जाना जा सकता है।

पूना आश्रम में ही मैंने My Beloved प्रवचन पुस्तक खरीदी थी जिसे मैंने पूना से लौटते हुए सफर में पढ़ा था और तभी मैंने निश्चय किया था कि कम से कम एक-दो मास का अवकाश लेकर पूना फिर जाऊँगा और ऐसे ही प्रार्थना में डूबे किसी पागल प्रेमी के सान्निध्य में रहते हुए प्रेम और प्रार्थना के मर्म को समझूंगा।

ललितपुर ध्यान-शिविर में जाने का निश्चय इसी खोज का एक पड़ाव था। झांसी मैं पहले भी गया था, और ललितपुर स्टेशन से कई बार गुजरा था पर फिर भी ललितपुर के अंदर नहीं गया था। फिर चार दिनों का अवकाश लेने की बात थी। पर मेरे सुविधाभोगी मन ने डिप्टी कमिश्नर झांसी को फोन कर ललितपुर में तीन दिनों के लिए निरीक्षण-भवन आवंटित कराने का अनुरोध किया था। इसके पीछे मेरी आदतें जिम्मेदार थीं। मैं किसी ऐसे स्थान में सो ही नहीं सकता था, जहाँ पूर्ण अंधकार और खामोशी न हो। जहाँ स्वच्छ बाथरूम न हो। मुझे आशंका थी कि जहाँ डेढ़ दो सौ लोग इकट्ठे होंगे वहाँ यह सुविधाएँ होना कठिन है। रात न सोने का अर्थ था-उच्च रक्तचाप का बढ़ना और सिर दर्द। फिर ध्यान प्रयोग करूंगा कैसे? पागल प्रेमियों के बीच रहते उनका रस गंध ग्रहण कैसे करूंगा? शरीर को सताकर, तनाव के बीच कैसे विश्राम के क्षणों को खोज सकूँगा?

यह तो आज समझ पाया हूँ कि बिना तनाव के विश्राम की गहरी घाटी उपलब्ध ही नहीं होती। तनाव के गौरीशंकर-शिखर पर पहुंचकर ही विश्राम की गहरी खाई उपलब्ध होती है। हम लोग जरा से तनाव से ही घबरा जाते हैं और डॉक्टर लोग उस तनाव मुक्ति के लिए हमें ब्लडप्रेशर कम करने की गोली के साथ कम्पोज थमा देते हैं जिससे निद्रा के आगोश में विश्राममय हो सकें।

कानपुर से मैंने छपरा एक्सप्रैस इसीलिए चुनी थी जिससे 1:30-2 बजे दोपहर झांसी पहुंचकर, वहां से भोपाल की ओर जाने वाली कोई भी ट्रेन पकड़कर शाम पांच या छह बजे तक ललितपुर पहुंच सकूं और गुरुद्वारे के निकट धर्मशाला में स्थित शिविर-स्थल तक सुगमता से पहुंच सकूं। पर छपरा एक्सप्रैस लेट होती गई और मैं सात बजे झांसी पहुंचा। अगली ट्रेन पकड़कर जब ललितपुर पहुंचा तो रात के ग्यारह साढ़े ग्यारह बज चुके थे। सर्दी कड़ाके की पड़ रही थी। चारों ओर कुहरा, धुआं और धुंध थी। पूछते भटकते आखिर ठीक बारह बजे शिविर-स्थल पर पहुंचा। आशंकित था कि जाड़े की इस रात में सभी कमरे में

विश्राम कर रहे होंगे और शायद होटल या रेलवे के प्रतीक्षालय में रात गुजारनी होगी। पर शिविर स्थल में तो विवाह समारोह जैसा माहौल था। भट्टी जल रही थी और उबलते चाय के पानी के आसपास कुछ लोग बैठे आग तापते बतिया रहे थे। बगल के हॉल में हारमोनियम, तबले के स्वरों के साथ कीर्तन जोरों से चल रहा था।

शिविर आयोजक सरदारजी ने मुझे गले से लगाकर मेरा हार्दिक स्वागत किया। गर्म-गर्म चाय पीकर और प्रेममय ऊष्मा भरे माहौल ने मेरी सारी थकावट, चिंता और आशंकाओं को समाप्त कर दिया। मेरी तरह कुछ संन्यासी या प्रेमी मित्र कुछ देर पहले ही आए थे और आते जा रहे थे। चाय के बाद कढ़ाई चढ़ाकर गर्म-गर्म पूड़ी साग खाकर तो मजा आ गया।

बिस्तरा मैं अपने साथ ले ही गया था। हॉल के कोने में बिस्तरा लगाकर मैं भी कीर्तन-मंडली में सम्मिलित हो गया। एक भजन समाप्त होने पर मुल्ला नसरुद्दीन के चुटकुलों के साथ वेजीटेरियन और नॉनवेजीटेरियन दोनों तरह के चुटकुले सुने-सुनाए जा रहे थे और कहकहों और ठहाकों से पूरा हॉल गूंज रहा था।

रात के दो बज गए थे। हॉल में बिजली अब भी जल रही थी। संन्यासियों का सत्संग अब भी बदस्तूर जारी था। थकान और नींद से मेरी पलकें बोझिल हो रही थीं पर रोशनी और शोर उसमें व्यवधान बन रहे थे। मेरी बहुत वर्षों की आदत थी कि पूर्ण अंधकार और एकान्त में ही मुझे नींद आती थी।

रात भर यों ही करवटें बदलता रहा। जब एक दो घंटे बाद बत्ती बुझी तब तक नींद आंखों से विदा हो चुकी थी। हाँ! कुछ देर आंखें बंद कर लेटे रहने से कुछ विश्राम अवश्य मिल गया।

मैंने कानपुर से ही डिप्टी कमिश्नर झांसी को फोन कर ललितपुर के सेल्स टैक्स ऑफिसर द्वारा डाक बंगला में एक सूट रिजर्व करवाने का अनुरोध किया था और तीसरे दिन उन्होंने उसके रिजर्व होने की पुष्टि भी कर दी थी।

जैसी आशा थी सुबह मुझे ढूंढते ललितपुर के अधिकारी ने मुझसे सम्पर्क स्थापित किया और मैं डाक बंगले में शिफ्ट हो गया! शिविर के लैट्रीन बाथरूम के सार्वजनिक प्रयोग तथा कुछ गंदगी को देखकर मेरी तबियत वैसे ही उकता रही थी।

डाक बंगले में स्नान के बाद हल्का नाश्ता कर दो-तीन घंटे की नींद लेकर तरोताजा होने के बाद मैं फिर धर्मशाला में शिविर में सम्मिलित होने उपस्थित हो गया।

दो ध्यान प्रयोग समाप्त होने के बाद उस समय वहां नाश्ता चल रहा था।

नाश्ते के आधा घंटे बाद फिर विपस्सना ध्यान शुरू हुआ। विपस्सना के बाद नटराज ध्यान और फिर लंच ब्रेक हो गया।

ओशो दर्शन करने के बाद भोजन किया फिर रात दस बजे मैं डाकबंगले में लौटा। तब मैंने मन ही मन अपने ही मन को सम्बोधित कर कहा-"डिप्टी कमिश्नर की दुम! तू साधना करने आया है तो तुझे अपनी आरामतलबी की आदतों और एरिस्टोक्रेसी से मुक्त होना होगा। सभी परिस्थितियों को हंसते-हंसते झेलते हुए शरीर और मन को नई परिस्थितियों के लिए तैयार करना होगा।"

पर बुद्धि ने टोंका-ओशो कहते हैं-अध्यात्म जीवन की सबसे बड़ी लक्जरी है। शरीर को सताना और कष्ट देना ही गलत है। तूने बिल्कुल ठीक किया, जो डाक बंगले में चला गया। जब नींद ही पूरी नहीं होगी तो ध्यान कैसे करेगा? ध्यान तो तुझे शरीर के माध्यम से ही करना है। शरीर को नींद और विश्राम बहुत आवश्यक है। फिर अन्य संन्यासी भी जो शिविर में कुछ पहले आ गए थे, वे भी अलग कमरों में विश्राम कर रहे हैं अथवा नहीं?"

सुबह ज्ञात हुआ रात में देर तक जागकर भजन कीर्तन और हंसी मजाक करने वाले संन्यासियों ने भी सुबह के ध्यान नहीं किए और वे कुछ देर पहले ही जागे हैं।

उनमें से एक परिचित संन्यासी ने पूछने पर उत्तर दिया-"स्वामीजी! बस उत्सव आनंद ही सबसे बड़ी चीज है। हम लोगों का मार्ग ध्यान है। फिर ध्यान किया नहीं जाता, ध्यान में हुआ जाता है।"

वे उत्सव, आनन्द और प्रेम के लिए आए थे, पर मैं तो ध्यान के लिए आया था। प्रेम की खूबियाँ समझने में मुझे काफी समय लगा।

तीन दिन शिविर में सानन्द गुजर गए। शिविर के अंतिम दिन स्वामी आनन्द विजय से मैंने संन्यास भी ले लिया।

मुझे माला पहनाते हुए उन्होंने मेरी भृकुटि या आज्ञाचक्र को दबाया भी पर मुझे कोई भी अनुभूति नहीं हुई, जबकि सुना करता था कि ओशो जब संन्यास देकर आज्ञाचक्र का स्पर्श करते थे तब तीव्र शक्तिपात होता था।

चूंकि मैं शक्तिपात या कुछ होने की कामना कर रहा था, शायद इसीलिए मुझे कोई अनुभूति नहीं हुई। मैं यह भी बखूबी जानता था कि अभी भी मेरे मन में ओशो के संबंध में कुछ धुंधले संदेह और शंकाएँ हैं और अभी मेरा समर्पण पूरा नहीं है।

संन्यास दीक्षा के बाद मैंने संकल्प किया कि नियमित रूप से ध्यान प्रतिदिन करूंगा।

# मन का संघर्ष

मैंने जो बोया है, वही मैं काट रहा हूँ। कैक्ट्स और बबूल बोये थे तो आमों की आशा करना ही व्यर्थ है। पर बबूल बोने के साथ-साथ अपने स्वभावगत सौंदर्य बोध के फलस्वरूप कुछ फूलों के बीज भी छिटका दिए थे, कुछ बेर, बेल और जामुन के वृक्ष भी रोपे थे। मेरे जीवन के उद्यान में इसीलिए बबूलों, कैक्ट्स के साथ-साथ छायादार वृक्ष भी हैं। अपनी रंग, सुवास और सौंदर्य बिखेरते बेला, चमेली, गुलाब और रातरानी के खिले पुष्प मेरे जख्मों में मरहम का काम भी करते हैं।

हम सभी शुभ-अशुभ कर्म करते हुए अपने जीवन बगिया को जाने अनजाने स्वयं ही विकसित करते हैं, पर समय गुजरने पर जब बबूल और नागफनी के कांटे हमें दंश देते हैं तो हम उनका जिम्मेदार किसी और को ठहराते हुए शिकायत करते हैं कि मेरे साथ अन्याय हो रहा है। जब हमें सुख, शांति, प्रशंसा और सम्मान मिलता है तो उसका श्रेय हम केवल अपने आप को देते हैं।

सांसारिक दृष्टि से मैं एक सफल, सुखी, सम्मानित और सर्वसुविधा सम्पन्न व्यक्ति हूँ। सुरुचिपूर्ण अपना मकान, कार, टेलीफोन, पत्नी, पुत्र, अच्छा खासा बैंक बैलेंस है। हर माह पेंशन के रूप में अच्छी खासी धनराशि मिलती है। पर अंदर से मैं कहीं एक टूटा हुआ खण्डित व्यक्तित्व भी हूँ। रोगों से जर्जर, भोग भोगने में असमर्थ शरीर लेकर आस-पास की सारी भौतिक सुख-सुविधाएँ व्यर्थ लगती हैं।

हाथ पैरों का लाइलाज एक्जिमा, सिर की रूसी और खुरंड चैन नहीं लेने देते। कभी-कभी पीठ तक में रेंगता एक्जिमा सुइयों जैसे दंश देता है। उच्च रक्तचाप से हाथ पैरों में सूजन और अंदर से घबराहट जैसा अहसास होता रहता है। तले भोज्य पदार्थ या जो कुछ स्वादिष्ट लगता है, उसे डॉक्टर ने लेने की मनाही कर रखी है। रूखा-सूखा बेस्वाद और उबली सब्जियों वाला भोजन खाते-खाते ऊबकर जब भी कोई मनपसंद चीज खा लेता हूँ तो गैस बनने लगती है। कोलाइटिस की शुरुआत हो जाती है।

जुकाम ठीक होने पर नहीं आता। बराबर नाक बहती रहती है। डॉक्टर कहते हैं-स्नोफीलिया की शुरुआत है। मुंह में बराबर छाले बने रहते हैं। डॉक्टर कहते

हैं-यह लम्बी अवधि तक पान और तम्बाकू खाने का दुष्परिणाम है और कैंसर की यह धीमी आहट है। तम्बाकू अब भी नहीं छोड़ी तो कैंसर सुनिश्चित है। एक मर्ज ठीक होता लगता है तो दूसरा उभरने लगता है। दवाओं की बैसाखी के सहारे जिन्दगी किसी तरह बस चल रही है। थायराइड की परेशानी अलग है। वजन दिन-प्रतिदिन कम होता जा रहा है। कभी-कभी लगता है जैसे शरीर में जान ही नहीं।

दाहिना घुटना मोड़ने में असह्य पीड़ा होती है। घुटना मोड़ कर मैं बैठ ही नहीं सकता। किसी तरह बिना घुटना मोड़े बैठ भी जाऊँ तो उठना कठिन हो जाता है। डॉक्टर कहते हैं कि यह गठिया की शुरुआत है।

इन सभी रोगों से मैं जरा भी चिंतित और परेशान नहीं हूँ। इन सभी को मैंने सहज रूप में स्वीकार कर लिया है। अपनी सर्विस के पच्चीस वर्ष मैंने स्वयं अपनी आत्मा पर बलात्कार करते हुए, स्वयं अपने से घृणा करते हुए गुज़ारे हैं। इसे भूलने के लिए ही मैंने शराब, जुआ, ब्लू फिल्मस और महंगे होटलों में देर रात तक चलने वाली ड्रिंक्स पार्टीज में अपने को बहुत भुलाने की कोशिश की है। पर कुछ देर के लिए मैंने भले ही अपने को भुला दिया हो, पर मेरा अपराध बोध मुझे अंदर ही अंदर चूहे की तरह कुतरता रहता है। हाईब्लडप्रेशर, एनजाइना, एक्जिमा, पेट, मुंह, नाक और जिगर की सभी व्याधियां इसी नौकरी की न्यामतें हैं। मैंने जो बोया है, वही मैं काट रहा हूँ।

अब भले ही ध्यान करते हुए अपराध बोध से मुक्त होकर, अतीत को भुलाकर मैं द्रष्टा बनकर सहज सरल भाव से जीने का प्रयास कर रहा होऊँ, पर अतीत से पूरी तरह मुक्त कहाँ हो पाता हूँ? साक्षी ही कहाँ हो पाया हूँ क्योंकि द्रष्टा या साक्षी प्रयास से नहीं, बोध और समझ से स्वयं घटित होता है। अभी तो मैं केवल विचारों और भावों का द्रष्टा बना हूँ। फिर भी बीच-बीच में मैं विचारों और भावों से तादात्म्य कर सुखी और दुखी हो जाता हूँ। पर जो भी है, इतना निश्चित है कि मैं विकसित हो रहा हूँ। यह भी अस्तित्व की करुणा है।

जितना हमने शरीर को सताया है, अब उतना ही शरीर हमें सता रहा है। व्रत-उपवास करने वाले, कामवासना का दमन करने के लिए अपने शरीर को गर्म चीमटे से दागने वाले या ठंडे पानी से कई बार नहाने वाले कांटों पर लेटने या गर्मी की धूप में शरीर को तपाने और झुलसाने वाले ज़ो लोग होते हैं वे शरीर की आवश्यकता को ठीक से न समझ कर विपरीत आचरण करते हैं। भूख न होने पर भी जो स्वादिष्ट पदार्थों के लालच में ओवरलोड करते हैं, जो नींद आने पर भी चाय या कॉफी पीकर देर रात तक जागते हैं, जो विश्राम मांग रहे शरीर

को महत्त्वाकांक्षा पूरी करने के लिए आवश्यकता से अधिक श्रम करके क्लांत करते हैं, वे लोग भी शरीर को अप्रत्यक्ष रूप से सताते हैं। यौवन का जोश, शरीर की प्रतिरोधक क्षमता और दवाओं की बैसाखियां, कुछ समय तक शरीर में हुई क्षति का पता नहीं चलने देतीं पर इसका विस्फोट, घातक बीमारियों के रूप में होता है।

लेकिन अब मुझे किसी से कोई शिकवा-शिकायत नहीं। मैं ही इसके लिए जिम्मेदार हूँ। पहले मैं पत्नी को, मित्रों को दूसरों को अपने दुःखों का उत्तरदायी मानता था। अब यह मूढ़ता जाती रही है। अपने ही दोष अच्छी तरह दिखाई देने लगे हैं। यह ध्यान की प्रक्रिया द्वारा सजगता से आत्मनिरीक्षण से ही बोध हुआ है। अपने दोषों के लिए मुझमें कोई पश्चात्ताप भी अब शेष नहीं रहा। जो हुआ वह सब मूर्च्छा में हुआ। एक सपना था, बीत गया।

जब जागो तभी सवेरा।

कुंवर बैचेन ने एक शेर कहा है-

जुल्म की कैसी भी शमशीर हो, टूटेगी जरूर।<br>
यह तेरे पाँवों की भी जंजीर टूटेगी जरूर।

यह जीवन प्रवाहमय है। सब कुछ बहा जा रहा है। दुःख भी आते हैं चले जाते हैं। हर रात के बाद सूरज प्रकाश की किरणों के साथ नया आलोक लेकर उदित होता है। पर यह आलोक दिखाई तभी देता है जब हमारी आंख उस ओर उठे। हम अहंकार, लोभ, मोह और आसक्ति के काले पर्दों को हटाकर अपनी कोठरी से बाहर आएं अथवा उसकी बंद खिड़की खोलकर बाहर झांकें। बाहर झांकने पर अपनी अंधकारमय कोठरी से बाहर आने पर ही किसी सद्गुरु के आलोक की आभा और उसकी जाफरानी खुशबू का स्वाद मिलता है। तभी नीरज ने कहा है-

खुशबू सी आ रही है इधर जाफरन की।<br>
खिड़की खुली है आज, फिर उनके मकान की।<br>
हारे हुए परिंद जरा उड़ के देख तो<br>
आ जाएगी जमीन पै छत आसमान की।

अपनी अंधकार भरी कोठरी से मैं तभी बाहर आया, जब वहां मेरा दम घुटने लगा। धन, पद, प्रतिष्ठा, भोग सभी व्यर्थ लगने लगे। ताजी हवा के झोंके के लिए मेरे प्राण आतुर हो उठे। बाहर आकर ओशो की जाफरानी गंध ने मुझे प्रेरणा दी कि कस्तूरी मेरे ही अंदर है। उसे बाहर ढूंढ़ना व्यर्थ है।

31 जुलाई 1993 में सेवानिवृत्त होते ही मैं तुरंत संन्यास आश्रम जबलपुर पहुंच गया। दो वर्ष पूर्व मैं श्रीमतीजी के साथ आश्रम देखने आया था और तभी मैंने निश्चय किया था कि ओशो की इस साधना स्थल में लम्बी अवधि तक रुककर ध्यान करूंगा।

तीन दिनों का ध्यान शिविर समाप्त होने पर मैं इक्कीस दिनों के मौन में चला गया। इस अवधि में मैं प्रायः या तो अंधेरे तहखाने में द्रष्टा बना लेटा रहता था या 'मां की गोद' शिला पर लेटा या बैठा हुआ अपनी ऊर्जा के ऊर्ध्वगमन का निरीक्षण करता आनंदित होता रहता था।

देवताल में पहाड़ियों पर मृगशावक सा उछलता हुआ मैं कभी चिल्ड्रन पार्क की शेषनाग गुफा में बैठकर और कभी वल्लभाचार्य की गद्दी के निकट वाली पहाड़ी पर चढ़कर शांत मौन बैठा रहता था।

वे बहुत आनन्द और मस्ती के दिन थे। ऐसी शांति, ऐसा आनन्द मैं जीवन में पहली बार अनुभव कर रहा था। मैं पूरी तरह यह भी भूल गया था कि दूर कहीं कानपुर में मेरा कोई घर अथवा पत्नी या पुत्र हैं। न मुझे किसी का स्मरण आता था और न मैं बीते जीवन के संबंध में ही कुछ सोचता था। जैसे सारे अतीत से मैं मुक्त हो चुका था।

मैं यह निश्चय करके ही घर से निकला था कि अब घर कभी लौटना नहीं है। पेंशन की पास बुक में जमा कराने का प्रबंध मैं रिटायर होने से पूर्व ही कर चुका था। चैकबुक मेरे पास थी। दस हजार रुपया तो मैं साथ लेकर आया था जिसमें से नौ हजार रुपए मैंने मां अर्चना के पास जमा कर दिए थे। आवश्यकता पड़ने पर चैक से मैं कभी भी धनराशि मंगवा सकता था।

काले-काले गर्जते मेघों और अनवरत वर्षा से चारों ओर हरियाली ही हरियाली थी। प्रकृति का प्रांगण प्रमुदित और उल्लसित था। आश्रम में ही झरने से झरते जल को देखना ही ध्यान बन गया था।

जबलपुर में लगभग एक मास जैसे पलक झपकते बीत गया और मौन शिविर के अंतिम दिन हम सभी लोग बोधिवृक्ष का दर्शन करने भ्रमर ताल पार्क की ओर चल पड़े। ...और वही घटना घट गई, जिसका उल्लेख पहले किया ही जा चुका है।

# दमित कामवासना से मुक्ति का प्रयास

मैं पूर्व ही इस बात का उल्लेख कर चुका हूँ कि प्रारंभ ही से मेरे अंदर कामवासना का धधकता ज्वालामुखी विद्यमान था। ओशो की 'संभोग से समाधि' पढ़कर और श्रीमतीजी को भी उसकी मुख्य बातें बताकर मैंने भी श्वास शांत कर स्खलन रहित संभोग के प्रयोग किए। भले ही वह प्रयोग पूरी तरह से विधिसम्मत न रहे हों और दूसरी ओर से उसमें पर्याप्त और पूरा सहयोग न मिला हो। पर फिर भी जितना सहयोग मिला और प्रारंभिक असफलताओं के पश्चात् अंत में मुझे भी जितनी सफलता मिली, उतने से ही उसका परिणाम देख मैं आश्चर्यचकित रह गया। उस स्खलन रहित संभोग में मुझे अनोखी तृप्ति और आनन्द तो मिला ही, एक डेढ़ मास तक मेरी कामवासना का ज्वार भी शांत रहा। काम से उस राम की यात्रा ने मेरी जीवनदशा ही बदल दी।

त्रिनेत्र साधना के साथ उसी के बाद मुझे कुण्डलिनी जागरण का अतीन्द्रिय अनुभव हुआ। शरीर घिसने की व्यर्थता का बोध हुआ। फिर बोधि वृक्ष के नीचे जबलपुर में शक्तिपात के अनुभव और एक फक्कड़ मसीहा ओशो के सृजन की कथा का प्रसंग मैं पहले बता ही चुका हूँ। उन दिनों मेरी पूरी कामऊर्जा सृजन में ही निमज्जित हो गई। उस सृजन का आनन्द संभोग के सुख से सौ गुना था। नवम्बर 94 तक एक फक्कड़ मसीहा ओशो के पांच खण्ड ही पूरे हुए थे। पूना आश्रम में 40 दिनों के प्रवास के बाद जब शरीर से अस्वस्थ होकर मैं कानपुर लौटा तो कुछ सप्ताह बाद मुझे प्रोस्टेट का ऑपरेशन कराना पड़ा। ऑपरेशन जननेन्द्रिय में नली डालकर दूरबीन विधि से हुआ था। उसने मुझे एक मास के लिए जैसे नपुंसक बना दिया। यद्यपि एक मास बाद पुंसत्व लौटा पर इस मास की अवधि में मैं भयंकर मानसिक द्वंद्व के झंझावातों से घिर गया। ध्यान और त्रिनेत्र साधना भी इस अवधि में स्थगित रही। हाँ! ओशो के प्रवचन कैसेट इस मध्य अवश्य सुनता रहा। रही सही कसर मेरे मित्र संन्यासी के इस सुझाव ने और पूरी कर दी–स्वामीजी! सारे ध्यान और साधनाएँ पूरी तरह छोड़ दो। बस शांत बैठकर विचारों और भावों का तमाशा देखते रहो।

हालांकि सुझाव गलत न था पर मेरी स्थिति का सही आकलन न कर गलत समय पर दिया गया गलत सुझाव था। उन दिनों मुझे ध्यान प्रयोगों और दो-तीन मास में इकट्ठे हुए दमित मनोभावों का रेचन करना बहुत आवश्यक था। चूंकि उन दिनों सहज और स्व:स्फूर्त लेखन भी नहीं हो रहा था इसलिए कामऊर्जा का पुराना पागलपन फिर शुरू हो गया। श्रीमतीजी भक्ति, पूजा-पाठ और अन्य अनुष्ठानों में व्यस्त हो गई थीं और कामवासना की पूर्ति के लिए अपनी निजता और स्वतंत्रता त्याग कर पुनः उसकी गुलामी स्वीकार करना मुझे गवारा नहीं हुआ। उन्हीं दिनों 'ध्यान और प्रेम का मसीहा ओशो' सामने आई। कुछ दिनों की निष्क्रियता के बाद 'ओशो की कथा' के लिए मैं जिन ओशो संन्यासियों और प्रेमियों के साक्षात्कार ले चुका था, और जिनका प्रयोग एक फक्कड़ मसीहा ओशो के पांच खण्डों में नहीं हुआ था, उनके प्रयोग से 'ओशो ही ओशो' कृति सामने आई। फरवरी 95 से अगस्त 96 तक का समय मेरे अंतर्द्वंद्व का समय था। सितम्बर 96 में मैं जबलपुर में स्वामी आनन्दबोध के सम्पर्क में रहा। संन्यास आश्रम जबलपुर जमुनिया (छिंदवाड़ा) और ओम बोधिसत्व कम्यून देहरादून भी गया। ध्यान-प्रयोग फिर से शुरू हुए। भ्रमरताल पार्क जबलपुर में बोधिवृक्ष के नीचे ध्यान करने पर मुझे पुनः नवजीवन और ऊर्जा प्राप्त हुई। फलस्वरूप कानपुर लौटकर पुनः एक फक्कड़ मसीहा ओशो के नए खण्डों का सृजन प्रारंभ हुआ। झूठे अहंकार का विस्मरण कर मैं पुनः गृहस्थ जीवन में वापस लौटा। पति-पत्नी के टूटे संबंध एक बार पुनः जुड़े। मैंने सहज सरल जीवन जीते हुए, दमन से मुक्ति पाई।

फक्कड़ मसीहा खण्ड छह पूरा करने के पश्चात् मैं दो मास के जबलपुर जमुनिया भ्रमण के लिए पुनः चल पड़ा। जमुनिया आश्रम में एक डेढ़ माह रहते हुए प्रकृति से निकट सम्वाद जुड़ा। पर आठ दस दिनों बाद उठा कामवासना का ज्वर हस्तमैथुन के बाद ही शांत होता था।

"प्रौढ़ावस्था में कामवासना से कैसे मुक्ति पाएँ" यह अध्याय खण्ड छह में ओशो देशना के अनुसार मैंने लिखा अवश्य था, उसका प्रयोग भी कर रहा था पर पूर्ण सफलता नहीं मिल रही थी। इसका कारण त्रिनेत्र पर चेतना थिर कर द्रष्टा भाव से निरीक्षण न हो पाना था जिसका रहस्य विज्ञान भैरव तंत्र के प्रयोगों के बाद मैंने बाद में जाना। विगत जीवन के दमित कामवासना के प्रसंगों और घटनाओं को स्मृति में पुनः जीते हुए मन उनसे तादात्म्य जोड़ लेता था और इसीलिए उनसे मुक्ति नहीं हो पाती थी। कानपुर घर लौटने पर दाहिने घुटने की हड्डी मांस में घुस जाने और लगभग फ्रैक्चर जैसी स्थिति में घुटने पर प्लास्टर

चढ़वाने के बाद जब भी भागदौड़ और चिंताओं से मुक्त होकर रात दिन बिस्तरे पर लेटे-लेटे अचानक शरीर और मन का द्रष्टा बना, तो यह चमत्कार अपने आपं हुआ और तभी सामने आने लगे ओशो के चित्र और रजनीशपुरम कम्यून की गतिविधियों की फिल्म मेरी अंतर्दृष्टि में उभरी और बिस्तरे पर ही मसनद तकियों के सहारे पैर फैलाकर अधलेटी अवस्था में विशेष प्लाई से बनी तिपाई पर लकड़ी का पैड रखकर लेखनी गतिशील हो उठी और एक फक्कड़ मसीहा ओशो की खण्ड छह के बाद की कथा प्रारंभ हुई।

कुछ समय बाद स्वस्थ होने पर जब तिबारा छिन्दवाड़ा की जमुनिया कम्यून में गया तो विज्ञान भैरव तंत्र के प्रयोग करते हुए अद्भुत अनुभव प्राप्त हुए क्योंकि उन दिनों मैं ओशो द्वारा बताई वेदान्त, सांख्य भोग, भक्ति, तंत्र और जेन विधियों से समाधि तक पहुंचने के प्रयासरहित प्रयासों को "बुद्धत्व खड़ा बाजार में" लिपिबद्ध कर रहा था जिससे रु. 500/- प्रतिदिन फीस लेकर 72 दिनों में आठ समाधियों का कोर्स पाकर बुद्धत्व की डिग्री देने वालों की धर्म की दुकानदारी पर चोट की जा सके और ओशो की करुणा के आलोक में साधक अपने दीये स्वयं बन सकें।

कामवासना का जागना शुभ संकेत हैं। तभी जननेन्द्रिय और गुदा सिकोड़ कर और श्वास शांत कर सारी चेतना त्रिनेत्र पर थिर कर हम काम की ऊर्जा को ऊर्ध्वगामी बना सकते हैं और चक्रा ब्रीदिंग ध्यान का प्रयोग करते हुए कुण्डलिनी शक्ति को जगा सकते हैं।

जिन स्त्रियों के प्रति बीते जीवन में वासना जागी थी और जिसका दमन किया था, उन क्षणों को फिर से द्रष्टा भाव से जीते हुए उनसे मुक्त हो सकते हैं।

कामऊर्जा सृजन की ऊर्जा है। वह मात्र संतानोत्पत्ति ही नहीं करती वह सभी कलाओं की आदि स्रोत है। वह न होती तो न काव्य लिखे जाते, न अजन्ता, एलौरा, कोणार्क और खजुराहो की कलात्मक मूर्तियों और चित्रों का सृजन होता। यह विश्व बहुत रूखा-सूखा उदास और रुग्ण होता। वृक्ष और पौधे भी अपना परागकण तितलियों, भौरों और प्रजनन के द्वारा मादा फूलों तक पहुंचाकर एक से अनेक होते हैं। सुंदर सुगंधित पुष्प, भौरों, तितलियों को लुभाने के लिए ही खिलते हैं। कोयल और पपीहा अपनी प्रिया को बुलाने के लिए ही पंचम स्वरों में कुहकते हुए दिग्दिगंत को मीठे मधुर संगीत से रसमय करते हैं। मोर मोरनी को रिझाने के लिए ही मनोहारी पंखों को फैलाकर नृत्य का समां बांध देता है। नदियां गर्जती, उफनती प्रियतम सागर से ही मिलने भागी जा रही हैं।

...और पंडित, पुरोहित, पादरी और धर्म के ठेकेदार कामवासना को पाप कहकर उसकी निंदा करते हुए उसका दमन सिखाते हैं। पागलखानों में बंद 90% पागल इसी दमन का शिकार हैं। हिस्टीरिया इसी का परिणाम है। इसी के कारण बलात्कार होते हैं।

काश! ओशो जैसे करुणावान बुद्ध की देशना को पूरा समाज अपना ले तो द्रष्टा भाव से विगत जीवन में दमित कामवासना से भरे जीवन को फिर से जीकर वह मुक्त हो सकता है। अजन्ता, एलौरा, कोणार्क, खजुराहो, ताजमहल, पिरामिड और रोम के कलात्मक भवनों जैसे ही सुंदर चित्रों, मूर्तियों और भवनों से यह संसार सुखी और सुंदर हो सकता है। संगीत के नए-नए राग-रागनियों का जन्म हो सकता है। अद्‌भुत साहित्य का सृजन हो सकता है। यह संसार एक स्वर्ग और नंदनकानन बन सकता है।

प्रकृति के सान्निध्य और एकांत में जहाँ अपने सिवा कोई न हो, ध्यान करते हुए दमित कामवासना से मुक्त होना कठिन नहीं है, पर घर-परिवार और संसार में रहते हुए हम सभी वृत्तियों का दमन करने के लिए विवश हैं। पूना कम्यून जैसे मुक्त वातावरण में रहकर दमन से मुक्त होना सहज है, पर भारत के मध्यवर्गीय परिवार में रहकर बिना दमन के रहना संभव ही नहीं। इसलिए NO MIND ध्यान तथा रेचन रोज करने की जरूरत है। ऊर्जा के ऊर्ध्वगमन के प्रयोग भी करते रहना बहुत आवश्यक है। मैं दमन से पूरी तरह मुक्त तो न हुआ पर मैंने वह सूत्र पा लिए, जिनके द्वारा उससे मुक्त हुआ जा सकता है। मैंने सीखा बिना मुखौटे ओढ़े सहज सरल बनकर रहना। सेक्स यदि है तो उसे स्वीकारते हुए उसके साथ उत्सवपूर्ण होकर रहना। काम वासना को भी बोधपूर्वक द्रष्टाभाव से देखना।

# कुंडलिनी जागरण, शक्तिपात और ओशो गाथा के लेखन का प्रारंभ

"एक फक्कड़ मसीहा: ओशो के प्रथम खण्ड" के प्रारंभ में अपने वक्तव्य के अंतर्गत मैंने यह स्पष्ट करने का प्रयास किया था कि किन परिस्थितियों में ओशो ने ही बोधिवृक्ष के नीचे शक्तिपात कर मुझे ओशो गाथा लिखने की प्रेरणा दी और किस प्रकार अस्तित्व द्वारा मैं यह कथा प्रस्तुत करने का माध्यम बना।

पर ज्यों-ज्यों इसके अन्य खण्ड प्रकाशित होते गए प्रेमी पाठकों ने पत्रों द्वारा, फोन पर और व्यक्तिगत रूप से भेंट करते हुए फक्कड़ मसीहा की नौ खण्डों में कथा लिखे जाने की कहानी मुझे विस्तार से बताने का अनुरोध किया।

आज अनायास यह भाव जाग्रत हुआ कि इस बारे में सभी कुछ विस्तार से बताते हुए सभी मित्रों की उत्सुकता और जिज्ञासा को शांत कर दिया जाए। फिर भी मैं यह प्रयास करूंगा कि उन तथ्यों को न दोहरा कर जिन्हें फक्कड़ मसीहा के विभिन्न खण्डों के 'अपने वक्तव्य' में मैं स्पष्ट कर चुका हूँ, उनकी ओर संकेत मात्र करते हुए मैं अपनी बात पूरी कर सकूँ।

सृजनात्मक प्रतिभा तो अस्तित्व ने मुझे जन्म से ही दी थी। मेरी माताजी अशिक्षित होते हुए भी लोकगीत गाते-गाते आशु कवयित्री की तरह नई पंक्तियां स्वयं गढ़ते हुए उनमें जोड़ती जाती थीं। उन्होंने जाने कितने लोकगीत और भजन स्वयं बनाए थे। मेरे ताऊजी भी 'रसिक' उपनाम थे ब्रजभाषा के छंद लिखते थे। मैं भी आठवें दर्जे से कविता लिखने लगा था। नवें दर्जे से कहानियाँ और रेखाचित्र लिखे तथा इंटर करते-करते दो उपन्यास लिख चुका था। बी.ए. करते हुए दो कहानी संग्रह प्रकाशित हो चुके थे। इलाहाबाद यूनीवर्सिटी में हिंदी साहित्य परिषद द्वारा आयोजित कहानी प्रतियोगिता में चारों वर्ष मेरी कहानी ने प्रथम पुरस्कार प्राप्त किए। साहित्य परिषद प्रत्येक वर्ष श्रेष्ठ कहानी के निर्णय के लिए किसी मूर्धन्य साहित्यकार को आमंत्रित करती थी। मुझे एक वर्ष श्री जैनेन्द्र कुमार और दूसरी बार श्री इलाचन्द्र जोशी से यह पुरस्कार प्राप्त करने का सौभाग्य मिला था।

"साप्ताहिक हिन्दुस्तान" पत्रिका द्वारा आयोजित प्रेमचंद्र कहानी प्रतियोगिता में भी मुझे पुरस्कार मिला और फलस्वरूप प्रसिद्ध पत्रिकाओं में भी मेरी कहानियाँ प्रकाशित होती रहीं।

यूनीवर्सिटी या डिग्री कॉलेज में लैक्चरार बनकर साहित्य सेवा में रत रहना चाहता था। पर मिली बिक्री कर विभाग की नौकरी। वहाँ सर्विस करते हुए भी नई पुस्तकों के नियमित रूप से पढ़ने का शौक छूटा नहीं और स्वयं के लिखे उपन्यास भी छद्म नाम से प्रकाशित होते रहे।

मेरी जन्मपत्री देखकर एक विद्वान ज्योतिषी ने जिनकी की गई भविष्यवाणियों में 90% सत्य निकली, मुझे बताया था कि मेरी जन्मपत्री के छठवें खाने में शनि, सूर्य और चंद्र एक साथ होने के कारण मैं लगभग 60 वर्ष की आयु में कुछ ऐसा रहस्यमय लेखन करूंगा जिसकी चतुर्दिक प्रसिद्धि होगी। उस समय मेरे नास्तिक और परम भोगी होने के कारण वह आध्यात्मिक लेखन की कल्पना तक नहीं कर सकते थे। अतः अनुमान से उन्होंने मिस्ट्री उपन्यास लिखने की भविष्यवाणी की थी।

यह तो बात हुई मेरे लेखक बनने की। पर यह सभी लेखन, जैसे ओशो की गाथा लिखने से पूर्व का अभ्यास था।

यों ओशो के सान्निध्य में कई प्रसिद्ध साहित्यकार आए, पर उनका संन्यासी कोई भी न बना। साहित्यकार का अहंकार समर्पण जैसे करता ही नहीं। मैं साहित्यकारों की दृष्टि में मात्र एक सरकारी अधिकारी था, मान्य साहित्यकार नहीं। मेरे ओशो से जुड़ने की कथा आप मेरी "ध्यान और प्रेम का मसीहा ओशो" नामक प्रकाशित पुस्तक में पूर्व ही पढ़ चुके हैं।

इस पुस्तक में यह अध्याय-"बेइरादा नजर उनसे टकरा गई" नाम से प्रकाशित हुआ था। अब अपनी अंतर्यात्रा की अब तक की पूरी कहानी इसी नाम से पुस्तक रूप में प्रकाशित हो चुकी है।

जिन्होंने यह अध्याय नहीं पढ़ा है वे संक्षेप में मात्र इतना जान लें कि 1988 से पूर्व मैं ओशो विरोधी था। अपने को भगवान कहने पर उनकी खिल्ली उड़ाते हुए सेक्स और धनपतियों का उन्हें गुरु ही मानता था। एक ड्रिंक पार्टी में मेजबान द्वारा ओशो की दी पुस्तक के केवल सोलह पृष्ठ पढ़ने की अनुरोध भरी चुनौती स्वीकार की। उन ओशो प्रेमी मित्र ने बड़े दावे से यह कहा था कि यदि पुस्तक के सोलह पृष्ठ पढ़कर आगे पढ़ने का भाव न उठे तो वह पुस्तक मैं उनके सिर पर लाकर पटक दूं। पुस्तक मैं इसी भाव से ले गया था कि अगले दिन उसे उन मित्र के सिर पर पटक सकूं।

उसी रात मैंने 'संभोग से समाधि' की उस पुस्तक को पढ़ना प्रारंभ किया। केवल सोलह पृष्ठ ही पढ़ना है-यह बात ही भूल गया। सारी रात पढ़ता रहा। अगले दिन रविवार था। उस दिन पुस्तक समाप्त कर अगले दिन उन मित्र के यहाँ ओशो की जितनी पुस्तकें मिलीं उन सभी को बटोर लाया। फिर हजारों रुपयों की पुस्तकें एक पुस्तक प्रदर्शिनी से खरीदीं। कानपुर में प्रार्थना ध्यान केंद्र का सदस्य बनकर ओशो के प्रवचन कैसेट सुनना शुरू किया। ध्यान शिविरों में भाग लेते हुए ध्यान करना भी शुरू किया।

ध्यान करते-करते सन् 91 के मध्य में शराब पीने की आदत एक झटके से स्वयं छूट गई। 1993 में सेवानिवृत्त होते ही संन्यास आश्रम जबलपुर में तीन दिनों के ध्यान शिविर में भाग लेने लगा। ठीक उसके बाद मैं 21 दिनों के मौन-शिविर के लिए भी वहां रुक गया। अंतिम दिन भ्रमर ताल पार्क में जब सभी के साथ बोधिवृक्ष के दर्शन के लिए पहुंचा, जो वहां क्या कुछ हुआ, यह कथा आप मेरे वक्तव्य में पढ़ ही चुके हैं।

ओशो की "ग्लिमसेज ऑफ गोल्डेन चाइल्ड हुड" पुस्तक पढ़ ही चुका था। कई वर्षों से नियमित रूप से ओशो टाइम्स मंगा ही रहा था। बस कथा की गंगोत्री धारा कहीं अज्ञात से फूट पड़ी। मैं उसका माध्यम भी बन गया। कोई शक्ति मुझसे लिखा रही थी और मैं लिखता जा रहा था।

मैं क्या लिख रहा था, और क्यों लिख रहा था, इसका मुझे स्वयं कोई पता न था।

मैं उन दिनों वहाँ था, जहाँ से मुझको मेरी खबर नहीं थी। जैसे मैं कोई खेल खेल रहा था।

जहाँ-जहाँ जिस पुस्तक या पत्रिका में ओशो के जीवन के बारे में जो कुछ छपा हुआ मिल जाता, उसे मैं बड़े शौक से पढ़ता था।

जैसे ही आँखें बंद कर खाली बैठता था मेरे अंतर्पटल पर ओशो सजीव हो जाते थे-जैसे मुझसे कह रहे हो-"इस खेल में आनन्द आ रहा है या नहीं? बस जो हो रहा है, उसका द्रष्टा बनकर आनन्द लेता जा। सब कुछ अपने आप खेल-खेल में स्वतः होगा। बस, अपने को कहीं कर्त्ता मत मान बैठना।"

वह सपना भी था और यथार्थ भी! वह क्या था, उसे अभिव्यक्त करना बहुत कठिन है।

जबलपुर संन्यास आश्रम में 21 दिनों के मौन शिविर के बाद भ्रमर ताल पार्क में बोधि वृक्ष के नीचे उस अवर्णनीय और अद्‌भुत शक्तिपात के बाद भी ऐसा ही अनुभव हुआ था जैसे ओशो मुझसे कह रहे हों-"अब तू मेरी

जीवन-गाथा, कथा शैली में लिख, जिससे जनसाधारण में जागृति हो और उनका रूपांतरण हो। ठीक उसी के बाद मैंने अपनी पूरी ऊर्जा और पूरा समय इसी कार्य के लिए समर्पित कर दिया था। इसने मुझे बेखुदी, तल्लीनता और अद्‌भुत आनंद दिया। कहते हैं-सृजन का सुख ब्रह्मानंद जैसा ही होता है।

जितना कुछ लिख लिया, मैं उसे लेकर किसी अज्ञात प्रेरणा से ही स्वामी नरेन्द्र-बोधिसत्व के पास देहरादून गया। पन्द्रह मिनट का समय देकर वह बहुत प्रेम और अहोभाव से ओशो गाथा के वह अंश ढाई-तीन घंटे सुनते रहे और उन्होंने कथा आगे बढ़ाने के लिए मुझे गाडरवारा और जबलपुर जाकर ओशो के बाल मित्रों, उनके परिवार के सदस्यों तथा जीवन जाग्रति केन्द्र जबलपुर के पुराने सदस्यों से मिलने की सलाह दी। 'युक्रान्त' और 'ज्योतिशिखा' पत्रिकाओं के पुराने अंकों को पढ़ने का परामर्श दिया। इन पत्रिकाओं को खोजते-खोजते मैं स्वा. धर्मवेदान्त के पास जा पहुंचा।

पहली ही मुलाकात में स्वामी धर्मवेदान्त द्वारा युक्रान्त तथा ज्योतिशिखा के अंकों को मुझे सौंप देना और ओशो के मित्रों तथा संबंधियों द्वारा पूरा सहयोग देना जैसे सभी कुछ अज्ञात के संकेत पर अपने आप हो रहा था।

पूरा अस्तित्व मुझे सहयोग दे रहा था। सब कुछ अनायास अपने आप होता जा रहा था। गाडरवारा में ओशो का घर, उनके बचपन के क्रीडास्थल, सक्कर नदी, कबीर साहेब का आश्रम, प्राइमरी स्कूल, नदी किनारे का वह टूटा शिवमंदिर और जबलपुर में ओशो के साधना स्थल, विद्यालय, कॉलेज तथा शहीद स्मारक आदि अन्य सभी स्थान जैसे मुझे ओशो की अंतरंग कथाएं सुनाने लगे। ओशो के बचपन के मित्र, उनके परिवार के सदस्य तथा जीवन जागृति केन्द्र के सदस्यों ने मेरा यूं स्वागत कर अपना भरपूर सहयोग दिया, जैसे वह मेरी ही प्रतीक्षा कर रहे हों।

इस कारण मुझे जो सफलता मिली, ओशो की जिन दुर्लभ लीलाओं के रहस्य मेरे सामने खुले, उन्होंने मुझे आनन्द के सागर में डुबो दिया। जैसे सब कुछ मेरे मन के कैमरे में अंकित हो गया। मेरी स्मृति कोष में सब कुछ संगृहीत हो गया और फिर बस मैं कागज कलम लेकर बैठ गया।

सामने लगे ओशो के चित्र को प्रेमपूर्वक निहारते मैं जब उसमें पूरी तरह डूब जाता था तो अचानक मुझे लगता था कि मैं आविष्ट हो गया हूँ और कलम स्वतः चलने लगती थी। फिर न नोट्स उलटने पलटने की जरूरत होती थी और न सोचने-विचारने की। ऐसा अनुभव होता था कि जैसे ओशो की सारी लीलाएँ मेरे अंतर्पटल पर दृश्यवान हो उठी हों। जैसे ओशो के जीवन की विविध घटनाओं

की मैं फिल्म-सी अपने अंदर चलते हुए देख रहा हूँ। ऐसा लगता था कि कोई ऊर्जा मुझे माध्यम बनाकर ही लिखा रही है और मैं मात्र माध्यम भर हूँ। उन दिनों मैं शाम 6 बजे से रात 12-1 और कभी 2 बजे रात तक लिखता रहता था। भूख-प्यास भी जैसे गायब हो गई थी। पत्नी को बमुश्किल इस बात के लिए राजी किया था कि वह खा-पीकर सो जाया करे और मेरा खाना रसोईघर में छोड़ दिया करे। मुझे जब भूख लगेगी मैं खाना गर्म कर स्वयं खा लूंगा। लेखक होने के नाते वह मेरे लेखक वाले मूड से परिचित थी। पर इस दीवानगी के लिए वह दिन में मुझे बहुत कायल करने का प्रयास करती थी। मेरे अस्वस्थ होने की आशंकाएँ जताती थी। पर जब उसने देख लिया कि उसकी टोंकाटोंकी का मुझ पर कोई भी असर नहीं हो रहा है तो फिर उसने कहना-सुनना बंद कर स्थिति से जैसे समझौता कर लिया। संभवतः वह इस बात से ही संतुष्ट थी कि अब मैं टिक कर घर में तो बैठा हूँ, अन्यथा मैं इसी उद्देश्य के लिए वर्ष में चार पांच माह यात्राओं पर ही रहता था।

जब मैंने ओशो की सरहपा-तिलोपा की प्रवचनमाला Tantra—The Supreme Understanding पढ़ी तब मैंने इस लेखन का राज समझा।

इसी प्रवचन माला में ओशो इंडोनेशिया के 'लातिहान ध्यान' देने वाले रहस्यदर्शी सुबूह के लातिहान-के बारे में चर्चा करते हुए बताते हैं-

"शरीर को शिथिल छोड़कर, विश्राममयी मुद्रा में सहज रूप में आंखें बंद कर खड़े हो जाओ। अंदर से आते हुए कम्पनों को महसूसते हुए शरीर को कंपने दो। उसे पिघल कर ऊर्जा का वर्तुल बनने दो। इस निर्विचार और तल्लीन स्थिति में कुछ देर तक प्रतीक्षा करते हुए शरीर स्वयं डोलने लगता है और लगता है कि तुम किसी शक्ति द्वारा आविष्ट हो गए हो।

यह स्थिति तिलोपा द्वारा बताई 'महामुद्रा' अथवा Orgasm की ओर उठाया पहला कदम है।

इसी तरह वह कहते हैं-Automatic writing is just like Latihan. You close your eyes and wait. Suddenly you feel a jerk in the hand and the hand is possessed as if something is entered. You simply have to allow, loose and natural. Your hand is possessed. Your highest centre of conscionsness catches hold of your lowest unconscious mind.

(स्वतः स्फूर्त लेखन लातिहान की ही तरह है। तुम आंखें बंद कर प्रतीक्षा करते हो। कुछ समय बाद अचानक तुम्हारे हाथ में एक झटका सा लगता है और हाथ आविष्ट हो जाता है जैसे तुम्हारे अंदर कोई प्रविष्ट हो गया हो। तुम्हें सहज स्वाभाविक और शिथिल रहते हुए उस ऊर्जा को अपना काम करने की स्वीकृति

देते हुए कोई प्रतिरोध खड़ा नहीं करना है। तुम्हारा हाथ आविष्ट हो गया है क्योंकि तुम्हारी चेतना के सर्वोच्च केन्द्र ने तुम्हारे अचेतन मन के तल का स्पर्श किया है।)

होता यही था। मैं ओशो के चित्र को प्रणाम कर कुर्सी पर शरीर को शिथिल कर बैठ जाता था। कुछ ही देर में मेरे सीधे हाथ को एक झटका सा लगता था-जैसे वह किसी शक्ति द्वारा आविष्ट हो गया हो और कलम चल पड़ती थी। जितना कुछ ओशो के संबंध में पढ़ा था, सुना था, पीया था, उसमें डूबा था सब कुछ अचेतन के गहरे तल में से, चेतना के उच्च केन्द्र के स्पर्श से तरंगित होकर मूर्तिमान हो उठता था।

घंटे दो घंटे बाद जब शरीर थक जाता था तो मैं उठकर कमरे में चहलकदमी करते हुए अंदर जाकर पानी पीता था या एक पान लगाकर खाता था और फिर मेज के आगे कुर्सी पर आकर उसी तरह ओशो के चित्र को प्रणाम कर आंखें बंद कर बैठ जाता था और हाथ पुन: आविष्ट होकर स्वत: लिखने लगता था।

हाँ! दो घटनाओं को जोड़ने के लिए, लिखे गए पृष्ठों को एक निश्चित क्रम में लगाने के लिए बुद्धि ने प्रयास अवश्य किया।

हर बार ऐसी ही स्थिति स्वत: लेखन के लिए उपलब्ध हो जाती थी, ऐसी भी बात नहीं। कभी ओशो की कोई प्रवचन पुस्तक पढ़ता था। कभी लिए साक्षात्कारों और पढ़ी पत्रिकाओं से नोट किए गए उद्धरणों को टटोलता था या कभी विपस्सना या ध्वनि ध्यान में भी रम जाता था। प्रतीक्षा करता रहता था कि हाथ कांपे, आविष्ट हो और कलम फिर चलने लगे।

उन दिनों मुश्किल तीन या चार घंटे नींद रह गई थी। खूब गहरी स्वप्न रहित नींद। सुबह उठते ही तरोताजा महसूस कर नाश्ता कर फिर अपनी कुर्सी यानी अपनी व्यास-पीठ पर आकर बैठ जाता था। 1994 से 1999 तक के पांच वर्ष लगभग इसी नशे में बीत गए। मुझे लगता था कि जैसे मैंने ओशो प्रेम की घड़ों शराब पी ली है और चौबीस घंटे उसी नशे में मस्ती में झूमता रहता था। लक्ष्य था-मात्र लेखन, क्योंकि वह मुझे आनन्द देता था।

जब खाली समय में उसे बैठकर पढ़ता था तो विश्वास ही नहीं होता था कि यह सब कुछ मैंने लिखा है। ऐसा केवल इसीलिए था क्योंकि मैंने कर्त्ता होकर नहीं, माध्यम बनकर मेरे आविष्ट हाथ ने वह सब कुछ लिखा था। वह प्रयास से नहीं अप्रयास से लिखा गया था।

"एक फक्कड़ मसीहा ओशो" के प्रथम खण्ड में "अपनी बात" कहते हुए मैंने यह स्पष्ट करने का प्रयास किया था कि 21 दिनों के मौन शिविर के बाद,

बोधिवृक्ष के नीचे तीव्र शक्तिपात अथवा अदृश्य रहस्यमय ऊर्जा का अनुभव कर मुझे लगा था जैसे मुझे ओशो ही अपनी गाथा लिखने का प्रेममय सुझाव दे रहे हों। जैसे मुझे बोध हुआ कि मेरी अब सारी साधना और ध्यान ओशो कथा का लिखना ही है। वही मुझे विकसित करेगा। वही मुझे आनन्द देगा।

इस अनुभव को लाख बताने का प्रयास करूं पर हर बार लगता है कि मैं उसे वाणी और लेखनी से अभिव्यक्त करने में असमर्थ हूँ।

मुझे लगता था कि अचानक एक विद्युतमय प्रकाश चारों ओर से बरस रहा है और मेरा शरीर भी पिघलकर उस प्रकाश में एकाकार हो गया है। उन क्षणों में शरीर, मन, बुद्धि और अहंकार के पार मैं जैसे खण्ड से अखण्ड हो गया था। चारों ओर आनंद ही आनंद बरस रहा था। कोई रहस्यमयी शक्ति मुझे अपनी ओर बढ़ने को आमंत्रित कर रही थी। मैं जैसे सम्मोहित हो गया था। आज भी उसका स्मरण कर मेरे मन प्राण रोमांचित और पुलकित हो जाते हैं। सटोरी के अनुभवों के बारे में जब पढ़ता और सुनता हूँ तो लगता है वह कदाचित सटोरी ही थी।

उस अनुभूति में एक अजीब मदमस्ती और नशा था पर उसमें बेहोशी न होकर एक सजगता थी। उसमें एक खुमारी थी।

वह अगस्त 93 की घटना है, जब ओशो देह से मुक्त हो चुके थे। पर मैंने उनकी ऊर्जा का अनुभव ओशो संन्यास आश्रम देवताल की कुछ विशिष्ट शिलाओं पर बैठकर ध्यान न करते हुए भी किया था। एक शिला है-"मां की गोद" के नाम से विख्यात। उस शिला का आकार ठीक एक स्त्री की गोद जैसा ही है, जिस पर लेटना, बैठना आनंदित और रोमांचित करता था। वहाँ बैठकर सहज ही मन निर्विचार हो जाता था। ऐसी ही एक शिला चिल्ड्रन पार्क के निकट आम्र वृक्ष के नीचे थी। देवताल आश्रम के बाहर भी मैं देवताल पहाड़ियों में घूमता भटकता वैसी ही मस्ती, आनन्द और बेखुदी कुछ विशिष्ट चट्टानों में पाता था। ऐसा लगता था जैसे वे चट्टानें ओशो की ऊर्जा से चार्ज्ड हैं। ओशो ने उन पर बैठकर ध्यान किया है। मैं वहीं बैठकर विपस्सना ध्यान में डूब जाता था।

'महावीर मेरी दृष्टि में' के प्रवचन 9 में ओशो बतलाते हैं कि बुद्ध मनुष्यता के कल्याण के लिए मूर्च्छित लोगों की मूर्च्छा तोड़ उसे जगाने के लिए सम्मोहन का प्रयोग करते हैं। रामकृष्ण परमहंस ने विवेकानंद को पहली ही भेंट में स्पर्श द्वारा सम्मोहित कर दिया। चूंकि अशिक्षित होने के कारण वे सत्य को अभिव्यक्त करने में समर्थ नहीं थे इसलिए उन्होंने विवेकानंद का चुनाव किया। उन्होंने विवेकानंद को वह शक्ति दी जिससे उनका मस्तिष्क, उनकी विचार तरंगों को ग्रहण कर सके। विवेकानंद सम्मोहित दशा में विश्वभ्रमण करते हुए रामकृष्ण के

संदेश को प्रसारित करते रहे। विवेकानंद समाधि चाहते थे पर रामकृष्ण ने पोस्ट हिप्नोटिक सजेशन द्वारा कहा था कि मृत्यु से तीन दिन पूर्व ही तुझे समाधि घटेगी।

ओशो कहते हैं कि इस प्रकार के सम्मोहन से सम्मोहित किए जाने वाला व्यक्ति, पीड़ित, चिंतित और परेशान रहता है। अपने स्वभाव के अनुसार न खिलने के कारण वह उत्सवमय आनन्दमय होकर नहीं जीता।

विवेकानंद ने अपने आखिरी समय जो पत्र लिखे हैं उनमें उनकी पीड़ा, संताप और कुछ न पाने की निराशा व्यक्त हुई है।

ओशो कहते हैं–"ऐसा ही प्रयोग गुरुजिएफ ने आस्पेंस्की के साथ किया और तीन माह एकान्त में मौन रखते हुए उसे अपनी विचार तरंगों के ग्रहण करने की कला सिखलाई। पर उसने करुणा कर आस्पेंस्की को रामकृष्ण की भांति पहली ही दृष्टि में सम्मोहित नहीं किया। उसे तीन माह मौन में अकेलेपन में रहने की व्यवस्था की जिससे वह मन और शरीर के पार चैतन्य को उपलब्ध होकर मौन में संप्रेषित विचार तरंगों की ग्राह्यता अर्जित कर सके। आस्पेंस्की ने गुरुजिएफ़ से मिलने से पूर्व ही 'टरशियम ओरगेनम' ग्रंथ द्वारा अपनी प्रज्ञा को प्रदर्शित किया था जिसने विश्व के आध्यात्मिक संसार में उसे प्रतिष्ठित कर दिया था। गुरुजिएफ की अभिव्यक्ति बहुत जटिल थी और इसीलिए उसने भी आस्पेंस्की को अपने अनुभव को सम्प्रेषित करने को चुना था। जब आस्पेंस्की ने गुरुजिएफ से सब कुछ मौन में प्राप्त कर लिया तो गुरुजिएफ ने कृत्रिम पागलपन करते हुए ऐसी स्थितियाँ उत्पन्न की जिससे आस्पेंस्की उसे छोड़कर दूर भाग जाए और उससे मुक्त होकर अपनी भी प्रतिभा और प्रज्ञा को प्रयुक्त करे।

पहली बार यह प्रयोग महावीर ने किया था। उन्होंने ऐसे श्रावक साधना द्वारा तैयार किए थे जो साक्षी रहते हुए उनसे प्रभावित हुए बिना उनकी मौन विचार तरंगों को ग्रहण कर सकें। तभी महावीर के वचन उनकी देह छोड़ने के बाद भी सैकड़ों वर्ष तक लिपिबद्ध नहीं किए गए। जब ऐसे श्रावक उत्पन्न होना बंद हो गए, तभी उन्हें लिपिबद्ध किया गया।

विश्वविद्यालय में पढ़ते समय मैं अपने मित्र तिलकराज चोपड़ा से जो संस्कृत का स्कॉलर था, इस बात की चर्चा किया करता था कि गीता कैसे, किन परिस्थितियों में लिखी गई? क्या यह वेदव्यास द्वारा संसार को ज्ञान देने के लिए लिखा गया ग्रंथ है जिसमें कृष्ण महज एक पात्र हैं, अन्यथा कृष्ण ने अर्जुन से युद्ध के बीच खड़े होकर यदि गीता का उपदेश दिया तो उसे लिपिबद्ध किसने किया? यदि यह मान भी लिया जाए संजय को टेलीपैथिक दृष्टि प्राप्त हो गई

थी, तो संजय द्वारा वेदव्यास को यह किस प्रकार सम्प्रेषित किया गया, इसका शास्त्रों में स्पष्ट उल्लेख नहीं है। कुछ कहते हैं कि संजय की भांति वेदव्यास भी दिव्य दृष्टि से सभी कुछ देख और सुन रहे थे। 'महावीर मेरी दृष्टि में' प्रवचनमाला के मनन से मैं ऐसा अनुभव करता हूँ कि कृष्ण ने अर्जुन को सम्मोहित कर उसे शरीर और मन के पार उस स्थिति में पहुंचा दिया जहां वह कृष्ण की विचार तरंगों को मौन में ही ग्रहण कर सके। इसी प्रकार संजय को भी कृष्ण ने सम्मोहित कर अपनी विचार तरंगों को ग्रहण करने योग्य बनाया था। युद्ध को आतुर दुर्योधन द्वारा धैर्य धारण कर तब तक युद्ध के लिए रुके रहने का औचित्य समझ से बाहर है, जब तक कि कृष्ण अर्जुन को पूरा गीता उपदेश न दे दें। यदि कृष्ण वाणी द्वारा अर्जुन को युद्ध से पलायन न कर युद्ध लड़ने के लिए तैयार कर रहे थे तो दुर्योधन निश्चित ही उसमें बाधा खड़ी करता। यदि यह भी मान लिया जाए कि कृष्ण से दूर खड़ा होने पर दुर्योधन कृष्ण के वचन सुन न सका, तो संजय से धृतराष्ट्र यह जानकर कि कृष्ण अर्जुन को युद्ध से पलायन कर रोक रहे हैं, धृतराष्ट्र निश्चित ही दुर्योधन को संदेश भेजकर गीता-ज्ञान-यज्ञ को भंग करने की सूचना भेजते।

जैसे स्वप्न देखते हुए क्षण भर में व्यक्ति बचपन से बुढ़ापे तक की यात्रा कर लेता है, जैसे मृत्यु के क्षणों में होश में रहने वाले व्यक्ति के सम्मुख पूरे जीवन की सभी घटनाएँ क्षण मात्र में फिल्म की तरह सामने आ जाती हैं-संभवतः कुरुक्षेत्र में कृष्ण द्वारा पूरी गीता, बहुत ही अल्प समय में मौन तरंगों द्वारा सम्प्रेषित कर दी गई। मेरे अनुमान से वेदव्यास काफी पूर्व ही अपनी साधना में उस स्थिति को पहुंच चुके थे, जहां ध्यान में कृष्ण की मौन तरंगों को ग्रहण कर सकें अतः इन्हीं परिस्थितियों में उनके द्वारा गीता लिपिबद्ध की गई। वेदव्यास चूंकि सम्मोहित नहीं किए गए, वे पहले ही साक्षी को उपलब्ध हो गए थे, इसीलिए सहज रूप में उन्हें भगवान वेदव्यास के रूप में याद किया जाता है। चूंकि अर्जुन ने सम्मोहित होकर कृष्ण को सुना और जाना था अतएव युद्ध के बाद भी अर्जुन का जीवन दुःख, अवसाद, चिंता और पीड़ा की ही कहानी है।

जैसे विवेकानन्द को मृत्यु से तीन दिन पूर्व समाधि घटी थी, अतः लगता है राज पाट भोगकर पांडवों को जीवन के अंत के निकट सच्चे विषाद का उदय हुआ और हिमालय की बर्फ में गलकर ही उन्हें समाधि मिली।

"आई एम दि गेट" प्रवचनमाला में ओशो कहते हैं कि प्रत्येक बुद्ध (सद्गुरुओं का सद्गुरु) के आस-पास इनर और आउटर सर्किल नाम के दो

मंडल बन जाते हैं। आउटर सर्किल आश्रम की व्यवस्था संभालता है और इनर सर्किल के व्यक्ति केवल जागे हुए लोग होते हैं जिन्हें सद्गुरु अलग-अलग तरह की कुंजियां दे जाते हैं। इनर सर्किल में किसी के शरीर छोड़ जाने पर शेष लोग किसी अन्य जागे हुए व्यक्ति को उस मंडल में सम्मिलित कर उसकी संख्या घटने या बढ़ने नहीं देते और प्रत्येक इनर सर्किल के सदस्य का सद्गुरु की ऊर्जा या चेतना से सम्पर्क रहता है। कहा जाता है कि तिब्बत में सौ लामाओ का एक समूह एक विशिष्ट पर्वत की चोटी पर वर्ष में एक निश्चित किए दिन बुद्ध की चेतना से सम्पर्क स्थापित करता था।

पूना कम्यून के आउटर सर्किल ने ही जो आश्रम की व्यवस्था संभालने में लगा था, इनर सर्किल के नाम से अपने को विख्यात किया जबकि ओशो द्वारा निर्मित इनर सर्किल निश्चित ही गुप्त रूप से कार्यरत है और ओशो की चेतना से सम्पर्क करते हुए मानव कल्याण के लिए वह सभी कुछ कर रहा है, जो आवश्यक है।

आज ध्यान की गहराइयों में जाने पर मुझे अहसास होता है कि मैंने नहीं चुना ओशो को, ओशो ने ही मुझे चुना। ओशो के ही संकेत पर मैं चाहते हुए भी पूना जाकर उनके दर्शन नहीं कर सका क्योंकि वह जानते थे कि भावुक होने के नाते मैं उनके प्रेम में पड़कर उनके शरीर में ही अटक कर रह जाऊँगा। वह चाहते थे कि मैं उसकी चेतना से जुडूं। ऐसा लगता है-पूर्वजन्म में उन्होंने मुझसे ऐसा ही वायदा किया था।

बहुतों को ऐसा लगना स्वाभाविक है कि मैं ऐसा अपने को महिमामंडित करने को लिख रहा हूँ और यह मेरे अहंकार की घोषणा है। कुछ लोग इसे मेरी गप्प समझेंगे। पर कोई क्या समझेगा और क्या सोचेगा, इसकी परवाह किए बिना मैं अपनी अनुभूतियों को व्यक्त करना अपना धर्म समझता हूँ। मैं इस रहस्य को उद्घाटित करना इसलिए आवश्यक समझता हूँ, जिससे ओशो प्रेमी, ओशो की करुणा का यह रहस्यमय अध्याय जानने से वंचित न रह जाएं।

भ्रमरताल पार्क में बोधिवृक्ष के निकट सान्निध्य में मुझे जो कुछ घटा, वह ओशो की चेतना के संकेत पर उनके द्वारा गुप्त रूप से बताए इनर सर्किल द्वारा ही दी जाने वाली शक्ति थी। पूर्व जन्मों में ओशो ने मुझसे जो वायदा किया था, उसी के अनुसार उन्होंने मुझे अपनी कथा लिखने का, अपने संदेश प्रसारित करने का संदेशवाहक चुना। यह कथा इसलिए आवश्यक थी क्योंकि आज के युग में मनुष्य तनाव दूर करने के लिए कथा-उपन्यास पढ़ने में अधिक रस लेता है। अध्यात्म की गंभीर पुस्तकें उसे अपनी समझ के बाहर लगने के कारण उसका

मन उन्हें पढ़ने को राजी नहीं होता। ओशो के संबंध में मीडिया द्वारा दुष्प्रचार किए जाने के कारण इस युग के ओशो सबसे अधिक विवादास्पद व्यक्तित्व हैं, इसे उनके विरोधी भी स्वीकार करते हैं। उनके जीवन के बारे में सविस्तार जानने की उनकी भी अप्रकट आकांक्षा रहती है जिसे वे कभी सार्वजनिक रूप से स्वीकार तो नहीं करते, पर चोरी छिपे ओशो-साहित्य पढ़ते अवश्य हैं। ओशो की जीवन गाथा पढ़ने की उन्हें इसलिए उत्सुकता रहती है जिससे ओशो के विरुद्ध तर्क देते समय, वह उनकी जीवन गाथा पढ़ते समय उनकी कुछ घटनाओं को हथियार की तरह प्रयुक्त कर सकें। "एक फक्कड़ मसीहा ओशो" की गाथा पढ़कर कुछ साहसी ओशो विरोधियों ने स्वयं मुझसे कहा कि ओशो के संबंध में उनके सभी भ्रम समाप्त हो गए हैं और अब वे और निकटता से ओशो साहित्य से जुड़ना चाहते हैं।

ओशो-कथा का एकमात्र उद्देश्य है कि लोग मूर्च्छा से जागें। कंडीशनिंग से मुक्त हों। स्वयं को जानने की उनकी जिज्ञासा लपट बने। वे ध्यान में प्रवृत्त हों। उनकी बुद्धि और हृदय का संतुलन सधे। वह नया मनुष्य बनकर अपना दायित्व महसूस कर ध्यान और प्रेम में डूबें। इस नष्ट होती पृथ्वी को बचाने और पृथ्वी को स्वर्ग बनाने की दिशा में गतिशील हों। एक जलते दीये से हजारों बुझे दीये प्रदीप्त हो जाते हैं। समय अधिक लगेगा, इसके लिए बुद्धपुरुषों में अनन्त धैर्य होता है। उनके द्वारा छिटकाए बीज एक दिन वृक्ष बनते ही हैं।

ओशो ने करुणा कर मुझे भी अपना संदेशवाहक बनाया है। यदि ऐसा न होता तो मुझे संजय जैसी वह दिव्य दृष्टि न मिलती जिसके द्वारा मैं उनके जीवन की लीलाएँ अंतर्पटल पर फिल्म की तरह देखने का सौभाग्य प्राप्त कर सका। उसी शक्ति ने मुझे माध्यम बनाकर मेरी लेखनी को गतिशील किया।

दिसम्बर 1994 में मैं पूना कम्यून इस भाव से गया था कि अब घर लौटकर वापस नहीं आना है। वहीं रहते हुए पूना कम्यून में शेष जीवन ध्यान करते बिताना है। वहाँ जाते ही ओशो टाइम्स में प्रूफ रीडर के साथ कम्यून गाइड का कार्य करते हुए स्कॉलरशिप भी मिला। यह आश्वासन भी मिला कि तीन माह पश्चात् पूना कम्यून में भी रहने की व्यवस्था की जा सकती है।

पर ओशो के इनरसर्किल की ऊर्जा मेरे कार्य को निश्चित कर चुकी थी। उस समय तक एक फक्कड़ मसीहा ओशो के पांच खण्ड ही लिखे गए थे। पूना कम्यून में रहते हुए निश्चित ही मैं ध्यान में डूबता और ओशो कथा पूरी न हो पाती। पैंतीस चालीस दिन बाद मैं वहां गंभीर रूप से अस्वस्थ हुआ और जैसे किसी अदृश्य शक्ति द्वारा पूना से धकेला जाकर कानपुर वापस लौट आया।

कानपुर में आकर प्रोस्टेट का ऑपरेशन कराने के बाद ओशो गाथा फिर कोरे कागजों पर उतरने लगी। उसी शक्ति ने स्वामी धर्मवेदान्त को मेरी इस दिशा में सहायक और मार्ग निर्देशक बनाया।

इसी शक्ति ने मुझे "बुद्धत्व खड़ा बाजार में" पुस्तक लिखने को प्रेरित और निर्देशित किया। उसी संकेत पर मैं यह रहस्य आज उद्‌घाटित कर रहा हूँ और यह पुस्तक भी उसी के संकेत पर लिख रहा हूँ।

बोधिवृक्ष के नीचे की शक्तिपात का होना भी एकदम आकस्मिक नहीं है। जबलपुर आश्रम में मौन-शिविर में भाग लेने से पूर्व मेरी कुंडलिनी जाग चुकी थी। यह अभूतपूर्व घटना घर में ही कार्य तथा ध्यान करते हुए अचानक घटी थी। इससे भी पूर्व बिठर के छप्पर घाट आश्रम में स्वामी चैतन्य जी के सान्निध्य में ध्यान करते हुए मुझे सटोरी लगी थी। चंदन से भी मीठी मादक और शीतल सुगंध ने मेरे मन प्राणों को शीतल और सुवासित कर दिया था। यह अनुभूति पूरे 48 घंटे रही थी।

ऐसी ही सटोरी मुझे मगहर में संत कबीर की मुस्लिम समाधि के मकबरे में भी ध्यान करते हुए घटी थी। उसके तीन-चार दिनों बाद फिर यही अनुभूति मुझे कसिया के चीनी बौद्ध मंदिर में हुई जहाँ गौतम बुद्ध की अस्थियां एक बंद पात्र में रखकर समाधि के नीचे रख दी गई हैं।

इन तीन सटोरियों के बाद मुझे कुंडलिनी जागरण का अचानक रोमांचक अनुभव हुआ था। कई वर्षों तक उस अनुभव को छिपाए रखा मैंने।

ओशो ने सावधान किया है कि ध्यान में यदि ऐसे कुछ आत्यान्तिक अनुभव हों तो सिवाए गुरु के किसी और से उनका जिक्र न किया जाए। मैं अपनी कामऊर्जा का ऊर्ध्वगमन बखूबी महसूस कर रहा था। मेरुदण्ड में सिहरन, क़म्पन, रोमांच और आनन्द की सरिता जैसी प्रवाहित हो रही थी। सहस्त्रार से ऊर्जा के मुक्त होने पर मैं अनुभव करता था कि जैसे मेरी ऊर्जा अंतरिक्ष में व्याप्त सत् शक्तियों से भेंटती, उनसे अनुप्राणित होकर सहस्त्रार से अमृत की तरह आज्ञा और हृदय चक्र पर बरसती है। मेरुदंड में एक शीतल विद्युत का रोमांचकारी अनुभव करता मैं घंटों मस्ती और आनंद में डूबा बैठा रहता था।

शरीर में ऊष्मा बढ़ने से मैंने तीन चार बार स्नान करना और माथे पर चंदन का लेप करना प्रारंभ कर दिया था क्योंकि भृकुटि पर तीव्र दाह का अनुभव होता था। भूख प्यास जैसे विदा हो गई थी। मैं दूध दही का सेवन अधिक करने लगा था। शरीर का वजन तीन माह में ही 20-30 किलो कम हो गया था। शराब पीने की आदत स्वतः छूट गई थी। कुछ सिद्धियां या शक्तियां भी मिलीं जिनका दूसरों

को बताने और उनका दुरुपयोग करने से वे अक्समात् विलीन हो गईं।

सितम्बर 1993 से ही मैंने 'एक फक्कड़ मसीहा ओशो' की कथा का सृजन आरंभ कर दिया था। उस समय आधार था 'ग्लिमसेज ऑफ गोल्डन चाइल्ड हुड' और ओशो टाइम्स के अंक। लगभग 100-150 पृष्ठ लिखने के बाद उन्हें किसी ओशो से निकट जुड़े संन्यासी से भेंट कर उन्हें दिखाने का भाव उत्पन्न हुआ। चूंकि स्वामी नरेन्द्र बोधिसत्त्व से कानपुर शिविर में भेंट अंतरंग सत्संग करने का सौभाग्य प्राप्त हुआ था अत: मैं देहरादून चल पड़ा। उन दिनों स्वामी जी की क्लीमेंट टाउन में एक कमरा किराये पर लेकर रह रहे थे। फोन से बात करने पर उन्होंने मिलने के लिए आधा घंटे का समय दिया। निर्धारित समय पर जब मैं स्वामीजी के निवास स्थान पर पहुंचा तो मां मुक्ति और उन्होंने मेरा हार्दिक स्वागत किया।

मैंने उन्हें बिना किसी भूमिका के ओशो गाथा के चैप्टर्स सुनाना प्रारंभ कर दिया। निर्धारित आधा घंटा समय न जाने कब बीत गया। एक घंटे सुनने के बाद उन्होंने फिर चाय पिलाई और कुछ देर विश्रांम के बाद फिर कथा प्रारंभ हो गई।

दो घंटे सुनाने के बाद मैंने उनसे कथा आगे बढ़ाने की जुगुत पूछते हुए सुनाए अंश पर उनकी प्रतिक्रिया जाननी चाही। उन्होंने मुझे प्रोत्साहित करते हुए कहा-अभी तक आपने जो भी कुछ लिखा है वह बहुत सुंदर, रोचक और रसपूर्ण है। अब आप रजनीश बाइबिल के सभी वोल्यूम पढ़ें क्योंकि उन प्रवचनों में ओशो ने अपने जीवन की बहुतेरी घटनाओं का उल्लेख किया है। इसके ही साथ आप 'युक्रान्त', 'ज्योतिशिखा' तथा 'संन्यास' के सभी अंकों का अध्ययन करें जो या तो अरविन्द के पास जबलपुर में अथवा स्वामी योग चिन्मय के पास मिल सकते हैं।

उन्होंने जबलपुर में ही जीवन जागृति के सदस्यों तथा गाडरवारा में ओशो के संबंधियों तथा बालमित्रों से भी भेंट करने का सुझाव दिया।

'एक फक्कड़ मसीहा ओशो' (प्रथमखण्ड) के अपने वक्तव्य तथा 'ओशो ही ओशो' में मैं इसका विस्तार से उल्लेख कर रहा हूँ। 'युक्रान्त', 'ज्योतिशिखा' तथा 'संन्यास' पत्रिकाओं की तलाश में कैसे लखनऊ आया, कैसे स्वामी धर्मवेदान्त से भेंट हुई और प्रथम भेंट में कैसे उन्होंने उन पत्रिकाओं के सजिल्द अंक मेरे हवाले कर दिए। उन पत्रिकाओं के सभी अंकों के अध्ययन और मनन के बाद ओशो अनुकम्पा से कथा स्वमेव विस्तार लेती गई। स्वामी धर्मवेदान्त ने उन्हें सुनकर सराहना करते हुए प्रोत्साहित किया और रजनीश बाइबिल के धीमे-धीमे आठों वाल्यूम मुझे सौंप दिए। उन्हें हृदयंगम करने के बाद गंगोत्री से

निकली पतली धारा अब ऋषिकेश में आई गंगा की भांति विस्तीर्ण होने लगी।

1994 में मैं फिर जबलपुर गया। वहाँ ओशो के छोटे बहनोई हरक भाई से भेंट की। उन्होंने मेरी भेंट जीवन जागृति केन्द्र के सक्रिय संन्यासियों से करवाई, जिनमें से युक्रान्त के भू.पू. सम्पादक श्री अजितकुमार तथा अरविन्द जी तथा भीखम चंद्र से काफी रोचक संस्मरण सुनने को मिले। उन लोगों के द्वारा ओशो के जबलपुर प्रवास की सारी घटनाओं के चित्र मिले।

जबलपुर से गाडरवारा आकर मैंने ओशो के चाचा शिखरचंद जी, ओशो के बचपन के मित्रों श्री सुखराज तथा कनछेदी सुकुल से भेंट कर बहुत कुछ जाना। स्वामी आनंद रहमान तथा स्वामी प्रेमकृष्ण ने ओशो के जीवन से जुड़े सक्कर नदी के तट, पुराना शिव मंदिर, टाउन हॉल, कबीर आश्रम तथा हाथीगेट वाला विद्यालय आदि सभी स्थान दिखलाए।

उक्त प्राप्त सभी सामग्री को पचाने और पुनः लेखन के बाद एक फक्कड़ मसीहा ओशो के प्रथम पांच खण्डों की पाण्डुलिपि तैयार हुई।

इनके कुछ अंश ओशो संन्यास आश्रम जबलपुर में लुधियाने के स्वामी जीवन रसवंत ने भी सुने और कृपा कर उसकी प्रति अनुमोदन के लिए उन्होंने पूना में स्वामी तथागत को सौंप दी। लगभग छह मास पश्चात् पूना से अनुमोदन प्राप्त हुआ और उसे देख डायमण्ड पॉकेट बुक्स के प्रबंध निर्देशक श्री नरेन्द्र कुमार ने इन्हें प्रकाशित करने का बीड़ा उठाया।

सन् 95 में मैं पूना गया। वहां जाते ही मां अमृत साधना से भेंट हुई। मैंने तीन मास के स्कॉलरशिप के लिए प्रार्थनापत्र पहले ही प्रेषित किया था और जीवन का शेष समय पूना कम्यून में ही रहने का भाव बनाकर गया था। पापूलर हाइट्स में मैं एक कमरा किराये पर लेकर रहने लगा।

मुझे ओशो टाइम्स कार्यालय में प्रूफरीडर के पद पर लगा दिया गया। इसके ही साथ मैं पूना कम्यून देखने के लिए आने वाले ग्रुप्स का भी गाइड बन गया। स्कॉलरशिप मिलने पर मैं नाश्ता और भोजन कम्यून में ही करने लगा और तभी ओशो की बाउल प्रवचनमाला के एक अध्याय का भी अंग्रेजी से हिन्दी में अनुवाद किया। पूना में 40 दिन रहकर वहाँ का विस्तृत विवरण मैं 'ओशो ही ओशो' पुस्तक में दे चुका हूँ अतः उसे दोहराना व्यर्थ समझता हूँ।

वहां रहकर मैंने नियमित रूप से 21 दिनों का सक्रिय ध्यान किया। सप्ताह में एक या दो बार ओशो समाधि में एक घंटा मौन ध्यान भी करता था। सायं ओशो दर्शन में भाग लेता ही था। इक्कीस दिनों के नियमित सक्रिय ध्यान से मुझे कई अतीन्द्रिय अनुभव हुए। पर इसके ही साथ भूख प्यास समाप्त-सी हो

गई थी। वजन भी कम होने लगा पर फिर भी मैं शरीर में बहुत सक्रियता का अनुभव करता था। तभी मुझे तेज बुखार चढ़ा। ऐसा लगा कि जैसे बस मैं मरने वाला हूँ। मेरे पेट में भी भयंकर पीड़ा हुई। जब एक स्थानीय डॉक्टर को दिखलाया तो उसने बुखार कम होने की दवा देते हुए पूर्ण विश्राम का परामर्श दिया।

आज अनुभव होता है-काश! तब किसी ने साहस देखकर यदि मुझे पूना में रोक लिया होता तो मेरे जीवन का पूर्ण रूपांतरण हो गया होता।

जब मैं पूना गया था तब भी मेरी ऊर्जा का ऊर्ध्वीकरण स्वमेव हो ही रहा था। मैंने वहां कुण्डलिनी ध्यान कराने वाले मास्टर को अपने अनुभव बताकर निर्देशन भी मांगा था पर उन्होंने मेरी बात गंभीरता से न सुनकर उसे मेरा भ्रम मानकर बात यूं ही उड़ा दी थी।

अपने आप से घबरा कर मैं हड़बड़ी में कानपुर आ गया। वहां आकर तीसरे दिन पेशाब रुक गई और पेट में तीव्र पीड़ा हुई। अल्ट्रा साउंड कराने पर प्रोस्टेट व पथरी के ऑपरेशन का सुझाव दिया गया। शरीर की इस अस्वस्थता में ध्यान तो छूट ही गया था।

लगभग 15 दिनों बाद एक वरिष्ठ संन्यासी ने जिन्होंने सन् 75 में ओशो से संन्यास लिया था, जो मेरे मित्र और श्रद्धेय थे, मुझसे सभी ध्यान प्रयोग पूरी तरह बंद कर सुझाव दिया — Sit silently, doing nothing. When spring comes grass grown itself.

उन्होंने कहा-"आप ओशो गाथा आगे बढ़ाइए। आपने बहुत ध्यान कर लिया। ध्यान क्रिया नहीं अक्रिया है। कुछ न करना ही ध्यान है। वास्तविक साधना है-साक्षी भाव। सम्यक श्रवण करते हुए यदि बात तीर की तरह आपके अंतर्तम में पहुंच जाए तो फिर ध्यान आदि कुछ करने की आवश्यकता ही नहीं। जनक अष्टावक्र को सुनते ही बोध को उपलब्ध हो गए। तभी महावीर ने श्रावक को साधक से भी अधिक महत्त्व दिया है। श्रावक वही है जो सद्गुरु की वाणी को ही नहीं, उसके मौन की भी भाषा समझने लगता है। जो श्रावक न हो सके, वह फिर शरीर और मन को भी संलग्न कर साधना में उतरे।"

उनसे बहुत लम्बे सत्संग होते थे। मैं उनके एक-एक शब्द का सम्यक श्रवण करता था। उन्होंने अनेक तर्कों से यह सिद्ध कर दिया कि मेरा कुंडलिनी-जागरण मात्र मेरा मानसिक प्रक्षेपण था। आज अनुभव होता है कि तर्क वह दुधारी तलवार है जिसके द्वारा सत्य को झूठ सरलता से सिद्ध किया जा सकता है। वस्तुतः कुंडलिनी का जागरण कल्पना तो है ही, पर ऐसी कल्पना

जो अवास्तविक तथा हवाई न होकर जो यथार्थ में है उसकी अनुभूति कराती है। वह यथार्थ अभी सुप्त है। उसका हमें बोध नहीं है। कुंडलिनी-जागरण सुप्त मानसिक शक्ति को जागृत करता है।

स्वामीजी का तर्क देकर उसे मानसिक प्रक्षेपण बतलाना किसी गलत उद्देश्य से न होकर उनकी अपनी समझ थी जिसके अनुसार वह मेरा भ्रम दूर करना चाहते थे।

विचार और निर्विचार, संदेह और श्रद्धा, सेक्स और ब्रह्मचर्य यह दोनों एक ही सिक्के के दो पहलू हैं। दूसरी अति पर जाने पर पहली अति पृष्ठभूमि में छिप जाती है पर रहती अवश्य है। जैसे भोग के बाद त्याग दूसरी अति है और भोग जितना नहीं भटकाता, जितना त्याग भटका देता था। पर उन दिनों द्वंद्व के इस जाल का मुझे बोध नहीं हुआ था और इसीलिए उन वरिष्ठ संन्यासी के तर्क का विरोध कर मैं अपना पक्ष प्रस्तुत कर ही न सका।

एक फक्कड़ मसीहा ओशो के खण्डों के लेखन में उनसे जो सहयोग और सद्परामर्श मिला था और ओशो साहित्य के गहन अध्ययन और लम्बे आध्यात्मिक जीवन के अनुभव के आधार पर मैंने उनकी बात पर सरलता से विश्वास कर लिया। फिर वह प्रमाण में ओशो के वचन (आई.एम.दि गेट) का उद्धरण भी दे रहे थे।

फलस्वरूप मैंने सभी ध्यान प्रयोग एक साथ छोड़ दिए। त्रिनेत्र पर ध्यान देना भी छोड़ दिया। जिस कामऊर्जा का सरलता से ऊर्ध्वगमन होता था, और जो ऊर्जा मेरे सृजन में सहयोगी होती थी, कुछ समय पश्चात् वह मुझे उद्विग्न करने लगी। पिछले तीन-चार वर्षों में कामवासना जैसी बेचैनी से मैं मुक्त हो गया था। लेखन में रात दिन इतना डूबा रहता था कि उस ओर विचार करने का अवसर ही नहीं मिलता था। ऐसा भी नहीं कि मैंने उसका दमन किया था। चार-छह माह में पत्नी के साथ तृप्ति और आनन्द भरा संभोग भी हो जाता था। उन स्वामीजी के अनुसार यह मेरी सेक्स से मुक्ति न थी। वह कुंडलिनी जागरण का अर्थ पूर्ण ब्रह्मचर्य से लेते थे। पर शरीर की आवश्यकता, द्रष्टा भाव से पूरी करना ब्रह्मचर्य ही है यह बाद में बोध से जाना। इसे एक फक्कड़ मसीहा ओशो के खण्ड सात के लेखन के बाद जाना।

न कामवासना, न ब्रह्मचर्य, न प्रकाश और न अंधकार। संध्याकाल। धुंधलका, जब प्रकाश भी रहता है और अंधकार भी। उसे प्रकाश न कहकर आलोक कहना उचित है। कुंडलिनी जागरण के बाद उसी ऊर्जा का ऊर्ध्वगमन होता है। वही ऊर्जा सहस्त्रार से अमृत की तरह शीतल फुहार सी बरसती

रोम-रोम को तृप्त करती है। वह विचारों के भाव से मुक्त होकर एक ही विचार पर छोड़ देती है।

तभी निर्वाण उपनिषद में ऋषि कहता है-

"जीवन मुक्त वही है-जिसका धैर्य ही उसकी झोली, उदासीन वृत्ति लंगोटी और विचार दण्ड है। ब्रह्मदर्शन योगपट्ट, परात्पर की अभीप्सा ही उनका आचरण तथा कुंडलिनी उनका बंध है। बिना अक्षय के अनुभव के संशय नहीं मिटता। संशय या संदेह, विश्वास या श्रद्धा से न मिटकर, अनुभव से ही मिटता है।"

हमारे संस्कारों और परंपरा ने जीवनमुक्त बुद्ध की जो प्रतिभा गढ़ रखी है वह त्यागी, ब्रह्मचारी, जीवनमुक्त, विदेह, परमसाक्षी और अलौकिक शक्ति सम्पन्न ऐसे पुरुष की है जिसके अंदर कुछ नकारात्मक भाव पूर्णत: समाप्त हो जाते हैं।

नानक ने अस्तित्व और उसकी खोज को चार खंडों में बांटा है।

पहला है-धर्म खंड, दूसरा ज्ञान, तीसरा लज्जा और चौथा खण्ड कृपा।

धर्म का अर्थ है-ऋत और नियम, जिससे अस्तित्व चलता है। उसमें ऋतुओं के परिवर्तन होते हैं। वेद उसे ऋत कहते हैं। बुद्ध उसी को सनातन नियम और लाओत्से उसी को ताओ कहता है।

इस नियम को जानने की विधि ही धर्म है। जीवन का जो गहनतम अनुशासन या परम नियम है उसे पहचानने की कला ही धर्म है।

इतना विराट जगत बिना किसी भूल चूक के परम नियम से चल रहा है। सिर्फ मनुष्य ही भटक गया है। जब वह प्रकृति के नियम से छेड़छाड़ करता है तो हजार दुष्परिणाम होते हैं। उसने पर्यावरण बिगाड़कर प्रदूषण किया है तो उसका ही जीवन अस्त व्यस्त हो गया है।

जिस दिन मनुष्य बुद्धि की न मानकर, थक कर असह्य हो अस्तित्व को समर्पण कर उसके साथ राजी होकर लयबद्ध हो जाता है उसी दिन उसे ज्ञान या बोध होता है। यदि तुम्हारे जीवन में दुख तनाव या बीमारी है तो समझना कि तुम जीवन की शाश्वत व्यवस्था के विपरीत जा रहे हो। तभी तुम भटक रहे हो।

भटकने से घर वापस लौट आना ही ज्ञान है। मनुष्य ही भटक सकता है क्योंकि वह बुद्धिमान है। ज्ञानखंड मनुष्य की उपलब्धि है। प्रकृति में परमात्मा सोया है। मनुष्य के माध्यम से उसने जागने को करवट बदली है।

जागकर होशपूर्वक उस अस्तित्व को जान लेना ही ज्ञान है।

पर जानने के बाद ही अपने अज्ञान पर लज्जा आती है। अपने ना कुछ होने का बोध होने पर अपनी अकड़ पर बहुत शर्म आती है। अपने मुखौटों, छल और

अहंकार की याद कर कहीं मुंह छिपाने का स्थान नहीं मिलता। इसी स्थिति में जब सारे आवरण, मुखौटे, अहंकार और झूठा इकट्ठा किया ज्ञान गिर जाता है, परमात्मा की बरसती कृपा और करुणा से हम नहा जाते हैं।

ज्ञान खंड में जब पहली बार बोध होता है या होश जागता है तो व्यक्ति विस्मय विभूत हो जाता है। वह नाद सुनता है। कौतुक विनोद और आनन्द से भरता है।

होश जागने पर चेतना के अनेक रूप बुद्धि, मन, सुधि, स्मृति, मनीषा, प्रतिभा, प्रज्ञा सभी दिखाई देते हैं। पर इनसे सीमित ही जाना जा सकता है। इन सभी के पीछे जो अरूप छिपा है वही बोध का जागरण है। उस अरूप का धागा पकड़ते ही उस निराकार की पहचान होने लगती है।

'निर्वाण उपनिषद' में 'जीवनमुक्त' के लक्षण बतलाता ऋषि कहता है-

"वह विचारों की असंगत भीड़ से पृथक केवल एक विचार में जीता है। विचारों की अराजक भीड़ में विवेक या होश क्षीण हो जाता है। उसका एक विचार, अतीत की आदतों से नहीं होश से जन्मता है। वह एक विचार के प्रति तटस्थ बना रहता है।

वह जाग्रत, आत्मरत, आनन्दमय और परमात्म आश्रय होता है। वह पूरे होश से जीता है और बस उतनी ही उसकी रक्षा है। वह भविष्य की कोई रूपरेखा बनाकर नहीं जीता और न अतीत को दोहराता है। जिस क्षण उसकी चेतना जो कहती है, वही उसका कृत्य बन जाती है।"

मैं इन वचनों को इसलिए उद्धृत नहीं कर रहा हूँ जिससे मैं कुंडलिनी जागरण की सत्यता सिद्ध करते हुए अपनी महिमा का उल्लेख कर सकूँ। मैं इस बात का उल्लेख इसलिए कर रहा हूँ जिससे इस तरह की विधायक अनुभूति होने के बावजूद, पारंपरिक व संस्कारगत मानदण्डों के आधार पर अथवा बिना अनुभव के शास्त्रीय ज्ञान से गठित लोगों के बहकावे में आकर लोग पथभ्रष्ट न हो जाए। सही मार्ग पर चलते रहने के बावजूद उन्हें यह मार्ग गलत और भटकाने वाला न लगने लगे।

फिर अध्यात्म का मार्ग परम गुह्य और रहस्यमय है। एक मार्ग से पहुंचने वाला व्यक्ति, दूसरे मार्ग के अनुभवों के बारे में बहुत कम जानता है। यदि वह सर्वज्ञ मानकर, सभी मार्गों के बाबत पथनिर्देशन करने लगे तो भटकन सहज स्वाभाविक है।

जनवरी या फरवरी 85 को 'जीसस ग्रोव' रजनीशपुरम् में एक प्रश्न का उत्तर देते हुए ओशो ने बड़ी क्रांतिकारी घोषणा की थी- "मैं तुम्हारे सभी विचारों,

अपेक्षाओं और अतीत की धारणाओं को खंडित करने के लिए बैठा हूँ। मुझे इसकी तनिक भी चिंता नहीं कि मुझे बुद्ध ही मानो। मैं जो हूँ वह हूँ। मैं पूर्ण स्वच्छंद हूँ। जो मुझसे प्रेम करता है, मैं उससे प्रेम करने को स्वतंत्र हूँ और उससे खुलेआम प्रेम करने की घोषणा करता हूँ। पर मैं करता कुछ भी नहीं। जो कुछ हो रहा है, मैं उसे होने देता हूँ। मैं कर्त्ता भोक्ता न होकर मात्र साक्षी हूँ।"

"जिन खोजां तिन पाइयां" प्रवचनमाला के 'सात शरीर और सात चक्र' प्रवचन में ओशो कहते हैं-

भौतिक शरीर का पहला चक्र मूलाधार है, इसकी प्राकृतिक संभावना है वासना या सेक्स और इसकी रूपांतरित संभावना है-ब्रह्मचर्य। पर रूपांतरण के मार्ग में सबसे बड़ा खतरा है-कि हम कहीं प्राकृतिक केन्द्र से लड़ने न लगें। दमन बाधा है साधक के मार्ग पर। दमन के द्वारा रूपांतरण नहीं होता। कामवासना की समझ और उसके प्रति सजगता से ही रूपांतरण होने लगता है।

स्वाधिष्ठान चक्र की प्राकृतिक संभावना है-भय, घृणा, क्रोध और हिंसा। और रूपांतरित संभावना है-प्रेम, करुणा, अभय और मैत्री। पर भय, क्रोध या हिंसा का दमन न कर उन्हें समझना है। भय, घृणा, क्रोध और हिंसा का ही विपरीत पहलू अर्थात् सिक्के का दूसरा भाग है अभय, प्रेम, क्षमा और करुणा। पर सेक्स की तरह भय, क्रोध और हिंसा का भी उपयोग है। भय उसे सुरक्षित कर बचाता है। अग्नि जलाती है पर अशुद्धियों को भस्म करती है। सर्प काटकर प्राण ले सकता है, पर भय का बोध उसकी रक्षा करता है। क्रोध उसे संघर्ष में उतारता है और हिंसा उसे हिंसा से बचने का साधन देती है।

सूक्ष्म शरीर से मणिपुर चक्र की स्वाभाविक संभावना है-संदेह और विचार और यह भी रूपांतरित होकर श्रद्धा और विवेक बन जाते हैं। पर संदेह को बलपूर्वक दबाकर विश्वास करने वाला श्रद्धा को उपलब्ध नहीं होता। संदेह को बोधपूर्वक समझना होता है। संदेह पर भी संदेह करना पड़ता है तभी श्रद्धा का जन्म होता है। विचार को छोड़कर अंधविश्वासी होने की प्रबल संभावना है। विचार की सूक्ष्मतम प्रक्रिया से गुजरकर, समझ विकसित करने से ही विवेक का जन्म होता है।

मनस शरीर से संबंधित अनाहत चक्र की संभावना है-कल्पना और स्वप्न और इसका विकसित रूप है-संकल्प और अतीन्द्रिय दर्शन। कल्पना विकसित होकर संकल्प बन जाती है और स्वप्न अतीन्द्रिय दर्शन।

"सात शरीरों से गुजरती कुंडलिनी" प्रवचन में ओशो कहते हैं-कुंडलिनी जागरण साइकिक या मानसिक ही होता है। पर यह कल्पना प्रामाणिक या यथार्थ

की होनी चाहिए। विज्ञान भैरव तंत्र के प्रयोगों में केवल वही कल्पना करने को कहा जाता है जो कि वास्तव में यथार्थ है। साधक से कहा जाता है कि वह कल्पना करे कि शरीर के रोम-रोम से प्रकाश की किरणें निकल रही हैं। उसका पूरा भौतिक शरीर प्रकाशकणों में परिवर्तित होता जा रहा है। आज वैज्ञानिक यह स्वीकार करते हैं कि पूरा जगत प्रकाश की असंख्य तरंगों से निर्मित है।

एक पागल व्यक्ति की कल्पना और अपेक्षाएँ उसे काल्पनिक डिजनीलैंड या स्वर्गलोक में ले जाती हैं जो अवास्तविक है। ऐसी कल्पना है, अंतर्दर्शन नहीं बनती।

वस्तुतः प्रत्येक चक्र के साथ व्यक्तित्व में आमूल परिवर्तन होता है।

कुंडलिनी ऊर्जा यदि सच में जगे तो कोई शराब नहीं पी सकता। चौथे शरीर (मनस शरीर) की शक्ति जागने के बाद किसी भी तरह का मादक द्रव्य नहीं लिया जा सकता। यदि उसमें रस है तो समझना कि तुम मिथ्या कुंडलिनी के ख्याल में पड़ गए हो।

कुंडलिनी जागने के बाद हिंसा करने की वृत्ति और दूसरे को नुकसान पहुँचाने की भावना या कामना समाप्त हो जाती है। दूसरे के मन में क्या चल रहा है, यह अनुभूति होने लगती है। दूर दृष्टि और टेलीपैथी जैसी कई शक्तियां पा सिद्धियां आ जाती हैं।

मेरी कुंडलिनी जागकर चौथे शरीर तक पहुंची थी इसका सबसे बड़ा प्रमाण था कि मैंने पूरी तरह शराब पीना छोड़ ही नहीं दिया था वरन् मुझे उसे लेने की व्यर्थता का भली-भांति बोध हो गया था। उसके प्रति कोई रस शेष ही नहीं रह गया था, जबकि सप्ताह में कम से कम एक या दो बाद चार पैग शराब लेना मेरी आदत बन गई थी। मैं ऐसे विभाग में था जहाँ प्रति सप्ताह महंगी शराब के साथ दावत होना एक सामान्य बात थी।

किसी को नुकसान पहुँचाने की मेरी भावना ही नहीं रह गई थी। मेरे आयुक्त कुछ अधिकारियों से नाराज थे और उन्हें प्रतिकूल प्रविष्टि देना चाहते थे। वह मेरे कार्यों से प्रभावित होकर मेरे प्रशंसक भी थे। पर उनकी नाराजगी की चिंता किए बिना मैंने क्षमा मांगने पर दोषी अधिकारियों को भी क्षमा देकर किसी को भी प्रतिकूल प्रविष्टि नहीं दी जिसके फलस्वरूप मुझे आयुक्त ने स्वयं प्रतिकूल प्रविष्टि देकर मेरा स्थानान्तरण प्रशासनिक पद से न्यायिक पद पर कर दिया जो अप्रत्यक्ष रूप से मैं स्वयं चाहता था। टेलीपैथी आदि कई शक्तियों का चमत्कार मैं अपने जीवन में स्वयं विस्मय विभूत बना देखता रहता था।

ओशो कहते हैं-शास्त्र, शास्ता तक पहुंचाते हैं। शास्ता वह जिससे शास्त्र उद्‌भूत हुए। जिसके अपने अनुभव शास्त्र में लिपिबद्ध हैं। पर कोई ऐसा ही

जीवित बुद्ध या सद्‌गुरु जिसे सत्य का अनुभव हुआ है उसका सान्निध्य उसकी करुणा तुम्हें सत्य का अनुभव प्राप्त करने में अप्रत्यक्ष रूप से सहायक होती है। करना सब कुछ तुम्हें ही पड़ता है पर सद्‌गुरु साहस चूक जाने पर तुम्हें धैर्य बंधाता है। उसके चरणों में तुम्हारा अहंकार गिर जाता है। जब स्वयं का अनुभव हो जाए तो फिर शास्त्रों से उसकी पुष्टि और जांच करो।

अपने कुंडलिनी जागरण के वर्षों बाद जब ज्ञानेश्वर महाराज का अनुभव पढ़ रहा हूँ तो विश्वास होता है-मेरा अनुभव भी प्रामाणिक था।

'ज्ञानेश्वरी' के गीताभाष्य के छठे अध्याय में वह लिखते हैं-"कुंडलिनी जब जागती है, तब बड़े वेग के साथ झटका देकर ऊपर की ओर अपना मुंह फैलाती है। तब ऐसा प्रतीत होता है जैसे वह बहुत दिनों की भूखी हो और अब जागने पर खाने के लिए अधीर हो उठी हो। वह अपने स्थान से नहीं हटती परन्तु शरीर में पृथ्वी तथा जल के जो भाग हैं, उन सबको चट कर जाती है। उदाहरणार्थ हथेलियों और पैर के तलुओं का शोधन कर उनका रक्त मांसादि खाकर, ऊपर के भागों को भेदती है तथा अंग-प्रत्यंग की संधियों को छान डालती है। नसों का सत्त भी निकाल देती है। त्वचा को धोकर तथा पोंछकर स्वच्छ करती तथा उसे अस्थि पंजर से सटाये रखती है।

पृथ्वी और जल-इन दो भूतों को खा चुकने पर वह पूर्णतया तृप्त होती है और तब शांत होकर सुषुम्ना के निकट रहती है। तब तृप्तिजन्य समाधान प्राप्त होने से उसके मुख से जो गरल निकलता है, उसी गरल रूप अमृत को पाकर प्राणवायु जीता है।

कुंडलिनी के सुषुम्ना में प्रवेश करने पर ऊपर की ओर चन्द्रामृत का सरोवर है, वह धीमे-धीमे उलट जाता है और वह चन्द्रामृत कुंडलिनी के मुख में गिरता है। कुंडलिनी द्वारा वह रस सर्वांग में भर जाता है तथा प्राणवायु जहां की तहां स्थिर हो जाती है। उस समय शरीर पर त्वचा की जो सूखी पपड़ी सी रहती है वह भूसे की तरह निकल जाती है। तब योगी की देह अद्‌भुत कांतिमय, कोंपल जैसी हो जाती है। पृथ्वी और जल का अंश न रहने से योगी का शरीर वायु जैसा हल्का हो जाता है और उसे अनेक सिद्धियां प्राप्त हो जाती हैं।"

ऐसा ही बहुत कुछ मेरे साथ भी हुआ था। कुंडलिनी जागरण के बाद मेरा वजन 83 किलो से घटकर छह मास में ही 63 किलो रह गया था। पूरी देह में इतनी खुश्की हो गई थी कि तेल लगाते ही सूख जाता था और त्वचा सफेद भूसी की तरह उड़ रही थी। आंखें बंद कर थिर होकर बैठते ही ऊर्जा का ऊर्ध्वगमन प्रारंभ हो जाता था। ऊर्जा का यह ऊर्ध्वगमन तप्त धुएं की लपट की तरह बड़े

वेग से ऊपर उठता था। पूरी देह पिघल कर मात्र ऊर्जा ही ऊर्जा का अनुभव होता था। कुछ समय बाद प्रतीत होता था जैसे वह प्रवाह ऊपर से नीचे आ रहा है। तब रीढ़ के स्थान में अत्यंत आनन्दमय शीतलता की अनुभूति होती थी। उस अपार अतुलित आनंद को अभिव्यक्त करना बहुत कठिन है।

इस अत्याधुनिक अनुभव के बाद वर्षों से शराब पीने की आदत एक झटके से स्वतः छूट गई। छूट ही नहीं गई, शराब से विरक्ति हो गई। कई अद्‌भुत शक्तियां और सिद्धियां भी मिलीं पर उनकी दास्तान फिर कभी आगे बताऊंगा।

अभी तो मैं उन मित्र के साथ हुई चर्चा को पूरा करना चाहूंगा जो मेरे कुंडलिनी जागरण को मेरा मानसिक प्रक्षेण बतला रहे थे।

मेरे शराब पीने और छोड़ने के तथ्य से मेरे वह वरिष्ठ संन्यासी मित्र भली-भांति परिचित थे। अन्य तथ्यों की चर्चा में मैंने संकोच वश उनसे की ही नहीं थी। फलस्वरूप यह विधायक बिंदु पीछे पृष्ठभूमि में चले गए। बोध और समझ की उपेक्षा कर पूर्ण ब्रह्मचर्य, अभय और क्षमा को ही कुंडलिनी जागरण का प्रमाण मानकर उन्होंने मेरे कुंडलिनी जागरण को मानसिक प्रक्षेपण की धारणा दी।

सदियों की यह धारणा और हिप्नोसिस ही है कि हम शरीर और मन हैं। यदि इससे उल्टी यथार्थ कल्पना, संकल्पपूर्वक की जाए कि हम मात्र चैतन्य हैं, हमारा पूरा शरीर मात्र प्रकाश तरंगों का एक समूह है और हम खण्ड न होकर अखण्ड हैं, तो पुरानी धारणा नष्ट हो जाती है।

अब यह धारणा कि मेरा कुंडलिनी जागरण मिथ्या और मानसिक प्रक्षेपण था, मैंने सभी ध्यान प्रयोग और साधनाएं करनी बंद कर दीं। ऊर्जा का ऊर्ध्वकरण होना भी रुक गया। फलस्वरूप कामवासना का दमन शुरू हो गया।

मैं उन वरिष्ठ संन्यासी के प्रभाव में इस कदर डूबा था कि उन्हें ध्यान में भी अपना मार्गदर्शक गाइड मान बैठा था। जबकि वह वेदान्ती की भांति केवल समझ और बोध को ही पर्याप्त मानते थे चूंकि वही उनका मार्ग था। उन्होंने कुंडलिनी साधना की ही नहीं थी। इसके संबंध में उनकी केवल बौद्धिक जानकारी थी। ध्यान में भी साक्षी साधने के लिए उन्होंने त्रिनेत्र साधना की न तो आवश्यकता बतलाई थी और न विधि, जो ओशो ने 'ध्यान प्रथम अंतिम मुक्ति' में बतलाई है। उस समय तक पुस्तक पास रहते हुए भी मैंने उसे पढ़ा नहीं था।

उस समय मुझे इस बात का भी स्मरण न रहा कि कुंडलिनी जागरण ने मेरी समस्त कामऊर्जा का ऊर्ध्वगमन कर मुझे ओशो गाथा लिखने में इतना लीन

कर दिया कि तीन वर्ष तक मैं सेक्स की जैसे बात ही भूल गया था। पूना में प्रोस्टेट ग्रंथि की पीड़ा होने के बाद से ऑपरेशन अवधि के दो-तीन महीने तक ध्यान से दूर रहते हुए भी चूंकि मैं अपने अंदर कामवासना के उठते वेग का अनुभव कर रहा था, इसलिए मैं मान बैठा कि मैं कामवासना से मुक्त नहीं हुआ।

पूर्ण कुंडलिनी जागरण के बाद भी कामवासना तो बनी ही रहती है। हाँ, मनुष्य उसका गुलाम न होकर तटस्थ द्रष्टा भर रह जाता है।

यदि आत्मशरीर से संबंधित विशुद्ध चक्र या आज्ञाचक्र तक मेरा कुंडलिनी जागरण होता तो सभी द्वंद्व समाप्त हो गए होते। स्त्री पुरुष का भेद भी नहीं रह जाता। यह स्थिति पूना आश्रम में रहते हुए बनी भी थी पर बिना सद्‌गुरु और बिना बोध के मैं घबरा कर अज्ञात में छलांग न लगा सका। यदि वैसा हो गया होता तो कुंडलिनी जागरण को फिर मानसिक प्रक्षेपण भी समझने की भूल हरगिज न होती।

पर जो कुछ भी हुआ, वही अस्तित्व की मर्जी थी। अप्रत्यक्ष रूप से मैं इससे विकसित ही हुआ। पर उनका दुरुपयोग करने से, उसे औरों को बताकर महिमामंडित करने से धीमे-धीमे वे लुप्त होने लगीं। एक फक्कड़ मसीहा ओशो के पांच खण्ड प्रकाशित होने पर मैं नाम, यश और प्रसिद्धि के चक्कर में पड़कर जैसे योगभ्रष्ट हो गया। फक्कड़ मसीहा के खण्ड छह का आधा भाग मेरा सप्रयास लेखन है। इसलिए खण्ड छह अधिकतर पाठकों को उतना हृदयस्पर्शी नहीं लगा।

जब भी मेरी उनसे भेंट होती वह अवश्य पूछते-"ओशो-गाथा आगे बढ़ी या नहीं?"

मैं उत्तर देता-"स्वामीजी! ओशो के पूना आश्रम पहुंचने तक की कथा तो पांचवे खण्ड में आ ही चुकी है। उनके पूना आश्रम आने के बाद की तो सभी घटनाएँ लगभग सभी लोग जानते ही हैं। अब आगे की कथा लिखने का न तो अंदर से भाव उमड़ रहा है और न इतनी ऊर्जा रह गई है।"

वह मुझे प्रोत्साहित करते हुए कहते-"स्वामीजी! ओशो की पूरी कथा लिखने के लिए अस्तित्व ने आपका ही चुनाव किया है। जल्दी काहे की है? आप धैर्य से प्रतीक्षा कीजिए और सामग्री इकट्ठी करते चलिए। 1975 से 1990 तक के 'रजनीश टाइम्स'', 'रजनीश न्यूज लेटर', 'ओशो टाइम्स', 'संन्यास' तथा 'भगवान श्री रजनीश' आदि पात्रिकाओं में सारी सामग्री बिखरी है। इस बीच कम से कम उनका अध्ययन और मनन अवश्य करते रहिए।

1997 का पूरा वर्ष उक्त पत्रिकाओं की खोज, अध्ययन, मनन और नोट्स

लेने में ही गुजरा। इसी दौरान जबलपुर के ओशो आश्रम तथा एक संन्यासी मित्र के घर रहने का अवसर मिला। वहीं मां शून्यो की "माई डाइमंड डेज विद ओशो" पढ़ी। इसी अवधि में चित्त पर जमी धूल-धमास साफ करने के लिए सक्रिय तथा नो माइन्ड ध्यान पुनः प्रारंभ किया। 'संध्या सत्संग' में नृत्य उत्सव में भी सम्मिलित होने लगा।

जबलपुर के बाद दो-तीन सप्ताह के लिए स्वामी नरेन्द्र बोधसत्व की क्लीमेंट टाउन देहरादून स्थित कम्यून में भी रहा। वहीं मां मनीषा की ओशो के सान्निध्य में व्यतीत क्षणों की लिखी लगभग सभी पुस्तकें पढ़ीं।

रायबरेली में स्वामी कृष्णानंद का साक्षात्कार लेते हुए मैं उनसे अनुरोध कर रजनीश टाइम्स के भी वे सभी अंक लेता आया था जिनमें खंड छह और उससे आगे की बहुत कुछ सामग्री थी। बहुत प्रयास करने के बाद भी खंड छह के अधूरे लिखे अध्यायों के बाद कुछ भी लिखने का भाव ही नहीं होता था।

तभी अचानक एक दिन दाहिने घुटने में फ्रैक्चर हो जाने से प्लास्टर चढ़वाकर मैं बिस्तरे के हवाले हो गया। पर 'वाकॅर' के द्वारा उछल-कूद कर मैं बाथरूम तक पहुंच ही जाता था। दो दिन एकांत में लेटे-लेटे अचानक लिखने का भाव होने लगा। ऐसा लगा जैसे कोई शक्ति मुझे लिखने को प्रेरित कर रही है।

मैं दीवान पर ही दो मसनद तकियों का सहारा लेकर बैठ गया। मैंने अपने पुत्र से कहकर रजनीश टाइम्स की फाइलें, मां शून्यो और मां मनीषा की पुस्तकों से लिए नोट्स की डायरीज आदि सभी सामग्री वहीं मंगा ली। एक बार पूरी सामग्री पर सरसरी दृष्टि डालने मात्र से ही सारी घटनाएँ मेरे अंतर्पटल पर एक फिल्म की तरह प्रकट हो गईं। और...खण्ड छह का अधूरा भाग तो पूरा हुआ ही खण्ड सात और आठ के नए-नए अध्याय भी कागज पर उतरते चले गए। मसनद के सहारे मैं पैर फैलाकर बैठ जाता था। प्लाईवुड से बनी एक खोखली डेस्क के नीचे दोनों पैर बिना बाधा विश्रामरत रहते थे और मुझे लेखन में फ्रैक्चर के बावजूद कोई बाधा नहीं होती थी।

वस्तुतः फ्रैक्चर अप्रत्यक्ष रूप से मेरे लेखन के लिए वरदान सिद्ध हुआ था। वैसे तो सुबह शाम घर के फुटकर कामों के लिए मुझे बाजार जाना भी होता था, पर अब मेरी सारी ऊर्जा लेखन में ही संलग्न हो गई।

नीरज जी से आगरा में साक्षात्कार लेने के दौरान उन्होंने बतलाया था कि पूना कम्यून में कवि सम्मेलन के बाद ओशो ने दूसरी सुबह चाय पर आमंत्रित

करते हुए उनसे कहा था–Take my message to masses (मेरा संदेश जन सामान्य तक ले जाओ)।

एक अन्य प्रवचन में ओशो ने कहा था–मेरा हर संन्यासी मेरा संदेशवाहक और राजदूत है।

अदृश्य शक्तियों ने मुझे ओशो का संदेशवाहक और राजदूत ही बना दिया था। पाँच खण्ड लिखने के बाद यश और अहंकार के जिस राहू ने मुझे ग्रसा था, मुझे विकसित करने के लिए एक चोट या आघात जरूरी था। इस आघात ने मुझे असहाय बनाकर मुझे अपनी सीमाओं का बोध कराया। जबलपुर और देहरादून के सुरम्य वातावरण में कुछ महीने गुजारने के बाद मेरे अंदर कण–कण से प्रेम करने का भाव उत्पन्न हुआ। एक ओशो प्रेमी कवयित्री ने मेरी 'ओशो ही ओशो' पुस्तक पढ़कर मुझे पत्र लिखा। उस पत्र के द्वारा पत्रों का लम्बा सिलसिला शुरू हुआ। उससे तीन–चार मुलाकातें भी हुईं। बौद्धिक और हृदय तल पर एक नए प्रेम का सूत्रपात हुआ जिसमें शरीर नहीं था। मेरे अंदर प्रकृति प्रेम और ध्यान के द्वारा जो प्रेम उत्पन्न हुआ था, वह यही उद्दात प्रेम था। अपेक्षारहित, ईर्षामुक्त, मालिकियत से परे निश्छल प्रेम। इस प्रेम ने मुझे विकसित किया।

इसके ही साथ 'वाई' और मेरे मध्य चला लम्बा पत्र–व्यवहार भी मेरे लिए प्रेरणास्रोत बना। 'वाई' इन्टर में मेरी क्लासमेट थी। अंतर्विद्यालय वाद–विवाद प्रतियोगिताओं में हम दोनों ने कई पुरस्कार जीते थे। वह संगीत से एम.ए. तथा अमरीकी साहित्य पर शोध प्रबंध प्रस्तुत कर उसने पी.एच.डी. की उपाधि भी प्राप्त की थी। वह धर्मयुग की भी संवाददाता रही थी। आरोपित धर्म–बहन से बढ़कर वह मेरी एक अच्छी बौद्धिक मित्र थी। एक फक्कड़ मसीहा ओशो के खण्ड प्राप्त कर उसने अपनी सम्मति भी प्रेषित की थी। उसके पत्रों ने मुझे बहुत स्फूर्ति और प्रोत्साहन दिया। मुझे विकसित करने में उसके पत्रों और स्नेहों का भी बहुत बड़ा योगदान है। वह एक लम्बी अवधि से बंबई में ही रहती है। हम दोनों के परिवार जब कभी वर्षों बाद मिलते भी रहे हैं।

ध्यान और प्रेम के दो पंखों से अब मैं अनन्त आकाश की ऊँचाइयों पर उड़ान भर रहा था।

जबलपुर में स्वामी आनन्द बोध के घर महीनों रहते हुए भोजन बनाते हुए मेरी स्त्रैण या निष्क्रिय ऊर्जा भी सक्रिय हुई। सक्रिय और निष्क्रिय ऊर्जाओं के संगम और संतुलन से लेखन के बाद सही अर्थों में मेरी अंतर्यात्रा नए सिरे से प्रारंभ हुई। 'एक फक्कड़ मसीहा ओशो' की नौ खण्डों में कथा समाप्त हुई और मैं छिंदवाड़ा के जामुनिया ओशो आश्रम में जा पहुंचा।

# यश-अपयश, आदर-अनादर और निंदा-प्रशंसा का द्वंद्व

हर कवि और लेखक की चाह होती है, उसे प्रशंसा मिले। आदर और सम्मान मिले। उसे फूल मालाएँ पहनाई जाएं। पत्र-पत्रिकाओं में उसके लेखन की चर्चा-परिचर्चा हो। यही प्रशंसा और सम्मान उसे आगे लिखने के लिए प्रोत्साहित करता है।

ओशो से जुड़ने से पूर्व भी मेरे उपन्यास, कहानी, व्यंग्य और काव्य संकलन प्रकाशित हुए थे। एक दो पत्रिकाओं में थोड़ी बहुत प्रशंसा भी छपी थी। स्थानीय मित्रों ने गोष्ठी में उसकी चर्चा-परिचर्चा भी की थी। पर वह मेरे अहंकार और अपेक्षा के अनुसार नहीं के बराबर था। उससे मेरी तृप्ति और संतुष्टि नहीं हुई थी।

जब ओशो अनुकम्पा से एक फक्कड़ मसीहा ओशो के एक खण्ड के बाद दूसरे खण्ड प्रकाशित होते गए और ओशो प्रेमियों के प्रशंसा पत्र भी मिले, तो उन्हें पाकर मुझे अपार प्रसन्नता और तृप्ति हुई। पर साथ ही यह भाव भी उठा कि 'ओशो टाइम्स' में भी उसके संबंध में कुछ छपे जिसे पूरा ओशो संसार जाने।

यह मैं पूर्व ही स्पष्ट कर चुका हूँ कि ओशो-गाथा के पाँच खण्डों का लेखन, उसके प्रकाशन से पूर्व ही किसी अज्ञात शक्ति द्वारा जैसे कहीं अज्ञात से उतरा था। मैं मात्र उसका माध्यम था। उसके प्रकाशन से पूर्व मैं सृजन के आनन्द से मस्त और परम तृप्त था। उसके प्रकाशन की कामना के अतिरिक्त कोई अन्य कामना शेष बची ही न थी।

यश, प्रसिद्धि और सम्मान की चाह के उत्पन्न होते ही जैसे पर्वत शिखर से फिसल कर मैं खाई में जा गिरा। इसी को ओशो योग भ्रष्ट होना कहते हैं। जो कहीं अज्ञात से उतर रहा था, वह द्वार जैसे बंद हो गया। शक्तिपात के द्वारा जो कुंडलिनी जागरण और ऊर्जा के ऊर्ध्वगमन द्वारा जो आनन्द, मस्ती और दीवानगी कहीं अज्ञात से उतरी थी, धीमे-धीमे विदा होने लगी। तनाव और चिंता की काली घटाएँ फिर से घिरने लगीं। लगभग एक वर्ष यही स्थिति रही। फिर

किसी अज्ञात प्रेरणा से ही मैंने पुनः ध्यान करना प्रारंभ किया, जिसे पिछले वर्ष मैं पूरी तरह भुला बैठा था और पाठकों के प्रशंसापत्रों में उलझ कर चाह की चाशनी में अपने पंख चिपकाकर उड़ान भरने से वंचित हो गया था।

मैंने 'ओशो टाइम्स' के सम्पादक को एक पत्र लिखकर यह निवेदन भी किया था कि यदि 'ओशो टाइम्स' में एक फक्कड़ मसीहा ओशो की प्रामाणिक जीवनी के बारे में कुछ चर्चा-परिचर्चा की जाए तो कम से कम ओशो संसार तक उसकी खबर पहुंचेगी और ओशो प्रेमी ओशो के जीवन की इन्द्रधनुषी घटनाओं से प्रेरणा लेकर रूपांतरित हो सकेंगे। पर ओशो टाइम्स ने कुछ उत्तर ही नहीं दिया।

फक्कड़ मसीहा के दो खण्ड प्रकाशित होने के बाद पूना आश्रम में एक पत्र द्वारा आग्रह किया कि उसके कवर पर अनिवार्य रूप से "ओशो के जीवन पर आधारित उपन्यास" लिखा जाए, जबकि वह ओशो की प्रामाणिक जीवन कथा है। द्वितीय खण्ड के प्रकाशन के बाद उसके कवर पर ओशो का चित्र प्रकाशित करने की भी मनाही कर दी गई।

ओशो कहते हैं-"लेखक और कलाकार मेरे संदेशवाहक और राजदूत हैं। इनका सम्मान करो।"

पर इस उपेक्षा ने मुझे केवल कुछ दिनों तक ही उद्विग्न रखा फिर सहज रूप से सर्वस्वीकार भाव से जीने लगा।

X X X

ध्यान करते हुए उन्हीं दिनों जब ओशो अनुकम्पा से सातवें खण्ड से लेकर अंतिम खण्ड की कथा कागजों पर स्वतः उतरने लगी थी तो एक दिन स्वयं के विवेक ने मन की अच्छी खासी खबर लेते हुए कहा-"ओशो टाइम्स क्यों छापे तुम्हारी प्रशंसा? तुमने ओशो कथा लिखकर ओशो संसार के लिए एक शिष्य के दायित्व का ही तो पालन किया है। ओशो संन्यासी तो अपेक्षाएँ करता ही नहीं। वह मान-सम्मान, प्रशंसा-निंदा सभी से मुक्त होकर स्वयं अपने में डूबकर परम तृप्त और आनंदित रहता है। ओशो कथा प्रकाशित होकर लोगों तक पहुंच कर उन्हें आनंदित कर रही है, क्या इतना काफी नहीं तुम्हारे संतोष और तृप्ति के लिए? यदि 'ओशो-टाइम्स' ने अगेह भारती द्वारा ओशो पर लिखे संस्मरण प्रकाशित किए हैं तो तुम्हें ईर्ष्या क्यों होती है? अगेह भारती तो ओशो से निकट जुड़े पुराने संन्यासी हैं।" इसी दौरान फक्कड़ मसीहा के खण्ड सात से लेकर खण्ड नौ तक प्रकाशित हो गए।

तभी मुझे हिन्दी साहित्य निधि इटावा के अध्यक्ष और इलाहाबाद उच्चन्यायालय

के सेवा निवृत्त न्यायमूर्ति श्री प्रेमशंकर गुप्त का पत्र प्राप्त हुआ जिसमें डॉ. रजनीश गुप्त पुरस्कार के लिए मेरा चुनाव करते हुए मुझे राज्यपाल महोदय से पुरस्कार प्राप्त करने के लिए इटावा आमंत्रित किया गया था। ओशो के इंद्रधनुषी जीवन का चित्रण नौ खण्डों में किए जाने के कारण हिंदी-साहित्य को समृद्ध बनाने के प्रयास में मेरी साहित्य साधना को सम्मानित करने के लिए मुझे अपने ही गृह जिला इटावा में निमंत्रित किया गया था।

मैं कई दिनों तक दुविधा में पड़ा रहा, वहाँ जाऊँ या न जाऊँ। मन की सुप्त वासनाएँ कह रही थीं-इसी दिन के लिए तो उस दिन से प्रतीक्षा कर रहा था तू जब 1953 में तेरा पहला कहानी संग्रह 'अमरवस' प्रकाशित हुआ था। फिर अपने गृहजिला में अपनों के बीच राज्यपाल द्वारा सम्मान ग्रहण करते हुए देखना कितना रोमांचक अनुभव होगा?

गीता में अर्जुन को महाभारत के युद्ध के बीच जो वैराग्य उत्पन्न हुआ था उसके मूल में मोह और ममता थी। जब अपने ही युद्ध में जीवित न रहे फिर किनको दिखाऊँगा अपना वैभव? अपनों के बीच आदर सम्मान मिलने से ही अहंकार की तुष्टि होती है।

तभी अंदर से दूसरी आवाज आई-ध्यान और साधना के पथ में ऐसे आकर्षण कठिन परीक्षा करने के लिए ही आते हैं। यदि तू अपने संकल्प से डिग गया, यदि तू आदर सम्मान के लोभ में अपने अहंकार को तृप्त करने उस समारोह में सम्मिलित हुआ, तो तेरी सारी साधना सिर्फ एक छलावा होगी। अपने परिवार वालों के बीच भले ही तू गौरव का अनुभव करे पर इटावा के ओशो संन्यासियों की दृष्टि से तू निश्चित रूप से गिर जाएगा।

इसी दुविधा में मैं ओशो के तंत्र सूत्र का एक प्रवचन पढ़ रहा था और मुझे समाधान मिल गया। मैं सारी दुविधा समाप्त कर उस समारोह में सम्मिलित हुआ।

तंत्र सूत्र में ओशो कहते हैं-

"तंत्र अद्वैत है। उस एक की ही स्वीकृति है। वह जो बुरा है, वह भी उस एक का ही रूप है। वह जो अशुभ है, वह भी उस एक का ही रूप है। तंत्र के मन में निंदा किसी की भी नहीं है।

त्यागी भी दमन करता है। भोग का दमन करता है। दोनों ही दमन करते हैं। तंत्र कहता है-दमन मत करो। देखो, जानो, पहचानो। इन दोनों के द्वंद्व से बचो। यह द्वंद्व गलत है। न तो प्रशंसा करो, न निंदा करो। ...देखो, निर्णय मत लो। व्याख्या मत करो। साक्षी बन जाओ।" ...वासना का दमन मत करो। भोग कर उससे मुक्त हो जाओ।"

ऐसे सम्मान समारोह में भाग लेने का मेरा पहला ही अवसर था। बहुत भव्य पंडाल और मंच सजाया गया था। चूंकि राज्यपाल महोदय और इलाहाबाद उच्च न्यायालय की पाँच-छह न्यायमूर्तियाँ और डिवीजनल कमिश्नर अतिथि थे इसलिए चारों ओर पुलिस ही पुलिस थी।

साहित्यकारों को सम्मान देने वाले समारोह में जनता की दिलचस्पी बढ़ाने और भीड़ जुटाने के लिए अखिल भारतीय कवि सम्मेलनों के ख्यातिप्राप्त तीन कवियों को भी आमंत्रित किया गया था। शायद आयोजकों को उन कवियों की भीड़ जुटाने की क्षमता पर कुछ संदेह रहा होगा इसलिए रामकथावाचक मुरारी बापू को भी मुख्य अतिथि के रूप में आमंत्रित किया गया था। माननीय मुलायमसिंह जी भी आमंत्रित थे।

आयोजकों के अनुसार उन्होंने धर्म, साहित्य और राजनीति की त्रिवेणी प्रवाहित करने की व्याख्या की थी। इस संगम में स्नान करने को आतुर भीड़ उमड़ी भी।

सुश्री पदमा सचदेव तथा गुलाब दास ब्रोकर दो प्रमुख साहित्यकारों को सम्मानित करने के साथ-साथ एक दर्जन लोगों को उनकी हिन्दी सेवा के लिए सम्मानित किए जाने का आयोजन था।

मैं पूरे समारोह को एक तटस्थ द्रष्टा बन देखता रहा। साहित्यकारों को सम्मानित करने के आयोजन में, मुख्य रूप से सम्मानित किया जा रहा था महामहिम राज्यपाल महोदय को। इलाहाबाद उच्च न्यायालय के न्यायमूर्तियों, राजनेताओं और उच्चाधिकारियों को। आयोजक उनके आगे-पीछे ही डोल रहे थे। सम्मानित किए जाने वाले साहित्यकारों को माला पहना कर मंच पर आसीन करा दिया गया था।

एक मंडलायुक्त को हिंदी सेवा के लिए सम्मानित किया जा रहा था जिन्होंने अपने मंडल में हिंदी भाषा में राजकीय कार्य कराने को वरीयता दी थी। एक वकील को भी हिंदी सेवा के लिए पुरस्कार देने आमंत्रित किया गया था। हिंदी भाषा में इलाहाबाद उच्च न्यायालय में उन्होंने बहस करने की नई परंपरा शुरू की थी। जिले के एक ऐसे पत्रकार को भी सम्मानित किया जा रहा था, जो अपनी पीली पत्रकारिता के लिए बदनाम था।

हिंदी सेवा निधि के सचिव ने वार्षिक रिपोर्ट प्रस्तुत की। अध्यक्ष ने सम्मानित किए जाने वाले साहित्यकारों की हिंदी सेवाओं का गुणगान किया। माननीय न्यायमूर्ति, राज्यपाल महोदय, मुरारी बापू और मुलायमसिंह जी के भाषण और आशीर्वाद वचन ही अधिकांश समय ले गए। सभी आमंत्रित साहित्यकारों

की ओर से श्रीमती पद्मा सचदेव और गुलाबदास ब्रोकर को ही बोलने का समय दिया गया। प्रतिष्ठा और पद के अनुसार महंगे स्मृति चिह्न वी.आई.पी. अतिथियों को भेंट स्वरूप दिए गए। माननीय मुलायमसिंह जी ने हिंदी सेवा निधि को एक लाख की धनराशि देने की घोषणा की। पूरे जिले से अधिवेशन के लिए अच्छा चंदा वसूला गया था। कवियों ने कविता पाठ किए। रात्रि में शानदार डिनर हुआ।

पूरे कार्यक्रम में मैं तटस्थ भाव से देखता मन ही मन मुस्कराता रहा। यह सम्मान समारोह साहित्यकारों का न होकर राज्यपाल महोदय, मुरारीबापू, राजनेताओं और उच्चाधिकारियों का सम्मान समारोह था। वह समारोह हिंदी के नाम पर आर्थिक सहायता प्राप्त करने का आयोजन था।

बहुत दिनों से सुनता आया था कि साहित्यकारों को सम्मान देने के चयन में ही विकट राजनीति और ग्रुपबाजी चलती है और कुछ सम्मान पाने वाले साहित्यकार आयोजन का पूरा व्यय स्वयं वहन करते हैं कम से कम यह आयोजन इन दो दोषों से मुक्त था। पर इस सम्मान समारोह की शिरकत ने मुझे व्यवहारिक बोध दिया।

इसी सिलसिले में कानपुर के दो ध्यान केन्द्रों में दो दिलचस्प घटनाओं का ख्याल आ रहा है। ओशो जन्म दिवस समारोह में एक ध्यान केन्द्र के संचालक ने मुझसे ध्यान प्रयोग करवाने को कहा। ध्यान प्रयोग करवाने के बाद मैं एक फक्कड़ मसीहा ओशो की प्रथम खण्ड की अप्रकाशित पाण्डुलिपि में से ओशो के नाना के महाप्रयाण का प्रसंग सुनाने लगा। मुझे विश्वास था कि इस भावपूर्ण प्रसंग को सुनकर ओशो प्रेमी आनन्दित होंगे। पर मैंने एक पृष्ठ ही पढ़ा था कि संचालक महोदय ने अन्य संगीत कार्यक्रम प्रारंभ करने के लिए मुझसे उसे बीच ही में समाप्त करने का अनुरोध किया। वह अनुरोध नहीं आदेश था। अन्य ओशो प्रेमियों और संन्यासियों ने भी कोई प्रतिक्रिया व्यक्त नहीं की। उन सभी का ओशो प्रेम देखकर मुझे आघात लगा। लेकिन जब लखनऊ के एक समारोह में स्वामी नरेन्द्र बोधिसत्व ने अन्य पुस्तकों के लोकार्पण के समय हाल ही प्रकाशित एक फक्कड़ मसीहा ओशो के द्वितीय खण्ड का भी लोकार्पण किया तो उस समारोह के बाद कानपुर केन्द्र के वही संचालक महोदय, जिन्होंने एक फक्कड़ मसीहा के प्रथम खण्ड के ओशो के नाना के महाप्रयाण प्रसंग को मुझे बीच ही में अधूरा समाप्त करने का अनुरोध किया था, अचानक वह मुझे गोद में उठाकर नाचने लगे। मैं उनकी इस बदली भावदशा को देखकर आश्चर्यचकित रह गया।

उन्होंने प्रशंसा की वर्षा करते हुए गद्‌गद स्वर से कहा-"वाह भाई स्वामीजी! आपके फक्कड़ मसीहा प्रथम खण्ड ने तो मुझे एक रात सोने ही नहीं दिया। मैं उसे पढ़ता हुआ कभी रोता रहा और कभी हंसता रहा। ओशो के नाना के महाप्रयाण प्रसंग पढ़कर मेरी आंखें भर आईं। आपने यह ग्रंथ लिखकर हम सभी ओशो-प्रेमियों को एक अनुपम उपहार दिया है।"

व्यक्ति के मन की पर्त दर पर्त में विभिन्न मनोवेग हैं जो व्यक्ति की चित्तवृत्ति, दृष्टि और परिस्थिति के अनुसार बदलते रहते हैं। किसी व्यक्ति द्वारा किए गए किसी विशिष्ट कार्य से उसके पूरे व्यक्तित्व का मूल्यांकन करना मात्र नासमझी है।

दो-तीन वर्ष बाद का इसी तरह का एक अन्य प्रसंग याद आता है। वही ध्यान केंद्र संचालक एक दिन अपने साथ एक ओशो प्रेमी को साथ लेकर आए। मुझे देखते ही वह ओशो प्रेमी मेरे चरण पकड़कर रोने लगे।

केन्द्र संचालक ने उनका परिचय कराते हुए कहा-"यह श्रीमान जी आपके फक्कड़ मसीहा के दो खण्डों को पढ़कर इतने दीवाने हो गए कि आपसे मिलने को उतावले होकर आपका घर ढूंढ़ते भटकते रहे। जब आपका घर नहीं मिला तो अपने साथ मुझे पकड़ कर लाए हैं।

ओशो प्रेमी वह मित्र गद्‌गद स्वर में बोले-"स्वामीजी! फक्कड़ मसीहा के दो खण्डों को मैं पिछले दो सप्ताह से पढ़ रहा हूँ। कुछ प्रसंग को तो बार-बार पढ़कर भी जी तृप्त नहीं होता। मैं इसके शेष खण्डों के लिए कई जगह भटकता रहा। अब इसके अब तक जितने भी खण्ड प्रकाशित हुए हों, कृपया उन्हें देने का कष्ट करें।"

मैंने उन्हें खण्ड तीन, चार और पाँच दिए। उन्होंने आग्रह करते हुए उन पर मुझे आशीर्वाद वचन लिखने का अनुरोध किया।

चाय पीते हुए उन्होंने मुझे घर आने का निमंत्रण दिया और अपने निवास स्थान की स्थिति का भौगोलिक नक्शा भली-भांति समझाया। चलते-चलते भी वह मुझे अपने घर जरूर-जरूर आने का आग्रह करते और मेरे द्वारा आने का वायदा करवाने के बाद ही विदा हुए।

कुछ महीनों बाद जब किसी अन्य कार्य से मैं उनके क्षेत्र से होकर गुजरा तो उन ओशो प्रेमी का आग्रह और अपने वायदे का स्मरण कर मैं उनके घर जा धमका।

पर इस बार वह बहुत बुझे-बुझे, उत्साहहीन और व्यथित दिखाई दिए।

उस दिन मेरे घर मिलने पर वह बड़े गर्व से बतला रहे थे कि उन्होंने दुकान,

धन और सम्पत्ति पुत्रों और पत्नी के बीच वितरित कर दी है और अब अपना वानाप्रस्थ जीवन साक्षी भाव से परम आनन्दित होकर व्यतीत कर रहे हैं।

चाय पीने के दौरान ज्ञात हुआ कि वह सम्पत्ति वितरण के कारण ही एक पुत्र द्वारा बरबस पूरी दुकान पर अधिकार जमा लेने और आयकर रेड के कारण बहुत परेशान, पीड़ित, उद्विग्न और तनावग्रस्त हैं।

उनके वानाप्रस्थ जीवन और साक्षीं भाव की हवा से भरे ट्यूब में जैसे पंचर हो गया था। इस बार उन्होंने फक्कड़ मसीहा के उन खण्डों का जिक्र तक न किया जिन्हें वह बड़े उत्साह से खरीद कर मेरे घर ले गए थे।

उनके यहाँ कुछ देर बैठकर मैं घर वापस आ गया और सोचता रहा-मन के अस्थिर स्वभाव, अहंकार और मूर्च्छा के संबंध में। परिस्थिति के पलटा खाते ही प्रेम, श्रद्धा समर्पण और साक्षी भाव सभी विदा हो जाते हैं और रह जाता है केवल अवसाद और हताशा। साक्षी होना तो बहुत बड़ी बात है, व्यक्ति तदस्थ द्रष्टा भी कहाँ बन पाता है?

सम्मान-अपमान, निंदा-प्रशंसा, प्रेम और घृणा यह एक ही सिक्के के दो पहलू हैं। सम्मान-अपमान दोनों को तटस्थता से देखने पर सम्मान पाने की वासना विदा हो गई। यदि मैं उस कामना का दमन करता तो वह चाह एक नासूर बन जाती।

परिचितों की दृष्टि में सम्मान के भाव के साथ उत्पन्न ईर्ष्या को भी मैंने महसूस किया। मैंने इटावा के ओशो संन्यासियों की दृष्टि में एक तिरस्कार और उपेक्षा देखी। वे मुझे मान-सम्मान से मुक्त त्यागी संन्यासी समझ बैठे थे। उनकी दृष्टि में यह मेरा पतन था।

एक फक्कड़ मसीहा ओशो प्रकाशित होने पर मुझे ओशो संन्यासियों से प्रशंसा और सम्मान के साथ निंदा, ताने और व्यंग्य भी मिले, जो सहज स्वाभाविक हैं।

ओशो पर पुस्तकें लिखने वाले एक वरिष्ठ संन्यासी ने अपनी पुस्तक में लिखा था कि अभी तक ओशो को केन्द्र बिन्दु बनाकर जितनी भी पुस्तकें लिखी गई हैं, उनमें एक फक्कड़ मसीहा ओशो निकृष्टतम रचना है। उन्होंने गालियों से भरा मुझे एक लम्बा पत्र भी लिखा था जिसे पढ़कर शुरू में मैं उद्विग्न रहा। फिर धीमे-धीमे निंदा-प्रशंसा का यह तमाशा देखकर मैं उदासीन हो गया।

कई ओशो संन्यासियों की दृष्टि में मैंने ओशो गाथा लिखकर जाने कितनी धनराशि अर्जित कर ली? कुछ लोग धृष्ट होकर पूछते भी थे-"स्वामीजी! आपको प्रकाशक से कितना पैसा मिलता है?"

प्रकाशक पाँच प्रतिशत रॉयल्टी राशि को भी अधिकतर पुस्तको के रूप में दे रहे थे जिनमें से 25-30 पुस्तकें तो भेंट में निःशुल्क बंट जाती थीं। प्रकाशक के अनुसार उन्होंने प्रथम संस्करण 1000 प्रतियों का और दूसरा संस्करण 500 प्रतियों का प्रकाशित किया था। जितना प्रकाशक ने दिया था उससे पाण्डुलिपि टाइप करने के खर्च के साथ, इन ग्रंथों क़ी सामग्री एकत्र करने विभिन्न स्थानों की अनेक यात्राओं में जो खर्च हुआ था, वह भी पूरा नहीं हुआ था। इस बात का उल्लेख केवल मैं इसीलिए कर रहा हूँ जिससे लोग वस्तु स्थिति से अवगत हो सकें और उनका भ्रम समाप्त हो सके। पर यह लेखन न तो धन कमाने के उद्देश्य से था और न प्रशंसा या सम्मान बटोरने के लिए। हाँ! इसके द्वारा मुझे मान-सम्मान, निंदा-स्तुति का द्वंद्व भली-भाँति समझ में आ गया।

ध्यान साधना शिविरों में, पुस्तकों में प्रकाशित मेरा चित्र देखकर कुछ नए संन्यासी मुझसे उसकी पुष्टि कर बहुत प्रेम और अहोभाव से मिलते थे। चाय या भोजन के समय अथवा खाली समय में वह उत्सुकता से पूछते थे-"आपने कैसे लिखी यह विलक्षण रचना? कैसे और कहाँ से आपने यह मोती इकट्ठे कर माला पिरोई?"

शिविर के बाद कुछ संन्यासियों के प्रेमपूर्ण आग्रह पर मैं सत्संग के लिए उनके निवास स्थान पर भी जाता था। एक फक्कड़ मसीहा ओशो के माध्यम से ओशो पर होने वाली चर्चा-परिचर्चा में मुझे बहुत आनन्द आता था।

ओशो प्रेमियों और दीवानों ने 'एक फक्कड़ मसीहा ओशो' के विविध खण्डों में डूबकर पत्रों द्वारा जो भावदोगार व्यक्त किए, वे उनके निश्छल ओशो प्रेम के परिचायक थे। प्रेम में आपूरित श्रद्धा भरे स्वर अतिश्योक्तिपूर्ण होते ही हैं। भावों को व्यक्त करने के लिए सभी शब्द बौने पड़ जाते हैं।

किसी ने लिखा-"ओशो की अद्‌भुत जीवन लीला की मधुरतम झांकी दिखलाने वाली स्वामी ज्ञानभेद की बुद्धस्त-चेतना को कोटि-कोटि धन्यवाद और प्रणाम।"

एक दीवाने ने लिखा-ओशो की जीवनी के विविध खण्डों में डूबकर मेरी स्थिति 'झरत चहुं दिस मोती' जैसी हो गई है। फक्कड़ मसीहा के विविध खण्डों ने ओशो के मयकदे की जैसे सभी चाबियां मुझे सौंप दी हैं।

बड़ी हथाई गंगापुर (राजस्थान) के स्वामी ज्ञान अप्रितम तो इन ग्रंथों के इतने दीवाने थे कि जब मैंने ओशो कथा खण्ड प्रकाशित होने के बाद पूरी कथा सात खण्डों में समेटने की घोषणा की तो उन्होंने पत्र लिखा-

"आधुनिक वेदव्यास महाभाग! इस देवोपय सामग्री को केवल सात भागों

तक सीमित न कर सात सौंवें भाग तक परोसते ही रहें। ओशो-दर्शन का इतना सरस सारगर्भित एवं सुललित रूप में यह अमृत कलश हिन्दी पाठकों को आपने सुलभ कराने का महा उपकार किया है।"

ओशो प्रेमी लखनऊ विश्वविद्यालय के अंग्रेजी तथा यूरोपीय भाषाओं के विभागाध्यक्ष ने लिखा-

ओशो के बारे में जो कुछ भी लिखा गया है, वह आपकी पुस्तकों के सामने बहुत फीका लगता है। मैं फक्कड़ मसीहा के आगामी खण्डों की बेसब्री से प्रतीक्षा कर रहा हूँ।

एक प्रेमी मित्र ने लिखा-आपने हम आवारा उड़ते पंछियों को, इस ग्रंथ के रूप में ऐसा वृक्ष दे दिया है, जिसकी शांत शीतल छाया में हम तृप्त, आनन्दित और विश्राममय हो सकें।

स्वामी योग प्रीतम ने अपने भावपूर्ण पत्र में लिखा-

"ओशो के लगभग सभी जीवन प्रसंगों को आपने कथा रूप में जिस रोचकता और कलात्मकता से संग्रहीत करके क्रमबद्ध रूप में प्रस्तुत किया है, वह अतुलनीय है। इसके लिए सम्पूर्ण ओशो जगत आपका आभारी है।

महिला पॉलीटेक्नीक सागर के प्राध्यापक श्री राजपूत ने तो पत्र लिखते हुए जैसे अपना पूरा हृदय उड़ेल दिया-

फक्कड़ मसीहा के विभिन्न खण्ड एक बार आद्योपात्त पढ़ लिए हैं। मन नहीं भरा, दोबारा पढ़ रहा हूँ। जब तब कक्षाओं में पढ़ाते समय छात्राओं से ओशो के इन प्रेरणास्पद प्रसंगों की चर्चा करता रहता हूँ। मेरी नजर में तो आप संबुद्ध ही हैं।

बनारस से श्री कृष्णकुमार जालान ने लिखा-एक फक्कड़ मसीहा ओशो के नौ खण्डों में डूबकर मैंने जैसे ओशो को ही पा लिया। बम्बई के फक्कड़ मसीहा ओशो के एक प्रेमी ने मुझे लिखा कि वह फक्कड़ मसीहा ओशो के प्रत्येक खण्ड की 200-200 प्रतियां अभी तक कई संतों, साहित्यकारों तथा सुपात्रों को बांटकर, देने और बांटने का आनन्द प्राप्त कर चुके हैं।

दिल्ली के श्री विनोद बजाज ने लिखा-आपने ओशो जीवनी लिखकर सम्पूर्ण पृथ्वी पर कृपा की है। आपका सारा संसार ऋणी है। मुझे गर्व है कि मेरे पास उस पुस्तक को लेने वालों की कतार लग गई है। वे लोग भी इसे पढ़ना चाहते हैं जिन्होंने अभी तक कभी ओशो की ओर कोई ध्यान नहीं दिया है।

इन्हें पढ़ते हुए कभी स्वयं ही छत फाड़ ठहाका लग जाता है और कहीं-कहीं आँखों से झरना झरने लगता है।

ऐसे सैकड़ों प्रेम भरे प्यारे पत्र मिले, जिन्होंने मेरे क्लांत शरीर को शांति, प्रोत्साहन और साहस दिया। यह कहना गलत न होगा कि मैं ऐसे पत्रों की प्रतीक्षा करता था। इन्हें पढ़कर एक नशा-सा छा जाता था। मेरे अहंकार का गुब्बारा इस हवा को पाकर और फूल जाता था। कर्ताभाव जागृत हो जाता था।

भारत के विभिन्न नगरों से प्रेमी मित्रों के फोन भी आते रहते थे। इसके आधार पर मैं अपेक्षा करने लगा कि पूना आश्रम से भी कुछ प्रोत्साहन मिले। ओशो टाइम्स में इसके बाबत कुछ चर्चा-परिचर्चा हो।

फक्कड़ मसीहा के पांच खण्ड तो जैसे एक बेखुदी और दीवानगी में लिखे गए थे। उनमें 'मैं' कहीं था ही नहीं। मात्र माध्यम था।

इसी कर्ता भाव, अहंकार और प्रेम की अपेक्षा के कारण डेढ़ साल तक मैं व्यथित रहा। लेखनी को जैसे जंग लग गई। पर्वत से खाई में गिरकर मैंने स्वयं का निरीक्षण करना शुरू किया। ध्यान करना फिर से प्रारंभ किया। ओशो आश्रमों और प्रकृति के सान्निध्य में अकेलेपन का रस लेते हुए ओशो प्रेम घटा दोबारा तिबारा फिर बरसी और बरसती ही जा रही है।

अब प्रेमी मित्रों के पत्रों और फोनों की न प्रतीक्षा करता हूँ और न अपेक्षा। आ जाते हैं तो ठीक, नहीं तो कोई अपेक्षा, शिकायत, हर्ष या विवाद नहीं। जीवन सरिता में बस जैसे बहा जा रहा हूँ।

पूना आश्रम के प्रति श्रद्धा थी, है और निरंतर रहेगी। उनकी अनुकम्पा से ही फक्कड़ मसीहा के प्रकाशन का द्वार खुला। उन्होंने मुझे लिफ्ट न देकर अच्छा ही किया। यदि लिफ्ट मिली होती तो संभवत: पूना जाकर ही रहता। फिर नए ग्रंथ शायद लिखे ही नहीं जाते। अब घर रहते मैं परम आनन्दित हूँ। स्वयं में डूब रहा हूँ। सर्वत्र ओशो चेतना का ही अनुभव होता है। जो ऊपर से उतरता है, वह संभवत: पुस्तक का आकार ले लेता है। अब बाहर की सारी दौड़ समाप्त हो गई। जैसे मैं खाली बांस की पोंगरी बन गया हूँ।

'एक फक्कड़ मसीहा ओशो' ने ओशो संसार में मुझे नाम दिया, शोहरत दी, अपनी एक पहचान दी। मुझे अपने अंदर ही छिपी संभावनाओं से परिचित कराया। पर यह सब अनुकम्पा सद्गुरु ओशो की ही थी।

तेरी बन्दगी से पहले मुझे कौन जानता था?

तेरे नाम ने बना दी, मेरी जिन्दगी फसाना।

कोई पता तलाशते काठमाण्डू, कीर्तिनगर, अहमदाबाद, लखनऊ, बनारस, पटियाला, फरीदाबाद, दिल्ली या इलाहाबाद से चला आ रहा है। सिर्फ मेरे दर्शन करने, मुझसे बात करने और यह जानने के लिए-कि स्वामीजी आपने ओशो गाथा लिखी कैसे?

एक दिन एक मुस्लिम नवयुवक मुझसे भेंट करने घर आया। उसने किसी ओशो शिविर की पुस्तक प्रदर्शनी में फक्कड़ मसीहा के दो खण्ड पढ़े थे। वह बहुत रोमांचित और आनन्दित था। घर से भारी विरोध होने पर भी उसने संन्यास लिया। वह मुझसे फक्कड़ मसीहा के नवप्रकाशित नए-नए खण्ड पढ़ने के लिए ले जाता था और जब उसे वापस करने आता था तो ओशो संसार में अपनी घुमक्कड़ी के नए-नए अनुभव सुनाता था। उसी की भांति कई लोगों ने मुझसे लेकर फक्कड़ मसीहा का आनन्द निःशुल्क उठाया। इन्हीं लोगों में दो-चार ऐसे भी थे, जिन्होंने पुस्तकें लेकर फिर वापस नहीं कीं।

जबलपुर, देहरादून या जमुनिया (छिंदवाड़ा) के जिन ओशो आश्रमों में मैं जाकर रहा, वहाँ भी ध्यान करने वाले संन्यासी पुस्तकों में छपे मेरे चित्र को देखकर मुझे पहचान लेते थे और ध्यान के बाद खाली समय में ओशो गाथा पर ही चर्चा-परिचर्चा होती रहती थी। उन दिनों मुझे इन चर्चा-परिचर्चा में बहुत रस आता था। मेरे अहंकार की तृप्ति होती थी। मैं अपने साथ फक्कड़ मसीहा ओशो तथा 'ओशो ही ओशो' की कुछ प्रतियां भी ले जाता था और इच्छुक प्रेमियों को 25% या 30% कमीशन पर दे देता था, क्योंकि प्रकाशक से रॉयल्टी के रूप में मुझे पुस्तकें ही मिलंती थीं।

अपनी उन दिनों की मनःस्थिति के अनुसार मैं ऐसा करते हुए अपने आप द्वारा लिखी ओशो-कथा का प्रचार-प्रसार कर रहा था।

उन दिनों भारत भर के नगरों, कस्बों और गांवों से ओशो प्रेमियों के पत्र आते थे जिनमें लिखे ग्रंथों की प्रशंसा के साथ ढेर सारी जिज्ञासाएँ व्यक्त की जाती थीं। मैं उन सभी का उत्तर अवश्य देता था। कभी-कभी तो आठ-दस पृष्ठों तक के पत्र आते थे। मुझे इन पत्रों को पाकर अतीव प्रसन्नता होती थी। भारत के सुदूर नगरों से फोन पर भी ओशो प्रेमी इन ग्रन्थों के सृजन के लिए अहोभाव व्यक्त करते थे।

एक बार मैं जब मेरठ अपने मित्र से मिलने गया तो उनके साथ बॉम्बे बाजार में चहलकदमी करते हुए मुझे स्वामी शान्तम पर्वत का ख्याल आ गया, जिनके बाबत बुलन्दशहर में होने वाले ध्यान शिविर में सुना था कि उनकी बॉम्बे बाजार में ही मिलिट्री का सामान बेचने वाली उनकी काफी बड़ी दुकान है। दुकान में उनके पुत्र से भेंट हुंई। स्वामी जी के पुत्र से मैंने अनुरोध भी किया कि जब आपके घर ही ध्यान केंद्र है तो मैं आपके घर चलकर भी स्वामीजी से मिल सकता हूँ। पर उससे यह ज्ञात होने पर कि स्वामीजी घर पर किसी से भेट नहीं करते, मुझे आश्चर्य भी हुआ।

स्वामीजी से भेंट दूसरे दिन उनकी ही दुकान पर हुई। वह मिले तो पर उनके व्यवहार में प्रेम और अपनत्व का अभाव था।

इस भेंट के दूसरे दिन जब मैं शास्त्रीनगर में अपने एक मित्र परिवार में बैठा चाय पी रहा था तो मुझसे भेंट करने दो युवक कार में आए। परिचय के बाद ज्ञात हुआ कि स्वामी शान्तम पर्वत से मेरे आने का समाचार जानकर वे मुझे आबूलेन स्थित मेरे मित्र के घर खोजते हुए और वहाँ से यहाँ का पता लगाते-लगाते बड़ी श्रद्धा से आए थे। उनमें से एक संन्यासी मधुसूदन जी अपने दो पुत्रों को भी अपने साथ लाए थे। उन दोनों ने अपने पिताजी के साथ मेरे चरणों का श्रद्धापूर्वक स्पर्श किया। उन्होंने एक फक्कड़ मसीहा ओशो के पांचों प्रकाशित खण्ड पढ़े थे और काफी समय से मुझसे मिलने को उत्सुक थे। उन्होंने आग्रह कर उसी शाम मुझे अपने घर डिनर पर आमंत्रित किया।

डिनर तो बहाना था। उनके निवास स्थान पर मेरठ के 15-20 संन्यासी आमंत्रित थे और उनमें से कई लोग एक फक्कड़ मसीहा के संबंध में अधिक से अधिक जानना चाहते थे।

कई मित्रों ने विविध प्रश्न किए। उनमें से एक संन्यासी ने पूछा-"स्वामीजी! आप ओशो संसार में बहुत घूमे हैं। क्या आपको कोई जीवित बुद्ध मिला? क्या आप मुझे उनका नाम बता सकते हैं?"

उस समय मैंने क्या उत्तर दिया था, मुझे स्मरण नहीं। यही प्रश्न मधुसूदन जी ने मेरे मेरठ ध्यान केन्द्र में तीसरी बार जाने पर भी पूछा था। मैंने अपनी समझ से उसका उत्तर भी दिया था। यह प्रश्न दो-चार का नहीं सैकड़ों हजारों संन्यासियों का प्रश्न है। अब तो सिद्धार्थ जी की बुद्ध एकेडेमी ने लगभग अस्सी लोगों को बुद्ध घोषित कर दिया है। हर बड़े नगर में स्वयंघोषित बुद्धों की संख्या भी कम नहीं है। उसी सत्संग में सेवानिवृत्त खंडसारी अधिकारी जिन्होंने ओशो संन्यास भी लिया था उन्होंने भी मधुसूदन जी के घर पर होने वाले सत्संग में यही प्रश्न पूछा था। वह हाल ही मेरठ और माधौपुर से स्वामी आनन्द विजय तथा शैलेन्द्र जी से भेंट कर वापस लौटे थे। मुझे उनसे ही ज्ञात हुआ कि स्वामी आनन्द विजय ने बुद्ध होने की घोषणा के बाद जबलपुर में हाथी पर बैठकर स्वयं अपने जुलूस का आयोजन किया था और बाद में शैलेन्द्र जी के साथ सम्मिलित समाधि शिविर के आयोजन से होने वाली आय को लेकर उनसे हुए विवाद के बाद वह सिद्धार्थ जी और शैलेन्द्र जी से पृथक हो गए। उन्होंने यह भी घोषित किया कि वह बुद्ध नहीं हैं और वह सब एक खेल था।

उन्होंने यह भी बतलाया था कि उन्होंने शैलेन्द्र जी को मेरठ में समाधि-शिविर के लिए आमंत्रित किया पर उनका बताया तीस-चालीस हजार का कार्यक्रम सुनकर ही वह उल्टे पैरों वापस आ गए। उन्हें शैलेन्द्र जी या सिद्धार्थ जी में किसी बुद्ध के दर्शन नहीं हुए।

मैं ऐसे ही मित्रों से उलट प्रश्न पूछना चाहता हूँ-जब ओशो ने 1970 में अपने बुद्ध होने की घोषणा की थी तो आपने उसके दस पन्द्रह वर्षों बाद क्यों संन्यास लिया? संन्यास लेने के बाद भी आपने पूना जाकर कितने महीने या सप्ताह उनकी बुद्ध ऊर्जा क्षेत्र में रहकर उनके सान्निध्य का लाभ उठाया?

आज जो अपने को बुद्ध कहते हैं, उन्हें आप स्वीकार नहीं करते। आपकी अपेक्षाएं उसी को बुद्ध स्वीकार कर सकती है जो ओशो जैसा हो। पर ओशो जैसे सद्‌गुरु तो हजारों वर्षों बाद जन्म लेते हैं।

जिन्हें घटता है, वे अधिकतर मौन रहते हैं, क्योंकि उसकी अभिव्यक्ति बहुत मुश्किल है।

ओशो कहते हैं-"बुद्ध ही बुद्ध चेतना को पहचान सकता है। उसकी तरंगों को ग्रहण करने की पात्रता और ग्राह्यता चाहिए। श्रद्धा और समर्पण चाहिए। उसके सान्निध्य में उठो, बैठो, जीयो। यदि उसे सचमुच कुछ घटा है तो तुम रुपांतरित होने लगोगे।"

पर अहंकर छोड़कर किसे फुरसत है कि कोई किसी के सान्निध्य में बैठे? सबसे अच्छा है अपने ही अंदर छिपी बुद्ध चेतना का स्मरण कर लोग ध्यान की गहराइयों में जाकर विकसित हों। अपने दीये आप बनें।

धूरी (पंजाब) का एक ओशो प्रेमी युवक तो फक्कड़ मसीहा का जैसे दीवाना हो गया था। उसने मुझे पचासों पत्र लिखे। वह हर खण्ड के प्रकाशन की आतुरता से प्रतीक्षा करता था। उसने आग्रह करके मुझे धूरी आने का निमंत्रण दिया। चूंकि उन दिनों कालका में मेरी बेटी और दामाद भी रहते थे अत: उसके निरंतर आग्रह से दिल्ली में प्रकाशक से मिलने के बाद मैं धूरी चला गया। मैंने उसे धूरी आने की तिथि और ट्रेन की सूचना दे दी थी। स्टेशन पर दस बारह ओशो प्रेमियों और संन्यासियों ने मेरा हार्दिक स्वागत किया। रात्रि भोजन के बाद वह मुझे अपने पड़ोस में एक मृत्युशय्या पर लेटी प्रौढ़ स्त्री के पास ले गया। उसका ख्याल था कि जैसे फक्कड़ मसीहा लिखने के दौरान मुझे शक्तिपात द्वारा ओशो से वह ऊर्जा मिली थी जो एक मरते व्यक्ति को जीवित कर देगी। मैंने उसकी मृत्युशय्या के चारों ओर संन्यासियों का घेरा बनाकर ओम ध्यान करते हुए उसे शांति से मृत्यु को स्वीकार करने की प्रार्थना की और उसके भ्रमजाल को

तोड़ने का प्रयास किया। टाटा सूमो में उसी रात्रि वे सभी लोग मुझे बरनाला ले आए। बरनाला के ध्यान केंद्र में तीन दिन ध्यान सत्संग का कार्यक्रम हुआ। वह युवक रात्रि मेरे साथ ध्यान केंद्र में इसलिए सोया जिससे वह मुझसे ऊर्जा प्राप्त कर सके। उस पर शक्तिपात हो सके। उसके पत्रों, बातों और भावों द्वारा मैं उसके अंदर चलने वाले विचारों को भली-भांति समझ रहा था। इस बीच वह संन्यास भी ले चुका था और 'ओशो ही ओशो' में पूना कम्यून का चित्रण पढ़कर वह पूना जाने का कार्यक्रम बना रहा था।

उसने बरनाला के साहित्यकारों और ओशो प्रेमियों के साथ एक छोटा-सा समारोह भी आयोजित किया। उसमें 'एक फक्कड़ मसीहा ओशो' की चर्चा-परिचर्चा के साथ मुझे सम्मानित भी किया गया।

धूरी से कानपुर लौटने पर उसके एक पत्र द्वारा ज्ञात हुआ कि वह पूना कम्यून एक सप्ताह रह कर आया है। वहीं उसने एक फक्कड़ मसीहा का छठा खण्ड खरीद कर पढ़ा था और वह उसे पिछले पांच खण्डों की भांति प्रवाहमय और ओजपूर्ण इसलिए नहीं लगा क्योंकि मैंने उसमें स्वामी धर्म वेदान्त को एक पात्र के रूप में ओशो की देशना को समझाते हुए चित्रित किया था। उसके पत्र से स्पष्ट था कि पूना कम्यून में व्यवस्थापक मंडल के संन्यासियों के यांत्रिक, रूखे और अनुशासनपूर्ण व्यवहार से वह दुःखी और आहत था।

उसका कारण स्पष्ट था कि वह जो अपेक्षाएँ लेकर पूना गया था वे वहाँ पूरी नहीं हुई थीं। वहाँ उसे प्रेम, संवेदनशीलता और सहजता नहीं मिली। उसे वहाँ ऐसा कोई भी व्यक्ति नहीं मिला जिससे वह अपनी शंकाओं का निवारण कर सके। अपने संदेहों का समाधान पा सके। वहाँ अंग्रेजी भाषा के प्रयोग ने भी उसकी मुश्किलें बढ़ा दीं। विदेशी संन्यासियों के खुले स्वच्छंद उन्मुक्त जीवन शैली को देखकर उसके भारतीय संस्कारों को चोट लगी। उसे वहाँ ओशो जैसा एक भी नहीं मिला जिसके सान्निध्य में वह शक्तिपात या ऊर्जा का अनुभव कर सके।

ओशो ने एक प्रवचन में कहा भी है-"यदि तुम मेरे पास अपनी अपेक्षाएँ पूरी करने यहाँ आते हो तो बेहतर है आओ ही मत। मैं यहाँ किसी की अपेक्षाएँ पूरी करने नहीं बैठा हूँ। मैं भी एक साधारण इंसान हूँ। मुझे भी भूख-प्यास लगती है। मुझमें और तुममें केवल एक अंतर है-तुम सोए हुए हो और मैं जाग गया हूँ।

उस युवक के पत्र आना भी धीमे-धीमे बंद हो गए, यद्यपि उक्त घटना के बाद फक्कड़ मसीहा के तीन और खण्ड प्रकाशित हुए। उसकी अपेक्षाएँ न मुझसे मिलकर और न पूना जाकर पूरी हुईं। उसका ओशो प्रेम मद्धिम पड़ गया।

मैंने अपने एक पत्र में उसे पहले पूना न जाकर जबलपुर या देहरादून ओशो आश्रम जाने का परामर्श दिया था जिससे हिन्दी भाषा में होने वाले कार्यक्रमों में भाग लेकर वह अपने संदेहों का समाधान कर सके।

मैनें उसे मूढ़ संस्कारों और अंधविश्वासों से मुक्त होने का परामर्श दिया था और इसके लिए ओशो के उन ग्रंथों की सूची भी भेजी थी जो उसे बोध दे सकें, उसकी समझ विकसित कर सकें।

उसे मुझमें ओशो जैसी बुद्ध चेतना की तलाश थी। पूना भी वह उसी तलाश में गया था, जहां किसी का शक्तिपात या ऊर्जा उसका रूपांतरण कर सके।

पटियाला का सुभाष गर्ग (स्वामी अंतर्लोक) भी धूरी के संजीव की तरह एक फक्कड़ मसीहा का दीवाना था। उसने पत्र लिखकर कानपुर आकर भेंट करने का अनुरोध किया था। चूंकि मुझे प्रकाशक से मिलने दिल्ली जाना था अत: मैंने उसे दिल्ली के कार्यक्रम की सूचना देते हुए शालीमार बाग के, बी. डब्ल्यू. ब्लॉक के ए-2 फ्लैट में आकर मिलने का सुझाव दिया। दिल्ली आकर अपने एक मित्र के साथ उसने मुझसे भेंट की थी। अपने बरनाला आने की सूचना मैंने उसे फोन द्वारा दे दी थी। वह बरनाला आ गया था। उसके साथ पटियाला ध्यान केंद्र के संचालक तथा एक और संन्यासी भी थे।

बरनाला से ही मैं श्री सुभाष गर्ग तथा पटियाला के सरगम ध्यान केंद्र के संचालक स्वामी ध्यान नवनीत के साथ कार से पटियाला आया। उनका घर ही ध्यान केंद्र था। पटियाला और नाभा के ओशो प्रेमियों के साथ दो दिन ध्यान और सत्संग हुआ। मेरे ध्यान प्रयोग करवाए जाने से प्रभावित होकर और यह कहे जाने पर कि प्रकृति सान्निध्य में ही ध्यान की गहराइयों में पहुंचा जा सकता है, पंजाब कोऑपरेटिव बैंक के डाइरेक्टर सरदार गुरुवचन सिंह ने फोन करके तुरंत चैल स्थित फॉरेस्ट का डाक बंगला तीन दिनों के लिए आरक्षित करा लिया।

स्वामी ध्यान नवनीत की पत्नी ने भी संन्यास लिया था और दोनों ही निरंतर पटियाला में ध्यान-साधना-शिविरों का आयोजन पिछले कई वर्षों से करते आ रहे थे। उनके घर दो दिनों के प्रेमपूर्ण आतिथ्य में उनकी पत्नी द्वारा ही ज्ञात हुआ कि पिछले शिविर का संयोजन करने पर उन्हें लगभग 25 हजार का घाटा हुआ जिसकी पूर्ति उन्होंने अपने जेवर बेचकर की। इसका मुख्य कारण उनके ओशो प्रेमियों का शिविर-शुल्क न देना और पूना से आए शिविर संचालक का लगभग पन्द्रह हजार का हवाई जहाज का किराया चुकाना था। शिविर की सजावट व वीडियो फिल्म तैयार करने में भी काफी धन खर्च हो गया था।

बाद में पूना कम्यून के सचिव को एक विस्तृत पत्र लिखकर मैंने निवेदन किया था कि शिविर संचालकों द्वारा ए.सी. थ्री टायर का ही किराया लिए जाने की व्यवस्था की जाए अन्यथा अपने आभूषण बेचकर शिविर करवाने वाले भविष्य में शिविर आयोजित ही नहीं करेंगे। कुछ शिविर-संचालक तो अपने साथ एक सहयोगी भी ले जाते हैं और अपने ही बराबर उसका भी किराया चार्ज करते हैं। कम्यून द्वारा टोके जाने पर उन शिविर-संचालक ने निश्चित रूप से स्वामी नवनीत से कहा होगा, इसीलिए नाराज होकर स्वामी ध्यान नवनीत ने मेरे पत्रों का उत्तर तक नहीं दिया। ध्यानी को सत्य भी साहस से अभिव्यक्त करना चाहिए।

पर यह तो बाद की बात है। चैल में ध्यान करने के लिए डाक बंगला आरक्षित हो जाने पर पटियाला और नाभा के संन्यासी एक टाटा सूमो किराए पर लेकर मुझे लेकर चैल चले। कालका-शिमला रोड पर चलते हुए चैल की ओर कुछ मील चलने पर एक प्राकृतिक नदी पर हम लोग रुके। कुछ लोगों ने वहां स्नान भी किया। स्नान के बाद मैंने बहती नदी के तट पर ही बहने-मिटने का ध्यान करवाया। वे सभी ध्यान की गहराइयों में जाकर आनंदित भी हुए।

उन आठ-दस संन्यासियों में दो-तीन धनी परिवारों के भी युवक थे। उन्हें ध्यान साधना में कम उत्सव आनन्द मनाने में अधिक रुचि थी। उनकी उत्सव आनन्द की परिभाषा शराब का नशा और भोग विलास था। इसका खुलासा दूसरे दिन से ही होने लगा।

मैंने सभी मित्रों से रात्रि 10 बजे सो जाने और प्रातः जल्दी उठकर सूर्योदय देखते हुए प्रार्थना ध्यान के लिए तैयार होने को कहा था। मैं सुबह पांच बजे ही उठ गया। चीड़ और देवदारु वृक्षों के बीच पहाड़ी के पार से उगा शुभ्र का शुक्र तारा देखकर मैं मंत्रमुग्ध हो गया। उस पर त्राटक करते हुए बाद में आंखें बंद कर उसे अपने नाभि पर उदित होने का भाव करने लगा। आधे घंटे बाद मैंने आग्रह पूर्वक अन्य मित्रों को नींद से जगाकर प्रकृति का वह अनुपम अलौकिक और दिव्य दृश्य देखते हुए ध्यान को आमंत्रित किया। तीन-चार युवक बड़बड़ाते-झल्लाते हुए ही उठे। संभवतः वह रात देर तक जगे हों। अन्य मित्रों ने ध्यान का आनंद लेते हुए मुझे धन्यवाद भी दिया। तभी मुझे ज्ञात हुआ कि स्वभाव से संकोची स्वामी ध्यान नवनीत ने सभी को रजाई उपलब्ध कराकर, स्वयं एक पुलओवर और ऊनी चादर में ही कुड़कुड़ाते हुए रात बिता दी। यह जानकर मुझे हार्दिक पीड़ा हुई।

उसी दिन वे ही उद्दंड युवक रात्रि का भोजन लेने जब नीचे बाजार गए तो अपने साथ व्हिस्की की बोतल भी लेते आए। उन्होंने मुझे भी पीने के लिए आमंत्रित किया। ध्यान का नशा पाकर मैं तो शराब से कभी का मुक्त हो चुका था। मैंने उन्हें समझाया भी-स्वामीजी! ध्यान होश की साधना है। कम से कम तीन दिन तो शराब से परहेज करें। अपनी आदत बदलें।

उनमें से एक ने प्रतिरोध करते हुए कहा-पूना से जो स्वामीजी ध्यान शिविर लेने आते हैं, वे भी रात्रि में ध्यान के बाद पीने से रोकते नहीं। रोकना तो दमन है। फिर पूना में भी तो लोग शराब पीते हैं।

मैंने प्रेम से समझाया कि-ध्यान शिविर की एक पवित्रता होती है। तुम अपने घर में पियो कुछ भी करो। पर जब यहाँ प्रकृति के सुरम्य वातावरण में ध्यान के गहरे प्रयोगों के लिए आए हो तो सजगता से अपने मन की चालाकियों का निरीक्षण करो। आदतें बदलो। फिर पूना में वही विदेशी लोग शराब पीते हैं, पीना जिनकी जीवन-शैली बन चुका है।

रात के खुले मैदान में आग जलाकर उसके चारों ओर नाचते-गाते उत्सव मनाने का आयोजन था। वे युवक शराब पीकर ही यह उत्सव मनाना चाहते थे। यह इच्छा पूरी न होने पर वह खिन्न हुए। दूसरी सुबह सरदार गुरुवचन सिंह भी कार से आ पहुंचे थे और उन्होंने बहुत श्रद्धा से ध्यान प्रयोगों में शिरकत की।

तीसरे दिन सुबह उन्हीं युवकों ने आग्रह किया कि चैल के पहाड़ों में सबसे ऊँचे स्थान पर बनी प्ले ग्राउंड पर सक्रिय ध्यान कराएं। वह स्थान डाक बंगला से दो किलोमीटर दूर था। वहां सात बजे पहुँचना संभव न था। फिर वहाँ जाकर वैसा करने की अनुमति मिली या न मिली, यह संदेह भी था। अपनी मर्जी पूरी न होने पर उनका असंतोष और बढ़ा।

स्वामी ध्यान नवनीत ने बतलाया कि पंजाब में धनी तथा सम्पन्न परिवार के युवकों में ड्रग्ज व शराब का सेवन एक आम बात है। पिछले शिविरों में भी इन जैसे कुछ युवकों ने रात्रि ध्यान के बाद शराब पीकर हुड़दंग किया था।

टाटा सूमो को तो चैल आते ही विदा कर दिया गया था। चौथे दिन सुबह बस स्टैंड पर आने पर शिविर शुल्क के संबंध में कुछ मित्रों में गुपचुप तकरार हुई जिसके फलस्वरूप बस स्टैंड के एक होटल से पैक कराए आलू के पंराठों का नाश्ता तक करने से कुछ लोगों ने इनकार कर दिया। यह सारा विवाद स्वामी ध्यान नवनीत द्वारा पिछले कटु अनुभवों के आधार पर सभी से बराबर की सहयोग राशि लेने के कारण ही था।

उनमें तीन-चार संन्यासी तो निश्चित ही ध्यान की गहराइयों में जाने और पूरे ट्रिप से बहुत आनंदित थे। मैं रास्ते में कालका में ही उतर गया और वे सभी मित्र सीधे पटियाला चले गए।

साल भर बाद सरदार गुरुवचनसिंह ने फोन कर मुझे पुनः पटियाला आने को निमंत्रित किया। उस आमंत्रण के एक साल बाद जब मैं कालका अपनी बेटी से मिलने गया तो मैंने सरदार गुरुवचनसिंह से पटियाला फोन कर अपने आने की सूचना देते हुए कहा-आपने फोन पर मुझे आमंत्रण दिया था। मैं स्वयं आ गया हूँ। आप जब चाहें ध्यानी मित्रों के साथ मिलकर या अकेले ही यहाँ आकर मुझसे भेंट कर सकते हैं।

पर पंजाब में बादल सरकार बदलने पर उनकी भी लाल बत्ती वाली गाड़ी और सरकारी सुविधाएँ समाप्त हो गई थीं। स्वयं खर्च कर पटियाला से कालका आना संभवतः उन्हें गवारा नहीं था। उनके ध्यान की गहरी प्यास भी संभवतः पद छिनते ही समाप्त हो गई थी। यह भी संभव है कि नई कांग्रेसी सरकार ने उन्हें जाँच बिठाल कर किसी घपले में फंसा दिया हो।

अस्तित्व का कैसा अजीब खेल था कि जब मेरे पास कुछ बांटने के लिए था, तो लेने वाले उदासीन थे।

पर मेरठ ध्यान केन्द्र में जो कैंट के एक बंगले में स्थित था, ध्यान के प्यासे मिले भी। मेरठ का ओशो-ध्यान-केन्द्र उन थोड़े से ध्यान-केन्द्रों में से एक है जहाँ प्रतिदिन ध्यान प्रयोग किए जाते हैं।

अधिकतर खामोश और मौन रहने वाले स्वामी ध्यान योग (अजय सिंघल) तीन-चार उत्साही मित्रों के साथ ही ध्यान केन्द्र को सक्रिय और जीवन्त बनाए हुए हैं। फोन द्वारा तिथियां निश्चित कर विज्ञान भैरव तंत्र के आणविक प्रयोग करवाने मैं मेरठ पहुंचा। तीन दिनों का यह शिविर मेरे सुझाव पर अनौपचारिक रूप में बिना कार्ड बांटे आयोजित किया गया था। गहरी अभीप्सा लिए ध्यान में गहरे उतरने को आतुर पन्द्रह सोलह संन्यासी और ओशो-प्रेमी एकत्रित हुए थें। दोपहर का टिफिनं घर से अपने साथ लेकर सभी मित्र ध्यान केन्द्र में एकत्रित होते थे। दोपहर एक से तीन भोजन विश्राम के लिए नियत थे। तीन से साढ़े चार तक संदेहों का समाधान होता था। सायं ओशो दर्शन के बाद पुनः अंधकार-साधना के छोटे-छोटे प्रयोगों के बाद लोग अपने-अपने घर चले जाते थे। ध्यान केन्द्र में केवल चाय और स्वल्पाहार का ही आयोजन किया गया था।

मित्रों के अनुरोध पर तीन दिनों से बढ़ाकर ध्यान साधना शिविर की अवधि डेढ़ दिन और बढ़ा दी गई। इस सत्संग में सभी मित्र विकसित और आनन्दित हुए।

इससे पूर्व इटावा में भी इसी प्रकार के एक अन्य ध्यान-शिविर का आयोजन कुछ दिन पूर्व ही संदीप गुप्ता ने किया था। प्राय: शिविर का आयोजन करने वाले व्यवस्था में उलझकर ध्यान करने से चूक जाते हैं। भले ही दूर नगरों से मित्र न आ पाते हों, पर मेरी दृष्टि में हर जगह ऐसे ही छोटे-छोटे शिविरों की आवश्यकता है जहाँ बिना धन के अथवा बहुत कम खर्च करके भी ध्यान में गहरे डूबने में अवसर उपलब्ध हो सके।

एक अन्य प्रसंग याद आता है, कानपुर के एक अन्य केन्द्र के संचालक से भेंट कर जब मैंने उनके पुस्तकालय को एक फक्कड़ मसीहा ओशो का प्रथम खण्ड भेंट करना चाहा था तो वह मुंह सिकोड़ कर बोले-"स्वामी जी! मैं ओशो की प्रवचन-पुस्तकों के अतिरिक्त अपने पुस्तकालय में कुछ भी अगड़म-बगड़म सामग्री रखता ही नहीं। भले ही वह ओशो के बारे में लिखी पुस्तक हो। और आपने इन्हें लिखने में यश कामना से जो समय बरबाद किया, यदि उसे ध्यान में लगाते तो उससे कुछ आप विकसित होते। अपने पद से रिटायर होकर अब आप पुस्तकों द्वारा सम्मान पाना चाहते हैं।"

मैं उन्हें प्रणाम कर पुस्तक उठाकर भारी मन से वापस लौट आया। उनकी सोच पूना-आश्रम से भी दो कदम आगे बढ़कर थी। वे पुस्तकें भी उन स्वामीजी के लिए अस्पर्श्य थीं।

एक बार मैंने अपने प्रकाशक श्री नरेन्द्र कुमार से कहा था कि आप पूना आश्रम की बुकशॉप पर एक फक्कड़ मसीहा ओशो की प्रतियाँ रखने का अनुरोध क्यों नहीं करते? उन्होंने उत्तर दिया था-"स्वामीजी! मैंने एक बार नहीं कई बार कोशिश की पर वे तैयार नहीं हुए इसके लिए। इस संबंध में मैंने भी पूना आश्रम से पत्र लिखकर अनुरोध किया, पर परिणाम नकारात्मक रहा। वे मां शून्यो, मां मनीषा, स्वामी सत्य वेदान्त की ओशो पर लिखी जीवनी और संस्मरण बुक शॉप पर रखकर सूचीपत्रों और ओशो टाइम्स द्वारा उसका प्रचार कर सकते थे, पर स्वामी ज्ञानभेद कृत एक फक्कड़ मसीहा ओशो उनके लिए बहिष्कृत थी जिसकी पाण्डुलिपि पढ़कर कभी उन्होंने स्वयं पत्र लिखा था-यह पुस्तक अत्यंत सुंदर और बोधपूर्ण है। हम स्वयं इसका प्रकाशन अवश्य करते, यदि ओशो की प्रवचन पुस्तकों के प्रकाशन में व्यस्त न होते। आप इसके लिए अन्य प्रकाशक ढूंढ़ लें।"

क्या ये भेदभाव पूर्ण दोहरे मानदंड नहीं थे? संभवत: व्याख्या में लगे कुछ लोग ध्यान से उत्पन्न संवेदनशीलता, प्रेम और निष्पक्षता खो बैठे थे। कुर्सी, सत्ता और शक्ति ने उन्हें भ्रमित कर दिया था। कालान्तर में शीर्ष पदों पर बैठे कई लोग पूना से स्वयं हट गए और हटाए गए, यह एक विवाद का विषय है।

बहरहाल यह सारा घटनाक्रम मेरे लिए एक सीख बना। यह संसार ऐसा ही था, ऐसा है और ऐसा ही रहेगा। समूह नहीं केवल व्यक्ति का रूपांतरण संभव है। व्यवस्था में शक्ति पाकर मन भ्रमित हो ही जाता है। जो है उसे स्वीकारो।

अनायास एक अन्य प्रसंग भी याद आ रहा है-जब इलाहाबाद शिविर में ही मेरी भेंट जबलपुर के एक युवा संन्यासी से हुई थी जो 'एक फक्कड़ मसीहा ओशो' पढ़कर बहुत आनंदित था। वह मुझसे प्रकाशित होने वाले आगामी खण्डों के बाबत ढेर सारी बातें करता रहा। जब उसे ज्ञात हुआ कि मैं प्रत्येक वर्ष बोधि-वृक्ष से भेंटने जबलपुर जाता हूँ तो उसने मुझे शहर की चहल-पहल से 14-15 किलोमीटर दूर नर्मदा नदी के तट पर बनी धाना कम्यून आने का निमंत्रण दिया। उसने यह भी बतलाया कि वहाँ ठहरने तथा आवास के केवल रु. 50/- प्रतिदिन चार्ज किए जाते हैं और प्रकृति के सान्निध्य में एकांत में रहने के लिए उससे बढ़कर कोई दूसरी कम्यून नहीं।

अगली बार जब मैं जबलपुर गया, तो अपने एक मित्र के साथ धाना कम्यून चल पड़ा। वहाँ बाथरूम अटैच्ड केवल एक कमरा है जिसमें पूना से आए कोई संन्यासी रुके हुए थे। इलाहाबाद शिविर में जो संन्यासी मिला था, उन दिनों वह आश्रम में ही रुका हुआ था।

कम्यून एक छोटी-सी हरी-भरी पहाड़ी पर स्थित है और पहाड़ी को काटकर नर्मदा तक जाने के लिए सीढ़ीनुमा पथ बनाया गया है। उसके संचालक स्वामी रमेश भारती ने आश्रम में जगह-जगह फूलों के पौधे लगाए थे।

मैं मंत्रमुग्ध होकर पहाड़ी पर बैठा नदी का प्रवाह एकटक देखता रहा। वह जैसे नदी से सम्वाद स्थापित करने का यह प्रयास था। मैंने कुछ ही दिन पूर्व हरमनहेस का विश्वप्रसिद्ध उपन्यास 'सिद्धार्थ' पढ़ा था जिसका नायक नदी से संवाद करते हुए ही बुद्धत्व को उपलब्ध हो गया था।

कुछ देर बाद मेरा ध्यान एक युवा संन्यासी ने यह कहकर भंग किया-"स्वामीजी! यह आश्रम साइटसीन देखने के लिए न होकर ध्यान कराने के लिए है। आपको आश्रम में रहना है तो ध्यान मंदिर में जाकर ध्यान कीजिए। आप एक ध्यान 'मिस' कर चुके हैं।"

मैंने उसे समझाना चाहा-"मित्र! मैं ध्यान ही कर रहा हूँ। कुछ न करना ही ध्यान है। ध्यान क्रिया नहीं अक्रिया है। फिर मुझे आश्रम के नियमों की जानकारी भी नहीं है। पूना आश्रम में भी रहते हुए किसी ध्यान प्रयोग में सम्मिलित होना या न होना साधक की मौज पर निर्भर है। हाँ! ओशो-दर्शन में सायंकाल भाग लेना आवश्यक है।"

उसने मेरी बात को काटते हुए कुछ अन्य तर्क दिए। विवाद न बढ़ाकर मैं चुपचाप ध्यान मंदिर की ओर चल पड़ा।

दूसरे दिन सुबह सक्रिय ध्यान करते हुए मेरे साथ गए वृद्ध ओशो प्रेमी को खांसी दो-तीन बार आई। ध्यान प्रयोग के बाद उसी युवा संन्यासी ने हम दोनों से कहा-"स्वामीजी! हम लोग मोटर साइकिल पर रोज पैट्रोल खर्च कर 15-20 किलोमीटर दूर से गहन ध्यान करने ही आते हैं। आप लोगों ने ध्यान के बीच खांसकर सारा ध्यान चौपट कर दिया। अच्छा है आप लोग देवताल आश्रम में जाकर ही ध्यान करें। आप लोग तो हम लोगों के ध्यान में बाधा बन रहे हैं।"

मैंने फिर समझाना चाहा-"मित्र! ध्यान है सर्वस्वीकार भाव। यदि खांसी से आपका ध्यान खंडित हो जाता है तो वह ध्यान है ही नहीं। ओशो कहते हैं....।"

वह बीच ही में मेरी बात काटकर बोला-"स्वामीजी! ओशो क्या कहते हैं, यह मैं भली-भांति पढ़ चुका हूँ और आप अक्कड़-फक्कड़ मसीहा किताब लिखकर अपने को बहुत बड़ा विद्वान समझते हैं। ध्यान के लिए किताबी ज्ञान बिल्कुल बेकार है।"

उससे तर्क करना व्यर्थ था। वह उद्दंड और उजड्ड तबियत का युवा था। पिपरिया शिविर में पूना आश्रम जाकर वहाँ मौज-मजा मनाने के प्रसंग वह बहुत रस ले-लेकर सुना रहा था। देवताल आश्रम में भी एक युवा संन्यासिन को लेकर ही स्वामी विजय आनन्द से उसकी नोंक-झोंक मैं स्वयं सुन चुका था।

पहले वह हाथ धोकर भोग के पीछे पड़ा था। अब वह ठीक उससे उल्टी दिशा में वह ध्यान के पीछे लाठी लेकर निकल पड़ा था। वह अब भी मन के जाल में उलझा था। उससे न उलझकर मैं अपने साथी के साथ उसी समय उनकी मोटर साइकिल पर जबलपुर चल पड़ा।

एक फक्कड़ मसीहा ओशो प्रकाशित होने के बाद एक ओशो संन्यासी से इस प्रकार के रिमार्क या टिप्पणी भी सुननी पड़ सकती हैं, इस बात की मैंने कल्पना भी न की थी। मुझे बुरा अवश्य लगा। मैंने अपना ही नहीं, उसे ओशो का भी अपमान समझा।

पर मेरे समझने या मानने से होता क्या है? यहाँ प्रत्येक व्यक्ति स्वतंत्र है। उसे अपने विचार अभिव्यक्त करने का अधिकार है। वह उस आश्रम का प्रबंधक भी न था। पर उसने अपनी दादागिरी और आश्रम को कुछ सहयोग देने के कारण अपने को वहाँ का सर्वेसर्वा समझ लिया था।

मैं अपने मन में उठती उथल-पुथल को तटस्थ भाव से देखता रहा।

जहां सम्मान है, तो अपमान भी ठीक सिक्के के दूसरे पहलू की तरह उसके साथ जुड़ा है। मान-अपमान और निंदा-प्रशंसा का यह द्वंद्व मेरा अहंकार तोड़ने के लिए शायद जरूरी था।

निंदा और प्रशंसा दोनों में केवल शब्द ही प्रयुक्त किए जाते हैं। केवल उनका संयोजन अलग-अलग होता है।

कोई यह सोचे कि उसके कृत्यों से उसका नाम इतिहास में सुनहरे अक्षरों से अंकित हो जाए, पर पुस्तकों में सभी के नाम और कृत्य काले अक्षरों में ही प्रकाशित होते हैं।

एक प्रवचन में ओशो ने एक बोध कथा का जिक्र किया है कि एक धर्मात्मा और परम दानी राजा मरने के बाद स्वर्ग पहुंचा, जहां प्रत्येक व्यक्ति को अपना नाम एक स्वर्ण से बनी टावर पर अंकित करने का अवसर दिया जाता था। राजा ने देखा कि टावर के इंच-इंच स्थान पर किसी न किसी का नाम अंकित है। उसने देवदूत से पूछा-यहां जगह कहां है नाम लिखने की? फिर मेरे परिवार वालों और मित्रों को भी तो बुलाओ यहां। मैं उन्हीं के सामने अपना नाम अंकित करना चाहता हूँ।"

देवदूत ने उत्तर दिया-"स्वर्ग केवल आपको मिला है। आपके परिवार वालों और मित्रों को नहीं। उनको यहां बुलाने का कोई उपाय नहीं। फिर आप पूछते हैं कि अपना नाम अंकित कहां करूं? पूरी दीवार नामों से अटी पड़ी है। लाखों-करोड़ों वर्षों से पुण्यात्मा इस पर अपने नाम दूसरे नामों को मिटाकर अंकित करते आए हैं।"

यह सुनकर राजा का नाम लिखने का उत्साह ही जाता रहा। इसी नाम लिखे जाने के कारण वह जीवन भर पुण्य करता रहा था। फिर जब उसके लिखे नाम को उसके अपने परिचित भी न देख सकें तो फिर नाम लिखे जाने का क्या औचित्य?

राजा का झूठा अहंकार खंडित हुआ। मेरा भी अहंकार टूटा।

जब ओशो से जुड़ा हूँ तो नाम, पद, यश, निंदा-प्रशंसा से मतलब क्या? अंतर्यात्रा के पथिक के लिए कैसा नाम और कैसी पहचान? महाशून्य की इस यात्रा में सब कुछ मिट जाता है।

जब न रही देह, न रहा मन, फिर कैसी निंदा और कैसी प्रशंसा?

"मरौ हे जोगी मरो भरण है मीठा।"

सिर कटे। अहंकार ही सिर है। सिर की मृत्यु ही अहंकार की मृत्यु है। जब पुराना नाम छोड़ा तो पहचान भी छूट गई। पूरा अतीत भस्मीभूत हो गया। संन्यास

का नया नाम मिला। नए जीवन का शुभारंभ हुआ। न रहा मैं और न रहा मेरा। 'मैं' और 'मेरे' का विस्तार ही संसार है। राग-द्वेष का ही सारा बंधन है।

जिस क्षितिज-रेख पर पहुंच
व्यक्ति की राहें झूठी पड़ जाती हैं
मैं उस सीमा के बाद पुनः उठने वाला
नूतन अथ हूँ।
मैं प्रभु-पथ हूँ।
जिसमें हर अंर्तद्वंद्व, विरोध, विषमता का
हो जाता है अन्त शमन।
उस दिन मैं दूंगा तुम्हें शरण
मैं प्रभुपथ हूँ, मैं हूँ जीवन।

ओशो सदा अपने शिष्यों से कहा करते थे-"तुम लोग मेरे नाम, रूप और शरीर की दीये से नहीं, दीये की ज्योति से प्रेम करो। मैं मात्र चैतन्य हूँ। 'नो बडी' हूँ। शून्य हूँ।

संन्यास के नए नाम में भी यदि राग द्वेष 'मैं' और 'मेरा' जुड़ा, तो वह केवल पुराने जीवन को दोहराना मात्र होगा। क़ेवल विषय बदल जाएंगे। खिलौने भले ही दूसरे हों पर खेल वही होगा। तभी किसी ने ठीक ही लिखा है-

हाय लोगों की करम फर्माइयाँ, तोहमतें, बदनामियाँ, रुस्वाइयाँ।
क्या यही होती है शामे-इंतजार, आहटें, घबराहटें, परछाइयाँ
'कैफ' पैदा कर समन्दर की तरह वुसअतें, खामोशियाँ, गहराइयाँ।

# छिन्दवाड़ा का जमुनिया ओशो आश्रम जहाँ खुद की खुदा से मुलाकात हुई

जबलपुर प्रवास के दौरान एक दिन एक संन्यासी मित्र स्वामी आनन्द बोध ने छिन्दवाड़ा के जमुनिया गांव के निकट ओशो शांति सदन ध्यान केन्द्र और आदिवासियों के रहस्यमय गांव पातालकोट का जिक्र किया। उन्होंने बताया कि पहाड़ियों की उपत्यका में बसा पातालकोट ऐसा गांव है जहां सूर्य की रोशनी भी नहीं पहुंचती और वहीं अमृत सदृश्य दूध धारा का प्रपात और नदी है।

स्वामीजी अपने सरकारी काम से कार द्वारा नागपुर जा रहे थे। सिवनी तक उनसे कार में लिफ्ट लेकर, मैं बस द्वारा छिन्दवाड़ा पहुंचा। वहां से अमरवाड़ा जाने वाली बस में सवार होकर जमुनिया जा पहुंचा। यह कहना गलत होगा कि "मैं वहाँ गया"।

आज ऐसा अनुभव होता है कि अज्ञात की पुकार पर अज्ञात के द्वारा ही मैं वहां बुलाया गया था। मुझे वहां अकेलेपन के रसरिक्त होकर प्रकृति के साथ लयबद्ध हो विकसित होना था।

वहाँ वह सब कुछ था, जिसे छिन्दवाड़ा में रहने वाले संन्यासी ही उससे चूक रहे थे।

यह आश्रम छिन्दवाड़ा से 14 किलोमीटर और जमुनिया ग्राम से एक किलोमीटर पहले ही सड़क किनारे स्थित था। यह सड़क से दो-ढाई सौ गज अंदर जाकर स्थित था। बीच में खड़े वृक्ष, लताएँ और झाड़ियाँ, सड़क पर यदा-कदा चलते वाहनों के शोर को आत्मसात् कर लेते थे। आश्रम का नाम था-ओशो शांति सदन ध्यान केन्द्र।

इसके संचालक थे-स्वामी कृष्णदास भारती और मां आर्या। मां आर्या को तो दद्दाजी अपनी बेटी कहा करते थे और स्वामीजी को भी ओशो के निकट सान्निध्य में कुछ समय रहने का सौभाग्य प्राप्त हो चुका था।

आश्रम गेट में प्रवेश करते ही, आकाश को चूमते गुलमुहर, यूकीलिप्टिस, कैजूरिना, आम, अमरूद, महुवा आदि के वृक्षों, लताओं और हंसते-मुस्कराते विविध रंगों के सुंदर पुण्यों ने मेरा स्वागत किया।

उस समय स्वामीजी और मां के अतिरिक्त एक अन्य संन्यासी दम्पति ही वहां रह रहे थे। पहले दिन मैं वहां शाम को ही पहुंचा था। स्नान कर मैं ओशो दर्शन में सम्मिलित हो गया। ओशो दर्शन के बाद स्वामीजी से आश्रम के संबंध में ढेर सारी बातें हुईं।

सुबह मेरी जल्दी ही आंख खुल गई और आश्रम में भ्रमण करते हुए मैंने लगभग सब कुछ देख लिया। कुछ देर बाद घंटी की आवाज ने मुझे चाय पीने को पुकारा। चाय पीने के बाद स्वामीजी ने आश्रम स्वयं घुमाते हुए वृक्षों के नाम बताते हुए उनका इतिहास बतलाया। न केवल वृक्षों का उन्होंने आश्रम बनने से लेकर उस समय तक का पूरा इतिहास बताया।

जमुनिया ओशो आश्रम में रहते हुए मैंने उसके संबंध में उन्हीं दिनों एक शब्द-चित्र लिखा था, जिसे मैं ज्यों का त्यों उद्धृत कर रहा हूँ।

एक अनूठा और अभिनव कम्यून

ओशो शांति सदन ध्यान केंद्र जमुनिया (छिन्दवाड़ा)

जहाँ कैजूरिना, गुलमोहर, सेमल, यूकीलिप्टिस, आम, अमरूद, जामुन, कटहल, चिरौंजी और महुवा आदि विभिन्न प्रजातियों के सैकड़ों वृक्ष तथा बांसों के घने झुरमुट ध्यान मग्न साधकों की भांति खड़े आकाश में अपनी भुजाएँ फैलाकर आपका स्वागत करते हैं, जहाँ गुलाब, रातरानी, मोंगरा और मधुमालती की सुवास पूरे जंगलनुमा उद्यान में व्याप्त होकर सदा एक सुवास और मस्ती बिखेरती रहती है, जहां विविध रंग और रूप के पुष्प हंसते-मुस्कराते आपको सदा आनंदित रहने का मंत्र सिखाते हैं, जहां जबलपुर के भ्रमरताल पार्क से ले जाया गया पवित्र मौलश्री (बोधिवृक्ष) का वृक्ष आपको ध्यान में गहरे डूबने और ऊर्जा देने में सहायक है, जहाँ स्वीमिंग पूल है, जहाँ विशाल लॉन और मार्ग के दोनों ओर पंक्तिबद्ध खड़े सजग प्रहरियों जैसे लम्बे वृक्ष आपको सघन मौन और केन्द्र पर पहुंचने में सहायक हैं, और इन सभी विशेषताओं के साथ जहाँ डारमेट्री और कमरे में प्रतिदिन प्रति साधक के भोजन, चाय, नाश्ता तथा आवास का शुल्क मात्र क्रमशः 50/- तथा 100/- है, उस न्यारी और प्यारी कम्यून का नाम है-ओशो शांति सदन ध्यान केन्द्र जमुनिया (छिंदवाड़ा)।

यह कम्यून सतपुड़ा के आदिवासी आंचल में छिन्दवाड़ा से नरसिंहपुर अथवा अमरवाड़ा तहसील जाने वाली सड़क पर केवल 14 किलोमीटर दूर सड़क के किनारे ही स्थित है और जहां प्राइवेट रोडवेज बस अथवा टैम्पो और जीप द्वारा सरलता से कभी भी पहुंचा जा सकता है। नागपुर से यहां ट्रेन द्वारा पांच घंटे में तथा बस द्वारा चार घंटे में पहुंचा जा सकता है। इसी प्रकार जबलपुर से

बस द्वारा यहां की साढ़े पांच घंटे की यात्रा है। भोपाल से शाम 7 बजे फास्ट पैसेंजर आंवला तथा परासिया कोल फील्ड होते हुए छिन्दवाड़ा सुबह 7 बजे पहुंचती है। तेंदू, महुवा और घने शालिवन होकर पठार की प्राकृतिक सुषमा का रसपान कराने वाली यह यात्रा अत्यंत रोमांचक और सुखद है।

इस कम्यून की विशेषताएँ हैं:-

विशाल लॉन के चारों ओर बने प्रदक्षिणा मार्ग के दोनों ओर खड़े कैजूरिना यूकीलिप्टिस और सेमल के आकाश से गुफ्तगू करते वृक्षों की पंक्तियां, जिनके मध्य सूर्योदय, सूर्यास्त चांदनी अथवा तारों भरी अमावस की अंधेरी रात में 'विपस्सना वॉक' करना एक रहस्यमय अनुभव है। लॉन के चारों ओर बनी क्यारियों में गुलाब, बेला और विविध प्रजातियों के क्रोटन के सुंदर पौधे हैं।

इस कम्यून का आकर्षण है-वृक्षों, वन वनस्पतियों को फव्वारे की धार से नहलाते हुए सींचने तथा भोजन बनाने तथा परोसने का वर्क-मेडीटेशन, जिसे खेल-खेल में कुछ ही देर करने पर निर्विचार और अहंकार के गिरने का बोध होता है।

यहाँ की विशिष्टता है बट और पाकड़ के दो वृक्षों का संयुक्त तना और उसके चारों ओर बने विशाल चबूतरे पर घनी विशाल छाया के तले ध्यान करना। इस वृक्ष में स्त्री और पुरुष दोनों ऊर्जाओं का अद्‌भुत संगम है और इसके नीचे ध्यान सहजता से घटता है।

वट वृक्ष की झूलती जड़ों के स्पर्श से पुरुष की सक्रिय ऊर्जा तथा पाकड़ वृक्ष की डालियों के स्पर्श से स्त्रैण-ऊर्जा का अनुभव होता है। इस वृक्ष का नाम है बोधि-मित्र। कहा जाता है यह वृक्ष अत्यंत प्राचीन है और इसके नीचे ध्यान कर कई लोग बोध को उपलब्ध हुए हैं। इस चबूतरे के चारों ओर सीमेंटेड चक्राकार पथ है जिस पर 'विपस्सना वॉक' किया जाता है।

इसी प्रकार दूसरी दिशा में महुवे का एक विशाल वृक्ष है और उसके भी चारों ओर बने चबूतरे पर बैठकर ध्यान करना एक सुखद अनुभूति है। इस वृक्ष का नाम है-देवतीर्थ। इस वृक्ष के नीचे कुछ संन्यासियों को दद्दा जी के सूक्ष्म-शरीर के दर्शन हुए थे।

बोधि-वृक्ष को स्वामी कृष्णदास भारती 'सत्य बोधि' कहकर पुकारते थे और प्रात:काल इस वृक्ष के नीचे प्रार्थना से ही आश्रम की गतिविधियाँ प्रारंभ होती थीं। इस वृक्ष के नीचे रखी शिला को 'सिद्धशिला' कहा जाता था, जिस पर बैठकर ध्यान करने से कुछ ही क्षणों में सहज रूप में निर्विचार घटित हो जाता था। इस वृक्ष के चारों ओर लगे विविध प्रजातियों के सुंदर क्रोटन की शोभा अतुलनीय है।

इसी तरह दो पारस पीपल के वृक्षों के नीचे भी निर्विचार सहज घटित होता था।

आश्रम में कई स्थानों में घने बांसों के झुरमुट हैं जिनसे टकराती हवा सन्नाटे का संगीत बुनती गहरे ध्यान ले जाने के लिए सहायक हैं।

मैं इस कम्यून में चार बार गया। कभी एक महीने तो कभी दो महीने रहकर ध्यान करते हुए विकसित हुआ। स्विमिंग पूल में हवा भरे मोटर ट्यूब के सहारे तैरते हुए मैं घंटों पानी में आनंद लेता रहता था।

आश्रम में सुबह जागते ही मैं बिस्तरे पर लेटा कुछ देर अपनी नाभि में समाहित होती सभी ध्वनियों के साथ महीन से महीन अनाहत की ध्वनि को सुनने का प्रयास करता था। मुझे अपने हृदय की धड़कनों और सांसों की मंथर ध्वनि भली-भांति सुनाई देती थी। पर सन्नाटे का जो अनाहत संगीत मैं सुन रहा था, उसकी ध्वनि हृदय की धड़कनों से तीव्र थी। मैं भली-भांति जान रहा था कि अभी मैं मूल अनाहद को सुनकर प्रकृति का ही मौन संगीत सुन रहा हूँ और वास्तविक अनाहद तो ध्यान की गहराइयों में अर्थात् समाधि में ही सुनना संभव होगा। पर मेरी श्रवण इन्द्रिय अधिक संवेदनशील होकर इस दिशा में गतिशील थी और क्रमिक रूप से धीमे-धीमे सूक्ष्म ध्वनियों का अंतर्मुखी होकर स्वाद लेने लगी थी।

कुछ देर मैं विपश्यना ध्यान में अपनी आती-जाती सांसों को द्रष्टा बन देखता रहता था और सांसों के अंतराल में थोड़ा ठहरकर मृत्यु के बिन्दु का अनुभव करता था।

कमरे से बाहर आकर मैं घूमते वृक्षों, हंसते-खिलखिलाते पुष्पों, गीत गाते पक्षियों और पूरब दिशा में उगलती उषा को नमन करते हुए, अपलक प्रकृति को पीता, दो प्याला चाय पीता था। चाय पीना मेरे लिए भी एक ध्यान था। घूंट-घूंट उसे सिप करते हुए मैं अपने अंदर चाय के माध्यम से उतरती ऊष्णता, सजगता और जागरूकता को निरंतर अनुभव करता था।

घने वृक्षों के झुरमुट के कारण आश्रम के बरामदे से उदित होता सूर्य दृष्टिगत नहीं होता था। अत: स्वामीजी और मां के साथ मैं आश्रम गेट के निकट एक मिट्टी के टीले पर चढ़कर भगवान भुवन भास्कर के बाल स्वरूप का दर्शन

---

नोट - अस्वस्थ रहने के कारण स्वामी कृष्णदास भारती ने यह कम्यून गांधीगंज छिन्दवाड़ा स्थित सोयाबीन के थोक आढ़ती श्री सुराणा जी को बेच दी। सुराणा जी भी ओशो प्रेमी और ध्यानी हैं, पर अब यह आश्रम शांति सदन ध्यान केंद्र के स्थान पर शांति फार्म हाउस मात्र रह गया.है।

करता था। पूरब के आकाश की मद्धिम लालिमा को मैं धीमे-धीमे क्रमशः सिंदूरी होता निहारता रहता था। फिर सतपुड़ा पहाड़ियों के क्षितिज पर सूरज का लाल गोला उदित होता था।

हो अरुण उठा छोर-छोर
पूरब में हो गया शोर।
खग कुल कहता एक बात-
आ गई भोर, आ गई भोर।

मैं एकटक उगते सूर्य के प्रति कृतज्ञता और अहोभाव से भर जाता था। उदित होते सूर्य को अपने अंतस्थल में भी उगते हुए महसूस करता था। सूर्य से ही जीवन है। सूर्य, पृथ्वी का पिता है। वैज्ञानिक भी मानते हैं-सूर्य उतप्त गैसों का महापिंड था। करोड़ों वर्ष पूर्व सूर्य का एक अंश ही किसी विस्फोट से लाखों मील दूर छिटक कर पृथ्वी बना। गैसों का यह उतप्त पिंड शनैः शनैः ठंडा होता गया। हाइड्रोजन और ऑक्सीजन गैसों के परमाणु विद्युत ऊर्जा से पानी के रूप में बरस पड़े। उसी से झीलें और सागर बने। पृथ्वी का पिंड सूर्य की परिक्रमा करने लगा। उसके उत्तरी ध्रुव और दक्षिणी ध्रुव, सूर्य की सीधी ऊष्मा और प्रकाश न पाने से ठंडे होते-होते लाखों-करोड़ों वर्षों में बर्फ से जम गए। जल और सूर्य प्रकाश के योग से रहस्यमय रीति से जंड़ में चेतन का संचार हुआ। वनस्पतियां और वृक्ष उगे।

सूर्य न हो, तो न वृक्ष वनस्पति और न जीवधारियों का जीवन संभव है। सूरज हमें प्रकाश, ताप, विद्युत और चुम्बकीय ऊर्जाएँ देता है। उसी से अग्नि का उद्भव हुआ। अग्नि से वायु, वायु से जल और जल से पृथ्वी का जन्म हुआ। शरीर में पांच अग्नियां ही भोजन को पचाती हैं, हृदय को धड़काती हैं और सांसों का आधार हैं। वे ही मस्तिष्क को क्रियाशील रखती हैं। इसीलिए सूर्य मंदिरों का निर्माण हुआ। सूरज के प्रकाश के सात रंगों के आधार पर उसके रथ में जुते सात अश्वों की कल्पना की गई। मिस्र और रोम की सभ्यताओं ने 'सूर्य' को ईश्वर मानकर उसकी उपासना की।

बाद में ओशो की ऑरेंज बुक पढ़कर जाना कि उदित होते सूर्य का दर्शन कर मैं अनजाने ध्यान-प्रयोग ही कर रहा था।

ऑरेंज बुक में उदित होते सूर्य के ध्यान की विधि निम्न है, जिसे मैंने बाद में अपनाया।

"सूर्योदय के आधा घंटा पहले उठकर ऊषा के स्वागत में पक्षियों की तरह नाचो, गाओ, गुनगुनाओ। मस्ती में झूमो। यह उत्सव सूर्य की अगवानी का स्वागत गान बन जाए।

यह उत्सव सूरज के लाल गोले के उदित होने के पांच मिनट पूर्व थम जाए। अब पूरब दिशा के क्षण-क्षण बदलते रंगों को निहारते हुए सूर्य के उदय होने की प्रतीक्षा करो, ठीक वैसे ही जैसे प्रेमिका की आने की प्रतीक्षा करते हो। अब उदित होते सूरज को प्रेम और अहोभाव से निहारते हुए कुछ क्षणों को बीच-बीच में पलकें बंद कर अनुभव करो कि सूर्य तुम्हारी नाभि की झील में प्रतिबिम्बित होकर उदय हो रहा है।

पलकें खोलकर सूरज को देखो। कुछ क्षण बाद पुनः पलकें बंद कर अंदर नाभि पर उदय होते सूर्य को देखो। यह प्रक्रिया कई बार दोहराओ।

यह ध्यान तुम्हें दिन भर तरोताजा और उत्फुल्ल रखेगा और लगातार कुछ दिनों के ध्यान के बाद तुम्हें अपने अंदर हुए रूपांतरण का अनुभव होने लगा।"

उगते सूर्य को नमन करते हुए मैं पूरे झेन उद्यान में घूमते हुए पक्षियों की संगीतमयी ध्वनि और बहती हवा द्वारा वृक्षों के टकराने से उत्पन्न ध्वनि का सरगम सुनते हुए वृक्षों और फूलों से संवाद स्थापित करता था। मुझे लगता था जैसे वृक्ष हवा में मस्ती से झूमते हुए अपनी शाखा रूपी हाथों से संकेत करते मुझे अपने निकट बुला रहे हों।

भ्रमरताल पार्क के बोधिवृक्ष से लाई शाखा से विकसित हुआ मौलश्री वृक्ष, पारस पीपल, महुए और वट-पाकड़ के वृक्ष मुझे विशेष प्रिय थे। इन वृक्षों के निकट जाते ही मैं बिना प्रयास निर्विचार में तो पहुंच ही जाता था पर इसके साथ-साथ मैं उनसे बरसती ऊर्जा से रोमांचित, पुलकित और अनुप्राणित होकर उनके तने को अपनी बाहुओं में बांधकर उनके साथ एकत्व की अनुभूति करता था। बोधिवृक्ष के नीचे एक प्रस्तर शिला रखी थी जिस पर बैठकर मैं प्रायः विपस्सना और ध्वनि ध्यान किया करता था।

पारस पीपल के दो वृक्ष बहुत अधिक पुराने न होने के कारण उनका तना तेज हवा चलने पर शराबी सा झूमता था। उसके तने से पीठ टेक कर बैठते ही मेरी रीढ़ की हड्डी में ऊर्जा के ऊर्ध्वगमन के साथ वृक्ष की प्राणमय ऊर्जा का प्रवाह भी बहता हुआ महसूस होता था।

महुवे के वृक्ष के नीचे आश्रम के पुराने संन्यासियों ने पूज्य दद्दा जी (ओशो के पिताश्री) की कई बार धुंधली आकृति के दर्शन किए थे और इस वृक्ष का नाम ही 'देवतीर्थ' रख दिया गया था। उसके चारों ओर सीमेंट का एक पक्का चबूतरा बना था, जिस पर दोपहर भोजन के बाद मैं दरी बिछाकर विश्राम करता था और शवासन में घंटों लेटा रहता था। कभी वृक्ष के तने से पीठ टिकाकर मैं सतपुड़ा पहाड़ियों की गोद में लहलहाते खेतों को निहारा करता था। उन खेतों

की मेड़ पर बांसों का झुरमुट था और आगे की ओर कैजूरिना, सेमल और यूकीलिप्टिस के गगनचुम्बी वृक्षों की पूरी कतार थी। यह वृक्ष रास्ते के दोनों ओर लगाए गए थे और चांदनी रातों में इस रास्ते से गुजरना एक रोमांचकारी अनुभव था। वृक्षों की पत्तियों से छन-छन कर बरसती चांदनी एक रहस्यमय तिलिस्मी सम्मोहन में बांधकर मुझे विस्मय विभूत कर देती थी।

आश्रम में वट-पाकड़ का संयुक्त वृक्ष अर्द्धनारीश्वर वृक्ष था। वट और पाकड़ दोनों वृक्षों के तने एक साथ संयुक्त हो गए थे और उन वृक्षों की पहचान उनकी शाखों और पत्तियों से ही की जा सकती थी, हालांकि उन दोनों की पत्तियों में भी अद्‌भुत समानता थी। कहा जाता है कि वट-पाकड़ और महुवे के वृक्ष आश्रम बनने के काफी समय पूर्व के थे और कई सिद्धों ने उस वृक्ष के नीचे बैठकर ध्यान किया था। इस वृक्ष का फैलाव काफी अधिक था और उसके चारों ओर बने खेतों की उपज का ख्याल रखते हुए वट वृक्ष से लटकती जड़ों को भूमि का स्पर्श करने से पूर्व ही कई बार काटा जा चुका था, अन्यथा वृक्ष का फैलाव काफी अधिक होता। उस वृक्ष के चारों ओर गोबर से पुता एक गोल चबूतरा था, और देवतीर्थ वृक्ष की तरह मैं यहाँ भी लेटा-बैठा प्रकृति की सुषमा निहारता न जाने कब अपने में डूब जाता था। स्वामीजी ने इस वृक्ष का नाम 'सत्यबोध' रखा था।

'देवतीर्थ' और 'सत्यबोध' वृक्षों के नीचे ही मैं प्राय: सक्रिय ध्यान के प्रथम दो चरण, तेजी से सांस उलीचना और होशपूर्ण रेचन करता था। कंम से कम लगभग पाँच-पाँच मिनट तक। कभी-कभी रेचन का कार्यक्रम पन्द्रह से तीस मिनट भी चलता रहता था। यदि इन वृक्षों के आसपास एकान्त न होता था और आस-पास के खेतों में खरपतवार साफ करने वाले लोगों की संख्या अधिक होती थी तो ध्यान के यह दो चरण मैं ध्यान मंदिर में ही करता था। विपस्सना ध्यान लगभग पन्द्रह मिनट में बोधिवृक्ष या पारस पीपल के नीचे बैठकर ही करता था।

कभी दो-चार साधक यदि ध्यान करने आश्रम में आ जाते थे तो उन्हें सक्रिय या नाद ब्रह्म ध्यान करवाते हुए मैं स्वयं भी इन ध्यान प्रयोगों में डूब जाता था। पर ध्यांन मंदिर में जाने से पूर्व मैं दो-तीन राउंड पूरे उद्यान में लगाते हुए, वृक्षों, पौधों और पुष्पों से निकट संवाद जोड़ता था।

तीन-चार वर्ष के शिशु सेमल वृक्षों के हरे छिटकेदार चिकने चित्ताकर्षक तनों का सौंदर्य देखते ही बनता था। वह वयासंधि का सौंदर्य था। बचपन अभी गया नहीं था और पूरा यौवन अभी आया नहीं था। रीतिकाल के कवियों ने वय: संधि प्राप्त नायिकाओं की सुंदरता को लेकर न जाने कितने काव्य लिखे हैं पर किशोर वृक्षों की सौंदर्य-सुषमा का चित्र उनकी आंखों से ओझल ही रहा।

आश्रम में खेतों के किनारे उगे घने बांसों के झुरमुट के नीचे मैं दरी बिछाकर शांत लेट जाता था और अर्द्धोन्मीलित नेत्रों से घंटों पत्तियों से छन-छन कर आते धूप के टुकड़ों और खुले आसमान की शून्यता को विस्फरित होकर निहारता रहता था।

जैसे पूरी प्रकृति से मेरा एक मौन-संवाद स्थापित हो गया था।

जमुनिया आश्रम में तीन चार वर्षों की अवधि में मैं यहाँ पांच बार गया। हर बार वहां पहले से रहने की अवधि बढ़ती गई। आखिरी बार तो मैं वहां ठीक दो माह रहा। कहते हैं किसी नए स्थान को पहली बार देखने में जो जादू और कशिश पैदा होती है वह हर बार कम होती जाती है और धीमे-धीमे वह स्थान अपना आकर्षण खो देता है। पर इस आश्रम का ऐसा आकर्षण था जो हर बार बढ़ता ही गया। पांचवीं बार तो आश्रम से चलते समय मैं अपने प्रिय वृक्षों से इस तरह भेंट रहा था जैसे भविष्य में जाने फिर कभी उन्हें देख भी पाऊंगा या नहीं, क्योंकि मेरे जीवन का ही क्या ठिकाना? आज है, और कल न हो।

कुछ बुद्धिवादी और तर्कनिष्ठ लोग कदाचित इसे मेरा पागलपन समझें क्योंकि हर स्थान में वृक्ष, बाग और बगीचे हैं। वृक्षों में भला ऐसा क्या आकर्षण हो सकता है जो कोई चलते समय उनसे भेंटे और उनसे बिछुड़ते हुए लगे कि जैसे हम अपने प्रियजनों को पीछे छोड़े जा रहे हों। मैंने वहां की अपनी पांच यात्राओं का जिक्र इसीलिए किया क्योंकि हर यात्रा में प्रकृति सान्निध्य में वृक्षों के नीचे ध्यान करते हुए, मैं संवेदनशील और प्रेमपूर्ण होकर उनसे लयबद्ध होता गया।

वृक्ष तो हर जगह होते हैं, जब जो वृक्ष श्रद्धा और प्रेम से रोपे और सींचे जाते हैं, जिनके नीचे बैठकर ध्यान होता है, जिनके नीचे बैठकर लोग ध्यान में विकसित होते हैं, वे वृक्ष ध्यान और प्रेम की सूक्ष्म तरंगों को आत्मसात् कर निरंतर ऊर्जा बिखेरते रहते हैं। उसका अनुभव संवेदनशीलता और प्रेम से होता है।

फिर इस आश्रम में तो जबलपुर के भ्रमरताल पार्क से बोधिवृक्ष की लाई शाखा बड़ी श्रद्धा और प्रेम से संन्यासियों द्वारा रोपी गई थी। उसे प्रेम से सींचा गया था। उसमें ओशो की ऊर्जा तरंगें थीं। उसके अतिरिक्त वहां बड़, पाकड़ का एक संयुक्त वृक्ष भी था, जिसमें बड़ और पाकड़ दोनों वृक्षों के तने आलिंग्न बद्ध होकर एक हो गए थे और केवल डालियों के पत्तों से उनके दो होने की प्रतीति होती थी। वह काफी प्राचीन वृक्ष था, जो उस स्थान में आश्रम बनने से पूर्व का था। स्वामीजी इस वृक्ष को बोधिमित्र और बोधिवृक्ष को सत्यबोध कहकर सम्बोधित करते थे और नवागंतुकों के लिए उन्होंने इन वृक्षों पर इन नामों

के बोर्ड भी बनवा कर लगवा दिए थे। तीसरा पुराना एक बड़ा महुवे का वृक्ष था जिसका नाम देवतीर्थ इसलिए रखा गया था क्योंकि आश्रम में उद्यान विकसित करते समय एक संन्यासी को इस वृक्ष के नीचे ध्यान करते समय दद्दाजी के दर्शन हुए थे। उनसे प्राप्त ऊर्जा और किसी अज्ञात प्रेरणा से उसने 'दद्दाजी' के ही नाम पर वृक्ष का नाम 'देवतीर्थ' रख दिया था।

देवतीर्थ के चारों ओर एक विशाल गोल पक्का चबूतरा और बोधिमित्र के चारों ओर गोबर से लिपा पुता काफी बड़ा चबूतरा बना था, जिस पर बैठकर कई लोग एक साथ ध्यान कर सकते थे। सत्यबोध वृक्ष के नीचे एक शिला रखी थी जिसे सिद्धशिला कहा जाता था और जिस पर बैठकर केवल एक व्यक्ति ही ध्यान कर सकता था।

इसके अतिरिक्त वहां पारस पीपल के दो जादुई वृक्ष थे। लम्बे-लम्बे नभ को चूमते चारों ओर कैजूरिना के देवदारू जैसे वृक्ष थे जिनका सबसे बड़ा जादू था कि उनके कारण आश्रम मच्छरविहीन था। यह ध्यान के लिए बहुत बड़ा वरदान था।

अमरूद के झाड़, अपने सीज़न में रोज 15-20 किलो मीठे अमरूदों का उपहार देते थे और आश्रम में भूला-भटका आया कोई आगंतुक भी इनका प्रसाद सहजता से प्राप्त करता था। इसके अतिरिक्त आम, कटहल, नीबू के भी वृक्ष थे।

वृक्षों, लताओं और पुष्पों का स्मृति के आधार पर खींचा यह वर्णनात्मक चित्र अधूरा और प्राणविहीन सा लगता है। सबसे अच्छा है कि मैं यह काव्य पंक्तियां ही उद्धृत कर दूं जो आश्रम में रहते हुए ही कहीं अज्ञात से उद्‌भूत हुई थीं पर आश्रम की पहली विजिट में नहीं, चौथी विजिट में, जब सजगता और संवेदनशीलता द्वारा वृक्षों से सम्वाद स्थापित हो गया था।

सत्यबोधि-वृक्ष के संबंध में एक दिन निम्न काव्य पंक्तियां कहीं अज्ञात से उतरीं-

'सत्यबोधि' के निकट आते ही
मैं ऊर्जा की प्राणवान तरंगों से तरंगित हो उठता हूँ।
ठोस शरीर पिघल कर और मन विसर्जित होकर
मैं मात्र ऊर्जा का एक वर्तुल बन जाता हूँ।
पर यह मेरा 'मैं', उस 'मेरे' और 'मैं' से भिन्न है,
जो मुझे विचारों से उद्दीप्त
और द्वंद्वों से ग्रस्त करता है,

यह शुद्ध 'मैं' मात्र एक चेतना है
एक होने की प्रतीति भर है
जो मुझे खण्ड से अखण्ड होने की प्रतीति कराता है।
सत्यबोधि को नमन कर
मैं जब उससे भेंटता हूँ
तो अपने हृदय की धड़कनों में उसके स्पंदनों का अनुभव कर
मैं एक अद्‌भुत शक्तिपात से नहा जाता हूँ।
उसके नीचे सिद्ध शिला पर बैठ मैं सहज ही-
ध्यान की गहराइयों में खो जाता हूँ।
अपने मेरुदण्ड में ऊर्जा के ऊर्ध्वगमन का अनुभव करता
मैं अंतरिक्ष में परिभ्रमण करती
सभी सद्‌शक्तियों से जुड़ जाता हूँ।"

बड़ पाकड़ (नर-नारी) के अर्द्ध नारीश्वर वृक्ष के संबंध में मैंने अपने भावों को निम्न रूप में अभिव्यक्त किया-

"जाने क्यों कभी-कभी
मुझे यह महसूस होता है
कि 'बोधिमित्र' मुझे पास बुला रहा है।
और जब भागा-भागा मैं उसके निकट आता हूँ
वह झूम-झूम कर मेरा स्वागत करता है।
उसके विशाल तने से लिपटने,
और उसका भूमि का स्पर्श करने को आतुर वट की लटकती जड़ों को चूमने
या नीचे लटकी उसकी किसी शाख को स्पर्श करने में
मैं एक अद्‌भुत रोमांच, सिहरन और मीठी पुलक से भर जाता हूँ।
ऐसा लगता है जैसे कोई बुजुर्ग संत
करुणाकर मुझ पर प्रेम और आशीर्वाद बरसा रहा हो।
अपनी छाया तले ध्यान की गहराइयों में डूबने का
आमंत्रण दे रहा हो।"

'देवतीर्थ' वृक्ष तले लेटे हुए ही एक दिन निम्न काव्य पंक्तियों का जन्म हुआ-

"पवित्र महुवे का वृक्ष
जिसे 'दद्दाजी' की स्मृति में हम 'देवतीर्थ' कहते हैं-

उसे घेर कर बनाया गया गोल चबूतरा
दोपहर भोजन करने के बाद मेरी विश्राम स्थली है
मैं दरी बिछाकर उसकी छाया तले लेटा ऐसा महसूस करता हूँ
जैसे मेरे पिता ही मुझे थपकी देकर सुला रहे हों।
और अपना प्रेम और करुणा बरसाते
मुझे अनंत आशीर्वादों से नहला रहे हों।
हर शाम वृक्ष के तने से सटकर बैठा हुआ
मैं सतपुड़ा की पहाड़ियों की ओट में अस्त होते सूरज
और क्षण-क्षण रंग बदलते चित्र विचित्र विभिन्न आकृतियों वाले सुनहरे
बादलों को
एकटक निहारता रहता हूँ।
और सुनता रहता हूँ,
अपने घौंसलों में लौटते पक्षियों की चहचहाहट
हवा में झूमते बांस वन की खड़खड़ाहट
वहीं बैठा देखता रहता हूँ
खेतों में काम कर सिरों पर घास का गट्ठर लातीं घर लौटती
गौड़ स्त्रियों का समूह
और धुंधलका होते ही,
ध्यान में डूब जाता हूँ।
इसी वृक्ष तले अंधेरी रातों में अंधकार साधना करता
मैं विकसित हुआ हूँ।
पिघल कर अस्तित्व से एकाकार हुआ हूँ।"

वृक्ष मात्र जड़, तना, पत्तियों और फल-फूलों का जोड़ ही न होकर एक स्वतंत्र अस्तित्व है। यह प्राणिमात्र का मित्र है। सभी द्वारा छोड़ी गंदी कार्बन डाइ ऑक्साइड और मलमूत्र ही उसका भोजन है और वह हमें प्राणवायु के साथ फल, फूल, फसलें, जड़ी बूटियां और वस्त्रों के लिए कपास देता है। सूखने पर हम उसकी लकड़ी का फर्नीचर बनाने और जलाने में उपयोग करते हैं।

पर कुछ वृक्ष तो अति संवदेनशील हैं। इसीलिए हम उन्हें दिव्य मानकर पूजते हैं। वट और पीपल के वृक्ष, इन्हीं वृक्षों के अंतर्गत आते हैं।

आश्रम में जो पारस पीपल के वृक्ष थे, उनके प्याज के आकार के काले फलों को लेने आए एक दिन एक वैद्यराज से मेरी भेंट हो गई। उन्होंने पूछने पर बताया यह वृक्ष अति दुर्लभ और पवित्र है। इसके फल से जो औषधि बनती है

उससे बांझ स्त्रियां पुत्रवती बनती हैं। उसे पानी के साथ पत्थर पर घिसकर लगाने से अकौता ठीक हो जाता है।

इन वृक्षों को संबोधित निम्न काव्य पंक्तियां जैसे कहीं अज्ञात से उतरीं,

और पारस पीपल के इन दो युवा-वृक्षों के अनुभव को मैंने निम्न तरह अभिव्यक्त किया-

युवा पारस के पीपल के ये वृक्ष
अद्‌भुत ऊर्जा के भंडार और संवाहक हैं।
इनके निकट आते ही
विचार स्वत: तिरोहित हो जाते हैं।
विशेष रूप से जब हवा वेग से बहती है
इनके पतले तने और शाखाएँ मस्ती में झूमते
अपने निकट आने का आमंत्रण देते प्रतीत होते हैं
और जब स्टूल पर इनके तने से पीठ लगाकर
आंख बंद कर मैं बैठ जाता हूँ
तो पुलकित, तरंगित होकर मैं एक अद्‌भुत रोमांच और सिहरन का अनुभव करता हूँ।
तब मुझे लगता है
जैसे मैं भारहीन होकर, हवा में ऊपर उठता जा रहा हूँ।
इनकी पवित्र छाया में बैठ ध्यान करते हुए
मैं अपने मेरुदंड में ऊर्जा के ऊर्ध्वगमन का साक्षी रहा हूँ
इन पावन वृक्षों के सान्निध्य में
मैं बहुत विकसित हुआ हूँ।

पर सभी वृक्ष, जैसे मीठे स्वादिष्ट फल नहीं देते, इसी तरह सभी वृक्षों के नीचे बैठकर ध्यान भी नहीं घटता। कुछ वृक्ष छाया देते हैं। कुछ वृक्ष औषधीय-गुण होने से आरोग्य देते हैं। कुछ वृक्ष जलाने का ईंधन और पशुओं को अपनी पत्तियों का चारा देते हैं।

पर सभी वृक्ष पक्षियों को आश्रय, धूप में सभी को बेशर्त छाया और भरपूर ओषजन देते हैं। सभी वृक्ष दाता हैं। सिर्फ देते ही देते हैं, लेते कुछ नहीं।

आश्रम में भांति-भांति के वृक्ष थे। सभी वृक्ष मिलकर एक अद्‌भुत वातावरण निर्मित करते थे।

आश्रम के पीछे विशाल लॉन के चारों ओर बने प्रदक्षिणा-पथ पर दोनों ओर प्रहरी जैसे खड़े कैजूरिना, सेमल और यूकीलिप्टिस के गगन चूमते वृक्षों के बीच

घूमते हुए मुझे जो अभूतपूर्व अनुभव हुए उन सभी को पिरोकर मैंने उन दिनों निम्न कविता लिखी-

रास्ते के दोनों ओर अपनी बाहें पसारे
जैसे सभी का स्वागत करते ये गगन को चूमते वृक्ष,
सुबह के समय साधनारत योगियों की तरह-
दोपहर छाया देते बुजुर्गों की तरह-
शाम चिंतन करते दार्शनिकों की तरह-
और रात तांत्रिक सिद्धों की तरह दीखते हैं।
हवा वेग से चलने पर
ये गीत गाते मदमस्त शराबी की तरह झूमते हैं।
चांदनी रातों में इनसे छन-छन कर आती चांदनी में चोर चाल के चलते
और इन वृक्षों की ओट से चांद को निहारते हुए यों लगता था-
जैसे मैं किसी अद्‌भुत रहस्य लोक में विचरण कर रहा हूँ
जहां एक शीतल, मृदुल पावन उजास है।
जहां अद्‌भुत मौन और शांति का साम्राज्य है।
अंधेरी रातों में इन वृक्षों के नीचे
जैसे एक मौन रहस्य,
अलसाये तृप्त अजगर सा पसरा
एक चेतावनी सा देता प्रतीत होता था
कि खबरदार! इधर आकर जो मेरे मौन में खलल डाला।
उस संदेश को आदर देता
मैं दबे पांव उस घने अंधकार को बेधता
हवा के झोंके की तरह गुजर जाता था।
शुरू-शुरू में उस घने पसरे अंधकार को देख
मैं सचमुच भयभीत हो सूखे पत्ते की तरह कांपने लगा था।
भयभीत हो मैंने भय को बहुत निकटता से जाना था
मृत्यु से बढ़कर अन्य कोई दूसरा भय नहीं
यह जान मैं अभय को उपलब्ध हो गया था।
अमावस के घने अंधकार को पीता
उस पर त्राटक करता
और आश्रम की छत पर चित लेटा
तारों भरे आकाश देखता

मैं ज्यों ज्यों अंदर गहरे और गहरे उतरता गया।
देह और मन की दीवारे स्वयं पिघल कर लुप्त हो गईं
और मैं अपने होने का मात्र दृष्टा रह गया।

इस कविता के पूरे हो जाने पर मुझे उन सभी वृक्षों और जंगलों का ख्याल आया जो मैंने अपने भारत-भ्रमण के दौरान देखे थे।

- हिमालय की घाटियों में उगे खुशबू बिखेरते चीड़, देवदारू, सफेदे और चिनार के गगन को चूमते लम्बे-लम्बे वृक्ष।
- कलकत्ता के वनस्पति उद्यान का विशाल वट-वृक्ष।
- जैसलमेर के रेगिस्तान में उगने वाले कंटीले मझोले और नाटे पेड़।
- समुद्र तट पर चतुर्दिक फैले नारियल के वृक्ष।
- छायादार नीम, आम, जामुन और बबूल के वृक्ष।

तभी ख्याल आया देहरादून के निकट कालसी में यमुना में बहकर आए लम्बे-लम्बे स्लीपर। ऊँचे पर्वतों में वृक्ष काटकर और वहीं उनके स्लीपर चीरकर जंगल के ठेकेदारों द्वारा उन पर मार्क लगाकर यमुना की धार में प्रवाहित कर दिया जाता है। जहां पत्थरों के अवरोध से यह स्लीपर रुक जाते हैं, मजदूर उन्हें पुनः ठेल कर बीच धारा में ढकेल देते हैं।

इस ख्याल के साथ ही कागज पर निम्न कविता उतरी-

ये पेड़ नहीं साधक हैं
हड्डियों को कंपाती बर्फीली सर्दियों में
पर्वतों की कठोर छाती फोड़ वायु को सुरभित बनाते
अपनी नोकीली पत्तियों से टकराती हवा के साथ
सन्नाटे का संगीत बुनते और सुरभि बिखेरते
चीड़ और देवदारू के ये तपस्वी पेड़।
सूरज की आग उगलती गर्मी में
थके हारे धूप से क्लांत पथिकों को छाया, विश्राम और फल बांटते ये दानी पेड़।
धरती के नंगे तन को हरित साड़ी से ढकने वाले
मनुष्य की दूषित वायु को भोजन बनाकर प्राण वायु अर्पित करते ये परोपकारी पेड़।
जलते रेगिस्तान के ढूहों से
कहीं भी, कभी भी, न जाने किस जादू से
छाया देने उग आते हैं, छोटे मझोले कांटों भरे पेड़।

पृथ्वी में चतुर्दिक, आकाश में अपनी लम्बी बाहें पसारे
सुख-शांति और प्रेम का हरित परचम लहराते, हंसते मुस्कराते
जीवनदायिनी ये अलबेले पेड़।
पत्थर खाकर भी प्रतिदान में फल लुटाते ये औघड़दानी कल्याणमय पेड़।
अन्न, वस्त्र, फल, फूल, जड़ी-बूटियां, छाया, ईंधन
क्या कुछ नहीं देते ये पेड़?
पर प्रतिदान में मनुष्य द्वारा काटे जाने पर भी, सर्वस्वीकार भाव से जीने वाले-कुछ भी नहीं कहते ये बेजुबान पेड़।
ये पेड़ नहीं साधक हैं
अस्तित्व को समर्पित, ये उसके मौन उपासक हैं।

वृक्ष प्रकृति के पहरेदार भी हैं। वे पहाड़ों से मिट्टी की कटान रोकते हैं। उनके अस्तित्व से वर्षा होती है।

पर वृक्षों के महत्त्व के साथ लताओं, झाड़ियों और पौधों का अपना पृथक अस्तित्व, व्यक्तित्व और महत्त्व है। जीवन में उपयोगिता के साथ यदि रास, रंग और सौंदर्य न हो तो सब कुछ अधूरा-अधूरा-सा लगता है।

तभी सुमति अय्यर लिखती हैं-

"अपन क्यों न चुरालें कुछ दिन छुट्टियों के
और चले जायें पहाड़ों के उस पार।
चुरा लायें वहां से थोड़ी सी रातरानी की महक
जाड़े की नरम धूप और क्षितिज के सिंदूरी रंग
मिट्टी की सोंधी गंध और अमलतास की हंसी
गुलमुहर की दहकन और पलाश की आंच
हरसिंगार की ठंडक चुरा लायें वहां से कुछ सिंदूरी शाम
कुछ जूही की महकती रातें...

आश्रम की लताएँ और झाड़ियाँ भी वृक्षों से कम सुंदर और रहस्यमय नहीं थीं। उनमें खिलते पुष्पों का सौंदर्य, सुवास और सम्मोहन जैसे एक जीवन्त जादू था। सुर्ख लाल, पीले और गुलाबी गुलाब, कर्णफूल से लटकते झुम्पेदार लाल जसवंत या गुड़हल, गेंदा, बारामासी, केली और मिस्टिक रोज फूल, सूर्य उदय होते ही खिलते थे और रात, चमेली, मोंगरा, रातरानी और मधुमालती की सम्मिलित सुवास पूरे आश्रम को महकाती थी। ऊँचे वृक्षों से बोगनवेलिया की लिपटी लताएँ दूर से वृक्षों के पुष्पित होने का भ्रम उत्पन्न करती थीं। लाल और पीले गुलमोहर गर्मियों में पृथ्वी को लाल और पीले पुष्पों से ढक देते थे।

आश्रम के उद्यान के अतिरिक्त मैंने इतने ढेर सारे खिले मोंगरे और मधुमालती के पुष्प पहले कभी नहीं देखे थे।

इन पुष्पों को शब्दों के रूप में गूंथ कर मैंने अपनी काव्यमाला कुछ इस तरह बनाई।

आश्रम के सामने वाली क्यारियों में
चमेली और मधुमालती के झाड़ थे।
जो उन दिनों पूरे शबाब पर थे।
मधुमालती की लताएँ श्वेत कलियों के भार से लदकर
हरी न दिखकर सफेद ही दिखती थीं।
और रात घिरते ही कलियाँ पुष्पित हो सारे उद्यान को महका देती थीं।

खुशबू बिखेरते वे अलबेले झाड़ ओशो के गोल्डेन चाइल्डहुड में वर्णित उनके उस आख्यान की याद दिलाते थे।

जब अपने बचपन में कुचवाड़ा के तालाब में डोंगी पर तैरते हुए वह किनारे लगे मधुमालती के झाड़ों में श्वेत सुमनों का सैलाब देखते और कोसों तक गमकती उसकी महक से मदमस्त होकर पूरी रात झील नुमा तालाब में जल विहार करते थे।

सावन के महीने में एक सुबह जब मैं सोकर उठा-तो सामने मधुमालती के झाड़ के नीचे श्वेत बर्फ की बिछी चादर देख विस्मय विमुग्ध हो गया। जब निकट आकर देखा तो ज्ञात हुआ कि रात होने वाली वर्षा में मधुमालती के पुष्पों ने ही झड़कर और झाड़ पर मोती जैसी नई कलियां खिलने का इंतजार कर रही हैं।

मधुमालती के लिए खिलना और झर जाना जैसे एक खेल है और जीवन मृत्यु का इतना उत्सवमय अनूठा खेल मैंने आज तक नहीं देखा था।

उस सुबह जो कुछ देखा
वह अद्‌भुत और अनूठा था।
आश्रम के पिछवाड़े वाली क्यारियों में
बेले या मोंगरे के कई झाड़ थे
जो जेठ की गर्म रातों को अपनी श्वेत शीतल, सुवास से महकाते
और खिलती रातरानी के काकटेली सुगंध से सुवासित करते थे।
चाँदनी रातों में मोंगरे के महकतें मोती जैसे श्वेत फूलों
और रातरानी की भीनी गंध से यूं लगता था
जैसे वसुन्धरा रूपी वधू श्रृंगार कर सुहाग सेज पर

चांद को निकट और निकट आने का आमंत्रण दे रही हो।
और चमेली जो रात खिलती थी,
वह दिन भर खिली ही रहती थी।
वह कम्बख्त इतनी हंसोड़ थी
कि हर वक्त हंसती ही रहती थी।
सूरज की पहली किरण के स्पर्श से
लाल पीले गुलाब खिल उठते थे
अपने सौंदर्य, सुवास और शोख अदाओं से
सभी को बहुत भाते थे।
और इन्हीं के साथ जसवंत या डबल गुड़हल के बड़े-बड़े सुर्ख फूल
किसी सुदंरी के कानों में लटकते झुमकों की तरह बड़े मनभावन लगते थे।
और एक फूल बड़ा अजीबो-गरीब था
उसे स्वामीजी मिस्टिक रोज कहकर पुकारते थे
जब वो सुभू खिलता था हल्का गुलाबी होता था
दोपहर में वह श्वेत और शाम होते ही पीत हो जाता था
सूर्य छिपने के साथ वह भी सूरजमुखी की तरह अपनी पलकें मूंद लेता था

फूल तो फूल आश्रम में यत्र-तत्र सर्वत्र रोपे गये क्रोटन भी लाजवाब थे। अपने चित्र-विचित्र विभिन्न रंगों के शेड से सज्जित पत्ते भी फूलों से होड़ करते प्रतीत होते थे। यह दिन रात चौबीस घंटे बस हंसते ही रहते थे और उस चतुर चितेरे चित्रकार के प्रति गहरी कृतज्ञता और अहोभाव प्रकट करने लगते थे।

आश्रम प्रत्येक दृष्टि से सुंदर और सुविधामय था। स्वामीजी के आवास के अतिरिक्त एटेच्ड बाथरूम के दो कमरे थे, और अधिक संख्या में संन्यासी आने पर वे ध्यान कक्ष के हॉल में ही ठहर जाते थे। स्वामीजी के आवास से लगा रसोईघर था, जिसमें गैस पर मां आर्या और हम लोग मिल-जुलकर स्वयं भोजन बनाते थे। स्वीमिंग टैंक के निकट बनी दूसरी रसोई में आदिवासी परिचारिका चूल्हे पर पानी गर्म करने के साथ गर्म-गर्म रोटियाँ सेंकती थी।

ध्यान कक्ष में सुबह प्रार्थना-ध्यान और शाम व्हाइट रोब ब्रदर हुड नियमित रूप से होता था पर बाहर से आने वाले संन्यासियों की इच्छा पर सक्रिय, नटराज, नादब्रह्म और कुंडलिनी ध्यान भी होता था।

ध्यान कक्ष में तो सुबह और शाम के प्रार्थना ध्यान और ओशो दर्शन में ही मैं सम्मिलित होता था, अन्यथा प्रकृति के खुले प्रांगण में वृक्षों की छाया तले

या बांसों के झुरमुट के नीचे ही मैं उनसे गुफ्तगू करता था। ध्यान करने में ध्यान करने वाला जब तक कर्त्ता मौजूद है-ध्यान कैसा? प्रकृति के सान्निध्य में जब शरीर और मन पिघलकर अस्तित्व के साथ एकाकार हो जाते हैं तो ध्यान स्वयं घटता है।

आश्रम की तीसरी या चौथी विजिट में एक दिन अचानक अनायास कुछ घटा। हालांकि उससे पूर्व एक-दो बार मैं उसकी झलक पा चुका था। दूसरी बार आने पर मैं ध्यान कक्ष में मुख्यत: विज्ञान भैरव तंत्र के छोटे-छोटे आणविक प्रयोग ही करता रहता था। प्रारंभ के दो मिनटों में कर्त्ता और क्रिया दोनों विद्यमान रहते थे पर पांच दस मिनट के प्रयोग में दो मिनट बाद ही न क्रिया रह जाती थी और न कर्त्ता।

होशपूर्ण रेचन भी मैंने विज्ञान भैरव तंत्र के प्रयोगों द्वारा ही किया। धीमे-धीमे आश्रम के वृक्षों, पुष्पों और लताओं के प्रति अनायास आकर्षित होकर मैं अपना अधिक समय उनकी छाया तले ही गुजारने लगा।

ज्यों-ज्यों ध्यान से मेरी सजगता, संवेदनशीलता और सौंदर्य बोध बढ़ा, हृदय प्रेम से आपूरित होने लगा। वृक्षों, पुष्पों और दूसरी प्रकृति से जैसें एक मौन संवाद स्थापित हो गया।

पंचतत्त्वों से बना शरीर जैसे पंच तत्त्वों से अपना संबंध भूल बैठा था। आश्रम की नंगी भूमि पर नंगे पैर चलते हुए मैंने मां पृथ्वी का स्पर्श किया। स्वीमिंग, टैंक में गर्दन में हवा भरे ट्यूब के सहारे मैं घंटों तैरता हुआ धूप सेंकता रहता था और गर्मियों में सुबह शाम तप्त शरीर को शीतल करता, जल में वृक्षों के बनते बिगड़ते प्रतिबिम्ब को निहारता सन्नाटे का संगीत सुनता रहता था।

प्रात:काल उठते ही सूर्योदय से पूर्व मैं पूरे उद्यान में भ्रमण करता अपने प्रिय वृक्षों का दरस परस करने के बाद चाय बनाकर स्वयं पीता था। फिर स्वामीजी और मां के साथ मैं लाल होती पूरब दिशा को निहारता, पक्षियों का कलरव गान सुनता, भगवान भुवन भास्कर को उदित होता देखता था। जब तक सूरज का गोला लाल रहता था और उसमें से किरणें निकलना प्रारंभ नहीं होता था मैं उसे एकटक निहारता रहता था और पांच मिनट बाद नेत्र बंद कर यह अनुभव करता था कि जैसे वह सूर्य मेरे नाभि प्रदेश में उदय हो रहा है।

स्नान करने के उपरांत हम सभी लोग मिलकर प्रार्थना ध्यान करते थे। यह सत्यबोध वृक्ष के सामने भक्तिपूर्वक खड़े होकर प्रारंभ होता था और हम सभी आश्रम की प्रदक्षिणा करते देवतीर्थ और बोधिमित्र वृक्षों के नीचे खड़े होकर

ओशो और दद्दाजी के प्रति, सभी बुद्धों के प्रति और पूरी प्रकृति के प्रति अहोभाव प्रकट करते थे।

बोधिमित्र वृक्ष के चारों ओर परिक्रमा हम विपस्सना वाक के साथ प्रारंभ करते थे और धम्मं शरणम् गच्छामि, बुद्धम शरणम् गच्छामि, संघम् शरणम् गच्छामि तथा ओशो शरणम् गच्छामि का मंत्र गुनगुनाते हुए सात परिक्रमाएं की जाती थीं। तत्पश्चात ध्यान कक्ष में आकर ओशो की चरण पादुकाओं को साष्टांग प्रणाम करते हुए ओम ध्यान किया जाता था।

प्रार्थना ध्यान के बाद लम्बे बरामदे में बिछी डाइनिंग टेबल पर सभी मिलजुल कर नाश्ते का आनन्द लेते थे।

# प्रकृति का निकट सान्निध्य और शून्यता

प्रकृति के सान्निध्य में रहते हुए मैं ज्यों-ज्यों उसके साथ लयबद्ध होता गया, मेरा विस्मय दिन -प्रतिदिन् बढ़ता गया।

स्वामीजी ने बताया कि सन् 75 से पूर्व आश्रम के स्थान पर मात्र कुछ खेत और पुराने वृक्ष थे। उन्होंने उस फार्म को दो समर्पित संन्यासियों के सहयोग से विकसित किया। पहले उनके रहने के लिए दो झोंपड़े बनवाये गये। उन्होंने अपने निर्देशन में ही ध्यान कक्ष, रसोई घर और आवास के कमरे बनवाये। इसी के साथ-साथ विभिन्न नर्सरीज से चुन-चुन कर वह विभिन्न वृक्षों और पुष्पों वाले पौधों की पौध लाकर उसे रोपते थे। मजदूरों की सहायता से कुएं के पानी से उन्हें सींचते थे। कुएं में स्वामीजी ने मोटर पहले ही फिट करवा दी थी जिससे खेतों में सिंचाई होती रहे और अधबटाई पर उत्पन्न की गई मक्का और ईख से आश्रम के खर्चे निकलते रहें।

स्वामीजी उन दिनों छिन्दवाड़ा में रहते हुए आइलमिल चला रहे थे पर ओशो के निकट सम्पर्क में आने के बाद वह धीमे-धीमे सभी कार्य अपने पुत्रों को सौंप कर जबलपुर व अन्य स्थानों में होने वाले ध्यान शिविरों में भाग लेते हुए कभी-कभी ओशो के दर्शन करने पूना चले जाते थे।

कभी एकान्त में मैं विचार करने लगता कि प्रारंभ में यह आश्रम भी एक बीज था। कभी ऑरगन के उजाड़ रेगिस्तान में ओशो के निर्देशन में शीला ने रजनीशपुरम कम्यून की नींव रखी थी जो दो वर्षों में ही एक सर्व सुविधा सम्पन्न आत्मनिर्भर कम्यून और नगर के रूप में परिवर्तित हो गई।

- हर वृक्ष कभी एक बीज होता है।
- पर बीज कहां से आता है! बीज को भी वृक्ष उत्पन्न करता है।
- फिर वृक्ष पहले उत्पन्न हुआ या बीज?
- स्त्री का जन्म पहले हुआ या पुरुष का?
- यह आकाश, पृथ्वी, जल, अग्नि और वायु तत्त्व किसने कैसे बनाये?

इन प्रश्नों को दार्शनिकों ने तरह-तरह से सुलझाया है। वैज्ञानिकों ने इसका अपने-अपने ढंग से विश्लेषण किया है। पर सभी उत्तर अधूरे और अपूर्ण हैं। वे दस नए प्रश्नों को जन्म देते हैं। यह सभी रहस्य था और रहस्य रहेगा।

इसी रहस्य में विस्मय विमुग्ध होकर मैंने उस रात निम्न दो कविताएँ लिखीं-

रहस्य में डूबना ही परमानंद है
किसने कैसे बीजों में
रूप, रस, गंध और स्वाद की अनन्त संभावनाओं को रोप दिया?
किसने ऐसा कौन-सा जतन किया?
कि पृथ्वी के गर्भ में गलकर सड़कर
जल, मिट्टी, वायु और सूर्य का प्रकाश पाकर
बीज अंकुरित हो उठते हैं।
और एक नन्हें से बीज से विकसित होकर
विशाल देवदारू या वटवृक्ष आकाश में ऊंचे उठकर
या आसपास छाया देने चारों ओर फैलकर
लघु से विराट बनते हैं।
यह विश्वास ही नहीं होता
कि वे कभी एक नन्हें से बीज थे।
जब आकाश में सूर्य चन्द्र और सितारों का उगना और डूबना देखता हूँ
और अमावस की घनी काली रात में आकाशगंगा में
असंख्य तारों का हुजूम देखता हूँ-तो विस्मय विमुग्ध हो जाता हूँ।

वैज्ञानिक कहते हैं आकाश में एक नहीं अनेक आकाशगंगाएँ हैं और उनमें कुछ सितारे तो हमारी पृथ्वी से इतनी दूर हैं कि उनका प्रकाश पृथ्वी तक आने में करोड़ों, अरबों वर्ष लग जाते हैं जबकि प्रकाश की गति है-एक लाख छियासी हजार मील प्रति सैकंड। तब लगता है हमारी पृथ्वी का अस्तित्व ब्रह्माण्ड में एक बिंदु जितना भी नहीं है। हमारे सूर्य से भी अनन्त विस्तार और ताप वाले आकाश में दस बीस नहीं लाखों महासूर्य हैं जो अपने-अपने परिक्रमा पथ पर परिभ्रमण करते हुए महारास में मग्न हैं। किसने कैसे इन महासूर्यों, आकाश गंगाओं, ग्रहों, नक्षत्रों और सितारों को जन्म दिया-कैसे जन्मीं विद्युत, प्रकाश और ताप जैसी ऊर्जाएँ? कैसे जड़ में चेतन का संचार हुआ? कैसे भिन्न-भिन्न रूप, गुण, आकृतियों वाली असंख्य वनस्पतियां, भिन्न-भिन्न स्वाद, गंध और रसों वाले फल-फूल और जड़ी बूटियाँ, जल, पृथ्वी और नभ में विचरण करती लाखों जीव-जंतुओं की योनियाँ, भिन्न-भिन्न रूप, रंग, आकृति और अलग-अलग गुणों और स्वभाव वाली प्रजातियाँ, यह सब किस जादू से जन्मीं? किसने कैसे इन्हें उत्पन्न किया, किसने जन्म-मरण और आवागमन का चक्र रचा? एक नहीं अनन्त

प्रश्न हैं और सारे समाधान बौने और लचर हैं। यह पूरा अस्तित्व एक कभी न सुलझने वाली अबूझ पहेली है। यह पहले भी एक रहस्य था, और अब भी एक गूढ़ रहस्य है।

ठीक इस ब्रह्माण्ड की तरह हमारा मनुष्य शरीर भी एक जटिल रहस्य है। हम पुरुष इसीलिए कहे जाते हैं क्योंकि हमारा शरीर असंख्य कोषों का एक पुट है। यह पंचतत्त्वों से बनता है और मिटकर फिर पंचतत्त्वों में विलीन हो जाता है। जाने किस अदृश्य आकर्षण से स्त्री और पुरुष मिलकर रज और वीर्य के संयोग से गर्भ में एक बीज रोपते हैं। नौ महीने विकसित होकर वो शिशु के रूप में जन्म लेता है जाने किस अदृश्य जादू से मां के स्तनों में दूध उतर आता है, उसके हृदय में प्रेम हिलोरें लेने लगता है। वह शिशु का गू मूत साफ कर उसे पालती पोसती और बड़ा करती है और संसार से विदा ले लेती है।

भोजन पचकर किस जादू से रक्त, रज और वीर्य बनता है? किस जादू से धड़कता हृदय पूरे शरीर को रक्त देता है? कैसे प्राण, अपान, व्यान और उदान आदि दस पवन और पांच अग्नि जल के संयोग से शरीर को गतिशील रखते हैं? कैसे विचार, भाव और संवेदनाएँ जन्म लेती हैं? कैसे घाव अपने आप पुर जाता है? कैसे भोजन का सार लेकर शरीर अनपचे भाग और विषों को बाहर फेंक देता है? शरीर के इन सभी जटिल तंत्रों को कौन संचालित और नियंत्रित करता है? कौन व्यक्ति को कलाकार, वैज्ञानिक या दार्शनिक बनाता है? कौन जन्म और मृत्यु का दाता और नियंता है? कौन सृजनहार और मृत्यु का अधिष्ठाता है? किसके संकेत से मौसम और ऋतुएँ बदलती हैं? किसके संकेत से भूकंप और ज्वालामुखी प्रलय का तांडव रचते हैं? किसके संकेत से कहीं वृष्टि कहीं सूखा और कहीं अकाल पड़ता है? किसके संकेत से यह शाश्वत खेल अनन्त काल से चल रहा है? थकी-हारी बुद्धि कहती है यही परम शक्ति परमात्मा है। सब कुछ उसी से जन्मता है और उसी में विलीन हो जाता है। वही जन्म देने वाला ब्रह्मा, पालनहार विष्णु और नष्ट करने वाला रुद्र है। वही ब्रह्मा, विष्णु और महेश एक साथ है। यह अस्तित्व उसी की एक लीला है वह सर्वव्यापक, सर्वशक्तिमान, अनादि, अनन्त और अभेद है वह अगम, अपार और अगोचर है वह अचिंत्य, अवर्णनीय अपरमपार है। कुछ कहते हैं कि वह परम-पुरुष है जिसने प्रकृति के सहयोग से यह सृष्टि उत्पन्न की जो जड़ और चेतन का संयोग है। कुछ कहते हैं उस परमात्मा को एक दिन खेल-खेल में एक से अनेक होने का भाव हुआ वह एक से तीन और तीन से नौ, नौ से इक्यासी और इसी क्रम से अनन्त रूपों में प्रकट हुआ। ब्रह्मा विष्णु और महेश के रूप उसी की अभिव्यक्तियां हैं जिसे

कुछ लोग सत, रज और तम कहते हैं। विज्ञान कहता है सब कुछ एक विद्युत तरंग से उत्पन्न हुआ और वह तरंग इलेक्ट्रॉन, न्यूट्रॉन और प्रोटोन तीन का जोड़ है। उत्तर हजार हैं पर पूर्ण समाधान कहीं भी नहीं। इस रहस्य को लाख सुलझाओ पर यह गुत्थी कभी सुलझती ही नहीं। बुद्ध इन व्यर्थ के प्रश्नों का उत्तर देते ही नहीं थे। ओशो भी यही कहते हैं-जरूरत क्या है रहस्य सुलझाने और समय नष्ट करने की। यह क्यों नहीं स्वीकार करते कि यह रहस्य था, रहस्य है और रहस्य रहेगा। जितना भी सुलझाओगे, यह उलझता ही जाएगा। इस रहस्य में विस्मय विमुग्ध होकर डूबना अपूर्व आनन्द है। निर्विचार हो उस शून्य जैसा शून्य हो जाना ही परम आनन्द है। इसी आश्चर्य और रहस्य में पूरा डूबने पर एक विस्फोट होता है।

तू कौन है?

एक दिन आधी रात महकते बोला, चमेली, रातरानी और रजनीगंधा के पुष्पों से मैंने प्रश्न किया-

तुम सभी रात में ही क्यों महकते और खिलते हो? सूर्य के प्रकाश में तुम क्यों कुम्हला जाते हो? सूर्योदय के समय खिलने वाले कंवल, गुलाब और सूरजमुखी जैसे विविध रंगों और भिन्न-भिन्न सुवास वाले पुष्पों से भी एक-एक कर मैंने यही प्रश्न पूछा, तुम सूर्य उगने के साथ ही क्यों खिलते हो? मेरा बचकाना प्रश्न सुनकर वे सभी सिर्फ मुस्करा कर रह गए और मुझे हल करने को एक नया प्रश्न छोड़ गए।

मैनें लाजवंती से पूछा-तुम छूते ही सिकुड़ क्यों जाती हो? मैंने सागर से पूछा-

'चांद को देख तुममें ज्वार क्यों आ जाता है?

मैंने नदियों से प्रश्न किया-तुम्हें कौन सागर में समा जाने को प्रेरित करता है?

मैंने जल से पूछा-तुम उबलने पर क्यों वाष्प बन जाते हो?

और क्यों पर्वतों पर जाकर बर्फ हो जाते हो?

मैंने अग्नि से पूछा किसने तुझे ताप और प्रकाश दिया?

धरती से भी यही पूछा-किसने तुझे सृजन करने का वरदान दिया?

मैंने पक्षियों से उनके उड़ने और चहचहाने का राज पूछा,

मैंने कोयल, पपीहे और बुलबुल से उनके गीत गाने का रहस्य पूछा,

मैंने मोरों से पूछा-तुमने यह अद्‌भुत रंग-बिरंगे और खूबसूरत पंख किससे पाये?

और किससे तुमने घटा घिर आने पर ऐसा मनोहारी नृत्य सीखा?

मैंने मछलियों से तैरने, सांपों से रेंगने, कुत्तों से भौंकने और हिरनों से कुलाँचे भरने का रहस्य पूछा।

तभी अचानक कहीं मेरे ही अंदर से किसी ने मुझसे ही प्रश्न किया-

सभी से पूछने वाले पागल पहले तू बता, तू कौन है?

इस कविता लिखने के बाद मैंने पूरी ऊर्जा से "मैं कौन हूँ?" ध्यान किया। मैंने रोम-रोम से, रक्त की प्रत्येक बूंद से पूछा-

- मैं कौन हूँ?
- कौन हूँ मैं?
- मैंने क्यों जन्म लिया?

अंदर से शास्त्र पढ़े मन झूठे उत्तर देता रहा-मैं शुद्ध आत्मा हूँ। मैं ही परमात्मा हूँ।

वह नकारात्मक उत्तर भी देता रहा-"न मैं शरीर हूँ, न मन।" पर अंदर से भली-भांति जानता था मैं, ये सारे उत्तर मेरे मन से ही आ रहे हैं।

यह ध्यान मैं कई बार पहले भी कर चुका था और कुछ भी घटित नहीं हुआ था।

पर उस दिन न जाने कैसे क्या हुआ मैं अचानक पृथ्वी पर गिर पड़ा। मैं अचेत नहीं हुआ था। मुझे पूरा होश था। मैं पूर्ण सजग था पर मेरी वाणी रुद्ध हो गई थी। मैं पिघल कर जैसे अस्तित्व में घुल गया था। "मैं" लिखना भी भाषा की विवशता है। शुद्ध 'मैं' भी मिट गया था। मैं मात्र द्रष्टा रह गया था। सारे प्रश्न गिरकर 'मैं' उत्तर ही हो गया था।

ऐसी बात नहीं कि यह अनुभूति पहली बार हो रही थी। मैं इससे पूर्व बिठूर आश्रम में, रेणुकूट और चिदम्बरम् के मंदिरों में आरती के समय बजने वाले वाद्यों की ध्वनि में ध्यान करता इसी तरह की अनुभूति कर चुका था। कबीर की मगहर की मुस्लिम समाधि और कसिया के बौद्ध मंदिर में भी ध्यान करते हुए यही अनूभूति हुई थी। ये सभी सटोरी की झलकें या स्वयं सटोरी थीं। उन दिनों मैं ध्वनि ध्यान में मदमस्त था। उठते-बैठते, सोते-जागते ओम की अनाहत ध्वनि का अजपाजाप चल रहा था। तभी मुझे कुंडलिनी जागरण का अनुभव हुआ था। उसी दशा में जबलपुर के ओशो संन्यास आश्रम में तीन दिनों के ध्यान शिविर और 21 दिनों के मौन शिविर में भाग लेने गया था।

इक्कीस दिनों के बाद जबलपुर ताल पार्क में बोधिवृक्ष का दर्शन करने मैं जैसे ही गेट पर पहुंचा था, मुझे अद्‌भुत शक्तिपात का अनुभव हुआ था। तब

पहली बार मैंने अपने पिघलने और अस्तित्व में घुल जाने का अनुभव किया था। वह सच्ची सटोरी और समाधि का अनुभव था। उस अद्भुत रहस्यमय घटना के बाद ही ओशो की आत्मकथा लिखने का माध्यम बना मैं। तब लेखन भी जैसे ध्यान बन गया था। मेरा मन चाकर की तरह अज्ञात से उतरे शब्दों को लिपिबद्ध कर रहा था। पर तब भी मेरा चैतन्य, मन को ऐसा करते देखने वाला द्रष्टा था।

पर 'मैं कौन हूँ' ध्यान करने के बाद, न मन बचा था और न करने वाला शरीर। केवल होना भर रह गया था।

यह पढ़कर यह प्रश्न उठना स्वाभाविक है कि कुंडलिनी जागरण में मैंने उस आत्यंतिक अनुभव का जिक्र क्यों नहीं किया और जब कुंडलिनी जागरण हो ही गया था तो मेरे "मैं कौन हूँ" ध्यान करने की सार्थकता क्या है?

यह सब कुछ बड़ी जटिल पहेली है। मेरे पूर्व जन्मों के क़र्मों या अंतर्यात्रा के फलस्वरूप अस्तित्व ने यह अनुकम्पा बिना पूरी साधना के मेरे द्वारा ओशो गाथा लिखने का माध्यम बनाने के लिए ही की थी। बिना सभी चक्र सक्रिय हुए मैं मणिपुर चक्र से सीधे अनाहत चक्र पर पहुंच गया था। बिना स्वाधिष्ठान चक्र के सक्रिय हुए आकाश तथा सूक्ष्म शरीरों का अतिक्रमण कर मैं सीधे मनस शरीर पर पहुंच गया था।

जब ऐसा कुछ घटा था उन दिनों उसका मूल्यांकन करने का न समय था, न फुरसत और न जरूरत।

आज शास्त्रों को पढ़कर जब उनसे अपने अनुभवों को कसौटी पर कस कर देखता हूँ तभी यह अभिव्यक्ति भी संभव हो रही है।

दो चार घनिष्ठ लोगों को मैंने दबी जबान से अपने अनुभव का संकेत भी दिया था, पर वे हंस कर टाल गए थे। पूना आश्रम में 35 दिन रहकर बुद्धाहाल में ध्यान करते हुए अट्ठाइस दिनों बाद मैं बहुत बीमार पड़ा। दस्तों द्वारा अंदर का सारा मल बाहर लिकल कर मैं खाली हो गया। 104 डिग्री ज्वर चढ़ा। पर यह ऐसा ज्वर था जिसमें मैं पूना आश्रम में घूम रहा था। मुझे ऐसा लग रहा था जैसे मेरी मृत्यु निकट है। मैं भय से अज्ञात में छलांग लगाने के लिए डर रहा था। काश! वहां कोई मेरी स्थिति समझकर मुझे रुकने को बाध्य कर मुझे साहस बंधाता। कुछ घटता इससे पहले ही मैं डर कर भाग आया। ट्रेन में बैठते ही बुखार अपने आप उतर गया।

उस एक वर्ष की अवधि में मैंने "ओशो ही ओशो" लिखी। उसे मैंने अपने लेखन के पुराने अभ्यास तथा बुद्धि हृदय के संतुलन से लिखा था, हालांकि वह संतुलन ही था।

यह स्थिति योगभ्रष्ट होकर खाई में फिसल जाने की थी। मैं ठीक उसी स्थिति में आ गया था जहां से मैं चला था। एक वर्ष बहुत पीड़ा और अवसाद में गुजरा।

एक दिन अचानक किसी अज्ञात प्रेरणा से मैं जबलपुर चल पड़ा। वहां संग साथ में ध्यान की फिर शुरुआत हुई। एक दिन बोधिवृक्ष के नीचे बैठकर भी ध्यान किया। बरसती ऊर्जा का अनुभव तो हुआ पर पहले जैसा ऊर्जा का विस्फोट न हुआ। आज कह सकता हूँ कि बोधिवृक्ष से ऊर्जा तो वैसी ही बरस रही थी पर तब मैं पहले की भांति अंदर से खाली नहीं था। मन मांग से भरा हुआ था। 'एक फक्कड़ मसीहा ओशो' के खण्ड 6, 7, 8 तथा 9 कैसे और किन परिस्थितियों में लिखे गए, उनका खुलासा मैं उन ग्रंथों के प्रारंभ में अपने वक्तव्य के अंतर्गत विस्तार से कर चुका हूँ।

बोधिवृक्ष को शक्तिपात, आशीर्वाद और मुझे जो भी ऊर्जा देनी थी वह उसने पहले ही 1993 में दे दी थी। यह मेरे ऊपर था कि मैं मिले हीरे को गांठ में बांधकर हिफाजत से रखता। पूना में रहते हुए साहस से अज्ञात में छलांग लगाता और अपने केंद्र में पहुंचता। कोई कुछ भी कहता मैं ध्यान करना कभी न छोड़ता। मैंने किनारा आने से पूर्व ही नाव छोड़ दी थी और किनारे पर पानी बहुत गहरा था।

जो ध्यान में कुछ भी न करने की सलाह दे रहे थे, वही एक फक्कड़ मसीहा ओशो को भी आगे बढ़ाने का आग्रह कर रहे थे। यदि ध्यान करना एक कृत्य था तो लेखन भी तो एक कृत्य था।

बोधिवृक्ष के पुनः निकट जाकर जो ऊर्जा मैंने महसूस की, वह जबलपुर आकर पुनः ध्यान प्रारंभ किए जाने के कारण ही थी। बोधिवृक्ष के नीचे बैठकर मुझे खोई हुई सम्पदा की याद आ गई। वह तो स्वयं मेरे ही अंदर थी। मैं शरीर और मन से तादात्म्य जोड़ बैठा था। मैं एक फक्कड़ मसीहा ओशो के पांच खण्ड प्रकाशित होने पर अपने को उस ग्रंथ का कर्ता मान बैठा था। पूना आश्रम में रहते हुए अन्य कुछ संन्यासियों को देर रात ड्रिंक्स करने के बाद लौटने पर मैंने उन्हें कीड़े-मकौड़े की तरह समझते हुए अपने शराब त्याग के कारण अपने को उनसे श्रेष्ठ समझन लगा था। औरों को भोग में लिप्त देखकर मुझे अपने पर अहंकार हुआ था कि मेरी कामवासना ऊर्ध्वगमन के द्वारा राम की ऊर्जा में रूपांतरित हो गई। यदि आज जैसी विश्लेषण और संश्लेषण दोनों ही करने की क्षमता उस समय होती तो वह हादसा होता ही नहीं।

पर शायद ऐसा भी अस्तित्व की मर्जी से ही हुआ था। यदि पूना में रहते हुए अज्ञात में छलांग लग ही जाती, तो पुनः मन में लौटकर कदाचित ओशो गाथा को पूरा करने का ख्याल ही न आता। अस्तित्व चाहता था कि मैं ठोकर खाकर खाई में गिरने के बाद फिर अपने प्रयास से उठूं। अंधेरे में चलते ठोकरें खाते, गलतियां करूं और फिर उनसे सबक लेकर नया मार्ग खोजूं। अस्तित्व ने उद्देश्य विशेष के लिए रॉकेट द्वारा जो मुझे एक लम्बी उछाल दे दी थी, अब उन ऊँचाइयों को एक-एक कदम चलकर प्राप्त करना था।

प्रकृति से तो मेरा सहज सान्निध्य बचपन से ही था जो युवावस्था में भी बना रहा। सृजनात्मक प्रतिभा के साथ मैं भावुक प्रेमपूर्ण और संवेदनशील भी था। पर मार्क्स के द्वंद्वात्मक भौतिकवाद तथा इलाहाबाद यूनीवर्सिटी के आचार्यों की अहंकार ग्रस्त बुद्धि के जाल में हृदय से मेरा केंद्र मस्तिष्क बन गया था। पर शीघ्र ही साम्यवाद से मेरी आस्था हटने लगी। साहित्यजगत में अपनी श्रेष्ठता के लिए लड़े जा रहे शीतयुद्ध को देखकर मैं उससे भी विरत होकर विवाह कर एक साधारण गृहस्थ बन गया। पर नौकरी करते हुए न मेरा प्रकृति प्रेम छूटा और न पुस्तक प्रेम। रविवार को पिकनिक के लिए प्रकृति की गोद में कहीं ऐसी जगह निकल जाता जहां शोर और भीड़ न हो। अब धीमे-धीमे मेरा केंद्र पुनः मस्तिष्क से हृदय की ओर उन्मुख होने लगा था।

ओशो से जुड़ने पर ध्यान करने के बाद मस्तिष्क और हृदय में एक संतुलन स्थापित हुआ।

जमुनिया आश्रम में रहते हुए मस्तिष्क का केंद्र पूरी तरह हृदय तक आ गया। अब मैं हृदय तल से नाभि केंद्र की ओर गतिशील था। एक अर्थ में नाभि केंद्र तक आ भी गया था। हृदय के तल तक पूरी तरह आने के बाद ही मैं प्रकृति के साथ लयबद्ध हो सका। संवेदनशीलता और सजगता जागृत हुई। वृक्षों से सम्वाद स्थापित हुआ।

जमुनिया आश्रम की पांचवी विजिट में ही मुझे अस्तित्व में घुलने पिघलने और उससे एकाकार होने के आत्यांतिक अनुभव हुए। उस दिन मैं पूरे आश्रम में अकेला था।

सावन का महीना था। रात से निरंतर मूसलाधार वर्षा हो रही थी। बिजली भी चमक रही थी और बादल भी गरज रहे थे।

सच तो यह है कि जब तक 'बिजुरिया' चमकने के साथ 'बदरवां' न गरजें, वर्षा का पूरा आनंद ही नहीं आता।

भाई केदारनाथ ने क्या खूब लिखा है-

रिमझिम बरसे बादरा
कनखी मारे काजरा
बेड़िन पहिने घाघरा
नाचे गावे दादरा
समझ न पावें आंधरा
सावन का यह माजरा

पूरी दोपहर वर्षा होती रही। उमंग, उछाह में कुछ देर मस्त होकर नाचता रहा। पंद्रह मिनट विश्राम के बाद लेखनी स्वतः गतिशील हो उठी।

कल शाम छत पर बैठे हुए दूर सतपुड़ा की पहाड़ियां देख रहा था, जो गहरे काई रंग की थीं। उनके नीचे वृक्षों की एक कतार थी। उसके आगे खेतों की श्रृंखला और फिर आश्रम का उद्यान था। पर प्रत्येक का हरापन एक-दूसरे से भिन्न था। हरे रंग की भिन्नता ही पूरे वातावरण को प्रतिबिम्बित कर रही थी।

यदि सूक्ष्मता और संवेदनशीलता से रूप और सौंदर्य को देखा जाए, तो व्यक्ति के आंतरिक गुणों और स्वभाव को एक ही रंग की भिन्न-भिन्न शेड, चित्रित करने में समर्थ होती है। सूर्योदय सभी ने देखा है पर वानगॉग की आंख ने सूर्योदय में जो कुछ देखा, विभिन्न रंगों के हल्के या गहरे शेड से उसे उसने चित्रित किया है।

आश्रम के बरामदे में बैठा सामने भरे स्वीमिंग पूल में बरसते पानी से उत्पन्न बगूलों और लंहरियों को विस्मयमुग्ध होकर देख रहा था। देख रहा था कैजूरिना और यूकीलिप्टिस के वृक्षों और सामने फैली हरीतिमा को, जो कल सूरज की रोशनी में चमकती हरीतिमा से और गाढ़ी हो गई थी। मैं भली-भांति बूझ रहा था कि वर्षा बंद होने पर यह धुली हरीतिमा तीसरे शेड में प्रकट होगी। मैं सामने फैले हरीतिमा के विस्तार का अतीत, वर्तमान और भविष्य तीनों एक साथ देख रहा था।

इसी मूड में निम्न काव्य पंक्तियां कागज पर कहीं अज्ञात से उतरीं।

नहीं, यह साक्षी नहीं-यह द्रष्टा भाव है
दूर सतपुड़ा की पहाड़ियों पर
हरीतिमा के गहरे काई रंग का एक सागर लहरा रहा है।
उसके पीछे श्वेत, श्याम और सुरमई बादलों से घिरा अंतहीन आकाश है
जो क्षण-क्षण नए-नए परिधान बदलता रहता है।
बादल, सूरज के साथ आंखमिचौनी खेलते
धूप छाँह के साथ विविध रंगों को चित्र आकाश के कैनवस पर उकेरते हैं।

कभी मिटते हैं,
और कभी नया आकार लेकर नई सज-धज से प्रकट होते हैं।
बादलों और फिर दूर फैली हरित पहाड़ियों के नीचे
हरे-भरे खेतों का विस्तार है।
पर इसकी हरियाली, पहाड़ियों की हरियाली से भिन्न है-
इस हरितिमा में एक अद्‌भुत दीप्ति और आलोकित प्रभा है,
इसमें गर्भवती स्त्री जैसी एक मनोहारी आभा है।
इन्हीं खेतों के बीच जैसे उनकी रखवाली करते
प्रहरी जैसे कुछ वृक्ष आकाश में अपनी बाहें पसारे, मेघों को एकटक
निहार रहे हैं
हवा में मदमस्त शराबी से झूमते हुए जैसे बारामासी गा रहे हैं।
इन वृक्षों की हरीतिमा भी, पहाड़ियों और खेतों की हरियाली
से भिन्न काई और उज्ज्वल हरे रंग का जैसे एक अद्‌भुत सम्मिश्रण है।
खेतों के और आगे मेरे निकट झेन-उपवन की हरीतिमा फैली है
लेकिन इसका भी हरा रंग, पहाड़ियों के गहरे काई रंग
खेतों के हल्के हरे रंग
और वृक्षों के हल्के गहरे हरे रंगों के सम्मिश्रण से कुछ भिन्न है।
झाड़ियों के गहन झुरमुट का रंग गहरा हरा है
फुनगियों के कोमल किसलय सुआपंखी हैं
और उपवन की हरी चादर पर सफेद, लाल, बैंजनी पुष्प,
सलमा सितारों की तरह झिलमिला रहे हैं।
हरे रंग के ही इतने सारे भिन्न-भिन्न शेड देखकर मैं विस्मय विमुख हूँ।
हर रंग प्रकृति परिवेश को अलग-अलग आयामों और भिन्न-भिन्न रूप से
अभिव्यक्त कर रहा हूँ।
ऐसा महसूस हो रहा है-जैसे रंगों की अपनी पृथक भाषा है
जिसके कुछ शब्द कहीं मेरे अंदर अपने अर्थ स्वयं स्पष्ट कर रहे हैं।
इन पहाड़ियों, खेतों, वृक्षों, बांसवन और महकते उपवन को
परस करती जो हवा बह रही है-
इसका संगीत, सुवास, स्वाद और स्पर्श
मैं सभी कुछ एक साथ अंदर कहीं गहरे में महसूस करता
एक अजीब खुमारी में डूबा हूँ।
इस संगीत में चिड़ियों की चहचहाहट, झींगुर झिल्ली की झनकार

और कभी-कभी तेज हवा के स्पर्श से बांसों के आपस में टकराने की सनसनाहट भी सम्मिलित है।

इसमें अस्तित्व की कुंवारी धड़कन
और प्रकृति का रूप, रस, गंध स्पर्श और सन्नाटे का संगीत
सभी कुछ समाहित है।
ऐसा लगता है जैसे मेरा अस्तित्व
सूक्ष्म परमाणुओं में विखंडित होकर
प्रकृति के अस्तित्व से मिलकर एक हो गया है।
मेरी चेतना, मेरा बोध, साक्षी बना
यह अद्‌भुत तमाशा, तटस्थता से देखते हुए आनंदित है।
मेरी धड़कनें मेरी श्वास
जैसे अस्तित्व की ही धड़कन और श्वास है
मेरा कहना भी भाषा की मजबूरी है
अन्यथा तेरे-मेरे यह और वह के सभी भेद मिट गए हैं
और धीमे-धीमे सारे रंग भी मिटते जा रहे हैं
विचार तो पहले ही तिरोहित हो गए थे
फिर भाव भी जाते रहे
अब केवल मात्र एक शून्यता रह गई है
केवल बोध मात्र रह गया है
क्या यही साक्षी है?
पर नहीं, यह अभी पूरा साक्षी हरगिज नहीं है
अभी भी अनुभवों को बताने वाला तो मौजूद है
अभी मैं केवल विचारों का भावनाओं का ही
तटस्थ दृष्टा हूँ।
जब तक सभी अनुभवों का भी दृष्टा बनकर
अनुभव करने वाला ही नहीं बचे, वही तो साक्षी होता है।

यह उन दिनों की बात है जब स्वामीजी मां के साथ अपने पुत्र और उसके परिवार के बीच 15-20 दिनों के लिए नागपुर गए हुए थे और मैं आश्रम में बिल्कुल अकेला था।

अकेलेपन के रस का उस बार पहली बार आनन्द लिया। पर वास्तव में मैं अकेला कहां था? वृक्ष, लताएँ, फूल, तारों भरा आकाश, उगता डूबता सूरज,

ठंडी महकती हवा-ये सभी तो मेरे साथ थे। हां! स्वामीजी की अनुपस्थिति में व्यर्थ की बातें न होती थीं। न घर की याद आती थी और न घरवालों की। अब बाहर बिखरी चेतना सिमट कर अंदर आ गई थी। प्रकृति के साथ लयबद्ध हो जाने पर मैं भी प्रकृति का एक भाग बन गया था। मैं खण्ड से अखण्ड हो गया था।

उन दिनों ओशो-दर्शन के अतिरिक्त मैं अन्य कोई भी ध्यान प्रयोग भी नहीं कर रहा था। ध्यान प्रयोग तो दूर, मैं पांच-पांच मिनट के विज्ञान भैरव तंत्र के प्रयोग भी नहीं कर रहा था। बस चुपचाप शांत बैठा तटस्थ दृष्टा बना सिर्फ देखता रहता था। कभी बाहर और कभी आंख बंद कर अंदर। जो बाहर था वही अंदर और जो अंदर था वही बाहर। अंदर-बाहर का धीमे-धीमे भेद ही मिटता जा रहा था।

वह जैसे एक अभूतपूर्व खुमारी थी। भूख लगती थी, भोजन कर लेता था। नींद आती थी, सो जाता था। करने वाला जैसे मौजूद ही न था। सब कुछ अपने आप हो रहा था।

यह खुमारी लगभग एक सप्ताह रही। उसी के बाद अचानक निम्न कविता कहीं अज्ञात से उतरीं।

अमावस की एक छटाटोप काली रात में
सतपुड़ा के वनांचल में स्थित आश्रम की छत पर लेटे हुए
मैं एक दिन अंधकार को निर्निमेष निहारता
उसे न जाने कितनी देर तक पीता रहा?
और जैसे मेरे अंदर का अवसाद और अंधेरा
बाहर के शून्य अंधकार में घुलकर
मुझे अंदर से खाली करता रहा।
तभी अचानक मुझे लगा
कि जैसे मेरा अंतस एक झीने उजास से भर गया।
मेरा रोम-रोम पुलकन, सिहरन और रोमांच से भर गया।
इस अलबेले उजास में एक अनोखा स्वाद और अनबूझी गंध थी।
उसमें प्रथम प्रेम जैसा प्राणदायिनी मधुर स्पर्श-सुख
और एक झीनी रागिनी जैसी बावरी ध्वनि भी थी।
मेरी पांचों इंद्रियां अंतर्मुखी होकर जैसे एक साथ
एक रहस्यमय रूप, रस, स्पर्श और ध्वनि का पान कर रहे थे
और मेरी चेतना दूर खड़ी यह कौतुक निहारती हैरान खड़ी थी

वो बड़ी अबूझ अनजानी बेढंब घड़ी थी।
समय जैसे जहां का तहां अचानक ठहर गया था।
मैं जैसे पिघल कर पूरे अस्तित्व में लीन हो गया था।
बाहर का पूरा आकाश सिमट कर खोपड़ी में समाहित हो गया था।
वो उतना ही विस्तीर्ण और विराट था
जितना बाहर का निस्सीम आकाश
उस अंतर्काश में सभी सितारे न केवल झिलमिला रहे थे।
वो उस रहस्यमय मौन को अभिव्यक्त भी कर रहे थे।
मैं क्षुद्र से विराट हो गया था
'मैं' कहना भी भाषा की विवशता है
अन्यथा मैं अस्तित्व में घुलकर मात्र अस्तित्व ही हो गया था।
खण्ड से अखण्ड और भेद से अभेद हो गया था।
रात के सन्नाटे और उजास भरे अंधेरे में
जब काले बादलों के घूंघट से चांदनी छन-छन कर बरस रही थी।
सतपुड़ा पहाड़ियों से घिरे वनांचल में वो मुझे विस्मय-विमुग्ध कर रही थी।
तभी हवा अचानक वेग से बहने लगी।
और एक अद्‌भुत संगीत का सृजन करने लगी।
उसमें सागर की लहरों के आलोड़न, गर्जन और तट से टकराने की ध्वनि जैसा राग था।
जबकि उस स्थान से सागर सैकड़ों कोस दूर था।
सागर तट पर कई बार घंटों बैठे मैं लहरों का संगीत सुनता रहा हूँ।
अपने ही अंदर सागर का गर्जन-तर्जन महसूस करता रहा हूँ।
मैं सजग और संवेदनशील होकर आवाज की ध्वनि के साथ यात्रा करता बांसों के कुंजों पर ठहर गया-
तब मुझे महसूस हुआ
मस्ती में शराबी से झूमते बांसों से टकराकर तेज हवा ही
सागर के गर्जन-तर्जन जैसी लहरों के तट से टकराने जैसी उस ध्वनि का सृजन कर रही है
और साथ में आश्चर्य, रोमांच, पुलकन, सिहरन के साथ एक अद्‌भुत रहस्य की सृष्टि कर रही है।
वह ध्वनि मात्र ध्वनि न होकर जीवंत चेतना थी।
जो उन क्षणों में मेरे चैतन्य से लयबद्ध होकर उत्सव आनन्द का सृजन कर रही थी।

फिर दूसरी कविता 'एक ओंकार सतनाम' लिखी।
सन्नाटे की धुन पर गाता है कौन?
घाटी में घना हो रहा मौन।
सांसों के सरगम से झीना
दिल की धड़कन से भी धीमा-ये शाश्वत संगीत।
बिना चोट का, बिना नाद का प्रति पल गूंज रहा परम अनाहत गीत।
सूफी कहते इसको एक हाथ की ताली।
पहुंच केन्द्र पर मौन गीत को सघन बनाने वाली।
दसों दिशाओं गूंज रहा है यही सनातन गान।
कहते नानक यह एक ओंकार सतनाम।
इसको सुनना सब ध्यानों का ध्यान।
यह सार-सूत्र है सब ज्ञानों का ज्ञान।

सावन पूर्णिमा आने के तीन दिन पूर्व से ही आदिवासी अंचल में गीत, संगीत और नृत्यों का महोत्सव प्रारंभ हो गया था। वर्षा न होने पर रात बारह बजे तक मैं आश्रम की छत पर पानी की टंकी की चौड़ी मुंडेर पर लेटा मेघ घिरे आकाश को एकटक निहारता रहता था। यदि बादल न होते तो चांद सितारों से गुफ्तगू होती। आसपास मौन खड़े कैजूरिना और यूकीलिप्टिस के वृक्ष और आश्रम की छत तक फैली मधुमालती और चमेली की लताएँ भी इस मौन संवाद में सम्मिलित हो जाती। तेज हवा में बांसों के टकराने से उत्पन्न सागर की गर्जन जैसे अद्भुत संगीत के साथ, गौड़ आदिवासियों के ढोल नगाड़ों की थाप और उनके गीतों की धुन, भविष्य में घटने वाली घटनाओं के लिए जैसे एक पृष्ठभूमि तैयार कर रही थी।

अगर वर्षा हो रही होती तो मैं या तो बरामदे में कुर्सी पर बैठा अपने कमरे की खुली खिड़की से बाहर फैले विस्तार में झांकता, कहीं दूर से गीत-संगीत की मद्धिम धुन सुनता स्वयं में डूब जाता। कभी लगता ये मेघ मेरे अंदर ही घुमड़ रहे थे। ये धुंधला उजास मेरे ही अंदर फैला है और यह संगीत कहीं मेरे अंदर ही गूंज रहा है।

कुछ दिन पूर्व शायद सावन एकादशी को, जमुनिया ग्राम से 8-10 किलोमीटर दूर जंगल के बीच होने वाले एक आदिवासियों के मेले में मैं अहीर-नृत्य देखने ही पहुंचा था। वहां गुफा में एक प्राचीन शिव मंदिर था जहां नारियंल तोड़कर शिवजी की अर्चना के लिए आसपास के सभी ग्रामों के आदिवासी स्त्री-पुरुष और बच्चे उमड़ पड़े थे। हर ग्राम से दो-चार युवा अहीरों

की जोड़ी, रंग-बिरंगा गोटे लगा अंगरखा पहने सिर पर साफा और पैरों में घुटनों तक घुंघरू बांधे, अपनी टोली के साथ नाचते-गाते शिवजी के मंदिर के सामने नृत्य कर मेले की बगल वाले मैदान में एकत्रित हो जाते थे। प्रत्येक की टोली में दो गायक और दो वाद्य बजाने वाले सम्मिलित थे। मैदान में सभी प्रमुख ग्रामों से आई टोली की प्रतियोगिता देखना एक नया अनुभव था।

आदिवासी जीवन में उत्सव आनन्द का बहुत महत्त्व है। दिन भर के कठोर परिश्रम को हंडिया पीकर और नाच उत्सव में लीन होकर वे मदमस्त हो जाते हैं और थक कर कंकड़ों भरी नंगी पृथ्वी पर चैन से सो जाते हैं।

आश्रम का चौकीदार जो मय परिवार आश्रम में गैरेज़ के निकट बने एक झोंपड़े में रहता था, गौड़ जनजाति का ही था। उसने गौड़-आदिवासी जनजीवन की विविधताओं से मुझे परिचित कराया। यदा-कदा जमुनिया तथा अन्य ग्रामों में घूमते हुए मैंने उनके जीवन को निकट से देखा। उनकी सहजता सरलता का शहरी सभ्यता ने किस तरह निर्मम शोषण किया है, उसे देख आंखें सजल हो गईं।

तभी एक दिन निम्न कविता का जन्म हुआ।
मैंने ध्यान, आदिवासियों की जीवन-शैली से सीखा।
सतपुड़ा के वनांचल में स्थित
ओशो आश्रम जमुनिया में रहते हुए
वहां के गौड़ आदिवासियों के बीच मैं पूरी तरह रम गया।
वहां बने फार्महाउसों में स्त्री-पुरुषों को
बीस पच्चीस रुपयों की दिहाड़ी पर
सुबह से शाम तक श्रम करते देख मैं हैरान रह गया।
सरकार द्वारा घोषित न्यूनतम मजदूरी-दर
केवल एक खोखला नारा है।
हकीकत में इस कानून ने
इन लोगों को शोषण-चक्र से अभी तक नहीं उबारा है।
इस वनांचल की पथरीली पृथ्वी को
इन लोगों ने अपने अनवरत कठोर श्रम से उर्वरा बनाया है
मक्का, गन्ना और सोयाबीन की फसलों से
फार्महाउस के मालिकों को धनवान बनाया है।
पर बिना शिकायत-शिकवे, ये अधनंगे आदिवासी
मक्के की रोटी प्याज हरी मिर्च और चटनी से खाकर भी

मस्त आनन्दित और अनुगृहीत बने
रात नाचते-गाते कंकड़ों पर बेफिक्री से सोते हैं।
पेट भर जाने पर प्रभु को धन्यवाद देते हैं।
कर्ज, बीमारी और अभाव
सारे दुःखों से राजी, ये सहज स्वीकार भाव से जीते हैं।
सर्दी, गर्मी और बरसात सभी से निर्लिप्त ये अपने कार्यों को समग्रता से करते हुए
उसमें डूब जाते हैं।
ये श्रम को भार न समझकर, उसे पृथ्वी मां की आराधना मानते हैं।
हंसते-गाते नाचते ये जीवन को खेल मानकर जीते हैं।
झेन सद्‌गुरु कहते हैं-
सुख-दुःख दोनों को समान भाव से स्वीकार कर
उनमें कोई चुनाव मत करो।
भूत-भविष्य का विसर्जन कर
वर्तमान में क्षण-क्षण जियो।
कोई भी कार्य करते हुए उसमें पूरी तरह डूब जाओ
जब जैसी जो भी स्थिति आए, उस से राजी हो जाओ।
मैंने ध्यान, विधियों से नहीं
इन श्रम-साधकों से सीखा
जो ध्यान न जानते हुए भी ध्यानियों की तरह जीते हैं।
मैंने तथाता और सर्वस्वीकार का मंत्र
इन श्रम-साधकों की जीवन शैली से सीखा
जो हर हाल में संतुष्ट और मस्त रहते हैं।
मैं इन्हें अपनी साधना-पथ का सद्‌गुरु मानता हूँ।
और उन सभी को श्रद्धापूर्वक नमन करता हूँ।

आखिर पूर्णमासी आ गई। उस रात आकाश में मेघ तो घिरे थे पर वर्षा नहीं हो रही थी। चांद कभी बादलों में पूरी तरह छिप जाता था और कभी कम काली और कम घनी बदलियों के झीने नक़ाब से झांकता कुछ क्षणों को किसी शरारती बच्चे की तरह 'ता' कहकर फिर घने बादलों में छिप जाता था।

उस रात काफी देर तक मैं चांद और बादलों की आंख-मिचौनी का दृष्टा बना रहा। वह एक अद्‌भुत अविस्मरणीय अनुभव था। शब्दों की सामर्थ्य नहीं, जो उसे अभिव्यक्त कर सकें।

'विज्ञान भैरव तंत्र' में ओशो कहते हैं-प्रकृति के किसी विशिष्ट सौंदर्य पर किसी वृक्ष, पुष्प, नदी अथवा सितारों को प्रेमपूर्ण अपलक निहारते हुए तुम स्वयं उनके अंदर प्रविष्ट हो जाते हो। तुम्हारा अहंकार मिट जाता है। अमन की दशा में तभी एक आनन्द का विस्फोट होता है। फिर तुम और प्रकृति दो नहीं रहते, एकत्व घट जाता है।

यही व्यक्ति के प्रेम में भी घटता है, बशर्ते कि वह प्रेम मालकियत मुक्त, ईर्ष्यामुक्त और अपेक्षारहित हो। तुम प्रेमिका का ध्यान करते हुए 'स्व' का विस्मरण कर उसमें ही समाहित हो जाते हो। तुम कैसे उसे अधिक से अधिक आनंदित बना सको, तुम इसी प्रयास में रहते हो। तुम्हारी पूरी चेतना 'स्व' से हटकर 'पर' की ओर चली जाती है। तुम अंदर से खाली हो जाते हो, एक शून्यता घटती है और उसी अहंकार शून्यता में तुम अस्तित्व द्वारा आनन्द से भर दिए जाते हो। फिर प्रेमी-प्रेमिका दो नहीं रह जाते, एक ही हो जाते हैं।

जमुनिया आश्रम में प्रकृति के निकट साहचर्य में मुझे ऐसा ही पागलपन का प्रेम घटा। मुझे बैठे-बैठे कभी लगता कि फलां वृक्ष मुझे बुला रहा है। मैं भागा-भागा उसके निकट जाता। उसकी आँखें झूम-झूम कर मेरा स्वागत करती लगतीं। मैं उसकी डालियों और पत्तों को सहलाता। उसके तने से लिपट जाता और वृक्ष के हृदय की धड़कनें सुनता रहता।

व्यक्ति का प्रेम तो कभी-कभी अकारण घटता है पर अपनी संवेदनशीलता, प्रेम और भावों द्वारा तुम प्रकृति से कभी भी जुड़ सकते हो। नदी और सितारों से संवाद जोड़ सकते हो, वृक्षों की धड़कनें और स्पर्श को महसूस कर सकते हो। तब प्रकृति का वह अंग तुम्हारे लिए जीवित व्यक्ति ही बन जाता है। जीवित व्यक्ति ही नहीं तुम्हारा प्रेम पात्र बन जाता है।

फिर बहुत कुछ रहस्यमय घटता है। बड़ी अजीब और अद्भुत अनुभूतियां होती हैं। नए अनुभवों के नए द्वार खुलते हैं।

एक दिन छिटकती चांदनी में जब सावन के मेघ हवा में आवारा बने तैर रहे थे, आश्रम की छत पर एकटक चांदनी, उड़ते मेघ और उनके बीच तैरते चन्द्रमा को देखते-देखते मैं न जाने किस रहस्यमय लोक में जा पहुंचा, जहां चारों ओर आनन्द ही आनन्द बरस रहा था।

मन के दर्पण पर जो चित्र प्रतिबिम्बित हुआ था, उसे याद कर दो दिन बाद ही कहीं अज्ञात से निम्न कविता उतरी-

सतपुड़ा पहाड़ियों के वनांचल में
सावन पूर्णिमा की उस रात्रि-

अस्तित्व के जिस अभिनव महोत्सव को देखने का मैं साक्षी रहा हूँ,
उसे शब्दों की सीमाओं में आबद्ध करना बहुत-बहुत मुश्किल है।
बादलों के श्याम घूंघट में छिपे चन्द्रमा से
छन-छन कर धुंध भरा बहुत झीना सा शीतल प्रकाश
जो चारों ओर छिटकता जिस अद्‌भुत रहस्य की सृष्टि कर रहा था
उसे अभिव्यक्त कर पाना बहुत मुश्किल है।
हवा में उड़ते बादलों के कारण
चन्द्रमुख पर श्याम घूंघट सरक जाने
और कुछ ही क्षणों बाद उसके उधड़ जाने पर-
वह उजास क्षण-क्षण अपना रूप रंग बदल रहा था।
सतपुड़ा के वनांचल को प्रतिक्षण रहस्यमय बना रहा था।
और तभी एकाएक बहुत बड़ी श्यामल घटा ने चांद को अपने आंचल में छिपा लिया
छिटकी चांदनी का उजास बहुत-बहुत मद्धिम हो गया
अब वह न उजास था और न अंधकार।
वह था प्रकृति नटी का अद्‌भुत चमत्कार।
इस मद्धिम उजास में एक रहस्यमय मोहिनी और मादकता थी।
इसमें चमेली और मधुमालती की सुवास के साथ
वर्षा से कुछ ही समय पूर्व नहाए वनांचल की सोंधी महक घुली थी।
चारों ओर सन्नाटे का सुवासित संगीत गूंज रहा था।
और उन क्षणों, मैं प्रकृति की उस अद्‌भुत रूपराशि का सुधापान करता
विस्मय-विमूढ़, रोमांचित, पुलकित और अनुप्राणित हो रहा था।
उस धुंधले उजास में हवा के साथ झूमते वृक्ष जैसे देवदूत बन
अपनी भुजाएँ फैलाए चारों दिशाओं से मेरी ओर बढ़े आ रहे थे-
वनांचल का हृदय जैसे मेरे हृदय के साथ धड़क रहा था
और मुझे चारों ओर से अपनी ओर सरकते वृक्षों का बखूबी अहसास हो रहा था।
फिर एकाएक मुझे लगा
जैसे मेरे हृदय की धड़कनें और सांसें
अस्तित्व की धड़कनों और श्वासों के साथ एकाकार हो गई हैं
मैं विचारशून्य और भावशून्य होकर शून्यता की अतल खाई
और गहराइयों में खोता जा रहा हूँ

मिटता जा रहा हूँ
पर इसके बावजूद मैं सजग और सचेतन था
धुंधले उजास के रेशमी स्पर्श में
अद्‌भुत आनन्द और नशा था।
उस आनन्द के आधिक्य से जाने कब मेरी पलकें मुंद गईं
और तब बंद नेत्रों से मैं अपने अंदर फैले विराट ब्रह्माण्ड को देखकर
विस्मय विमूढ़ हो उठा।
पूरा अस्तित्व मेरे अंदर धड़क रहा था
काले बादलों से आंख मिचौनी खेलता पूनम का चांद और रहस्यमय आकाश
सतपुड़ा के वनांचल का सन्नाटा और अनाहद संगीत
मेरे अंदर-बाहर चारों और गूंज रहा था।
जाने कब पलक किवाड़ अपने आप खुल गये
देखा-जो अंदर था, वही बाहर
जो बाहर था, वही अंदर।
अंदर बाहर का भेद मिटकर सब कुछ अभेद हो गया था।
पूरी की पूरी प्रकृति जैसे अभिसारिका बनी सुहाग सेज सजाये
मुझे दीवाना बना रही थी।
एक मीठी खुमारी मुझे मदमस्त बना रही थी।
मैं रूप, रस, गंध, स्पर्श और नाद के सागर में प्रतिपल
गहरे बहुत गहरे डूबता ही जा रहा था
सभी अनुभवों के पार वह अतीन्द्रिय अनुभव
एक अजीब रहस्यमय अनुभव था।
फिर एकाएक सारा दृश्य विलीन हो गया।
वह अरूप हो गया।
न रहा दृश्य, न रहा दृष्टा
शून्याकाश में केवल एक रहस्यमय उजास भर रह गया।
उन क्षणों का मैं मात्र दृष्टा था।
वह सुख न होकर महासुख जैसा एक अवर्णनीय आनन्द था।
उसमें सुख जैसी उत्तेजना और आसक्ति नहीं थी।
वह अनासक्ति भी नहीं थी।
वह सब कुछ अथाह था

पर मैं उसकी कुछ कुछ थाह भी पा रहा था।
वह सबकुछ अबूझ था।
पर उन क्षणों में मैं उसे कुछ-कुछ बूझ भी रहा था।
आज उन क्षणों की स्मृति को
मन के दर्पण पर अंकित उस छाया अनुकृति के आधार पर
मैं शब्दों की कैसी भी अभिव्यक्ति दूँ
पर उसे व्यक्त कर पाना बहुत दुष्कर है
वह अनुभूति सद्‌गुरु की करुणा से उद्‌भूत
अस्तित्व की अनुकम्पा थी
जिसने मुझ अपात्र को
उसका दृष्टा बनने का सौभाग्य दिया।
वह घटना बिना प्रयास
अनायास घटी थी
जिसने मुझे अपने होने का स्वाद दिया।

यह सब कुछ न घटता, यदि मैं ओशो से न जुड़ा होता। वह घड़ी मेरे जीवन की सबसे महत्त्वपूर्ण घड़ी थी जब मेरे हृदय में ओशो के प्रति प्रेम और श्रद्धा उत्पन्न हुई, जब मैं उनके साहित्य से जुड़ा, ध्यान और प्रेम से जुड़ा।

वह कैसी अद्‌भुत घड़ी थी-जब बेइरादा नजर उससे टकरा गई।

# खण्ड तीन

अँजुरी भर धूप सा मुझे पी लो।
कण-कण मुझे जी लो।
बादल नहाई घाटियों का
पगडण्डी का, अलसाई शामों का
जिन्हें नहीं लेता कभी, उन भूले नामों का,
गजरे सी बाहों का,
रंग रचे फूलों का,
बौराये सागर के ज्वार धुले कूलों का,
हरियाली छाँवों का,
अपने घर जाने वाली राहों का,
जितना इन सबका हूँ
उतना कुछ मिलाकर भी थोड़ा पड़ेगा
मैं जितना तुम्हारा हूँ।
जी लो
मुझे कण-कण अँजुरी भर पी लो।

– धर्मवीर भारती

# संगीत प्रेम और उसके नए आयाम

1954 तक मुझे शास्त्रीय संगीत बहुत उबाऊ और व्यर्थ प्रतीत होता था। शास्त्रीय संगीत गाते हुए गायकों द्वारा एक ही पंक्ति को बार-बार दोहराते हुए विभिन्न स्वरों में आलाप लेना मुझे एक पागलपन प्रतीत होता था। इसी तरह सितार की टुनटुनाहट पर किसी धुन को निकालना या दो संगीत वाद्यों की जुगलबंदी भी मुझे बहुत उबाऊ लगती थी। हाँ सहगल की गाई ग़ज़लों में शास्त्रीय संगीत का पुट मुझे किशोरावस्था से ही बहुत दिलकश लगता था।

सहगल की गाई गजलें-'दिले नादां तुझे हुआ क्या है?' अथवा 'गम दिए मुस्तकिल कितना नाजुक है दिल', 'आखिर इस दर्द की दवा क्या है' और अब जी के क्या करेंगे, आदि ने वास्तव में पहली बार शास्त्रीय गान की गहराई पर सोचने पर विवश किया।

होस्टल में आमंत्रित अतिथि ठाकुर ओंकार नाथ का लेक्चर और उनका ओम के गायन का एक छोटा सा टुकड़ा सुनकर, जिसे सुन कभी पिंजरे में बंद हिंसक शेर भी शांत हो गया था, मैं शास्त्रीय संगीत से और प्रभावित हुआ। झनक झनक पायल पाजै, बैजूबावरा आदि फिल्मों में प्रयुक्त गीत संगीत ने शास्त्रीय गायन की ओर रुचि जागृत की।

तभी 1973 या 74 में, मैं अपने मित्र आयकर अधिकारी श्री गुप्ता के पुत्र के विवाह के अवसर पर बनारस से पधारे उस्ताद बिस्मिल्लाह खाँ से मिलने और उनसे शहनाई सुनने का सौभाग्य प्राप्त हुआ।

उस्ताद ने शहनाई बजाने से पूर्व कहा था-"बिस्मिल्लाह खाँ दस बीस हजार रुपए लेकर भी किसी विवाह समारोह में कभी शहनाई बजाने नहीं जाता। पर चूंकि यह मेरे अपने भतीजे का विवाह है अत: मैं यहां शहनाई नहीं, अपना दिल बजाने के लिए ही आया हूँ।"

उस दिन उनका शहनाईवादन सुनकर मैं जैसे किसी अन्य लोक में जा पहुंचा था। शायद उसी दिन से मेरे हृदय में शास्त्रीय वाद्य संगीत के प्रति प्रेम का अंकुर फूटा था पर शास्त्रीय गायन के आनंद का असली प्रारंभ हरिदास संगीत सम्मेलन से ही प्रारंभ हुआ।

1983 में जब आगरा से मैं वृंदावन घूमने गया तो निधिकुंज में तानसेन और बैजूबावरा के गुरु संत हरिदास की समाधि के बारे में मुझे बहुत विस्तार से बतलाया गया। मैं बाबा की समाधि में कुछ देर नेत्र मूंदकर शांत मौन बैठा रहा। इसके बाद निधिकुंज की वे लताएँ जो मुझे कुछ वर्ष पूर्व महज झाड़-झंखाड़ लगी थीं, इस बार मुझे उनमें कुछ दिव्यता और अद्‌भुत सौंदर्य प्रतीत हुआ। जनश्रुति के अनुसार रात में निधिकुंज बिल्कुल सुनसान हो जाता है और उसमें एक भी व्यक्ति नहीं रहता है। कहा जाता है कि एक बार छिप कर एक व्यक्ति रात भर निधिकुंज का रहस्य जानने वहां रह गया, पर सुबह वह पागल पाया गया। कहा जाता है कि रात निधिकुंज की सारी लताएँ गोपियां बनकर कृष्ण के साथ महारास रचाती हैं।

बाबा हरिदास इसी निधि कुंज में अपने दिव्य संगीत की साधना द्वारा ही अपने आराध्य कृष्ण को रिझाते हुए उसमें जैसे डूब जाते थे।

उसी वर्ष हरिदास जयंती के अवसर पर होने वाले अखिल भारतीय संगीत सम्मेलन को सुनने का भाव अचानक जागृत हुआ। एस्कॉन मंदिर कीं अतिथिशाला में एक कमरे का आरक्षण कराकर मैं वहां तीन दिन रहा। उस संगीत सम्मेलन में भारत के चोटी के संगीत और नृत्य के धुरन्धर कलाकार बिना पारश्रमिक के ही संगीत और नृत्य के द्वारा बाबा हरिदास को अपनी श्रंद्धाजलि अर्पित करने ही वहां एकत्रित होते थे। मैंने तीनों रात सुबह तीन और चार बजे तक जागकर पूरा कार्यक्रम बहुत रुचि के साथ सुना और देखा। इस बार मुझे शास्त्रीय गायन, वाद्यों की जुगलबंदी तथा शास्त्रीय नृत्यों में भी अभूतपूर्व आनंद आया। मुझे अपनी मूढ़ता पर हंसी आई कि मैं अब तक ऐसे दिव्य गायन को व्यर्थ और उबाऊ समझ उसके आनंद से वंचित बना रहा। अतिथिशाला में ही मेरे कमरे के बराबर में प्रसिद्ध तबलावादक गुदई महाराज, नृत्यांगना उमादेवी आदि कई कलाकार भी रुके थे। उनसे भी दिन में बातचीत करने का सौभाग्य प्राप्त हुआ। कुछ समय पूर्व 1974 में अपने मित्र के पुत्र के विवाह में मुझे उस्ताद बिसमिल्लाह खाँ की दिव्य शहनाई को सुनने और उनसे लम्बी बातचीत करने का अवसर मिला।

पर अत्यधिक शास्त्रीयता और गायक का स्वरों पर नियंत्रण दिखाने का प्रदर्शन उसे उबाऊ और बोझिल बना देता है। उसकी सहजता, सरलता और स्वाभाविकता नष्ट हो जाती है। जैसे किसी सुंदर स्त्री की सुंदरता अत्यधिक मेकअप और आभूषणों के बोझ से दब जाती है।

ओशो ने संगीत को दो तरह का माना है-होरीजेंटल और वरटीकल। भाषा के अंर्तगत गीतों, लड़ियों में पिरोया संगीत सुनते हुए चेतना उसके प्रवाह के साथ

तरल होकर पृथ्वी के समानान्तर बहती हुई लगती है, जबकि वाद्य-संगीत अथवा शुद्ध स्वरों का गायन, चेतना को लम्बवत या ऊर्ध्वगामी बनाता है। वह पृथ्वी के गुरुत्वाकर्षण से मुक्त करता है। ओशो दर्शन के द्वितीय चरण में इसीलिए ओशो ने भारतीय वाद्य-यंत्रों का ही प्रयोग किया है। साधक, संगीत की ओशो की इस मौलिक अवधारणा से लाभ उठाकर अंतर्यात्रा में विकसित हो सकते हैं।

आगरा से इलाहाबाद स्थानांतरण होने पर मेरे स्टाफ की लोकगीत गायिका शशिबाला ने मेरा परिचय एक संगीत समारोह में श्री तरुण नंदी से कराया, जिसके गाए गीत और गजलों से मैं उस संगीत-समारोह में बहुत प्रभावित हुआ। तरुण नंदी को सहगल, हेमन्त कुमार, मन्ना डे, मुकेश, तलत महमूद और मुहम्मद रफी के गीतों को उनके ही स्वर और अंदाज में प्रस्तुत करने की महारत हासिल थी। मैंने स्वयं भी कई संगीत समारोह आयोजन कर तरुण नंदी के सम्मोहक गायन का आनंद लिया। धीरे-धीरे सम्पर्क में आने पर उसने संगीत के विभिन्न राग प्रस्तुत कर शास्त्रीय गायन में न केवल मेरी प्यास को उद्दीप्त किया, वरन् उसने संगीत की बारीकियां समझा कर मुझे संगीत समझने की प्राथमिक जानकारी भी दी।

उस समय तक मैं स्वयं अनजान था कि मेरे अंदर यह संगीत प्रेम अचानक क्यों उमड़ रहा है? मुझे वाद्यों में गिटार और वायलिन की ध्वनि विशेष रूप से प्रिय थी। मैंने इन दोनों वाद्यों को सीख कर एक संगीत-शिक्षक से एक महीने संगीत सीखा भी, पर कार्यालय की व्यस्तताओं के कारण रियाज करने का मुझे समय ही नहीं मिल पाता था। अतः स्वयं संगीतज्ञ न बनकर मैं संगीत प्रेमी ही बना रहा।

पर यह संगीत प्रेम, किसी अन्य घटने वाली घटना की मात्र भूमिका थी। जब 89 में इलाहाबाद से ट्रांसफर होकर कानपुर आया तो ओशो के ध्यान प्रयोगों में संगीत का सहयोग पाकर आश्चर्यचकित रह गया। तब बोध हुआ, सूरदास, मीरा, कबीर, नानक आदि अनेक भक्तों ने भक्ति और ध्यान में संगीत का क्यों सहयोग लिया?

ओशो ने तो मन के विचारों को विशृंखलित और विसर्जित करने के लिए 'विसंगीत' का भी प्रयोग किया है। संगीत बुद्धि से हृदय तल पर ले जाने में ही नहीं, वह मन के पार ले जाने में भी सहायक है-यह अहसास और अनुभूति प्रयोगों के बाद ही जानी।

संगीत के सातों स्वर अस्तित्वगत परम मौन को उभारने के लिए ही पृष्ठभूमि तैयार करते हैं। अस्तित्वगत संगीत निरंतर निर्बाध गति से प्रवाहित हो

रहा है। नदियों की 'कलकल', झरनों, प्रपातों की 'झर-झर', सूखे पत्ते की 'खड़खड़' और वृक्षों के पत्तों के हवा से टकराने पर 'सर-सर' की ध्वनियों के साथ पक्षियों के टी-टुट का संगीत अहर्निश गूंज रहा है। बादलों का नगाड़े बजाना, बिजली का कड़कना, सागर का हुंकारना, आंधी-तूफानों का गर्जना, गायों का रंभाना, बांसवनों का आपस में वायु वेग के कारण टकराना, अस्तित्वगत संगीत के मधुर साज़ हैं। अस्तित्व इन्हीं के द्वारा दिव्य संगीत की सृष्टि कर मौन अनहद संगीत को उभारने का संयोजन करती है।

प्रकृति के निकट सान्निध्य में वर्षों रहते हुए और भारत भ्रमण के दौरान प्रकृति प्रदत्त और मनुष्य द्वारा सृजित संगीत ने मुझे बहुत विकसित और आनंदित किया। दक्षिण भारत के भव्य मंदिरों में आरती के समय बजने वाले वाद्य और हरिद्वार में संध्या के समय गंगाजी की आरती के समय बजने वाले घंटे घड़ियाल, विचारों को विसर्जित कर एक ऐसी निर्विचार दिव्य समाधि में ले जाते हैं जिसकी अभिव्यक्ति अत्यंत दुष्कर है। इसका तो सजग, संवेदनशील भक्त ही अनुभव कर स्वयं ही जान सकता है।

प्रार्थना ध्यान केंद्र कानपुर में होने वाले उत्सवों के समय और विभिन्न ध्यान-शिविरों में भी मैं स्वामी ध्यान वैराग्य द्वारा गाये जाने वाले कबीर के भजनों और भोजपुरी लोकगीतों को बड़े प्रेम से सुनता था। स्वामीजी के कंठ में रस और माधुर्य के साथ ओशो प्रेम का खुमार भी था जो भाव तल को गहरे में स्पर्श करता था। मेरे अनुरोध पर स्वामीजी मेरे घर भी कई बार आकर कबीर के भजनों को सुनाकर उसकी रसगंगा में स्नान करने का अवसर प्रदान कर जाते थे।

पर स्वामी ध्यान वैराग्य से निकट सम्पर्क तो सन् 2002 में ही हुआ और उनके माध्यम से माँ आनंद दीप्ति से मेरा परिचय हुआ। धीमे-धीमे सम्पर्क बढ़ने पर यह दोनों मेरे शिष्य भी बन गए और मेरे निर्देशन में नियमित रूप से ध्यान प्रयोग करने लगे।

ध्यान प्रयोगों के साथ स्वामीजी के घर में प्रायः संगीत की महफिलें भी जमने लगीं। एक बार ओशो उत्सव के अवसर पर स्वामीजी ने कक्का जी को आमंत्रित किया। अंध-संगीत विद्यालय में संगीत के प्राचार्य और कानपुर के शीर्षस्थ संगीतकार के रूप में मेरा उनसे परिचय कराया गया। उनका शास्त्रीय संगीत सुनकर विस्मय विमुग्ध होने के साथ-साथ मैंने ऐसा अनुभव किया जैसे उनके गायन में चेतना को केन्द्र तक पहुंचा देने की अद्‌भुत शक्ति है। मैंने माँ आनंद दीप्ति से आग्रह किया कि वह कक्का जी से संगीत शिक्षा लेना प्रारंभ

करें, जो उनकी बिखरी चेतना को केन्द्रित करने में सहायक होगा और वे ध्यान में गहरे उतर सकेंगी।

फिर तो कक्का जी से कई बार संगीत सुनने का सौभाग्य मिला। मैं उनसे अनुरोध करता था कि वे ओम् का नाद कुछ अधिक देर तक गुंजाते हुए साधकों को ध्यान में गहरे उतारने का प्रयास करें। मैं ठाकुर ओंकार नाथ से हिन्दू हॉस्टेल में ओम् का जो संगीतमय नाद सुन चुका था, वह मेरे हृदय और प्राणों में अब तक गूंज रहा था। कलकत्ते के एक महाराजा के प्राइवेट चिड़ियाघर में क्रोधित दहाड़ते सिंह को ओम् का संगीतमय नाद सुनकर ओंकार नाथ जी ने उसे दो मिनट में ही शांत कर दिया था।

कक्का जी के ओंकार गायन का मैंने तो आनंद लिया पर संगीत साधना में लगे मेरे सहयोगी साधक पूरा मर्म न समझकर संगीत के द्वारा दूसरों को प्रभावित कर प्रशंसा पाने के लोभ में ही अधिक लिपटे रहे। संगीत उनके लिए ध्यान में सहायक न होकर एक नई बेड़ी बन गया।

संगीत के सातों स्वर उसी ओम्, अनाहद को उभारने के लिए हैं। उस एक 'ॐ' के नाद से ही सृष्टि का सृजन हुआ। विज्ञान उस एक आदि ऊर्जा को विद्युत तरंग अथवा 'क्वांटा' कहता है। अब वैज्ञानिक भी ध्वनि की शक्ति को पहचानकर उसका विद्युत जैसा प्रयोग करने की दिशा में गतिशील हो चुके हैं। पर धर्म कहता है शब्द ही ब्रह्म है। ओम् (ॐ) से ही सात स्वरों का और व्यंजनों का जन्म हुआ। 'ॐ' विस्मय बोधक अनच्क स्वर है जिसमें दोनों होंठ खुलकर सांस अंदर जाकर रुक जाती है और जननेन्द्रिय सिकुड़ कर कामऊर्जा के बाहर बहने का द्वार बंद हो जाता है।

आ...आ...स्वर के आलाप से ही संगीत प्रारंभ होता है। 'आ' परमात्मा को प्रेम से बुलाने की पुकार है। स्वर के आरोह अवरोह से, द्रुत और विलम्बित लय से उसको भावपूर्वक आमंत्रित किया जाता है। 'आ' के आलाप में मनुहार, प्यार और पुकार है। आराधना प्रार्थना और ध्यान है। 'आ' के उच्चारण में नेत्र स्वतः मुंद जाते हैं और ऊर्जा ऊर्ध्वगामी होकर कंठ से आज्ञाचक्र की ओर गतिशील होने का अनुभव होता है। चंचल मन निर्विचार में स्थिर हो जाता है।

'इ' के उच्चारण में गुदा सिकुड़ कर ऊर्जा के बाहर निकलने का मार्ग पूरी तरह बंद हो जाता है और सोई कुंडलिनी शक्ति जागने लगती है। 'ई' के उच्चारण से ऊर्जा ऊर्ध्वगामी होकर नाभि और सहस्रार तक गति करती है।

'उ' का उच्चारण हृदय में प्रतिष्ठित कर देता है। 'म' का उच्चारण उसे मुख तक ले आता है पर इसका अंत नाभि पर होता है।

'ओ' के उच्चारण से कुंडलिनी शक्ति सीधे आज्ञाचक्र और फिर सहस्रार तक ऊर्ध्वगामी होकर प्राण को त्रिनेत्र पर थिर कर देती है।

ओंकार को प्रणव मंत्र कहा गया है। इसकी बारह मात्राओं को शिव तक पहुंचने में सहायक माना गया है। 'अ' अकार की स्थिति नाभि में, उकार की हृदय में, मकार की मुख में, ओंकार के बिंदु की भूमध्य में, अर्द्धचन्द्र की ललाट में, नाद की सिर में तथा नादान्त की ब्रह्मरंध्र में है।

नाद, नादान्त, शक्ति, व्यापिनी, समना और उन्मना (शून्या) के उच्चारण से योगी शिव हो जाता है।

ओंकार का उच्चारण मुर्गे की बाँग की तरह होता है। मुर्गा पहले धीमी आवाज में, फिर कुछ तेज और अंत में तेज ध्वनि देर तक निकालता रहता है।

सच्चा गायक और संगीतकार वही है जिसे गाते हुए आत्मस्मरण बना रहे और शाश्वत का आभिर्भूत होना अनुभव होता रहे।

संगीत के सात स्वर हैं-सा, रे, ग, म, प, धा, नी। सरगम ही सभी संगीत रचनाओं का आधार है।

शैव अद्वैत तंत्र की परात्रिशिंका के अनुसार अक्षर ही ब्रह्म है। शब्दों से विशिष्ट ध्वनि होती है। ध्वनि से शब्द बनते हैं और शब्दों से विचार।

कुछ ध्वनियाँ प्रीतिकर और मधुर लगती हैं और कुछ ध्वनियों से भय और मरण भावना का जन्म होता है। कुछ ध्वनियाँ जीवेषणा बढ़ाती हैं और कुछ ध्वनियाँ मौन और शांति होने में सहायक होती हैं। मंत्रों से एक विशिष्ट ध्वनि उत्पन्न कर विशिष्ट भाव और वातावरण निर्मित किया जाता है।

विज्ञान भैरव तंत्र के प्रयोगों में से कुछ प्रयोग एक-एक कर स्वरों की विशिष्ट चक्र पर कल्पना कर के बार-बार लिख कर देखना होता है फिर उस स्वर का उच्चारण कर उसकी सूक्ष्म से सूक्ष्मतर ध्वनि सुनते हुए अंदर उत्पन्न भावों को उभार कर उसके प्रति सजग हुआ जाता है। सभी स्वरों के वर्ग को बीज मंत्र या शिव कहा जाता है और व्यंजन वर्ग को योनि या शक्ति स्वरूप माना जाता है। सभी व्यंजनों का जन्म स्वरों से ही हुआ है और स्वर ओ३म् से ही जन्मे हैं।

अंदर अपान वायु अर्थात् सांस लेते हुए 'ओ' की सूक्ष्म ध्वनि होती है और प्राण वायु अर्थात् सांस बाहर फेंकते समय 'सो' की सूक्ष्म ध्वनि होती है। 'हा' और 'सा' अर्थात् हुम् (मैं शिव हूँ) का प्रणव मंत्र सो हम्, हुम् है।

तंत्र में 'सौः' महामंत्र है। जब हृदतंत्रिका में प्राण वायु थिर हो जाती है और

सुषुम्ना चलने लगती है तो 'सौ:' महामंत्र के द्वारा ही इस प्राण ऊर्जा को सहस्रार तक लाया जाता है। इस विधि को मैं विस्तार से 'कुंडलिनी और समाधि' पुस्तक में बता चुका हूँ।

अत: उक्त विधि से सा, रे, ग, म, प, धा, नी का उच्चारण करते हुए एक दिन मैं बहुत सूक्ष्मता से निरीक्षण करता रहा कि प्रत्येक स्वर के उच्चारण में, गला, होंठ, जीभ और तालू की क्या स्थिति होती है, सांस अंदर जाती है या बाहर जाती है अथवा उसे अंदर या बाहर रोकना होता है। प्रत्येक स्वर के उच्चारण के बाद सूक्ष्म से सूक्ष्म होती ध्वनि किन भावों की उत्पत्ति करती है। इस प्रयोग का अद्‌भुत परिणाम हुआ और मेरे सामने एक नए विस्मय लोक के जैसे द्वार खुल गए।

'सा' के उच्चारण के समय जीभ नीचे दांतों को स्पर्श करती है और प्राण वायु बाहर निकालनी होती है।

'सा' का उच्चारण निरंतर दोहराते तिहराते या करते रहने से आप अपनी पूरी प्राणवायु बाहर उलीचते रहते हैं। प्राण वायु बाहर फेंकने का अर्थ है-मृत्यु, परम विश्राम, शांति। इस स्थिति में न विचार रह जाते हैं और न भाव। शरीर का बोध भी विलीन होने लगता है।

'सा' का उच्चारण शरीर शून्यता, भावशून्यता और विचार शून्यता अथवा समाधि में ले जाता है।

ध्यानी साधकों के लिए 'सा' का उच्चारण और उस विधि से बताया ध्यान समाधि में ले जाने में सहायक है।

साधना, समाधि, साक्षी, सुरति, सजगता, संतुलन, संवेदनशीलता, स्वतंत्रता, सृजनात्मकता, समग्रता, सम्यक स्वभाव, सहजता, सरलता, स्वाभाविकता और सत्य आदि सभी शब्द का प्रथम अक्षर 'स' होना कोई मात्र संयोग नहीं है। 'सा', स+आ के उच्चारण की ध्वनि और उससे उत्पन्न भावों का ही यह परिणाम है। जब नासिका और मुंह सांस बाहर फेंक रहे होते हैं तो त्वचा का रोम-रोम सांस लेता है और 'सा' के उच्चारण के समय 'स्पर्श' सुख का परमानन्द महसूस होता है।

'रे', र+ए के उच्चारण में मुंह थोड़ा सा खोलकर जीभ को ऊपर उठाकर ऊपर के तालू से बहुत सूक्ष्मता से स्पर्श करते हुए सांस को अंदर रोका जाता है अर्थात् अंतर्कुम्भक किया जाता है। 'ए' स्वर के उच्चारण से ही विशुद्ध कंठ तक ऊर्ध्वगामी कुंडलिनी को आज्ञाचक्र तक पहुंचाया गया है। 'रे' के उच्चारण

से अपान वायु का प्राण तत्त्व त्रिनेत्र पर थिर हो जाता है और फिर सांस लेने की भी आवशयकता नहीं होती। समाधि में जाने से पूर्व योगी सांस से जितनी प्राण-ऊर्जा का अंदर संचय कर लेते हैं वे उतनी ही देर तक समाधि में रह सकते हैं। एक अच्छे संगीतकार को भी ध्वनि के भावों को अभिव्यक्त करने के लिए सांस अधिक देर तक रोकने की आवश्यकता होती है। 'रे' के उच्चारण में नेत्रों की पुतलियाँ बंद होने या अर्द्धनिमीलित दृष्टि से देखने के कारण थिर हो जाती हैं। विचार प्रवाह थम जाता है। आज्ञाचक्र पर प्राण थिर होने से अरूप का दर्शन होता है।

'रे' के उच्चारण से दमित नकारात्मक भावों का रवण अर्थात् संहार होता है। रेचन, रवण, रुदन, रूपांतरण, रस, राम आदि शब्दों के उच्चारण की ध्वनि और उससे उत्पन्न भावों का परिणाम ही इन शब्दों का रहस्य है।

'ग' शब्द के उच्चारण में मुंह खुल जाता है। सांस गले में धक्का देती हुई जीभ को ऊपर की ओर मोड़ देती है और ऊपर के तालू पर चोट करती है। गले का छिद्र पूरा खुल जाता है और सांस थोड़ा सा ऊपर नीचे की ओर आकर निरुद्ध हो जाती है। नाक के दोनों छिद्रों पर चेतना स्वत: चली जाती है। गंध की ऊर्जा अंतर्मुखी हो जाती है।

'ग' शब्द की ध्वनि से, गीत गाने और गुनगुनाने के भाव उत्पन्न होते हैं। इसी 'ग' की ध्वनि से उत्पन्न भावों के अनुसार ही 'ग' से प्रारंभ होने वाले अक्षर हैं-गीत, गाना, गुनगुनाना, गुह्य, गंध, गंतव्य।

'म' अक्षर के उच्चारण में दोनों होंठ मिलकर खुल जाते हैं और अनुभव होता है जैसे प्राण वायु हृदय को स्पर्श करती हुई बहुत आहिस्ता-आहिस्ता बाहर निकल रही हो। इस अक्षर के उच्चारण से चेतना स्वत: हृदय पर चली जाती है और मातृत्व, ममता, मैत्री या भाव उदित होता है। सभी बच्चे किसी भी देश में माँ को पुकारें पर माँ के लिए लगभग प्रत्येक भाषा में जो शब्द हैं, उनका प्रथम अक्षर 'माँ' ही है। जैसे-मदर, मादर, माता, अम्माँ (ओ माँ!) मातृ आदि।

'प' अक्षर के उच्चारण में दोनों होंठ अधिक आतुरता से एक-दूसरे से मिलकर थोड़ा सा खुलते हैं और चुम्बन का, प्यार का भाव उत्पन्न होता है। पर इस प्यार और चुम्बन में कामुकता न होकर एक पवित्रता होती है। 'प' अक्षर के उच्चारण में एक पुकार होती है। पूरी प्रकृति के साथ प्रमुदित होने का भाव होता है।

इसीलिए 'प' से प्रारंभ होने वाले अक्षरों-प्रेम, पिता, प्यास, प्यार, प्रार्थना, प्रकृति, प्रतीक्षा, प्रज्ञा एवं प्रमुदिता आदि में इनसे संबंधित भावों की अनुगूँज है।

'ध' शब्द के उच्चारण में जीभ का अग्र भाग नीचे के दांतों के पीछे की ओर चिपक जाता है और मुंह खुलकर वायु मुंह से कुछ दूर निरुद्ध हो जाती है। भौंहें धनुष सी तन जाती हैं और चेतना का तीर सीधे सहस्रार को जाकर बेधता है। नाद की ध्वनि सहस्रार में जाकर गूंजने लगती है। यह परम आनंद की अनुभूति के क्षण हैं।

'ध' से प्रारंभ होने वाले अक्षरों धनुष, धैर्य, धारणा, ध्यान, धी (मेघा) आदि में 'ध' की ध्वनि से उत्पन्न भावों की ही अनुगूँज है।

'नी' का उच्चारण, सहस्रार की ऊर्ध्वगामी ऊर्जा को ब्रह्मरंध्र से शक्ति (सिर की चोटी की त्वचा) तक पहुंचा देता है जो बारह अंगुल ऊपर व्यापिनी की ओर बढ़ते हुए शरीर की सीमा के पार अनंत के विस्तार का प्रारंभ है। यही नादान्त है।

गायक 'आ' का आलाप कर अपनी कुंडलिनी ऊर्जा को ही विशुद्ध कंठ तक ले जाता है। इसीलिए गायन आलाप से ही प्रारंभ होता है। आलाप के बाद संगीतकार या तो ओ३म् का गायन करते हैं अथवा सरगम के स्वरों द्वारा इस संसार के पार अनंत से अपना संबंध जोड़ लेते हैं।

पर जब गायक, नाम, यश, प्रशंसा और धन के लालच में संगीत का प्रदर्शन कर क्षुद्र वासनाओं की पूर्ति में लग जाते हैं तो संगीत भी आत्मप्रदर्शन का मुखौटा भर बन जाता है। इसीलिए संगीत को साधना कहा गया है। उसका रियाज या अभ्यास प्रतिदिन करना ध्यान के ही समान है।

संगीत या, कोई भी कला, कलाकार को स्थापित करने का स्थान और अवसर प्रदान करती है। संगीत, साधना का साधन है, पर साध्य नहीं है, यही बात कलाकार प्रायः भूल जाते हैं। वे राग, बंदिश, ताल, स्वर और शास्त्रीयता में उलझकर मूल परमानंद को भूल जाते हैं।

संगीतकार की साधना का चरम यही है कि उसे फिर वीणा, तबला आदि किसी वाद्य की आवश्यकता रह ही नहीं जाती। पूरी प्रकृति का सहज स्वाभाविक संगीत ही उसमें स्वरों की लहरियाँ उत्पन्न करता है।

मैं संगीत तो नहीं जानता पर मैं अक्षर को मंत्र और ब्रह्म मानकर उसकी ध्वनि, उससे उत्पन्न भाव में डूबकर ध्यान में मदमस्त हो जाता हूँ।

संगीत चाटुकारिता, मनोरंजन और विलासिता की सेवा में लग गया, इसीलिए संगीत को इस्लाम से बहिष्कृत कर दिया गया। सूफियों ने इसके बावजूद रूहानी संगीत का प्रयोग किया। दक्षिण भारत के मंदिरों में नृत्य गायन और संगीत पूजा आराधना का ही एक भाग है। अष्टछाप के मंदिरों में भी कृष्ण को रिझाने के

लिए आज भी भक्तिगायन होता है। पर फिल्मी संगीत सर्वाधिक लोकप्रिय् होने से फिल्मी गीतों की पैराडी पर धार्मिक गीत भी लिखे जा रहे हैं और धर्म प्रदूषित होना प्रारंभ हो गया है।

यह सृष्टि, ध्वनि या नाद से ही जन्मी है जो अपने आप से एक ऊर्जा है। संगीत के सारे स्वर उसी मौन या अनहत् नाद को उभारने के लिए हैं जो मनुष्य के अंदर बाहर सर्वत्र व्याप्त है।

# लेखन मेरा स्वभाव है

अस्तित्व ने प्रत्येक को कुछ न कुछ विशिष्टता दी है। उसे यदि कोई अवगुण दिया है, बुराई दी है, तो वह ही उसकी मुक्ति का द्वार है। अस्तित्व में कुछ भी निर्मूल्य या व्यर्थ नहीं है। लेकिन व्यक्ति के पास जो भी गुण या अवगुण हैं, वह उन्हें सादर स्वीकार कर उनका उचित उपयोग नहीं करता। मन का स्वभाव है कि उसके पास जो कुछ भी होता है वह उससे कभी तृप्त नहीं होता। उसमें उसका रस बहुत शीघ्र ही समाप्त हो जाता है। उसे दूसरों की विशिष्टताएँ भाती हैं। वह अनुकरण या अनुसरण कर उस जैसा बनने का प्रयास करता है और हमेशा असफल होता है।

परमात्मा या अस्तित्व ने उसे जो क्षमताएँ दी हैं, उसका विकास उन्हीं से संभव है। वे ही उसका द्वार हैं। वाल्मीकि और अंगुलिमाल डाकू थे। हिंसा के छोर पर पहुंचते ही किसी सद्गुरु के वचनों ने उनका कायाकल्प कर दिया। क्रौंच पक्षी का विलाप सुनकर वाल्मीकि की हिंसा करुणा बन गई। उनका अंदर का सोया कवि जाग उठा। नारद का सान्निध्य उनका मार्ग निर्देशन और बोध उनका द्वार बन गया। बुद्ध की करुणा और दिव्यता ने अंगुलिमाल के जीवन में क्रांति कर दी।

अस्तित्व द्वारा दी विशिष्टता या गुण-अवगुण ही व्यक्ति का स्वभाव बन जाते हैं। वह अपने स्वभाव के अनुसार ही जीवनधारा के साथ बहते हुए सागर तक पहुंच सकता है। तमस भी सीधा मुक्ति का द्वार बन सकता है।

युद्ध के समय अर्जुन को मोह और विषाद हुआ। युद्धक्षेत्र छोड़कर उसने जंगल में जाकर संन्यासी बनने का विचार किया। कृष्ण ने मार्गदर्शन देते हुए यही समझाया-'तू क्षत्रिय है। लड़ना तेरा स्वभाव है। जंगल जाकर भी तू युद्ध नहीं, तो शस्त्रों से शिकार करेगा। तू शस्त्रों का उपयोग किए बिना रह ही नहीं सकता। तू स्वभाव से च्युत होकर सदा दुःखी और संतप्त रहेगा। तेरी मुक्ति का मार्ग युद्ध ही है। पर तू कर्ता भाव छोड़कर फलाकांक्षा से मुक्त होकर युद्ध कर। संसार में जो भी आया है, उसकी मृत्यु पूर्व निश्चित है। तू मात्र निमित्त है।'

"एक फक्कड़ मसीहा ओशो" की गाथा नौ खण्डों में पूरी करने के बाद मैंने लेखनी को विश्राम दे दिया था। सोचा था-अब और कुछ लिखूंगा नहीं।

केवल ध्यान में डूबूंगा। पर ध्यान में डूबते हुए कुछ अनुभव हुए। दस वर्ष तक ध्यान करते हुए भी जो नहीं घटा था, ओशो की करुणा से शांति सदन ध्यान केंद्र जमुनिया छिन्दवाड़ा में पूर्ण एकान्त में दो मास रहते हुए, वृक्षों से संवाद स्थापित करते हुए, प्रकृति के प्रांगण में विज्ञान भैरव तंत्र के प्रयोगों को करते हुए अचानक ध्यान घटा। समाधि की झलकें मिलीं, जिनकी अवधि बढ़ती गई।

उन्हीं दिनों छिन्दवाड़ा के निकट जबलपुर के एक होटल में अट्ठारह दिनों का एक विशिष्ट ध्यान शिविर चल रहा था, जिसमें आठ तरह की समाधियों का 72 दिनों का कोर्स इस गारंटी से कराया जा रहा था कि बुद्धत्व घटेगा ही। ध्यान कराने वाले स्वयं को बुद्ध घोषित करने के बाद कई लोगों की बुद्धत्व की घोषणा कर चुके थे और शिविर का शुल्क था रु. 300/- से 500/- प्रति दिन। अर्थात् रु. 21600/- व रु. 36000/- के खर्च के एवज में आठ समाधियाँ और बुद्धत्व की मानद उपाधि।

मैंने तो ओशो से अभी तक समझा था कि समाधि प्रयास से नहीं प्रसाद से घटती है। उसकी कामना ही बाधा बन जाती है। मैं तो सद्‌गुरुओं की बेशर्त करुणा से ही परिचित था। समाधियों का इस तरह व्यापार देख मेरी लेखनी स्वतः गतिशील हो उठी। ध्यान के बाद उत्पन्न दायित्व-बोध ने मुझे इसके लिए प्रेरित किया कि ओशो के हिंदी-अंग्रेजी की कई प्रवचनमालाओं में बिखरे समाधि सूत्रों को क्रमवार व्यवस्थित कर उनका सार-सूत्र प्रस्तुत करूं। उनके द्वारा उद्‌घाटित वेदान्त, सांख्य, भक्ति, ध्यान, तंत्र और झेन मार्ग के विचक्षण मार्ग 'सांख्य-योग' को भी प्रस्तुत करने का प्रयास किया, जिससे साधक अपने स्वभाव के अनुसार अपने मार्ग चुनकर ओशो के दिशानिर्देश के अनुसार प्रयास रहित प्रयास करते हुए सहज समाधि को उपलब्ध हों।

"बुद्धत्व खड़ा बाजार में" पुस्तक या ग्रंथ इसी का परिणाम थी। पर उसके लेखन के बाद भी, अपने निकट आने वाले साधकों के प्रश्नों और चित्तवृत्ति को लक्ष्य कर पुनः यह अहसास हुआ कि मैं अपने साधनापथ में आई कठिनाइयों का जिक्र करते हुए यह बताऊँ की ध्यान शिविरों में ध्यान सीखने के बाद भी मैं क्यों और कैसे ध्यान को चूक रहा था।

कुछ दिन पूर्व निर्मल वर्मा की "धुंध से उठती हुई धुन" पुस्तक को पढ़ने का सौभाग्य मिला। एक बार नहीं उसे अब भी बार-बार पढ़ता हूँ। निर्मल वर्मा ने भी खलील जिब्रान और आस्पेंस्की की भांति सत्य की झलकें निश्चित ही पाई हैं और उसी की अभिव्यक्ति उन्होंने उस पुस्तक में एक नए अंदाज में दी है। डायरी में व्यक्ति अपने निजी आंतरिक अनुभवों को अभिव्यक्त करता हुआ

अपनी आत्मा के समक्ष नग्न खड़ा होता है। साधकों के लिए और सृजनात्मक लोगों के लिए निर्मल वर्मा के यह वचन बहुत प्रेरणास्पद हैं। वह लिखते हैं-

"रिल्के ने जिस देवदूत से ईर्ष्या की थी, क्या उसका प्रतिरूप इस दुनिया में लेखक नहीं है? एक रिपोर्टर-एक खबर देने वाला हरकारा-दो तरफा दूत-जो ईश्वर की खबर मनुष्य को और धरती का सौंदर्य कहीं दूर ईश्वर को देता रहता है। एक ऐसा ईश्वर, जो शायद नहीं है, किंतु जिसे वह सुलगती लकड़ी की तरह कंधे पर रखकर चलता है।"

वह एक अन्य स्थान पर लिखते हैं-

"बढ़ती हुई उम्र में लिखना, पेंटिंग, म्यूजिक, धीरे-धीरे कलाकार की जिन्दगी के उन खाली हिस्सों को भरने लगता है, जहां पहले आकांक्षा बसती थी-शराब, सिगरेट, स्त्री, सैर-वह छोड़ता कुछ नहीं, सिर्फ पाने का मोह बदल जाता है। ज़वानी के दिनों में लिखना जीने की छाया में होता है-बुढ़ापे में जीना-लिखने के आलोक में।"

एक अन्य स्थान पर टामस मान को उद्धृत करते हुए वह लिखते हैं-

"मेरे लिए लिखना और लौटना एक चीज है। प्रतीक्षा करने से मस्तिष्क एकदम सजग हो जाता है। वह एक तरह की सीमा-रेखा है-शून्य और कुछ के बीच। ......लिखना एक सक्रिय किस्म की उम्मीद है।"

मैं अपने अंदर टटोलता हूँ और पाता हूँ कि वास्तव में मैं लिखने के आलोक में ही जी रहा हूँ। लिखना मेरा स्वभाव है। कुछ भी लिखकर मैं फिर से खाली, निर्भार हो जाता हूँ। सृजन का अतुलित आनंद प्राप्त करता हूँ। और चूंकि मैं ध्यान में जगी सजगता से उत्पन्न दायित्व भी निभा रहा हूँ, इसलिए बांटने का आनंद भी मिलकर मेरे आनंद को और भी बढ़ा देता है। यह सृजनात्मकता ही मुझे तल्लीनता, बेखुदी और शून्यता में डूबने का आनंद देती है। विचारों के कांटों से ही मैं विचार शून्यता को उपलब्ध होता हूँ। विचारों को कलम द्वारा अभिव्यक्त कर देने के बाद आनंद-बाहर का खालीपन और शून्यता ही मुझे निर्भार कर देती है।

निर्मल वर्मा ठीक ही लिखते हैं-"हम अपने को सिर्फ अपनी संभावनाओं की कसौटी पर नाप सकते हैं। जिसने अपनी संभावनाओं को आखिरी बूंद तक निचोड़ लिया हो, उसे मृत्यु के क्षण कोई चिंता नहीं करनी चाहिए।

मेरे लेखन की शुरुआत ही तब होती है जब मुझे बाह्य जगत बहुत नीरस, उबाऊ और व्यर्थ लगने लगता है। जब अपने जिंदा रहने की सार्थकता भी प्रतीत नहीं होती। अंदर घुटन, विषाद और बेचैनी बढ़ जाती है। यह प्रसव-पीड़ा ही छटपटाहट होती है।

शायद तभी फ्लावे युवा-लेखकों को सलाह देता है-

"लिखना तभी शुरू करो, जब बाहरी दुनिया तुम्हें सिर्फ माया (इल्यूजन) के अतिरिक्त कुछ और न जान पड़े।"

एक स्थान पर निर्मल वर्मा लिखते हैं-

"एक लेखक-अपने सर्वोत्तम और सौभाग्यशाली क्षणों में संन्यासी और शिकारी दोनों ही होता है। संन्यासी प्रेम करता है-सृष्टि के जीवों और प्राणियों से। हर गंध उसे लुभाती है। हर दृश्य उसके लिए प्राणवान है, हर स्वर कोई रहस्यमय अर्थ लिए आता है। वह सबके लिए आसक्त है क्योंकि वह किसी एक से नहीं बंधा है-इसलिए उसकी आसक्ति से इतनी गहरी तटस्थता उपजती है।

संन्यासी के लिए जो सृष्टि है-शिकारी के लिए वही जंगल है-असंख्य आवाजों, पदचापों, छिपी हुई सांसों और उड़ती हुई गंधों से घिरा हुआ-वह एक-एक को पहचानता, देखता, सुनता और सूंघता हुआ आगे बढ़ता जाता है-और फिर अचानक अपना ध्यान एक गंध, एक आवाज, एक जीव पर केंद्रित कर देता है; फिर वह सब कुछ भूल जाता है, सब भटकनों और भटकावों को छोड़ सिर्फ एक का पीछा करता है, जब तक उसे पा नहीं लेता।

संन्यासी की निस्संगता से ही शिकारी की एकाग्रता उत्पन्न होती है-एक महान कलाकृति में सर्वस्व के प्रति लगाव और एक के प्रति एकाग्रता, दोनों ही देखे जा सकते हैं।

एक अकेले व्यक्ति और संन्यासी के अकेलेपन में भारी अंतर है-एक अकेला व्यक्ति दूसरों से अलग होकर अपने में रहता है; एक संन्यासी अपनेपन से मुक्त होकर दुनिया में जीता है।"

लेखन के प्रति शिकारी जैसी एकाग्रता और तल्लीनता निभाते हुए, संसार को माया और भ्रम समझकर उसको व्यर्थ जान और उससे उत्पन्न निस्संगता से ही मेरी लेखनी गतिशील है। धन, पद और यश की मुझे कोई कामना नहीं क्योंकि कामना मात्र ही दु:ख का कारण है-यह मैं बखूबी समझ चुका हूँ।

इन चौदह वर्षों की यात्रा में मैं समय-समय पर अपनी डायरी लिखता रहा हूँ। कभी महीनों तक एक शब्द नहीं लिखता था और कभी दस-दस पृष्ठ रंग जाते थे।

कभी ध्यान की पुस्तकों को दो-तीन बार पढ़ने के बाद, अपने ही मार्ग दर्शन के लिए उनके नोट्स लेता था। कभी अपने निकट ध्यान सीखने के लिए आने वाले नए साधकों को दिशानिर्देश देने के लिए लिखता था, विशेष रूप से उन साधकों के लिए-जो 'एक फक्कड़ मसीहा ओशो' पढ़कर मुझे पत्र लिखते हुए

स्वयं को विकसित होने का उपाय पूछते थे अथवा दूर प्रांतों के विभिन्न शहरों से फोन करते थे। इन्हें दिशा निर्देश देते हुए मैं स्वयं भी विकसित हुआ हूँ।

नई-नई पुस्तकों को पढ़ने और उनमें डूबने का मुझे बचपन से ही शौक रहा है। अपने आस-पास के सभी पुस्तकालयों और निजी संबंधियों और मित्रों से पुस्तकें लेकर उन्हें आत्मसात् करने का एक अनोखा जुनून मुझे शुरू से रहा है। इलाहाबाद में शिक्षा प्राप्त करते हुए, हॉस्टेल व यूनीवर्सिटी की लाइब्रेरी, आजाद पार्क की पब्लिक लाइब्रेरी तथा हिंदी साहित्य-सम्मेलन का समृद्ध पुस्तकालय और उसके अमूल्य ग्रंथों का मुझे मानसिक रूप से समृद्ध करने का अमूल्य योगदान रहा है। अपनी नौकरी करते हुए भी मेरा यह शौक हमेशा मेरे साथ रहा है और पढ़ते-पढ़ते ही सो जाना मेरी आदत सी बन गई।

ओशो से जुड़ने के बाद भी ओशो साहित्य के साथ-साथ अन्य साहित्यिक और आध्यात्मिक पुस्तकों का भी मैं अध्ययन करता रहा और मेरे मन के द्वार हर ताजा हवा के झोंकों के लिए हमेशा खुले रहे। मुझे यह स्वीकारने में भी कोई हिचक नहीं कि ओशो-साहित्य से इतर-साहित्य ने भी मुझे विकसित ही नहीं किया, मुझे उस लोक की सैर कराई जहाँ सत्चित् आनंद की निरंतर वर्षा होती रहती है। ओशो एक प्रवचन में कहते हैं-

"कवि या कलाकार, सृजन के तल्लीन क्षणों में पिघलकर सत्य की एक झलक पाकर अस्तित्व से एक हो जाते हैं और उसकी अभिव्यक्ति में उस झलक के ही संकेत होते हैं।" ऐसी पुस्तकों में सर्वाधिक आंदोलित और आनंदित करने वाली पुस्तकों के भी मैं नोट्स लेता रहा हूँ। उन काव्य पंक्तियों को भी अपनी कई डायरियों में टाँकता रहा हूँ जिन्होंने मुझे गहरे स्पर्श किया। एक फक्कड़ मसीहा ओशो के नौ खण्डों तथा 'ओशो ही ओशो' पुस्तकों में भी मैंने विभिन्न डायरीज में नोट की गई इन काव्य पंक्तियों को 'कोट' किया है, जिन्होंने प्रेमी-पाठकों के हृदयों को आनंदित और रसरिक्त किया है।

अभी तक अप्रयुक्त ऐसी दुर्लभ सामग्री और थाती को भी प्रेमी पाठकों को सौंपने की प्रक्रिया भी इस पुस्तक द्वारा पूरी कर मैं आनंदित हूँ। आनंद और प्रेम बांटने से और बढ़ता है। ओशो ने लाखों ग्रंथों के पुष्पों का पराग भ्रमर बनकर ग्रहण किया, इस जन्म से पूर्व अपनी मुक्तावस्था में उन्होंने सभी बुद्ध पुरुषों का सार और मधु मधुमक्खी बनकर एकत्रित किया और इस जन्म में स्वानुभव के बाद वह सभी मधु, अपने प्रवचनों द्वारा सभी को बांट दिया। पर उनकी अभिव्यक्ति अनूठी, ताजी और सर्वथा मौलिक है। उनका अंदाजे बयां ही अद्भुत है। वह उनका कोई प्रयास नहीं, वह तो कहीं अज्ञात से उतरा अमृत-प्रपात है।

मेरा यह बौना प्रयासरहित प्रयास, बेशक मन और निर्मल बुद्धि की अभिव्यक्ति है, पर यह इसलिए प्रेरक और महत्त्वपूर्ण हो सकती है क्योंकि यह मूर्च्छा और अंधकार में पड़े उस व्यक्ति की गाथा है जिसने ओशो द्वारा दी अंतर्दृष्टि के आलोक में प्रकाश-पथ की ओर कदम बढ़ाए। चूंकि मेरी जैसी स्थिति बहुतों की है अतः मेरे अनुभवों से उनकी लयबद्धता सरलता से हो सकती है। ओशो ने तो अनुभवों का भी साक्षी होकर सत्य की जो अभिव्यक्ति की है वह सामान्य लोगों की समझ से किसी हद तक दुरुह है। जिन लोगों की ओशो के सूर्य जैसे ज्ञानालोक से आंखें चौंधिया सकती हैं, उनके लिए मेरे दीये की रोशनी संभवतः उपयोगी हो।

किसी ने ठीक ही लिखा है-

मेरे जख्मों के कई रंग हैं चस्पा दिल पर
जब कुरेदोगे नया रंग उभर आएगा

कोई दूसरा नहीं, जो मेरे जख्म कुरेदे। मैं स्वयं अपने जख्म कुरेदता रहता हूँ। स्वाध्याय-स्वयं का अध्ययन, निरीक्षण करते हुए इन जख्मों को कुरेदने में मुझे मजा आता है और ओशो का स्मरण होते ही 'रजनीशचन्द्र' की छटा छिटक उठती है।

तभी शाहीना तबस्सुम लिखती हैं-

जब भी लहरायेगी पलकों पै तेरी याद की शाम
दिल की वादी में नया चांद उतर आयेगा।

यह पुस्तक, दिल की वादी में उगा नया चांद ही है। यह ध्यान-प्रेम पथ पर चलते पथिकों का सम्बल बने, यही आकांक्षा है। यह नए प्रेमी मित्रों को अपनी प्यास का बोध कराए, यह शुभ-कामना है।

निर्मल वर्मा ने 'धुंध की उठती धुन' में एक स्थान पर लिखा है-"साहित्य हमें पानी नहीं देता, वह सिर्फ हमें अपनी प्यास का बोध कराता है। जब तुम स्वप्न में पानी पीते हो तो जागने पर सहसा एहसास होता है कि तुम सचमुच कितने प्यासे थे?"

इस पुस्तक में मेरा अपना कुछ है ही नहीं। जो भी कुछ है वह सब कुछ ओशो और पूरे अस्तित्व का है। मैं अस्तित्व से पृथक कहाँ हूँ? वह मेरे रोम-रोम, शरीर के अणु-अणु में समाया है।

लेखक के संबंध में तभी निर्मल वर्मा बड़ी अनूठी अभिव्यक्ति देते हुए लिखते हैं-

"हर लेखक पर अपने पूर्ववर्ती लेखकों का प्रभाव पड़ता है। कोई शब्द,

किसी कविता की पंक्ति, कोई पुरानी पढ़ी हुई कहानी, अलग-अलग दिशाओं से आती अनुगूँजें एक अनूठे रचना-अनुभव में दूसरा जन्म लेती हैं...उस बच्चे की तरह, जिसकी चाल पिता की याद दिलाती है, हंसी बूढ़ी दादी की, गुस्सा उन बुआ का जो बरसों पहले मर गईं और दंभ किसी परदादे का, जो आधी शताब्दी पहले किसी शहर के थानेदार थे और कभी-कभी एक अजीब तरह की उदासी जो सिर्फ विधवा मौसी में ही पाई जाती थी।

बच्चे ने उन सबको नहीं देखा-किंतु वे सब उसमें मौजूद हैं और चमत्कार यह है कि उसका जीवन अपना है और उसमें वह बिल्कुल अकेला है-एक कलाकृति की तरह।"

मेरे लेखन पर सबसे अधिक प्रभाव तो ओशो का है, जिनके अमृत वचन पिछले चौदह-पंद्रह वर्षों में मेरे मार्गदर्शक रहे हैं। जिन्होंने मुझे अपनी मूर्च्छा और मूढ़ता का बोध कराया। जिनके ध्यान और प्रेम के प्रसाद से मैं विकसित हुआ। इसके अतिरिक्त उन सभी देसी-विदेशी साहित्यकारों का प्रभाव पड़ना भी सुनिश्चित है जिनके साहित्य ने मुझे आन्दोलित और रसरिक्त कर आनन्दित किया है। उन सभी के प्रति मैं मात्र अहोभाव और कृतज्ञता ही व्यक्त कर सकता हूँ।

कहानी, उपन्यास, जीवनी, लेख और कविताओं द्वारा मैं स्वयं अपने आपको अभिव्यक्त करता रहता हूँ। शब्द, विचार और भावनाएँ, ओशो की ही दूत बनकर उनकी सुवास बिखराते रहते हैं। पर आत्मा की गहरी घाटियों में जो शाश्वत-गीत गूंज रहा है, वह अभी अनगाया और अनलिखा है। वह शब्दों की सामर्थ्य से परे है। कोई रागिनी उसे संगीत के सुरों में नहीं ढाल पाई। सघन मौन की गहरी घाटियों में गूंजता वो गीत मौन को और मुखर करता है। उसमें एक सुवास भी है और रस भी। उसमें प्रथम प्रेम के स्पर्श जैसी सिहरन, पुलकन और आनंद है। पर यह मात्र उसके कुछ संकेत हैं। पर इन संकेतों से भी उसे समझाया नहीं जा सकता। बिना अनुभव किए उसकी अनुभूति नहीं हो सकती। पर जिसकी अभिव्यक्ति परम आत्म संतोष और आनंद दे, उसको ही तरह-तरह से गीतों, लेखों या आत्मकथा द्वारा नए-नए अंदाजों में अनूठे संकेत देने का प्रयासरहित प्रयास स्वतः होता रहा है।

गुरुदेव रवीन्द्रनाथ ने मृत्यु के कुछ दिनों पूर्व प्रश्न पूछे जाने पर कहा था-**"मैं अब तक लिखे गीतों से संतुष्ट नहीं हूँ। अभी तो हृदय, आत्मा के साथ लयबद्ध हुआ था। सुर-ताल में संगति बैठी थी। वह गीत तो अनगाया रह गया, जो मेरे हृदय और आत्मा की घाटियों की मेघ बन घुमड़ रहा है।"**

ओशो कहते हैं–बाहर के भौतिक जीवन से परम संतुष्टि और अंदर आध्यात्मिक साधना से जो भी मिले उससे असंतुष्टि चाहिए। यही विकसित करता है। अंतर्यात्रा अनंत है। उसकी कोई मंजिल ही नहीं। चरै:वेति, चरैवेति।

लेखक, कवि या कलाकार के लिए अभिव्यक्ति भी आंतरिक विकास है। वह घिर कर, मंज कर परिपक्व होता जाता है।

एक फक्कड़ मसीहा ओशो के नौ खण्डों में लगभग 3700 पृष्ठ लिखकर भी लगता है कि बहुत कुछ अनकहा रह गया। यह ओशो की पूरी जीवनगाथा है ही नहीं। यह कुछ ही प्रसंगों और घटनाओं की झांकी भर है। बुद्धों के मनोविज्ञान को बुद्ध होकर ही जाना जा सकता है। ससीम, असीम को कैसे जान सकता है?

सत्य कहते ही असत्य हो जाता है। उसे शब्दों द्वारा अभिव्यक्त करना बहुत कठिन है। पर करुणा कर बुद्धों ने और विशेषकर ओशो ने न केवल उसके स्पष्ट संकेत दिए हैं, उसे अधिक से अधिक अभिव्यक्त किया है, जिससे समझदार उसे सेतु बना लें।

उन्होंने उसे तरह-तरह से अभिव्यक्त किया है। उस गीत को उन्होंने भिन्न-भिन्न स्वरों से और भी भिन्न-भिन्न तालों से गाया है।

जाने किसे किस संकेत से उसकी झलक मिल जाए। एक छोटी सी किरन शायद किसी को सूर्य का दरस करा दे। किसी गीत की कोई धुन हृदतंत्री को झंकृत कर दे। इसीलिए ओशो सत्य के इस गीत को विभिन्न स्वरों में गाते रहे। कभी भक्ति, प्रेम और समर्पण के स्वरों में, कभी वेदांत और सांख्य के गंभीर सूत्रों को बोधकथाओं और चुटकुलों की चाशनी में पाग कर मद्धिम स्वरों में कभी बुद्ध, महावीर, कबीर, लाओत्से और झेन सद्‌गुरुओं के सूत्रों और वचनों के रहस्यों को अपने अनुभव से समृद्ध करते हुए वो अनूठे स्वर ताल से गाते रहे। उनके वचन, ज्ञान की वह अमृत गंगा है जिसका सम्यक श्रवण करना ही एक ध्यान बन जाता है।

जो गीत ओशो ने 650 या 700 प्रवचनमालाओं के माध्यम से सात स्वरों में गाये, उन्हीं में से कुछ को हृदयंगम कर, मैं उन्हीं के गाये गीतों को दोहरा रहा हूँ। दोहराने की जरूरत इसलिए भी है क्योंकि उनके अंग्रेजी प्रवचनों के गीतों को जो हिंदी भाषी समझ नहीं सकते या जिन्हें सभी प्रवचनमालाओं को सुनने पढ़ने का समय नहीं, वह उनके प्रत्येक स्वर में गाये गीत का आस्वाद ले सकें। इन गीतों में मेरे भी अनुभव और निजता के कुछ स्वर हैं जो ओशो के गीत में साथ लयबद्ध होने में उसमें ही समाहित हो गए हैं। यह मेरे लेखन की कमी भी है और विशेषता भी।

ओशो जिस ऊँचाई से बोल रहे थे, उसे समझना संभवतः उन्हीं के लिए संभव था जो कुछ विकसित हुए थे। साधारण जन जिस धरातल पर खड़ा है, उसी धरातल से उठने पर मैं उनकी स्थिति भली-भांति समझ सकता था। इसलिए ऐसे लोगों को शायद मेरी बात अधिक आसानी से समझ में आ जाए।

फिर ओशो का संदेश 700-750 हिंदी अंग्रेजी के विविध पुस्तकों में संग्रहीत है और उनकी प्रमुख प्रवचन मालाओं में डूबकर ऐसे लोगों की एक बड़ी संख्या है, जो समय और धैर्य के अभाव में उनका रसास्वादन नहीं ले पाते। ऐसे लोगों को यदि ओशो रस का मेरा लेखन उसका आनंद दे सके तो यह मेरा प्रयास सार्थक होगा।

# प्रेम ने मुझे विकसित किया

प्रेम के तीन तल होते हैं, शरीर का प्रेम, बुद्धिगत मानसिक या बौद्धिक प्रेम और हृदय का प्रेम। पर एक चौथा तल और भी होता है–आत्मा का प्रेम।

कोई स्त्री सुंदर होने के साथ-साथ विदुषी और विचारवान भी हो, प्रेमपूर्ण, संवेदनशील और सहृदय भी हो, यह अति कठिन है। इसी तरह पुरुष में भी यह तीनों गुण एक साथ बहुत कम होते हैं।

सुंदर शरीर के साथ भोग करते हुए शरीर की भूख तो मिट जाती है पर सम्यक् शिक्षा और समझ न होने से बुद्धि अतृप्त रहती है। यदि पत्नी में यह गुण नहीं मिलते तो पुरुष किसी ऐसी प्रेमिका की खोज करता है जो बुद्धिमती और समझदार हो। जिससे उसके विचारों की लयबद्धता हो जाए।

हिंदी के वरिष्ठ उपन्यासकार श्री जैनेन्द्र कुमार ने एक लेखक के लिए जब ऐसी ही विदुषी प्रेमिका की आवश्यकता पर बल देते हुए उसका औचित्य सिद्ध किया तो नैतिकता के पुजारियों ने बहुत गुलगपाड़ा मचाया था। पर बुद्धि और प्रज्ञा के साथ यदि वह संवेदनशील और प्रेमपूर्ण नहीं है, यदि दोनों की रुचियां और विचार लगभग समान नहीं हैं तब भी संबंधों में सहजता और निकटता नहीं आती।

यूरोप और पश्चिमी समाज में विवाहित दम्पतियों द्वारा महिला या पुरुष मित्र बनाना एक आम बात है। इससे उनका विवाहित जीवन तब तक प्रभावित नहीं होता, जब तक वे संबंध सेक्स तल पर न उतरें। सेक्स तल तक विकसित संबंधों का परिणाम तलाक और परिवारों की टूटन है।

ध्यान करते हुए जब संवेदनशीलता, सजगता और समझ विकसित होती है तो शरीर तल का प्रेम ही बौद्धिक और हृदय के तल में रूपांतरित होता है। फिर ऊर्जा के ऊर्ध्वगमन के कारण शरीर और मन अप्रासंगिक होने से सेक्स अप्रासंगिक हो जाता है। ओशो इसे ही संभोग से समाधि की यात्रा कहते हैं। यह सर्व के प्रति प्रेम अर्थात् आत्मा के प्रेम में रूपांतरित हो जाता है।

ऐसे बहुत कम युगल होते हैं जो ध्यानी भी हों, जिनका बौद्धिक विकास भी हो और जो प्रेमपूर्ण तथा संवेदनशील भी हों। जिसके पास जो नहीं होता, वह उसी कमी की पूर्ति के लिए अपने आसपास संभावनाएं टटोलता है। ऐसे अशरीरी प्रेम से दोनों ही विकसित होते हैं।

फिर प्रेम प्रयास से नहीं, अकारण घटता है। एक असमिया कविता में इसी भाव को एक कवि ने निम्न भांति व्यक्त किया है-

"अचानक लोगों को प्यार हो जाता है, किसी भी घड़ी
या रास्ते में गुजरते हुए
मगर लोग मानने के लिए तैयार नहीं होते
कि हम एक ही रास्ते से गुजर रहे हैं।
एक दिन रास्ते से गुजरते हुए वह मेरे करीब से निकल गई
मैं पहचान नहीं पाया, वह भी मुझे पहचान नहीं पाई
सिर्फ कविता पढ़ने की तरह मैं महसूस करता रहा उसकी आहट को
फिर एक दिन उससे मुलाकात हुई आँखों के सामने
शरीर से बहुत दूर
किसी से बातें करती हुई मेरे सामने से ओझल हो गई वह
मेरी प्रेमिका जब औरत बनी, तभी से मेरा प्रेम फिर शुरू हुआ
शुरू नहीं होने से ही शुरुआत
इसी तरह जारी रहता है यह क्रम
फिर भी लोग मानने के लिए तैयार नहीं होते
कि हम एक ही रास्ते से गुजर रहे हैं।

कुछ ऐसा ही मेरे साथ भी घटा। पर घटा तभी जब मेरा प्रेम ईर्ष्यामुक्त और मालकियत मुक्त हुआ। जब कुछ पाने की अपेक्षा न रही। जब व्यक्ति विशेष के प्रति आसक्ति मिटी। जब अभेद का अनुभव हुआ। यह सहज ही नहीं हुआ और न हुआ प्रयास से। यह सद्‌गुरु करुणा से, बोध और समझ से अनायास हुआ। यह प्रेम, ध्यान से उपजा प्रेम था।

# मेरी प्यास अभी तक वैसी है, जैसी दी थी राम ने

प्रेम संबंध आत्म कथा के सबसे नाजुक प्रसंग हैं। बहुत पुरानी कहावत है कि हर व्यक्ति की सफलता के पीछे प्रत्यक्ष रूप में कोई स्त्री अवश्य होती है। पर यह वक्तव्य अधूरा है। सफलता ही नहीं, व्यक्ति की असफलता, निराशा, अवसाद भी उसके प्रेम की असफलता के ही परिणाम हैं। जिसके जीवन में प्रेम न हो वह व्यक्ति रूखा, चिड़चिड़ा, कर्कश, कठोर, हिंसक और क्रूर होगा ही। किसी के प्रति घृणा भी जीवन को नर्क बना देती है। किसी से प्रेम होने पर ही जीवन में फूल ही फूल खिल जाते हैं। जीवन रसमय हो जाता है। प्रेम की स्मृति मात्र से ही पुलकन, सिहरन और रोमांच हो उठता है। पूरी प्रकृति सुंदर लगने लगती है।

प्रेम, तर्कातीत, शब्दातीत और अकारण होता है। वह विद्रोही होता है। परिवार और समाज के थोपे नीति नियम और अनुशासन नहीं मानता। वह कभी भी, कहीं भी, किसी से भी अकारण हो जाता है। वह लोक-लाज, कुल-मर्यादा, मान-अपमान, निंदा-प्रशंसा किसी की परवाह ही नहीं करता।

वह मेघ की तरह उमड़-घुमड़ कर आता है। बिजलियाँ चमकाता, बरसता, तन मन प्राण सभी भिगो देता है। वह हरसिंगार की तरह झरता है।

फिर घुमड़े वही मेघ, फिर आया याद प्यार<br>
फिर खिलने लगे पहिले-पहिले के हरसिंगार<br>
देखा तुम्हें-मेरी मिट्टी में उठे हरे ज्वार<br>
छुआ तुम्हें-छू गये सब बिजली के खुले तार<br>
फिर घुमड़े वही मेघ, फिर आया याद प्यार।<br>
पहले रुकीं, झिझकीं तुम, फिर टूटे सब कगार<br>
पहले तुम फुहार बनीं, फिर वर्षा धार-धार<br>
फिर घुमड़े वही मेघ, फिर आया याद प्यार।

कस्बेनुमा इटावा जैसे छोटे नगर में जिस मध्यवर्गीय परिवार में मैं उत्पन्न हुआ, वहाँ दस-बारह वर्ष की आयु होते ही लड़कियों का लड़कों के साथ

उठना-बैठना, बात करना, खेलना और पढ़ना-लिखना बंद कर दिया जाता था। दूर-दृष्टि रखने वाले होशियार माँ-बाप रक्षाबंधन के दिन पास-पड़ोस के लड़कों के हाथों में अपनी लड़कियों से राखी बंधवाते थे, जिससे यदि प्रेम विकसित भी हो रहा हो तो वह भाई-बहन का पवित्र प्रेम बन जाए।

इन प्रतिबंधों और बंदिशों में ही मेरे किशोरावस्था में प्रेम विकसित हुआ अपने ही दो मित्रों के प्रति। रूमानी और प्रोटोनिक प्रेम, जिसका उल्लेख मैं पहले ही कर चुका हूँ, क्योंकि लड़की उपलब्ध न होने पर वह ऊर्जा कहीं तो प्रकट होनी ही थी।

यों छुटपुट उन प्रेम-प्रसंगों का उल्लेख ही व्यर्थ है, जो इकतरफा थे। भले ही उन लड़कियों के मन में भी सुप्त रही हो, पर वह समाज के अनुशासन के कारण व्यक्त कर पाने में असमर्थ थीं। मैं अपनी इंटर की इस सहपाठिनी 'वाई.' का संक्षिप्त उल्लेख पहले ही कर चुका हूँ जो मेरे साथ वाद-विवाद तथा काव्य प्रतियोगिता में भाग लेते हुए मेरे साथ ही पुरस्कार प्राप्त करती थी।

'वाई.' बहुत विदुषी और अद्‌भुत प्रतिभा-सम्पन्न थी। उसने अंग्रेजी साहित्य से डॉक्टरेट भी की थी। सुविधा के लिए उसे 'वाई.' कहना उपयुक्त होगा। उसके पति एक प्रतिष्ठित फर्म के एक्जीक्यूटिव थे। चौबीस वर्षों बाद अचानक एक दिन उसका पत्र पाकर मैं आश्चर्यचकित रह गया।

उसने लिखा था कि माँ के घर रहते हुए एक दिन वह पायल खरीदने एक सर्राफ की दुकान पर पहुंची। वह दुकानदार मेरे ही मुहल्ले का रहने वाला था। वहीं बीच बातचीत में मेरा प्रसंग आ ज़ाने पर उसने मेरे बाब़त पूछा तो उसने बता दिया कि मैं बिक्रीकर अधिकारी के रूप में किस जिले में तैनात हूँ।

मैं शादी से पूर्व और उसके बाद उसके घर उससे केवल दो-तीन बार ही मिला था। वह मुलाकात उसकी मां की उपस्थिति में ही हुई थी। हम यूनीवर्सिटी, कॉलेज और साहित्यिक गतिविधियों के बाबत सामान्य बातें करते रहे थे।

पर उसके सान्निध्य में बैठे हुए मैं एक अनजानी मीठी तपिश से जलता रहा था। वह अति साधारण वेशभूषा में रहने वाली एक सामान्य लड़की थी। न सुंदर और न असुंदर पर उसकी बौद्धिक प्रतिभा अद्वितीय थी। कला, साहित्य और दर्शन पर उसकी गहरी पकड़ थी। उसकी प्रतिभा और ज्ञान उसकी हर बात से प्रतिबिम्बित होता था।

विवाह के बाद मैं उसे भूल भी चुका था। उसी ने पत्र लिखकर सुप्त अतीत को जैसे पुनर्जीवित कर दिया था। मैं लड़कियों के मामले में शुरू से ही बहुत

शर्मीला था। उनसे बात तक करने में मुझे पसीने छूटते थे।

उसका पत्र पाकर मैं एक मधुर स्वप्न संसार में खो गया था। अंदर से तभी मुझे पहली बार महसूस हुआ था कि मैं उसे प्रेम करता हूँ। अब वह विवाहित दो बच्चों की मां थी। उसका पति एक अच्छी पोस्ट पर कार्यरत था।

...और हमारा पत्रों का सिलसिला चल पड़ा। उसने मुझे भइया बनाकर ही स्नेह संबंध जोड़ा था। सामाजिक मर्यादा का यही तकाजा भी था अन्यथा दोनों विवाहित परिवार उससे प्रभावित होते।

संबंधों को हम कोई भी नाम दें, पर आंतरिक संबंध तो अंदर गहरे में हमें वही अनुभूति देते हैं, जैसी हमारी भावना होती है।

बहन-भाई के संबंधों की मर्यादा निभाते हुए हम एक-दूसरे के शीघ्र ही मित्र बन गए। हालांकि यह मित्रता बौद्धिक स्तर की थी। इन संबंधों में कहीं दूर-दूर तक शरीर की आसक्ति का प्रश्न ही नहीं था।

वह अपनी ननसाल जाते हुए तीन दिनों के लिए मेरे घर भी आई। पत्नी को भाभी बनाकर वह उनसे बहुत जल्द घुल-मिल गई। हम लोग कॉलेज, यूनीवर्सिटी, साहित्य, समाज और परिवार के संबंध में ढेरों बातें करते रहे, पर सभी बातचीत के तल में एक सहज स्नेह की धारा प्रवाहित होती मेरे तन, मन और प्राणों को पुलकित करती रही।

हालांकि हमारा पारिवारिक जीवन सामान्य रूप से सुखी था। मैं तीन बच्चों का पिता था। मेरी पत्नी सुख, सुविधाएँ, आदर-सम्मान और धन सम्पत्ति पाकर तृप्त थी, पर उसमें 'वाई.' जैसी प्रजा और बुद्धि नहीं थी। उसका उतना मानसिक विकास नहीं हुआ था। उसका अध्ययन उतना गहरा नहीं था। वाई. के आमंत्रण पर कुछ महीनों बाद मैं उसके घर भी गया। उसके पति टूर पर गए थे। रात बारह बजे तक उसकी थीसिस और साहित्यिक गतिविधियों पर चर्चा-परिचर्चा होती रही। हमारा भाई-बहन का यह निश्छल प्रेम संबंध कई वर्षों चला। वह मेरे घर अपने पति के साथ आई और मैं भी पत्नी के साथ उसके घर भी गया।

उसकी भी कई साहित्यिक-पुस्तकें प्रकाशित हो चुकी थीं। मैंने उसे अपनी प्रकाशित पुस्तकें भी भेंट की थीं और उसने अपनी मुझे। पत्रों का सिलसिला रुक-रुक कर चलता रहा। वह हमेशा राखी भी भेजती रही पर मैं उसे कभी बांधता नहीं था। इसी तरह बीस वर्ष गुजर गए।

सक्रिय ध्यान और नोमाइन्ड ध्यान करते हुए जब मेरे अचेतन मन की ग्रंथियां खुलीं, मैंने महसूस किया कि कहीं गहरे में उसके प्रति मेरे मन में प्रेम का बीज किसी अंधेरे तल में अंकुरित हो रहा है। पत्रों में बहन का सम्बोधन 'कल्याण

मित्र' के सम्बोधन में बदल गया। उसको लम्बे-लम्बे पत्रों में, मैं उसे अपने विचारों, जीवन के दार्शनिक पक्ष और विसंगतियों के संबंध में लिखते हुए अपनी प्रिय कविताओं की कटिंग भी भेजा करता था। इस अवधि में गंभीर रूप से बीमार होकर वह दूसरी बार मृत्यु के मुख से वापस आई। इसी के मध्य ज्ञात हुआ कि वह दो वर्ष पूर्व ही विधवा हो चुकी है और पुत्रों से दूर स्वतंत्र जीवन यापन करते हुए एकाकी जीवन व्यतीत कर रही है।

सभी मुखौटे उतारते हुए मैंने एक पत्र में उसे लिखा-मैं महसूस करता हूँ कि बौद्धिक तल पर मैं तुमसे शिद्दत से प्रेम करता हूँ। इसके ही साथ मैंने उसे निम्न दो कविताओं की कटिंग भी भेजी।

अपने ही बनाए दायरों के बाहर आओ तनिक
ठीक सामने खड़ा मिलूंगा मैं
अंजुलि में लिए अपने जन्म जंन्मान्तर का पुण्य।
तुमने अधर फड़फड़ाए भी होते
तो गूंज उठता मैं गगन में
गीत का कालजयी छंद बनकर।
तुम्हारा मौन, मेरा अपराध नहीं है शायद
क्योंकि अभी तक फड़फड़ा रहा हूँ मैं तुम्हारी मेज पर
किसी पेपरवेट के तले...
मुझसे मिलना है तो खुले आसमान के नीचे
संवारो एक शर्मीली सुबह
हवा के साथ लहराने दो दुपट्टा।
चिड़ियों की चहचहाहट में घुल जाने दो अपना स्वर।
या किसी शाम खिड़की पर खड़े होकर देखो
कि सड़क पर तेजी से गुजरने वाले हर वाहन की गति में
कितना सहजता से पसर गया है
प्रतीक्षा का पथरीला पठार।
चमकीली धूप में कभी हथेलियों की रेखाओं को देखो
देखो इनमें
कि कब से तुम्हारी बाट जोह रहा हूँ मैं
अपने ही बनाए
दायरों के बाहर आओ

और यों ही किसी शाम

अपने आप से मिलो

मुझसे मिलने के लिए...

इसी कविता के साथ एक शेर भी लिखा था-

किसी का दस्त-ए-दुआ आसमान बन जाता

तो मेरे लिए सायबान बन जाता।

मेरी आशाओं के विपरीत जो उत्तर आया वह जैसे वज्रपात की तरह था। उसमें फटकार, प्रताड़ना और आक्रोश के साथ मेरे मानसिक दिवालिएपन पर खूब खरी-खोटी सुनाई गई थीं। उसने यह भी लिखा था कि उसने अपना कल्याण-मित्र भी अब हमेशा के लिए खो दिया है और अब वह कभी भी एक पंक्ति तक न लिखेगी मुझे।

उसे पाकर मुझे लगा कि जैसे मेरा हृदय अतल गहराइयों में डूबता ही जा रहा है। आत्महत्या करने तक की भावना जागी। मैंने वह पत्र चिंदी-चिंदी कर फेंक दिया। उन चिंदियों के साथ मेरी भावनाएँ भी टुकड़े-टुकड़े होकर बिखर गईं।

तूफान शांत होने पर मैंने महसूस किया कि स्त्रियाँ बहुत दूरदर्शी, व्यवहारिक और जिम्मेदार होती हैं। यह यूरोप नहीं भारत है। कब्र में पैर लटकाए पैंसठ छियासठ वर्ष की आयु में जब हम दादा-दादी, और नाना-नानी बन चुके हैं, इस प्रेम की गुंजाइश कहाँ? अचेतन के अंधेरे में अंकुरित बीज को पल्लवित पुष्पित होने देने का अर्थ है-अराजकता, अपमान और लांछना। पर उसकी प्रताड़ना और फटकार के पीछे उसके विवश प्रेम की सिसकी भी महसूस की मैंने।

पत्नी की उपेक्षा, तानों और व्यंग्यवाणों से छलनी हृदय ही जैसे कोई 'सायबान' ढूंढ़ रहा था। छिंदवाड़ा के जमुनिया ओशो आश्रम जाकर मैंने फिर पूरा प्रेम वृक्षों और पूरी प्रकृति को अर्पित कर दिया। वृक्षों से भेंट करते हुए उनकी धड़कनों से अपनी धड़कनें लयबद्ध करने पर मैं प्रेम से सराबोर हो उठा था। मेरा मानसिक और बौद्धिक प्रेम भी, बिना अपेक्षा, बिना ईर्ष्या, बिना मालकियत, प्रार्थना में परिवर्तित होने लगा था। विचार शून्यता के साथ मैंने भावशून्यता का भी अनुभव किया था।

मुझे आज किसी से न कोई शिकवा है न शिकायत। 'वाई.' की फटकार और प्रताड़ना भरे पत्र के लिए भी मैं उसके प्रति कृतज्ञता ही व्यक्त करता हूँ। उसने मुझे एक बोध और नई दिशा दी। मुझे विकसित किया।

ध्यान के एकाकी पंख से मैं परवाज या उड़ान से वंचित था। ध्यान से

उत्पन्न प्रेम ही मेरा दूसरा पंख बना। मन की भटकन ने मोह, आसक्ति, पकड़ का जो जाल बुनना चाहा था वह फटकार भरे पत्र ने ध्वस्त कर उस अशरीरी प्रेम को जन्म दिया जो प्रार्थना बना। मैं उसके प्रति आसक्ति से मुक्त हुआ।

उसने मेरी मुखर नादानी की यही सजा दी कि उसने मुझसे पत्र व्यवहार करना बंद कर दिया। उसके प्रखर और जिद्दी निर्देश के तहत मैं उससे फोन पर भी सम्पर्क नहीं कर सकता था। ऐसा उसने मेरे और अपने परिवार की मर्यादा और सुरक्षा के लिए ही किया था। स्त्री की दृष्टि में समझदारी और विवेक होता है, क्योंकि परिणाम उसे ही भुगतना होता है, भले ही अपने अंदर वह भी प्रेम की धीमी तपिश महसूस कर रही हो।

वक्त हर जख्म भर देता है। दो वर्ष बाद एक दिन मुझे एक अन्य प्रशंसिका से एक लम्बा पत्र मिला। मेरी 'ओशो ही ओशो' पुस्तक पढ़कर और पुस्तक में ही मेरा चित्र देखकर वह मेरी दीवानी बन गई थी।

यह संबंध भी मेरे जीवन में एक धूमकेतु की तरह उदय हुआ। वह एक पी.एच.डी. उपाधि-प्राप्त हिंदी की अध्यापिका और कवयित्री थी।

अपने पत्र में उसने अपने जीवन की ट्रैजेडी का उल्लेख करते हुए ध्यान के संबंध में निर्देश मांगे थे। विधवा होने के बाद उसने दूसरा विवाह भी किया था पर पति के मानसिक उत्पीड़न से त्रस्त होकर वह एकाकी जीवन ही व्यतीत कर रही थी। अपने को ओशो प्रेमी कहने वाले एक सज्जन उसका शोषण कर उसे एक तरह से ब्लैकमेल कर रहे थे। मेरे पत्रों से प्रभावित होकर वह ध्यान की ओर उन्मुख हुई।

उन्हीं दिनों इटावा में चम्बल नदी के किनारे उदी में स्वामी शरणानंद के आश्रम में मैंने एक ध्यान-शिविर आयोजित किया था। सूचना मिलने पर वह अकेली ही पूछती-पूछती उस ध्यान शिविर में सम्मिलित हुई थी। मेरे सान्निध्य में वह फूल सी खिल उठी।

तीन दिन के लिए वह मेरे घर आकर भी रही। उसने मेरी श्रीमतीजी को माताजी कहना शुरू कर दिया था। उसका कंठस्वर बहुत मधुर था। उसने हम दोनों को कई कविताएँ और भजन सुनाए। वह मुझमें अपने मृत पिता, प्रेमी, सद्‌गुरु सब कुछ एक साथ देखती थीं।

उसकी एकमात्र समस्या थी जीवन का एकाकीपन, सुरक्षा और किसी का निश्छल प्रेम। इटावा में होने वाले दो-तीन सत्संग कार्यक्रमों में उससे भेंट हुई। मैं उसके घर भी गया। वह बार-बार कहती थीं-"गुरुदेव! मेरा मार्ग ध्यान नहीं प्रेम है।"

मैं उससे कहा करता था-"तुम जिसे प्रेम कहती हो, उसमें अपेक्षाएँ, ईर्ष्या और मालकियत है। शुद्ध प्रेम तो ध्यान से ही जन्मेगा, जो प्रार्थना बनेगा। तुमने अब तक प्रेम के नाम पर जो धोखे खाए हैं, जो दर्द, पीड़ा और घाव सहे हैं, उस प्रेम की व्यर्थता से सबक लो। वह प्रेम था ही नहीं। मुझ जैसे छियासठ वर्ष के विवाहित वृद्ध से कोई अधिक अपेक्षा करो भी मत। मैं तुम्हें हृदय और आत्मा का प्रेम तो दे सकता हूँ पर उससे अधिक और कुछ नहीं।" मैंने उसका परिचय एक विधुर ओशो संन्यासी से करा दिया और वह उनके सान्निध्य में मग्न रहने लगीं। धीमे-धीमे उससे पत्र-व्यवहार भी समाप्त हो गया। मेरे लाख मना करने के बावजूद भी वह मुझे 'गुरुदेव' कहकर ही संबोधित करती थीं।

गुरु-शिष्या के प्रेम में पति-पत्नी के संबंध के अलावा सभी प्रेम एक साथ समाहित होते हैं। गुरु अपनी शिष्या को पुत्री, प्रेमिका, मां और मित्र सब कुछ एक साथ समझता है। पिता की तरह वह उसकी देखभाल और चिंता करता है। प्रेमी की तरह उसके शुष्क जीवन में मेघ की तरह बरस कर उसे रसमय बनाकर खिलावट उत्पन्न करता है। मां की तरह उसे अपेक्षारहित बेशर्त प्रेम देता है। मित्र की तरह उसे सत्परामर्श देता है।

उसके प्रेम का भी मैं आभारी और कृतज्ञ हूँ, जिसने मुझे विकसित किया। मेरी खिलावट में उस 'वाई.' और इस 'एस.' के महत्त्व के साथ सबसे बड़ा योगदान मेरी पत्नी का ही है।

निकट रहते हुए सबसे अधिक पत्नी को ही सहना और भुगतना होता है। प्रत्येक पत्नी की यह स्वाभाविक अपेक्षा होती है कि उसका पति निष्ठावान, चरित्रवान, उसके इशारों पर नाचने वाला और सर्वगुण सम्पन्न हो। साथ रहते हुए गुणों के साथ जब दुर्गुण भी प्रकट होते हैं तो अपेक्षाएँ ध्वस्त होती हैं। कल्पित छवि खंडित होकर प्रेम घृणा में परिवर्तित होता है। प्रेम और घृणा एक ही सिक्के के दो पहलू हैं। जहां अतिशय प्रेम होता है, उसी के साथ छाया की तरह घृणा भी सुप्तावस्था में रहती है।

मेरे प्रति पत्नी की घृणा अकारण नहीं है। उसने तन, मन और प्राणों से मुझे चाहा, पर होश जागने पर मैंने उसकी अपेक्षाओं के अनुसार उसका पालतू कूकर बनना स्वीकार नहीं किया। जिस दिन से मुझमें निजता और स्वतंत्रता से जीने का भाव जागा मेरे उससे सेक्स संबंध भी समाप्त हो गए। एक अन्य स्त्री के प्रति मेरे हृदय में एकतरफा प्रेम जागृत भी हुआ पर गीली लकड़ी बिना हवा के कब तक सुलग सकती है? मैंने उसकी भी आसक्ति से मुक्त होकर उस प्रेम को भी

प्रार्थना बनाया। कम्यून में रहते हुए तो सभी वर्जनाओं से मुक्त होकर प्रेम किया जा सकता है पर समाज में रहकर सामाजिक नियमों का अनुपालन करना ही होगा। परिवार के साथ रहते हुए दमन और कंडीशनिंग से मुक्ति संभव ही नहीं है।

समाज में रहते हुए कामनाओं का दमन तो करना ही होता है, क्योंकि कामनाएँ तो अनन्त हैं।

प्रेम में शरीर घिसना संबंधों को कुरुप बना देता है। उत्सुकता मिट जाती है। अपेक्षाएँ बढ़ जाती हैं। मालकियत और ईर्ष्या आ जाती है।

हम बस किसी से प्रेम करते हैं और दूसरा भी हमें प्रेमपूर्ण दृष्टि से देखता है–यह अहसास ही पुलकन, सिहरन, रोमांच के साथ जीवन में जैसे अमृत बरसा देता है। एक खुमारी सी छा जाती है।

शायद यही प्रेम का रूपांतरण है। शरीर के प्रेम से हृदय का प्रेम और हृदय के प्रेम से सर्व के प्रति प्रेम ही प्रार्थना बन जाता है।

ऐसे ही किसी एक से संभवत: एकतरफा प्रेम करते हुए, मैंने ईर्ष्या का भी अनुभव किया। सचेत होकर जाना–इस प्रेम में मालकियत जमाने की कामना थी। मैं जिसे प्रेम करता हूँ उससे कोई भी अन्य व्यक्ति प्रेम न करे अथवा वह चाहने पर भी किसी दूसरे व्यक्ति को प्रेम न कर सके। पर सद्‌गुरु की अनुकम्पा से मुझे शीघ्र ही बोध हो गया कि मैं किसी व्यक्ति को 'वस्तु' बना रहा हूँ। व्यर्थ ही अपनी मालकियत जता रहा हूँ। यदि वह किसी व्यक्ति को देखकर अथवा उससे बात कर आनंदित होती है, तो उसकी प्रसन्नता में ही मेरी प्रसन्नता होनी चाहिए। ईर्ष्या के हटते ही मुझे एक अद्‌भुत आनंद घटा।

एक घड़ी ऐसी भी आई जब मैंने उसकी उपेक्षा का अनुभव किया। मैं ध्यान में विकसित न होने पर उसकी कंडीशनिंग पर, मैं 'मेरे के' भाव से मुक्त न होने के कारण चोट करता था। पर यह चोट एक दिन उसे कुछ गहरे चुभ गई, क्योंकि दूसरे आश्रम के संन्यासी उसे सांत्वना और आश्वासन देते हुए उसे ससम्मान आमंत्रित कर रहे थे। उसके भाव देख मैं अपने आप में डूब गया। डेढ़ दो माह तक उससे सारे संबंध ही टूटे रहे।

एक दिन उसका स्वयं फोन आया। मैंने हंसकर पूछा–"लगता है ध्यान में विकसित हो गई हो। कुछ समझ भी बढ़ी हुई दिखाई दे रही है।"

वह हंस पड़ी। उसने अपने हृदय और आत्मिक प्रेम की कभी घोषणा न की थी। पर वह चट्टानों के बहुत नीचे कहीं गहरे में प्रवाहित हो रहा था। आज वह सर्व के प्रति प्रेम बनकर फूट पड़ा था।

इसी को ओशो कहते हैं-प्रेम को प्रार्थना बनाओ। प्रार्थना ही परमात्मा बनती है।

लोग समझते हैं प्रेम का मार्ग सबसे अधिक सरलतम है। पर एक बार प्रेम के मार्ग पर चलकर देखो तो...तब लगेगा इससे सरल तो ध्यान का मार्ग था।

क्योंकि ओशो जिस प्रेम की बात कहते हैं, वह हमारे सामान्य प्रेम से बिल्कुल भिन्न प्रेम है। हमारे प्रेम में मालकियत है, ईर्ष्या है, अपेक्षाएँ हैं, साथ-साथ जीने-मरने की कसमें और वायदे हैं, कुछ लड़ाई-झगड़ा और तकरार भी है। पर ओशो का तो बेशर्त अपेक्षारहित, ईर्ष्या और मालकियत मुक्त प्रेम, सामान्य रूप से तो कभी घटता ही नहीं। वह ध्यान में गहरे उतरने पर ही घटता है। पहली शर्त है कि प्रेमी-प्रेमिका दोनों गहरे ध्यान में उतरे हों, उनकी दृष्टि निर्मल हुई हो, जिनमें सद्‌गुरु के प्रति परिपूर्ण श्रद्धा हो, केवल उनके ही मध्य अचानक प्रेम घटने पर यह दुर्लभ घटना घटती है।

बाउल फकीरों में यह सहज रूप से घटती है क्योंकि वहाँ स्त्री-पुरुषों दोनों की जीवन शैली ही प्रेमपूर्ण और उत्सवपूर्ण है। उनके लिए प्रेम ही परमात्मा है। उनके लिए अकारण नाचना गाना ही साधना है।

पूना आश्रम में ओशो ने ऐसी ही स्वतंत्र और प्रेमपूर्ण जलवायु निर्मित की है, जिसमें स्त्री पुरुष बिना किसी भेदभाव के आपस में एक साथ ध्यान करते हुए एक-दूसरे के स्वभाव को जान कर मैत्री से रह सकें। उनके बीच ही अकस्मात प्रेम घटने की संभावना हो सकती है, जो प्रेम, कुछ पाने के लिए नहीं, सभी कुछ खोने के लिए करने निकले हों, जिन्हें 'सिर' कटाने अर्थात् 'मैं' का विसर्जन करने का जुनून सवार हो, जो प्रेमी या प्रेमिका को सागर मानकर, स्वयं सरिता की भांति उसमें समा जाने या मिट जाने को तैयार हों।

प्रेम के मार्ग में 'मैं' को अनुपस्थित होना होता है। अपने को पूरी तरह विस्मरण कर तुम्हें दूसरे का प्रेम केन्द्र बन जाना होता है। तुम उसे कैसे अधिक से अधिक सुख और आनंद दे सको, तुम केवल इसी बात की फिक्र करते हो। तुम अपने लिए न कुछ सोचते हो और न कुछ मांगते हो। तुम यही प्रार्थना करते हो कि मेरी प्रार्थना का फल भी उसी को मिले। इसी आत्मविस्मरण में तुम्हारे अंदर एक रिक्तता आ जाती है। अहंकार मुक्त होकर तुम्हारे अंदर एक आंतरिक आकाश निर्मित हो जाता है। तब तुम्हारे अंदर किसी दूसरे को सुखी या आनंदित बनाने का भाव या विचार भी चला जाता है क्योंकि खाली होते ही तुम मन के पार चले जाते हो। कुछ करने का भाव भी अहंकार का ही भाव है। प्रेम में कुछ

भी करना इतना क्षुद्र और अर्थहीन लगता है और व्यक्ति कुछ भी करने में अपने को असहाय पाता है। जहाँ दोनों प्रेमी धीमे-धीमे अनुपस्थित होकर, निरअहंकार और द्वंद्वरहित शुद्ध अस्तित्व ही बचे रहते हैं, उस संवादहीन साहचर्य और सहभागिता में अचानक परमानंद घट जाता है। यह आनंद अनजाने ही एक गहरी ध्यान विधि में उतर जाने से ही घटता है।

# यह धर्म-युद्ध मुझे अपनों से लड़ना पड़ा

मेरे ओशो से जुड़ने, संन्यास लेने, साल में दो-ढाई महीने कई बार प्रवास पर चले जाने और एक फक्कड़ मसीहा के सृजन कार्य में डूबे रहने से सबसे अधिक तकलीफ यदि किसी को हुई है तो वे हैं मेरी श्रीमती जी। उन्होंने मुझे लेकर जो स्वप्न संसार निर्मित किया था वह बुरी तरह ध्वस्त हो गया है।

कभी उनके इशारों पर चलने वाला एक पालतू पति, सारे बंधनों से मुक्त होकर एक पक्षी की तरह आजाद होकर बाहर के मुक्ताकाश में उड़ान भरने लगा। शाम को शॉपिंग और मंदिरों में भगवत दर्शन के उनके शौक को जैसे विराम लग गया। वह घर के पिंजरे में जैसे कैद होकर रह गईं।

सरकारी सेवा में रहते हुए जब मैं प्रायः ड्रिंक्स और जुए की महफिलों से देर रात घर लौटता था तो उनकी शिकायतें, ताने, उपालम्भ सभी स्वीकार कर उनकी हर फरमाइश पूरी करने का आश्वासन देता था। नोटों की उन पर बारिश कर देता था। उनकी खुशामद करता था। उनकी कोई बात काटता ही नहीं था। दो चपरासियों की सहायता से वह बड़े रुआब और ठसके से घर पर अपनी हुकूमत चलाती थीं।

पर ओशो से क्या जुड़ा उनके साम्राज्य के राजमहल की चूलें हिलने लगीं। शुरू में तो वह भी मेरे साथ ध्यान केन्द्र जाती थीं। ओशो के प्रवचनों के कैसेट सुनती थीं। कैसेट खत्म होने पर मुझे उपदेश देती थीं-

"देखो! ओशो कहते हैं होशपूर्वक जियो। मूर्च्छा से जागो। तुम हर तीसरे-चौथे दिन बेहिसाब शराब पीकर कार खुद ड्राइव करते हुए घर लौटते हो। किसी दिन कोई एक्सीडेंट कर बैठे तो लूले-लंगड़े होकर मुझे बाकी जिन्दगी दुख देते रहोगे।"

ओशो के वक्तव्यों को रबड़ की तरह खींचकर वह उसका मनमाना अर्थ निकालते हुए उपदेशक का रोल अदा करती हुई अपना वर्चस्व कायम रखने का प्रयास करती थीं। पर वह देख रही थीं कि प्रायः मैं ड्रिंक्स पार्टीज में न जाने का बहाना बनाकर कभी-कभी घर में लेटा ओशो के कैसेट सुनता रहता था या

कमरा अंदर से बंद कर ध्यान करता रहता था। उसकी बातों पर ध्यान न देकर उन्हें टाल जाता था।

कभी-कभी उन पर अचानक बरस भी उठता था मैं। "ओशो क्या कहते हैं-यह तुम भी जरा ध्यान से सुनो। उनके कहे का मनमाना अर्थ निकालकर यह लैक्चर देना छोड़ो जरा खुद अपनी ओर देखो। भक्ति के नाम पर जो तुम इतना कर्मकाण्ड और ढोंग करती हो, इतनी छुआछूत मानती हो, यह तुम्हारी भक्ति न होकर अहंकार है। भक्त तो मीरा थी जिसने रैदास के चमार होने पर भी उनके चरणों की रज लेकर अपार आनंद का अनुभव किया था। भक्त तो समर्पित और प्रेमपूर्ण होता है। तुम्हारी यह कैसी प्रेम और भक्ति है जो अपने अहंकार में सभी पर हुकूमत चलाती बड़बड़ाती रहती हो।"

कभी-कभी यह वाद-विवाद इतना बढ़ जाता था कि वह रोते हुए अपना सिर दीवार से फोड़ने लगती थी। जो भी मिल जाए उन दवाओं की दस-बीस गोलियां खा लेती थीं।

उस दिन खाना पड़ा बरबाद होता रहता था। हम दोनों अपना-अपना कमरा बंद कर अपने-अपने संसार में खो जाते थे।

पर ऐसी स्थिति जब ओशो से जुड़ने से पूर्व वह निर्मित करती थीं तो मैं उनकी खुशामद करता था। उन्हें मनाता था। उनकी हर शर्त पूरी करने की कसमें खाता था। अपनी गलती न होने पर भी उसे स्वीकार कर उनसे क्षमायाचना करता था। वह कान पकड़ने को कहती थीं तो कान भी पकड़ता था। आखिर समझौता रति प्रसंग के साथ समाप्त होता था और मैं करवट बदल कर सो जाता था।

खाई गई कसमों के अनुसार उन्हें दफ्तर से लौटने पर शॉपिंग के लिए बाजार ले जाता था। द्वारकाधीश और पनकी मंदिर ले जाता था। मंदिरों और मूर्तियों पर मेरी जरा भी श्रद्धा न थी पर किए गए वायदे के अनुसार उसे निभाना ही होता था।

पर अब उनका यह मुड़चुड़ा व्यवहार मुझे एक्टिंग लगने लगा था। मैंने वर्षों पहले उनके साथ सोना ही छोड़ दिया था। अब मैं प्रणय के लिए आतुर होकर उनसे भीख नहीं मांगता था। अब तनाव को दूर करने और सोने के लिए मुझे संभोग की कोई जरूरत ही नहीं रह गई थी। अब धीमे-धीमे अकेलेपन में रस आने लगा था। रात पुस्तकें पढ़ते, ओशो के टेप सुनते या कुछ लिखने के बाद नींद स्वयं पलकों पर उतरने लगती थी।

शराब पीना, जुआ खेलना सब कुछ अपने आप छूट गया था। ध्यान के नशे के बाद सारे नशे फीके लगने लगे थे। ऊर्जा का ऊर्ध्वगमन होने लगा था। मैं उन दिनों कुंडलिनी जागरण के अनुभव से गुजर रहा था।

जब तक नौकरी थी, स्टाफ कार, रुआब, रुतबा, चपरासियों की फौज और घर पर हाजिरी लगाने वाले अफसरों की भीड़ थी, हमारा दाम्पत्य जीवन थोड़े बहुत गतिरोध के बावजूद लगभग ठीक-ठाक ही चलता रहा। मेरे बदले असामान्य व्यवहार को भी उन्होंने लगभग स्वीकार ही कर लिया था क्योंकि नौकरी के चारों ओर घिरे वैभव से वे तृत्त और आनंदित थीं। उनके अहंकार की पुष्टि हो रही थी। उनकी मनचाही शॉपिंग बदस्तूर चल रही थी। वह मेरे साथ दक्षिण भारत के सभी मंदिर भी एल.टी.सी. टूर पर घूम चुकी थीं। उनके चारों धामों की यात्रा पूरी हो चुकी थी। उनकी मर्जी के मुताबिक घर बन चुका था। जयपुर से मंगवाए छोटे से श्वेत संगमरमर के मंदिर में चांदी के सिंहासन पर उनके आराध्य श्रीनाथ जी महाराज की मूर्ति भी प्रतिष्ठित हो चुकी थी।

उन्हें पहला आघात उस दिन लगा जिस दिन रिटायरमेंट की पार्टी में मैं लाल गाउन पहन कर गया। वह डर गई कि कहीं यह मेरे घर परिवार छोड़ने की पूर्व घोषणा तो नहीं है?

दो-तीन दिनों बाद मैं जबलपुर आश्रम चल पड़ा। उन्होंने मेरे प्रस्थान करने से पूर्व पूछा-आश्रम कितने दिनों के लिए जा रहे हो?

मैंने उत्तर दिया-तीन दिनों के ध्यान शिविर के बाद 21 दिनों के मौन शिविर में भाग लेना है। उससे आगे का कुछ दिन निश्चित नहीं। भाव हुआ तो पूना भी जा सकता हूँ।

एक-दो वर्ष पूर्व वह मेरे साथ जबलपुर आश्रम पंचमढ़ी के भ्रमण के दौरान देख चुकी थीं और वहां की व्यवस्था से संतुष्ट थीं। उनके मुझे घर रोकने के सारे उपाय व्यर्थ सिद्ध हो चुके थे। वह भली-भांति समझ चुकी थीं-उनका तोता अब पिंजरे में बंद, कैद होकर हरगिज नहीं रह सकता।

मेरा उत्तर सुनकर उनकी हिचकियां बंध गईं। मैं उन्हें आश्वस्त करता हुआ बोला-"तुम्हें फिक्र किस बात की है? तुम्हारा अपना घर है। बहू-बेटे, पोते-पोतियां हैं। खर्च करने को भरपूर पैसा है। फिर तुम्हारे पास अपने ठाकुर जी अर्थात् श्रीनाथजी हैं। तुम्हारा मार्ग भक्ति है और मेरा मार्ग ध्यान। मैंने तुम्हारे मार्ग पर चलने में तुम्हें भरपूर सहयोग और सहायता दी, तुम मुझे मेरे मार्ग पर आगे बढ़ने के लिए भले ही कोई सहायता या सहयोग न दो पर कम से कम कोई बाधा तो खड़ी मत करो।

जबलपुर जाकर तीन-चार दिनों बाद मैंने अपने पहुंचने का कुशल समाचार पोस्टकार्ड द्वारा भेज दिया। जिससे मौन शिविर में व्यर्थ बाधा न पड़े। फिर मैं घर-परिवार सभी कुछ भूल गया। अधम चाकरी से मुक्ति पाने का उत्सव पहले ही मना चुका था।

जबलपुर आश्रम की कहानी मैं पहले ही लिख चुका हूँ। बोधिवृक्ष के नीचे शक्तिपात और ऊर्जा लेकर जब घर लौटा तो एक ही धुन थी ओशो की जीवन-कथा कागजों पर उतारूं और वह अपने आप उतर रही थी।

लिखता तो लिखता ही रहता। रात बारह एक बज जाते। पत्नी बीच-बीच में भोजन के लिए टोकती तो मैं कह देता-मुझे भूख ही नहीं लग रही। तुम खा-पीकर चुपचाप सो जाओ। मेरा खाना ढककर अलग रख दो। जब भूख लगेगी मैं खाकर चुपचाप सो जाऊंगा।

इससे पहले नियम उल्टा चल रहा था। हम दोनों पति-पत्नी साथ-साथ ही भोजन करते थे। कभी वह सभी को खिलाकर सबसे बाद में खाती थीं। बिना मुझे भोजन कराए वह स्वंय भोजन करना जैसे पतिव्रत धर्म के विरुद्ध समझती थी।

जब एक दिन स्वयं भी रात डेढ़ बजे तक भूखे रहकर उन्होंने यह अच्छी तरह समझ लिया कि मैं अपने व्रत से डिगने वाला नहीं और अधिक जोर-जिद करने पर मैं फिर घर छोड़कर आश्रम जा सकता हूँ, उन्होंने मेरे संकल्प के आगे जिद्द छोड़ समझौता कर लिया।

यह समझौता हम दोनों में कुछ वर्ष पूर्व ही हो चुका था कि हम दोनों में आपस में कोई भी विवाद या झगड़ा हो पर भोजन करना कोई भी नहीं छोड़ेगा। भले ही साथ-साथ भोजन न कर हम लोग अलग-अलग अपने-अपने कमरों में भोजन कर लें।

पर मैं ठहरा आत्माराम टाइप का मनमौजी जीव। मैं यह फिक्र करता ही नहीं कि मेरे बारे में दूसरे क्या सोचेंगे? मैं लुंगी पहनकर ही बाजार चला जाता हूँ। दरवाजे के बाहर पड़े कूड़े को डंडे से इकट्ठा कर मिट्टी का तेल डालकर उसे जला देता हूँ। भंगियों जैसा काम करता देख, उसकी नाक कटती है। मेरे और उसके स्वभाव भिन्न हैं इसलिए खटपट होना स्वाभाविक है। पहले मैं प्रतिवाद और बहस करता था पर बाद में मैंने अपनी हार स्वीकार कर ली। पत्नी से आखिर कौन जीत सका है? पर इसका यह अर्थ नहीं कि मैं उसके इशारों पर चलने लगा। करता मैं केवल वही हूँ जो मुझे ठीक लगता है। पर अब उसकी बात को धैर्य से सुनता हूँ। जो ठीक और उचित लगता है उसे मान लेता हूँ। जो ठीक नहीं लगता उसे नहीं मानता पर उसकी टोंकाटोंकी पर उलट कर जवाब नहीं देता। चुप लगा जाता हूँ। प्रतिवाद भी करता हूँ तो बहुत थोड़े से शब्दों में पर मजबूती के साथ।

वर्षों बीत गए, मेरे घर पंडित पुरोहित नहीं आता। सत्यनारायण की कथा

करने, यज्ञ कराने या सामान्य जीवन में पंडित का घर में घुसना ही वर्जित है। कनागत अर्थात् पितृ पक्ष में वह श्राद्ध करती है तो टिफिन में खाना ले जाकर मैं भिखारियों और अपंगों को खिला देता हूँ। उसकी कृपा है जो उसने सतर्क इसे मान लिया है। पर वह है पक्की वैष्णव। छुआछूत मानने वाली कट्टर धार्मिक। पर बेटे-बेटियों के विवाह करवाने पंडित जरूर आए क्योंकि इससे दूसरा पक्ष भी संबंधित था। पर बेटे-बेटियों के सभी विवाह सन् 88 अर्थात् ओशो से जुड़ने के पूर्व ही निपट गए।

प्रेम गली अति साँकरी जामैं द्विन समायै

उसने कृष्ण से प्रीति जोड़ी है, जो निर्जीव होते हुए भी उसके लिए सजीव हैं। वह उनके चित्र और मूर्ति को सजाती-सँवारती और श्रृंगार करती है। उन्हें छत्तीस व्यंजनों का भोग लगाती है। उन्हें गीत और भजन सुनाती है। उनसे मनुहार और प्रार्थना करती है और उन्हें डांटती-फटकारती भी है। वे कुछ प्रतिरोध कर ही नहीं सकते।

मैं सजीव होते हुए भी उसके लिए अस्पर्श्य नास्तिक और कृष्णद्रोही हूँ, क्योंकि मैं दो-तीन घंटे तक खड़े रहकर और दोपहर ढाई-तीन बजे तक बिना कुछ खाए-पिए हुए उसकी पूजा करने को शरीर को सताना कहकर उसकी आलोचना करता हूँ। दिन में तीन-चार बार स्नान करने और भोग में लगे दही, चावल, पूड़ी, परांठे को भोजन के रूप में लेने के कारण ही मैं उसके गठिया, मोटापे और कई रोगों के लिए जिम्मेदार मानता हूँ।

पर उस पर मेरे या किसी के कहने का कोई असर नहीं। मैंने कई वर्षों से उससे कुछ कहना सुनना ही छोड़ दिया है। उसके और मेरे, दो अलग-अलग संसार हैं।

हम दोनों ने कभी एक-दूसरे को प्रेम किया है पर उस समय प्रेम के साथ उठी घृणा कहीं अचेतन में दबी थी। अब मैं प्रायः उसकी उसी घृणा को भी महसूस करता हूँ। इस घृणा में भी प्रेम है, उसे भी मैं बखूबी जानता हूँ। ओशो ने मुझे तो समझा दिया रहस्य-न प्रेम न घृणा। दोनों विपरीत छोरों को एक साथ देखो और द्वंद्व के पार हो जाओ। सारी साधना द्वंद्व के ही पार जाने की साधना है।

मेरी आदतों और दिनचर्या से आज़िज़ आकर वह कई बार कह चुकी है-फिर घर में रहते क्यों हो? घर में रहकर घर की मर्यादाएँ निभानी ही होंगी। अच्छा है आश्रमों में जाकर रहो।

पर छिंदवाड़ा का जमुनिया आश्रम बिक जाने पर मेरा अन्य आश्रमों में जाकर रहने का भाव होता ही नहीं क्योंकि उन आश्रमों में आश्रम संचालकों का अपना घर और अलग राजनीति है।

मैं उसके सभी ताने, व्यंग्य, नश्तर, बम्पर और बाउंसर हँसते-हँसते झेलते हुए अपनी मस्ती में जिये जा रहा हूँ। मुझे उसके बढ़ते वजन, गठिया आदि कई बीमारियों को देखकर उस पर करुणा ही आती है, पर उसे व्यक्त करना ही उसके आक्रोश को आमंत्रण देता है। उसे दवा दे देता हूँ। उसकी मर्जी होती है खा लेती है, मर्जी नहीं होती, तो नहीं खाती।

उसे मुझसे एक नहीं ढेर सारी शिकायतें हैं। सबसे बड़ी शिकायत यह कि मैंने अपनी कार बेच दी और उसके शाम के विविध मंदिर के दर्शनों और शॉपिंग के शौक की हत्या कर दी। रात में कार या स्कूटर चलाना मेरे वश की बात नहीं क्योंकि सामने से गाड़ियों की हैडलाइट देखकर मेरी आँखें चौंधिया कर कुछ देख ही नहीं पातीं। दो-तीन एक्सीडेंट करने के बाद मुझे कार को विदा करना ही पड़ा। ड्राइवर रखना उसे गवारा न था। ड्राइवर पद से भी मेरे द्वारा जबरन रिटायरमेंट लेने से उसका क्रोधित होना स्वाभाविक है।

यों तो सभी का पत्नी पुराण अनन्त होता है। यह तो इसकी कुछ झलकें हैं जिनसे समझदार लोग सभी कुछ समझ सकते हैं।

हम दोनों एक दूसरे से प्रेम और घृणा दोनों साथ-साथ करते हुए संभवतः प्रेम और घृणा दोनों के ही पार हो गए हैं। ऐसा सद्गुरु ओशो के अनुकम्पा से ही घटित हुआ है।

मेरी पत्नी ने मेरे शरीर को ही नहीं मन को भी नग्न रूप में देखा है। मैंने उससे कुछ छिपाया नहीं। इसलिए उसका घृणा करना जायज है। मेरी शरानोशी, जुआ खेलने की दुष्प्रवृत्ति और चंद सोसाइटी गर्ल्स के सम्पर्क से यौन रोग होने के कारण मैंने उसकी घृणा के दंशों को भी बखूबी सहन किया है। कंचन की चाह में कामिनी और कादम्ब भी अनजाने ही बिना बुलाए मेहमान की तरह आ टपकते हैं। उसने कई बार भूख हड़तालें कीं। दीवारों से सिर फोड़े। ढेर सारी नींद की गोलियां खाकर आत्महत्या की कोशिशें की। घर में रखी शराब की बोतलों को तोड़ा। घर छोड़कर मायके जाकर बैठ गई।

पर एक तो भारतीय संस्कारों में पली स्त्री पति का त्याग नहीं कर सकती और दूसरी और यह कथन भी सत्य है कि दुधारू गाय की लात भी सहन करनी ही होती है। मेरी सरकारी नौकरी ठीक दुधारू गाय की तरह थी जो उसे धन, सम्मान और सुविधाएं दे रही थी।

इन्हीं परिस्थितियों में मैं किस तरह से ओशो से जुड़ा उसकी कथा मैं पहले ही बयान कर चुका हूँ। पर ओशो से जुड़ने के पांच वर्ष पूर्व से ही मैंने अलग कमरे में सोना शुरू कर दिया था। इसका एक कारण घर में युवा कुंवारी पुत्री की उपस्थिति और दूसरे मेरे अंदर उत्पन्न होने वाली अनासक्ति भी थी। अकेलेपन में लिखने, पढ़ने, विचार करने में मुझे आनंद आने लगा था। मेरी पत्नी भी अधिक से अधिक पूजा-पाठ और भक्ति में व्यस्त रहने लगी थी, पर उसके ताने, व्यंग्य, कटाक्ष झगड़े और शिकवा-शिकायतें दिन-प्रतिदिन बढ़ती ही जा रही थीं। अनजाने ही अस्तित्व की मर्जी से वह मेरी संसार के प्रति ऊब को बढ़ाती ही जा रही थी।

इन्हीं दिनों 'बरदाश्त से बाहर' काव्य संकलन प्रकाशित हुआ। उसमें मेरी संवेदनशीलता ने महसूस किया कि राजनीति, समाज और परिवार में हर चीज बरदाश्त के बाहर है और समग्र जीवन में एक क्रांति की आवश्यकता है।

जब ओशो साहित्य से जुड़कर उसमें और ध्यान में डूबा, तो शरीर और मन की दूरियां और बढ़ती गईं। मुझे इस बात का अहसास अच्छी तरह हो गया कि मेरा सुख मेरा आनंद मेरे अंदर ही है और अब पत्नी से प्रेम मांगने की खातिर मुझे उसकी शर्तों पर हुक्म का गुलाम नहीं बनना। वह भी स्वतंत्र है और मैं भी। वो अधिकाधिक पुष्टि मार्गी सम्प्रदाय की छुआछूत की रूढ़ियों में कट्टर से कट्टर होती गई। वह पांच बार नहाती। दोपहर 2-3 बजे तक खड़ी-खड़ी 3-3 घंटे पूजा-पाठ करती रहती। रोज आरती गाती-

जो ध्यावै फल पावै, दु:ख बिनसे मन का
सुख सम्पत्ति घर आवे कष्ट मिटे तन का

पर उसके तन का कष्ट दिन प्रतिदिन बढ़ता ही जा रहा था। वजन बढ़ने के साथ घुटनों का दर्द, कमर का दर्द, सिर दर्द सभी बेलगाम होते जा रहे थे। सम्पत्ति मैं सब कुछ उसको ही देता था। ब्याज के साथ वह बढ़ती ही जा रही थी पर सुख कहीं से बढ़ता नजर नहीं आ रहा था। उसके दु:ख भी दिन प्रतिदिन बढ़ते ही जा रहे हैं।

जब ध्यान करते-करते मेरी शराब भी छूट गई तो मुझे प्रताड़ित करने का एक और शस्त्र उसके हाथों से जाता रहा। एक दिन तो वह खीज कर बोली-तुम तभी अच्छे थे जब शराब पीते थे। कम से कम मेरी बात तो मान लेते थे। अब तो तुम 'मनमुरादू' हो गए हो। मेरी बात एक कान से सुनते हो और दूसरे से निकाल देते हो।

मेरा महीनों आश्रमों में रहना, इधर-उधर परिव्राजक बन भटकना और घर

लौटकर एक फक्कड़ मसीहा ओशो के लेखन में डूब जाना, यह सब उसके लिए पीड़ादायक था। साथ-साथ भोजन करना कभी का छूट गया था। मैंने किसी तरह उसे इस बात के लिए राजी कर लिया था कि वह मुझसे पहले समय पर भोजन कर लिया करे क्योंकि भोजन करने के बाद नींद आती है और जो कुछ कहीं अज्ञात से उतर रहा है, उसने मेरी भूख-प्यास सभी कुछ समाप्त कर दी है।

ऊपर से हम लोगों के लाख तनाव और विपरीत विचार हों, पर चट्टानों के नीचे प्रेम के बहते स्रोत को मैं महसूस करता था। मैं एक पतंग की तरह मुक्ताकाश में उड़ा जा रहा था। वह जब कभी डोर खींच लेती थी। तनाव देती थी। पर वही तनाव मुझे और ऊंचे उड़ने के लिए प्रेरित करता था।

जब कोई वैज्ञानिक, लेखक या कलाकार अपनी खोज अथवा कला में तल्लीन हो जाता है, उसके जीवनसाथी को अकेलेपन की पीड़ा भुगतनी ही होती है। वह निश्चित रूप से चाहती थी कि मैं उसे लेकर बाजार जाऊं, शॉपिंग कराऊं, दर्शनों के लिए मंदिर ले जाऊं पर उसकी मर्जी के विरुद्ध जंग खाती कार आखिर बेचनी ही पड़ी। मैं स्वयं अपने आप में रम गया था। अपने अकेलेपन को भूलने के लिए वह कृष्ण के बाल स्वरूप के प्रेम में दीवानी बनी, यह अच्छा ही हुआ।

वह भक्ति मार्ग की और मैं ज्ञान मार्ग का पथिक हूँ। पर उसके मार्ग में न तो 'मैं' का विस्मरण था और न है सर्व के प्रति प्रेम। इसी बात पर कई बार मेरी उससे नोंक-झोंक भी हो जाती है। पर संबंध तो बने ही हुए हैं। भले ही हम लोग छत्तीस का अंक बनकर जी रहे हों पर सात फेरों के उलटने का न कोई उपाय है और न जरूरत। बच्चों का भविष्य और मर्यादा हम लोगों के कम से कम दिखावे के संबंधों की मुहताज है ही।

अब उसके ताने, उपेक्षा, व्यंग्य मैंने सभी को स्वीकार कर लिया हैं। मैंने नौकरी करते हुए न जाने कितनों को डांटा, प्रताड़ित किया, उनका दिल दुखाकर उन्हें कष्ट दिए, अस्तित्व प्रतिदान में मुझे वहीं लौटा रहा है। इसमें कैसी शिकवा और कैसी शिकायत? मैंने जो बोया है, वही काट रहा हूँ।

अपने में रमे हुए उसकी ओर ध्यान देने का मेरे पास समय कहाँ? बाहर बाजार जाने में मुझे उलझन होती है, रात डेजलिंग लाइट देखकर मेरी आँखें चौंधिया जाती हैं। इसी के परिणामस्वरूप कुछ वर्ष पूर्व कार से एक एक्सीडेंट कर देने के कारण मैंने कार बेच दी। शरीर भारी होने के कारण उसे स्कूटर पर बैठने में उलझन होने के साथ डर लगता था। फिर रात में स्कूटर कभी चलाता

नहीं। जबकि उसका शाम बाजार घूमने और मंदिर में जाकर दर्शन करने का शौक घुट कर रह जाता है। वह इसी की खीज मुझ पर निकालती है। मैं उससे कई बार कह चुका-कार खरीद कर ड्राइवर रख लो या फोन कर टैक्सी बुला लिया करो। पर उसे मुफ्त का ड्राइवर कम नौकर अपना पति चाहिए जिस पर शासन करने का वह प्रदर्शन कर सके।

मैं जानता हूँ अपने दु:खों और कष्टों के लिए उसकी विशिष्ट जीवन-शैली ही जिम्मेदार है। वह गठिया, वात और सार्टिका पेन होते हुए भी अपने आराध्य श्रीनाथ जी की सेवा के लिए दिन में तीन चार बार स्नान करती है। तीन-तीन घंटे खड़े हुए उनका साज-शृंगार कर पूजा अर्चना करती है। सुबह से दोपहर तीन बजे तक कोई नाश्ता न कर अपने शरीर को सताती है। फलस्वरूप पूजा समाप्त होते-होते वह शरीर के कष्टों के कारण चिड़चिड़ी हो जाती है। भगवान के भोग में चावल, दही का होना अनिवार्य है। रात भोग में पूड़ी-परांठे बनना आवश्यक है। सभी डॉक्टर्स के परामर्श के विरुद्ध वह रोज पूड़ी परांठे भी खाती है और दही और चावल भी। भगवान के भोग का वह कैसे अनादर कर सकती है?

घुटने, एड़ी, पिंडली, कमर, कंधे, सिर और शरीर के प्रत्येक अंग में उसे असहनीय दर्द होता रहता है। वह मूव, अमृतांजन, नीलगिरि का तेल थोपते हुए, एलोपैथिक, वैद्यक और होम्योपैथिक दवाएँ बारी-बारी से प्रयुक्त करती रहती है। दर्दों के द्वारा वह सभी का ध्यान अपनी ओर आकर्षित करती रहती है। जितना संभव होता है मैं उसकी देखभाल और दवा-दारू में कोई कसर नहीं रखता। उसे स्वयं दवा देता हूँ। उसकी मालिश भी कर देता हूँ। पर हम लोगों में सार्थक सम्वाद अब संभव नहीं रह गया। वह अपनी पूजा-पाठ, जीवन-शैली, खानपान और किसी भी बात पर सुनना ही नहीं चाहती। मैं विवाद टालने के लिए चुपचाप अपने कमरे में चला जाता हूँ।

मुझे प्राय: उसके जीवन पर बड़ा तरस आता है। करुणा होती है। उसने नकारात्मक रोल अदा करते हुए घर परिवार और संसार के प्रति मुझे व्यर्थता का बोध कराया। उसने तनाव, अशांति उत्पन्न करते हुए मुझे शांति और आनंद की खोज के लिए प्रेरित किया। अस्तित्व द्वारा इस तरह का नकारात्मक रोल अदा करने का सही मूल्यांकन होता ही नहीं। वही विकास की पृष्ठभूमि तैयार करता है।

सुकरात से सुकरात बननें में उसकी कलहपूर्ण पत्नी का बहुत बड़ा रोल है। हम सभी अस्तित्व के रंगमंच पर अपने-अपने पूर्वनिश्चित रोल को जैसे अदा कर रहे हैं।

मैं उसको धन्यवाद देता हूँ कि उसने मुझे ध्यान की ओर प्रवृत्त करने के लिए अप्रत्यक्ष रूप से सहयोग दिया। उसकी पृष्ठभूमि तैयार की। मुझे विभिन्न आश्रमों में भ्रमण करते हुए विकसित होने का अवसर दिया और घर में भी आत्मलीन होकर ओशो-गाथा लिखने का समय और अवसर दिया।

# यह स्त्री, जो कभी पत्नी थी

'गीता दर्शन' में ओशो कहते हैं-"यह जीवन का युद्ध हमें अपनों से लड़ना है। न्यस्त स्वार्थों और वासनाओं के कारण भाई-भाई से, पति-पत्नी से, पत्नी पति से, पिता पुत्र से और पुत्र पिता से संघर्ष कर रहा है। धर्म की रक्षा के लिए हमें मोह त्याग कर स्वधर्म का पालन करना है।

पहले तो समझदार व्यक्ति, दूसरों की स्थिति देखकर विवाह बंधन में बंधता ही नहीं। यदि बंध भी जाता है, तो दायित्व निभाने के बाद पचास वर्ष का होते-होते वानाप्रस्थ हो जाता है, अर्थात् संन्यास ले लेता है। समाज की कंडीशनिंग से मुक्त होकर घर छोड़कर आश्रम में रहने लगता है।

मैं भी रिटायरमेंट के दो वर्ष बाद घर छोड़कर पूना आश्रम स्थायी रूप से रहने के लिए ही गया था। पर घटनाओं का चक्र कुछ ऐसा घूमा कि मुझे लगभग चालीस दिनों बाद घर वापस लौटना ही पड़ा। भले ही घर तब तक सराय की तरह हो गया जहां कुछ दिन विश्राम कर मैं फिर आश्रमों में चला जाता। मेरा स्वभाव है लेखन। कहीं भी रहता गीत प्यारे सद्गुरु के ही गाता रहता।

यह दो अध्याय पत्नी से ही संबंधित हैं। समझ लो निरा स्त्री-पुराण है। अधिकतर लोगों का जीवन विवाह होने के बाद घर-गृहस्थी के दायरे में ही घूमता रहता है और लोग कोल्हू के बैल की तरह आंखों पर पट्टी बांधे बस चारों ओर घूमते सरसों पीसे जाते हैं। हम जब चाहें तब उससे मुक्त हो सकते हैं। बूढ़े बैलों को विश्राम लेना ही चाहिए क्योंकि भार उठाने युवा कंधे आ जाते हैं पर अहंकार और मोह वह जुआ कंधे से उतारते ही नहीं।

मैं गृहस्थी के कोल्हू का अब बैल नहीं हूँ। घर को सराय मानकर रह रहा हूँ। चूंकि लेखन मेरा स्वभाव है इसलिए चाहे लेखन हो या अनुवाद शरीर और मन को इसकी जलवायु भाती है। पत्नी से कलह-तकरार, शिकवे-झगड़े, ताने-उलाहने ये सभी सामान्य बातें हो गई हैं, जैसे मँजते समय बर्तन शोर करते हैं, मेरा उन पर कोई आंतरिक प्रभाव नहीं पड़ता। अधिक मौन के ढीले तार, इस तनाव से कस कर संतुलित हो जाते हैं। मैं घर में रहकर भी घर में नहीं रहता। सबसे ऊपरी मंजिल पर मेरा साधना कक्ष या लेखन कक्ष है, सुबह 7 बजे से दोपहर 1 बजे तक और शाम 4:30 से रात्रि 11:30 तक वहीं अकेला बैठा, लेटा

कुछ भी करता रहता हूँ। बीच में डेढ़ दो घंटे पड़ोस में ध्यान भी करने कराने चला जाता हूँ। कोई घर मिलने आ गया तो उससे भी सत्संग हो गया। न किसी से कुछ पाना है और न किसी से जाकर मिलने को शरीर अनुमति देता है।

## एक स्त्री, जो कभी पत्नी बनी

शीर्षक सुनकर शायद कुछ लोग चौंके। पर जो सच्चे संन्यासी या मर्मज्ञ हैं, तो उन्हें चौंकना नहीं चाहिए। संन्यासी का कुछ भी अपना कहने का कहाँ रह जाता है? होशियार पत्नी यह समझती है कि उसके पति का सुख उसकी मुट्ठी में कैद है, उसे वह अपने इशारों पर नचाने लगती है। रोना, कलह करना, बर्तन पटकना, घर छोड़कर मैके जाने की धमकी देना, आत्महत्या का प्रयास करना यह उसके सभी कारगर अस्त्र-शस्त्र हैं, जो पुरुष को तिगन्नी का जीवन भर नाच नचाते रहते हैं।

जिस दिन मुझे अपनी निजता और स्वतंत्रता का बोध हुआ मैंने अलग कमरे में सोना प्रारंभ कर दिया। सेक्स पर आश्रित होने की परतंत्रता का त्याग कर दिया। मैंने संकल्प किया, बहुत बेबस हुआ तभी परस्त्री से प्रेम होने पर ही संबंध रखूंगा वरना आत्मरति से काम चला लूंगा।

इसलिए इस स्त्री को मैं 'मेरी' किस अधिकार से कह सकता हूँ, क्योंकि उसने धीरे-धीरे मेरे धन-सम्पत्ति संबंधी सारे अधिकार अपने हाथ में कर लिए हैं। एक दिन नाराज होकर मुझसे बोली-तुम्हें बहुत तकलीफ होती है मेरे इस घर में रहने से। तो अच्छा है मेरा घर छोड़कर कहीं किसी आश्रम में जाकर रहो। वहाँ जाकर ही तुम्हें घर की सुविधाएँ याद आएंगी।

मैंने मजाक में ही कह दिया-"पर देवी जी! अभी मकान की रजिस्ट्री तो मेरे ही नाम है। घर से बाहर जाने की बात कहने का तो अधिकार मेरा बनता है।"

पर इस तर्क से भी मैं उसे हरा न सका। वह दीवार से सर पटक कर कोहराम मचाने लग गई-"हाँ! हाँ! मुझे ही निकाल दो इस घर से जिससे जी भर के मौज उड़ा सको। लो मेरा गला घोंट दो। मुझे जहर दे दो...।"

मैं चुपचाप घर के बाहर निकल गया था और दूसरे दिन बिना बताए दो माह के लिए आश्रम चला गया था। प्रण कर लिया था-अब घर भी उस भाग्यवान को दिया। अब कभी उसे मेरा या अपना घर नहीं कहूंगा।

यदि मेरी पेंशन मेरे खाते में जमा नहीं होती तो रिटायर होने के बाद मेरी भी वही दुर्दशा होती, जो मेरे जैसों की होती है।

पर पत्नी का फिर भी परोक्ष अपरोक्ष रूप से जीवन के उत्थान-पतन, उतार-चढ़ाव में बहुत कुछ हाथ रहता है। कभी इसी स्त्री से मुझे प्रेमिका जैसा प्रेम मिला था। कभी यही स्त्री एक छोटे से झोंपड़े में जैसा कैलारस में मिला था, सुखी थी। पर कामनाएँ पंख पसारने लगीं। वासनाएँ नई उड़ानें भरने लगीं। गृहस्थी जुड़ी, बच्चे हुए, उसने आस-पास पड़ोसियों को देखा, सुना और समझा। प्रेम, व्यवहारिकता और व्यवसायिकता में बदलने लगा। फिर वही वैसा ही सब कुछ हुआ जो सामान्य रूप से औरों के साथ होता है। यदि मैं भी उसी प्रवाह में बह गया होता, मेरा अंतर्स्वर मुझे झकझोरता नहीं, तो यह कहानी लिखने को कोई मौजूद ही नहीं होता। पर सभी कमियों के बावजूद उसने कभी मुझमें तन मन प्राणों से प्रेम दिया है, कभी मेरे अंदर पनप रहे महत्त्वाकांक्षा के विष का उपचार किया है, मैं इसी के लिए उसका बहुत कृतज्ञ हूँ।

कुछ पाठक शायद सोचें कि जब मेरी पत्नी ओशो की दीवानी नहीं, फिर यह अध्याय क्यों? मैं क्यों पत्नी पुराण ले बैठा। पर मैं जानता हूँ उसका ओशो विरोध सिर्फ ऊपरी है। वह नियमित रूप से रोज ओशो की कैसेट्स सुनती है। ओशो टाइम्स और ओशो वर्ल्ड का एक-एक अक्षर पढ़ती है। ओशो की प्रवचन पुस्तकों में डूबी रहती है। पर वह अपने गोवर्द्धनधारी श्रीनाथ जी को नहीं छोड़ सकती।

वह कहती है-"ओशो के ही वचन हैं कि सभी मार्ग पहुचां देते हैं। मेरा भक्ति मार्ग ही मुझे पहुंचा देगा। भगवान की सेवा अर्चना करते हुए ही मेरा ध्यान लग जाता है।"

एक दिन उसके सहज, शांत और अच्छे मूड में मैंने उससे पूछा-"तुम बचपन से अब तक श्रीनाथ जी की पूजा, अर्चना, भक्ति और कीर्तन सभी कुछ करती रही हो, क्या तुम्हारी भटकन समाप्त हुई? क्या तुम्हारा क्रोध और अहंकार मिटा? क्या तुम्हारा मैं, मेरा का भाव समाप्त हुआ?"

उसने उत्तर दिया-"मैं ओशो को सुनते और पढ़ते हुए अच्छी तरह महसूस करती हूँ कि यह सारा कर्मकाण्ड व्यर्थ है और सच्ची भक्ति के लिए किसी पूजा-पाठ की कोई जरूरत नहीं। पर बचपन से पूजा-पाठ के जो संस्कार मैंने पाए हैं उन्हें मैं किसी भी तरह छोड़ नहीं सकती। ओशो ही कहते हैं कि हर मार्ग पहुँचा देता है, फिर मैं अपने भक्ति मार्ग से क्यों नहीं पहुंच सकती?

मैंने कहा-जरूर भक्ति मार्ग या प्रेम मार्ग भी वहीं पहुँचाता है, पर तुम्हारे कृष्ण प्रेम में कृष्ण से ही तुम्हारी अपेक्षाएँ हैं। तुम अपनी प्रार्थनाओं में उससे अपनी छोटी-बड़ी इच्छा की पूर्ति चाहती हो। भक्ति या प्रेम मार्ग की पहली शर्त

है अहंकार का अर्थात् 'मैं' या 'मेरे' का समर्पण। तुम भूखी प्यासी खड़े-खड़े शरीर को सताती जब पूजा समाप्त कर उठती हो तो तुम क्रोध से ही भरी होती हो। क्रोध आता है तुम्हें नाश्ता न करने से। भूखा प्यासा रहने से। फिर तुम्हारे श्रीनाथ मंदिर के पुजारी भी शरीर सताने का यह काम हरगिज नहीं करते, वे तो खाते-पीते मस्त रहते हैं।"

वह अब तर्क से कुतर्क पर उतरती हुई बोली-"यह सब कुछ सुख-वैभव, ठाठ-बाट मेरे श्रीनाथ जी की कृपा से ही है। जब तुम्हारे खिलाफ इन्क्वायरी बैठी थी, तो मेरे श्रीनाथ ने ही तुम्हारी रक्षा की थी। मैं उनकी प्रार्थना पूजा न करती तो कहीं जूतियाँ रगड़ रहे होते।"

मैंने अगला तर्क दिया-तुम्हारे पूजा-पाठ, प्रार्थना में यदि इतनी ही ताकत है तो पहले अपने श्रीनाथ जी से मांगो कि तुम्हारा वजन तुरंत 20-25 किलो कम कर तुम्हारा क्रोध छूमंतर कर दें। फिर उनसे माँगो कि मैं नास्तिक से कृष्णप्रेमी बन जाऊँ। जब तक यह चमत्कार तुम अकेली नहीं दिखातीं, मैं तुम्हारे भगवान का महत्त्व स्वीकार ही नहीं करता।" वह निरुत्तर हो जाती है।

इस गहन प्रेम को जिसमें मालकियत, ईर्ष्या और अपेक्षा थी, मैंने उतरते जीवन में घृणा में बदलते हुए देखा है पर अब न रहा प्रेम और न रही घृणा। न रहा राग और न रहा विराग। इस द्वंद्वातीय स्थिति में पहुंचाने का श्रेय तो ध्यान का ही है पर यदि उनकी घृणा और उपेक्षा न मिली होती तो शायद मैं इस स्थिति तक न पहुंचता।

यदि सुकरात की पत्नी चिड़चिड़ी और उग्र स्वभाव की न होती तो सुकरात, सुकरात नहीं बन सकता था।

मेरे कारण, उसे जीवन में बहुत कुछ सहना पड़ा है। मेरे ध्यान और लेखन में लीन हो जाने के कारण उसे एकान्त में अपेक्षित जीवन जीने को बाध्य होना पड़ा है। उसे अपने प्रिय शौकों मंदिरों के दर्शन और शॉपिंग से वंचित होना पड़ा है। मेरे पास ध्यान सीखने आने वाली स्त्रियों के कारण उसे ईर्ष्या की आग में जलना पड़ा है।

उसकी ओर अधिक ध्यान तथा समय न दे सकने के कारण उसकी पूजा-पाठ और कर्मकाण्ड बढ़ता ही गया।

जिन दिनों मैं छिंदवाड़ा के जमुनिया आश्रम में था और घर से निकले डेढ़ महीना हो गया था, तभी मैंने उसे वर्षों बाद पत्र लिखा था क्योंकि दामाद के कई फोन उनकी अवस्थता के संबंध में तथा घर लौट आने के बाबत प्राप्त हो चुके थे। इस पत्र के प्रत्युत्तर में मेरी पत्नी ने जो पत्र लिखा वह मेरे विवाहित

जीवन की पर्त दर पर्त खोलकर उसे स्पष्ट कर देता है। मैं उसके पत्रों को ज्यों का त्यों इसीलिए उद्धृत कर रहा हूँ जिससे उसका कोई पक्ष अप्रकट न रह जाए। ओशो स्त्री स्वतंत्रता के पक्षधर हैं और उन्होंने पुरुष द्वारा स्त्री के शोषण के विरुद्ध सदा मुखर स्वर से उसका प्रतिवाद किया है।

28 अप्रैल 2002

निष्ठुर!

आज तुम्हारा पत्र मिला तो ऐसा लगा कि हम लोग शायद अलग होकर ही आत्ममंथन की स्थिति में हो पाते हैं। संबोधन से पहले 'मेरे' शब्द को इसीलिए प्रयोग नहीं कर रही हूँ जिससे तुम पर आधिपत्य जमाने का भाव न हो।

जितना पढ़ा, गुना और पीया है, शायद उसी का प्रतिफल है कि शायद मैं तुम्हारे साथ उस आखिरी छोर तक जुड़ी हुई हूँ जो समयातीत है। जुड़ी थी, जुड़ी हूँ और न चाहने पर भी जुड़ी रहूंगी।

तुम्हारे न रहने पर घर में एक लम्बा सन्नाटा पसरा रहता है। पर अब आदत सी पड़ गई है। किसी के लिए माँ और बाप दोनों जरूरत हो जाते हैं पर मियां बीवी के लिए प्राण और सांस का संबंध होता है, बशर्ते प्यार की जड़ें गहरी हों।

आज सच कहूं तो मुझे बचपन से ही हर पुरुष से ही ईर्ष्या रही है और उसका कारण नारी की अपेक्षा उसे समाज द्वारा मनमर्जी करने की स्वतंत्रता। औरत भी कर सकती है मनमर्जी, पर उसके लिए नारीत्व सबसे बड़ी जंजीर है जो उसे आगे बढ़ने से रोक देती है।

हालांकि इस उम्र में अब वो बात नहीं रह गई। सिक्के के दूसरे पहलू को भी अब देखना सीख लिया है। दिन है तो रात होगी ही। प्यार मिला था भरपूर तो नफरत भी मिलेगी। यह बात तुम पर ही लागू नहीं होती, मैं भी थोड़ा बहुत यही कर रही हूँ।

जीवन के रंग ही ऐसे हैं। जब एक सा मौसम नहीं रहता, तो एक सा स्वभाव और बर्ताव कैसे रह सकता है? परिवर्तन, मन में, तन में और व्यवहार में होना प्रकृति का शाश्वत नियम है। उसे नकारा नहीं जा सकता। हाँ! प्रेम भरा मन अब भी हमारा वहीं का वहीं ठहरा हुआ है, जहां से जुड़ा था।

तुमने ठीक लिखा-मादकता के नशे में मैं और तुम अपने से दूर होते गए पर अपने अंत:स्तल में विराजे चैतन्य स्वभाव ने हमें ज्यादा भटकने नहीं दिया। हमारे जीवन पथ पर रजनीश जैसे सद्गुरु के आशीर्वादों की वर्षा ने हमारे मरुस्थल को फिर से हरा-भरा करने में बहुत बड़ा उपकार किया है। हम अपने को पहचानने और रूपांतरण करने की कोशिश कर रहे हैं। मौका मिलता है तो

आत्ममंथन भी करते हैं। वक्त रहते ही जाग गए, यह प्रभु की कृपा ही है। वरना नौ दस वर्ष पहले के भयावने दिन यदि हमें भोगने होते तो अशांत चित्त लेकर ही मरते और सदियों तक शांति नहीं मिलती।

होश का दीया जला है, तो कृपया उसे जलाए रखना। अपना और मेरा दोनों का। तुमने हमेशा मेरी भक्ति का मजाक बनाया, पर एक बात बताऊं, जब बाल मन की कोरी स्लेट पर जो तस्वीर खिंच जाती है वह जीवन भर नहीं मिटती। हाँ! उसमें रंग भरे जा सकते हैं, उसे सुधारा जा सकता है और मैं उसी में जुटी हूँ। तुमने मेरा ऊपर का खोल ही देखा है। भीतर का भाग तो निजत्व है। वह गूंगे का गुड़ है, जो न बताया जा सकता है और न कभी बताने की इच्छा ही हुई। ठीक जैसे पति-पत्नी के संभोग के क्षण उनके अपने निजी होते हैं और पति-पत्नी भी एक-दूसरे को नहीं बता पाते। ब़स कुछ-कुछ ऐसा ही। मन कितना चंचल है उसे होशपूर्वक देखने वाले को स्वयं मालूम हो जाता है। उसमें विचारों की रेलमपेल मची ही रहती है। उसी खेल में जो अपने को बचाते हुए अपने आप को निकाल ले जाए तो प्रभु का आशीर्वाद ही है।

तुम कहोगे-सभी तुम्हारी लिखी पुस्तकों की इतनी प्रशंसा करते हैं, पर मेरी नजर में यह बहुमूल्य नहीं है, सच यही है। हालांकि तुमने उन्हें लिखने में अथक परिश्रम किया है और अवश्य ही आकार भी दे दिया है, पर न जाने क्यों, एक उपन्यास या कहानी के रूप में तो वो उपयोगी है पर शाश्वत साहित्य के रूप में मैं उसे कहीं भी नहीं पाती। यही यथार्थ है। यह मेरी गर्वोक्ति नहीं है। मैं कुछ भी नहीं हूँ। मेरी शिक्षा भी सही मार्गदर्शन के अभाव में हुई है। फिर भी कहीं-न-कहीं कोई चेतना मेरे भीतर के विवेक को जागृत किए हुए है। फिर अपनी-अपनी पकड़ और दृष्टि है। किसी को गुलाब पसंद है तो किसी को चम्पा का फूल।

शायद परमात्मा ने मेरे हिस्से का प्यार मुझे एक झटके में देकर ही मुक्ति पा ली। तुम क्या जानो भक्ति रस में प्रेम की कितनी गहराई है? वह प्रेमी को परमात्मा के स्थान पर रखकर ही दूर क्षण हृदय में बसाए रखता है। पर तुम्हें दोष देना व्यर्थ है। कृष्ण ने भी तो राधा को सबसे अधिक हृदय से प्रेम किया किंतु अपनी मान-मर्यादा का फैलाव करने के लिए ही तो उसे छोड़कर चल दिए। सारा वैभव जुटाकर कृष्ण चाहते तो राधा को सम्मान सहित बुला भी सकते थे। स्वयं भी राधा के पास जा सकते थे। पर प्रेमियों का स्वभाव ही निष्ठुर है, उसे क्या कहें? राधा विरह में सारा जीवन जलती रही। उसी कृष्ण की मैं उपासिका हूँ। मैं क्यों नहीं समझ पाती कि प्रेम में विरह भी प्रेमी द्वारा दिया गया उपहार है।

खैर! अब न तो मेरी उम्र रही और न तुम्हारी। हम दोनों की मानसिक और आंतरिक अनुभूतियाँ भले ही कोमल हों किंतु शारीरिक धरातल पर पैरों का दर्द, कमर का दर्द और थकान, यथार्थ का सामना करते हुए मन मसोस कर रह जाना पड़ता है। इसको भी यदि मैं अदृश्य शक्ति का वरदान स्वीकार कर अपने को मना लूँ तो सुख ही सुख हो।

मैं सच बताऊं-मेरा एक सपना था। मैंने सोचा था सारे कर्तव्यों से निबट कर बस एक बढ़िया सी आरामदायक कार में थोड़ी सी गृहस्थी लेकर तुम्हारे साथ घूमती रहूंगी। मन मर्जी का बनाकर खाऊंगी। दोनों प्रेम भरे अतीत की स्मृतियों में डूबकर हंसेंगे, स्वाध्याय करेंगे। तुम पहले की तरह मुझे चुनी पुस्तकों से चुने अंश पढ़-पढ़ कर सुनाओगे और कभी तुम्हें मैं सुनाऊंगी। कभी दो एक दिनों के लिए हम नदी किनारे डेरा डाल लेंगे या कहीं पर्वत तले प्रकृति की गोद में बैठकर एक-दूसरे पर लोटेंगे। पर करें क्या? तुम्हारी बढ़ी दाढ़ी और अस्त-व्यस्त जीवन शैली ने और मुझे मेरी मोटी काया और कठोर व्यवहार ने तुम्हें मुझसे छीन लिया है।

तुम क्या जानो-मेरे मन की भाषा। ...तुम क्यों इतना बदल गए? तुम्हारे द्वारा दी गई जाने-अनजाने भूलों ने मुझे अंतर से चीर दिया और उसी दिन से तुम शालीग्राम की बटिया की तरह मेरे हृदय के सिंहासन से लुढ़क गए। भले ही मैंने सब कुछ भूलकर, धो पोंछ कर तुम्हें पुन: स्वीकार कर लिया पर गांठ बनी ही रही, इस पर मेरा कोई वश नहीं। न मेरा कोई दोष। मानसिक धरातल पर घटने वाली इन घटनाओं के कारण ही मैंने तुमसे बदला लेने के लिए ही मन में ठान ली और मानसिक रूप से तुमसे दूर हो गई। यह सब लिखकर ही तुमसे कहा जा सकता है क्योंकि तुममें सुनने का धैर्य ही नहीं है। यही तुम्हारी कमजोरी है। धैर्य ही वह मेरुदण्ड है जो पूरी चर्खी को एक गति से चलाए रखता है। तब क़लह रूपी सटर-पटर नहीं होती।

तुमने तो रजनीश को मुझसे सौ गुना अधिक पढ़ा है। फिर तुम यह बात क्यों भूल जाते हो कि ज्ञान और भक्ति चेतना के दो पंख हैं। बिना ज्ञान के भक्ति में भाव का अभाव होता है और बिना भक्ति भाव के अकेला ज्ञान बिना फूल पत्ते के नंगे पेड़ के तने सा होता है।

खैर, छोड़ों इन सब बातों को। कल्पना करो-मैं तुम्हारे जीवन में एक बदचलन औरत की तरह आती तो हम क्या करते? या एक पाखण्ड करने वाली दोगली औरत मिलती तुम्हें, तो क्या होता? कोई किसी से जोर देकर क्या पूजा-पाठ करा सकता है? कोई किसी को बाहर मंदिरों में जाने और क्या

साधुओं, बाबाओं के पास भटकने और धन लुटाने पर क्या पाबंदी लगा सकता है? कोई भी पुरुष या स्त्री अपने प्रति अपने लिए ही पूरा ईमानदार या बेईमान होता है। तुम बाहर क्या हो और भीतर से क्या हो-यह तुम जानो। मैं भी बाहर और भीतर क्या हूँ यह सिर्फ मैं ही जानती हूँ। इसके लिए एक-दूसरे को सफाई देने का या ताने देने का हममें से किसी को कोई हक नहीं और शायद ऐसी नासमझी मैंने कई बार की है। तुम्हारी तुम जानो।

हाँ! अब कोई बात या चोट मुझे छूती नहीं है तुम्हारी। ऊपर ही ऊपर निकल जाती है। औरों को भी न छुए, इसी कोशिश में लगी रहती हूँ।

तुम मुंह से कहते हो कि तुम्हें किसी का मोह या आसक्ति नहीं, पर मैं महसूस करती हूँ कि मेरे मोह माया के बंधन ढीले हो गए हैं। बल्कि सच कहूं तो सतही हो गए हैं। शायद जीवन की सच्चाई भी यही है। हम करते कम हैं, दिखावा ज्यादा करते हैं या जितना करते हैं और उसके प्रतिदिन में उतना मिलता नहीं तो चित्त रास्ता बदल देता है। पर मां या पत्नी का प्रेम बिना शर्त और प्रतिदान के होता है।

खैर, ईश्वर तुम्हारे पंखों में सामर्थ्य भरते हैं और तुम आजाद पक्षी की तरह मनमाने अपने आकाश में उड़ते रहो; यह मेरी आत्मा से निकली प्रार्थना है। इसके साथ सहज रूप में जीने की कोशिश में।

कान्ता

पिछले 20-30 वर्षों में मेरी पत्नी ने मुझे दो पत्र ही लिखे हैं। यों एक जमाना था जब वह मुझे दिन में दो पत्र लिखती थी। इनमें से एक पत्र तो मैं उद्धृत कर ही चुका हूँ। शायद वह ठीक ही हो। उसकी अपनी समझ, अपना दृष्टिकोण और अपना अनुभव है। उस पत्र से उसके व्यवहार की पृष्ठभूमि में जैसा मैंने अनुभव किया उसे ईमानदारी से व्यक्त कर दिया।

उससे दूसरा पत्र भी मुझे छिंदवाड़ा के जमुनिया आश्रम में दूसरी बार जाने पर दो माह के प्रवास में मिला था।

22 नवम्बर

निष्ठुर कृष्ण!

यह सम्बोधन ही तुम्हारे लिए उचित है। तुम एक ही झटके में सारे संबंधों को तोड़कर चल पड़ते हो। आखिर ऐसा क्यों हो रहा है इसी जीवन में? तुम्हें मैं चाहती तो रोक भी सकती थी पर यही सोचकर कि तुम घूम-फिरकर अपनी एकरस दिनचर्या से उबर जाओगे, मैं चुप रही। तुम कहते हो कि तुमने आश्रम में फिर से लौटने का वचन दिया था। वचन तो तुमने मुझे भी दिया था, जीवन

भर सुख-दुख में साथ निभाने का। उसे भी तो तोड़ ही रहे हो। इस उतरती अवस्था में तुम सिर्फ अपने ही सुख और खालीपन को याद रखते हो। तुमने कभी मेरे विषय में सोचा ही नहीं।

मैं पिछले 3-4 वर्षों में घर में ही रही। उससे भी दो वर्ष तक घर में रही। मैं कहाँ जाऊँ? मैं तुम्हारी तरह खुदमुख्तार तो नहीं कि बैंक से रुपया निकाल, अटैची लगाई और चल पड़ी। सोचो, इस बीच तुम कितनी बार घर से बाहर गए हो और मैं उन दिनों से कमरे की परिधि में घूम रही हूँ।

याद करो इन बीते वर्षों में मैंने कोई पिक्चर, प्रदर्शनी नहीं देखी, कोई शॉपिंग नहीं की। कोई मुझे किसी मंदिर या तीर्थ में नहीं ले गया। क्योंकि मैं औरत हूँ। तुम्हारे घर की रखवाली करने वाली हूँ। तुम्हारी विशिष्टता के आगे बहुत बौनी हूँ। यदि मेरे साथ घर का प्रत्येक सदस्य बाहर भागता रहे तो प्रत्येक को रु. 5000/- प्रतिमाह के हिसाब से रु. 30000/- चाहिए। फिर घर के तमाम आवश्यक अनिवार्य खर्चों के साथ लेना-देना अलग है।

इंसान तिनके-तिनके का घर बनाता है, उसे पीढ़ियों को सौंपने के लिए ही तो, न कि उजाड़ने के लिए। सुख और शांति पाने के लिए कहीं बाहर भटकने की आवश्यकता क्या है?

शायद मैं थोड़ा कटु हो गई। नारियल का स्वभाव जो है। वो भी दिन थे जब मन की बात बिना बताए टेलीपैथी से तुम जान लेते थे।

एक दिन मनाली की वादियों को देखकर तुमने कहा था-"मैं सब कुछ छोड़-छाड़कर यहीं कहीं गांव में आकर बस जाऊंगा, तो यह सुनकर मैं अंदर से हिल गई थी। एकांत में खूब रोई थी। तुमसे दूर रहने की मैंने कभी कल्पना तक न की थी।

...और इधर कई वर्षों से तुम मुझे छोड़-छोड़कर चले जाते हो और मैं तुम्हारी इस निष्ठुरता को भीतर ही भीतर झेलती रहती हूँ। आखिर मैं भी तो भाविनी राधा का ही स्वरूप हूँ।

तुम तो रीते हो गए हो मेरे प्रति। रही ईर्ष्या की बात, कभी कहीं रही होगी, इधर तो है भी नहीं।

तुम्हें मेरे प्रति जैसे वितृष्णा सी हो गई है। ठीक है, तुम जहां रहो, सुख से रहो। आनंद से रहो। मेरे लिए तो यही घर आश्रम है। सैकड़ों कैसेट हैं, पुस्तकें हैं। टी.वी. है देश-विदेश से जोड़ने के लिए। खुली छत और एकान्त है। खुली धूप और रातों को तारों भरा आकाश या चांदनी है। मन मर्जी का उठना, खाना-पीना और सोना है। न किसी अनुशासन से बंधी हूँ। बच्चे हैं। हंसी-दुलार, डांट-फटकार में भी अपनापन है।

बाकी सब कुछ मेरी पहले जैसी ही दिनचर्या है। जहां जिस जगह छोड़कर जाते हो, हम तो वहीं खड़े रहते हैं और वहीं मिलते हैं। तुम भले ही पूरी पृथ्वी की परिक्रमा कर आओ।

कान्ता

प्रत्येक व्यक्ति का अपना एक दृष्टिकोण होता है। किसी मुकदमें में अपना पक्ष प्रस्तुत करते हुए प्रत्येक व्यक्ति अपने प्रत्येक कार्य को न्यायसंगत सिद्ध करने का प्रयास करता है और सारे दोष दूसरे पक्ष पर डाल देता है। मन का यही स्वभाव है। वह जीवन के एक खंड को उसी तरह से देखता है, जिस तरह वह देखना चाहता है।

उसका दृष्टिकोण सांसारिक, व्यवहारिक और शुद्ध आर्थिक है। मैं उसकी दृष्टि में आधा पागल, नाकारा और सांसारिक व्यवहार में कोरा हूँ। मेरी वजह से उसकी नाक सैकड़ों हजारों बार कट चुकी है। मेरे नारंगी मेरून लुंगी और गाउन पहनने से मेरी दाढ़ी रखने से, ऊँट-पटांग बोलने से जो उसकी सामाजिक मर्यादा के विरुद्ध होता है उसकी नाक कटती है।

हम लोगों में छत्तीस का आंकड़ा है। अलग-अलग कमरों में सोने का क्रम तो पिछले बीस-पच्चीस वर्षों से चल रहा है। उसकी वृश्चिक यानी बिच्छू राशि है और वाकई उसके व्यंग्य के नश्तर और ताने किसी डंक से कम नहीं होते। मेरी पत्नी के पत्र पढ़कर आपको यह महसूस हो सकता है कि वह कुछ भी तो गलत नहीं कह रही।

वह ओशो की प्रवचन पुस्तकें पढ़कर और कैसेट सुनकर बहुत ज्ञानी बन गई है। उसे तर्क करने में और कुशलता प्राप्त हो गई है। वह दो बार मेरे साथ ध्यान आश्रमों में भी गई, पर वहां जाकर उसने ध्यान नहीं किया, अपने साथ ले गई श्रीनाथ जी की तस्वीर और उनकी ही पूजा अर्चना करती रही। वहां संन्यासियों पर अपने ओशो ज्ञान का रुआब झाड़ती रही। जब मैं ही उससे हार स्वीकार कर चुका था, तो समझदार संन्यासी भी उससे तर्क करने में उलझते नहीं। फिर मैंने उसे साथ ले जाना ही छोड़ दिया।

घर भी जो संन्यासी या संन्यासिनें ध्यान करने और सीखने आते वह उनसे पूछती-"ओशो तो कहते हैं कि कुछ न करना ही ध्यान है। न उसे सीखा जा सकता है और न सिखाया जा सकता है। ध्यान तो स्वयं के अकेलेपन में घटता है। फिर आखिर ध्यान सीखने की जरूरत क्या? लोग भ्रमित न हों, अतः उत्तर मुझे देना पड़ा-"तुम इन लोगों को कृपया भ्रमित मत करो। तुमने ओशो की अधूरी बात कही है। अधूरा सत्य बड़ा खतरनाक होता है। ध्यान वास्तव में क्रिया नहीं

अक्रिया ही है। न उसे सीखा जा सकता है और न सिखाया जा सकता है। पर यह वचन उन जनक जैसे लोगों के लिए हैं, जो कगार पर खड़े हैं। जो निर्दोष, निष्पाप और सचेत हैं। जिन्हें धन, राज्य, वैभव सभी से ऊब उत्पन्न हो गई है। पर जो लोग अभी मन के जाल में उलझे हैं, विचारों के भंवर में फंसे हैं, जो दु:खी, निराश और हताश हैं, जो दो मिनट भी थिर निर्विचार होकर नहीं बैठ सकते, उन्हें सीखने की भी जरूरत है और सिखाने वाले की भी। और जिसे ध्यान की झलकें मिली हों, उसके सान्निध्य में ध्यान करने में दूसरे को ध्यान की तरंगें मिलती हैं। कुछ ऐसा मिलता है जिसे तुम ध्यान न करने से समझ नहीं सकती।"

फिर मैं उनसे निवेदन करता-"देवी जी! तुम मेरे पास आने वाले ओशो प्रेमियों को कृपया भ्रमित तो मत करो। ये मुझसे बात करने आए हैं, तो मुझे ध्यान के कमरे में जाने दो।"

और मैं उठकर खड़ा हो जाता और संन्यासियों को अपने पीछे आने का इशारा करता।

इस समय तो देवी जी दूसरे लोगों का लिहाज कर खामोश हो जाती हैं। पर पीछे से मुझे वह खूब खरी खोटी सुनातीं हैं-तुम नौजवान लड़कों को ध्यान कर भटका रहे हो। उनके माँ-बाप ने पैसा खर्च करके उन्हें इंजीनियर बनने यहां भेजा है। तुम उन्हें ध्यान सिखा रहे हो। तुम उनकी जिन्दगी खराब कर रहे हो। तुम उनसे कहते जरूर हो-सुबह, शाम आधे-आधे घंटे ध्यान करो। पर यह तो तुम लोगों के फुसलाने के ढंग हैं। इसी तरह तुम लोग स्त्रियों को ध्यान के नाम पर फुसलाते हो।"

यदि कोई अकेली स्त्री मेरे पास ध्यान सीखने आती तो वह कभी अपनी बहू को अचानक चाय या पानी लेकर ऊपर भेजती, या कभी-कभार स्वयं आ धमकती। उनका कंडीशंड मन यह विश्वास करने को तैयार ही न होता कि एक संन्यासिनी, एक संन्यासी से अकेले में ध्यान भी कर सकती है? वह अपना अदृश्य जासूसी जाल फैलाती जरूर।

और वह दावा करती है कि अपनी भक्ति में वह अपने प्रभु को पा चुकी है। उनका उससे सम्वाद होता है। मैं इसे उसके मन का प्रक्षेपण मानता हूँ।

भक्ति की पहली शर्त है-समर्पण और 'मैं' का विसर्जन। इसका 'मैं' और 'मेरे' का भाव ही सर्वाधिक प्रबल है। इसकी मर्जी के विरुद्ध जरा भी किसी ने कुछ किया तो यह तूफान बरपा कर देती है। क्रोध इसकी नाक पर सुलगता रहता है। व्यंग्य तानों के बाणों से विशेष रूप से मुझे छेदना इसका प्रिय शौक और शग़ल है। यह चाहती है-पूरा घर इसके इशारों पर नाचे।

भक्ति में इसने अपने मन में श्रीनाथ जी का चित्र प्रतिष्ठित और प्रक्षेपित कर लिया है। बंद आंखों से भी यह उनकी ही छवि निहारती रहती है। उसी को यह ध्यान कहती है। ऐसी दशा में यदि कोई उसे डिस्टर्ब कर दे तो यह बुरी तरह उखड़ जाती है क्योंकि कृष्ण का दर्शन विलुप्त हो जाता है। इसी को यह परमात्मा का दर्शन होना मानती है। लोभ, पकड़, आसक्ति, क्रोध और अहंकार इसके सहचर हैं।

जब कभी मैं यह खरी-खरी बातें इसे सुना देता हूँ तो यह बुरी तरह उखड़ जाती है। कहती है-इससे अच्छा है कि तुम आश्रम जाकर रहो।

मुझे इस पर करुणा आती है। महावीर के शब्दों में यह गलत ध्यान है। किसी बाह्य वस्तु, आकृति पर ध्यान करना ही संसार है और अपने अंदर स्वयं की शून्यता में खो जाना ही सच्चा ध्यान है। मीरा को पहले नेत्र बंद कर कृष्ण ही दिखाई देते थे। जब कृष्ण का दिखना बंद हो जाता था तो वह व्याकुल परेशान हो जाती थी। रविदास से भेंट करने के बाद जब वह कण-कण में कृष्ण चेतना का अनुभव करने लगी वह कृष्ण में ही समाहित हो गई।

सद्‌गुरु-समर्पण प्रवचनमाला के 'क्यों आए हो तुम?' प्रवचन में ओशो कहते हैं-

"मैं तुम्हारी कुंडलिनी के जागृत होने से संतुष्ट नहीं हूँ
मैं तुम्हारे प्रकाश के अनुभव से संतुष्ट नहीं हूँ
मैं तुम्हारी बांसुरी बजाते कृष्ण के दर्शन से संतुष्ट नहीं हूँ
सभी परमात्मा, जिन्हें तुम देखते हो (खुली या बंद आंख)
वह तुम्हारी ही सृष्टि हैं।
उन सभी को छोड़कर
उस बिंदु पर आना है, जहां कुछ बचता ही नहीं।
तब केवल तुम्हीं
अपनी संपूर्ण समग्रता में बचते हो।"

इसी प्रवचन में वह कहते हैं-
मेरे पास कुछ लोग आकर कहते हैं
कि उन्हें भगवान के दर्शन हो रहे हैं-
उन्हें (बंद आंखों से) बांसुरी बजाते कृष्ण दिखाई देते हैं
क्रूस पर चढ़े जीसस नजर आते हैं
बोधिवृक्ष के नीचे बुद्ध बैठे दिखाई देते हैं
वह मेरे पास इसलिए आते हैं

ताकि मैं उन्हें प्रमाणपत्र दे दूं और कह सकूं-हां, तुमने पा लिया, तुम उपलब्ध हो गए
यही है वह-जिसे आत्मसम्मान या आत्मदर्शन कहते हैं
इससे अधिक तुम्हें और चाहिए ही क्या?
लेकिन इसमें आत्मिक अनुभव जैसा कुछ है ही नहीं।
सपने अच्छे हैं, सुंदर हैं
उनका मजा लो।
लेकिन उनसे मूर्ख मत बनो।
इसमें आत्मज्ञान जैसा कुछ नहीं है।

जब आत्मज्ञान होता है तो 'मैं', 'मेरा', कर्त्ता-भोक्ता बचता ही नहीं। क्रोध, क्षमा में, घृणा, प्रेम में, भय, अभय में रूपांतरित हो जाता है। द्वंद्व बचता ही नहीं। मन सेवक हो जाता है। जर्रे-जर्रे में परमात्मा ही दिखाई देता है।

भक्ति में भक्त बचता ही नहीं। लोक-लाज, मान-अपमान के सारे बंधन टूट जाते हैं।

दोष उसके संस्कारों और कंडीशनिंग का है। उस जैसी निष्ठा से ठाकुरजी का श्रृंगार करना, उनका भोग बनाना। सुबह से दोपहर 2-3 बजे तक बिना खाए-पिए हुए खड़े-खड़े अखण्ड पूजा-पाठ करना यह आखिर कितनों के वश की बात है।

मन के खेल बड़े निराले हैं। हम स्वयं अपने ही दरवाजे बंद कर अपने कुएं में मेढक की तरह उछलते हुए सागर में तैरने का भ्रम पाल लेते हैं।

जाने कितना हो गया समय
दरवाजों को मैंने आप ही बंद कर रखा था
कमरे की भीतर की दुनिया तक सीमित हो
मैं ही अपने से कहे गया अपनी गाथा।

लोग आसमान में ताकते हुए अपनी किस्मत का सितारा चुन लेते हैं। ज्योतिषी ग्रहों सितारों की शांति के लिए अनुष्ठान करते हैं। चुन-चुनकर विभिन्न रत्नों की अंगूठियां तजबीज करते हैं। पर वही होता है जो अस्तित्व चाहता है। सारे उपाय व्यर्थ हो जाते हैं।

टूटते नहीं हैं सितारे
वे मिट जाते हैं आहिस्ता-आहिस्ता
जबकि उनके टूटे प्रकाश में
हम गढ़ते होते हैं

अपने सर्वोत्तम स्वप्न।
महान गणितज्ञों की तरह
वे सिर्फ इंगित करते हैं दिशाओं को
राह नहीं खोजी जा सकतीं
उनके दिप-दिए प्रकाश में।

और राह पकड़ना ही व्यर्थ है। मंजिल कोई है ही नहीं। हम स्वयं मंजिल हैं और स्वयं राह। उसे केवल हमने विस्मरण कर दिया है। बस सुरति जग जाए।

पत्र पढ़ने से लगेगा कि यह स्त्री कितनी समझदार, सहिष्णु, उदार, विचारशील और महान भक्त है? उसकी भक्ति का पागलपन यह कि प्रतिदिन चार पांच बार नहाती है। यहां तक कि सर्दियों में भी। दोपहर 2-3 बजे तक भूखी-प्यासी 2-3 घंटे खड़े-खड़े पूजा-पाठ करती है। वज़न काफी बढ़ गया है। गठिया, उच्च रक्तचाप की मरीज है पर डॉक्टरों के मना करने के बावजूद भगवान के भोग का प्रसाद दही, चावल, पूरी-परांठा, मिर्च अचार के रूप में जरूर लेती है। अपने को परम पवित्र तथा सभी को अछूत समझती है। बिना स्नान और धुले वस्त्र पहने यदि कोई भगवान के भोग बनाने का बर्तन या वह पत्थर तक छू दे जिस पर वह बर्तन रखा है तो क्रोधित हो जाती है।

उसे मीरा की भक्ति और भजन अच्छे लगते हैं। पर उसे मीरा का रविदास की शिष्या बनना और साधु-संगत करना अच्छा नहीं लगता।

ओशो के वचन पढ़कर उसके कुतर्कों में तर्क भी जुड़ गया है। वह मामूली व्यक्ति की बोलती बंद कर सकती है। पर दूसरे व्यक्ति से बातें या तर्क करते हुए वह बहुत मधुर, विनम्र और घी मिश्री बनकर रहती है, जिससे उसके बारे में कोई भली राय बनाकर जाए।

ओशो ठीक कहते हैं-

हमने स्वयं अपने ही हृदय के द्वार बंद कर लिए हैं। 'वह' न जाने कितनी बार निस्तब्ध रात्रि में बंद द्वार की सांकल खटखटा चुका है। पर उसे अपना भ्रम समझकर हम चादर तानकर फिर सो गए हैं।

उसने ऐसे भावुक, तर्कपूर्ण पत्र लिखकर ही मुझे यह सोचने पर विवश कर दिया था कि वह अब समझदार बन गई है। अब वह कलह हरगिज नहीं करेगी।

पर घर आने पर एक हफ्ता तक तो उत्सव आनंद जैसा माहौल रहा। पर धीमे-धीमे वह अपने पुराने रंग में फिर आने लगी। उसे अपनी जरूरतों को पूरा करने के लिए कई-कई बार लड़के, पोते या दामाद का मुंह ताकना होता था। पैसा खर्च करना होता था। उसके पास बहुत पैसा था पर वह पैसे में से कुछ

भी खर्च नहीं करना चाहती थी। पत्र लिखना मुझे घर बुलाने की उसकी सोची-समझी एक चाल थी। इस बार वह अधिक होशियारी से मेरे पर कतर देना चाहती थी, जिससे मैं अगली बार इतनी सरलता से घर छोड़कर आश्रम न जा सकूँ।

पाठक शायद मेरा पत्नी-पुराण सुनकर ऊब चुके होंगे। सोचते होंगे-फिर मैं तलाक लेकर उससे अलग क्यों न हो गया? रोज रिसते नासूर का ऑपरेशन करना ही श्रेयस्कर है। मेरी हालत सुनकर 'स्वामीजी' ने एक बार कहा था-"ज्ञानभेद! तूने बहुत देर कर दी। अब बहुत जंग लग चुकी है। तुझे बहुत पहले ही मुक्त हो जाना चाहिए था।"

मेरा बंधन, जिससे मैं स्वयं मुक्त नहीं होता, जिसे 'सर्व स्वीकार भाव' नाम के सुंदर आध्यात्मिक मुखौटे से मैंने सजा रखा है, मेरे लिए अवरोध है। यह अवरोध ही मुझे नई चुनौतियाँ देता है। मैं अपने बच्चों, पोते-पोतियों, नातियों के हृदय पर कोई आघात नहीं पहुँचाना चाहता। भले ही मैं मुक्त न हो सकूं। मैं नए मनुष्य का दायित्व निभाते हुए ही शरीर से विदा लेना चाहता हूँ।

# मेरी डायरी के कुछ खास पृष्ठ

4 जनवरी 2002

डॉक्टर ने घोषणा की है-यह कैंसर के आगमन की पूर्व सूचना है। तम्बाकू छोड़कर दाड़ को ग्राइन्ड करवाना पड़ा। बाइपोप्सी के लिए उस उभरी सफेद लकीर का एक टुकड़ा काटा गया। ढेरों दवाएँ खानी पड़ीं।

69 वर्ष का हो चुका हूँ। जीवेष्णा जैसे रही ही नहीं। जीवन की ईख का मैंने भरपूर रस चूसा है। मृत्यु का खुले हृदय से स्वागत है।

आये मौत करूं मैं स्वागत

और कहूं मैं हूं शरणागत

पर शरीर को सताना भी गलत है। आत्महत्या करने का प्रश्न ही नहीं उठता। जिस शरीर ने इतनी दीर्घ अवधि तक साथ दिया उसकी उपेक्षा करना भी गलत मानता हूँ। इसीलिए 10-12 टैबलेट रोज निगलता हूँ। शरीर में जरा सी भी ताकत आती है तो संकल्प कर शक्ति संचय कर बाजार से सौदा भी ले आता हूँ। बैंक डाकखाने का भी काम निबटा देता हूँ। तीनों मंजिलों में रखे सौ से ऊपर गमलों में पानी भी डालकर उन्हें सींचता हूँ। नई-नई पुस्तकें तो मैं अस्वस्थ होने पर भी पढ़ता रहता हूँ और जब कहीं अज्ञात से कुछ उतरने लगता है तो लिखने भी बैठ जाता हूँ।

घर में कोई भी ध्यान-सत्संग के लिए आ जाए तो छाती और सिर में दर्द होने के बावजूद मैं उठकर बैठ जाता हूँ। उससे बतियाने और ध्यान करने-कराने की ऊर्जा न जाने कहां से आ जाती है?

पत्नी कहती है-अब कहां गायब हो गईं तुम्हारी ढेर सारी बीमारियाँ? तुम्हारी सारी बीमारियाँ सिर्फ इसीलिए उभरती हैं जिससे मैं तुमसे अपना कोई कार्य न करा सकूँ? तुमसे कहीं साथ चलने की गुजारिश न करने लगूँ? ध्यान-शिविरों में या कहीं बाहर सत्संगों में जाने के लिए तुम बिल्कुल स्वस्थ हो जाते हो पर मेरे साथ चलने के नाम पर ही तुम्हें दिल में धड़का होने लगता है। तुम्हारा ब्लडप्रैशर बढ़ जाता है। पत्नी कुछ गलत कहती भी नहीं। हकीकत यही है। पूरी सर्विस में उसे पूरा भारत-भ्रमण करवा चुका। उसके साथ चारों धामों की यात्रा की। दक्षिण भारत के सभी प्रसिद्ध मंदिर देखे। श्रीनाथ जी के दरबार में तीन बार

गया। पर उसकी तीर्थों और मंदिर देखने की ललक मिटती ही नहीं। गठिया के मर्ज और वजन बढ़ने के कारण वह अधिक चल फिर नहीं सकती, पर भी फिर भी सहारे से टिक-टिकाकर वह मंदिरों के साथ-साथ पहाड़, समुद्र सभी कुछ एक साथ बार-बार देखना चाहती है। पिछली दो-तीन यात्राओं में उसके साथ मेरे कटु अनुभव रहे हैं। उसके अपने संस्कार, मान्यताएँ और जीवन भर की अपनी आदतें हैं, जिन्हें वह किसी हालत में छोड़ नहीं सकती। कुली, रिक्शे वाले, टैक्सी वाले से किराये को लेकर झिकझिक करना, व्यर्थ की बहस करना उससे वह हरगिज कभी उबर नहीं सकती। होटल में रुककर वह वेटर और कुक से उनकी जाति बिरादरी पूछती है। थ्री स्टार होटल में रहते हुए मुझसे हाथ धोने के लिए मिट्टी मांगती है। होटल का खाना उपलब्ध होते हुए भी वह मारवाड़ी या गुजराती भोजनालय ढूँढ़ती है, जबकि होटल वाले बिना प्याज की सब्जी दाल बनाने को राजी भी होते हैं।

सड़क पर चलते-चलते अचानक चक्कर आने का तो मर्ज पिछले कई वर्षों से है। डॉक्टर कहते हैं, स्पोंडीलाइट्स के कारण ही यह चक्कर आते हैं। गले में कुत्ते जैसा पट्टा कई बार पहन चुका और गर्दन के डॉक्टर द्वारा बताए व्यायाम भी रोज करता रहा। जहाँ दवा की 4-5 गोलियाँ रोज निगल रहा था, उसमें दो गोलियों की बढ़ोत्तरी और हो गई।

पर इस बार चक्कर आने के साथ-साथ आंखों के आगे अंधेरा भी काफी देर तक छाया रहा। जब दृष्टि लौटी तो पहले सब कुछ धुंधला-धुंधला दिखाई दिया। यह स्थिति दो से पांच मिनट तक रही। मैं सोचने लगा यदि यह दृष्टि-दोष ऐसा ही बना रहा तो पढ़ना-लिखना एकदम बंद। पर धीरे-धीरे दृष्टि वापस लौटने लगी। शायद अस्तित्व कुछ और कराना चाहता है। उसकी मर्जी ही सर्वोपरि है। हम सभी तो उसके माध्यम हैं।

दस दिन पहले रक्तचाप भी 180 तक पहुंच गया था। ब्लडप्रैशर की गोली तो रोज ले रहा हूं अर्जुनारिष्ट और एंजियोकार्ड भी गाहे-बगाहे ले लेता हूँ जब सिर दर्द तेज होता है और हाथ-पैरों में सूजन आ जाती है। पुरानी एन्जाइना की बीमारी पिछले दो मास से फिर उभर आई है। लगता है जैसे कोई कानखजूरा मेरे हृदय को धीमे-धीमे कुतर रहा है। सीने के बाईं ओर निरंतर दर्द होता ही रहता है। पैर ठंडे हो जाते हैं और ऐसा लगता है जैसे दोनों पैरों में सिरिंज लगाकर किसी ने मेरा खून खींच लिया है। पैरों में चलने की शक्ति रहती ही नहीं।

बिस्तर में बिना तकिए पैर समेटकर दाईं करवट लेटने से थोड़ा आराम मिलता है। बाईं करवट लेटने से दर्द और बढ़ जाता है। एन्जाइना पेन की मेरे लिए

संन्यासी डॉक्टर ने चार गोलियाँ सुबह शाम लेने के लिए मुझे प्रेमवश विवश बना दिया है।

प्रोस्टेट अलग बढ़ा हुआ है। ऑपरेशन भी करवा चुका हूँ आठ वर्ष पूर्व। पर मांस फिर बढ़ गया है। पेशाब रुक-रुक कर होती है। रात में भी पांच घंटे की नींद में तीन बार पेशाब के लिए उठना पड़ता है। एक गोली नियमित वर्षों से प्रोस्टेट की खातिर खा रहा हूँ।

वर्षों के तम्बाकू के सेवन के फलस्वरूप दाएँ गाल में एक सफेद लकीर उभर आई है। चूंकि गाल का मांस भोजन करते समय दांतों में दबने लगा था। अतः डॉक्टर से राय लेनी पड़ी।

यात्रा में पत्नी की किसी बात का विरोध करो या कोई बात न मानो तो भूख हड़ताल की धमकी के साथ वह सत्याग्रह करने बैठ जाती है। वह प्लेटफार्म पर जमकर बैठ जाती है और हिलने-डुलने का नाम नहीं लेती भले ही ट्रेन छूटने ही वाली हो। वह जानती है इन्हीं परिस्थितियों में वह अपनी मांग आसानी से पूरी करवा सकती है। वह पति के स्थान पर एक चाबी से चलने वाला गुड्डा चाहती है। मेरे रिटायरमेंट से पूर्व वह ठीक इससे उल्टी थी। यह नया विकास मेरे रिटायर होने के बाद की घटना है क्योंकि अब मैं उसके हाथों पर हर महीने नोटों की गड्डियाँ नहीं रखता।

जब घर में उसका शोर, शिकवे-शिकायतें, टोंकाटोंकी, नाकाबिले बरदाश्त हो जाती हैं तो मैं आश्रम चला जाता हूँ। यह पलायन नहीं, रस परिवर्तन है। पति-पत्नी भी निरंतर साथ-साथ रहते हुए एक-दूसरे से ऊब जाते हैं, विशेष रूप से जब पति रिटायरमेंट के बाद निरंतर घर में बना रहता हो और उसे शतरंज, कार्ड्स, बाजार और बाहर के मित्रों में कोई रस न हो। इन्हीं क्षणों में पति-पत्नी एक-दूसरे का गोपनीय रूप भी देखते हैं, जब कुछ पलों को वह सारे आवरण हटाकर अपने नग्न रूप में प्रकट होते हैं। उनकी घृणा, क्रोध, हिंसा, ईर्ष्या, लोभ और लगाव भिन्न-भिन्न परिस्थितियों में प्रकट होता है। विभिन्न रोगों से उत्पन्न शारीरिक और मानसिक विकृतियों से दोनों रू-ब-रू एक-दूसरे से मुखातिब होते हैं। पूरब में इसी रस परिवर्तन के लिए पत्नियाँ एक दो मास के लिए मां के घर चली जाती थीं। कुछ दिन अलग-अलग रहने के बाद आदतें फिर वही सान्निध्य चाहने लगती हैं।

पति-पत्नी के विचार और आस्थाएँ भी भावनात्मक तल पर दूरी का कारण बन जाती हैं। यदि स्त्री की रुचि संगीत, नृत्य और चित्रकला में है और पति अरसिक और भावनाशून्य है तो स्त्री को अंदर ही अंदर बड़ी झुंझलाहट होती है।

यदि पति कवि, लेखक या सृजनशील है और पत्नी को कला से कोई लगाव नहीं, तो "भयो क्यों अनचाहत को संग" जैसी स्थिति हो जाती है।

अब पत्नी की रुचि स्थान-स्थान के मंदिरों, तीर्थों में जाकर देवदर्शन की है, जब सब जगह जाकर भीड़ धक्कम-धक्का के मध्य एक मूर्ति विशेष की सज्जा के दर्शन घोर असुविधाओं के मध्य करना मुझे मात्र समय का अपव्यय लगता है। पंडित पुजारियों का ढोंग, शोषण, अव्यवस्था और लोगों की मूर्च्छा देख मुझे प्रकृति की गोद में किसी आश्रम के मौन स्फूर्तिमय सुंदर वातावरण में रहना कहीं अधिक आनंदमय लगता है। पत्नी को मेरे साथ ध्यान के आश्रमों में चलकर रहने की कोई रुचि नहीं।

उसके संस्कार और बच्चों की डोर फिर भी हम लोगों को बांधे हुए है। और अब उम्र की इस ढलान पर "न तुझे और न मुझे ठौर" वाली स्थिति है। अब जो कुछ है, उसे मैंने सादर सप्रेम स्वीकार कर लिया है। उसकी खिजलाहट, शिकवा, शिकायत, ताने, व्यंग्य अब मुझे विचलित नहीं करते। अपने सारे अस्त्र-शस्त्र विफल होते देख वह कभी-कभी और उग्र हो उठती है, ऐसे में मैं उसके सामने से हटकर कहीं बाहर निकल जाता हूँ या अपने को अपने कमरे में बंद कर अपना स्वयं का निरीक्षण करने लगता हूँ। तब लगता है उसकी इस स्थिति के लिए कहीं न कहीं किसी सीमा तक मैं स्वयं भी जिम्मेदार हूँ। सरकारी नौकरी में शराब की महफिलों में जुआ, ऐयाशी आदि में बीता मेरा मूर्च्छामय जीवन ही कदाचित उसकी कुंठा है और उसकी अतिशय धार्मिक कट्टरता का मुख्य कारण है।

आज काफी लिख लिया है-शेष फिर!

4 मार्च 2003

आज शायद महीनों बाद डायरी लिखने बैठा हूँ। डायरी लिखना जैसे आत्मसाक्षात्कार करने जैसा है। कोई अंतरंग मित्र या घनिष्ठ सहयोगी न होने के कारण इसे आत्म प्रलाप या रेचन भी कह सकते हैं। तभी तो डायरी लिखने के बाद चित्त हल्का निर्भार हो जाता है। अर्से से चित्त के दर्पण पर जमी धूल धमास साफ हो जाती है।

सुधांशु उपाध्याय की कहीं पढ़ी एक कविता मुझे अचानक याद आ रही है-

आओ, छत पर पानी छिड़कें, दरी बिछाकर बैठें
चांद झर रहा और चांद से पीठ सटाकर बैठें।
छोटे-छोटे पल भी दुनिया बड़ी बनाते हैं

वैसे तो हालात हमें बस घड़ी बनाते हैं
कुछ पत्तों का हिलना देखें, चेहरों पर चांदनी मलें
और बल्ब बुझा कर बैठें।

डायरी लिखना भी जैसे मन की छत को छिड़क कर चांदनी में चांद से पीठ सटाकर बैठने जैसा है, जब आसपास की सभी रोशनी बुझाकर चेहरे पर चांदनी मलते हुए विचारों के हिलते मद्धिम पत्तों का निहारना मात्र रह जाता है। तटस्थ बने विचारों की बदलियों को उड़ते और गायब होते हुए देखना जैसे एक खेल लगता है।

शायद मेरे जीवन वृत्त को पढ़कर कोई यह निष्कर्ष निकाल बैठे कि मैं कहीं पहुंच गया या मुझे कुछ उपलब्ध हो गया, तो वह एक बहुत बड़ी गलतफहमी होगी। मैं एक अति साधारण इंसान हूँ। पान के साथ तम्बाकू खाना मुझसे छूटता नहीं। दो एक बार संकल्प कर दो एक महीने के लिए पान और तम्बाकू छोड़ भी दिए पर उन्हें फिर से शुरू करने में देर नहीं हुई। उसे शुरू करने के अपने तर्क थे मेरे।

– मुंह में तम्बाकू का पान दबा रहे तो चित्त एकाग्र हो जाता है। दसों दिशाओं में दौड़ते विचारों के घोड़े फिर एक ही दिशा में दौड़ते हैं। चेतना त्रिनेत्र पर थिर होते ही विचार की बदलियाँ तिरोहित होने लगती हैं और मुक्ताकाश में एक आजाद पक्षी की तरह मैं विचरण करता हूँ।

– मुंह में पान दबा रहे तो एक रसात्मक अनुभूति होती है। एक तन्मयता और तल्लीनता रहती है। एक मस्ती और आनंद होता है।

दांतों के बीच पान और तम्बाकू चबाते हुए जैसे हम अपने क्रोध और घृणा को पीसते रहते हैं। एक तरह का रेचन होता है इससे। पान की पीक भरी हो मुंह में तो बोलना कठिन होता है और इस तरह पान, मौन में बने रहने को उत्प्रेरक रहता है।

ओशो कहते हैं-संकल्प करना चाहिए किसी बड़ी और महत्त्वपूर्ण चीज के लिए। जैसे नियमित ध्यान करने के लिए। यदि इस संकल्प में हार भी जाओ तो हीनता का अनुभव न हो।

सिगरेट या तम्बाकू छोड़ने जैसा तुच्छ संकल्प करके उससे हार जाने पर हीनता की ग्रंथि उत्पन्न होती है। पूरा आत्मविश्वास डगमगा जाता है।

जानता हूँ-पान के साथ तम्बाकू खाना एक तरह का नशा है। निकोटिन का ज़हर मेरे गालों के स्नायु और तंतुओं को धीमे-धीमे विषाक्त कर रहा है। डॉक्टर कहते हैं-यह कैंसर के हमले की पूर्व घोषणा है। कैंसर के काल्पनिक दर्द के

भय से दो महीने के लिए पान छोड़ भी दिया था। पर इस अवधि में लेखनी मौन रही। जो अभिव्यक्ति करना चाहता था उसे व्यक्त न करने की छटपटाहट ने फिर पान तम्बाकू अपनाने को विवश कर दिया।

इस बुरी आदत को न छोड़ पाने के कारण आप भले ही मुझे बकवादी, नसेड़ी और चूका गया मान बैठें। आप यह भी मान सकते हैं कि ऐसा व्यक्ति कभी ध्यान को उपलब्ध नहीं हो सकता। इसके द्वारा समाधि, सत्य और आनंद की अभिव्यक्ति को आप अनुभवजन्य न मानकर शास्त्रीय भी मान सकते हैं। मुझे इसमें भी कोई ऐतराज नहीं। कोई मुझे क्या समझे और मेरे बारे में क्या कहे–इसकी मुझे कोई चिंता नहीं। सत्य तो सत्य है। मृत्यु तक का जब मुझे कोई भय नहीं, तो शेष अन्य भय तो बचकाने हैं।

क्रूर काल के कुटिल करों से
मैं भी कभी छला जाऊंगा।
रोता हुआ धरा पर आया
गाता हुआ चला जाऊंगा।

चहचहाना रहे रहे, न रहे।
आबोदाना रहे रहे, न रहे।
हमने गुलशन की खैर मांगी थी
आशियाना रहे रहे, न रहे।

मुझे मुखौटा ओढ़ने से परहेज है। मेरा अंदर बाहर सब एक है। मुझे आवरण ओढ़ना आता ही नहीं। यहां जिसे देखो चेहरे पर एक नकली मुस्कान चस्पा किए, अंदर धधकता ज्वालामुखी लिए घूम रहा है। ओशो के वस्त्रों, दाढ़ी और चाल ढाल का अनुकरण करते अनेक संन्यासी अपने को बुद्ध ही समझ रहे हैं।

कवर चढ़ी पुस्तक सा हर व्यक्तित्व है
अंदर कोकशास्त्र ऊपर से श्लोक है।
कमरे में मकड़ी के जाले हैं पुरे
खिड़की पर टंक रहा धवल आलोक है।
मुस्कानों में गंध बसी है व्यंग्य की
असली चेहरों का नकली व्यवहार है
थोड़ा सा यश इधर–उधर से मांगकर
आज आदमी जीने को लाचार है।

ज्यों–ज्यों संवेदनशीलता बढ़ती जा रही है, शरीर की व्याधियां भी बढ़ती जा

रही हैं। अपने आस-पास चारों ओर लोगों की पीड़ाएँ, मूर्च्छा, दुःख, दैन्य, शोषण और बेचारगी देखते हुए मुझे अपनी मस्ती और शांति एक छलावा लगने लगती है। एक गहन दायित्व का बोध होता है, पूरी मनुष्यता और पृथ्वी के प्रति।

पर प्रत्येक व्यक्ति अपने दुःखों का स्वयं ही जिम्मेदार है। वह दुःखों के चक्र से बाहर आना ही नहीं चाहता। वह बार-बार उन्हीं गलतियों को बार-बार दोहराता है जिन्हें करने के बाद उसनें दुःख और पीड़ा को आमंत्रण दिया था। वह दुःखों में रस लेने का आदी हो गया है। वह विद्रोह करना ही नहीं चाहता। उसे क्रांति सूझती ही नहीं। पंडित पुरोहितों के उपदेशों के अनुसार उसने इस नियति को पूर्वजन्मों के कर्मों का फल मानकर स्वीकार कर लिया है। बुद्ध बार-बार जगाने का प्रयास करते हैं पर वह बुद्धों की बात न सुनकर बुद्धुओं की बात का अनुसरण करता है। पुरोहितों और राजनेताओं का यही प्रयास है कि उसकी मूर्च्छा टूटे नहीं और वे उनका शोषण करते रहें। उनके धनिक शिष्यों द्वारा दान सदाव्रत आदि शॉकर की भांति उन्हें दिलासा दिए रहते हैं।

मैं भी अपने रोगों और व्याधियों का स्वयं जिम्मेदार हूँ। यौवन के मूर्च्छामय जीवन में शराबनोशी अनियमित गुरु आहार और असंयमित जीवन ही मेरी सभी व्याधियों की जड़ है। अब जैसा मैंने बोया है सहर्ष उसकी फसल काट रहा हूँ। प्रत्येक व्याधि और पीड़ा मुझे यह अहसास कराती है कि मेरे कम से कम एक पाप की तो तलाफी हो गई।

मेरी पत्नी के व्यंग्यबाण और नश्तर मुझे बराबर अहसास दिलाते हैं कि नौकरी करते हुए मेरे अहंकार भरे कटुवचनों और कृत्यों ने जैसे दूसरों को पीड़ा दी है, उसी तरह की पीड़ा झेलना मेरी सहज स्वाभाविक परिणित है।

सितम्बर 2004

आज कई दिनों बाद डायरी लिखने बैठा हूँ। यह है सन् 2004, दिन और महीना याद नहीं। बरसात गुजर चुकी है। शायद सितम्बर हो या अक्टूबर?

आजकल बहुत सवेरे आंख खुल जाती है। लगभग पाँच या साढ़े पाँच बजे। अर्द्ध रात्रि तक जागता या तो लिखता पढ़ता रहता हूँ या टी.वी. पर डिस्कवरी अथवा ज्योग्राफीकल चैनल देखता रहता हूँ। बीच-बीच में टी.वी. बंद कर खुली छत पर तारों भरा आसमान एकटक देखता रहता हूँ और फिर कुछ देर तक नेत्र मूंदकर शांत मौन बैठा रहता हूँ। इस मौन में भी अंदर-बाहर अस्तित्व का शाश्वत अनाहत संगीत सुनता रहता हूँ।

जब पलकें नींद से बोझिल होने लगती हैं तो अपने तिमंजिले पर स्थित कमरे से नीचे उतर कर अपने शयन कक्ष में आकर सोने के पूर्व दो-चार टैबलेट

निगल कर संक्षिप्त प्रार्थना ध्यान करता हूँ। दो मिनट बाद द्वादशान्त पर चेतना थिर कर अपान वायु को हृदय-कोष में स्थित मध्य नाड़ी में थिर करता हूँ। फिर श्वास शांत और थिर हो जाती है और ऊर्जा का ऊर्ध्वगमन होने लगता है। सहस्रार द्वारा ऊर्जा के निष्कासन के बाद उसे आज्ञा और अनाहत चक्र पर थिर कर शांत लेट जाता हूँ। दिन भर के श्रम के बाद बिस्तर पर लेटना बहुत प्रीतिकर और सुखद लगता है। आहिस्ता-आहिस्ता नींद मुझे अपने आगोश में ले लेती है और मैं विश्राम में चला जाता हूँ।

रात में दो बार पेशाब करने उठता हूँ और दो बार पानी पीता हूँ। यह सब कुछ आधी नींद और आधे जागरण में होता है। पांच साढ़े पांच घंटे की नींद के बाद सुबह 6 बजे आंख खुलती है। कुंछ देर नींद जागरण के संधिकाल का शांत और मौन होकर आनंद उठाता हूँ। पेशाब करने के बाद एक गिलास पानी पीता हूँ फिर खुली छत पर आकर पूर्व दिशा में ऊषा को उदय होते देखता हूँ।

जब पांच साढ़े पांच बजे आंख खुलती है तो भोर का तारा एकटक देखते रहना मेरा पसंदीदा शौक है। पाँच सात मिनट भोर के तारे पर त्राटक कर फिर नेत्र मूंदकर उसे नाभि पर उगने की कल्पना करता हूँ। कभी-कभी उसके नाभि पर उदित होंने का हल्का सा अहसास भी होता है।

दो प्याले चाय बनाकर फिर छत पर आकर बैठ जाता हूँ। पूर्व दिशा में प्रति पल बदलते रंगों को निहारता उदित ऊषा को नमन करता हूँ। उड़ते पक्षियों का स्तुति गान सुनता, भगवान भुवन भास्कर के आगमन की प्रतीक्षा करता हूँ। हाँ! बैठने से पूर्व दो मिनट श्वास उलीचना कभी नहीं भूलता। फिर गहरी लयबद्ध श्वास लेता हुआ भाव करता हूँ कि सांस के साथ प्रातःकाल की सारी पवित्रता, ताजगी और आनंद मैं अंदर ले जा रहा हूँ। सुखपूर्वक जितनी देर रोक सकूँ, उस सांस को अंदर रोककर फिर इस भाव से श्वास बाहर छोड़ता हूँ कि उसके साथ अंदर की सारी गंदगी और नकारात्मक भाव और विचार मैं बाहर फेंक रहा हूँ।

सूर्य के लाल गोले के उदित होते ही मैं खड़े होकर भक्तिपूर्वक उन्हें प्रणाम करता हूँ। सूर्य हमारे पिता हैं। उन्हीं से पृथ्वी का जन्म हुआ जो हमारी मां है। वही जीवन के स्रोत हैं। उन्हीं में ज्वलनशील गैसेज का अपार भंडार है। उन्हीं से वायु का और अग्नि का जन्म हुआ। इन्हीं दोनों के संयोग से जल का और जल से पृथ्वी उदित हुई। सूर्य से विद्युत, प्रकाश और ताप और चुम्बकीय ऊर्जाओं का जन्म हुआ। सूर्य जीवनदाता है। सूर्य ही वनस्पतियों का प्राण है।

जब तक सूर्य के लाल गोले से किरणें नहीं निकलतीं उस पर त्राटक करते हुए मैं भाव करता हूँ कि वह अंदर प्रवेश करता हुआ मेरे अंधकार को दूर करता

हुआ नवजीवन का संचार कर रहा है। फिर नेत्र मूंदकर सूर्य के लाल गोले को अपने नाभि पर उदित होने की धारणा करता हूँ। यह ओशो की ऑरेंज बुक का अद्‌भुत रूपांतरणकारी प्रयोग है।

'मैं कहता आंखन देखी' प्रवचनमाला में तभी ओशो कहते हैं-

"सुबह सूर्य उगने लगा। तुमने उसे देवता समझकर नमस्कार किया। देवता तो प्रतीक है। जहाँ दिव्यता का अनुभव हो, वहीं देवता है। जिसने अंधेरे को मिटा दिया, जिसके उगने से फूल खिलने लगे, वही दिव्य है। फिर यह तो एक प्रतीक है। ऐसे ही किसी दिन तुम्हारे भीतर भी रात टूटेगी, सूरज उगेगा। इसके प्रतीक को नमस्कार करो, जिससे भीतर के नमस्कार के लिए द्वार खुले। इस बाहर के सूरज के सामने झुको ताकि भीतर के सूरज की भी हिम्मत बढ़े कि यदि कभी वह उदित हो तो तुम्हें बोध हो सके।

ये तो प्रतीक हैं काव्य के। कोई सूर्य देवता है, ऐसा नहीं। उसकी पूजा करने से तुम्हें कुछ मिल जाएगा, ऐसा भी नहीं है। सूरज कोई व्यक्ति नहीं है। वह एक ऊर्जा है, और ऊर्जा तटस्थ होती है। पर उगते सूरज को देखकर नमन करने से तुम नमस्कार के, नमन के भाव से भर जाते हो। यह नमन इस बात की घोषणा है कि अंधकार को मिटाकर प्रकाश को लाना है। वह इस बात का अंर्तभाव है कि मुझे अंधकार से प्रकाश की ओर चलना है। मैं प्रकाश और उसके स्रोत को नमस्कार करता हूँ।

लाभ नमन के भाव से होता है। यह भावदशा ही तुम्हें लाभ पहुंचाती है। तुमने वृक्ष में फल और फूल देखे। तुमने उसकी घनी छाया में विश्राम किया और तुम उसके प्रति कृतज्ञता से भर कर झुक गए। वह तुम्हारे लिए दिव्य हो गया। हिन्दुओं ने देवता का राज पकड़ लिया। उनके लिए नदी, पहाड़, समुद्र, बादल, वृक्ष सभी देवता हैं। सभी को देखकर उन्हें दिव्यता का अनुभव हुआ और जितनी जगह देवता मिल जाए, उतना अच्छा क्योंकि उतनी बार ही दिव्य भाव का जन्म होता है। भाव सघन और प्रगाढ़ होता है। तो हिन्दुओं ने सारे जगत को देवताओं से भर दिया। जहाँ आंख उठाओ, वहीं देवता हैं। सब ओर तुम्हें दिव्यता घेर लेगी। उस समय भारत की जनसंख्या तैंतीस करोड़ थी। भारतवासियों ने तैंतीस करोड़ देवता मानकर उनकी पूजा की। उन्होंने प्रत्येक मनुष्य में, प्रत्येक वस्तु में उसी दिव्य परमात्मा के दर्शन किए। तुम अपने आस-पास जितने भी देवताओं को अनुभव कर सको, उतनी ही तुम्हारी अंतर्यात्रा सुगम हो जाएगी। देवताओं को नमस्कार तुम्हें दिव्य बनाएगा। यह तो एक विधि की तरकीब है जिससे तुम्हारी भावदशा बदले। तुम्हें झुकने की कला आ जाए। तुम अपने अहंकार को विसर्जित कर सको। तुम कण-कण में सर्वत्र ही परमात्मा का अनुभव कर सको।

नमन की यह कला तुम्हारी भावदशा तुरंत बदल देती है। तुम क्रोध से भरे हो। तभी अचानक सांझ हो गई। अंधेरा घिरते ही तुमने प्रकाश किया और हाथ जोड़कर प्रकाश को नमन किया। नमन करते ही क्रोध विसर्जित हो गया। क्रोध से भरे तुम नमस्कार कर ही नहीं सकते। क्षण भर में, नमन के साथ ही भीतर क्रोध की बहती विचारधारा तुरंत बदल गई। यह नमन तुम्हारे जीवन को दिव्यता की ओर ले जाता है।"

सूर्य के प्रति ही नहीं, पूरी प्रकृति और पूरे अस्तित्व के प्रति यह प्रार्थना ध्यान, आनंद और अहोभाव की ऊर्जा से अपूरित कर देता है।"

सूर्य के साथ-साथ मैं दोनों पैरों पर संतुलन साधकर खड़े होकर बहुत आहिस्ता-आहिस्ता दोनों हाथ ऊपर उठाते हुए नेत्र मूंदे हुए ही मैं मौन में नमन और अहोभाव व्यक्त करता हूँ-प्यारे सद्गुरु ओशो के प्रति जिनमें सभी बुद्ध समाहित हैं। मैं नमन करता हूँ संपूर्ण अस्तित्व को, आकाश जैसे सर्वव्यापक अनन्त, अछोर, अपरम्पारमपार अलौकिक ऊर्जा और उस परमनियम को जिसके द्वारा पूरा अस्तित्व धड़कनें ले रहा है।

कृतज्ञता और अहोभाव व्यक्त करता हूँ-

सभी जड़, चेतन, वृक्ष वनस्पति, फलों, फूलों, खेत-खलिहानों और जड़ी बूटियों को, सभी जलचर, थलचर और नभचर जीवधारियों को जिन्होंने हमारे जीवन को गतिशील बनाया। जिनके बिना हमारा जीवन संभव ही न था। वृक्ष वनस्पति न होते, तो कौन हमारी छोड़ी कार्बन डाइ-ऑक्साइड गैस सोखकर हमें प्राणदायिनी ऑक्सीजन देता?

वृक्ष हमें देते ही देते हैं। ऑक्सीजन, फल, फूल, फसलें, जड़ी-बूटियाँ, घनी छाया और जलाने तथा घर बनाने को लकड़ी और बदले में लेते हैं-हमारा मल-मूत्र और छोड़ी गंदी वायु। जो वृक्षों, पौधों और वनस्पतियों से प्रेम न कर उनकी अंधाधुध कटाई करता है वह मूर्ख अपने ही जीवन का विनाश कर रहा है। वृक्षों से प्रेम करो, वे हमें प्रेम देते हैं। पीपल रात में भी ऑक्सीजन देता है। तुलसी में औषधीय गुण हैं। तभी हिन्दुओं ने पीपल और तुलसी को दिव्य मानकर उनकी पूजा की। घनी छाया और पक्षियों को आश्रय देने वाले बरगद को बड़दादा कहा। आम को मंगलमय और देवदारू को दिव्य माना।

मैं अहोभाव व्यक्त करता हूँ सभी जीवधारियों को। यदि मछली, पशु, पक्षी न होते तो हमारे वनों में रहने वाले पूर्वजों की कौन क्षुधा शांत करता? उन्होंने अपना जीवन देकर हमारी क्षुधा शांत की है। उन्होंने हमारा बोझा ढोया। शीत से रक्षा के लिए ऊन और अपनी खालें दीं। हमारे खेत जोते। अपने बच्चों को भूखा रखकर उन्होंने हमें दूध दिया।

मैं मन ही मन नमन और अहोभाव व्यक्त करता हूँ-माता-पिता और अपने पूर्वजों को जिन्होंने हमें जन्म दिया। शरीर मन और बुद्धि दी। हमारा पालन-पोषण किया।

अहोभाव तथा कृतज्ञता व्यक्त करता हूँ-सभी ज्ञात-अज्ञात गुरुजनों को, जिन्होंने हमें ज्ञान दिया। हमारी बुद्धि विकसित की।

अंत में अपने सभी मित्रों और सभी प्रिय साहित्यकारों तथा कलाकारों को नमन और अहोभाव व्यक्त करते हुए मेरे दोनों हाथ और ऊपर की ओर उठी उँगलियाँ, अस्तित्व से बरसती ऊर्जा से विद्युतमय हो जाती हैं। पूरा शरीर पिघल कर पूरे अस्तित्व में एकाकार हो जाता है।

जब मेरे हाथ ऊपर उठे थकने लगते हैं तो उन्हें बहुत आहिस्ते-आहिस्ते नीचे झुकाते हुए मैं पेट के बल भूमि पर साष्टांग लेटकर आकाश से ली ऊर्जा को मां पृथ्वी की स्त्रैण ऊर्जा को सौंप देता हूँ। पृथ्वी अतिरिक्त ऊर्जा लेकर और अपनी ऊर्जा देकर मेरे पूरे शरीर, मन, प्राणों और रोम-रोम को तरंगित और ऊर्जामय बना देती है।

जिसने जीवनदाता पूरे अस्तित्व के प्रति यदि अहोभाव और कृतज्ञता तक व्यक्त न की, तो उस कृतघ्न और परमस्वार्थी व्यक्ति का जीवन ही वृथा है। यह नमन, यह झुकना और यह समर्पण का भाव, अहंकार से मुक्त होकर हमें पिघलने और अस्तित्व से एकाकार होने में सहायता देता है।

समग्रता से किया यह ध्यान ही मेरे तन मन की बैटरी चार्ज कर देता है। वह मुझे दिव्यता और आनंद से भर देता है।

हम सभी जिसे प्रेम समझते हैं, वह वास्तव में प्रेम न होकर हमारी आसक्ति है। हमारा लगाव है। इसमें देह का आकर्षण प्रमुख होता है। निकट संबंध बनाकर, उस पर मालकियत जमाने की भावना होती है। उसके शरीर को भोगने की तीव्र कामना आंखों में झलकती रहती है। यदि स्त्री पुरुष शिक्षित और संस्कारित हुए तो मन में कहीं गहरे यह कामना सुप्त पड़ी रहती है।

देह के आकर्षण के सेतु से गुजरते हुए, धीमे-धीमे निकट सान्निध्य में लगाव विकसित होते हुए कोमल भावनाओं का जन्म होता है। स्मृति मात्र से पुलकन, सिहरन ओर रोमांच होने लगता है। पूरा शरीर जैसे एक वीणा बन जाता है। दरस, परस अथवा यह स्मृति ही कि कोई मुझे प्रेम करता है, हृदय वीणा के तारों को झंकृत कर देती है। बिना पिये महुवा जैसी खुमारी में मन मदमस्त हो जाता है। आठों पहर एक-दूसरे की मोहक छवि, हाव-भाव, मीठी बातें, उपालम्भ, ताने, शिकवे और हर छोटी से छोटी बात से मन प्राणों पर एक

अलसाई मदहोशी-सी छाई रहती है। प्रियपात्र को रिझाने के लिए तन, मन और धन सब कुछ कुर्बान करने की अभीप्सा होती है।

यह शरीर तल से हृदय तल पर विकसित होता हुआ प्रेम है। इसमें मालकियत की नहीं समर्पण की भावना का जन्म होता है। एक-दूसरे की भावनाओं और विचारों को पूर्ण आदर देते हुए व्यक्ति एकनिष्ठ एकाग्रता और तल्लीनता में खो जाता है। महावीर इसे गलत ध्यान कहते हैं। पर यही प्रेम विकसित होते हुए प्रार्थना बनता है।

इन दो के अतिरिक्त स्त्री-पुरुष के मध्य एक बौद्धिक मित्रता भरा प्रेम भी होता है। इसमें शरीर का आकर्षण गौण होता है। बौद्धिक चेतना, भावभंगिमाओं और सृजनात्मक उपलब्धियों तथा व्यक्तिगत गुणों के प्रति एक विशिष्ट सम्मान का भाव रहता है। ऐसा प्रेम स्त्री पुरुष के एक-दूसरे के निकट सान्निध्य में रहते हुए बहुत धीमे-धीमे विकसित होता है। वैचारिक भिन्नता और तर्क-वितर्क के बावजूद एक-दूसरे के विचारों के प्रति समुचित सम्मान की भावना रहती है और दोनों एक-दूसरे की स्वतंत्रता और निजता को भंग नहीं होने देते।

दोनों भली-भांति जानते हैं कि शरीर तल का प्रेम अपेक्षाओं, ईर्ष्या और मालकियत थोपने की कामना को जन्म देकर प्रेम को विकृत कर देता है। निजता और स्वतंत्रता जो प्रत्येक को अत्यंत प्रिय होती है, उसे अक्षुण बनाए रखने के साथ ही उनकी बौद्धिक मित्रता विकसित होती है। भले ही शरीर तल पर वे किसी अन्य से जुड़े हों। विपरीत सेक्स में अर्थात् स्त्री और पुरुष के मध्य ऐसी मित्रता, समान सेक्स में मित्रों और सहेलियों की मित्रता से भिन्न होती है। विपरीत सेक्स की मित्रता में एक मधुरता, कोमलता, उत्सुकता और अप्रत्यक्ष रूप से शरीर का आकर्षण भी बहुत सूक्ष्म रूप में अचेतन के किसी तल में सुप्त पड़ा रहता है। यह दो मनों का मिलन होता है। मन में विचार और भावनाएँ दोनों ही विद्यमान रहती हैं। यह बुद्धि और हृदय का अनोखा संगम होता है। ऐसा उन परिस्थितियों में विशेष रूप से होता है जब पति और पत्नी दोनों में से एक अधिक शिक्षित और बौद्धिक रूप से कहीं अधिक विकसित और परिष्कृत हो।

गुरुदेव रवीन्द्र नाथ टैगोर ने अपनी एक कविता में इसी तरह के प्रेम का चित्रण करते हुए कहा है-यह नदी के दो किनारों जैसा प्रेम है जो कभी एक-दूसरे से शरीर तल पर एक नहीं होते पर उनके मध्य प्रेम की जलधार सदा बहती ही रहती है। यह प्रेम अंधकार में नहीं प्रकाश में ही जन्मता और पनपता है और रात आते ही चकवा, चकवी की तरह दोनों एक-दूसरे से दूर दोनों अलग-अलग किनारों पर बैठे एक-दूसरे को पुकारते रहते हैं।

'वाई.' से मेरी बौद्धिक मित्रता कुछ-कुछ इसी भांति की थी। एक-दूसरे से बीसियों बार मिलते हुए, घर संसार की बातों के साथ विचारों और भावनाओं का आदान-प्रदान करते हुए भी हम लोगों ने कभी सीमा का अतिक्रमण नहीं किया। कभी भी एक-दूसरे के हाथों तक का स्पर्श नहीं किया। ऐसा भी नहीं कि एक-दूसरे को छूने की कामना जागी हो और हम लोगों ने उसका दमन किया हो। वह कभी जागी ही नहीं। उसने तो अपनी आदर्शवादिता और संस्कारों के कारण विवाहित होकर भी जो बौद्धिक मित्रता जोड़ी थी उसे भाई-बहन के रिश्ते का जामा पहना कर उसे राखी के बंधन से मजबूत करना चाहता था, पर मेरे लिए यह केवल बौद्धिक तल का विशुद्ध प्रेम था जिसमें शरीर का आकर्षण गौण था। शरीर पर मेरा ध्यान था ही नहीं।

दूर रहते हुए लम्बे-लम्बे पत्रों में हम दोनों ने अपने विचारों और संयत भावनाओं का आदान-प्रदान किया। जीवन के झेले कटु अनुभवों का जिक्र करते हुए अपनी मानसिक छटपटाहट का जिक्र किया जो न्यस्त स्वार्थों और सामाजिक उलझे तानों-बानों से उत्पन्न हुई थी जिसमें दर्द, पीड़ा के साथ-साथ उसके प्रति एक आक्रोश भी था।

उसके पति के रहते मेरी भावनाएँ मर्यादित थीं। उसके विधवा होने की अचानक सूचना मिलने पर दो-चार सहानुभूति और सान्तवना के पत्रों के बाद मैंने अपनी भावनाओं का जब खुलकर इजहार किया, यद्यपि उसमें शरीर का प्रेम कहीं दूर-दूर तक न था तो उसके आदर्शों और मान्यताओं को ठेस लगना स्वाभाविक था। उसने टेलीफोन तथा पत्रों से जुड़ा सम्पर्क एक झटके से तोड़ दिया।

पर इस बौद्धिक प्रेम ने मुझे बहुत विकसित किया। पति-पत्नी के संबंधों में अपेक्षाओं, मालकियत और ईर्ष्या से जो शिकवा-शिकायत, झगड़े-फसाद, कहासुनी, ताने और व्यंग्यों के बम्पर बाउंसरों के कारण जो विरक्ति और उदासीनता की बर्फ जैसी झीनी पर्त जम गई थी जिससे प्रेम न केवल फ्रीज हो गया था, किसी सीमा तक कुछ विशिष्ट क्षणों में वह घृणा में परिवर्तित होता भी प्रतीत होता था, वाई. के साथ हुए पत्र-व्यवहार की ऊष्मा ने उस बर्फ को पिघला कर मुझे एक नई संजीवनी दी।

मैनें ओशो से जुड़कर ही यह जाना कि प्रेम और घृणा एक ही सिक्के के दो पहलू हैं। अपेक्षाएँ पूरी न होने पर ही प्रेम, घृणा में परिवर्तित हो जाता है और कुछ विशिष्ट परिस्थितियों में घृणा पुनः प्रेम में परिवर्तित हो जाती है।

कुछ पति-पत्नियों के बीच प्रथम रात्रि के सहवास में ही, पति को मां के घर में परमात्मा मानकर उसको आदर देने और उसकी आज्ञा को सादर स्वीकार की सीख अपनी दम तोड़ देती है जब पति, पत्नी का दर्द, पीड़ा और भावनाओं को न समझकर उस पर बलात्कार करता है। कौमार्य का पर्दा फटने से अपार पीड़ा सहते हुए जब वह रक्तरंजित हो जाती है तो मन के एक कोने में पति के प्रति पहली रात में ही कुछ पत्नियों के हृदय में घृणा का बीज अंकुरित हो उठता है। उसे पति परमात्मा नहीं एक आतताई राक्षस प्रतीत होता है। यदि पति शराबी, परपीड़क और अन्य स्त्रियों से संबंध रखनेवाला दुश्चरित्र या वेश्यागामी हुआ तो घृणा का बीज अंकुरित होने के साथ एक नन्हा पौधा भी बन जाता है जो धीमे-धीमे पति के कटु व्यवहार से पुष्पित और पल्लवित होता रहता है।

मां और सहेलियों की सीख से बहुत सी स्त्रियां प्रथम रात्रि के दर्द को बरदाश्त कर पति को प्रेम भी करती रहती हैं पर वह इस बात पर निर्भर रहता है कि पति उसके प्रति एकनिष्ठ, सहृदय और उदार बना रहे। वह केवल उसी से प्रेम करे। उसकी भावनाओं का आदर करते हुए उसके इशारों पर नाचे। अपनी सारी कमाई उसके हाथों पर रखकर उसका कहना माने। प्रत्यक्ष और अप्रत्यक्ष रूप से दोनों एक-दूसरे पर अपनी मालकियत थोपना चाहते हैं। उनके प्रेम में अपेक्षाएँ और ईर्ष्या होती है। विवाह के कुछ वर्ष तो छोटे-मोटे समझौतों के साथ प्रेमपूर्वक कट भी जाते हैं पर शारीरिक आकर्षण समाप्त होते ही सच्चा हार्दिक प्रेम उत्पन्न न होने की दशा में अथवा स्त्री के संतान के प्रति लगाव और अत्यधिक आसक्ति के कारण भी पति दूसरी स्त्रियों में दिलचस्पी लेना शुरू कर देते हैं। उन्हें अन्य स्त्रियों का रूप और उनके गुण आकर्षित करने लगते हैं।

मेरे साथ भी ऐसा हुआ। पर सामाजिक मर्यादाओं और जीवन भर सीखे नैतिक नियमों के अनुसार मैं अन्य स्त्रियों के प्रति उठने वाली कोमल भावनाओं और प्रेम का दमन करने लगा। जीवन जैसे एक अभिनय बन गया।

दु:ख पाया है हमने, सुख के संवर्द्धन के नाम पर।
दर्द मिला है हमें प्यार के, आवंटन के नाम पर।
गहराई में गिर सतत, हर ऊंचाई के वास्ते
अवरोहण ही पाया हमने, आरोहण के नाम पर।
कलियों में छिपकर कांटों ने हमें निरंतर दंश दिए
सर्पों के कुण्डल पाए हैं, आलिंगन के नाम पर।
हम समग्र जीवन जीते हैं, भ्रम था, हमको ज्ञात न था,
टुकड़े-टुकड़े मौत मिली है, बस जीवन के नाम पर।

25 सितम्बर

आजकल बड़े सवेरे आंख खुल जाती है। साढ़े चार या पाँच बजे। कुछ देर बिस्तरे पर शांत श्वासन में लेटा अनाहत संगीत सुनता रहता हूँ। सहस्रार, हृदय और नाभि तीन केन्द्रों में उसी शाश्वत राग या संगीत को सुनना अजीब संतोष से भर देता है। बिना मुंह धोये ऊपर छत पर चला जाता हूँ जिससे 15%, 20% निद्रा भी आंखों में भरी रहे। निद्रा जागृति की संध्या बेला में अधमुंदी आंखों से सुबह के तारे को डूबते देखना और अनाहत के शाश्वत संगीत में डूबे रहना बड़ा आनंददायी लगता है। चिड़ियों का संगीत, सरसराती ताजी हवा के झोंके और अंगड़ाई लेते शहर का जागृत संगीत सभी मिल जुलकर एक अनोखे संगीत की सृष्टि करते हैं जो अंदर गूंजते अनाहत के संगीत के साथ लयबद्ध हो जाता है। उसी बेखुदी के आलम में 1/2 घंटा गुजर जाता है। फिर नीचे उतरकर चाय की तलब लगती है। आजकल बहू भी 5 1/2 बजे ड्राइविंग सीखने जाती है। वह पौने पांच या पांच पर उठ बैठती है। ऊपर आकर चाय बनाकर थर्मस में रख जाती है। कभी मैं ही जल्दी उठ गया तो स्वयं चाय बनाकर उसे बाहर बालकनी में बैठा घूंट-घूंट चुसकता परमानंद में डूबा रहता हूँ। जापानी झेन सद्गुरुओं की तरह ओशो भी चाय पीना एक ध्यान मानते थे। मैं चाय के साथ कुछ हल्का सा नमकीन भी पसंद करता हूँ। कभी मूंग की दाल हो, मखाने हों या आलू का पापड़ हो। एक घूंट चाय के साथ नमकीन का स्वाद। कुछ देर स्वाद की तृप्ति में खोये हुए अंतर्संगीत और भोर के संगीत को लयबद्ध करते हुए मैं परम स्वाद में डूबता रहता हूँ। फिर दूध लेने बाल्टी लेकर भैंसों के चट्टे पर जाता हूँ। मस्ती से टहलते हुए एक फर्लांग। दूध लाने के बाद फिर हाथ मुंह धोकर टी.वी. पर समाचार सुनता हूँ। अखबार की सुर्खियों पर एक निगाह डालता हूँ। फिर सात बज जाते हैं। सात बजे रोज बिजली चली जाती है। छह सात घंटों के अनिवार्य बिजली कट के अलावा भी तीन-चार घंटों को किसी भी असमय अघोषित कट भी रोजाना की बात है। दो तीन घंटे से आठ घंटों और चार-छह महीने में दस घंटों से बारह घंटों बिजली का कट भी यहां के लिए सामान्य बातें हैं। उस आपदा से जूझने के लिए जेनरेटर, इनवर्टर आदि सुविधाएँ भी हैं। पर सुबह की गर्मी हम लोग बरदाश्त करने के आदी हो गए हैं। सुबह-सुबह जेनरेटर का शोर भी अच्छा नहीं लगता। बच्चों और उनकी दादी के कमरों में बिजली जाते ही inverter से पंखे स्वत: चलने लगते हैं। मैं इस बीच कोई न कोई पुस्तक खोलकर बैठ जाता हूँ। दो-तीन घंटे स्वाध्याय में न जाने कब गुजर जाते हैं। पुस्तकों का अध्ययन भी और स्वयं का निरीक्षण भी।

कल टॉलस्टॉय की कहानियों में डूबा रहा। कभी इन्हें 1955 से 1960 के बीच पढ़ा था। तब जीवन का अनुभव नहीं था। बुद्धि परिष्कृत नहीं हुई थी। "इवान इल्यीच की मृत्यु", क्रूजर सोनाटा 'नाच के बाद' तथा 'इंसान और हैवान' इन चार लंबी कहानियों ने अंतर्तम भिगो दिया। तभी तो टॉलस्टॉय को ओशो ने ऋषि कहा है। उनकी संवेदना अनुभव और अंतर्दृष्टि ने जिस सत्य का उद्घाटन किया है उसका साक्षात्कार कर रोमांचित हो उठा। उन्होंने घोड़ों की संवेदना, सोच और उनके अंतर्द्वंद को 'इंसान और हैवान' में चित्रित कर हमें पशुओं के प्रति नए सिरे से सोचने को बाध्य कर दिया।

'क्रूजर सोनाटा' व 'इवानइल्यीज की मृत्यु' में 19वीं सदी के रूस के मध्यवर्गीय परिवार का जो चित्रण है वो आज भी उतना ही समीचीन लगता है। स्त्री को भोग और सम्पत्ति समझकर सदियों से जिस तरह पुरुष ने उसका शोषण किया, उसकी प्रतिक्रिया स्वरूप स्त्री ने किस तरह पुरुष जीवन को नर्क बना दिया, इसका सजीव चित्रण लेखक ने किया है।

प्याज की परतों की तरह सत्य की एक-एक परत ज्यों-ज्यों उतरती है, त्यों-त्यों हम सभी जीवन के भोगे हुए यथार्थ सांसारिक सत्य का अनुभव करते हुए संसार रंगमंच के एक पात्र बनकर रह जाते हैं और फिर कोई भी मर्मबेधी कथा या उपन्यास पढ़ते हुए लगता है कि लेखक, यत्न से हमारे द्वारा ओढ़ा सभ्यता का नकली मुखौटा उतार कर हमारे ही अंदर छिपी वेदना, आक्रोश और विभिन्न भावनाओं को अभिव्यक्ति कर रहा है।

'क्रूजर सोनाटा' टॉलस्टॉय की अविस्मरणीय कृति है जिसे दो वर्ष तक सेंसर ने प्रकाशित नहीं होने दिया, जबकि वह कोई राजनीतिक कहानी न होकर एक पारिवारिक कहानी है जिसमें समाज द्वारा आरोपित नियमों और अनुशासन की जंजीरें तोड़कर, स्त्री और पुरुष पात्रों के चित्त के सूक्ष्मातिसूक्ष्म मनोभावों, उनके पारस्परिक प्रेम, घृणा, कलह, ईर्ष्या और घात-प्रतिघातों का टॉलस्टॉय ने जैसा सजीव और हृदयस्पर्शी चित्रण किया है, वैसा विश्व साहित्य में दुर्लभ है।

'इवान इल्यीच की मृत्यु' उनकी दूसरी लंबी कहानी में मृत्यु की ओर सरकते हुए एक सरकारी अधिकारी की आंतरिक मनोभावनाओं के साथ, उसके मित्रों और परिवार के सदस्यों के दिखावटी व्यवहार का जो यथार्थ चित्रण किया गया है वह सभी नैतिक धारणाओं को ध्वस्त कर देता है। उसकी मृत्यु होने पर उसके साथी उसके स्थान पर स्वयं अथवा अपने रिश्तेदारों की नियुक्ति को लेकर, शवयात्रा से लौटते हुए ताश की महफिल सजाने की गुपचुप योजना बनाने तथा हाल हुई विधवा का अलग कमरे में जाकर अपने पति के मित्र से प्राप्त पेंशन की सुविधा के संबंध में पूछताछ करना हृदय को झकझोर देता है।

पिछले सप्ताह पुस्तक मेला से दो-तीन हजार की देसी-विदेशी लेखकों की शीर्षस्थ कृतियाँ जो चर्चित होने के साथ कई पुरस्कार भी जीत चुकी हैं पुस्तकें खरीद लाया था।

रूसो की जीवनी के साथ, मर्लिनमुनरो, फ्रांस काफ्फा की प्रेमिका मिलेना, सिमोन द बोबुआर, पिकासो, चार्ली चैप्लिन तथा इजाडोरा की आत्मकथा के साथ-साथ बच्चन की जीवनी के भी सभी भाग हैं। सिमोन द बोबुआर की आत्मकथा नारी मुक्ति से जुड़े क्रांतिकारी विचारों और सार्त्र के साथ अनूठे विवादास्पद प्रेम-संबंधों के कारण विश्व की अत्यंत चर्चित पुस्तकों में से एक है।

दोस्तोवस्की, तुर्गनेव और चेखव की सभी रचनाओं को दोबारा पढ़ा और उनकी गहराई का अनुभव किया, तभी ओशो ने उनकी कुछ कृतियों को विश्व की अपनी सर्वाधिक पसंद की सौ पुस्तकों की सूची में स्थान दिया है।

पिछले एक वर्ष में मैंने लगभग 200-250 खरीदी हुई श्रेष्ठतम पुस्तकें पढ़ी हैं और चुनी हुई सभी प्रमुख पत्रिकाओं को पढ़ा है। जितना पढ़ता जाता हूँ, नए विस्मय लोक मेरे सामने खुलते चले जाते हैं और अपनी लघुता तथा अज्ञान का शिद्दत से अहसास होता है।

मैंने कुछ भी नहीं जाना। कुछ भी तो नहीं पढ़ा। जो जाना और पढ़ा है वह बहुत अल्प है और जो अनजाना अनपढ़ा रह गया वह विशाल सागर जैसा है।

जो पढ़ा, उसकी सुरभि, रस और अर्थ तो रोम-रोम में बस गए और शब्द खो गए। मछली पकड़ ली, फिर जाल की फिक्र क्या? ओशो कहते हैं-मेरे शब्द भी जाल हैं उनका अर्थ समझ जाओ, सार ग्रहण कर लो, फिर शब्दों को भूल जाओ। जो शब्दों के अंतराल का मौन है, वही मछली है और शब्द तो जाल जैसे हैं।

विदेशी लेखकों के साथ, बंग्ला, मराठी, गुजराती, उर्दू, उड़िया, असमिया और तमिल तेलुगू भाषी प्रमुख साहित्यकारों की प्रमुख पुस्तकों के अनुवाद भी पढ़ता रहता हूँ।

अन्नपूर्णा देवी, आशा देवी, समरेशु वसु, शंकर, प्रबोध सान्याल, गोपीचंद महंती, बलवंत सिंह, मंटो, काज़ी अब्दुल सत्तार, कृष्णचन्दर आदि-आदि की हजारों पुस्तकों का स्वाद लिया है और प्यास बढ़ती ही जाती है।

हिंदी में अज्ञेय, निर्मल वर्मा, धर्मवीर भारती, रेणु, रांगेय राघव, राहुल सांकृत्यायन, शैलेश मटियानी, लक्ष्मीनारायण लाल, अमृतलाल नागर और भगवती बाबू के साहित्य का तो दीवाना हूँ।

निर्मल वर्मा की 'धुंध से उठती धुन' तो दिल दिमाग पर दस्तकें ही देती रहती है।

अज्ञेय की "अपने अपने अजनबी" छोटी सी पुस्तक, जैसे मृत्यु का साक्षात्कार करते हुए, खतरों से रू-ब-रू होते जीते मरते मुक्तभोगी की पैनी संवेदनशील अभिव्यक्ति है। तभी ओशो कहते हैं-जो कलाकार सृजन में तल्लीन होकर, बिना किसी कामना के 'सौंदर्य' की अभिव्यति करता है तो उसे सत्य की झलकियां मिलती हैं। सौंदर्य को उभारने के लिए वह मानव मन की कुरुपताओं को भी उघाड़ता है, तटस्थता और सुघड़ता से, तभी इस कालिमा की पृष्ठभूमि में आत्मा और हृदय का सौंदर्य झिलमिला उठता है।

आज बम्बई में आए दूसरा दिन है। न किसी पुराने मित्र का फोन आया और न कोई संदेश।

शादी हो, अर्थी हो, घर का आंगन हो या आम सड़क
मिलते हैं अब लोग हर जगह, चेहरा बड़ा सपाट लिए।
पक्की सड़कें, कारें, वेटर, लिफ्टें, गगन चूमते घर
फिर भी उठती सुबह बम्बई, दिल क्यों बड़ा उचाट लिए?

बम्बई क्या, हर महानगर और अन्य नगरों की भी यही दास्तान है। बढ़ते भौतिकवाद, दिन दूनी बढ़ती जनसंख्या, अनियंत्रित बेरोजगारी, बढ़ते आतंकवाद और हिंसा ने, जैसे मनुष्य को एक यंत्र बना दिया है। उसकी भावनाएँ और संवेदनाएँ जैसे सभी मर चुकी हैं। संबंधों में दरारें पड़ने लगी हैं। प्रेम की झील का जल जैसे सूख ही चला है।

बम्बई चलने के दस दिन पूर्व उन प्रेमी पत्रों को पत्र लिखकर यह सूचना दी थी कि मैं फलां-फलां तारीख को बम्बई आ रहा हूँ और फलां-फलां पते और फोन नम्बर पर उपलब्ध रहूंगा। यदि वे चाहें तो मुझसे वहाँ सम्पर्क स्थापित कर सकते हैं। इनमें दो-तीन ऐसे मित्र थे जिन्होंने एक फक्कड़ मसीहा ओशो पढ़कर मुझे बम्बई आने को आमंत्रित किया था। पर बम्बई प्रयास में एक को छोड़कर किसी का भी फोन नहीं आया और मैं बशीर बदर का उस शाम निम्न शेर गुनगुनाता रहा-

ये अजीब मिजाज का शहर है, जरा फासले से मिला करो।
यूं बेसबब न फिरा करो, कोई शाम घर भी रहा करो।
कोई हाथ भी न मिलाएगा, जो गले मिलोगे तपाक से,
ये अजीब मिजाज शहर है, जरा फासले से मिला करो।

'वाई.' भी बम्बई में थी। अचानक 'सरप्राइज' देने उसके घर चल पड़ा।

सोचा जो मेरी कल्याण मित्र रही है उसके तो देखूं हालचाल। फ्लैट में अकेली रहती है-अपने संगीत और अनुवाद कार्य में डूबे हुए। एक तपस्वनी की तरह जैसे जीवन जी रही है।

औपचारिक बातें होती रहीं। मैंने उससे समुद्र बीच पर चलकर टहलने का अनुरोध किया। वह बहाना बनाकर टाल गई। जब मुझे अपनी उपस्थिति स्वयं बोझ लगने लगी वहां, मैं उठकर चल दिया।

जिन नए मित्र ने आमंत्रित किया है उनके प्रेम, स्वागत और सौजन्य में कोई कमी नहीं। पर फिर भी हृदय में कहीं एक अजीब सी रिक्तता है।

जो संबंध कभी जीवन्त, उत्सवपूर्ण और रसपूर्ण होते हैं, उनको किसी दिन बासी हो ही जाना है। फूल का खिलना और मुरझाना यही अस्तित्वगत सत्य है।

स्वामी ईश्वर समर्पण के फोन से पता चला कि वह आजकल पूना में है। पुराने मित्रों को फोन किया पर पता चला कि फोन नम्बर बदल गए हैं। जब उन लोगों ने नए फोन नम्बर प्रेषित नहीं किए तो मुझे संबंधों की इतिश्री स्वयं समझ लेना चाहिए थी।

एक दिन बिना बताए लेहरू भाई के घर जा पहुंचा। दो घंटे उनके साथ रुका। उनका साक्षात्कार भी लिया। अच्छा लगा।

10 अक्टूबर 2004

पूना कम्यून में नया बुद्धा सभागार देखकर चिर आकांक्षा पूरी हुई। पर वहां से लौटने के बाद हृदय में कुछ कसकता और सुलगता रहा। न जाने क्यों?

पिछले दिनों बहुत कसका, बहुत सुलगा
बहुत जीया, बहुत मरा।
बहुत हंसा, बहुत रोया।
जिन्दगी नए पते मांगती, नए पते लिखती रही।
पिछले दिनों...
जिन्दगी बहुत नजदीक रही
पिछले दिनों, जिन्दगी बहुत ही दूर रही
लेकिन इस नजदीकी और दूरी में
जिन्दगी अपने पते लिखती रही
पिछले दिनों...

सितम्बर 2004 के अंतिम सप्ताह के वे आखिरी चार दिन, अब पिछले दिन ही बन चुके हैं। इस अवधि में नए-पुराने कई संन्यासियों से मिला। उनसे भेंट कर रोया भी और हंसा भी। कभी स्वयं अपने आप हंसा।

पूना आश्रम में नए बने पिरामिड और वातानुकूलित और भव्य बुद्धा हॉल के साथ नई बनी कैफीटेरिया को भी देखने का भाव ही मुझे पूना ले गया था। इसके ही साथ नए और पुराने मित्रों से मिलने का भी चाव था। नया बुद्धा हॉल और नई कैफीटेरिया भी देखी, पूना आश्रम में होने वाली अन्य रद्दोबदल भी देखी, नए और पुराने मित्रों से मिला भी, पर वह परमानंद न मिला जो कहीं भी जाए बिना अपने निवास के ही ध्यान कक्ष में बेशर्त बरसता था। तभी ओशो कहते हैं–बाहर बिखरी हुई चेतना ही संसार है और अंदर सिमट आई चेतना ही ध्यान है।

अब वेलकम सेंटर में ही स्वागत कक्ष और रिसेप्शन है। वही कम्प्यूटर पर ही फार्म में दी सूचनाएँ 'फीड' कर कम्प्यूटर प्रणाली से ही चित्र खींचकर एड्स टेस्ट के बाद प्रवेशपत्र बना दिया जाता है। सब कुछ डेढ़-दो घंटे में निपट जाता है। पहले इसी औपचारिकता में आधा या पूरा दिन निकल जाता था।

वहीं मां साधना से भी भेंट हुई। पर उनके व्यवहार में एक तरह का ठंडापन और उदासीनता लगी। सन् 1995 में उनके सान्निध्य में 35-40 दिन कार्य करते हुए जो अंतरंगता और स्नेह सरिता प्रवाहित हुई थी वह समय बीत जाने पर जैसे सूख गई थी। अब वह और महत्त्वपूर्ण पद पर कार्य करते हुए नई जिम्मेदारियां निभा रही थीं। कार्य में शायद भावुकता एक अवरोध होती है। हजारों आते हैं और जाते हैं, किस-किस से जोड़ा जाए नाता?

प्रवेशपत्र बनवाते हुए भी एक संन्यासी से डाट खानी पड़ी क्योंकि उसकी दृष्टि में उसकी अपने मित्र से होने वाली लम्बी गपशप में विघ्न डालते हुए मैंने दो बार फार्म मांगने की गुस्ताखी की थी। अपनी दृष्टि में लोगों का अहंकार तोड़ने की जरूर यह एक विधि रही होगी। लोगों का आना-जाना और फार्म देना तो एक रूटीन है पर अंतरंग मित्र तो कभी-कभी ही मिलते हैं और फिर यह स्वागत-कक्ष था, ध्यान कक्ष नहीं।

धैर्य से प्रतीक्षा करता रहा। रक्त का नमूना दिया। रिपोर्ट आने में आधा-पौन घंटा लगना स्वाभाविक था। पर कम्प्यूटर पर बैठी जिस युवती ने पासपोर्ट आदि जांचते हुए कम्प्यूटर पर सूचना फीड की, उसके प्रेमपूर्ण व्यवहार, अटपटी अंग्रेजी और होंठों पर हर समय थिरकती मुस्कान ने सारी शिकायत दूर कर दी। वह सही अर्थों में ओशो की उस देशना को साकार कर रही थी जिसमें ओशो कहते हैं-आश्रम में आने वाले नए मित्रों के प्रति पुराने संन्यासियों को बहुत प्रेम और गर्मजोशी से उनका स्वागत करना चाहिए जिससे यहाँ आने पर उन्हें अटपटापन और उपेक्षा महसूस न हो।

कैफीटीरिया में चाय पीते हुए मेरठ के संन्यासी ध्यान योग से भेंट हो गई। उसे ढूंढ़ने का श्रम भी न करना पड़ा। दो-तीन वर्ष पूर्व जब उसके आमंत्रण पर मेरठ के ध्यान केंद्र में शिविर लेने गया था तब उसने अपने पूना जाने की बात कही थी और पूना आने पर मिलने का अनुरोध किया था। हम दोनों गले मिले।

वह नई कैफीटेरिया में ही भोजन व्यवस्था का कम्प्यूटर से निरीक्षण करने का महत्त्वपूर्ण कार्य कर रहा था। उसके प्रेमपूर्ण अनुरोध पर एक सैंडविच भी ली। वह मुझे अपने साथ नई बनी कैफीटेरिया का भोजन कक्ष दिखाने ले चला।

अब नया बुद्धा हॉल और नई कैफीटेरिया, वैलकम सेंटर तथा मुख्य द्वार के बीच सामने सड़क पार कर पुरानी मीरा कैफीटेरिया से कुछ दूर बनाई गई है। कैफीटेरिया, नए भोजन कक्ष और वातानुकूलित नए बने अतिथिगृह की छत पर ही नया बुद्धा सभागार निर्मित किया गया है जिसके सामने एक विशाल तालाब बनाया गया है। इस तालाब के बीच में बना रास्ता बुद्धागार की सीढ़ियों तक ले जाता है। सीढ़ियाँ एक बड़ी गैलरी तक ले जाती हैं। गैलरी में ही बुद्धाहॉल का प्रवेश द्वार है।

सब कुछ बहुत सुंदर और आकर्षक है। पर पुराने बुद्धाहॉल के स्थान पर अब मात्र एक संगमरमर का एक चबूतरा रह गया है। वहीं कुछ देर बैठा सोचता रहा-नए बुद्धा हॉल में ओशो की उपस्थिति की वह ऊर्जा कहाँ?

- वह ध्वनि तरंगे कहाँ जिनमें धम्म पद, अष्टावक्र महागीता, सहजयोग, निर्गुण संतों, झेन सद्‌गुरुओं, कबीर और अनेकानेक बुद्धों के वचनों को पुनर्जीवित करने वाली ओशो की अमृत वाणी का स्वाद और सुगंध हो।
- बांसों के टकराने, पक्षियों के चहचहाने, कृत्रिम झरनों के गिरने और पत्तों के खड़खड़ाने का वह जीवंत मौन कहाँ?

सब कुछ आधुनिकता, यांत्रिकता और बुद्धि की भेंट चढ़ गया।

जब सायं 6.30 बजे ओशो दर्शन के लिए नए बुद्धा हॉल गया तो कुछ देर वहाँ बैठते ही कांपने लगा। बुद्धा हॉल का तापक्रम इतना कम था कि मेरे 70 वर्ष के कमजोर शरीर को कपकपाहट लगने लगी। यह तापक्रम उन विदेशी संन्यासियों के लिए तो अनुकूल था जो ठंडी जलवायु में ही रहने के अभ्यस्त हैं।

यदि भारतीयों के लिए पुराने बुद्धा हॉल में ही हिंदी भाषा में ही सारे ध्यान प्रयोग और ओशो दर्शन, नए बुद्धा हॉल के साथ होते रहते तो पूना कम्यून में आने वाले भारतीय और गर्म देशों के संन्यासियों के आने से हानि के स्थान पर लाभ ही अधिक होता।

'वर्क मेडीटेशन' जो अहंकार विसर्जन का प्रमुख माध्यम था, उसको नष्ट होते हुए देखकर भी पीड़ा हुई। वहाँ 'सर्विस' के लिए चुने गए कुछ पुराने भारतीय संन्यासियों से बातें करने पर ज्ञात हुआ कि सभी विभागों के संचालन सूत्र विदेशियों के ही हाथ में हैं और उनकी मर्जी पर काम न होने पर, भले ही वह कम्यून के हित में अधिक कुशलता से ही क्यों न किया हो, उन्हें अपमानजनक शब्द सुनने ही पड़ते हैं।

अच्छा होता-यहाँ आता ही नहीं। भावनाओं को ठेस तो नहीं पहुंचती।

पर शायद मैं ही गलती पर हूँ। पिछड़ा हुआ और तंगदिल हूँ। यह है इंटरनेशनल कम्यून। कोई भारतीय कम्यून नहीं।

17 मई 2004

अपने चारों ओर फैला घर-संसार ही हमारी परिधि है। जीवन की संध्याकाल तक मैं इसी परिधि पर पागल बना घूमता रहा। सुबह उठते ही बैड टी, अखबार, कुछ गपशप और फिर नहा-धोकर साढ़े नौ बजे दफ्तर पहुंच जाना। दफ्तर के बाद कभी पत्नी के साथ बाजार और कभी दोस्तों के साथ पपलू और शराब की महफिल। यही बरसों मेरी रूटीन रही। इसी परिधि पर चक्कर लगाते जैसे आधा या तीन चौथाई समय बीत गया। पर इस अवधि में सोने से पूर्व या कभी-कभी अलसुबह सूर्योदय देखते हुए अक्सर सोचने लगता था कि ऐसे उबाऊ और मशीनी ढंग से जीने का आखिर औचित्य क्या है?

- हम क्यों जन्म लेते हैं?
- क्यों घर गृहस्थी जोड़कर सपनों का संसार बसाते हैं?
- जिसे हमने प्रारंभ में प्रेम समझा था, जिसमें डूबकर हम सब कुछ भूलकर परमानंद में खो गए थे, वह कहां विलीन हो गया? क्यों कलह और अशांति आ गई?
- इस क्षोभ को मैं कविताओं और कहानियों में व्यक्त करता था। सृजन के क्षणों में मेरे चारों ओर फैला संसार सिमट और सिकुड़ कर, मस्तिष्क में मात्र स्मृति बनकर रह जाता था। लोभ, तृष्णा और महत्त्वाकांक्षाओं के नाग जो फन हिलाते हुए खड़े हो जाते थे, वह जैसे पिटारे में दुबक कर चुपचाप सो जाते थे। मैं ही उन्हें पिटारे में बंद करता था। मैं ही पिटारा खोलकर बीन बजाकर उन्हें नचाता था। मैं ही उनका तमाशा देखता था। तमाशा देखते-देखते मैं ही ऊबकर उन्हें पिटारे में बंद कर अपने अंदर डूब जाता था। पूरा संसार सूक्ष्म रूप में मेरे विचारों में सिमट जाता था। फिर कभी-कभी अचानक विचारों के उड़ते बादल, किसी तेज हवा से न जाने कहाँ उड़कर विलीन हो जाते थे और एक खाली

निरभ्र आकाश रह जाता था। ऐसा लगता था जैसे मेरे पिण्ड में पूरा ब्रह्माण्ड सिमट आया हो। मेरी चेतना जैसे केन्द्रीभूत हो गई हो।

तभी अकेला खोया हुआ बैठा देखकर पत्नी मुझे हिलाकर, टोंक कर फिर घर-संसार की परिधि पर खींच लेती थीं। पर इस आनंद में डूबने के लिए ही शायद मैंने पत्नी से अलग कमरे में सोना शुरू कर दिया। घर में जवान अविवाहित बेटी होने के कारण मेरा ऐसा करना पत्नी को अस्वाभाविक न लगा। फिर अकेलेपन का आनंद मुझे भाने लगा। चिन्तन और सृजन के क्षण लम्बे होते गए। धन, पद और भोग की व्यर्थता का बोध घना होता गया। फिर ओशो से जुड़कर उनके ध्यान और तंत्र प्रयोगों के द्वारा उनकी जीवनी लिपिबद्ध करते हुए उनके जीवन के प्रेरक प्रसंगों और अमृत वचनों से बोध सघन होता गया। सजगता और जागरूकता बढ़ती गई। धन, पद, यश की कामना से मुक्त शाश्वत साहित्य के सृजन में वह झलकें बार-बार मिलीं। मात्र झलकें ही नहीं, घंटों उसी बेखुदी में डूबा रहता। अंतर्काश में झिलमिलाते सितारों को मंत्रमुग्ध देखता रहता। अनाहत की बांसुरी सुनता रहता।

ओशो की जीवनगाथा समाप्त होते-हाते अकेलेपन का रस प्रगाढ़ होता गया। अपने अंदर ही गहरे और गहरे खुदाई करते हुए उस गुफा में प्रविष्ट हो गया, जहां से निकले साठ वर्ष हो चुके थें। अपने बचपन को फिर से जीने लगा मैं। जन्म से लेकर पूरे बचपन और किशोरावस्था के चित्र, एक फिल्म की तरह प्रकट होने लगे। समय की धुंध में जो जीवन विस्मृति के गर्भ में समा गया था वह जीवन्त हो उठा। मैं सजग दूर खड़ा यह तमाशा देखते-देखते उसे न जाने कब लिपिबद्ध करने बैठ गया। ऐसा लग रहा था जैसे अनजाने ही मेरे मस्तिष्क ने उन स्मृतियों का खजाना भी अनायास मेरे सामने खोल दिया हो जिनसे चेतन रूप में मैं अभी तक रू-ब-रू नहीं हुआ था। ऐसे-ऐसे अनजाने चेहरे दिखाई देने लगे जिन्हें मैंने कभी नहीं देखा था। सजगता से निरीक्षण करते हुए ऐसे पात्रों के रहस्यमय चरित्र के वह पहलू भी उजागर होने लगे जिनको बचपन में मैं समझ न पाया था। सपनों में मैंने अपना एक भिन्न चेहरा एक अलग जीवन जीते हुए देखा और जागने पर जिसकी पूरी स्मृति बनी रही। वह कदाचित मेरे पूर्व जन्मों की स्मृतियां थीं जो अनायास जागृत हो गई थीं। तभी अचानक एक दिन कुमारेन्द्र की एक कविता पर नजर गई। उसे एक बार नहीं कई बार पढ़ा। फिर कुछ देर तक मौन बैठा रहा। फिर मुझे अहसास हुआ कि ओशो की जीवन-गाथा लिखने के बाद मुझे अपने निर्भार और खाली होने का जो अहसास हुआ था, उस गहरी शून्य खाई में कुछ मेघ शरारती भेड़ के मेमनों की तरह उछल-कूद कर रहे हैं और वह बरस कर निर्भार होना चाहते हैं।

आप अवश्य कुमारेन्द्र की उस कविता का आस्वादन लेने को आतुर हो गए होंगे। वह कविता इस प्रकार है-

"मैं तुम्हें अपना नाम बताना चाहता हूँ
मैं तुम्हें अपने मुल्क का नाम बताना चाहता हूँ।
अपने पहाड़ों के, अपनी नदियों के
और अपने मैदानों के नाम बताना चाहता हूँ।
बताना चाहता हूँ-
कि हमारे यहाँ हजारों किस्म के फूल खिलते हैं
उनमें मैं तुम्हें हर रंग और खुशबू से परिचित कराना चाहता हूँ
पहाड़ों की ऊँचाइयाँ नापते हुए लोगों के हाथ
आसमान छूने लगते हैं
मैं उन हाथों के हौंसलों का तुम्हें पता देना चाहता हूँ।
नदियों के पास पहुंचने पर लोगों के होंठों पर गीत फूट पड़ते हैं
मैं उन गीतों का संदर्भ बताना चाहता हूँ
हमारे यहाँ अंधेरे में पैदा हुए लाखों बच्चे सूरज की रोशनी के साथ
लगातार बड़े हो रहे हैं
मैं तुम्हें उनका बढ़ना दिखाना चाहता हूँ
उन बच्चों ने अपने-अपने कंधों पर
अपना-अपना आसमान उठा लिया है
मैं तुम्हें बताना चाहता हूँ
कि वे सब मिलकर एक ही आसमान बुनते हैं
और वो आसमान देश-देशान्तर में फैला हुआ है।

11 जून 2004

कुछ दिन पहले ओशो संन्यासी और मेरे मित्र स्वामी जीवन समस्ति देह से मुक्त हुए। वह ध्यान करते-करते ही मुक्त हुए। उसके बाद जीजी ने शरीर छोड़ा। माया मोह से मुक्त होकर वह भी होश में ही प्रात:काल सूर्य किरणों के रथ पर पर आरूढ़ हो प्रकाश में समा गईं।

न शोक हुआ और न विषाद। यह होना ही था। देह का अंत एक दिन होता ही है। यहाँ सभी कुछ प्रवाहमान है। वे पंचतत्त्व पंचतत्त्वों में विलीन हो गए। उन्होंने 70-71 वर्ष की आयु में शरीर छोड़ा। दोनों ही औसत आयु पूरी करने के बाद देह से मुक्त हुए। फल पकने पर भूमि पर गिरता ही है।

तीन दिनों के बाद ही इलाहाबाद के एक विवाह समारोह में भी सम्मिलित हुआ। वहाँ नाच-गाना, धूम-धड़ाका, रूप, सौंदर्य-प्रदर्शन, रीति-रिवाज सभी कुछ एक साथ थे। कोई हर्ष नहीं हुआ।

मृत्यु विवाह सभी में एकरसता रही। न हर्ष, न विषाद। न राग, न विराग। सजी संवरी स्त्रियाँ जैसे स्त्रियाँ नहीं रह गईं। पुरुष-स्त्री का जैसे भेद ही मिट गया।

लिखना भी जैसे बोझ बन गया है। लिखते-लिखते लिखने से भी ऊब गया हूँ। सभी से ऊब गया हूँ। सबसे और स्वयं अपने आप से। खाना-पीना और सो जाना-यह भी कोई जीवन है? जीवन भी मृत्यु जैसा लगने लगा है और मृत्यु भी जीवन जैसी। दोनों में जैसे कोई भेद ही नहीं है।

जब से निर्विचार और मौन में डूब स्वयं को जाना, फिर कुछ और जानने में रस रहा ही नहीं। जो पाया है, उसे बांटना चाहता हूँ, पर लेनेवाला कोई दीखता ही नहीं। कौन स्वयं को मिटाने को राजी होगा? सभी तो मान-सम्मान, पद-प्रतिष्ठा और धन-सम्पत्ति के पीछे पागल की तरह दौड़ रहे हैं? जीवन का सारा व्यापार असत्य की धुरी पर घूम रहा है। सत्य को कोई भी उपलब्ध नहीं होना चाहता। सत्य की कोई उपयोगिता नहीं।

इसीलिए जिन्होंने पाया वे मौन रहे। बोधिसत्व बन जो बांटने निकले, उन्हें भी सुयोग्य व लेवनहार कितने पात्र मिले? जो मिले, वे भी महत्त्वाकांक्षा से भरे थे। उन्माद ग्रस्त थे। बुद्ध के जीवित रहते ही महाकाश्यप, मौग्दल्यानन और विमलकीर्ति जैसे कई बुद्ध थे। पर ओशो के बाद उनके समतुल्य कोई और नहीं ..... पर बुद्ध तो हैं, पर उन्हें खोजना होता है.....।

अब लिखना इसीलिए कठिन हो गया है क्योंकि विचारों का घटातोप विलीन हो गया है। जब कभी नन्हें खरगोश से श्वेत बादल उड़ते हुए आते हैं और विलीन हो जाते हैं। अब कोई कामना भी नहीं रही। मन को धुंवा-धुवां होता निरपेक्ष दृष्टि से भली-भांति देख रहा हूँ।

अब चुनाव रहा भी और नहीं भी रहा। द्वंदों को दूर से देखता भी हूँ और उनके अभाव को महसूस भी करता हूँ। अब लिखना कठिन से कठिन होता जा रहा है।

लाओत्से जैसे बुद्धों को विवशता में सत्य की अभिव्यक्ति कागज पर करने में कितनी कठिनता हुई होगी, इसे अब कुछ-कुछ अनुभव करते हुए विस्मय में डूब जाता हूँ। पर उसने पहला वाक्य यही लिखा-सत्य कहते ही असत्य हो जाता है।

पर शब्द, सत्य का संकेत तो देते ही हैं। जिनमें प्रज्ञा और समझ होती है वे एक किरन के सहारे ही सत्य के सूरज तक पहुंच ही जाते हैं। मूढ़ और नासमझ लोगों के लिए शब्दों के पहाड़ भी व्यर्थ हैं। समझ विकसित होती है-मन को अमन बनाने से। सत्संग से। जब किसी बुद्ध के वचनों रूपी जाल में कोई समझ या बोध रूपी मछली फंस जाए तो शब्दों का जाल व्यर्थ हो जाता है।

लिखने की अपेक्षा वाणी द्वारा अभिव्यक्ति सरल है। शब्द कहीं अज्ञात से आते हैं। अपने केन्द्र पर थिर होकर बिना मन का प्रयोग किए हुए भी बोला जा सकता है। जब बोलने में सोचा-विचारा जाए, स्मृति का प्रयोग किया जाए, तभी उसमें मन का प्रयोग होता है।

पर कौन होना चाहता है सत्य को उपलब्ध? कितनों में संकल्प, अभीप्सा और जीवन को दांव पर लगाने का है साहस? सभी सुख-सुविधाओं का उपयोग करना चाहते हैं। सभी की अपनी महत्त्वाकांक्षाएँ और सपने हैं।

किसी को कुछ बांटने की चाह भी संभवत: सूक्ष्म अहंकार है। क्या जरूरत है किसी को यह बताने की कि मुझे कुछ घटा है। मुझे कुछ बहुत स्पष्ट झलकें ही नहीं मिलीं, मुझे अखण्ड और अद्वैत होने की अनुभूति नेत्र मूंदते ही होने लगती है। मैं परमानंद में डूब जाता हूँ। कौन जाने यह मन का ही प्रक्षेपण हो?

'कोई नहीं' और 'कुछ नहीं' बनकर जीना एक वास्तविक चुनौती है। अति साधारण और सहज बनकर जीना अति दुष्कर है। कुछ बांटने की चाह भी चाह है।

और मुझे कुछ भी तो नहीं हुआ।। मैं वही का वही हूँ। यह संसार अभी पूरी तरह सपना कहाँ हुआ? भोजन में मुझे रस है। सुंदरता मुझे अच्छी लगती है। गलत और मूढ़ लोगों से बात करने का भाव नहीं होता। वगैरा! वगैरा!

अभी वगैरा-वगैरा...शेष है। जब तक नाव से सभी वगैरा वगैरा न फेंक दिया जाए, नाव कैसे खाली हो सकती है?

# बिछुड़े सभी बारी-बारी

आओ छत पर पानी छिड़कें, दरी बिछाकर बैठें
चांद झर रहा और चांद से पीठ सटाकर बैठें
बहुत पास से ट्रेन गुजरती हाथ हिलाती है।
भूले छूटे रिश्तों की वह याद दिलाती है।
किसी जगह का सपना देखें, पुल का धीमे कँपना देखें
इस छत को ही नदी समझ लें, नदी जगाकर बैठें।

आज मित्रों के बारे में कुछ लिखते हुए भूले-छूटे तमाम रिश्तों की याद आ रही है। कितने मित्र बने और बिछुड़ गए। आज उनसे मिलने का न हर्ष है और न शोक। उनसे आज कोई गिला-शिकवा भी नहीं है। मिलने के साथ बिछुड़ना होता ही है।

सभी नाते-रिश्ते और मित्रता के संबंध नदी में बहते तिनकों की तरह ही होते हैं। हवा के साथ एक लहर आई और दो तिनकों को मिला गई। वे साथ-साथ कुछ देर बहे। आपस में बोले-बतियाये। प्रेम किया। सदा साथ रहने की शपथें खाईं। पर फिर अचानक हवा बही और एक तेज लहर ने उन्हें एक-दूसरे से जुदा कर दिया। सभी यार दोस्त इसी तरह मिले और बिछुड़ गए।

एक जमाना था जब घर में बिजली नहीं आई थी। सूरज डूबने पर देर शाम हम गर्म छतों पर पानी छिड़क कर उन्हें ठंडाते थे। पानी सूख जाने पर दरी या चटाई बिछाकर हम लोग दुनिया जहान की जाने क्या-क्या बातें किया करते थे। गर्मियों के अवकाश शाम टहलते हुए हम चार-पांच मित्र इटावा में रोज टिक्सी मंदिर के कुएं से पानी खींचकर गर्म पत्थरों को ठंडा कर उन पर घंटों बतियाते रहते थे।

छत पर बिछी चटाई और मंदिर के ठंडे पत्थरों पर लोटते बतियाते हुए हम लोगों ने ढेर सारे सपने देखे थे। यह बनूंगा, वह बनूंगा। यह करूंगा, वह करूंगा। पर सभी सपने धुंधले और अनिश्चित थे। भविष्य के अज्ञात गर्भ में छिपे थे वे। जीवन की यथार्थ चट्टानों से टकरा कर सारे स्वप्न बिखर गए।

जीवन-पुस्तक के पिछले वर्कों को अब उलट-पलट कर देखने का भी जी नहीं होता। अब भविष्य के सपने भी नहीं देखता। यह वर्तमान और यह क्षण कितना सुंदर है? इसी को जीते हुए ही मैं आनंदित हूँ।

मेरे एक परिचित संन्यासी हैं। उनका गला अच्छा है। सभी ओशो उत्सवों में वह झूम-झूम कर अपनी अटैची को तबले की तरह ठकठकाते यह गीत जरूर गाते हैं क्योंकि फरमाइशें कर लोग यह गीत उनसे सुनना ही चाहते हैं।

जिन्दगी की राहों में रंजोगम के मेले हैं।
भीड़ है कयामत की, और हम अकेले हैं।
गेसुओं के साये में हमने शब गुजारी है।
आपसे जुदा होंके, हम आज तक अकेले हैं।

पर शायर का यह अपना नकारात्मक दृष्टिकोण है। जिन्दगी में रंजोगम के मेले के साथ उत्सव, आनंद, मौज और मस्ती के क्षण भी होते हैं। पर हाँ! भीड़ में प्रत्येक व्यक्ति अकेला ही होता है। भीड़ की वृत्ति आक्रामक और विध्वंसक होती है। रात प्रेयसी के कुंतलों की घनी प्रेममय छांव तले गुजारने के बाद, उससे जुदा होने पर भी वह अकेलापन का अनुभव कर रहा है। पर जहाँ प्रेम होता है, प्रेयसी की स्मृति मात्र ही रोमांचित कर देती है।

फिर अकेला होना हमारी नियति है। हम संसार में अकेले आते हैं और अकेले ही विदा हो जाते हैं। एक सुई तक तो साथ जाती नहीं। जीवन जीते हुए भी जब तक हमारा सुख दूसरे की उपस्थिति पर आश्रित होता है हमें सच्चा सुख और स्वतंत्रता कभी उपलब्ध हो ही नहीं सकती। जिन्हें एक बार अकेले रहने का रस मिलने लगा, उन्हें किसी का संग, साथ सुहाता ही नहीं। ऐसा भी नहीं कि लोगों से वे मिलते-जुलते या बात नहीं करते या किसी से प्रेम नहीं करते। वे लोगों से मिलते-जुलते और प्रेम भी करते हैं पर उनके प्रेम में अपेक्षा या ईर्ष्या नहीं होती। मालकियत जमाने या दूसरे का गुलाम होने की ललक नहीं होती। पर सच्चा आनंद उन्हें अकेलेपन में ही मिलता है। जब वे साथ रहते हैं तो साथ रहने का मजा लेते हैं और जब अकेले रहते हैं तो अकेले रहने का मजा लेते हैं।

किशोरावस्था की मित्रता प्रेम से आरंभ होती है जबकि युवावस्था की मित्रता किसी से प्रभावित होने पर, एक लयबद्धता हो जाने पर होती है। यह प्रभाव किसी की सृजनात्मकता या बौद्धिकता का होता है। उसके व्यक्तित्व, उसकी बातचीत और उसकी जीवनशैली से लयबद्धता होने पर ही मित्रता परवान चढ़ती है। पर सच्ची मित्रता भी प्रेम जैसे ही अनायास घटती है।

आज अचानक ख्याल आ रहा है अपने मित्र पं. आर.पी. शुक्ला उर्फ 'नील कमल' का जो बिजली विभाग में इंजीनियर पद से रिटायर होकर भोपाल में रह रहे हैं। कोचिंग क्लासेज़ शुरू करने के बाद वह पुराना नाम त्यांग कर प्रोफेसर

आर.पी. शुक्ला लिखने लगे हैं। 'भोपाल टाइम्स' नाम की एक चार-छह पृष्ठों की साप्ताहिक पत्रिका निकालते हुए वह पत्रकार भी बन गए हैं। लेखक वह पहले से ही थे। 'नीलकमल' उनका साहित्यिक उपनाम है।

उनके लेखक होने के कारण ही मेरी उससे मित्रता हुई थी। यों वह मेरे मुहल्ले कटरा सेवाकली के ही रहने वाले थे, पर मित्रता हुई इलाहाबाद यूनीवर्सिटी में प्रवेश लेने के बाद। यद्यपि वह दूसरे हॉस्टेल में रहता था पर इटावा का होने के कारण हम लोग उस अजनबी शहर में अनजाने छात्रों के बीच अचानक बहुत अधिक निकट हो गए। यह ऐसे ही था जैसे किसी दूर अनजाने देश में रहते हुए दो अजनबी भारतीय एक-दूसरे के निकट आ जाते हैं।

लेखक होने से यह मित्रता और शीघ्रता से बढ़ी। लेखक की सबसे बड़ी इच्छा होती है कि जैसे ही वह अपनी कोई नई कहानी, कविता या लेख लिखे, कोई संवेदनशील पाठक उसे धैर्य से सुनते हुए उसकी प्रशंसा करे। जब हम लोग हॉस्टेल में मिलते थे तो एक-दूसरे को अपनी रचनाएँ सुनाते हुए उस पर चर्चा-परिचर्चा करते थे।

हफ्ते दो हफ्ते में एक बार कभी मैं और कभी वह हॉस्टेल में रात का भोजन साथ-साथ करते हुए रात 10-11 बजे तक बतियाते रहते थे। फिर वह मुझे मेरे हॉस्टेल छोड़ने जाता था और मैं उसे उसके हॉस्टेल। दोनों के हॉस्टेल की दूरी 1 1/2-2 किलोमीटर से कम न थी। कभी-कभी तो ऐसा होता था कि मैं उसके हॉस्टेल उसे छोड़कर जब चलने लगता था तो फिर वह मुझे मेरे हॉस्टेल छोड़ने चल पड़ता था। आखिर तीसरे चक्कर में आधी दूर चलने के बाद हम लोग एक-दूसरे से विदा लेते थे। पंडितजी दिलफेंक थे और इसीलिए क्लास में किसी इला गुप्ता से उनका रोमांस शुरू हो गया था। अपने रोमांस और प्रेम की सूक्ष्मातिसूक्ष्म कहानी, पंडितजी पूरे विस्तार से मुझे सुनाया करते थे-जैसे-कैसे उससे नजरें टकराईं, कैसे पहली मुलाकात हुई, कैसे मौके निकालकर क्लास के बाद वे लोग एकान्त में बतियाने लगे, कैसे नोट्स का आदान-प्रदान करने की आड़ में प्रेम-पत्रों का आदान-प्रदान शुरू हुआ, कैसे साथ-साथ पिक्चर देखते हुए उसने उसका स्पर्श किया, उस स्पर्श में विद्युत की कितनी हार्स पावर का करेंट प्रवाहित हुआ, कब कैसे उसने उसका प्रथम चुम्बन लिया और वह लाजवंती-सी सिकुड़ गई, और कब कैसे उसे आलिंगन का सुख मिला-वगैरा वगैरा!

यह पंडितजी का लव नं. दो था। लव नं. एक का किस्सा वह पूरे विस्तार से मुझे पहले ही सुना चुके थे जो उनका बड़े रहस्यमय ढंग से प्रारंभ हुआ था।

उस समय तक लड़कियों के संबंध में मेरी कोई खास उत्सुकता नहीं थी और मैं जीवन भर विवाह न करने का निश्चय कर चुका था। पर पंडितजी तथा अपने हॉस्टेल के एक अन्य मित्र राकेश गर्ग द्वारा अपनी प्रेमिका से मिलन का हाहाकारी प्रणय प्रसंग बार-बार सुनने के बाद लड़कियों के प्रति मेरे हृदय में भी उत्सुकता उत्पन्न हुई और मैं कल्पनाएँ करने लगा कि मेरी प्रेयसी 'शेखर एक जीवनी' उपन्यास की नायिका शशि जैसी हो, या जैनेन्द्र कुमार के उपन्यासों की नायिका, कल्याणी, सुखदा या सुनीता जैसी, शरत्चन्द्र के 'देवदास' की पारो जैसी यशपाल के 'झूठा सच' की नायिका शैल जैसी। पर स्वप्न पूरे कहाँ होते हैं?

सपने तो सपने हैं, सपने साकार नहीं होते।
सपनों के कोई भी आकार नहीं होते।

पर जिक्र कर रहा था मैं आर.पी. शुक्ला की मित्रता का। वह मित्रता खूब फली-फूली। पर प्रथम श्रेणी से इंटर पास करने वाले पंडितजी इश्क के चक्कर में पड़कर बी.एस.सी. में सप्लीमेंट्री में पास हुए। उनके घर की आर्थिक स्थिति कमजोर थी इसलिए पढ़ाई छोड़कर वह इटावा के बिजली विभाग में जे. ई. बन गए। गर्मियों की छुट्टियों में इटावा जाने पर पंडितजी से जी भर कर ढेर सारी बातें होतीं। वह अपनी लिखी कहानियाँ सुनाते मुझे और मैं उन्हें उनसे दूना-चौगुना सुनाता। कभी-कभी वह गहरी सांस भर कर कहते-

इश्क ने गालिब निकम्मा कर दिया
वरना आदमी हम भी थे किसी काम के

उनका रिश्तेदारी में चलने वाला प्रेम-प्रसंग, प्रेमिका के विवाह के कारण समाप्त हो गया था और बी.एस.सी. में सप्लीमेंट्री आने और इलाहाबाद छूट जाने के कारण इला गुप्ता का प्रेम-प्रसंग भी ठंडा पड़ चुका था। अब वो अपने विभाग की किसी महिला में अपनी प्रेमिका की खोज कर रहे थे पर वे सभी उनसे आयु में अधिक, प्रैक्टिकल और महत्त्वाकांक्षी थीं। उनका कांटा किसी से अभी तक फिट न हो पाया था और इसीलिए वह अखबार में विवाह का विज्ञापन देकर एक अदद लड़की कम स्थाई-प्रेमिका की तलाश में जुटे थे।

इन दोनों ने अपने प्रेम-प्रसंगों की रनिंग तथा जीवित कमेन्ट्री सुना-सुना कर मेरे ठंडे रक्त को ऊष्ण ही नहीं बना दिया वरन् ज्वालामुखी सा उतप्त कर दिया। पर लड़कियों के प्रति अपने झेंपू, दब्बू, कायर और अंतर्मुखी स्वभाव के कारण मैं न तो किसी से प्रेम प्रकट करने का साहस जुटा सका और न मुझे अपने प्रिय उपन्यासों जैसी कोई नायिका ही मिली जो स्वयं मुखर हो आगे बढ़कर प्रेम

निवेदन कर सके। फलस्वरूप मैंने एम.ए. प्रीवियस करने के बाद माता-पिता की सहमति से विवाह कर अपनी पत्नी में ही प्रेमिका की तलाश पूरी की।

मेरे विवाह के एक वर्ष बाद पंडितजी ने भी विवाह किया और वे अपनी पत्नी के प्रति प्रेम के गूढ़ रहस्य भी पूर्व प्रेम-प्रसंगों की भांति ही सुनाते थे।

मैंने अपनी सेल्स टैक्स विभाग की नौकरी ज्वाइन कर ली थी। इटावा जाने पर जब कभी उनसे भेंट हो जाती थी। उस समय तक उनकी दो पुस्तकें और मेरी चार पुस्तकें प्रकाशित हो चुकी थीं। मैं सपरिवार उनसे मिलने भी गया जहां वह रुआब और रुतबे से नौकरी करते हुए नए प्रेम-प्रसंगों की तलाश में जुटे थे। फिर प्रोन्नति प्राप्त कर वह असि. इंजीनियर, और इंजीनियर भी बने। चूंकि उनकी ससुराल कानपुर थी अत: मेरी तीन बार की कानपुर पोस्टिंग में वे कई बार मुझसे मुलाकातें करते रहे। व्हिस्की की चुस्कियों के साथ साहित्य चर्चा करते हुए हम लोग जीवन पुस्तक के पिछले वर्कों को उलटते-पलटते नौकरी, राजनीति और सामाजिक विषयों पर ढेर सारी चर्चाएँ करते रहते थे।

उनके इंजीनियर होने तक मैं सेवानिवृत्त हो चुका था और वह मुझसे एक वर्ष बड़े होने पर भी, हाईस्कूल प्रमाण पत्र में कम आयु दिखाने के कारण ठाठ से नौकरी किए जा रहे थे। यह थी उनके पिता की होशियारी और चतुराई क्योंकि वे पेशे से वकील थे और हर बात का नफा-नुकसान बहुत बारीकी से समझते थे। पर उनकी सिर्फ समझ में एक ही बात नहीं आती थी कि बेड टी की जगह ठर्रा का पौआ और रोज कचहरी से लौटने पर ठर्रे का अद्धा उनके शरीर को नुकसान पहुंचाते हुए उन्हें खोखला बनाता जा रहा है। पर वह फिकरनॉट जोरबा की तरह जिये। जब पैसा पास आया तो उसे दोनों हाथों से लुटाया और जब खत्म हो गया तो कर्ज लेकर भी वे कभी पीने से चूके नहीं।

यह तो हुई दोस्ती की दास्तान अब सुनिए उसके चटकने और टूटने की कहानी। हर दोस्ती दुश्मनी में एक दिन बदलती ही है। मन विपरीत ध्रुव की ओर गति करता ही है। यही मन का आदिम स्वभाव है।

मैं 'एक फक्कड़ मसीहा ओशो' की दास्तान को आगे बढ़ाने के लिए जब 'युक्रांत', ज्योतिशिखा', संन्यास और 'रजनीश-यूज़लेटर' की खोज में जब लखनऊ आया तो पंडितजी के सरकारी फ्लैट में ही रुका।

पंडितजी यह मुझे पहले ही बता चुके थे कि उनकी पंडिताइन को ओशो फूटी आंख नहीं सुहाते। वह उन्हें लम्पट, व्यभिचारी और ढोंगी समझती है। उन दिनों मैं नया-नया ही संन्यासी हुआ था और इस जुनून से ग्रस्त था कि ओशो विरोधियों को उनके सभी संदेह दूर कर ओशो प्रेमी बना दूं। मैंने पंडताइन भाभी

के भी ओशो के संबंध में सभी भ्रम और संदेह दूर करने का प्रयास किया। उन दिनों मैं सुबह शाम सक्रिय और कुंडलिनी ध्यान नियमित रूप से करता था। वहां भी गाउन पहन कर मैं दो दिन तो ध्यान मजे से करता रहा। तीसरे दिन ध्यान करने से पूर्व पंडितजी ने दबे स्वर से कहा-"पार्टनर! यहां कॉलोनी में सभी विभागीय अफसर सपरिवार रहते हैं। घुटनों तक गाउन पहने तुम्हें उछलते कूदते खिड़की से देखकर उन्हें यह एटीकेट के विरुद्ध लगता है।"

मैं उनका चेहरा देखकर ही समझ गया कि उनके मुंह से कॉलोनी की स्त्रियाँ नहीं, उनकी श्रीमतीजी ही बोल रही हैं, क्योंकि सक्रिय ध्यान में, मैं भावभिव्यक्तियों के द्वारा ही मौन रेचन करता था। चीखता-चिल्लाता या शोर नहीं करता था। शाम कुंडलिनी ध्यान खिड़की बंद करके ही करता था। पर शायद मेरी उपस्थिति उनकी श्रीमतीजी के लिए असह्य हो उठी थी। मैंने कहा कुछ नहीं। उसी दोपहर कानपुर चला आया यद्यपि मेरा दो दिन और रुकने का विचार था।

संबंधों की यह दरार तब और चौड़ी हुई जब एक दिन मुझे लखनऊ से उसने फोन कर तीन दिनों बाद आने की सूचना देते हुए ट्रेन के आने का समय बताकर कार लेकर स्टेशन आने का आग्रह किया। मेरा घर से स्टेशन 25 किलोमीटर है। भीड़-भाड़ में कार चलाने में असुविधा देखकर मैंने कार चलाना लगभग बंद कर दिया था। मैंने फोन पर अपनी स्थिति स्पष्ट करते हुए उसे टू सीटर टैम्पो द्वारा सीधे घर आने का आग्रह किया। मैं अपने घर पर उस दिन उसके आने की प्रतीक्षा करता रहा पर न वह आया, न उसका फोन। बाद में ज्ञात हुआ कि वह कानपुर उसी दिन आया था और अपनी ससुराल में दो दिन रुककर चला गया।

तब मेरा स्टेशन न जाना उसका अहंकार तोड़ने के साथ उस औपचारिक साहसी प्रथा को तोड़ना था, जिसके अंतर्गत स्टेशन पहुंचकर उसे रिसीव और सी ऑफ किया जाए। जो काम 50/- खर्च कर एक टू सीटर या टैम्पो कर सकता था उसके लिए तीन घंटे समय बरबाद कर स्टेशन जाने को मैं मात्र पैट्रोल का अपव्यय और उसके अहंकार को बढ़ावा देना समझता था।

बात आई-गई हो गई। उसके बाद न कभी वह मेरे घर आया और न मैं उसके घर गया। यदा-कदा पत्र आते-जाते रहे। रिटायर होकर वह भोपाल में जाकर सैटिल हो गया। उसने अपने निकाले साप्ताहिक पत्र के दो-तीन अंक भेजते हुए मुझे भी लेख भेजने का अनुरोध किया। उसने विवेकानंद का कोई आर्टिकल पढ़कर समाधि पर एक लेख लिखा था जिसमें वेदान्त, सांख्य और योग के संबंध में छुटपुट त्रुटिपूर्ण चर्चा की गई थी।

मैंने उसे विस्तृत पत्र लिखते हुए अनुरोध किया था कि वेदान्त, सांख्य और योग के संबंध में विस्तार से दर्शन-शास्त्र का अध्ययन और मनन करने के बाद ही वह कलम उठाए, अन्यथा आर्टिकल में जो भयंकर भूलें हुई हैं वे पढ़ने वालों को भटका सकती हैं। मैंने यह भी लिखा था कि सत्य का तो यही तकाजा है कि बिना समाधि के अनुभव से गुजरे, समाधि पर कुछ लिखा ही नहीं जाए।

मैंने पत्र में यह भी लिखा था कि जब तुम अध्यात्म के क्षेत्र में कदम रख रहे हो तो पत्र का निकालना बंद कर दो क्योंकि पत्रकार सत्य और निरहंकारिता के मार्ग पर चल ही नहीं सकता। सुदृढ़ आर्थिक न होने के कारण, विज्ञापनों तथा ग्राहक संख्या बढ़ाने के लिए उसे गलत समझौते करने ही होते हैं। अपना अस्तित्व बनाए रखने के लिए उसे यह सिद्ध करना होता है कि दूसरों का वह कैसे और कितना नुकसान कर सकता है। इस पत्र का उसने कोई उत्तर ही नहीं दिया।

अपनी हर पुस्तक प्रकाशित होने पर मैं उसे अपनी प्रत्येक पुस्तक की प्रति भेंट स्वरूप अवश्य भेजता था। कुछ दिनों बाद उसे पढ़कर वह अपनी समीक्षा भी अवश्य प्रेषित करता था।

मैंने उसे 'एक फक्कड़ मसीहा ओशो' के दो खण्ड तो प्रेषित किए पर उसकी प्रतिक्रिया प्राप्त न होने पर उसे अगले खण्ड प्रेषित नहीं किए। जब उसने मुझे अन्य खण्डों को भेजने का अनुरोध किया तो मैंने उसे पत्र लिखते हुए यह आग्रह किया कि पहले भेजे दो खण्डों की तुम मुझे समीक्षा भेजो या न भेजो पर इतना लिखकर जरूर सूचित करो कि तुमने उन दोनों खण्डों को पढ़ लिया है। अपनी पत्नी के ओशो विरोध और अपनी हठधर्मिता के कारण यदि तुमने भेजे गए दो खण्ड पढ़े ही नहीं तो मैं अन्य खण्ड भेजे जाने की औपचारिकता बरतना फिजूल समझता हूँ।

उसने उस पत्र का कोई उत्तर नहीं दिया और संबंध लगभग समाप्त हो गए। उन संबंधों के समाप्त होने का एक अन्य कारण भी था। इटावा जाकर मुझे ज्ञात हुआ था कि अपने पिता की मृत्यु के बाद उसकी बहन ने प्रेम विवाह कर लिया था जिसका उसने काफी विरोध किया था और उसकी मां के साथ भी उसकी पत्नी दुर्व्यवहार करती थी जिसकी कहानी स्वयं मां ने मेरी भाभी को बतलाई थी। मैंने पंडितजी को उन तथ्यों से अवगत कराते हुए उसे अपनी मां के प्रति अच्छा व्यवहार करने की भी गुजारिश की थी जो संभवतः उसके दृष्टिकोण से उसके पारिवारिक जीवन में मेरी अनुचित दखलअंदाजी थी।

कोई नहीं सुनना चाहता नग्न सत्य। कोई देखना तो दूर उसकी ओर से आंखें

मूंदना ही श्रेयस्कर समझता है। पर व्यक्ति जो बोता है वही काटता है। बबूल बोकर कोई आम के फल प्राप्त नहीं कर सकता। अस्तित्व ने मेरे मित्र दम्पति को बख्शा नहीं। अमेरिका में अपने मामा के साथ रहते हुए उसके एकमात्र युवा पुत्र की कार एक्सीडेंट में अचानक मृत्यु हो गई। पति-पत्नी के हृदय में उसकी मृत्यु एक गहरा नासूर बना गई जो निरंतर टीस देता ही रहता है।

अब वह भोपाल में है और मैं कानपुर में। कभी-कभी नववर्ष या दीवाली पर या तो वह मुझे शुभकामना भेज देता है या कभी मैं। पर कुछ वर्षों से यह सिलसिला भी बंद हो गया है। कभी भाव होता है-अचानक भोपाल जाकर उसे चौंका दूं उसे भोपाल ताल के किनारे बैठ कर उसमें उठती लहरों के साथ अपने हृदय की हिलोरों को उन्मुक्त हो जाने दूं। विचारों की भिन्नता के कारण मित्रता और प्रेम नहीं चलते। पत्नी द्वारा आरोपित बंदिशें उसके बनाए घर की चहारदीवारों तक ही सीमित होती हैं। उसकी क्या किसी की भी पत्नी नहीं चाहती कि उसका पति किसी ऐसे व्यक्ति के साथ उठे-बैठे और बतियाये, जिससे उसमें सारे बंधन तोड़कर निजता और स्वतंत्रता से जीने का उल्लास जागे।

## राकेश गर्ग से दाँत काटी दोस्ती और कुट्टी

आज राकेश गर्ग का जिक्र करते हुए मुझे कभी लिखी अपनी एक रुबाई याद आ रही है, जिसे उन दिनों शराब के सरूर में ही लिखा था-

अपने दिल को एकाग्र करने के लिए पीता हूँ।
अल्लाह से मुलाकात करने के लिए पीता हूँ।
दोस्त! तुम क्या समझोगे मजबूरियाँ मेरी
दोस्तों के ज़ख्मों को भरने के लिए पीता हूँ।

कभी हम दो शरीर और एक जान थे। उससे मित्रता ही नहीं गहनतम प्रेम था मेरा। समलैंगिक प्रेम के संबंध में 1954-55 में तब मैंने कहीं कुछ न तो पढ़ा था और न सुना था। मैं उस समय उससे उसी तरह प्रेम करता था जैसे कोई प्रेमी अपनी प्रेमिका से करता है। उसके स्पर्श में पुलकन, सिहरन ओर रोमांच था।

वह हॉस्टेल में मेरे साथ ही रहता था और मुझसे एक क्लास जूनियर था। वह मुझसे कद में कुछ छोटा पर मोटा था। रंग कुछ सांवला था पर उसके चेहरे में एक अनोखी चमक, कशिश और आकर्षण था। वह मुझे देखते ही भा गया और उससे मित्रता जोड़ने की चाह जागी। हॉस्टेल के सभी बाथरूम और लैट्रीन कमरों से दो सौ गज दूर स्थित थे और बाथरूम जाते हुए ही सभी छात्रों की

वहाँ मुलाकात होती ही थी। परिचय शीघ्र मित्रता में बदल गया। हम लोग साथ-साथ यूनीवर्सिटी एक ही साइकिल पर जाने लगे। साथ-साथ सिविल लाइन्स घूमने और पिक्चर देखने भी जाने लगे। अंतरंग बातें भी होने लगीं। वह अपने किसी दूर रिश्ते की मौसी की पुत्री से प्रेम करता था। उनके सेक्स संबंध भी स्थापित हो चुके थे। वह मुझे अपने प्रेम और सेक्स संबंधों का विवरण पूरे विस्तार से सुनाता था और अपनी प्रेमिका से प्राप्त प्रेम पत्रों को भी मुझे दिखलाता और पढ़वाता था।

गर्मियों की छुट्टियों में मैं उसके घर सहारनपुर भी दस दिन साथ रहा और उसकी मां से भी मुझे भरपूर प्रेम मिला। पन्द्रह वर्ष पूर्व उसके पिता ने एक ईसाई युवती से विवाह कर उसके ही साथ रहना शुरू कर दिया था और उसकी मां से संबंध पूरी तरह समाप्त कर दिए थे। उसका पालन-पोषण उसके मामा ने किया था और वह उन्हीं के साथ रहता था। उसके मामा कैलेक्टरेट में पेशकार थे और बहुत खुशमिजाज, हंसोड़ और मस्तमौला टाइप के इंसान थे। उनसे जोक्स और चुटकुले सुनकर मैंने भी उनकी कंपनी का भरपूर आनंद लिया।

उस परिवार में दस दिन रहकर मैंने सुख, शांति और आनंद प्राप्त किया। उसके मामा ड्रिंक्स भी करते थे और उनके कुछ अन्य सोसाइटी गर्ल्स से भी सम्पर्क थे। यह बात पूरा परिवार जानता था और सभी ने इसे सहर्ष स्वीकार कर लिया था। उसके मामा-मामी के मध्य उन दस दिनों में मैंने कोई झगड़ा फसाद या मनोमालिन्य का भी लेशमात्र अनुभव नहीं किया।

इससे ठीक विपरीत मेरे परिवार में नीति, नियम, अनुशासन और आचरण पर जोर दिया जाता था। माता-पिता में जब कभी झगड़े या तकरार भी होते थे। कभी-कभी मेरे पिताजी लात-घूंसों से भी अपना आक्रोश प्रकट करते थे और मां जी बिना बताए रुष्ट होकर हीरा की अम्मा के घर जाकर बैठ जाती थीं। फिर पिताजी उनकी खुशामद कर, कसमें वायदे कर घर वापस ले आते थे।

मेरा परिवार समाज की बाल विवाह व्यवस्था का पक्षधर था। पिताजी का विवाह चौदह वर्ष की अवस्था में हुआ था। मेरी दो बड़ी बहनों के विवाह भी क्रमशः बारह और चौदह वर्ष की अवस्था में कर दिए गए थे। बड़े भाई साहब का विवाह भी सत्रह-अट्ठारह वर्ष की अवस्था में कर दिया गया था। यह सब कुछ मात्र इसलिए जिससे प्रेम अंकुरित न हो सके और सेक्स की समझ आते ही विवाह कर दिया जाए। बी.ए. में पढ़ते हुए मेरे मां-बाप गर्मियों की छुट्टियों में मुझसे विवाह करने पर पिछले वर्ष से मुझ पर इसीलिए दबाव डाल रहे थे।

मुझे लड़कियों से दूर रखकर ब्रह्मचर्य के नाम पर दमन करना सिखाया गया था जिसकी अनिवार्य परिणीत थी हस्तमैथुन और समान लिंगियों से प्रेम। पर राकेश के परिवार में जैसे उसके पिता ने ईसाई युवती से दूसरा विवाह कर सारी वर्जनाएँ तोड़ दी थीं। राकेश अपने मित्र के साथ महरी की लड़की को पांच का नोट देकर कई बार अपनी वासना की तृप्ति कर चुका था। अपनी मामा की विलवेड साथ बातें करते हुए उसके आमंत्रण पर वह ड्रिंक्स भी स्वीकार कर चुका था। अपनी मां की चचेरी बहन की पुत्री अर्थात् मौसी की लड़की से प्रेम-प्रसंग की बात मैं पूर्व ही लिख चुका हूँ।

मेरे और राकेश के इतने अधिक निकट संबंध रहे कि हम दोंनों को दो शरीर एक जान कहा जाता था।

हॉस्टेल में हम दोनों के संबंधों पर ताने और व्यंग्य भी कसे जाते थे, पर हम लोग उन्हें सुना-अनसुना कर देते थे।

एक दिन भावुकता में मैंने राकेश से यहां तक कहा था-"मैं जानता हूँ, तेरे परिवार वाले भले ही लाख प्रगतिशील हों पर तेरे दूर रिश्ते की तेरी कजिन बहन के साथ तेरा विवाह हरगिज न करेंगे। यदि तू उसे इतना अधिक प्रेम करता है कि उसके बिना जी नहीं सकता तो मैं यह शपथ लेते हुए उससे विवाह करने को तैयार हूँ कि मैं उसे स्पर्श तक न करूंगा और वह तेरे साथ पत्नी की तरह ही रहेगी। तेरे बच्चों को भी मैं अपने ही बच्चे समझूंगा।"

यह शपथ मैंने बहुत गंभीरता से ली थी और उसे निभाने का मेरा संकल्प भी दृढ़ था, पर शायद उसी का संकल्प इतना मजबूत न था अथवा मुझसे अधिक यथार्थवादी होने के नाते वह ऐसी शपथों और वायदों की निरर्थकता भली-भांति समझता था।

वह मेरे विवाह में भी सम्मिलित हुआ। तब तक हम दोनों सर्विस ज्वाइन कर चुके थे। उससे ख़तोकितावत होती रहती थी और साल में एक-दो बार मिलना भी। उसकी प्रेमिका का भी विवाह हो चुका था। सर्विस करते हुए अपनी जूनियर महिला कर्मियों से अपने सेक्स संबंधों की दास्तानें वह मुक्त भाव से सुनाया करता था। आखिर दो-ढाई वर्षों के बाद उसने भी विवाह किया। उसके विवाह में मैं भी सपत्नीक सम्मिलित हुआ। उसका विवाह किसी सुप. इंजीनियर की पुत्री से तय हुआ था जो दहेज में मोटी रकम दे रहे थे क्योंकि उसकी पुत्री सुंदर न थी। अपने मामा की मर्जी और अपने लोभ के कारण वह जिससे विवाह करने जा रहा था, वह उसके पसन्द की लड़की न होकर मात्र एक समझौता

था। एक बड़े अफसर की बेटी से तगड़ा दहेज लेकर होने वाले विवाह को लेकर पूरा परिवार हर्षित और उल्लसित था। मेरी पत्नी विवाह के अवसर पर अपना वैभव प्रदर्शित करते हुए सोने के सभी जेवर पहने हुए थी। उसे स्वर्णाभूषण पहने देख उसके मामा ने राकेश द्वारा मुझसे आग्रह किया कि विवाह के समय नई बहू के चढ़ावे के लिए मैं कुछ वजनी जेवर अपनी पत्नी से लेकर उसे दे दूं जिन्हें वह विवाह बाद वापस कर देगा।

श्रीमतीजी ने एकान्त में मुझसे कहा-'मैं अपने जेवर किसी हाल में न दूंगी। मैं अपनी मां से ऐसे कई किस्से सुन चुकी हूँ जिनमें चढ़ावे के लिए जेवर मांगकर फिर वापस किए ही नहीं गए।'

ऐसे दो-चार आख्यान मेरी भी जानकारी में थे। जीवित रहते पिताजी कहा करते थे-'नाते-रिश्तेदारों और मित्रों से कभी भूलकर भी रुपए का लेन-देन या जेवरों का आदान-प्रदान करना ही नहीं। मैं एक बेटी का पिता भी बन चुका था और ईमानदारी से नौकरी करते हुए बस दैनिक खर्च किसी तरह पूरे हो रहे थे।

व्यक्तिगत रूप से भी मैं झूठे आडम्बरपूर्ण प्रदर्शन के मैं विरुद्ध था। मैंने राकेश से कहा-"तेरी भाभी अपने आभूषण अपने से अलग नहीं करना चाहती। वे आभूषण उसकी ही सम्पत्ति हैं। फिर व्यर्थ के आडम्बरपूर्ण दिखावे की आवश्यकता क्या? तेरे ससुर ने तुझे और तेरी नौकरी को देखकर संबंध जोड़ा है। तेरे परिवार की आर्थिक स्थिति को देखकर नहीं।"

राकेश ने कहा कुछ भी नहीं। पर उसी क्षण से पूरे परिवार का हम लोगों के प्रति व्यवहार एक साथ बदल गया। उस रात छोटी बच्ची के लिए दूध भी उपलब्ध न हुआ। शाम हम लोगों को चाय पर भी याद नहीं किया गया। पूरे वातावरण में मुझे जैसे एक घुटन-सी अनुभव होने लगी। उसी शहर में ट्रांसफर होकर मेरे एक कुलीग भी रहते थे जो मुझे बहुत दिनों से बुला रहे थे। उनके पास शादी से निपटने के बाद जाने का कार्यक्रम था पर मैं सपरिवार उसी समय वहाँ चल पड़ा। राकेश की मां ने टोंका भी। चाय पीकर जाने के लिए कहा। मैं उन्हें आश्वस्त कर कि बाकी सामान तो यहीं रखा है एक हैंडबैग लेकर अपने उस कुलीग से मिलने चल पड़ा। मेरा दिल बहुत भारी था। मैं अपने को भी एकदम सही नहीं मान रहा था। मैंने भी दोस्ती का हक अदा नहीं किया था। उस पर विश्वास नहीं किया था। यदि उसकी झूठी शान रह जाती तो मेरा नुकसान क्या था? पर मन का दूसरा स्वर यह भी कहता था कि मान लो नई दुल्हन के चढ़ाये जेवरों के साथ विदा होने पर उसने उन जेवरों को साथ ले जाने

की जिद पकड़ ली या उसके मामा-मामी की नीयत खराब हो गई तो मैं अपनी पत्नी के सामने जीवन भर अपराधी बना रहूंगा। मैं उन दिनों ध्यानी नहीं था। आम कमजोरियों वाला एक साधारण इंसान था।

पर इसके प्रतिक्रिया स्वरूप राकेश के परिवार का व्यवहार भी अप्रत्याशित जरूर था पर शायद स्वांभाविक था। वे लोग भी आम कमजोरियों वाले साधारण इंसान थे। मैंने भी राकेश की भावनाओं पर जबर्दस्त चोट पहुंचाई थी। जहाँ मैं उस पर जान लुटाने की बात करता था वहां उस पर मैंने जेवर न देकर अपना अविश्वास व्यक्त किया था।

हालांकि मैं बारात में भी गया पर वह सब महज एक खानापूरी थी। दुल्हन के घर आते ही मैं भी परिवार सहित वापस लौट आया। संबंधों में दरार पड़ी तो खतोकितावत भी टूट गई। मेरे मन में भले ही उसके लिए कोमल भावनाएँ बनी रहीं पर संबंधों में एक गांठ तो पड़ ही गई।

वर्षों बाद जब मैं ट्रांसफर होकर सहारनपुर गया तो दूसरे ही दिन राकेश की मां से भेंट करने भी गया। उन्होंने बहुत प्रेम से मेरा स्वागत किया। दीवाली की छुट्टियों में जब राकेश घर अपनी मां से मिलने आया तो मैंने उसे भोजन पर आमंत्रित भी किया। पर गांठ न खुलनी थी, सो खुली नहीं। उसके दिल में भी शिकवे-शिकायत और दर्द था और मेरे दिल में भी। दोस्ती के बीच पत्नियाँ प्रत्यक्ष या अप्रत्यक्ष रूप से रुकावट बनती ही हैं। पर राकेश की मेरी पत्नी से जेवरों को देने की अपेक्षा पूरी नहीं हुई तो उसे समझना चाहिए था कि मैं उसमें पूरी तरह तो दोषी नहीं।

मैं उससे उसके घर जाकर स्वयं दो तीन बार मिला और पुराने संबंधों को पुनर्जीवित करने का बहुत प्रयास किया पर दोनों बार उसकी पत्नी आड़े आ गई।

और मैं बशीर बदर की ग़ज़ल के निम्न शेर ही गुनगुनाता रह गया-

यूं बेसबब न फिरा करो।<br>
कोई शाम घर भी रहा करो।<br>
ये नये मिजाज का शहर है<br>
जरा फासले से मिला करो।

इस नए मिजाज की दुनिया में कोई भी अति निकटता चाहता ही नहीं। प्रत्येक की अपनी-अपनी व्यक्तिगत निजी जिन्दगी और निजी पसंद और नापसंद हैं। किसी दूसरे का आना उसे घर में एक आक्रमण जैसा लगता है।

इसी कारण तो मैं रविकान्त से अलग हुआ। मैं बेवकूफ था जो किशोरावस्था

या यौवन प्रारंभ में किन्हीं भावुकता के क्षणों में उसके द्वारा कहे उस वाक्य को गांठ में बांधे हुए था जब उसने कहा था–"श्री! तू मेरे पास कभी भी रहते हुए मजे से लेखन करना। मेरे घर के दरवाजे तेरे लिए हमेशा खुले रहेंगे।"

पर मैं यह भूल ही गया था कि उसने जब यह वायदा किया था तब वह तनहा था। हमारी और उसकी जीवनशैली लगभग एक जैसी थी। पर अब घर की बागडोर उसकी श्रीमतीजी के हाथों में थी। उसके घर उसका युवा बेटा भी था और अमेरिका रहकर कुछ समय तक नौकरी करने के बाद उसकी जीवन शैली बहुत बदल चुकी थी।

फिर भी उसने मुझे बहुत बरदाश्त किया। मैं ए.पी.जे. पब्लिक स्कूल के अंदर बने प्रिंसपल आवास में उसके साथ लगभग 5-6 दिन रहा था। मेरे लिहाज में उन दिनों घर में कोई मांसाहारी डिश नहीं बनी और यह चलते हुए मुझे बाद में पता चला कि उसका पुत्र इसीलिए रात का खाना प्रायः बाहर होटलों में खाता रहा।

नौकरी से रिटायर होकर उसने फरीदाबाद में किराये का मकान लेकर रहना शुरू किया। उसका पता भी मुझे बहुत मुश्किल से ज्ञात हुआ था। दिल्ली से लौटने के बाद उससे पत्र व्यवहार कुछ दिनों बाद भी टूट गया था। दिल्ली में रहने वाले इटावा के एक अन्य हम दोनों के कॉमन मित्र को भी उसका नया पता मालूम नहीं था। इटावा जाने पर मैंने उसकी मौसी के पुत्र से उसका पता ढूंढ़ना बेहतर समझा। उसने भी मकान बदल लिया था और वह भी मेरा कभी क्लासफेलो रहा था। पर इटावा जैसी जगह में मैंने उसे ढूंढ़ ही लिया। आश्चर्य तो तब हुआ जब उसने हंसकर कहा–मुझे भी उसका पता मालूम नहीं। हम लोग उसके यहां आते-जाते नहीं। न खतोकितावत होती है। हाँ! मैं तुम्हें गाजियाबाद में रहने वाले उसके छोटे भाई का फोन नंबर दे रहा था। वहां से तुम उसका पता जान सकते हो। गाजियाबाद फोन कर मुझे उसका नया पता मिला भी। मैंने उसे 'एक फक्कड़ मसीहा ओशो' के सभी प्रकाशित एण्ड रजिस्टर्ड डाक से भेजे। उसके आमंत्रण पर मैं फरीदाबाद गया भी। पर उसकी कहानी शुरू से ही लिखना मुनासिब होगा।

अभिन्न मित्र वही होता है जिसके साथ कुछ भिन्नता न रह जाए। दोनों पानी में बताशे की तरह घुल जाएं। जिनका एक-दूसरे से कुछ भी छिपा हुआ न हो। जिनमें एक-दूसरे के प्रति सब कुछ करने का भाव हो, यहां तक कि जान की बाजी लगा देने तक का।

पर विवाह के बाद मित्रता में दरारें आना सहज स्वाभाविक है क्योंकि व्यक्ति प्रत्येक के साथ अभिन्न नहीं हो सकता। विवाह में पति-पत्नी के शरीर भी एक-दूसरे में समाकर एक नहीं होते। पति-पत्नी के प्रेम में ईर्ष्या, पकड़ और मालकियत होती है। पत्नी को पति के मित्रों से भी ईर्ष्या होती है। ईर्ष्या के साथ आशंकाएँ भी होती हैं कि उसका मित्र उसके पालतू बने पति को विद्रोही न बना दें। जिन आदतों को वह इतने श्रम से सुधार चुकी है वे फिर न बिगड़ जाएं।

मेरे तीनों मित्रों के अभिन्न प्रेम भी उनकी पत्नियों के स्वभाव के कारण ही सर्द होते गए अथवा इसे यों भी कह सकते हैं कि हम लोगों के प्रेम में इतनी गहराई और समझ न थी, जो उन अवरोधों की हंसी-मजाक में उपेक्षा कर सकते।

शुक्ला और राकेश तो मेरे ऐसे दोस्त थे जिन्होंने अपने गोपनीय से गोपनीय रहस्य मुझसे रंच मात्र भी नहीं छिपाए थे। जितने मेले ठेले, नुमाइशों और भीड़-भाड़ में उन्होंने जिन लड़कियों या स्त्रियों को जैसे भी जिस तरह से धक्के लगाए थे, उन्हें चिकोटी काटी थी अथवा अपनी नातेदारी या रिश्तेदारी में जिन लड़कियों से उनके आधे-अधूरे प्रेम-संबंध परवान चढ़े थे, उनका सूक्ष्मातिसूक्ष्म वर्णन उन्होंने मुझे रस ले लेकर सुनाया था। शायद उन्हें अपने अचेतन में यह भय हो कि मेरे साथ संबंध बने रहने से जाने अनजाने में मेरे मुंह से उनकी अतीत की पुस्तक के कुछ ऐसें वर्क न उलट जाएं जिससे उनकी पत्नी की दृष्टि में उनकी छवि खण्डित हो जाए।

पर नहीं, दोस्ती टूटने का असली जिम्मेदार मैं स्वयं हूँ। यदि मेरे व्यवहार में समर्पण, आश्वासन और समझदारी होती तो अपनी दोनों भाभियों अर्थात् मित्र पत्नियों का विश्वास मैं जीत भी सकता था। शायद मेरा ही अहंकार आहत होकर उनसे मुझे दूर ले गया।

रविकान्त के परिवार से दूरी भी मेरे भारतीय संस्कारों और मेरी आदतों के कारण ही हुई। उसकी पत्नी को या उसे दोष देना व्यर्थ था।

वह मिलिट्री एकेडेमी में और फिर एक पब्लिक स्कूल का प्रिंसीपल बनकर वर्षों रहा। उसका रहन-सहन, तौर-तरीके और साफ-सफाई की आदतें पाश्चात्य सभ्यता के ढांचे में इस तरह आबद्ध हो चुके थे कि व्यक्तिगत जीवन में किसी दूसरे के द्वारा व्यवस्था को भंग करना वे बरदाश्त ही न कर सकते थे।

प्रारंभ में ए.पी.जे. पब्लिक स्कूल दिल्ली के प्रांगण में ही बने उसके प्रधानाचार्य के बड़े फ्लैट में एक सप्ताह उसका मेहमान बनने में अपार आनंद

हुआ था। उसकी पत्नी की औपचारिक बातों में कुछ रूखापन तो अवश्य महसूस किया था पर चूँकि उस समय वह भी उसी विद्यालय में शिक्षिका के रूप में कार्यरत थीं अतः उनकी थकान और स्वभाव समझ कर मैंने उस पर विशेष ध्यान न दिया था।

विद्यालय से सेवानिवृत्त होने पर उसके नए मकान का पता, प्रयास करने पर भी मैं न पा सका। अब समझ में आता है कि उसने अपने निकट संबंधियों को भी अपने घर का पता न दिया था। इटावा से भी मैं नोएडा में रहने वाले उसके छोटे भाई का ही पता पा सका था और उससे ही फोन पर बात कर मैं उसके फरीदाबाद के फ्लैट पर जा पहुंचा था। हालांकि दिल्ली में शालीमार बाग में मेरे संबंधी का भी मकान था, जहाँ वर्ष दो वर्ष बाद मैं जब प्रकाशक से भेंट करने जाता था, दिल्ली तीन चार दिन रुकता था।

दूसरी बार मैं वसंत विहार में अपने एक अन्य मित्र सी.के. अग्रवाल के साथ रुका क्योंकि राकेश का घर भी उसके घर से निकट था। इलाहाबाद में राकेश के घर एक रात सोने के बाद उसकी पत्नी के रूखे व्यवहार के कारण मैं उसके घर रुकने के बाबत सोच ही नहीं सकता था। राकेश के पास मैंने डाक से अपनी प्रकाशित सभी पुस्तकों का सैट भेजा था जिसके प्रत्युत्तर में उसने दो लम्बे पत्र लिखे थे। उन पत्रों के आधार पर अपनी सोई मित्रता को पुनर्जीवित करने का ही यह प्रयास था।

राकेश ने एक रात मुझे भोजन के लिए आमंत्रित भी किया पर फिर भी ध्रुवों की बर्फ पिघली नहीं। रविकान्त मुझे फोन पर बता चुका था कि उसके घर चूंकि आजकल उसकी सास आई हुई है इसलिए वह मुझे अपने साथ अपने घर ले जाने में असमर्थ है। मैं यह समझ पाने में असमर्थ था कि उसकी सास के घर रुके रहने से मेरे वहाँ जाने में क्या कठिनाई है?

और सी.के., जिसके साथ मैं तीसरे दर्जे से बी.ए. तक साथ पढ़ा था, जो यद्यपि मेरा अभिन्न मित्र न था, पर उन पति-पत्नी का बेशर्त प्रेम और स्वागत भाव अनुभव कर मैं विस्मय विमुग्ध था।

अंतिम दिन जब मैंने रविकान्त से आखिरी रात उसके घर रुककर उससे अंतरंग लम्बी परिचर्चा करने की इच्छा व्यक्त की तो वह मुझे अपने साथ कार में फरीदाबाद की ओर ले जाते हुए रास्ते में बोला-"श्री! तुम कल्पना नहीं कर सकते कि आज जमाना कितनी तेजी से आगे बढ़ गया है। मेरी लड़की ही अमेरिकन मल्टी नेशनल फर्म में काम करते हुए और अपने हसबैंड के साथ

अमेरिका और यूरोप के टुअर से लौटने के बाद इतनी सैन्सीटिव हो गई है कि वह यह बरदाश्त नहीं कर सकती कि उसके बाथरूम को दूसरा व्यक्ति प्रयुक्त करे। उसे वहम् बना रहता है कि शायद उसने अपने हाथ कीटाणु नाशक लिक्विड सोप से न धोए हों, इसलिए वह बाथरूम के हैंडिल को साफ करती है। बाथरूम को कई-कई बार धोती है और यही आदत उसकी मम्मी की भी है...।

मुझे एक गहरा आघात लगा। मेरे भ्रम के सारे पर्दे हट गए। उसका अपने किसी नाते-रिश्तेदार को भी अपने घर का पता न देना, शादी-ब्याह में किसी को न बुलाना और इतने दिनों से मुझे अपने घर न ले जाना... सभी कुछ जैसे स्पष्ट हो गया। मैं पान लगातार खाता था। हालांकि मैं पीक के लिए घर के बाहर या लॉन का कोना ही प्रयुक्त करता था पर कत्थे के दाग इधर-उधर लग जाना स्वाभाविक था। उसके घर जाने का मेरा सारा उत्साह बुझ गया। मेरा मन हो रहा था कि मैं उससे कहूं कि वह स्टेशन जाकर छोड़ दे। जब जो गाड़ी मिलेगी, मैं सीधे आगरा या कानपुर निकल जाऊंगा। पर मैं उसे आघात नहीं पहुंचाना चाहता था। उसने मेरे लिए डिनर तैयार करवा रखा था।

उससे उस रात अंतरंग बातचीत में भी मेरा मन न लगा। वह रात जैसे आधे सोते आधे ज़ागते ही गुजर गई। सुबह उठते ही मैंने उससे फरीदाबाद स्टेशन छोड़ने का आग्रह किया और आगरा आ गया।

मैं अपने मित्र को दोष नहीं देता। दोष है उस सभ्यता और संस्कृति का जो बाह्य औपचारिकताओं, नीति-नियमों और शिष्टाचार के मुखौटे में हृदय की कोमल भावनाओं का कत्ल कर देती है। जहाँ पिता को विवाहित पुत्र के घर जाने के लिए टेलीफोन पर सूचना देनी होती है और पुत्र उसे घर न रोककर, उसके लिए किसी होटल में कमरा बुक कर देता है। इस शिष्टाचार में प्रेम और अंतरंग भावनाओं के लिए स्थान कहाँ?

इसी प्रेम ने सी.के. या चन्द्र कुमार को मेरे काफी निकट ला दिया और बहुत निकट के राकेश और रविकान्त दूर हो गए। हम जैसे नियंत्रक रहे ही नहीं, भले ही वह हमारा अपना ही जीवन क्यों न हो। उसका नियंत्रण कर रही है सभ्यता, संस्कृति और एक विशिष्ट जीवन पद्धति।

आनंद तो वर्षों से अमेरिका में है। वह वहीं का नागरिक बन गया। इंटर के बाद उससे एक बार हमीदुल्ला हॉस्टेल लखनऊ में जरूर बात हुई थी। उसके बाद उससे कोई सम्पर्क रहा ही नहीं।

तिलक चोपड़ा के हाम्बुर्ग से दो-चार पत्र जरूर आए थे पर फिर उसके पत्र आना ही बंद हो गए। मेरे पत्र भी अनुत्तरित बने रहे।

हम अकेले आए थे और अकेले ही चले जाना है। हम लोगों का मिलना बहती नदी में हवा के एक झोंके से दो तिनकों के अचानक मिल जाने जैसा है, जो कुछ दूर साथ-साथ बहते हैं और हवा के दूसरे झोंके से उठी दूसरी लहर से जुदा हो जाते हैं।

पर कुछ क्षणों के मिलन में ही हम जैसे पूरी एक जिन्दगी जी लेते हैं।

मित्रता और शत्रुता ये दोनों एक ही सिक्के के दो पहलू हैं। मित्रता होती है बाह्य चेतना पर जिसका प्रभाव अंदर हृदय तक होता है, पर अचेतन में शत्रुता पनप रही होती है। जहाँ-जहाँ मित्रता और प्रेम, अहंकार को कुंठित करता है वह शत्रुता बन अचेतन में इकट्ठा होता रहता था और समय आने पर उसका विस्फोट होता ही है।

यहाँ न कोई मित्र है और न शत्रु।
घुटन, एक सर्पिणी सी
ज्ञान और भाव तंतुओं को फन मारती
स्वयं शोक मग्न है और हर्षित भी
और मैंने बंद कर लीं अपनी खिड़कियाँ।
इस कस्बे को बम्बई होने से रोकिए
'बम्बई' एक सर्पिणी सी दौड़ी चली आ रही है।

पाश्चात्य सभ्यता और संस्कृति ही जिसमें भावना, संवेदनशीलता, प्रेम और उत्सव आनंद नहीं, वही 'बम्बई' है। प्रत्येक महानगर की नई यांत्रिक और औपचारिक संस्कृति ही वह सर्पिणी है, जो फनफनाती और फुफकारती हुई सभी मानवीय मूल्यों को संज्ञाशून्य बनाती जा रही है।

ओशो कहते हैं किसी से संबंध बनते ही उससे अलग होने की प्रक्रिया शुरू हो जाती है। किसी से प्रेम होते ही घृणा होने की कहीं अचेतन में शुरुआत हो जाती है। जिन संबधों में मन है, वहां अपेक्षाएँ हैं, पसंदगी और नापसंदगी है। मालकियत और वर्चस्व की होड़ है। मित्रता में यह बंधन सबसे कम होते हैं। अन्य रिश्तों की अपेक्षा मित्रता देर तक चलती है। पर यदि मित्र भी अपनी पत्नी अथवा परिवार के प्रभाव में आ जाता है, उसकी जीवनशैली और सोच मित्र से भिन्न हो जाती है तो संबंधों में दरार आना स्वाभाविक है। इसीलिए उन्होंने friendliness (मित्रवत) शब्द का व्यवहार रखा है। संबंधों के देर तक बने रहने

के लिए मित्र नहीं, मित्रवत बने रहो। किसी के जीवन में बिना कोई व्यवधान उत्पन्न क़िए... पर अंततः तो एक दिन सभी को बिछुड़ना ही है। सभी अकेले आए हैं और प्रत्येक को अकेले ही जाना है।

बुद्ध इसीलिए मित्रता का विधायक शब्द प्रयोग न करते हुए 'अबैर' साधने को कहते थे। किसी से भी बैर या शत्रुता नहीं।

अब मित्रवत संबंध है स्वामी प्रेमनिशीथ से, पूना के स्वामी जगदीश भारती, नोएडा के सी. के. और मेरठ के स्वामी पुरातन तीर्थ से, अथवा अपने ही तीन शिष्यों स्वामी ध्यान वैराग्य, मां आनन्द दीति और स्वामी अन्तर निर्मन्तु से।

# डायरी के कुछ ताजे पृष्ठ

## 25 जून 2004

आस्था चैनल पर रात 11:30 बजे कल ओशो का प्रवचन सुन रहा था। इस चैनल पर रोज रात 11 से 12 के मध्य ओशो के अंग्रेजी प्रवचन आते हैं। ओशो से पूछा गया था-maturity क्या होती है? Matured man या बुद्ध के गुण क्या होते हैं?

ओशो ने कहा-maturity (परिपक्वता) का अनुभव होने पर व्यक्ति फिर वह person नहीं रह जाता। बिना self या अहंकार के वह एक निर्दोष बच्चा मात्र रह जाता है। हंसता, खिलखिलाता, निर्झर सा बहता या एक ठीक सहज, सरल एक उड़ते हुए बादल की तरह। पर उसमें बच्चे की चंचलता के स्थान पर थिरता होती है, क्योंकि वह अपने केंद्र पर पहुंच जाता है। उसकी intellegence बहुत sharp हो जाती है। पर संसार जिसे maturity कहता है-उसमें गंभीरता है। शास्त्रों से बटोरी गई जानकारियों का संग्रह है। सांसारिक बेईमानी, ईर्ष्या और मालकियत की भावना है।

यदि मैं अपने शब्दों में कहूँ तो तम, रज और सत् प्रधान व्यक्तियों के अनुभव और maturity अलग-अलग होती हैं। कोई डाकू, चोर, हत्यारा अपने अनुभवों की अभिव्यक्ति कर वह दांव-पेंच बतलाता है जिससे अपराध करके भी बचा जा सकता हो। इनमें दूसरों को दु:ख पहुंचाकर आंनदित होने वाले परपीड़क भी हो सकतें हैं। स्वयं पिटकर आनंद लेने वाले भी हो सकते हैं। शराब या ड्रग्स में आनंद खोजने वाले नशेड़ी भी हो सकते हैं।

रस प्रधान व्यक्तियों की परिपक्वता, धन पद भोग पाने की अतृप्त दास्तान होती है। कैसे लोगों को धोखा देकर दूसरों का शोषण कर उन्होंने धन बटोरा? कैसे लोगों को धकेल कर तिकड़मों से उन्होंने पद प्राप्त किया। कैसे-कैसे जाल बिछाकर उन्होंने लड़कियाँ पटाईं? उन्हें भोगा। कैसे-कैसे तिकड़मों से उन्होंने पद पाकर सम्मान अर्जित किया? और सतप्रधान व्यक्तियों की दो तरह की परिपक्वता होती है। एक तो पुस्तकों से बटोरे गए ज्ञान की जुगाली तथा दार्शनिक चिंतन और बौद्धिक ऊहापोह। इसमें ज्ञान का और संसार को कीड़े-मकौड़े

समझने का दम्भ होता है। एक खोखलापन होता है। केवल तर्क-वितर्क और विचारों की भीड़ होती है।

इसी क्षेत्र में और दूसरी तरह की परिपक्वता उन लोगों की होती है जो मन, बुद्धि और अहंकार के पार जाकर पूरी चेतना से साक्षी होकर स्वयं अनुभव अर्जित करते हैं, जिससे वह हल्के निर्भार होकर बादलों से उड़ते हुए बरस पड़ते हैं। वह बच्चों से सहज, सरल हो जाते हैं। इस भांति की परिपक्वता अपने अनुभवों को व्यक्त करने की चेष्टा तो करती है पर शब्द बौने हो जाते हैं। शब्दों के, बुद्धि के पार के अनुभव को, शब्दों में व्यक्त करना बहुत कठिन होता है। इसीलिए वे उलट बांसियों का, परस्पर विरोधी शब्दों का प्रयोग करते हैं।

घर परिवार में रहते हुए असंग, कंवलवत बनकर रहना सर्वाधिक कठिन है। इस तथ्य को जरा अब तक हुए बुद्धों के जीवन का अध्ययन कर समझने का यत्न करें।

पहला उदाहरण जनक का है। राजा बनकर सारी भौतिक सुख-सुविधाएँ उठाते हुए वे कमलवत रहे।

जबलपुर में मेरे एक मित्र हैं। वह बुद्धत्रयी के आश्रम में पाँच या छह समाधियों के कोर्स पूरा कर खुश-खुश घर लौटे। उन्होंने घोषणा की कि उन्हें अपने स्थूल शरीर से सूक्ष्म शरीर के बाहर निकलने की अद्‌भुत अनुभूति हुई और अब वह अपने शरीर के मात्र साक्षी रह गए हैं। एक महीने बाद उन्हें हरपीज हुई। हरपीज में भयानक शारीरिक पीड़ा होती है। हम दोनों को मित्रता के सूत्र में जोड़ने वाले मित्र जब उन्हें घर देखने और उनका हालचाल पूछने गए तो वह बहुत पीड़ा से बोले-"इस बीमारी और असहनीय कष्ट ने मेरे अहंकार को चूर-चूर कर दिया। साक्षी होना तो दूर, मैं तो तटस्थ बनकर भी अपने शरीर के कष्ट को एक क्षण के लिए न भूल सका। मेरे सर्व स्वीकार से जीने के भाव की असलियत उधड़ गई। अब लगता है स्थूल शरीर से सूक्ष्म शरीर के पृथक होने की अनुभूति मात्र मन का ही प्रक्षेपण था।

वह आदमी ईमानदार हैं। सत्य के खोजी हैं। जबलपुर के स्वामी आनंद विजय के आश्रम में दस वर्षों तक ध्यान करते हुए जब उन्हें कुछ न घटा तभी उन्होंने अगेह भारती के प्रभुजी का पल्ला पकड़ा था। वहाँ शांति और आनंद उन्हें घटना शुरू ही हुआ था कि अगेह भारती से अनबन होने पर प्रभुजी अलोप हो गए। तब उन्होंने सिद्धार्थ जी और शैलेन्द्र जी का दामन थामा।

समाधि का कोर्स करते हुए, आश्रम के वातावरण, दिनचर्या, सत्संग और नियमित ध्यान से वे तनाव के दूसरे छोर विश्राम में चले जाते हैं। उन्हें आनंद

की झलकें भी मिलती हैं। पर घड़ी का पेंडुलम दूसरे छोर तनाव पर जाने के लिए संवेग उत्पन्न कर रहा है, यह उन्हें उस समय ज्ञात नहीं होता। कामवासना के बाद ब्रह्मचर्य और उपवास के बाद भोजन प्रिय लगता है। कोई जब तक, प्रेम और घृणा, सुख और दुःख, दोनों छोरों को एक साथ देखते हुए मध्य में न ठहर जाए वह द्वंद्वातीत हो ही नहीं सकता।

बुद्धमयी के आश्रम में तीन चार समाधियों का कोर्स पूरा करने वाले तीन चार साधकों को मैं जानता हूँ जिन्हें मेरे निर्देशन में एक डेढ़ दिन ध्यान करने में ही आत्यान्तिक अनुभव हुए और वे विकसित भी हुए।

सर्वस्वीकार आता है बोध या समझ से। और बोध या समझ आती है-मन के अमन बनने से।

कौन कर रहा है समाधि का कोर्स? कौन अनुभव कर रहा है? कौन प्रयास कर रहा है? किसे समाधि घटने की चाह या प्रतीक्षा है? सभी का एक ही उत्तर है-मन।

प्रदर्शन और विज्ञापन वही करते हैं जिनमें अपना अर्जित ज्ञान और असलियत नहीं होती। मेकअप वही करता है जिसमें स्वाभाविक सुंदरता नहीं होती। पर शिक्षित लोग भी इसे समझने का कष्ट करना ही नहीं चाहते। उन्हें यह भ्रम है कि पैसे के द्वारा सब कुछ खरीदा जा सकता है... समाधि, बुद्धत्व और परमात्मा भी।

## 14 अगस्त 2004

'ध्यान प्रेम की छांव में' तथा 'कुंडलिनी और समाधि' दोनों पुस्तकें प्रकाशित होकर आ गई हैं। कवर पर ओशो का सुंदर चित्र है। पुस्तक के अंदर भी दो-तीन भिन्न-भिन्न पोज़ों में ओशो के बड़े प्यारे चित्र हैं जिनसे तरंगित करुणा का सागर उमड़ता हुआ अपने अंदर उमड़ता महसूस करता हूँ। पुस्तक की छपाई भी पहले से कहीं अधिक अच्छी है। पर इसके बावजूद मैं अपने अंदर उस पहले जैसी खुशी, उमंग और प्रसन्नता का अनुभव नहीं कर पा रहा हूँ।

एक बार पुस्तकों को उलट-पुलट कर देख लिया और रैक में सजा दिया। अपने ही लिखे को दोबारा पढ़ना मुझे एक बहुत बड़ा बोझ और सजा जैसा लगता है। इसीलिए 'स्लिप ऑफ पैन' वाली गलतियाँ जैसे कहीं-कहीं वाक्यों के मध्य 'में', 'तो', 'पर', 'परंतु', 'उसको', 'उन्होंने' आदि शब्द छूट जाते हैं या कहीं प्रयुक्त शब्द मौंजू नहीं होता। यह गलतियाँ पाण्डुलिपि में होती हैं।

पर पुस्तक का प्रूफ आने पर मैं उसे पूरे मनोयोग और सजगता से पढ़ता हूँ।

प्रूफ पढ़ते समय मैं मूल पाण्डुलिपि की ओर देखता तक नहीं। मैं उसे किसी नई कृति की भांति आलोचनात्मक दृष्टि से पढ़ता हूँ। जहाँ बहुत आवश्यक हुआ वहाँ कुछ शब्द या वाक्य निकाल देता हूँ और जहाँ कुछ जोड़ना जरूरी लगता है तो जोड़ देता हूँ। पर मुझे अपने अचेतन में यह ख्याल बराबर बना रहता है कि मुद्रक को कम से कम कठिनाई हो। शुरू-शुरू में प्रकाशक ने मुझे टोंका भी था पर मेरा उत्तर सुनकर वह मुझे खुले हृदय से सहयोग देने लगे। पर फिर भी जो गलतियाँ रह जाती हैं-फाइनल प्रूफ न मिलने के कारण, उन पर तो सिर्फ मातम ही मनाया जा सकता है।

अपने लिखे को दोबारा पढ़ना मुझे ठीक इस तरह लगता है जैसे यात्रा करते हुए जो पथ पीछे छूट गया, उस पर लौटकर दोबारा चलना। प्रूफ पढ़ने को मैं एक नई यात्रा के रूप में ही लेता हूँ। जो पीछे गुजर गया उसको लौटकर दुबारा देखने से क्या लाभ। शुरू-शुरू में जब मेरे लिखे को टाइपिस्ट टाइप करके लाता था तो एक अनिवार्य विवशता में मैं उसे प्रूफ की भांति ही पढ़ता हुआ गलतियाँ सुधारता जाता था पर अब पिछले कई वर्षों से अपने हाथों लिखे को सीधा छपने भेज देता हूँ।

ओशो ठीक ही कहते हैं-दोहराने से ऊब उत्पन्न होती है। जिस क्षण वह लिखा था, वह क्षण ताजा और जीवन्त था। अब वह क्षण जा चुका है। नूतन विचार और नई भाव तरंगे हैं। लिखते-लिखते वह क्षण भी जा चुका और नया सौंदर्य लेकर नया क्षण आ पहुँचा। जीवन में सब कुछ बहा जा रहा है। सांप अपनी उतारी हुई केंचुल को और वृक्ष अपने झर जाने वाले पीले पत्तों को फिर देखता ही नहीं। उसके बारे में सोचता तक नहीं

मेरा लिखना भी एक मौन गीत गुनगुनाने की तरह है। उसकी ध्वनि, तरंग, आरोह-अवरोह सभी शब्दों में छिपा है। बिना प्रयास यह स्वयं उपज रहा है।

शायद कुछ लोग सोचें और कभी-कभी मैं भी सोचता हूँ कि जब ओशो हिंदी अंग्रेजी की 650-700 प्रवचन पुस्तकों में अज्ञात से अद्भुत अमृत की वर्षा करते हुए अव्यक्त को भी व्यक्त कर चुके हैं फिर मेरे लिखने का महत्त्व क्या है?

ओशो के समझाने से जो लोग नहीं समझ सके उन लोगों को क्या मेरे शब्द समझाने में सार्थक हो सकेंगे? कभी लगता है-मैं मूर्च्छित लोगों को ज्यादा अच्छी तरह से समझता हूँ क्योंकि कुछ ही समय पूर्व मैं भी उन जैसा ही मूर्च्छित था। अभी भी चौबीस घंटे मैं हमेशा होशपूर्ण कहाँ रह पाता हूँ? मैं मूर्च्छित लोगों के उस वर्ग को ज्यादा अच्छी तरह पहचानता हूँ जिन्हें अपनी मूर्च्छा का ज्ञान है और

जिन्हें रोशनी की तलाश है। अंधेरे में अचानक हुए तीव्र प्रकाश को वे सहन नहीं कर सकते। उन्हें धुंधले प्रकाश की आवश्यकता है जिससे आहिस्ता-आहिस्ता उसके अभ्यस्त होकर वे अधिक प्रकाश को सहन कर सकें।

ओशो उन लोगों को सम्बोधित कर रहे थे जो उन्हें वर्षों से पढ़ते-सुनते हुए उनके सान्निध्य में ध्यान करते हुए विकसित हो रहे थे। वे या तो मुमुक्ष थे अथवा उनकी प्यास गहरी थी। जो रेचन करते हुए सहज सरल हो चुके थे और जिनकी समझ विकसित हो चुकी थी। फिर ओशो की अंग्रेजी प्रवचन मालाएँ जिनका अभी हिंदी में अनुवाद नहीं हुआ है, हिंदी भाषियों के लिए अनजानी हैं। हिंदी में भी उनकी 200-250 प्रवचनमालाओं को पढ़ने, सुनने और गुनगुनाने का बहुतों के पास न समय है और न धैर्य। मैं कई प्रवचनमालाओं का सार और स्वाद देकर उन्हें ओशो की विभिन्न प्रवचनमालाओं का रसास्वादन लेने के लिए उत्प्रेरित करता हूँ।

मुझे अपने बारे में कोई गलतफहमी नहीं। मैं एक सामान्य लेखक हूँ। मेरी भाषा और शैली सीधी और स्पष्ट है। उसमें साहित्यिकता और विशेष रसलालित्य भी नहीं। लक्षणा और व्यंजना नहीं। रांगेयराघव ने कबीर आदि संतों की तथा अमृतलालनागर ने सूर और तुलसी पर लिखे उपन्यासों के रूप में जो जीवनियाँ लिखी हैं वे अनुपम हैं। पर क्या वे एक विशिष्ट वर्ग तक सीमित होकर नहीं रह गईं? जबकि एक फक्कड़ मसीहा ओशो सामान्य पाठक और ओशो प्रेमियों तक पहुंची। इसके प्रत्येक खण्ड के कई-कई संस्करण प्रकाशित हुए। ऐसे-ऐसे ओशो प्रेमी भी हैं जिन्होंने प्रत्येक खण्ड की 200-250 प्रतियाँ खरीद कर अपने प्रेमी मित्रों को उपहार में दीं। उसे पढ़कर लोग विकसित हुए। बहुतों ने संन्यास लिया। उनके जीवन में ध्यान और प्रेम के फूल खिले।

साहित्य संसार में जैसी गुटबाजी, उठापटक और एक-दूसरे को पछाड़ने की अंधी महत्त्वाकांक्षा के साथ चमचागिरी की जो दलदल है, उससे विरक्त होकर 1956 में ही मैं उसे प्रणाम कर चुका था। इसे संघर्ष से मेरा पलायन भी कहा जा सकता है। पर अध्यात्म का संसार भी कमोवेश इन्हीं विषों से ग्रस्त है। मनुष्य कहीं भी जाए, वह अपने साथ अपने गुणों और अवगुणों को साथ लेकर चलता है। पर कमल कीचड़ में ही खिलता है। सभी प्रतिरोध और विपरीत परिस्थितियाँ एक चुनौती बनकर सृजनकार को नव सृजन के लिए उत्प्रेरित करती हैं। एकला चलकर भी अनेक सत्-शक्तियों का आशीर्वाद पाकर, उनसे ऊर्जा ग्रहण कर बढ़ने वाला, आगे बढ़ता ही है। लाख प्रतिरोधों और बंधनों को काटता वह निरंतर आगे बढ़ता ही जाता है। पर बढ़ता वही है जिसमें महत्त्वाकांक्षा का विष न हो। कोई अपेक्षा न हो।

ओशो-साहित्य को ही साहित्य के पुराधाओं ने ही अभी साहित्य के इतिहास में स्थान कहाँ दिया है? सूर, तुलसी और कबीर के साहित्य से उसकी तुलना करना ही बेमानी है। वह अतुलनीय और अनुपम है। उसमें प्रवाह, ताजगी, आनंद, उल्लास, लक्षणा, व्यंजना, रस और लालित्य सभी कुछ है। तुलसी, सूर और कबीर के काव्य भी सदियों बाद साहित्य के शृंगार बने। आगे आने वाला युग धीमे-धीमे पूर्वाग्रहों से मुक्त होकर, जन-जन में लोकप्रिय होने के कारण, लाख प्रयत्नों के बाद भी साहित्य में प्रतिष्ठित होने से उसे रोक न सकेगा।

पर फिलहाल जरूरत इस बात की है कि ओशो साहित्य का व्यक्ति के रूपांतरण के लिए अधिक से अधिक उपयोग किस तरह किया जाए? कहा जाता है कि ओशो ने लगभग दस हजार प्रश्नों के उत्तर दिए हैं। यह प्रश्नोत्तर उनके हिंदी अंग्रेजी की सभी प्रवचनमालाओं में बिखरे हैं। चाहे वह गीता दर्शन, महागीता, धम्मपद, महावीर वाणी के प्रवचन हों या झेन और सूफी सद्‌गुरुओं के बोध वचन हों, ओशो उन्हीं सूत्रों को खूंटी बनाकर उनके माध्यम से अपने अनुभव को सम्प्रेषित करते थे।

ओशो के वचनों का नए लोग भरपूर लाभ ले सकें, इसलिए इस दिशा में बहुत कुछ किया जाना शेष है। उनके हिंदी प्रवचनों का अंग्रेजी में और अंग्रेजी प्रवचनों का हिंदी में अनुवाद किया जाना आवश्यक है। इस दिशा में पूना आश्रम के रिसर्च विंग में कार्य हो भी रहा है। पर वह गति धीमी है। वहां ओशो संन्यासी केवल उस पुस्तक का अनुवाद कर रहे हैं, जिसका अनुवाद करने के लिए उनसे कहा जाता है। निर्देशित कार्य को करने में एक तरह का बंधन और अप्रत्यक्ष अनुशासन हावी रहता है। यदि विशिष्ट प्रवचनमाला से कोई ओशो प्रेमी आंदोलित और द्रवित होता है और उसका अनुवाद स्वयं अंदर से करने का उसमें भाव उमड़ता है तो वह अनुवाद निश्चित ही सहज, सरल और प्रवाहमय होता है। अनुवाद का कार्य विशेष रूप से ओशो के प्रवचन का अनुवाद महज शब्दों को मात्र लिपि में बदलने का कार्य नहीं है। अनुवादक के लिए आवश्यक है कि वह ओशो के इस रंग और प्रेम में पूरी तरह डूबा हो। वह अच्छी तरह जानता हो कि यदि अंग्रेजी में न बोलकर ओशो उसी भाव और बोध को हिंदी में बोलते हुए अभिव्यक्त करते तो उनके द्वारा किन शब्दों का प्रयोग किया जाता।

मुझे अपनी वह भावदशा अच्छी तरह याद है जब मैंने ओशो की Just Like That अंग्रेज़ी की सूफी प्रवचनमाला को दो-तीन बार नहीं बीस-तीस बार पढ़ा था और उसे पढ़ते और उसमे डूबते हुए मुझे हर बार नया आनंद और नया बोध मिलता था। उसे पढ़कर ही उनके प्रति मेरा पूर्ण समर्पण घटा था और मुझे लगा

था जैसे चारों ओर से मेरे ऊपर ओशो के आशीर्वाद बरस रहे हों। तभी मैंने अनुभव किया था कि मैंने संन्यास भले ही पांच वर्ष पूर्व लिया हो, मेरी दीक्षा तो आज पूरी हुई है। दीक्षा तभी पूरी होती है जब शिष्यत्व घटे। समर्पण पूरा हो। उस पुस्तक के अनुवाद ने मुझे आनंद तो दिया ही, मैं विकसित भी हुआ। जब उस अनुवाद को स्वीकृति के लिए पूना आश्रम प्रेषित किया था, What is Meditation के अनुवाद के साथ तो वहाँ से स्वीकृति तो आ गई थी, पर साथ ही यह निर्देश भी थे कि भविष्य में ओशो की किसी पुस्तक का अनुवाद करने से पूर्व अनुमति ले लिया करें क्योंकि हो सकता है कि उसी पुस्तक का अनुवाद कार्य पहले ही से किसी अन्य के द्वारा किया जा रहा हो।

मैंने Hsin Hsin Ming तथा दो एक अन्य अंग्रेजी प्रवचन पुस्तकों के अनुवाद की अनुमति पूना आश्रम से मांगी पर दो पत्र भेजने के बाद भी कोई उत्तर नहीं मिला। व्यवस्था में संवेदनशीलता का अभाव हो ही जाता है, चाहे वह कैसी भी व्यवस्था हो। इसीलिए ओशो संगठन खड़ा करने के विरुद्ध थे। पर आवश्यक कार्य चलाने के लिए किसी ने किसी तरह का संगठन खड़ा करना ही होता है। जो संन्यासी आश्रम की सुविधाएँ उठाते हुए अनुवाद करते हैं वे रु. 4000/- से 5000/- माहबार का स्कॉलरशिप पाते ही अन्य कई सुविधाओं का लाभ उठाते हैं उसके बावजूद भी उन्हें एक पुस्तक के अनुवाद में उन्हें चार-पांच महीने लग जाते हैं। पर जो ओशो प्रेमी आश्रम से दूर रहते हुए समर्पित भाव से अनुवाद करते हैं उन्हें अनुवाद की पाण्डुलिपि तैयार करने का खर्चा स्वयं ही वहन करना होता है और मिलने के नाम पर 'धन्यवाद' का शब्द भी उनके पल्ले नहीं पड़ता। हालांकि अनुवाद का कार्य उनका अपना आनंद था और उन्होंने उससे कोई अपेक्षा भी नहीं की थी।

ओशो का सपना था कि सृजनात्मक प्रतिभा के कलाकार आश्रम से जुड़ें और उनकी सृजनात्मक प्रतिभा का लाभ उठाते हुए आश्रम उन्हें सुविधाएँ दे। पर आश्रम की व्यवस्था में संवेदनशीलता की कमी है। मैं तो सदा के रहने के लिए ही पूना आश्रम गया था पर वहां गंभीर रूप से अस्वस्थ होने पर और कहीं से भी सहायता और आश्रय न मिलने पर ही विवश होकर वापस लौटा था।

ओशो दूसरे दिन प्रवचन में प्रेमी मित्रों द्वारा पूछे गए प्रश्नों का उत्तर देते थे। यह प्रश्न उन सूत्रों के आधार पर सत्य के मार्ग में आने वाली कठिनाइयों तथा बाधाओं के संबंध में भी होते थे तथा साधकों के व्यक्तिगत जीवन में आने वाली समस्याओं के प्रस्तुत समाधान भी होते थे।

कुछ प्रवचनमालाएँ तो विशुद्ध रूप से प्रश्नोत्तर प्रवचनमालाएँ ही हैं। यह प्रश्न

और समस्याएँ आज भी हर नए सत्य के खोजी के सामने ज्यूं की त्यूं मौजूद हैं और आगे आने वाले समय में भी बनी रहेंगी। प्रश्नों के समाधान ओशो के 700-750 प्रवचन पुस्तकों में ढूंढ़ना एक दुष्कर कार्य है।

मेरा भाव था एक ऐसी संदर्भ पुस्तक प्रस्तुत करने का जिसमें विभिन्न विषयों से संबंधित प्रश्नों का वर्गीकरण करते हुए प्रत्येक के आगे ओशो की उन प्रवचन पुस्तकों के नाम तथा पृष्ठ संख्या का उल्लेख होता, जिनमें उस प्रश्न का ओशो द्वारा समाधान प्रस्तुत किया गया है। उदाहरण के लिए साधकों तथा ओशो प्रेमियों द्वारा पूछे गए प्रश्नों का वर्गीकरण कुछ इस तरह किया जाता।

प्रथम - साधना पथ पर आने वाली कठिनाइयाँ और उनसे संबंधित प्रश्न।

1. भक्ति के प्रेम मार्ग पर आने वाली कठिनाइयाँ और खतरे और बरती जाने वाली सावधानियाँ?
2. ध्यान के मार्ग में आने वाली बाधाएँ और उनके समाधान?
3. मन का मालिक बनने की कला
   अथवा मन के पार कैसे जाएँ?
4. अहंकार से कैसे मुक्त हों?
5. काम की ऊर्जा को कैसे राम की ऊर्जा बनाया जाए?
6. ऊर्जा का कैसे ऊर्ध्वगमन हो?
7. जीवन में कैसे सधे संतुलन? कैसे मध्य में थिर हुआ जाए?
8. निर्विचार में कैसे लगे छलांग?
9. कैसे सधे द्रष्टाभाव और साक्षी?
10. प्रेम कैसे प्रार्थना बने?

द्वितीय - नित्य प्रति के पारिवारिक जीवन में आने वाली समस्याओं के समाधान।

1. वासना और प्रेम में क्या अंतर है?
2. परिवार के बंधन में रहते हुए किस तरह ध्यान किया जाए?
3. क्रोध से कैसे छुटकारा मिले?
4. कैसे निराशा और अवसाद से मुक्त हुआ जाए?
5. क्या विवाह करना आवश्यक है?
6. चरणों की दासी एक दिन प्राणों की प्यासी क्यों बन जाती है?
7. प्रेम एक दिन घृणा में क्यों और कैसे परिवर्तित हो जाता है?
8. नशे या सिगरेट के व्यसन से कैसे मुक्त हुआ जाए?
9. पति या पत्नी की मृत्यु के बाद होने वाली शून्यता और निराशा कैसे मिटे?

10. धन की पकड़ से कैसे मुक्त हुआ जाए?

तृतीय - देश और विश्व की ज्वलंत समस्याएँ और उनका समाधान।

प्रश्नों को ऐसे विभिन्न विषयों में वर्गीकृत करते हुए उनके अंतर्गत आने वाली कठिनाइयों और संदेहों को क्रमबद्ध करते हुए उनके आगे ओशो की प्रवचनमाला का नाम और पृष्ठ संख्या का उल्लेख, सत्य के खोजियों का बहुत सा समय और श्रम बचा सकता है। इसी के आधार पर विभिन्न प्रवचनमालाओं में ओशो द्वारा दिए गए .उत्तरों से एक नई पुस्तक प्रकाशित की जा सकती है।

इस विस्तृत कार्य को कई ओशो प्रेमियों द्वारा आश्रम की सम्पन्न लाइब्रेरी में सभी दैनिक उलझनों से मुक्त होकर निष्ठा से किए जाने की आवश्यकता है।

मैंने इस दिशा में कार्य का श्रीगणेश भी किया था। मेरे पास ओशो की हिन्दी प्रवचनमालाओं के लगभग 600 टेप है। मैं प्रत्येक टेप को कम से कम दो बार सुनता था। एक बार बुद्धि से और दूसरी बार हृदय से। जो प्रवचन बहुत अधिक बोधमय और प्रिय लगता था, तीसरी और चौथी बार उसका सम्यक श्रवण करता था।

बुद्धि से सुनते हुए उस प्रवचन की विषय वस्तु तथा उसमें उठाए गए प्रश्नों का अंकन मैं उस टेप के कवर करने वाले फ्लैप पर कर देता था। संक्षेप में ओशो की अंग्रेजी प्रवचन पुस्तकों का भी अध्ययन और मनन करते हुए मैंने उनके भी नोट्स लिए थे जिनका प्रयोग मैंने अपनी विभिन्न पुस्तकों में किया भी है।

## 16 अगस्त 2004

ओशो ने कोई साहित्य लिखा नहीं। लिखना एक प्रयास है। मन और बुद्धि की एक प्रक्रिया है जिसमें विचारों और भावों का एक समन्वय होता है। ओशो न लेखक हैं और न कवि। वे एक रहस्यदर्शी हैं। अनुभव के पार जिस अखण्ड चेतना की उन्होंने अनुभूति की, वे करुणा कर शब्दों को बैसाखी बनाकर उस अनुभूति के कुछ संकेत देते हैं। वे उसे अपने नेत्रों, चेहरे के भावों और हाथों के संचालन से अभिव्यक्त करने का प्रयास रहित प्रयास करते हैं। जो इस भाषा को नहीं समझ पाते, उनके लिए वे शब्दों का प्रयोग करते हैं। वे शब्द भी जैसे किसी अज्ञात स्रोत से अमृत कणों की तरह स्वयं झरते हैं, जैसे तृषा बुझाने कोई बादल बरस गया हो। बांसों के झुरमुट में गीत गाते पपीहे की तरह गुनगुनाते जैसे वे माहौल को रसमय और संगीतमय बना जाते हैं। बोलते-बोलते वे अचानक मौन हो जाते हैं। जो शब्दों, मुखमुद्रा, नेत्रों और हाथों के संचालन से भी अभिव्यक्त नहीं हो पाता, उसे वे मौन द्वारा मुखर करने का प्रयासरहित प्रयास करते हैं।

उनके वचन उपनिषद्कालीन किसी ऋषि की अपने शिष्यों से हुई अंतरंग गुफ्तगू है। उनके वचनों को टेप कर लिया गया। उन टेप्स को सुनकर ही उनकी प्रवचन पुस्तकें प्रकाशित हुईं।

उनके वचनों में लक्षणा, व्यंजना, ध्वनि और रस सभी कुछ एक साथ हैं। उसमें राग-विराग, सुख-दु:ख, हर्ष-शोक, उल्लास और अवसाद सभी कुछ एक साथ है। कबीर जैसी उलटबांसियाँ उनके परस्पर विरोधी वक्तव्यों में दृष्टिगत होती हैं जिनको सुनकर बुद्धि चकरा जाती है। पर बाहर से परस्पर विरोधी दीखते वक्तव्यों में भी कहीं गहरे में एक लयबद्धता रहती है जिसे समझ के तल पर ही अनुभव किया जा सकता है।

सूर, मीरा, कबीर और नानक की तरह उन्होंने अपनी मौज और मस्ती में जो गीत गाए हैं, वही उनके प्रवचन हैं। गद्य-पद्य मिश्रित उसे चम्पू काव्य कहा जा सकता है।

शिवम् या लोककल्याण के लिए उन्होंने सत्य की अभिव्यक्ति सुंदरतम रूप में की है। उसमें ओज, प्रसाद, रस सभी कुछ है। उसमें नवरसों का सुंदर परिपाक ही नहीं हुआ है, वरन् उन्होंने एक नए रस की सृष्टि की है जिसे आगे आने वाला युग ओशो-रस के रूप में जानेगा।

x x x

कुछ भी लिखना दिन-प्रतिदिन मेरे लिए कठिन होता जा रहा है। तीन चार पृष्ठ लिखने के बाद ही गर्दन अकड़ने लगती है। कंधों में तेज पीड़ा होने लगती है। कुर्सी से उठते ही मुझे चक्कर आने लगते हैं। मेरे चारों ओर अंधेरा छा जाता है। कभी बाजार में चलते-चलते ही चक्कर आ जाता है और मैं किसी दीवार या लट्ठे का सहारा लेकर या तो कुछ देर खड़ा रहता हूँ या कहीं स्थान देखकर बैठ जाता हूँ। यह चक्कर समाधि जैसा निर्विचार मौन, रहस्यमय और आनंददायक होता है।

डॉक्टर कहते हैं-यह स्पोंडीलाइट्स रोग के लक्षण हैं। वे गर्दन में हार्ड पट्टा निरंतर पहनने की सलाह देते हैं। पट्टा है भी मेरे पास। पर उसे पहनने में बड़ी उलझन होती है। लगता है जैसे किसी कुत्ते की गर्दन में पट्टा बांध दिया गया हो। दवा भी खाता हूँ स्पोंडीलाइट्स की, गर्दन, कंधों के व्यायाम भी करता हूँ, बहुत दर्द होने पर पट्टा लगाकर लगता है जैसे मेरी आजादी को फांसी का फंदा लगा दिया गया हो।

फिर यह चक्कर आने की बीमारी, मिनी समाधि जैसा रस दे जाती है।

आखिर अधिक से अधिक यही तो हो सकता है कि सड़क पर चलते हुए अचानक चक्कर खाकर भूमि पर गिर जाने के कारण मैं किसी वाहन से कुचला जाऊं या घर में ही सीढ़ी से ही चढ़ते-उतरते नीचे लुढ़क कर हाथ-पैर की हड्डियाँ तुड़वा बैठूं। अब मुझे मौत से जरा भी डर नहीं लगता, पर हां, घिसट-घिसट कर किश्तों में जीने की अपेक्षा, मैं आत्महत्या करना कहीं अधिक श्रेयस्कर समझता हूँ क्योंकि अपनी खातिर मैं दूसरों का जीवन नर्कतुल्य बनाऊँ, ऐसा सोचने में भी मुझे तकलीफ होती है। ओशो कहते हैं-जीने के साथ मनुष्य को मरने का भी अधिकार होना चाहिए। मैंने अपने डॉक्टर मित्र से कह भी रखा है कि यदि कभी मुझे फालिज मार जाए, मैं ठीक न होने वाले कैंसर से ग्रसित हो जाऊं तो जहर का इंजेक्शन देकर मुझे और मेरे आश्रितों को उस पीड़ा से मुक्ति दिला देना। स्वयं दर्द सहने की मुझमें बहुत हिम्मत और कुब्बत है और अपनी पीड़ा के लिए स्वयं को जिम्मेदार मानकर मैं उसे दृष्टा बने देखते रहने का अभ्यस्त भी हो गया हूँ पर यह मैं हरगिज नहीं चाहता कि दूसरों का मुहताज या आश्रित बनकर मैं एक बोझ बनकर जीऊं। ऐसी स्थिति आने से पूर्व मैं एक सुसाइड लोट लिखकर छोड़ जाऊंगा। यदि मेरे डॉक्टर मित्र से भी जहर का इंजेक्शन न लगाया गया तो न ठीक होने वाली घिसटती जिन्दगी को समाप्त करने के लिए मैं ब्रांडी में मिलाकर ढेर सारी नींद की गोलियां ले सकता हूँ या तीसरी मंजिल की छत से नीचे सड़क पर छलांग भी लगा सकता हूँ। लोग भले ही मुझे कायर या डरपोक कहें, मुझे इसकी जरा भी फिक्र नहीं।

कल खलील जिब्रान के मृत्यु से कुछ समय पूर्व लिखे पत्र पढ़ रहा था। एक पत्र में खलील जिब्रान लिखते हैं-

"जब से बोस्टन में आया हूँ, एक डॉक्टर से दूसरे डॉक्टर के पास तफ्तीश के लिए जाते-जाते बुरी तरह थक गया हूँ। एक तफ्तीश जितनी उबा देने वाली होती है, दूसरी उससे भी अधिक उबा देने वाली। कहते हैं-मेरा दिल ताल में नहीं चलता। पर मित्र! मेरे दिल की ताल तो औरों के दिल से पहले भी नहीं मिलती थीं। वह हमेशा अलग थी।"

मेरे डॉक्टर जो मेरे प्रेमी मित्र और ओशो संन्यासी भी हैं, कहते हैं-मेरे दिल की धड़कनें धीमीं और कमजोर हो गई हैं। मुझे रोज तीन-चार गोलियां बिना नागा लेनी ही चाहिए। अधिक से अधिक विश्राम करना चाहिए। ब्लडप्रेशर कम करने की टैबलेट रोज लेनी ही चाहिए। होम्योपैथिक की चार मदर टिंचर का मिश्रण और हजार पोटेन्सी की दो अन्य दवाएँ भी उन्होंने प्रिसक्राइव कर रख़ी हैं।

वे हफ्ते में एक-दो बार फोन पर मेरे हालचाल अवश्य पूछ लेते हैं। मैं ठीक न होते हुए भी उन्हें अपने पूर्ण स्वस्थ होने का आश्वासन देता हूँ। अगर ऐसा न करूं तो उन्हें बीस मील का सफर तय कर मित्रता निभाने व्यर्थ आने की जहमत दूं।

उनहत्तर वर्ष का शरीर जिसने सर्विस के दौरान जवानी में ढेरों शराब पीते हुए, अनियंत्रित भोजन करते हुए बेतरतीब जिन्दगी जी हो, कैसे स्वस्थ रह सकता है, पर मेरा मन पूर्ण स्वस्थ है। मैं उसका मालिक और दृष्टा हूँ। शरीर भी मेरा मित्र है। वह बखूबी अब तक मेरा साथ निभा रहा है। जहाँ-तहाँ उसकी टूट-फूट हुई है, दवाओं के सहारे मैं उसकी मरम्मत करता रहता हूँ। शरीर को अनावश्यक दु:ख देना या सताना मुझे जरा भी पसंद नहीं। पर शरीर की इमारत में जहाँ कहीं टूटन या दरकन दिखाई देती है, मैं उसकी मरम्मत का भी इंतजाम कर लेता हूँ। पर अब यह इमारत चारों ओर से जर्जर हो रही है। एक दिन ढह जाना इसकी अनिवार्य नियति है।

अनेस्टिबिल एनजाइना, उच्च रक्तचाप, स्पोंडीलाइटिस, घुटनों में गठिया, प्रोस्टेट, एक्जिमा आदि रोगों से तो मेरी पुरानी दोस्ती है। प्रोस्टेट का तो ऑपरेशन भी करा लिया था। पर अब वह फिर से बढ़ रहा है। पेशाब खुलकर होती रहे इसलिए टेरीप्रेस रोज बिना नागा लेनी ही होती है। हाथ पैरों और शरीर में टूटन के साथ प्राय: ज्वर भी बना रहता है। जो होता है, उसे होने देने की मैं प्रतीक्षा कर रहा हूँ।

इसी बहाने कुछ न करते हुए छत पर शांत लेटे हुए अपने बाहर और अंदर के शून्याकाश को देखते हुए बड़ी मौज से लेटा रहता हूँ।

मुझे खलील जिब्रान की मृत्यु पहले लिखी चिट्ठी की याद आती है जिसमें उसने अपनी प्रेमिका 'मेजैदे' को लिखा था-

"बीमार रहने में अब मुझे मजा आने लगा है। बीमार आदमी लोगों के झगड़ों से, उनकी मांगों से, वक्त के तकाजों से और घंटियों तथा टेंलीफोन की हर आवाज से आजाद होता है।

मुझे बीमारी में एक अजीब तरह की खुशी मिली है, इसका अंदाजा किसी बयान से नहीं लगाया जा सकता। मैं बीमारी में सूक्ष्मता के बहुत नजदीक पहुंच चुका हूँ।"

प्रत्येक व्यक्ति का वातावरण और माहौल भिन्न-भिन्न होता है। मैं चाहते हुए भी घर गृहस्थी के तकाजों और पत्नी की मांगों से निरासक्त नहीं हो पाता। शरीर

को घसीटते हुए मैं बिना शिकवा शिकायत उन्हें यथासंभव पूरा करने का प्रयास तब तक करता रहता हूँ जब तक शरीर बिल्कुल अशक्त होकर बिस्तर पर लेटने को विवश ही न हो जाए। इस स्थिति में मैं वस्तुतः सभी से मुक्त होकर अपनी शून्यता में बड़े आनंद से बिहरता रहता हूँ।

# सावधान! अध्यात्म के क्षेत्र में भी परिवारवाद की शुरुआत

सभी माँ-बाप की यह चाह होती है कि उनके इस संसार से विदा होने के बाद उनका पुत्र उनकी धन-दौलत और जमीन-जायदाद का उत्तराधिकारी बनकर उनके नाम को जीवित रखे। जो वह संसार में रहकर स्वयं न कर सके वे चाहते हैं उनका पुत्र उनके अधूरे सपने को पूरा करे। वे अपने पुत्र का पालन-पोषण इसी तरह कहते हैं जिससे वह उन जैसा या उनसे श्रेष्ठ बन सके। सामान्य रूप से बाप अपना पेशा भी उत्तराधिकार के रूप में अपने पुत्र को सौंप देता है।

सम्राट उत्तराधिकारी में अपना राज्य अपने पुत्र को सौंपते थे। प्रजातंत्र में भी नेहरू जी ने वंशवाद का प्रारंभ किया। उन्होंने अपनी पुत्री इंदिरा गांधी को इसके लिए तैयार किया। इंदिरा गांधी ने विरासत अपने पुत्र को सौंपी। अमेरिका में भी वर्तमान बुश के पिता भी प्रेसीडेंट थे। अब तो सभी दलों के राजनीतिक नेता इसका अनुसरण कर रहे हैं।

पर धर्म के क्षेत्र में ऐसा संभव नहीं है। प्रत्येक व्यक्ति बीज रूप में अपनी स्वयं की संभावना लेकर जन्मता है। प्रयास से एक व्यक्ति धनवान और नेता तो बन सकता है पर बुद्ध नहीं हो सकता। प्रयास ही इसमें एकमात्र बाधा है। इसीलिए आध्यात्मिक सद्‌गुरु अपनी विरासत और आध्यात्मिक संपदा अपने उस शिष्य को सौंपते थे जिसकी खिलावट हुई हो। जो बोध को उपलब्ध हुआ हो। पर अधिकारों की कुत्सित लिप्सा से शंकराचार्या की गद्दी पाने के लिए शिष्यों के बीच मुक़दमेबाजी होने लगी और धीमे-धीमे मठाधीशों के पुत्र गद्दीनशीन होने लगे। कांचीकोटि के शंकराचार्य ही इसके उदाहरण हैं। इसी पकड़ से मुक्त होने के लिए विवाह संस्था के विरोध का यह भी एक प्रमुख कारण था।

शिविर संचालक पहले प्रमुख रूप से चार-पांच ही थे। स्वामी चैतन्य भारती पूना कम्यून जैसी अपनी एक पृथक कम्यून बनाना चाहते थे, जिसके लिए उन्होंने धन-संग्रह भी किया पर वे सफल नहीं हो सके। उन्होंने सात दिनों से दस दिनों तक के कई ध्यान शिविर लिए। उन्हें पूना कम्यून से निष्कासित भी कर दिया गया। अभी हाल ही में एक पुस्तक लिखकर उन्होंने अपने बुद्धत्व की

घोषणा की है। भारतीय संन्यासियों के लिए उनकी एक पृथक कम्यून बनाने की योजना है। वह ओशो के कार्य में सहयोग देने वाले स्वामी ईश्वर समर्पण के दामाद हैं।

ओशो पूना कम्यून से पृथक होने वाले दूसरे प्रमुख संन्यासी हैं-स्वामी नरेन्द्र बोधिसत्व। उनके ख्याल में तांत्रिक अनुष्ठान द्वारा ओशो की हत्या की गई और उनकी भी हत्या की जाने की आश्रम में योजनाएँ बन रही थीं और इसीलिए पूना छोड़कर उन्होंने देहरादून में क्लीमेन्ट टाउन में अपना पृथक आश्रम बनाकर अपने बुद्ध होने की घोषण की। हार्ट की बाई पास सर्जरी के कारण वह अधिक क्रियाशील तो नहीं है, पर पूरी कम्यून का कार्यभार उत्तराधिकार के रूप में उनकी पत्नी मां मुक्ति के हाथों में ही है, क्योंकि उनकी अपनी कोई संतान नहीं है।

ओशो के छोटे भाई स्वामी शैलेन्द्र को पूना आश्रम ने ओशो के देह से मुक्त होने के कुछ वर्ष बाद शिविर संचालक बनाया था। पर उन्होंने नेपाल में अपनी पृथक कम्यून खड़ी कर पूना से संबंध-विच्छेद कर लिया। उनके जबलपुर वाले बहनोई उनका बहुत पहले से विज्ञापन करते थे कि वह बुद्धत्व को उपलब्ध हो चुके हैं। कोल इंडिया के एक महाप्रबंधक तथा गुमनाम ओशो संन्यासी ने अपने बुद्धत्व होने की घोषणा की पर किसी के द्वारा नोटिस न लिए जाने पर उन्होंने शैलेन्द्र जी की पत्नी प्रिया को बुद्ध घोषित किया और कुछ समय बाद शैलेन्द्र जी ने भी अपने बुद्धत्व की घोषणा कर आठ समाधियों का कार्यक्रम बनाया जिसमें क्रमानुसार समाधि पर समाधि घटने पर वे तीन बुद्ध, किसी को बुद्ध होने की डिग्री दे देते हैं। वे लोग 95 बुद्धों का उत्पादन कर चुके हैं। उनके दो-तीन बुद्धों से मेरी भी भेंट हुई है पर मुझ जैसा बुद्धू उनके बुद्धत्व को आखिर कैसे पहचानता। ओशो ने तो कभी अपने परिवार को पूना आश्रम तक में न तो कभी कोई महत्त्वपूर्ण पद दिया और न किसी को आश्रम के कई ट्रस्टों में से किसी का ट्रस्टी बनाया। पर भारतीय जनता की प्रवृत्ति जानकर कि वे परिवारवाद की पूजा करते हैं, शैलेन्द्र जी ने अपने धर्म की दुकान आस्था चैनल पर विज्ञापन देते हुए जोर-शोर से चला रहे हैं। नए ओशो-प्रेमियों का भ्रमित होकर उनकी ओर आकर्षित होना स्वाभाविक है। इस बुद्धत्रयी के साथ संन्यास आश्रम जबलपुर के संचालक स्वामी आनन्द विजय की भी साझेदारी कुछ समय तक खूब चली। स्वामी आनंद विजय भी ओशो आनंद हो गए। पर बाद में पैसों को लेकर विवाद इतना बढ़ा कि उनसे बुद्धत्व की डिग्री वापस ले ली गई। वह पूना कम्यून के भी कोपभाजन बने और बुद्धत्रयी से भी अलग हुए। संन्यास आश्रम जबलपुर जहाँ

उन्होंने दूर-दूर से आए ओशो प्रेमियों को ध्यान विधियां करवाने के लिए अपने युवा पुत्र को शिविर संचालक और उत्तराधिकार का पद सौंप दिया है।

ध्यान में विकसित होने पर कोई भी पुत्र अपने गुणों और अपनी प्रज्ञा के आधार पर अपने योग्य पिता के कार्य को आगे बढ़ा सकता है पर त्रासदी यह है कि ध्यान न घटने पर भी केवल कैसेट के सहारे वे लोग ध्यान करवा रहे हैं जो ध्यान के मर्म तक को नहीं समझे। इसीलिए आज वह आश्रम ध्यान के स्थान पर एक शारीरिक व्यायामशाला बनकर रह गये हैं।

बिहार के स्वामी आनंद वैराग्य ने अपनी सुंदर भांजी आभा को पहले ध्यान शिविरों में अपनी सहयोगिनी के रूप में ले जाना प्रारंभ किया। धीमे-धीमे उन्होंने उसे स्वतंत्र रूप से शिविर संचालक बना दिया। उन्हें भी पूना कम्यून से निष्कासित किया गया। पहले वह देहरादून जिले में यमुना किनारे ओशो देशना पर आधारित एक विद्यालय का निर्माण करवा रहे थे पर धीमे-धीमे विद्यालय के स्थान पर हथियारी ग्राम में पिरामिड शेप का एक सुंदर ध्यान मंदिर बन गया, जहां चालीस व्यक्तियों के रहने का भी प्रबंध है। स्वामी आनंद स्वभाव ने भी अपना एक अलग स्वतंत्र कम्यून और आश्रम बना लिया है। पर केवल आश्रम बनाना ही पर्याप्त नहीं है। जरूरत तो इस बात की है कि इन आश्रमों में ओशो संन्यासी अपने पूरे परिवार के साथ 'नए मनुष्य' बनकर सृजनात्मक होकर जिएँ और अपनी पूरी ऊर्जा से सोई हुई मनुष्यता को जगाने का कार्य करते रहें।

# एक पागल का अंतर्जगत

पागल वही है, जो असाधारण हो। उसका सोचना और कृत्य साधारण लोगों के कृत्यों से जुदा हों। वह अकारण हंसता और रोता हो। जो अपने आप में आनन्दित हो।

ओशो ठीक ही कहते हैं-इस जगत में सभी पागल हैं। 99.9% पागल लोग ही यहाँ बसते हैं। कोई धन के पीछे पागल। कोई किसी के प्रेम में पागल। कोई पद, प्रतिष्ठा और पद के पीछे पागल। लोग छिप-छिपकर बाथरूम या एकान्त कमरे में हंसते या रोते हैं। कुछ लोग हास्य, रुदन, क्रोध, काम, ईर्ष्या सभी मनोवेगों का दमन कर बाहर के जगत से अपने एकान्त में सिमट कर किसी दिन अंदर विस्फोट होने पर पागलखाने की दीवारों के पीछे कैद हो जाते हैं। जो उबलने के बिंदु पर पहुंच गया, वही पागल हो गया।

जो दमित मनोवेगों का विशेष रूप से कामवासना का चोरी छिपे निष्कासन कर लेता है और ऊपर से पाखण्ड ओढ़कर साधु बना रहता है, लोग उसकी जय-जयकार करते हैं। वही लोग पागल होने से बचे हुए हैं जिन्होंने ऊपर से तरह-तरह के मुखौटे लगा लिए हैं। देश सेवा, समाज सेवा और धर्म रक्षा के नाम पर तरह-तरह के संगठन, अखाड़े और मठ अपनी ध्वजा फहराते, तरह-तरह के मुखौटे ओढ़े लोग अपनी महत्त्वाकांक्षा की पूर्ति कर रहे हैं और उनके पागल अनुयायी इस आशा में उनकी जयजयकार कर रहे हैं कि वे भी एक दिन मठाधीश बन सकें।

इस आपाधापी और दौड़ से अलग कुछ कलाकार और वैज्ञानिक भी दीवाने बन अपने लक्ष्य की ओर गतिशील हैं। उन्हें स्वयं अपना होश नहीं। उनका पूरा लक्ष्य, पूरी तल्लीनता अपने ध्येय के प्रति हैं। कलाकार अपनी कला का और वैज्ञानिक कुछ नए की खोज में दीवाना है। ऐसे पागलों ने ही सभ्यता और संस्कृति को समुन्नत करते हुए जीवन को सौंदर्य और सुविधाएँ दी हैं।

अपनी साधना और खोज में लीन पागलों के इस दूसरे वर्ग के आगे कुछ विशिष्ट पागल और भी हैं जिनका न कोई लक्ष्य है और न कोई मंजिल। उन्होंने संसार में सब कुछ भोगकर, भोग की व्यर्थता को भली-भांति जान लिया है। उन्हें उससे ऊब हो गई। संसार का द्वंद्व भली-भांति समझकर वे सभी द्वंद्वों के पार

हो गए। वे अपने ही अंदर खुदाई करते-करते अपने केन्द्र पर पहुंचकर न कर्त्ता रहे, न भोक्ता वे मात्र साक्षी हो गए। संसार उनके लिए स्वप्नवत हो गया। वे परम आनंद में लीन हो गए। ऐसे लोगों को भी संसार इसलिए पागल कहता है क्योंकि वह उन जैसा नहीं है। पागलों की दुनिया में जो व्यक्ति भी उन जैसा नहीं है, उनकी दृष्टि में वही पागल है।

पागलों के संसार में तुम पागल बनकर ही रह सकते हो। ओशो ने एक बोध कथा बहुत बार सुनाई है कि जंगल में बसे एक राज्य में एक डायन ने सभी कुंओं, तालाबों और बावड़ियों में एक ऐसी जड़ी डाल दी कि उसके असर से जिसने भी उसका प्रानी पिया वही पागल हो गया। सिर्फ वह राजा के महल के कुएं में कड़े पहरे की वजह से जड़ी न डाल पाई। मंत्री और राजा के अलावा पूरे राज्य में सभी लोग पागल हो गए। वे हंसते-रोते, नाचते-कूदते, बकते, चीखते-चिल्लाते राजा के महल की ओर बढ़े। उन पागलों की दृष्टि में मंत्री और राजा, जो उनसे भिन्न व्यवहार कर रहे थे, पागल थे। उनकी मंशा जानकर मंत्री अपने साथ लाए बाहर के कुएं का पानी पीकर उन जैसा ही पागल हो गया। पानी पीने के पहले उसने राजा से कहा-अपनी जान बचाना चाहते हो तो तुम भी यह पानी पीकर अपनी जान बचा लो। वरना तुम्हें मारकर यह अपनों के ही बीच सबसे बड़े पागल को राजा बना देंगे। राजा ने भी चुपचाप वही पानी पी लिया और पागल बनकर ही अपनी प्राण-रक्षा की।

पर मुझे पागलपन के लिए कुएं का जल पीने की जरूरत इसलिए नहीं है क्योंकि मैं पागलों जैसा अभिनय कर स्वयं ही अपने को पागल होना स्वीकार कर लेता हूँ। मैं सभी से अपने पागलपन की घोषणा स्वयं करता हूँ।

घरवालों की दृष्टि में मैं पागल ही हूँ। ऊपर एकांत कमरे में लेटा, बैठा जो मैं कागज रंगता रहता हूँ, गुमसुम बैठा ध्यान में डूबा रहता हूँ और अपने जैसे कभी-कभार आने वाले अधपागलों से बेकार की सिरमग्जी करता रहता हूँ। वह सब कुछ मेरी व्यवहारकुशल तेज तर्रार पत्नी की नज़र में पागलपन, बेवकूफी, वक्त की बर्बादी और ठलुआपंती है। उसकी कसौटी है-फायदा, लाभ। जिस काम को करने से चार पैसे न मिलें, सुख-सुविधाओं और आदर-सम्मान में वृद्धि न हो, ऐसा काम करने से फायदा क्या? उसकी बात से पूरा घर सहमत है, पर कोई खुलकर इसलिए नहीं कहता क्योंकि मैं पेंशन से मिली राशि से घर-गृहस्थी का राशन पानी लाता हूँ। एक मुफ्त के नौकर की तरह घर की रखवाली करता हूँ। पेड़-पौधे सींचता हूँ। जब देवीजी बहुत फूंफा करती रहीं तो महीने दो महीने के लिए अपनी यायावरी यात्रा पर चल पड़ता हूँ। कहीं प्रकृति के सान्निध्य में

रहते हुए वृक्षों, फूलों, पक्षियों, तारों भरे आकाश या नदी के कलकल बहते जल से संवाद जोड़ता हूँ, अकेलेपन का रस लेते हुए अपने ही अंदर की अनन्त गहराइयों में डूब जाता हूँ।

जब घरवाली की ठीक से समझ में आ जाता है कि जिस पर हुक्म चलाकर बिना पैसा खर्च किए हर काम साधिकार कराया जा सकता है वह पागल उसकी पहुंच के बाहर है, तो वह प्रत्यक्ष या अप्रत्यक्ष रूप से अपनी दुसाध्य बीमारी का बहाना बनाकर पत्र या फोन कर या सगे संबंधियों द्वारा जोर पड़वाकर इस पागल को फिर घर बुला लेती है। मैं भी इस बीच बाहर के लोगों के पागलपन से अच्छी तरह वाकिफ हो जाता हूँ। ध्यान आश्रमों में व्यवस्था के नाम पर किए जाने वाले शोषण, हृदयहीनता और व्यवसायिक दृष्टिकोण को देखकर मेरा संवेदनशील हृदय द्वारा लेखनी द्वारा क्रांति की दबी चिंगारी को शोला बनाने के कार्य में घर आकर फिर से गतिशील हो जाता है।

लेखन के लिए भी एक तनाव और चुनौती की जरूरत है। शांति, अकेलेपन और मौन में तो ध्यान घटता है।

ऊपर तिमंजिले पर मेरा अलग अध्ययन कक्ष, ध्यान कक्ष और बैठक एक ही है। बाहर छत पर खुला आसमान है। सुबह सूर्योदय, शाम सूर्यास्त, अंधेरी रातों में तारों भरा आसमान और चांदनी रात में बिखरी शीतल ज्योत्सना में मैं कभी नाचता हूँ तो कभी घंटों आश्चर्य से प्रकृति के बदलते रंगों को पागल बना एकटक निहारता रहता हूँ।

अब यह स्थिति मैंने स्वीकार कर ली है। फिर भी श्रीमतीजी बिच्छू (वृश्चिक) राशि होने के कारण स्वभाववश डंक मारती ही रहती हैं। उनकी निंदा, व्यंग्य और ताने मुझे एक नई चुनौती देते हैं। घर-परिवार के प्रति मेरे बचे-बचाए मोह, ममता और आसक्ति को दूर करते हैं। मुझे बोध कराते हैं-किसी से कुछ अपेक्षा करना ही नहीं। यहाँ प्रत्येक को अपने दुःखों की गठरी स्वयं अपने कंधे पर ही ढोनी है। सुख दूसरों की संगति में नहीं स्वयं अपने ही अंदर है। अपने अंदर ही खुदाई करते जाओ-गहरे...और गहरे। पहले कोयले, फिर तांबे और बाद में चांदी सोने की खानें मिलेंगी। पर कहीं रुक मत जाना। अंदर और गहरे हीरों की खान है। उससे भी और गहरे परमानंद का वह अमृतकुंड है जहां सारी तृष्णाएँ शांत हो जाती हैं और परम विश्राम का अनुभव होता है।

सभी विवाहित लोग चाहे वह पति हों या पत्नी, एक-दूसरे से असंतुष्ट और दुःखी हैं।

वे लोग भी दुःखी हैं जिन्होंने जीवनसाथी का स्वयं चुनाव न कर उसे अपने

माता-पिता की मर्जी पर छोड़ दिया था। जिन्होंने परिवार, धन, पद, प्रतिष्ठा को तरजीह देते हुए एक आज्ञाकारिणी समझी जाने वाली मादा मशीन चुनी थी जो घर-गृहस्थी की गाड़ी को बेजुबान गाय बनकर और पैदा किए बच्चों को दूध पिलाते हुए उनकी वंश परंपरा को आगे बढ़ाती रहे।

वे लोग भी दु:खी हैं जिन्होंने एक-दूसरे को भली-भांति देख समझकर प्रेम-विवाह किया। प्रेम को उन्होंने देह-आकर्षण ही समझा था। उन्होंने एक-दूसरे को देखकर मिलने वाली सुख-सुविधाओं के सारे गणित बखूबी जोड़ घटा कर ही विवाह किया था। दो-चार वर्षों तक खूब राग-रंग रहा। फिर अधिक निकट रहते हुए देह का आकर्षण शिथिल होता गया। ओढ़े गए मुखौटे एक-एक कर अलग होते गए। झगड़े, तकरार और कलह बढ़ती गई। पति दूसरी स्त्रियों में रस लेने लगा। पत्नी नौकरी ढूंढ़कर स्वतंत्र हो तलाक का रास्ता खोजने लगी, जिससे वह प्रति माह पति से अधिक से अधिक आय गुजारे के लिए झपट सके।

कोई पति-पत्नी इसलिए दु:खी हैं क्योंकि वे नि:संतान हैं। कुछ अधिक संतान होने से उनके भरण-पोषण की चिंता से परेशान हैं। कुछ इसलिए दु:खी हैं क्योंकि लड़का आवारा और निकम्मा है। कोई अधिक पुत्रियाँ होने और पुत्र न होने से दु:खी हैं।

नानक दुखिया सब संसार। जो सुखी दिखाई भी देते हैं वे भी अपने सीने में नासूर लिए डोलते हैं। वे अपनी इज्जत, पद-प्रतिष्ठा और अहंकार के कारण नकली मुखौटे ओढ़े एक नकली जिन्दगी जी रहे हैं।

लोग दु:खी हैं अपने मन के स्वभाव के कारण। जो हमें मिला है, जो हमारे पास है, उससे संतुष्ट न होकर हम उसकी कामना करते हैं, तो हमसे दूर है, हमें सरलता से सुलभ नहीं होता।

जो है बिना चुनाव उसे सर्व स्वीकार कर लेने से ही मन की मृत्यु है।

अब कहीं जाने का भाव ही नहीं होता। बाहर अब मेरी दिलचस्पी और रुचि रही ही नहीं। भीड़ भरे बाजार में तो मेरा जैसे दम घुटने लगता है। कभी बहुत आवश्यक कार्य से बाजार जाना भी पड़े तो वहां से जल्द से जल्द अपने घर लौट आता हूँ।

अब ईंट, गारे और सीमेंट का घर भी अपना घर न लगकर एक सराय लगता है। इसे मैं साथ लेकर तो नहीं आया। न साथ लेकर जाऊंगा। सब यहीं रखा रह जाएगा। एक तिनका भी तो साथ जाता नहीं।

अब न किसी से मोह रहा है न ममता। न आसक्ति रही और न निरासिक्त। अब कुछ लिखूं-ऐसा भी भाव नहीं। जो अपने से हो रहा है उसे मैं होने देता हूँ। मैं रोकने वाला हूँ कौन?

घरवालों की दृष्टि में मैं पागल हो गया हूँ। उनका घर लुटा दे रहा हूँ। मेरी निगाह में सभी घर वाले पागल हैं। पर पागल कहना उचित नहीं होगा-मूर्छित हैं।

संसार में जाने कितने लेखक, कवि, जीवनीकार, नाटककार और कलाकार उत्पन्न हुए और मर गए। कुछ अनाम और अनजाने रहे। उन्होंने गीत भी गाए पर वे अनलिखे रह गए, क्योंकि तब लिपि न बनी थी।

जो बहुत मीठे, प्रेरक और सारगर्भित वचन थे, उन्हें सुनकर लोगों ने याद कर लिया। वेद के वचन इसीलिए श्रुति कहकर पुकारे जाने लगे। कुरान, बाइबिल, बुद्ध और महावीर के वचन भी इसी तरह बाद में लिपिबद्ध किए गए। पहले पशुओं की छालों और भोजपात्रों पर और जब छापेखाने और कागज का आविष्कार हुआ, पुस्तकों का वर्तमान रूप सामने आया। अब छापेखाने नहीं थे तो कितावत करने वाले मुंशी एक दीवान की हाथ से लिखकर ही कई पोथियां तैयार करते थे। आज की भोजपत्रों और कागजों पर हाथ से लिखीं बहुतेरी पाण्डुलिपियाँ प्रकाशित होने की प्रतीक्षा कर रही हैं। वे जिनके पास हैं वे उन्हें किसी को दिखाना नहीं चाहते अथवा किसी को सौंपते डरते हैं। वे पाण्डुलिपियाँ समय और कीट-पतंगों की मार झेलते जर्जर और नष्ट हो रही हैं।

जाने कितनी पाण्डुलिपियाँ और ग्रंथ आतताई शासकों द्वारा जला दी गईं। किसी देश की सभ्यता और संस्कृति को नष्ट करने के लिए तानाशाह या कट्टर धार्मिक खलीफा और सम्राट उनके पुस्तकालयों में संग्रहीत पुस्तकों की होली जलाने को पुण्य या सवाब समझते रहे। पत्थरों पर उत्कीर्ण बहुत कुछ खोदा गया आज तक नहीं पढ़ा जा सका। उन लिपियों की कुंजियां अभी तक नहीं खोजी जा सकीं।

बहुत से लिखे अनमोल वचन या कविताएँ आज भी पुस्तक रूप में छप ही नहीं पाते। साधनहीन और अभावग्रस्त बहुत से कवियों और लेखकों को प्रकाशक ही नहीं मिलते। बहुत कुछ ऐसा ही प्रकाशित हो रहा है जो व्यर्थ और कूड़ा-कर्कट है। ऐसे साहित्य को फुटपाथी साहित्य कहा जाता है। पर इस साहित्य में भी थोड़ा बहुत सार्थक भी छिपा हुआ है और श्रेष्ठ कहे जाने वाले साहित्य में भी बहुत सा कूड़ा-कर्कट भी सम्मिलित है।

विज्ञान और टैक्नोलॉजी की उन्नति से आज बड़े-बड़े और मोटे ग्रंथ एक सी फ्लॉपी में समाविष्ट हो जाते हैं। लिखे साहित्य को अनपढ़ लोग भी अब कैसेट या सी.डी. के माध्यम से सुन सकते हैं। कंप्यूटर और टी.वी. के द्वारा सुनंने के साथ उन्हें देखा भी जा सकता है।

सभ्यता और संस्कृति के इस विकास, प्रचार तथा प्रसार के बावजूद मनुष्य पहले जैसा ही हिंसक, बर्बर, असभ्य और आतताई है। आतंकवादी मजहबी जुनून से निर्दोष पुरुषों, स्त्रियों और बच्चों को रिमोट कंट्रोल से फटने वाले बमों और चलने वाली मिसाइलों से कत्ल कर रहे हैं। घरों, प्रतिष्ठानों और बाजारों को ध्वस्त कर रहे हैं। अपहरण, हत्या और बलात्कारों के समाचारों से कॉलम के कॉलम रंगे रहते हैं। पूरी मनुष्यता किसी परमाणुशक्ति सम्पन्न राष्ट्र के पागल शासक द्वारा एक बटन दबाने भर से नष्ट हो सकती है। जीवन इतना असुरक्षित आज से पहले कभी न था।

आज भी जिसकी लाठी उसी की भैंस है। संयुक्त राष्ट्र संघ चाहते हुए भी शक्ति सम्पन्न राष्ट्रों को उनकी मनमानी करने से रोकने में अक्षम और अशक्त है।

लेखक, चिंतक, दार्शनिक, विचारक, कवि और ओशो जैसे बुद्ध इस सारी व्यवस्था के विरुद्ध अपनी आवाज बुलंद भी करते हैं, उससे एक वर्ग आंदोलित भी होता है, पर कुछ भी कर पाने में विवश है। ओशो आशावादी है। वह इस छोर निराशा और अंधकार में भी मुक्ति की राह बतलाते हैं।

वह कहते हैं-एक अकेला व्यक्ति भी बहुत कुछ कर सकता है। अकेला चना भाड़ नहीं फोड़ सकता पर भड़भूजे की आंख फोड़ सकता है। एक अकेले रूसो का लेखन फ्रांस में राज्यक्रांति का और इकलौता मार्क्स का स्वर रूसी राज्य क्रांति का कारण बना।

वह सुझाव देते हैं-यदि विश्वभर की स्त्रियाँ अपने पति और पुत्रों को फौज में न लड़ने और अस्त्र-शस्त्र नष्ट करने को मना लें तो युद्ध समाप्त हो सकता है। यदि विश्वभर के सभी वैज्ञानिक संगठित होकर अपनी पृथक अकादमी बनाकर सभी राजनीतिकों की गुलामी से मुक्त हो जाएं तो अंधे राजनीतिकों की महत्त्वाकांक्षा नष्ट हो सकती है।

यदि एक व्यक्ति स्वयं समझ विकसित कर रूपांतरित हो जाए, तो एक जलते दीये से हजार और हजार से लाख दीये जल सकते हैं।

जरूरत है-लोग जागें! उनकी मूर्च्छा टूटे। वह सजग और होशपूर्ण बनें। इस अहिंसक विद्रोह में पचास वर्ष या सौ वर्ष भी लग सकते हैं और यह कम समय में भी कभी भी अचानक हो सकता है। कुछ न करने से कुछ करना आवश्यक है।

महान साहित्य और बुद्धों के अमृत वचन उस रोशनी की मशाल सदृश्य हैं जो अंधकार को विदीर्ण करती है।

अस्तित्व ने जिसे जिस कार्य को पूरा करने क लिए इस पृथ्वी पर भेजा है वह सिर्फ अपना कार्य पूरी ऊर्जा और समग्रता से पूरा करे। जो होगा शुभ होगा। एक दीये की भी रोशनी कमरे के पूरे अंधकार को ज्योर्तिमय कर देती है। अंधकार बचता ही नहीं। बस जरूरत है-प्रत्येक अपने बुझे दीये को स्वयं रोशन करे। एक जलते दीये के सान्निध्य में सैकड़ों बुझे दीयों पर ज्योति स्वयं छलांग लगा जाती है।

एक निहत्थे ओशो से यूरोप और पश्चिम के सारे राष्ट्र इतने भयभीत थे कि उन्होंने उनके अपने देश में ओशो के प्रवेश को प्रतिबंधित कर दिया था। उन्हें भय था कि उनकी वाणी उनके देश के युवाओं को पथभ्रष्ट और विद्रोही बना देगी।

मैं उनके स्वर से स्वर मिलाकर, उनकी आवाज को थोड़ा और बुलंद बना रहा हूँ, जो हजारों पाठकों के सम्मिलित स्वर से और बुलंद होगी। जो लाखों मूर्च्छितों की नींद तोड़ सकती है।

बन न जाए यह शहर की जिन्दगी जैसी कहीं
जोर से पत्थर उछालो, झील को सोने न दो।
बैठना इसका अशुभ है, यह उड़े, उड़ती रहे,
कंकड़ें मारो, समय की चील को सोने न दो।
गांव ही बस रह गया है रौशनी के नाम पर
कुछ करो इस आखिरी कंदील को बुझने न दो।

# मैं कैसे बना शिविर-संचालक?

ओशो नवसंन्यास देने के बाद, उस संन्यासी से कहते थे, एक ध्यान केन्द्र खोलकर, लोगों में ध्यान के प्रति जागृति उत्पन्न करो। एक पुस्तकालय चलाओ जहाँ लोग प्रवचन पुस्तकें और कैसेट प्राप्त कर सकें। संन्यास लेने के लगभग एक वर्ष पश्चात् जब संन्यास आश्रम जबलपुर में एक मास ध्यान करते हुए मैं ध्यान में कुछ गहरे प्रवेश करने लगा, तो घर आकर मैंने एक कमरे को ध्यान केन्द्र में बदलकर बाहर ध्यान केन्द्र का बोर्ड लगा दिया। लोग ध्यान करने आने लगे। ओशो की प्रवचन पुस्तकें और कैसेट लेने आने लगे। ध्यान की प्रक्रिया समझाने के बाद मैं स्वयं भी उन लोगों के साथ ध्यान करता था।

नियमित रूप से ध्यान करने तीन-चार व्यक्ति ही आते थे। सन् 95 में मेरे पूना जाने पर, ध्यान केन्द्र का कमरा अपने अध्ययन कक्ष के लिए पोती ने ले लिया क्योंकि मैं तो यह कहकर पूना गया था कि अब स्थाई रूप से मैं पूना में ही रहूँगा और घर लौटूंगा नहीं। चालीस दिनों बाद प्रोस्टेट ऑपरेशन के लिए मुझे घर वापस लौटना पड़ा। ध्यान केन्द्र तो नहीं रहा पर पुस्तकालय फिर से चल पड़ा। पर पुस्तकों, कैसेट के लेने-देन तथा सिक्योरिटी धनराशि का हिसाब रखना मेरे वश की बात न थी, इसलिए बहुत से लोग पुस्तकें वापस लौटाने आए ही नहीं। कई मित्रों ने यों ही पुस्तकें पढ़ने को मांगी थीं, वे उन्होंने वापस ही नहीं कीं। कालान्तर में मैंने लाइब्रेरी योजना भी समाप्त कर दी क्योंकि एक फक्कड़ मसीहा के लेखन में ही किसी का आना-जाना बाधा लगने लगा।

पर इसके बावजूद कि ध्यान केन्द्र का बोर्ड हट गया था, परिचित संन्यासी तथा ओशो प्रेमी मिलने आ ही जाते थे। वर्ष के पाँच उत्सवों के समय बड़े ध्यान केन्द्रों में जब मुझसे ध्यान कराने को कहा जाता था, मैं ध्यान प्रयोग भी करवा देता था। गृहजिला इटावा जाने पर जिला प्रदर्शिनी में एक स्टॉल पर ओशो साहित्य का बोर्ड लगा देखा। वहाँ जाने पर इटावा के तीन चार संन्यासियों से परिचय हुआ। तब तक 'एक फक्कड़ मसीहा ओशो' के दो खण्ड प्रकाशित हो चुके थे। मित्रों के आग्रह पर ध्यान केन्द्र जाकर पाँच छह मित्रों को ध्यान भी करवाया। एक बार मित्रों को आनंद आया तो इटावा के मित्र ध्यान करवाने बार-बार बुलाने लगे। मैं अपने खर्चे से ही इटावा जाता था, अपने भाई ही के घर रुकता था,

अतः इटावा मित्रों को मुझे आमंत्रित करना कभी भारस्वरूप नहीं लगा। मुझे यह संतोष मिलता था कि मैं अपने गृहजिले के मित्रों के लिए कुछ तो कर रहा हूँ। फिर मित्रों के आग्रह पर इटावा से आठ मील दूर चम्बल नदी के किनारे स्वामी शरणानंदजी की गुफाओं वाले आश्रम में मैंने एक त्रि-दिवसीय शिविर का संचालन किया, जिसमें बर्तन माँजने, सफाई करने व भोजन बनाने से लेकर प्रत्येक कार्य हम सभी लोग मिल-जुलकर करते थे। उन गुफाओं में मैंने मित्रों को विज्ञान भैरव तंत्र के प्रयोग भी करवाए। इस शिविर में 20-25 मित्रों ने भाग लिया। इसके बाद भी मैंने इटावा में तीन-चार शिविर और लिए।

इसी बीच बहुत आग्रह से धूरी के मित्र संजीव ने मुझे बरनाला आमंत्रित किया। ओशो मैखाने के दीवाने रिंद पुस्तक में मैं बरनाला, पटियाला तथा चैल में लिए जाने वाले शिविरों का उल्लेख विस्तार से कर चुका हूँ।

'एक फक्कड़ मसीहा ओशो' के पाँच खण्ड तथा 'ओशो ही ओशो' पुस्तकें प्रकाशित होने के बाद मुझे विभिन्न स्थानों से पत्र मिलते थे। बुलन्दशहर अपनी बहन से तथा मेरठ अपने एक मित्र से मिलने के लिए जब मैं वहाँ गया तो वहाँ के ध्यान केन्द्र तलाशते हुए कुछ संन्यासियों से परिचय हो गया। इस तरह मेरठ ध्यान केन्द्र में भी मैंने दो-तीन ध्यान शिविर लिए, जहाँ सुबह-शाम तीन-तीन घंटे के लिए लगभग ध्यान प्रेमी मित्र एकत्रित हो जाते थे। कुछ मित्र को गहरे ध्यान में जाने का अनुभव हुआ और उन सभी के आग्रह पर मैं एक दिन और मेरठ रुक गया। पर अधिकतर लोगों में ध्यान की गहरी प्यास नहीं थी। मैं दोपहर भोजन करने के एक घंटे विश्राम करने के बाद अथवा ओशो दर्शन के बाद प्रश्नोत्तर कार्यक्रम अवश्य रखता था, केवल वहाँ ही नहीं, प्रत्येक स्थान पर, जिससे मित्रों के संदेहों का समाधान कर सकूँ और उन्हें कंडीशनिंग से मुक्त होने के लिए उन्हें कायल कर सकूँ।

ध्यान के बारे में मेरा स्वयं का यह अनुभव है कि ध्यान में यदि मैं किसी को निर्विचार होने और शरीर शून्यता का अनुभव करने का सुझाव देता हूँ, तो कहने से पूर्व मुझे पहले स्वयं उस स्थिति में होना चाहिए, तभी अन्य लोगों को उसकी अनुभूति सरलता से हो सकती है। यदि मैं त्रिनेत्र साधना करवाते हुए स्वयं उस बिंदु पर नहीं पहुंचता, जहाँ वह रिक्त आकाश अवधान को अवशोषित करने लगे, तब तक मैं दूसरों को भी उसकी अनुभूति नहीं करा सकता। छिंदवाड़ा के जमुनिया स्थित ओशो शांति आश्रम में महीनों विज्ञान भैरव तंत्र के प्रयोग करते हुए सद्गुरु के प्रसाद से उनके आणुविक चमत्कारों का अनुभव हुआ था।

एक दिन प्रकाशित पुस्तकों से मेरा पता नोट कर एक युवक मेरे पास ध्यान सीखने आया जो कानपुर में ही मकान किराये पर लेकर इंजीनियरिंग प्रवेश परीक्षा की कोचिंग लेने आया हुआ था। उसका नाम राकेश था। अपने प्रश्नों का समाधान करने के बाद उसने मुझसे ध्यान प्रयोग भी सीखे। मैंने उससे सुबह शाम केवल एक-एक घंटे ही ध्यान प्रयोग करते हुए अपने अध्ययन पर अधिक श्रम करने का अनुरोध किया था। पर जैसा मुझे बाद में पता चला कि वह रात-दिन ध्यान में ही डूबा रहने लगा था और वह इंजीनियरिंग की प्रवेश परीक्षा में सम्मिलित ही नहीं हुआ था। जब मैं जमुनिया आश्रम जा रहा था तो वह जबर्दस्ती मेरे साथ चला। उसने वहाँ आने-जाने व अन्य खर्च के लिए आवश्यक धन जुटा लिया था। प्रकृति के उन्मुक्त वातावरण में जमुनिया आश्रम में उसने विज्ञान-भैरव-तंत्र के प्रयोग किए। एक सप्ताह बाद मैंने उसे वापस कानपुर भेज दिया।

महीने डेढ़ महीने बाद जब मैं कानपुर पहुंचा तो वह मुझसे मिलने के लिए आया। मैं इस बीच उसमें बहुत बड़े परिवर्तन का अनुभव कर रहा था। वह आता-जाता रहा और पहले की ही भांति सत्संग करता रहा और मुझे आश्वस्त करता रहा कि इस बार वह इंजीनियरिंग की प्रवेश परीक्षा में भी सफल होने के लिए पूरा प्रयास कर रहा है और सफल होकर ही रहेगा।

एक दिन वह सुबह-सुबह ही आ धमका और मिलते ही चरणों पर गिर पड़ा। आनंद से उसका रोम-रोम पुलकित हो रहा था। मैंने उसे सतोरी घटने के लिए बधाई दी। वह तो समझ रहा था कि उसे बुद्धत्व घट गया। उसे निर्विचार समाधि घटी थी। मैंने उसे उत्सव-आनंद बनाने का सुझाव देते हुए वह पुस्तक ही भेंट में दे दी। इस बार घर से धनराशि न मिलने पर उसने अपना स्कूटर बेच दिया था। अब वह घर जाकर ही तैयारी करना चाहता था।

मैंने उसे स्वावलंबन का महत्त्व समझाते हुए स्वावलंबी बनने की सलाह दी। हरियाणा जाकर वह एक स्कूल में अध्यापक बन गया। यदा-कदा उसके पत्र आते रहते थे। उसका भाव ओशो आश्रमों में रहकर जीवन गुजार देने का था। मैंने उससे स्पष्ट रूप से कहा कि जब स्वावलंबी बन जाओ, तभी मेरे पास आना। कोई भी छोटी नौकरी या छोटा काम प्रारंभ करना गलत नहीं होता। श्रम और लगन से ही छोटा काम बड़ा बन जाता है और छोटा पद बड़ा होता जाता है। न तो किसी का शोषण करो और न किसी अन्य को अनुमति दो कि वह तुम्हारा शोषण कर सकें। उसकी पारिवारिक स्थिति जानकर ही मैंने उसे यह सुझाव दिया था। दो वर्ष होने को आए तब से मुझे राकेश की कोई खबर नहीं। पर उसमें होने वाली संभावना को मैं भली-भांति जानता हूँ।

कानपुर में खुलने वाले नए ध्यान केन्द्र द्वारा भी रविवार को होने वाले सत्संग में ध्यान कराए जाने के लिए मुझे बुलाया जाने लगा। पर वहाँ आने वाले अधिकतर लोगों में ध्यान के प्रति अभीप्सा और लगन नहीं थी। जो मित्र एक रविवार को आते थे, वह अगले रविवार को नहीं आते थे।

उन्हीं ध्यान केन्द्र द्वारा आयोजित एक त्रिदिवसीय ध्यान शिविर का भी मैंने संचालन किया। पर संयोजक महोदय की व्यवसायिकता और धन कमाने की लिप्सा को देखकर मैंने उनके कार्यक्रमों में जाना बंद कर दिया। अपने ही घर की मंजिल में एक अलग कमरा बनवाकर मैंने उसे ही अपना अध्ययन और ध्यान कक्ष बना लिया। वहीं मिलने वालों को बुलाकर ध्यान और सत्संग भी हो जाता।

जाने कितने लोग आए और चले गए? कोई चार छह बार आया और ध्यान विधियाँ जानकर चला गया। कोई एक बार आया और दोबारा न लौटा। तभी एक दिन मेरे पड़ोस में एक किंडरगार्डेन स्कूल चलाने वाले श्री सतीशचन्द्र सेठ एक बुजुर्ग सज्जन को लेकर मेरे पास ध्यान के संबंध में कुछ चर्चा करने आए। उन रिजर्व बैंक से रिटायर्ड बुजुर्ग को तो ध्यान न भाया पर श्री सेठ ध्यान में रमने लगे। स्कूल के ऊपर के भाग में उनका निवास था। मैंने स्कूल के उनके प्रिंसीपल-कक्ष को शाम 7 बजे से ध्यान कक्ष में परिवर्तित करने का सुझाव दिया। वह तैयार हो गए। अब प्रति शाम 7 बजे से 9 बजे तक ओशो दर्शन तथा ध्यान प्रयोग उनके यहाँ होने लगे। इसी अवधि में पोलिंग जिला कांगड़ा से श्री ध्यानसिंह मेरी पुस्तकों को पढ़कर कांगड़ा घाटी में आने का निमंत्रण दे रहे थे और उनकी ध्यान प्रयोग सीखने की बहुत प्यास थी। मैंने श्री सेठ के साथ ही जोगिन्दरनगर चलने का कार्यक्रम बनाया। बरोट डाकबंगले में एक सप्ताह तक ध्यान कराने का विवरण भी मैं 'ओशो मैखाने के दीवाने रिंद' पुस्तक में कर चुका हूँ।

इसी बीच स्वामी ध्यान वैराग्य और माँ आनंद दीप्ति भी मेरे साथ ध्यान और सत्संग से जुड़ चुके थे। ओशो जन्म दिवस समारोह, माँ आनंद दीप्ति धूमधाम से मनाना चाहती थी। उस अवसर पर उनकी ओर से स्वामी ध्यान वैराग्य मुझे ध्यान कराने के लिए आमंत्रित करने आए। उस कार्यक्रम के सफल आयोजन के बाद माँ आनंद दीप्ति ने मुझे अपने घर ध्यान सत्संग के लिए आमंत्रित किया। वहीं उनके पति ने मुझसे अपने निवास स्थान आकर सप्ताह में तीन-चार दिन अपनी पत्नी की ध्यान में गहरी अभिरुचि देखकर उन्हें ध्यान कराने के लिए मुझसे आने का आग्रह किया। मुझे घर कार द्वारा बुलाने तथा घर छोड़ जाने का दायित्व उन्होंने स्वयं सहर्ष लेना स्वीकार किया।

वहीं प्रायः स्वामी ध्यान वैराग्य भी अपनी पत्नी सहित उनका पूरा परिवार ओशो-प्रेमी था। उनके दोनों बेटों में एक बेटा ओशो प्रवचनों के कैसेट सुनता भी था और एक जोरबा की भांति रहता भी था। उसके 'दर्पण' नाम पर उनकी कोठी का नाम भी दर्पण था और एक कार तथा ड्राइवर उन्होंने माँ आनंद दीप्ति को अपने उपयोग के लिए दे रखा था। वे स्वामी ध्यान वैराग्य, उनकी पत्नी तथा मेरे साथ खजुराहो तथा बाराबंकी शिविरों में तथा जबलपुर भी गईं। वहीं प्रार्थनापूर्ण चित्त वृत्ति के साथ मौलिश्री के बोधिवृक्ष के नीचे और उन ऊर्जावान चट्टानों पर बैठकर भी उन्होंने ध्यान किया, जिन पर बैठकर ध्यान करते हुए ओशो उपलब्ध हुए थे। यह दोनों मित्र कभी ध्यान करने मेरे निवास पर आ जाते और कभी श्री सेठ के परिसर में शाम सात बजे ध्यान के लिए आ जाते। माँ आनंद दीप्ति, ध्यान वैराग्य तथा अपने पति के साथ मुझे लेकर हिमाचल प्रदेश के कुछ स्थानों में जाकर रहने और ध्यान करने के लिए भी गईं। वहाँ से लौटते हुए हम सभी ने 'स्वामीजी' के भी दर्शन किए।

मैं माँ आनंद दीप्ति से प्रायः कहता-"तुममें ध्यान की अभीप्सा और लगन तो है पर न तो नियमित रूप से ध्यान करने की लगन और संकल्प है और न तुमसे 'मैं' और 'मेरे' का भाव छूटता है। तुम्हें अतीत की मान्यताओं, अंधविश्वासों और परंपराओं से पूरी तरह मुक्त होना होगा, तभी घट सकता है ध्यान। अभी कहीं न कहीं तुम्हारी आस्था देवी-देवताओं और प्रार्थनाओं के जादू में अटकी हुई है। जो भी दान-पुण्य करो, पर भूलकर भी उसकी चर्चा मत करो। ओशो कहते हैं कि दाएं हाथ से किसी को कुछ दो तो तुम्हारे बाएं हाथ तक को उसकी खबर न लगे। अपने किए गए दान पुण्य की चर्चा या जिक्र करना ही अहंकार है। माना कि तुम विनम्र, सहज और सरल हो पर तुम्हारी थोड़ी देर की बातचीत में 'मेरा लड़का', 'मेरी बहू', 'मेरी गाड़ी' के शब्द उसमें सम्मिलित हो जाते हैं, जिससे तुम्हारे 'मेरे का' भाव स्पष्ट हो जाता है। तुम भले ही उसे चेतन रूप से प्रकट न भी करती हो पर अचेतन रूप से वह प्रकट हो जाता है। समर्पण का अर्थ होता है कि सब कुछ तेरा। सब ओर तू ही तू। तुम उससे ही पूरी तरह भर जाओ। तुम्हारे रोम-रोम में तुम्हारा अपनापन कहीं रहे ही नहीं, केवल वह ही समा जाए। इसी स्थिति में तुम अहंकार शून्य होते हो। ध्यानी अपने को खाली करता है विचारों से, भावों से। वह धारणा करता है-न मैं शरीर हूँ, न मैं मन हूँ, मैं 'कुछ नहीं', 'कोई नहीं' हूँ। खाली और शून्य हूँ। भक्त अपने को भगवान से भरता जाता है और सिर्फ भगवान ही रह जाता है। यहीं भक्त ध्यानी और ध्यानी को भक्त होना पड़ता है। सद्‌गुरु के प्रति श्रद्धा और समर्पण

ही उसे खालीपन और शून्यता के भय से मुक्त करता है। उसे शून्यता से छलांग लगाने का साहस देता है।

भक्त को तब कण-कण में, जर्रे-जर्रे में वह ही वह दिखाई देता है। फूल में, पत्ती में, गाय में, कुत्ते में, चट्टान में और प्रत्येक मनुष्य में उसे परमात्मा ही दिखाई देता है। वह रूप से अरूप होने लगता है। चांद में, सितारों में, हर सुवास और हर स्वाद में उसकी ही प्रतीति होने लगती है। अपनी चेतना और सर्वात्म की चेतना में कोई भी अंतर नहीं रह जाता।

माँ दीप्ति के चेहरे पर पसीना आने लगा। पर वह भक्ति और प्रेम मार्ग को आसान समझ रही थी। उसकी शर्तें और अनिवार्यताएँ जानकर उसने भोलेपन से पूछा-"स्वामीजी! फिर कैसे मिटे यह 'मैं और मेरे' का भाव।"

मैंने उसे स्मरण दिलाते हुए कहा-"कल ओशो के कैसेट में तुम यही तो सुन रही थीं। आधुनिक युग के मनुष्य के लिए जो शिक्षित और बुद्धिवादी है, प्रारंभ ही में समर्पण करना कठिन है। बस ध्यान करती रहो। ध्यान करते-करते ही वह बोध और समझ विकसित होती है और प्रेम में मालकियत, ईर्ष्या और अपेक्षा समाप्त होने लगती है। पहले जो तुमने शरीर और मन से जो इतना अधिक तादात्म्य जोड़ लिया है, आज से ही नहीं जन्म-जन्मों से, उस सम्मोहन को तोड़ने के लिए अब स्वयं इस बात के लिए सम्मोहित करना है कि मैं न शरीर हूँ और न मन, मैं केवल शुद्ध चैतन्य हूँ।

कभी वह नियमित रूप से ध्यान करती और खूब प्रसन्न और ऊर्जावान रहती, फिर दस-पंद्रह दिनों तक न तो मुझसे सम्पर्क करती और न ध्यान करने के लिए आती। फिर सोलहवें सत्रहवें दिन उसका अथवा उसके पति का फोन आता-स्वामीजी, आप मेरे घर आ जाइए। दीप्ति गहरे डिप्रेशन में कल रात से रोये जा रही है।"

मैं पंद्रह मिनट तक उसे अपना पूरा उद्‌गार प्रकट करने का अवसर देता, फिर उसे नो माइन्ड ध्यान करवाता, फिर श्वासन में लेट जाने को कहता। सुझाव देते हुए उसका शरीर और मन से तादात्म्य तोड़ता। श्वासन से वापस लौटने पर उसे नव रेकी द्वारा ऊर्जा देता। स्पर्श चिकित्सा द्वारा उसके शरीर, मन और आत्मा के मध्य लयबद्ध लाने के प्रयोग करवाता। दो-तीन सिटिंग के बाद वह सामान्य होकर ध्यान करने लगती।

उसकी स्थिति घड़ी के पेंण्डुलम की भांति थी। जब वह दुःखी और उदास होती और डिप्रेशन में चली जाती तो वह ध्यान की ओर उन्मुख होती। जब तक दो सप्ताह नियमित ध्यान से वह विकसित होने लगती, वह फिर से किट्टी

पार्टी, नाते-रिश्तेदारी, शॉपिंग, डिनर पार्टी और पिक्चर आदि में व्यस्त होकर ध्यान करना ही छोड़ देती। उसके मन का पेण्डुलम एक छोर पर पहुँचकर दूसरे छोर जाने के लिए संवेग उत्पन्न करता। घर से ऊब कर वह शिविरों में जाती, स्वामी रामदेव के प्राणायाम करती। वह रजस से तमस में और तमस से रजस में गति करती। सुखों से, भौतिक सुख-सुविधाओं से ऊबकर वह फिर ध्यान की ओर उन्मुख होती।

मेरे छत पर तीसरी मंजिल स्थित ध्यान कक्ष को देखकर जहाँ सूर्योदय, सूर्यास्त, तारों भरी रात और चांदनी रातों को देखते हुए ही ध्यान की खुमारी छाने लगती थी अपनी छत पर एक सुंदर वातानुकूलित ध्यानकक्ष बनवाया। वह मेरे सुझावों पर कक्का जी से शास्त्रीय संगीत भी सीखने लगी और दिए गए सुझाव के अनुसार संगीत को ध्यान बनाने लगी। संगीत में प्रवीण और सुमधुर समझती और बुलंद आवाज में कबीर के पदों का गायन करने वाले स्वामी ध्यान वैराग्य से उसे संगीत में पूरा सहयोग और निर्देशन मिलता। स्वामी ध्यान वैराग्य के घर भी एक सुंदर ध्यान कक्ष था। उनके स्थानीय संगीतकारों से भी निकट संबंध थे। अब 10-15 दिनों बाद उनके अथवा माँ दीप्ति के घर भजन संध्या का आयोजन होने लगता। उसमें मैं भी आधा-पौन घंटे ध्यान करवाता और फिर भजन, गायन चलता रहता। कभी-कभी यह संगीत संध्या सुबह तीन-चार बजे तक चलती। वहीं भोजन पर मित्र सो जाते। फिर शनैः शनैः संगीतकारों के आग्रह से ध्यान हटा दिया गया। जब कभी मुझे बुलाया गया तो ध्यान कराने को नहीं कहा जाता। वह दोनों कहते कि संगीत उन्हें अमन में ले जा रहा है, पर उसकी स्थिति मुझे अमन जैसी लगती ही नहीं।

मैं ओशो के अंग्रेजी प्रवचनों के हिंदी अनुवाद में डूबा रहता। वे दोनों अपने-अपने घरों में ही बने ध्यान केन्द्रों में ही बाबा रामदेव के बताए प्राणायामों के साथ ध्यान भी करते रहते और संगीत साधना भी। महीने-पंद्रह दिनों में कभी फोन पर बात हो जाती या कभी मुलाकात हो जाती। उन्हें अब मेरी कोई विशेष आवश्यकता न थी। हाँ! ओशो के पाँच उत्सव हम लोग अवश्य ही साथ-साथ मनाते हैं।

हाँ! शुरू से ही ओशो के अंग्रेजी प्रवचनों का अनुवाद पड़ोस में श्री मेडिकल हॉल का शंकर बहुत ध्यान और मनोयोग से सुनता। वह प्रारंभ ही से, जब से मैंने घर पर ध्यान केन्द्र खोला था, ध्यान भी करता था। इस बीच उसका छोटा भाई दुकान की देखभाल करता था। बीच में तीन चार वर्ष शंकर मुझसे अलग रहा पर 'स्वामीजी' से भेंट करने के बाद तो वह पूरी तरह मुझसे जुड़ गया था।

शाम सेठ साहब के ध्यान केन्द्र में वह ओशो दर्शन में नियमित रूप से भाग लेता। ध्यान करने में उसकी समग्रता और समर्पण से वह बहुत तेजी से प्रगति कर रहा था। ओशो के प्रवचनों के अनुवाद सुनकर उसकी समझ तेजी से बढ़ी थी जबकि माँ आनंद दीप्ति को उन प्रवचनों का अनुवाद सुनना, जैसे एक भार लगता। वह किसी बहाने से बीच ही में उठ जाती अथवा ओशो के गीत-संगीत का कोई कैसेट सुनते हुए उत्सव मनाना चाहती। शंकर को एक-दो सटोरी भी लग चुकी थी।

'स्वामीजी' से मिलने के पूर्व गाजियाबाद के स्वामी चेतन विस्तार के अनुरोध पर मैं बड़ौत और गाजियाबाद में दो ध्यान शिविर भी लगा चुका था। पर स्वामी जी से भेंट के बाद मैंने शिविर लेना ही छोड़ दिया था। मैं चेतन विस्तार से कहा करता था कि शिविरों में आने वाले संन्यासी और ओशो प्रेमियों में ध्यान की अभीप्सा रखने वाले लोग बहुत कम हैं और जो हैं भी उन्हें सामान्य शक्ति ध्यान प्रयोगों के अतिरिक्त अब त्रिनेत्र साधना और विज्ञान भैरव तंत्र के आणविक प्रयोगों की आवश्यकता है। पर उनकी संवेदनशीलता और सजगता बढ़ाने के लिए ऐसे शिविर प्रकृति के सान्निध्य में लगाना ही सार्थक होगा।

दो वर्ष पश्चात् मेरठ के स्वामी पुरातनतीर्थ ने, जो बड़ौत शिविर में ध्यान कर चुके थे, मुझसे कई बार फोन करते हुए चुने हुए साधकों का हथियारी (देहरादून) में एक शिविर लेने का अनुरोध किया। वह मुझसे कानपुर मिलने भी आए। उनके अंदर ध्यान के प्रति गहरी अभीप्सा थी। यमुनोत्री मार्ग पर पिरामिट आकृति का हथियारी ध्यान केन्द्र प्रकृति की सुरम्य वनस्थली में बना एक अनुपम ध्यान केन्द्र है। वहाँ यद्यपि दस-बारह मित्र ही आए जिनमें स्वामी ध्यान वैराग्य, माँ आनंद दीप्ति और माँ मधु मेरे साथ ही गए थे। मेरी दृष्टि से वह एक सफल शिविर था।

इसी बीच मुझे एक विवाह समारोह में सम्मिलित होने ग्वालियर जाना पड़ा, वहाँ के ध्यान केन्द्र में मेरी आठ दस संन्यासियों और ओशो प्रेमियों से भेंट हुई। उन्होंने अगली सुबह दो घंटे मेरे साथ ध्यान प्रयोग भी किए। हथियारी शिविर के बाद उन लोगों ने मुझे ग्वालियर में त्रिदिवसीय ध्यान शिविर के लिए आमंत्रित किया। इन शिविरों का शुल्क मात्र 50/- रखा गया था क्योंकि प्रातः आठ बजे से एक बजे दोपहर तक और शाम चार बजे से आठ बजे तक ही ध्यान प्रयोग होते थे, जिनकी समाप्ति पर केवल चार बिस्कुट की व्यवस्था की जाती थी और संन्यासी भोजन अपने घर जाकर लेते थे। छह सौ आठ सौ शिविर शुल्क की उपेक्षा मेरे सुझाव पर यह एक नया प्रयोग था जिससे अधिक आर्थिक मार

सहन न कर सकने वाले प्रेमी मित्र भी भाग ले सके। इस शिविर में लगभग 35-40 मित्रों ने भाग लिया और चार-पाँच ऐसे साधकों से भी भेंट हुई जिनके अंदर अभीप्सा थी। मेरी दृष्टि से यह शिविर सफल हुआ और मुझे भी ध्यान करवाने में आनंद आया।

अधिक आयु में होने वाले गठिया रोग ने बाएँ घुटने को स्थायी रूप से दर्द का उपहार दे दिया है, फलस्वरूप रेंगने वाली जैसी स्थिति में ही चल पाता हूँ। जरा भी जोर से कदम उठ जाए, तो लगता है जैसे बायाँ घुटना ही चरमरा कर बोझ उठाने से इन्कार कर रहा हो। एक बहुत जोर की टीस उठती है। यह जैसे संकेत देती हुई कहती है-"होशपूर्वक चल ज्ञानभेद! एक-एक कदम पूरे होश से आहिस्ते-आहिस्ते उठा। वाक् करना है। जिन्दगी भर तू चलता ही तो रहा है और सिवाय अशांति और कामनाओं के ज्वार के सिवा तूने और पाया क्या?

शंकर बहुत अच्छी स्थिति में है। राकेश को भी सटोरी लगी थी और उसमें बहुत संभावना है। स्वामी ध्यान वैराग्य भी पारिवारिक दायित्व पूरे करने पर विकसित होंगे ही। माँ आनंद दीप्ति भी विकसित हो रही है। घड़ी के पेण्डुलम सा झूलते हुए भले ही उसे विकसित होने से छह सात वर्ष और लग जाएं। मेरठ के स्वामी पुरातन तीर्थ और ग्वालियर के एक दो मित्रों में भी मैं खिलावट की संभावना देख रहा हूँ। पर जल्दी है उनकी कंडीशनिंग टूटे।

डॉ. पी.के. गुप्ता (स्वामी अंर्त नि.) जैसे कई मित्र और हैं जिनकी साधु-संगत ही समाप्त नहीं होती। जिनकी कंडीशनिंग बहुत गहरे में जड़ें जमाए बैठी हैं। वह अतीत के संस्कारों, रूढ़ियों और परंपराओं और समाज द्वारा निर्धारित नीति-नियमों से बुरी तरह जकड़े हुए हैं। पर बीज तो उनके अंदर पड़ ही चुका है न सही यह जन्म, अगले जन्मों में। यह तो जन्म जन्मों की यात्रा है।

'एक फक्कड़ मसीहा ओशो' के नौ खण्डों का संक्षिप्त रूप अंग्रेजी में The Rebellious and Enlightened Master Osho के नाम से अनूदित होकर प्रकाशित हो चुका है। इसने अंग्रेजी भाषी प्रेमी मित्रों के साथ संवाद का एक नया द्वार खोल दिया है। डेनमार्क के स्वामी नीरेन से कितनी लम्बी खतोकितावत हुई है। वह भी ओशो कार्य में तन मन धन से जुटा है। अब हम सम्मिलित रूप से कुछ और कार्य करना चाहते हैं। वह सितम्बर में भारत आ रहा है, तभी उससे भेंट होगी। हाइकू टाइप कविता संग्रह 'समय में समय से पार' की मैंने भूमिका भी लिखी है और अंग्रेजी में अनुवाद भी किया है। यह मेरे कार्य का एक नया दौर है।

मुझे ऐसा महसूस होता है जैसे मेरा काम ऐसे प्रेमी मित्रों में, जिनके अंदर स्वयं को जानने की प्यास और विकसित होने की संभावना है, उन्हें विकसित होने में सहयोग दूँ और उनके 99 तक पहुँच जाने पर उन्हें 'स्वामीजी' के पास भेज दूँ।

मैं मित्रों को बार-बार स्मरण दिलाता हूँ कि समाधि लग जाना या खिलावट हो जाना ही तुम्हारी मंजिल नहीं है, होशपूर्ण होने के बाद ही तुम्हारा कार्य शुरू होगा। तुम्हें 'नया मनुष्य' बनकर ओशो के अहिंसक विद्रोह का एक सिपाही बनकर, होश की मशाल से अंधेरे आशियानों में प्रकाश करना होगा, तुम्हें चट्टानी हृदय के नीचे राख में दबी आग को भड़काना होगा। तुम्हें ओशो के अधूरे चित्र में नए-नए रंग भरने होंगे।

# भरे मेघों को बरसना ही है

हर साधारण व्यक्ति अपने को असाधारण समझता है और असाधारण वह है भी। उस जैसी शक्ल-सूरत, उठने, बैठने, चलने, बात करने और प्रत्येक कार्य को करने की शैली किसी दूसरे जैसी होती ही नहीं। उसकी उंगलियों के निशान, उसकी आदतें और उसका तौर-तरीका सभी से जुदा होता है। कहते हैं-अस्तित्व कभी अपने आप को दोहराता ही नहीं। उसका प्रत्येक सृजन नया और अनूठा होता है।

पर असाधारण होना सभी के बीच विशिष्ट और महत्त्वपूर्ण होना भी है। एक धनी बलशाली, कोई भी सुंदर स्त्री या कोई भी कलाकार अपने को दूसरे से श्रेष्ठ समझता है। सभी से अलग, पर दूसरों के बीच अपने को महत्त्वपूर्ण समझने का जुनून लगभग प्रत्येक व्यक्ति को होता है, जिससे लोग उसे आदर दें, सम्मान दें। तो सम्मान पाने वाला व्यक्ति झुककर दोहरा हो जाता है। मन ही मन फूल कर वह कुप्पा हो जाता है। उसे महसूस होता है कि वह सभी से विशिष्ट और असाधारण है। पर यह असाधारणता ओढ़ी गई है। कृत्रिम है। यह आदर-सम्मान भी लोग उसे स्वार्थवश प्रदर्शित कर रहे हैं। वे उसके पद और प्रभाव से कुछ पाने की आकांक्षा संजो रहे हैं। स्वार्थ पूरा न होने पर यह आदर, गालियों और अपमान में बदलेगा ही।

सहज स्वाभाविक असाधारणता वह है, कि व्यक्ति को जैसा प्रकृति ने गढ़ा है, वह उसे सप्रेम स्वीकार कर उससे राजी हो जाए। भले ही वह काला कुरुप हो। कायेल काली है पर प्रकृति ने उसे शहद से भी मीठा गला दिया है। उसकी कुहक में उसने गीत और संगीत भर दिया है। मोर को सुंदर इन्द्रधनुषी रंगों के पंख दिए हैं पर उसके पैर या पंजे बदसूरत हैं। ऐसे बहुत कम हैं या लगभग हैं ही नहीं, जिन्हें रूप, रंग, बल, बुद्धि और प्रज्ञा सब कुछ साथ मिली हो। यदि प्रकृति से चार कमियाँ मिली हैं तो उसकी प्रतिपूर्ति के लिए प्रकृति ने उसे चार गुण भी दिए हैं। यह और बात है कि ऐसे लोग अपनी कमियों का रोना रोते हुए प्रकृति प्रदत्त गुणों को न पहचान पाते हैं और न उनका उपयोग कर पाते हैं।

जिन्हें सुंदर स्वास्थ्य और बलशाली शरीर मिला है, उनके पास मेधा नहीं होती। जो प्रतिभाशाली प्रज्ञावान होते हैं वे शरीर से निर्बल और रोगी होते हैं। जॉर्ज

वर्नाड शाह दुबले-पतले और कुरुप थे, पर उनके नाटकों और साहित्यिक व्यंग्य रचनाओं से पूरा विश्व प्रभावित था। एक सुंदर अभिनेत्री उनके साहित्य की दीवानी थी। उसने शॉ से अनुरोध किया कि वह उससे विवाह करने को आज ही तैयार है। शॉ ने उससे कहा-"तुम मेरी शक्ल देख रही हो? मुझसे विवाह कर तुम्हें क्या मिलेगा?" उस अभिनेत्री ने उत्तर दिया-"हम दोनों से जो पुत्र उत्पन्न होगा उसमें मेरा रूप और सौंदर्य तथा तुम्हारी बुद्धि और प्रतिभा होगी।"

शॉ ने तुरंत कहा-"और ऐसा भी तो हो सकता है कि उस होने वाले बच्चे को मेरी जैसी शक्ल और तुम्हारी जैसी बुद्धि मिले।"

मनोवैज्ञानिक कहते हैं कि जिस मनुष्य में जो कमी होती है उसके कारण उसमें एक हीनता की ग्रंथि उत्पन्न हो जाती है। उसी ग्रंथि के कारण वह अपने कर्मों से संसार को अपनी प्रतिभा का लोहा मनवा कर रहता है। इसीलिए पत्नी से झिड़के जाने पर तुलसीदास महाकवि और संत बन गए। भाभी से झिड़के जाने पर भूषण शिवाजी और छत्रशाल द्वारा ही नहीं बहुत बड़े वर्ग द्वारा सराहे गए। नेपोलियन छोटे कद का होने पर भी बोनापार्ट बना। कबीर विधवा ब्राह्मणी के गर्भ से जन्म लेकर और जुलाहे परिवार में पलकर ही महान संत और कवि बने। तैमूर लंगड़ा और नादिरशाह कोढ़ी था। रणजीत सिंह और लॉर्ड बेबिल काने थे। जायसी और जिगर मुरादाबादी बहुत कुरुप थे। उनका चेहरा चेचक के दागों से भरा था।

इतिहास ऐसे उदाहरणों से भरा पड़ा है। मनोवैज्ञानिक चाहे कुछ विश्लेषण करें, पर मैं यही कहूँगा कि कुरुपता और कमियों पर ध्यान न देते हुए उन्होंने प्रकृति प्रदत्त गुणों पर ध्यान केन्द्रित करते हुए उन्हें विकसित किया। उनका दृष्टिकोण विधायक था।

परमात्मा प्रत्येक मनुष्य को अपना अंश देकर ही उत्पन्न करता है। आत्मा और चैतन्य लेकर सभी उत्पन्न होते हैं पर सांसारिक चकाचौंध, महत्त्वाकांक्षा और मन की माया के कारण वे मिले हीरे की बात भूल ही जाते हैं। आत्मा परमात्मा का अंश नहीं, पूरा का पूरा ही परमात्मा है। पूर्ण में से पूर्ण निकाल दो, फिर भी पूर्ण ही बचता है। परमात्मा है निःसीम, अछोर, अनन्त, आकाश से भी असीम जो निरंतर विस्तीर्ण हो रहा है। प्रेम कितना ही बांटो, कम नहीं होता। बांटने से और बढ़ता है।

हाँ! मैं ब्रह्म ही हूँ। अहम् ब्रह्मासि। सब ब्रह्म ही है, ऐसा मैं देखता हूँ। अपने अंदर ब्रह्म का अनुभव करने वाले को फिर प्रत्येक व्यक्ति और वस्तु में ब्रह्म ही दिखाई देता है। वह करुणासागर, मात्र प्रेम ही हो जाता है। पर जो स्वयं को ब्रह्म

और शेष सभी को कीड़ा मकोड़ा और तुच्छ समझता है, उसने स्वयं ब्रह्म का अनुभव किया नहीं, वह उसके अहंकार क़ी गर्वोक्ति मात्र है। जिसने उसे जाना, उसका अनुभव किया वह कृष्ण, पतंजलि, बुद्ध, महावीर, गोरख, मीरा और नानक जैसा होता है। वह रामकृष्ण, कृष्णामूर्ति और ओशो जैसा होता है। वास्तव में किसी जैसा न होकर वह अपना उदाहरण आप होता है। वह एक ही सत्य और एक ही प्रेम को अभिव्यक्त करता है, पर अभिव्यक्तियां जुदा-जुदा होती हैं।

जोन कितने ऐसे सिद्ध और संत होते हैं जो पाकर मौन हो जाते हैं। वह अनुभव इतना आत्यन्तिक और विराट होता है (जैसे सागर बूंद पर गिर पड़ा हो) कि कुछ तो अपना शरीर तुरंत छोड़ देते हैं और अस्तित्व में घुलकर एक हो जाते हैं। अधिकतर इसीलिए मौन रहते हैं क्योंकि एक तो उसे अभिव्यक्त कर पाना ही बहुत कठिन और असंभव जैसा है। फिर यदि उस असंभव को संभव भी बनाया जाए तो उसे ग्रहण करने वाले लोग हैं ही नहीं। लोग असत्य में ही जीना चाहते हैं। सत्य को पाने की यात्रा के लिए सांसारिक सभी प्रलोभन छोड़कर 'मैं' को मिटाकर अज्ञात में छलांग लगानी होती है। थोड़े से विशिष्ट बुद्ध ही ऐसे हैं जिन्होंने करुणाकर संकेतों में उसे अभिव्यक्त करने का प्रयासरहित प्रयास किया। सुना बहुतों ने, साहस कर कुछ कदम चले भी, पर लाखों में कोई एक उसे जान पाया।

मनुष्य एक संभावना है। वह दृढ़ संकल्प से इतना दिव्य हो सकता है कि देवता भी उसे प्रणाम करें और पशु तल पर उतर कर वह पशु से भी गया बीता हिंसक और पतित हो सकता है। दिव्यता का ढोंग करने वाले हजारों हैं। उनकी दुकानें खूब चल रही हैं। कौन नहीं चाहता तनाव से मुक्ति, शांति और आनंद?

पर नहीं-लोग आनंद नहीं, सुख चाहते हैं। सुख में उत्तेजना है, पर आनंद में न दुःख है और न सुख। लोग कहते हैं-ऐसा आनंद किस काम का, जिसमें रोम-रोम पुलकित, रोमांचित, हर्षित और उल्लसित न हो। ऐसा आनंद किस काम का जिसकी लोग प्रशंसा न करें। जो दूसरों की दृष्टि में उनका महत्त्व बढ़ा न दे। नाम, यश, पद, सम्मान और शक्ति सभी चाहते हैं। आनंद इनमें से कुछ नहीं देता। जो है पास में, वह भी छीन लेता है। केवल थोड़े से दीवाने और पागल ही पाना चाहते हैं सत्य और आनंद।

'पाना' शब्द गलत है। उसे पाया भी नहीं जा सकता। उसमें हुआ जा सकता है। उसे जिया जा सकता है। उसे गुनगुनाया जा सकता है। उसके ताल से ताल मिलाकर झूम-झूम कर नाचा जा सकता है।

इस संसार में सभी पागल हैं। कोई धन के लिए, कोई पद, प्रतिष्ठा और

भोग के लिए। वे जो हैं, जहाँ जिस स्थिति में हैं, उससे राजी नहीं। वह कुछ अन्यथा पाने की दौड़ में लगे हैं। कुछ इसलिए पागल हैं कि उन्होंने जो चाहा वह उन्हें मिला नहीं। कुछ उसे पाकर पागल हैं। पाने में बहुत बड़ा नशा होता है, पर वह तृप्त नहीं करता। वह और-और पाना चाहते हैं।

जो कुछ और पाने की दौड़ में नहीं, जो अस्तित्व से उसे मिला है उसे पाकर पूर्ण संतुष्ट और आनंदित है, उसे पूरा संसार पागल ही समझता है।

मैं भी पागल हूँ, जो व्यर्थ ही कागज काला कर रहा हूँ। जिन्होंने चुने बुद्धों को सुनते हुए भी अनसुना कर दिया। जो उनके संग्रहीत वचनों को ग्रंथों में पढ़कर झूमे, मस्त और प्रफुल्लित तो हुए, पर उनके पाने की दौड़ समाप्त न हुई, उन लोगों के लिए मेरे इन आखरों का महत्त्व क्या? मैं हूँ ही क्या? उनकी छाया भी तो नहीं।

अस्तित्व ने स्वर नहीं दिया मुझे। मैं पक्षी की तरह गीत नहीं गा सकता। उसने मुझे कलम दी है। मैं लिखे जा रहा हूँ। लिख-लिख कर स्मरण दिला रहा हूँ-उन्हें सद्‌गुरु के अमृत वचनों और इशारों का। मैं उन्हें कुरेद रहा हूँ। झिंझोड़ रहा हूँ। मूर्च्छा से जागो। बहुत चूके, अब न चूको। जैसे, जहाँ, जिस स्थिति में हो, वहीं संतुष्ट होकर थिर बैठ जाओ। दौड़-दौड़कर बहुत देख लिया पर तृप्ति न मिली। अब परम विश्राम में लेट जाओ। अस्तित्व चारों ओर से बरस रहा है। उसे पियो, जियो और उत्सव आनंद मनाओ। जो हो रहा है उसे होने दो। वह जो अपने से कराये उसे समग्रता से करो। जो स्वयं से मिले उसे स्वीकार भी मत करो। न यहाँ कुछ पाने जैसा है और न छोड़ने जैसा। जो मिला है उसे भोगो, परम तृप्ति के साथ। जो नहीं मिला, वह भी उसकी अनुकम्पा है। तुम जहाँ, जिस स्थिति में हो, वहीं से तुम्हारा मार्ग शुरू होता है। और बाहर कहीं जाना नहीं। उतरना अपने ही अंदर अपनी गहराइयों में है। पाना कुछ भी नहीं, वह पहले से मिला ही हुआ है। उसके होने को हम भूले हुए हैं। मैं मात्र उसकी याद दिला रहा हूँ।

शब्द ब्रह्म होता है। अक्षर कभी क्षर नहीं होता। कुछ लोग जो कोयल के तराने सुनकर नहीं जागते। उन्हें सुनकर मीठी नींद में सो जाते हैं पर कौवे की कर्कश ध्वनि उन्हें जगा देती है। मेरी आवाज को कौवे की कांव-कांव ही समझो।

मैं स्वयं कुछ नहीं कर रहा, कोई मुझसे लिखवा रहा है। मैं उसकी बोली चिट्ठी लिख रहा हूँ। वह ऐसा क्यों कर रहा है मुझे कुछ नहीं मालूम। मैं तो माध्यम हूँ।

मैं तो खाली बांस की एक पोंगरी हूँ। उसी के गीत और उसी की श्वास है। वही बजा रहा है और वही सुन रहा है। तुम तक यह टेर पहुंच जाएं तो यह उसका ही आयोजन होगा।

मेरी यह कहानी, तड़प, व्यथा तुम्हारी ही कहानी है। जो तुम हो, वही मैं हूँ। जो मैं हूँ, वही तुम हो। अब मैं और तू का भेद रहा ही कहाँ? सिर्फ वही रहा शेष, जो पहले से ही था और सदा रहेगा। अपनी माया वही जाने।

उसकी लिखवाई चिट्ठी तुम तक पहुंचाना भी उसी का काम है। वंह पहुंचाना चाहेगा तो तुम तक जरूर पहुंच जाएगी यह चिट्ठी। तुम्हें पढ़वाना चाहेगा, तो जरूर बांचोगे तुम उसे। वह नहीं चाहेगा तो कुछ भी नहीं होगा। पर जब उसने चिट्ठी लिखवाई है जो वह जरूर पहुंचाएगा। देर लगे या सवेर। हो सकता है वह टिकट लगाना भूल जाए और तुम्हें वैरंग चिट्ठी लिखने की कीमत चुकानी पड़े।

खुले पत्र सा हाथ-हाथ से गुजर रहा हूँ
शायद कोई पढ़ ले मुझको अक्षर-अक्षर।
जब कोई आवाज कहीं मद्धिम होती है
सन्नाटे को मार चला आता हूँ पत्थर।

मनुष्य भटका हुआ है। चोट खाया हुआ है। उसे तथाकथित धर्मगुरुओं ने बहुत बेवकूफ बनाया है। उसका शोषण किया है। उसका उपयोग किया है। विरोधियों का न्यस्त स्वार्थों ने उसे दुष्प्रचार से भ्रमित किया है।

कुछ भी एतबार के काबिल न रहा
न कहा गया, न सुना गया और न लिखा गया
कुछ नहीं यहाँ ऐसा, जहाँ भरोसा कुहनी टिका सके
कोई कोना नहीं ऐसा, जहाँ यकीन बैठ सके आलथी-पालथी मारकर

मैं खंडित आस्थाओं के दिलवाले उन्हीं मनुष्यों के बीच विश्वास के बीज बो रहा हूँ। आस्था का मरहम लगा रहा हूँ उनकी चोटों पर। उनकी अंधेरी उदास जिन्दगी को धूप का एक कोना प्रेम भरी उष्णता के साथ सौंप रहा हूँ।

यह लिखना मेरा स्वभाव है। मैं कुछ भी प्रयास नहीं करता लिखने के लिए। मेरी कलम स्वयं उगल रही है आखर। मेरी कलम को गति अनजानी अज्ञात शक्ति दे रही है।

तुम पढ़ो। औरों को पढ़ाओ। पढ़कर नाचो, गाओ उत्सव मनाओ। मन तुम्हारा खंडित है। उसके सारे समीकरण उलट पुलट गए हैं।

कैसे जुड़ पाएँ मन के समीकरण?
जितनी दीवारें हैं, उतने आंगन।

खिड़की से आए बस, धुंध, धुंवा, धूल।
खिलते हैं सिर्फ यहां, कागज के फूल।
गमले में पले नहीं तुलसी पावन
कैसे जुड़ पाएँ मन के समीकरण?

मैं धुंध, धुंवा और धूल का कुहासा भेदकर तुम्हें सूरज का उजास दे रहा हूँ। कागज के फूलों की जगह तुम्हें पूरा खिला उपवन दे रहा हूँ। मैं तुम्हें सुवास और हास दे रहा हूँ। अपना पूरा विश्वास दे रहा हूँ।

जाने कितना हो गया समय
दरवाजे को तुमने स्वयं ही बंद कर रखा था
कमरे की दुनिया तक ही सीमित रहे तुम
खुद से कहा किए अपनी अनकही गाथा।

जो तुम्हारी गाथा है, एक दिन वही मेरी गाथा थी। मैं खुद ही कहता था और खुद ही सुनता था। एक दिन किसी ने दरवाजा खटखटाया। खोला तो देखा-सूरज परमात्मा की पाती और जीवन की थाली मुझे सौंपता मुस्करा रहा है। पक्षी गीत गा रहे हैं। फूल गुपचुप मुस्करा रहे हैं। वृक्ष मस्ती में झूम रहे हैं। बाहर पूरा अस्तित्व उत्सव मना रहा था। मैं बाहर निकल कर खुले में आया। वृक्षों ने मुझे पास बुलाया। अपनी मस्ती का राज बतलाया।

वही राज मैं तुम्हें बतला रहा हूँ। यह पाती तुम्हारे ही नाम लिख रहा हूँ।

# तुझको नज़र कर रहा हूँ-यह मेरा सलाम आखिरी है

डॉ. पी.के. गुप्ता कल मेरा मेडिकल चैकअप करके गए हैं। उनका स्टेथेस्कोप बता रहा था कि मेरे हृदय की धड़कनों की गति मंद होती जा रही है। अनस्टेबिल एन्जाइना से मुकाबले के लिए उन्होंने ढेर सारी दवाएँ प्रिसिक्राइव कर दीं। चलते समय कहने लगे-

'स्वामीजी! आइसोरडिल टैबलेट हमेशा जेब में रखा करें। जब कभी बेचैनी हो, पसीने आएँ, हाथ, पैर या सीने में दर्द होने लगे, इस दवा को लेने के बाद कालीफोस और मैग्नीशिया फोस बायोकैमिक दवा की 10 गोलियों को आधा गिलास पानी में घोलकर उसी में एनजियोकार्ड तथा मदर टिंचर चाइना और कैक्टस की भी दस-दस बूंदें डालकर पी जाएँ। एक घंटे बाद मोनिट, डाइटाइट तथा ब्लडप्रैशर की टैबलेट भी जरूर लें। भोजन करने के बाद डाबर की अर्जुनारिष्ट भी लें।

कल्कैरिया फ्लोर और जैलीसियम भी उन्होंने लेने की हिदायत दी है।

डॉ. साहब बहुत प्यारे व्यक्ति हैं। वह सफल होम्योपैथ और वैद्य हैं। साथ ही एलोपैथी दवाओं के भी वे विशेषज्ञ व चिकित्सक हैं। शरीर को तुरंत राहत देने के लिए वे एलोपैथिक दवाओं के लेने पर बल देते हैं। पुराने क्रोनिक मर्जों में वे होम्योपैथिक तथा आयुर्वेदिक दवा को प्रभावी मानते हैं। डॉक्टर का मोटो--रोगी शीघ्र आरोग्य प्राप्त करे' उनके जीवन का प्रेरक मंत्र है। उनके दिल-दिमाग के दरवाजे प्रत्येक उस विद्या के लिए खुले हैं जो लोकमंगलदायी हो। मुझे उनकी दवा से बहुत जल्द लाभ होता है क्योंकि मुझे उन पर पूरा विश्वास है। वह मुझे बड़ा भाई समझकर और ओशो जीवनी का लेखक तथा बुजुर्ग संन्यासी समझकर मेरा सम्मान करते हैं। उनके सम्मान में प्रेम और श्रद्धा भी है।

मैंने डॉक्टर से कह रखा है-'मेरी हालत चाहे जितनी बिगड़े मुझे अस्पताल मत ले जाना। मुझे अस्पताल या प्राइवेट नर्सिंग होम जरा भी अच्छे नहीं लगते। पहले तो वहाँ भरती होकर परिवार वालों के लिए समस्याएँ बढ़ाओ। कोई खाना

लेकर जाए तो कोई रात मेरे साथ सोने के लिए अपनी सामान्य रूटीन में व्यवधान डालकर अपने को सजा दे। मैं हरगिज नहीं चाहता कि मेरे कारण किसी को कोई असुविधा हो।

आखिरी वक्त न मैं ऑक्सीजन लेना चाहता हूँ और न ग्लूकोज की डिप लगवाना चाहता हूँ। अस्पताल या नर्सिंग होम में मुझे सबसे अधिक तक़लीफ देते हैं-डॉक्टर, नर्सों और अस्पताल के स्टाफ के मुखौटे या नकली चेहरे। मृदु व्यवहार और चेहरे पर चस्पा मुस्कान व्यावसायिक और खोखली होती हैं। वे चाहते हैं-मरीज से जितना हो सके, पैसा खींचो। जिस टैस्ट की जरूरत न भी हो वह भी टैस्ट करवाने के लिए वे आग्रह करते हैं। शरीर के विभिन्न अंगों के एक्सरे, अल्ट्रा साउंड, ई.सी.जी. और रक्त के कई तरह के टैस्ट करवाना तो सामान्य बात हो गई है। थाइराइड के साथ और भी जाने कितने ऐसे टैस्ट वे करवाते हैं जो महंगे से महंगे हों और मरीज के तीमारदार को उसके गुजर जाने के बाद अपनों के मध्य यह डींग हांकने का अवसर दे सकें, कि देखो, उन्होंने तो इलाज में कोई कसर छोड़ी नहीं। नर्सिंग होम का पचास हजार का बिल बिना चेहरे पर शिकन लाए चुका दिया कि बस किस तरह से वह बच जाएं। रुपया तो हाथ पैर का मैल है।

पर कितने परिवार वाले अनुपयोगी बुजुर्गों का इलाज प्रेम, समर्पण और श्रद्धा से करते हैं? उनमें औपचारिकता या दिखावा ही अधिक होता है।

अचेतन में बहुत सी पत्नियाँ पति से, पति पत्नियों से, बहू, बेटे, बुजुर्ग ससुर और पिता से मुक्ति पाना चाहते हैं। ऐसे लोगों में बड़ी संख्या उन पति-पत्नियों की है जो निरंतर एक-दूसरे से झगड़ते रहते हैं अथवा एक-दूसरे पर चुन-चुनकर व्यंग्य बाण छोड़ते उन्हें एक-एक कदम मृत्यु की ओर धकेलते जाते हैं, पर सामाजिक मर्यादा और प्रतिष्ठा के चलते तलाक लेना या अलग-अलग रहना उन्हें मंजूर नहीं। अंदर ही अंदर एक-दूसरे से नफरत करते हुए, लोगों को दिखावे के लिए प्रेम भरी चस्पा मुस्कान के साथ उन्हें देखकर बड़ी तकलीफ होती है। ऐसे लोगों की अपेक्षा तलाक लेने वाले वे लोग वंदनीय हैं जिन्होंने मुखौटे लगाना स्वीकार न कर अपूर्व साहस का परिचय दिया है।

उम्रदराज बूढ़े की स्थिति सरकारी अस्पताल के जनरल वार्ड के बैड पर लेटे उस मरीज जैसी है, जिसके मरने की प्रतीक्षा अस्पताल स्टाफ के साथ घरवालों तक को हो। डॉक्टर, नर्स, उस मरीज से वसूल करने लायक सब कुछ पाकर, शीघ्रताशीघ्र बैड खाली होने पर प्रतीक्षारत उस मरीज को देने को आतुर होते हैं, जिससे वे एडवांस में सुविधाशुल्क वसूल चुके होते हैं। उसके

पोते-पोतियां, और बेटे-बहू अपने अंदर अचेतन के गहरे में यह निश्चित रूप से सोचते रहते हैं-"रोज-रोज के इस झंझट से आखिर मुक्ति कैसे और कब मिलेगी? घर से अस्पताल और अस्पताल से घर भागते-दौड़ते उनके घर दफ्तर की सामान्य दिनचर्या एक साथ गड़बड़ा जाती है। पैसा तो खर्च होता ही है।

जब डॉक्टर यह घोषणा कर देता है कि हम तो हर संभव कोशिश कर चुके, अब तो बस केवल उन्हें ऊपर वाला ही बचा सकता है तो चेहरे पर बलपूर्वक दुख और निराशा की चादर ओढ़ने के बावजूद उनकी आंखों में चमकने वाली खुशी और सुकून का अहसास छिपाए नहीं छिपता कि अब शीघ्र ही उनके दु:ख का अंत होने वाला है।

सभी के ख्यालों में बूढ़े द्वारा घेरा हुआ वह कमरा घूमने लगता है जिसे उसने ढेर सारी व्यर्थ की पुस्तकों और बेकार की पत्रिकाओं से घेर रखा है। जिसमें रखा पीकदान, पान की तम्बाकू वाली तीखी गंध और थूके गए बदबूदार बलगम से घर के पर्यावरण को वह गंदा बनाता रहा है।

घर का कोई उसे अपना बैडरूम, कोई स्टडी या कोई उसे रिक्रियेशन रूम बनाने का स्वप्न संजोने लगता है और इसमें गलत कुछ नहीं।

पुत्र की चिंता होती है-पिता की लाश को घर अपनी कार, ऐंबुलेंस या मुर्दा-गाड़ी किस पर लाना उचित होगा? पिता की अल्मारी में उनकी हस्ताक्षर की गई चैकबुक को कब्जे में लेना होगा, जिससे कोई उनसे पेमेंट न ले सके। उनके अन्य कागजात को भी कब्जे में लेना होगा, जिससे मृत्यु संस्कार निपटाने के बाद कचहरी से उत्तराधिकार प्रमाण पत्र प्राप्त कर उनके एसेस्ट्स को अपने खाते में ट्रांसफर कराया जा सके।

यह फिर भी सज्जनता और शराफत है। सम्राटों, राजाओं और बादशाहों के गंभीर रूप से बीमार होते ही उत्तराधिकार की लड़ाई शुरू हो जाती है। भतीजे चाचा को कत्ल कर देते हैं। औरंगजेब ने शाहजहाँ को बंदी बनाकर रखा। जल्दी राज्यसिंहासन प्राप्त करने को पुत्र द्वारा पिता की हत्या करवाने के आख्यानों से इतिहास भरा पड़ा है। आज के बच्चे फिर भी कहीं अधिक शरीफ हैं।

उधर मेरी पत्नी सोच रही होगी-'इस शख्स ने मेरी जिन्दगी नर्क बना दी। जीवन भर खट कर जो जमा पूंजी जोड़ी थी-सोचा था उम्र ढलने पर जीवन के सुखों का घूंट-घूंट कर पान करूंगी। एक ऐसी वैन खरीदूंगी जिसमें सोने, खाने, बनाने और बाथरूम सभी की सुविधा होगी। उसमें हम दोनों पूरा भारतवर्ष घूमेंगे। सुविधा के लिए किसी बहन या भाई को साथ ले लूंगी।

पर इस शख्स ने रिटायर होते ही लाख मना करने के बाद भी महज इसीलिए कार बेच दी, जिससे शाम उसे मुझे कहीं घुमाने न ले जाना पड़े। विरोध करने पर दो टूक फैसला सुना दिया-'गाड़ी रखना हो तो ड्राइवर रख लो। गाड़ी की देखभाल करना और रात ड्राइविंग करना मेरे बस की बात नहीं।'

इस शख्स को अच्छी तरह मालूम है कि तीन हजार रुपए महीने का ड्राइवर रखना मैं फिजूलखर्ची समझती हूँ। क्या तुम पूरी सर्विस के दौरान खुद गाड़ी ड्राइव नहीं करते रहे? पर इस शख्स के दिल में मेरे प्रति कोई प्रेम नहीं? यह सिर्फ अपने लिए जीना चाहता है। लेखक बनकर नाम कमाना चाहता है। इसे अब संन्यासी और संन्यासिनियों का ही साथ सुहाता है। उनके साथ नाचने, कूदने, हंसने और कहकहे लगाने में मजा आता है। इसने मेरी ओर ध्यान देना ही छोड़ दिया है। मुझे इसी शख्स ने ब्लडप्रेशर का रोगी बना दिया। घर का कैदी बनाकर यही शख्स मेरे गठिया, कमर दर्द और सभी रोगों का जिम्मेदार हैं। कार से घुमाने निरंतर बाहर ले जाता होता तो चलते-फिरते मेरे पैर इस तरह तो नहीं टूटते। सिर्फ दवा हाथ पर रख देने से तो दर्द नहीं मिटता। यह मेरा मोटापा इसी व्यक्ति द्वारा घुमाने न ले जाने के कारण ही बढ़ा है।

अच्छा है-अब यह पड़ा भुगत रहा है। जाके पैर न फटी निबाई, वो का जाने पीर पराई। इसने मेरे दर्दों को मेरा ढोंग और बहाना समझकर उनकी उचित देखभाल और परिचर्या की ही नहीं, अब भगवान इसे दुःख-दर्द देकर दूध का दूध और पानी का पानी कर रहे हैं। इसने जो बोया है, वो तो इसे काटना ही होगा। भगवान को गालियाँ सुनाने और मेरे पूजा-पाठ का मजाक उड़ाते वक्त मैं इस शख्स से चिल्ला-चिल्लाकर कहती थी-'उस भगवान के शाप से डरो, जिसके आशीर्वाद से घर बैठे चिकनी-चुपड़ी खा रहे हो। पर अपने अहंकार में इस शख्स ने एक न सुनी। अब भुगत रहा है, तो भगवान के न्याय के विरुद्ध मैं उनसे कुछ मांग भी तो नहीं सकती।

अच्छा है-कटे पिंड! जाना है तो खुद भुगतने के साथ बहू बेटे और पोते-पोतियों को क्यों भुगता रहा है? अच्छा है-जल्दी भगवान उसे अपने पास बुलाकर सभी कष्टों से मुक्त कर दें।

पर प्रत्यक्ष जीवन में कोई इसे स्वीकार करना तो दूर, इसका जिक्र आने पर ही भड़क उठेगा। कहेगा-"मेरी सेवा और किंए धरे का इसने क्या खूब पुरस्कार दिया है? लेखक बनकर मनोविश्लेषण करने का यह कोई तरीका नहीं कि खुद अपने मन में गहरे उठने वाले भावों के आधार पर दूसरों के मन की भी भावनाओं का मखौल उड़ाओ।"

नग्न सत्य बहुत कुरुप और कटु है। हम स्वयं इसीलिए कभी एकांत में खाली नहीं बैठते, जिससे मन के नर्क का कहीं साक्षात्कार न हो जाए? हम पढ़े अंखबार को दोबारा पढ़ते हैं। टी.वी. खोलकर बैठ जाते हैं। बाजार शॉपिंग करने चल पड़ते हैं। कथा-कीर्तन में रम जाते हैं। पूजा-पाठ में या मंत्र-जाप द्वारा मन को उसमें उलझा देते हैं।

पर ओशो संन्यासी और उस पर फिर लेखक, वह तो लज्जा-सम्मान, मान-मर्यादा सभी का जनाजा निकालकर स्वंय ही नंगा नहीं होता, सभी को नंगा कर देता है। अच्छा होता ऐसा आदमी घर-परिवार छोड़कर आश्रमों में ही रहता। जब महीने दो महीने के लिए आश्रम चला जाता था, तो घर में कितनी शांति रहती थी। कोई टीका-टिप्पणी करने या टोंकने वाला नहीं होता था। हाँ, यह जरूर है-इसके रहते बाजार से सौदा सुलफ मंगाने की सुविधा रहती थी। बैंक डाकखाने, बिजली दफ्तर जाकर बिल जमा करने की ज़हमत नहीं उठानी पड़ती थी।

पर कोई काम रुकता कब है? शुरू में थोड़ी बहुत असुविधा होती है, पर धीमे-धीमे कोई न कोई रास्ता निकल ही आता है।

बुजुर्ग होने का मतलब है-चुपचाप रामभजन और पूजा-पाठ करते हुए, सभी छोटों का ख्याल और देखभाल करो। जो सामने रख दिया जाए उसे तृप्ति और अहोभाव से ग्रहण करो। यह नहीं कि बहू बेटी द्वारा बनाए भोजन में मीनमेख निकालो। उछल कर स्वयं रसोईघर में पहुंच जाओ।

जिन लोगों ने पचास वर्ष की अवस्था में वानाप्रस्थ आश्रम और पछहत्तर वर्ष के बाद संन्यास आश्रम में प्रवेश करने की अवस्था को जन्म दिया था, वे बड़े समझदार लोग थे। पर अब औसत आयु सौ वर्ष नहीं, केवल सत्तर वर्ष है। पचपन वर्ष की रिटायरमेंट की आयु के बाद व्यक्ति को परिवार स्वयं छोड़ देना चाहिए। पश्चिम में ओल्ड होम में वृद्धों को रखने की व्यवस्था कितनी कारगर है? भारत में भी बहुतेरे वृद्धाश्रम खुल गए हैं। पर जिन वृद्धों के पास पैसा है, हर महीने घर बैठे पेंशन मिलती है जिन्हें, वे उन आश्रमों की ओर कभी रुख ही नहीं करते। पैसे के बल पर इज्जत का जनाजा निकालकर वे लोग घर में बैठे हुए छाती पर मूंग दलते रहते हैं।

मैं किसी के चेहरे को देखते ही, उसकी आंखों में झांककर उसके मन में चलते विचारों को ठीक उसी तरह पढ़ लेता हूँ, जैसे कोई खुली पुस्तक पढ़ रहा हो। शुरू में यह भाव पढ़कर एक आघात सा लगा था। फिर मैंने परिवार के सदस्यों की आंखों में झांकना ही बंद कर दिया।

ऐसे विचार उठना सहज स्वाभाविक है। पुराने जमाने में राजसिंहासन पाने के लिए बेटे बाप का कत्ल कर देते थे। उसे कैदखाने की चहारदीवारी में बंदी बना देते थे। बाप राजसिंहासन की खातिर अपने योग्य पुत्र को अंधा बना देता था। भतीजे चाचा-ताऊ की हत्या कर देते थे। मुसलमान शासकों में ऐसा होना एक सामान्य चलन था। हिंदू शासक भी इस अपवाद से मुक्त नहीं हैं। हाँ, नीति-नियम और अनुशासन ने उन्हें अपनी भावनाओं का दमन करना सिखाया। वे मुखौटे लगाने की कला के विशेषज्ञ बन गए।

उन्हें चेहरे पर चेहरा लगाना, झूठी मुस्कान चस्पा करना, स्वयं को धोखा देते हुए दूसरों को धोखा देना बखूबी आ गया है। इसी को सभ्यता कहा जाता है। हम तीज त्यौहार या सार्वजनिक समारोहों में इसलिए बुजुर्गों के चरण स्पर्श कर उनका आशीर्वाद लेते हैं।

पर दुनिया में सभी तरह के लोग हैं। कुछ ऐसे लोग भी हैं जो बुजुर्गों से ही नहीं, सभी से प्रेम करते हैं। वे सहृदय, कोमल, संवेदनशील और उम्दा हैं। पर आधुनिक भौतिक सभ्यता के प्रचार-प्रसार और संकुचित स्वार्थी विचारधारा के कारण ऐसे लोगों की संख्या में निरंतर कमी होती जा रही है।

पर जिस दिन से मैंने सभी से अपेक्षाएँ करनी छोड़ दीं, मैं परम सुखी हो गया। इन लोगों ने अपने पर बिखरी मेरी चेतना को अंतर्मुखी होने में अप्रत्यक्ष रूप से मेरी बहुत सहायता की। मुझे जीवन के कटु सत्य और यथार्थ का बोध कराते हुए मेरी आँखें खोल दीं।

सत्य की चोट बहुत गहरी और मर्मभेदी होती है। इसलिए शास्त्रों ने कहा है-अप्रिय सत्यम न ब्रूयात। सत्य यदि प्रिय न हो तो उसे व्यक्त ही नहीं करना चाहिए। सत्य कभी प्रिय होता ही नहीं। वह जैसा भी हो उसे अभिव्यक्त करना भी बहुत कठिन होता है। पर मैं परम सत्य की नहीं जीवन के अनुभवजन्य सत्य की बात कर रहा हूँ।

संभवतः इसी अनुमति से गुजरते हुए भाई सर्वेश्वर दयाल सक्सेना ने लिखा है-

मैं नया कवि हूँ
इसी से जानता हूँ
सत्य की चोट बहुत गहरी होती है,
मैं नया कवि हूँ, इसी से मानता हूँ
चश्मे के तले की दृष्टि बहरी होती है,
इसी से सच्ची चोटें बांटता हूँ

झूठी मुस्कानें नहीं बेचता।
सत्य कहता हूँ
चाहे मर्म झकझोर उठे
आँखें छलछला जाएँ
क्योंकि आहत दुर्बलता भी
एक बार दर्प से शीश उठा देती है,
मुट्ठियाँ भींच कर
सूखी शिराएँ तानती हैं
वज्र से भी टूटी पसलियां अड़ा देती हैं।
यदि दुर्बलता दर्प में बदल जाए
व्यथा अंतर्दृष्टि दे,
खण्डित आत्माएँ संचित कर सकें शक्ति की सुविधाएँ
जो जल कर अग्नि को भी
गंध-ज्वार बना दें,
तो मैंने अपना कवि-धर्म पूरा किया
चाहे मर्म सहलाया न हो, कुरेदा हो।

संसार में न कोई सत्य देखना चाहता है, न सुनना चाहता है और न उसका साक्षात्कार करना चाहता है। व्यवहारिक जीवन का एकमात्र सत्य यही है कि अंधे, बहरे और गूंगे बनकर रहो। विवाहित जीवन के उन्हीं के दिन बिना कलह विवाद के मजे से गुजरते हैं, जहाँ पति बहरा, अंधा और गूंगा बनकर रहे। गांधीजी के तीन बंदरों की तरह-जो अपने नाक, कान और मुंह बंद कर खामोश बैठे हैं। पर बंदर का खामोश बैठना और फिर तीन बंदरों का एक साथ नाक, कान और मुंह बंद कर खामोश बैठे रहना असंभव है। बंदर किकियाने और उछल कूद करने के लिए अपने स्वभाव से विवश है। कहा जाता है-जापान से गांधीजी को चार बंदरों की मूर्तियां मिली थीं जिसमें से पहला बंदर अपने हाथों से अपने यौन अंगों को ढके था। नीतिवादी गांधीजी ने यह पहला या चौथा बंदर मूर्ति से अलग ही कर दिया। बंदर सबसे अधिक कामी होते हैं। ओशो ने इन बंदरों की कुछ और ही व्याख्या की है।

पर बात तो सत्य की कर रहा था मैं। कवि के देखे आहत या चोट खाई दुर्बलता में एक दर्प और स्वाभिमान होता है जो उसे अंतर्दृष्टि देता है। वह स्वयं पूरी दीप्ति और ऊर्जा से जीवन के यज्ञकुंड में अपनी ही आहुति देकर सुवास को चारों दिशाओं में फैला देता है। तभी कविधर्म पूरा करने से उसे संतोष और आनंद मिलता है।

क्या यह सब कुछ लिखकर मैं भी अपना लेखकीय धर्म तो पूरा नहीं कर रहा?

मैंने अपने को समेट कर बहुत कुछ अपने कमरे तक ही सीमित कर लिया है। किसी परिवार के सदस्य से मेरा सम्वाद ही बहुत कम होता है। पत्नी, मुझे पढ़ने-लिखने और ध्यान करने तक सीमित देखकर अपनी कुंठा लड़-झगड़ कर व्यक्त करती रहती है। वह मेरा ध्यान आकर्षित करने के लिए बड़बड़ाती और कराहती ही रहती है। उसे व्यथित देख मैं भरसक दवा-दारू की व्यवस्था कर उसे शांत करने का प्रयास करता हूँ। मैं जानता हूँ उसके सारे प्रयास मेरा ध्यान अपनी ओर आकर्षित करने के उपाय हैं। वह अपनी मालकियत की घोषणा कर मुझे अपनी उंगलियों पर नचाना चाहती है, जैसा कि युवावस्था में किया करती थी। तब उसके पास रूप और यौवन था। मैं नौकरी की उलझनों में व्यस्त शाम जुआ और शराब के नशे में उसकी हर शर्तें मानकर उसके प्रेम में मदहोश हो जाता था। ठीक जहाँगीर की तरह जिसने रोटी, शराब और ऐय्याशी के एवज में पूरी सल्तनत नूरजहाँ के सुपुर्द कर दी थी।

जब मेरी मूर्च्छा टूटी, मैंने उसे भी स्वतंत्र कर अपनी स्वतंत्रता का मार्ग चुनकर अकेला रहना और अकेला सोना शुरू कर दिया। शर्तों पर जीना मुझे स्वीकार नहीं। टकराव, सहज स्वाभाविक था। फिर धीमे-धीमे हम दोनों अपनी-अपनी जीवन शैली के अभ्यस्त होते गए। वह अधिक से अधिक पूजा-पाठ में व्यस्त रहने लगी। पर दिन में दो-चार बार वह अपना आक्रोश, कुंठा और शिकायत व्यक्त करने से अपने को रोक नहीं पाती थी। वह चीखती, चिल्लाती, लड़ती मुझ पर नाराज होती रहती थी।

पर मेरा दूसरों से गिला शिकवा करना व्यर्थ है। गिले-शिकवे करना मैंने पिछले कई वर्षों से छोड़ दिया। मैं सर्व-स्वीकार भाव से मस्त जिए जा रहा हूँ। ओशो रस पीवत चढ़ी खुमारी में, मैं मदमस्त हो रहा हूँ।

अंतिम घड़ियों में बिताए जीवन की सभी घटनाएँ एक सिनेमा रील की तरह आंखों के सामने घूमने लगती हैं। शिद्दत से यह अहसास होता है कि हमने अपनी आधी से अधिक जिन्दगी गहन मूर्च्छा में पशु तुल्य जीवन जीते गुजार दी। विवाह कर गृहस्थी जोड़कर सुख, धन, पद और यश पाने की चाह में, महत्त्वाकांक्षाओं के ज्वर में उत्तप्त मैंने उल्टे-सीधे, गलत-सलत अंतरात्मा के विरुद्ध जाने कितने ऐसे कार्य किए, जिसने दूसरों को दुःख पहुँचाया। अन्याय, शोषण और भ्रष्टाचार में आकंठ डूबकर मैंने आखिर पाया क्या? तनाव, अशांति और चंद चांदी के ठीकरे।

ध्यान से जब मूर्च्छा टूटी तो अपराध बोध से मुक्त होकर समझ बढ़ी। कामनाओं और तृष्णाओं के जाल से मुक्ति मिली। अपने होने के आनंद और खुमारी में डूबकर संतोष और शांति मिली। मरघट जैसी उदास शांति नहीं, उत्सवमय तरंगित, पुलकित और रोमांचित करने वाला आनंद। जहाँ मन, शरीर, विचार सभी पिघलकर मात्र आनंद रह जाता है।

आज सुबह यह पृष्ठ लिखने से पूर्व अचानक दूसरा सप्तक उठाकर जो पृष्ठ उल्टा तो भवानीप्रसाद मिश्र की निम्न कविता एक बार नहीं दो बार पढ़ी और लेखनी अकस्मात गतिशील हो उठी। आप लोग भी उस कविता का आनंद लें।

'टूटने का सुखः'

बहुत प्यारे बंधनों को आज झटका लग रहा है,
टूट जायेंगे कि मुझको आज खटका लग रहा है,
आज आशाएँ कभी की चूर होने जा रही हैं,
और कलियाँ बिन खिले कुछ धूर होने जा रही हैं,
बिन इच्छा, मन बिना
आज हर बंधन बिना
इस दिशा से मुक्त दिशा तक छूटने का सुख!
टूटने का सुख।
नील नभ में सिर्फ उड़कर बिखर जाना भाग जिसका,
अस्त होने के क्षणों में है कि हाय सुहाग जिसका,
फल श्लथ बंधन हुआ, पीला हुआ, टपका कि टूटा,
तीर चढ़कर चाप पर, सीधा हुआ खिंच कर कि छूटा,
बिना सीढ़ी के बढ़ेंगे, तीर के जैसे बढ़ेंगे
इसलिए इन सीढ़ियों के फूटने का सुख
टूटने का सुख।

कवि ध्यानी नहीं है। पर सृजन की तल्लीनता के क्षणों में अचानक अस्तित्व का कहीं एक छोटा सा झरोखा खुलकर उसे कुछ क्षणों के लिए होशपूर्ण कर देता है।

हृदय की धीमी पड़ती गति से न आज मुझको झटका लग रहा है और न शरीर छोड़ने का खटका हो रहा है। इसी दिन की ही तो इतने दिनों से प्रतीक्षा कर रहा था।

आए मृत्यु करूं मैं स्वागत।
और कहूं मैं हूँ शरणागत।

मृत्यु ही जीवन का द्वार है। रोगों से जराजीर्ण शरीर को भी मुझे ढोने की पीड़ा से अब मुक्ति मिलने जा रही है। मूर्च्छा में मैंने ही अपने शरीर को बहुत सताया है। मन के जाल में उलझकर उसकी उपेक्षा की है। लाओत्से के अनुसार शरीर और आत्मा के आलिंगनबद्ध हुए बिना सत्य की उपलब्धि नहीं होती। सांसों की डोर ही जीवन और मृत्यु के दो छोर हैं जिनसे शरीर और चेतना लयबद्ध हैं। कवि की आशाएँ भले ही चूर-चूर हो रही हों और उसे अपनी अधूरी आकांक्षाओं को धूलधूसरित होते पीड़ा हो रही हो, पर मैं आशा-निराशा के द्वंद्व से मुक्त हूँ। इन आशाओं और अधूरी आकांक्षाओं के जाल में उलझकर मुझे उनके कभी न तृप्त होने वाले स्वभाव का बोध भली-भांति हो गया है।

भले ही तृष्णा के दुष्पूर होने का बोध कवि को न हुआ हो पर कुछ क्षणों को मन के पार बिना इच्छा, अमन की स्थिति में उसने आनंद का जो क्षणिक स्वाद लिया है, वह उसे टूटने के सुख की अनुभूति करा रहा है।

उसे नील नभ की शून्यता में खो जाने का भय है। इसीलिए जीवन के सूर्यास्त के समय उसे सुहाग या सौभाग्य के भी अस्त होने की पीड़ा सता रही है। उसने इसीलिए 'हाय' कहकर अपनी वेदना व्यक्त की है। असीम अछोर नील गगन की शून्यता में पिघलकर 'अद्वै' होने की स्थिति तो उत्सव बनाने की स्थिति है, वह परम सौभाग्य का विषय है। धनुष पर चढ़ा जीवन का तीर अब अज्ञात अनजान यात्रा पथ पर चलने के लिए तैयार है। बचपन, किशोरावस्था, यौवन और प्रौढ़ावस्था की सभी सीढ़ियाँ पीछे छूट रही हैं और सभी बंधनों से छूटने की स्वतंत्रता के सुख से बढ़कर और कोई दूसरा आनंद नहीं।

क्या हमारा जीवन शाख में लगे फूल के झर जाने जैसा नहीं है?

फूल झर गये।<br>
क्षण भर की ही तो देरी थी<br>
अभी-अभी तो दृष्टि फेरी थी<br>
इतने में सौरभ के प्राण हर गए<br>
फूल झर गए।<br>
फूलों सम आओ, हंस कर हम भी झरें<br>
रंगों के बीच ही जियें और मरें<br>
पुष्प अरे गए, किन्तु खिलकर गए<br>
फूल झर गए।

'जस्ट लाइक दैट' सूफी प्रवचनमाला में ओशो कहते हैं-

संध्या के समय किसी बाग में गुलाब का फूल देखो

उसकी पंखुड़ियां स्वयं झड़-झड़ कर विश्राम करने नीचे भूमि पर गिर रही हैं।

पूरे दिन वह जीवंत रहीं
उन्होंने तेज हवा में झूमते हुए उसका आनंद लिया
चुनौती स्वीकार करते हुए
गुलाब का फूल टहनी ताने आकाश को निहारता रहा।
उसकी सुगंध चारों दिशाओं में फैल गई
और हवा ने यह सुगंध पृथ्वी के कोने-कोने में फैला दी।
उन्होंने सूरज को प्रेम किया
कुछ देर वे उसकी किरनों के साथ धूप में खेले
फिर शाम आते ही नीचे गिरने में वे जरा भी हिचकिचाए नहीं
वे भूमि पर स्वत: बिखर गए।
एक सुंदर जीवन ही
सुंदर मृत्यु उत्पन्न कर सकता है
क्योंकि मृत्यु और कुछ नहीं
एक साथ समग्र जीवन का सघन हो जाना है।
शाम आ गई है
पंखुड़ियां नीचे भूमि पर झड़ रही हैं।
सूर्य अस्त हो चुका है
अब रात्रि के आगमन के साथ ही मृत्यु आ पहुंची है
बिना हिचकिचाए पंखुड़ियां नीचे भूमि पर बिखर गईं।
उन्हें ज्ञात नहीं, कि उन्हें कहाँ जाना है
उन्हें यह भी ज्ञात नहीं कि नीचे भूमि है भी या नहीं?
वह धरातलरहित पाताल भी हो सकता है
पर उन्हें नीचे गिरने में तनिक भी संदेह या हिचकिचाहट नहीं हुई
जीवन को समग्रता से जीने के बाद
श्रद्धा का अवतरण होता है
वह जीवंत जीवन से ही उद्‌भूत होता है।
पंखुड़ियां नीचे भूमि पर गिरती हुईं बिखर रही हैं
यही सत्य है, पंखुड़ियां स्वाभाविक रूप से इसी तरह नीचे गिरती ही हैं
और मैं तुमसे कहता हूँ
कि परमात्मा मोक्ष, निर्वाण, तुम्हें सब कुछ मिल सकता है

बस इसी तरह
ठीक फूलों की पंखुड़ियों की भांति
श्रद्धवान बने रहो।

इस जीवन की आखिरी बेला में जीवन पुस्तक के पृष्ठ उलटते हुए मुझे किसी से कोई शिकवा-शिकायत या गिला नहीं। मैं अपनी पत्नी का भी आभारी हूँ। अस्तित्व ने उसे जो खलनायिका जैसी भूमिका सौंपी, उसे निर्वहन करते हुए उसे लांछन, अपमान और अपशब्द भी सहने पड़े। मुझे धन, पद और भोगों की व्यर्थता का बोध कराने में उसकी बहुत बड़ी भूमिका है। अपने कटु वचनों और व्यंग्य बाणों से बेधती हुई वह मुझे अपना निरीक्षण कर मांजने को उत्प्रेरित करती रही।

अपने पुत्र, पुत्रवधु, पुत्रियों, दामादों, नाती-पोतों आदि मुझे सभी से आदर और सम्मान मिला। जब कभी किसके मन में नकारात्मक विचार नहीं उठते? क्या मैं भी औरों के संबंध में किन्हीं विशिष्ट क्षणों में ऊलजलूल नहीं सोचता रहा?

मनोवैज्ञानिक कहते हैं कि प्रत्येक पति-पत्नी अपने विवाहित जीवन में एक या अधिक बार दूसरों की हत्या करने या स्वयं आत्मघात करने तक का प्रयास करते हैं या कम से कम उसके बारे में सोचते अवश्य हैं।

यदि वृद्ध कभी मरें ही न, तो नए जीवन के पौधों को पनपने का अवसर मिले कैसे? वृक्ष के पत्तों का पीला पड़कर झड़ जाना और उन्हीं शाखों पर कोमल किसलयों का उदय होना ही जीवन का सहज क्रम है।

मैंने जीवन को भी भरकर जीया। समग्रता से भोगा। मैं पूर्ण परितृप्त होकर विदा ले रहा हूँ। न कोई कामना बची और न कोई आकांक्षा। दीपशिखा के बुझते ही ज्योति धुंवे की एक रेखा बनकर अनन्त शून्य में स्वतः खो जाएगी।

यह उत्सव आनंद की घड़ी है। मेरे पीछे मुझे रोने की कोई जरूरत ही नहीं। मुझे यह सोचकर ही पीड़ा होती है कि कोई कंधों पर मेरा शव ढोए। किराए की किसी गाड़ी पर बिना लोगों को खबर किए मेरा शव चुपचाप जला दिया जाए। किसी पंडित पुरोहित को हरगिज न बुलाया जाए। न वेदमंत्र पढ़े जाएं और न पिंड या कर्मकाण्ड जैसा ही कुछ हो। किसी को सिर मुंडाने की भी कोई जरूरत नहीं। चिट्ठी लिखकर न संबंधियों को बुलाया जाए और न सूतक या तेहरवीं जैसा ही कुछ क्रियाकाण्ड किया जाए। जो लोग आ भी जाएँ वे नाचे-गाएँ। उत्सव मनाते खा-पीकर खुशी-खुशी विदा हो जाएँ।

तेरे शहर से चला मैं

मेरी यह शाम आखिरी है।
अब तेरे अंजुमन में मेरी
ये शाम आखिरी है।
तुझको नजर कर रहा हूँ
यह मेरा सलाम आखिरी है।

और हाँ! चलते-चलते आखिरी बात।

मेरी गाथा पढ़कर कोई हरगिज यह गलतफहमी न पाले कि मुझे कुछ घटा है। हाँ, झलकें मिली हैं, आनंद मिला है। मस्ती बढ़ी है। ऊर्जा का ऊर्ध्वगमन हुआ है पर कुण्डलिनी जागरण नहीं और न बुद्धत्व घटा है। लेखक की आदत ही तिल को ताड़ बनाकर कहने की होती है। जब जैसा अनुभव होता है वह मन को ही होता है। मन ही उसे अभिव्यक्त करता है। मन ही बुद्धि है और निर्मल होकर वही प्रज्ञा हो जाती है। धूम्र रहित प्रज्ञा की ज्योति ही आत्मा है-हमारी शुद्धतम चेतना। मैंने उसी का स्वाद लिया है। मैं साक्षी हूँ भी और नहीं भी। सत्य की मुझे कहाँ प्रतीति हुई? क्योंकि मैं अक्रिया और अकर्म का अतिक्रमण कर लिख भी रहा हूँ और बहुत कुछ कर भी रहा हूँ। न मैं द्वंद्वातीत हूँ और न मुक्त। पर पहली बात सच है कि मैं द्वंद्वों में अब उलझता नहीं और न कहीं बंधता हूँ। बस मैं सहज सरल होकर प्रवाहित हो रहा हूँ। सारे मुखौटे उतार कर अपनी मस्ती में आनंदित हूँ। दिन तारीख और महीने का कुछ पता ही नहीं चलता। मैं जीवन को क्षण-क्षण जीते हुए झरने-सा झर रहा हूँ। कोई मेरे में क्या कहता है इसकी मुझे जरा भी परवाह नहीं। न जीवन की आकांक्षा है और न मृत्यु का भय।

अपनी नाव खाली करता जा रहा हूँ। करता जा रहा हूँ...।

# कुछ बात जो डायरी में ही लिखी जा सकती है

अक्टूबर 2005

यह डायरी मुझे नववर्ष के उपहार में मिली है। लेखक को लेखन-सामग्री की ही भेंट दी जा सकती है। लेखक के साथ कवि हृदय भी हूँ। प्रेमी भी हूँ। ध्यानी भी हूँ। ध्यान प्रेम ही की गाथा लिखता भी रहा हूँ।

लेकिन ध्यान से उपजा यह प्रेम तो प्रसाद से करुणाधन बन गया है। अब शब्द चूक गए हैं। कहने-सुनने लिखने की अब बात ही नहीं रही। अब तो गुनने, अनुभव करने और देखते रहने भर की ही बात रह गई है।

अब जो कहना भी चाहता हूँ-कह नहीं पाता। वह शब्दों में समाता नहीं। किसी न किसी तरह उन्हें शब्दों के द्वारा संकेतों से अभिव्यक्त भी करूं, तो किसे फुरसत, जो उसे पढ़े, समझे और गुने? लाओत्से, च्वांगत्स्, बुद्ध, कबीर और न जाने कितने सूफी और झेन सद्गुरु हुए? उनके बोध वचनों को ही कितने लोग समझ पाए? और जो समझ सकते हैं, उनके लिए बहुत-बहुत संकेत हैं। उन जैसी अभिव्यक्ति भी कहाँ? उन्होंने तो बीजाक्षर दे दिए। मंत्र दे दिए।

ओशो ने उन मंत्रों का रहस्य खोला और सत्य की जितनी सरलतम स्पष्ट अभिव्यक्ति हो सकती थी, कर दी। अब करने को कुछ रहा ही नहीं। अपने आत्म अनुभव से ओशो ने उन्हें पुनर्जीवित कर, आज के युग और मनुष्य की बदली चित्तवृत्ति के अनुसार उसे नए पंख दिए। फिर सोचता हूँ-मेरे लिखे का महत्त्व क्या? पर शायद मेरा सूक्ष्म अहंकार कहता है-"पर अस्तित्व अनन्त है। जल से लबालब भरे कटोरे में एक चमेली का पुष्प डाल दो, तो तैरने लगता है और जल भी नहीं छलकता। मैं मूर्च्छा से हाल ही में जागा हूँ, अतएव मूर्च्छित लोगों के मनोविज्ञान की मुझे अधिक ताजी टटकी जानकारी है। ओशो ने तो 64 से 69 तक भारत-भ्रमण करते हुए उस समय के लोगों की मूर्च्छा को निकट से देखा था, मैं आज़ भी उन्हीं के नीचे रहते हुए उसे अनुभव कर रहा हूँ। मेरे अनुभवों के रंग कुछ जुदा हैं। प्रत्येक के अनुभव अलग-अलग तरह से होते हैं, पर सत्य तो एक ही होता है।

मैं ओशो के अधूरे चित्र में ही और रंग भरना चाहता हूँ। ओशो ने कहा है–"मैं जो चित्र बना रहा हूँ, वह सदा अधूरा ही रहेगा, वह कभी पूरा ही नहीं होगा। उसमें और–और रंग भरे जाते रहेंगे। यह कैनवास अनंत आकाश का है, जिसमें प्रकृति रोज–रोज नए–नए रंग भरती चली जाती है। मेरे संन्यासी भी इसमें रंग भरते रहें, पर यह हमेशा रहेगा अधूरा ही।

बुद्ध पुरुष, शब्द मंत्रों से इस कोरे शून्य में ध्वनि तरंगों के रंग बिखराते हैं, जो कभी नष्ट नहीं होते वे ही मंत्र अक्षरों के रूप में रंग रूप लेकर अपनी अपनी सुवास लुटाते हैं।

यह शब्द मंत्र प्रार्थना है, उस आदि पुरुष की।

"वंदना के इन स्वरों में
एक स्वर मेरा मिला लो।"

## मेरे जीवन में प्रत्येक सात वर्ष बाद

ओशो कहते हैं: प्रत्येक सात वर्ष बाद मनुष्य के जीवन में शारीरिक, मनोवैज्ञानिक और आध्यात्मिक परिवर्तन होते हैं। वह विकसित होता है।

उन्नचास वर्ष की आयु में अर्थात् सन् 84 से ही मैंने पत्नी के साथ न सोकर अलग कमरे में सोना शुरू कर दिया था। मुझे जीवन से जैसे ऊब हो चली थी। उन्हीं दिनों मेरा काव्य संग्रह 'बरदाश्त से बाहर' प्रकाशित हुआ। इसमें समग्र जीवन में क्रांति का उद्घोष ही है। समाज, धर्म, राजनीति और जीवन की प्रत्येक दिशा में फैले हुए और व्याप्त शोषण, अन्याय और रूढ़ परंपराओं के विरुद्ध इसमें आवाज उठाई गई है।

इलाहाबाद आकर सन् 86 में 'खुदा खैर करे' कहानी का व्यंग्य संग्रह प्रकाशित हुआ। इसमें वर्तमान जीवन के प्रति ऊब को प्रदर्शित किया गया है। सन् 88 से तो ओशो साहित्य के सम्पर्क में आया ही।

53 से 56 वर्ष की आयु के बीच अर्थात् सन् 91 तक ओशो साहित्य पढ़ा। उनके प्रवचनों के टेप सुने। कई संन्यासियों से भी भेंट हुई। ध्यान का भी शुभारंभ हुआ।

सन् 91 से 98 वर्ष की अवधि अर्थात् 56 से 63 वर्ष की आयु के मध्य संन्यास लिया। ध्यान शिविरों में ध्यान किया। दूर–दूर की यात्राएँ करते हुए ओशो के निकट लोगों से जुड़ा और ओशो की जीवनगाथा के नौ खण्ड 'एक फक्कड़ मसीहा ओशो' प्रकाश में आए।

63 से 70 वर्ष की आयु में शेष अन्य ग्रंथों की रचना हुई। पर इस अवधि

में प्रकृति सान्निध्य में घर से दूर महीनों आश्रमों में रहकर सही अर्थों में अंतर्यात्रा का प्रारंभ हुआ। अधिक से अधिक अंतर्मुखी होने लगा।

70 वर्ष की आयु में स्वामीजी से भेंट हुई। अहंकार की यात्रा समाप्त हुई। पुस्तक लेखन, शिविर संचालन सभी कुछ छोड़ दिया। ओशो के अंग्रेजी प्रवचनों के हिन्दी अनुवाद में लग गया। इसने मुझे विकसित और आनन्दित किया। बोध और समझ बढ़ी। चेतना crystalize हुई। अब लगता है, विकसित हो रहा हूँ।

विकास की प्रक्रिया कभी रुकती नहीं। यह यात्रा है अनन्त। ओशो ने कहा–'मैं अधूरा बना चित्र छोड़े जा रहा हूँ, इसे लोग पूरा करने का प्रयास करेंगे, पर यह कभी पूरा नहीं होगा। अनन्त के कैनवास पर उकेरे गए सभी प्रयास खण्ड के ही होंगे। वह पूरा हो कैसे सकता है? पर वह और-और सुंदर होता जाएगा।

उसे परिपूर्ण होना ही नहीं है। परिपूर्ण होने का अर्थ है, अब तुम जड़ हो गए, पोखरे का सड़ा हुआ जल बन गए, अब विकास रुक गया। जीवन प्रवाहमान है। बहते ही जाओ जब तक कि मिट न जाओ।'

The Rebell का अनुवाद जिस दिन पूरा हुआ, जैसे अस्तित्व मुझ पर चारों ओर से बरस उठा। आनंद ही आनंद। वाणी मूक हो गई। सारी इन्द्रियां अंतर्मुखी हो गईं। मेरी चेतना उस आनंद सागर में डूबती ही जा रही थी, डूबती ही जा रही थी। उस दिन न शरीर रहा, न मन रहा। मैं खण्ड से अखण्ड हो गया जैसे। जैसे बूंद पर सागर बरस उठा। जैसे मैंने घड़ों शराब पी ली थी। मूर्च्छा के स्थान पर पूरा होश था। बस होश ही होश था। हाँ, मादकता और खुमारी जैसी अजीब चीज थी वह।

काफी देर बांद आधी आँखें खुलीं। सामने जो देखा, उस पर विश्वास ही नहीं हुआ। पूरी सृष्टि और पूरा संसार ही जैसे नूतन और ताजा हो गया। सब कुछ इतना सुंदर और विस्मय विमुग्ध कर रहा था कि उसके लिए शब्द बौने पड़ रहे हैं।

वह खुमारी डेढ़ दिन रही। उस रात स्वप्नहीन व सुखद गुजरी। मैं जैसे अंतरिक्ष में उड़ा जा रहा था।

जब दूसरे दिन खुमारी टूटी तो बोध हुआ-एक और सटोरी। अस्तित्व की एक और अनुकम्पा। सद्गुरु का अनुग्रह और प्रसाद।

## जनवरी 2006

और कुछ महीनों बाद जब The Rebell का अनुवाद पूरा हुआ, तो मेरे अंदर से जैसे हास्य के अट्टहास का फौवारा फूट पड़ा। मैं पागलों की तरह हँसे जा

रहा था। हंसी थमने का नाम नहीं ले रही थी। वह गहरे केंद्र से आ रही थी। स्वच्छ निर्मल हास्य जिसमें रोम-रोम, रेशा-रेशा हँस रहा था। हँसी ही हँसी। आनन्द ही आनन्द। विश्वास ही नहीं हो रहा था कि मेरे अंदर इतना हास्य भरा हुआ है।

यह स्थिति घंटे दो घंटे रही। फिर भी रुक-रुक का हंसता गया।

यह विचार तो आज कर रहा हूं कि क्या वह अनुवाद की मौन-साधना के बाद सद्‌गुरु द्वारा दिया उपहार था? प्रसाद और आशीर्वाद था?

उस दिन स्वामी जी के ध्यान और ख्यालों में डूबा रहा। यह उन्हीं की अनुकम्पा थी।

यह अपने ही पुष्प की एक खिलावट थी। एक गेंदे के फूल में हजारों फूल एक साथ होते हैं। धीमे-धीमे वे एक-एक कर खिलते हैं।

और जब 'दि सूफीज पीपुल ऑफ दि पाथ' का अनुवाद पूरा हुआ तो घटा एक जीवन्त मौन। मैं मिट ही गया। उस दिन परिपूर्ण शून्य ही हो गया।

उस दिन समय जैसे थम गया। मैं वर्तमान के उस क्षण में ठहर गया। मैं समय के पार था, मैं स्थान के पार था।

वह स्थिति घंटों बनी रही।

कृतज्ञ हूँ, सद्‌गुरु के प्रति। अस्तित्व के प्रति। उनकी अनुकम्पा से ही सटोरी पर सटोरी घट रही हैं।

मुझे नहीं चाहिए बुद्धत्व। बस ओशो के अंग्रेजी प्रवचनों का अनुवाद जीवन की, आखिरी सांस तक करता रहूँ। जो शेष रह जाये, फिर अगला जन्म लेकर उसे पूरा करना चाहता हूँ- इस अनुवाद कार्य में भी सूक्ष्म अहंकार है। जहां क्रिया है, वहाँ कर्ता रहेगा ही।

अक्रिया और निष्क्रियता में ही बुद्धत्व है। पर मुझे तो वह चाहिये ही नहीं।

सटोरियों की क्या?

और कहा जाता है- नायज़ीद को दो सौ सटोरी घटी थीं।

अस्तित्व की अनुकंपा, ओशो और स्वामी जी के आशीर्वाद से किए गए सभी अनुवाद पूना आश्रम ने स्वीकार कर लिये हैं। उनके टाइपिंग का कार्य प्रारम्भ हो गया है।

अस्तित्व चाहता है- हिन्दी भाषी प्रेमी पाठकों तक ओशो के यह अति मूल्यवानः वचन पहुँचे, जिससे वे विकसित हो सकें, उनकी समझ बढ़े, वे नये मनुष्य बनकर ओशो के, मानवता के कल्याण के लिये दायित्व का अनुभव कर समग्र जीवन में अहिंसात्मक विद्रोह का शंख फूँके। मूर्च्छित लोगों में नई चेतना का संचार करें।

अनुगृहीत हूँ/कृतज्ञ हूँ। असंभव संभव हो रहा है।

प्रेम में ईर्ष्या मिटी, मालकियता मिटी, अपेक्षा मिटी--और अब प्रेम भी मिटता जा रहा है। एक का प्रेम अब सर्व के प्रति प्रेम बन रहा है। पर इसमें कितनी पीड़ा है? कितना अकेलापन है? इस संग-साथ और इस अकेलेपन दोनों से ही मुक्त होना है- निकट से निकटतम लोग कटते जा रहे हैं। उन्हें मेरी भाषा समझ में नहीं आती। मैं उनकी भाषा, सुधारना, बदलना चाहता हूं। पर कौन सुनता है बात? लोगों ने ओशो को नहीं सुना और समझा। मैं पिद्दी न पिद्दी का शोरबा? मेरी बात सुनेगा कौन! मेरी औकात क्या? पर एक भी फूल खिले तो थोड़ी दूर तक उसकी सुवास जाकर कुछ को तो स्पंदित करती ही है। और जब पक्षी गीत गाते हैं तो यह फिक्र जरा भी नहीं करते कि कोई उन्हें सुन रहा है या नहीं?

अस्तित्व जो जैसा चाहता है, उसे होने दो पूरा। मैं अनाम, कोई नहीं' 'कुछ नहीं' ही तो बनना चाहता था। वही बन रहा हूं। पर नहीं, ओशो की जीवनगाथा के माध्यम से कुछ लोग मुझे भी पढ़ते सुनते हैं। उनके पत्र व फ़ोन इसके गवाह हैं। वे मेरे द्वारा ओशो उपवन से फूल चुनकर उनसे बनाये गुलदस्तों का स्वाद सुवास पाकर आनंदित हुए हैं। इस पुस्तक को प्रकाशित करने तीन वर्षो से नहीं दिया था प्रकाशक को। 'स्वामी जी' की आज्ञा से ही इसे प्रकाशित करने दे रहा हूं, जिससे लोगों को अहसास हो, कि सूक्ष्म अहंकार क्या और कैसा होता है? जिससे उसकी पर्तदार पर्त से परिचित होकर वे विकसित हो सकें।

यह मेरे बोध को गहरा बनाता है मुझे विकसित करता है। समझ, जैसे मेरे कोष-कोष में रेशे-रेशे में समाती जा रही है। अचेतन, चेतन बनता जा रहा है।

और यह सब कुछ हुआ तो स्वामी जी की एक दृष्टि से। उनकी वह अंतर्दृष्टि मेरे अंदर गहरे में उतर गई। मैं, मैं न रहा। बहुत कुछ बदल गया।

सद्‌गुरु की करुणामय दृष्टि तो शिष्यों को सदा मिलती है, पर वे ही अपने हृदय के द्वार दरवाजे बंद किए रहते हैं। उनमें ग्राह्यता नहीं होतीं।

जब दुबारा मिला स्वामीजी से। कुछ लोगों के साथ गया था। पूरा खाली नहीं था अंदर से। तब उन्होंने करुणा से देखा तो पर मुझे तैयार न देखकर वह दृष्टि पुनः न दी। शब्दों का सौदागर था मैं, मुझे शब्द दिए। मुझे आज्ञा दी अभी और करते रहो अनुवाद। अभी तुम खाली नहीं हुए।

अब जब जाऊंगा तो अकेले जाऊंगा। पूरी तरह खाली होकर जाऊंगा। पर जब पूरी तरह खाली हो गया, तो बिना जाये भी वह समझ जाएंगे। पर एकांत में ध्यान करता हूं, तो अमन की दशा में उनको अपने निकट पाता हूं। उनकी कृपादृष्टि, आशीर्वाद सभी कुछ पाता हूं। पर कुछ करने का भाव करते रहने का भाव, 'कोई

नहीं', 'कुछ नहीं' नहीं बनने देता। पर इसकी परवाह किसे? क्योंकि मुझे तो बुद्ध बनना ही नहीं। आज बहुत डायरी लिख ली है। शेष फिर।

## 28 अगस्त 2006

अब न दिन याद रहता है और न तारीख। दिन आता है, गुजर जाता है। हफ्ता और महीना गुजर जाता है। साल भी गुजर जाता है और न जाने कब नया साल आ धमकता है। ऐसा लगता है जैसे मैं जैसे एक रेलगाड़ी में सफर कर रहा हूं। वृक्ष, तालाब, गांव, कस्बे, नगर, और लोग, उन सभी से होकर गुजरता जा रहा हूं मैं, अथवा मेरे अंदर से वे सभी गुज़रते जा रहे हैं। रेलगाड़ी कुछ देर किसी स्टेशन पर रुकती है ओर फिर चल पड़ती है। अनन्त है उसकी यात्रा----

यह समाप्त होने पर ही नहीं आती। यह आखिरी साँस पर ही रुकेगी, पर आगे चैतन्य की यात्रा, जिसके बारे में कुछ पता नहीं, फिर भी चलती रहेगी।

यह यात्रा भी अब मेरे शरीर और मन की नहीं, यह इस शरीर में स्थित चैतन्य की ही यात्रा है। जाने कितने मुसाफिर मिले? किसी से प्रेम हुआ तो किसी से विवाद भी। राग भी हुआ और विराग भी। प्रेम भी हुआ और घृणा भी। क्रोध भी हुआ और करुणा भी जागृत हुई।

और अब कुछ नहीं होता। एक अजीब तटस्थता सी आ गई है। अब लोग मिलने आते हैं, उनसे मिल लेता हूं। वे जो कुछ पूछते हैं, उसका जवाब दे देता हूँ।

कभी कभार कोई एक लेने वाला तैयार दिखाई पड़ जाता है तो मैं बरस उठता हूं। उसमें अपने को उड़ेल देता हूं। बादल सा बरस उठता हूं। हल्का होकर लगता है और ऊंची छलांग लगाकर मैं चांद सितारों के नीचे जा पहुँचा हूँ।

## 19 दिसंबर 2006

पाठकों से मिले ढेर सारे पत्रों को मैंने फाइलों में संजोकर संभाल कर रखा हुआ है। एक वर्ष से आए पत्र, इधर-उधर दो तीन बड़े लिफाफों में बेतरतीब से ठुंसे पड़े हुए थे। उन्हें एक नया फाइल कवर लाकर पंच कर जैसे एक दस्तावेज बनाकर रख दिया है। तभी कई फाइल कवरों में अथवा टैग में बँधे ढेर सारे पत्रों पर दृष्टि गई।

अंदर से आवाज आई-तूने यह प्रशस्ति पत्र सहेज कर क्यों रखे हुएं हैं? अपनी लिखी पुस्तकों की प्रशंसा पढ़कर तेरा अहंकार तृप्त होता है कि देखो मुझे जम्मू, आसाम, जूनागढ़, मध्य प्रदेश, राजस्थान, पंजाब, हरियाणा, दिल्ली, बिहार

और महाराष्ट्र के विभिन्न नगरों से ही नहीं, नेपाल और लंदन से भी पत्र लिखने वाले पाठक मौजूद हैं। तूने इनका प्रदर्शन करते हुए उन पत्रों के अंगों को "ओशो के ये दीवाने रिंद" पुस्तक में भी सहेजा है, भले ही यह पुस्तक अभी तक प्रकाशित न हुई हो। पर तू तो दुनिया को बताना ही चाहता है कि देखो मैं कितना महत्त्वपूर्ण और गरिमापूर्ण लेखक हूँ। ओशो गाथा लिखकर जैसे मैंने बड़ा महत्त्वपूर्ण कार्य किया है।

पर मैं तो अपने को माध्यम कहता हूँ, और वास्तव में माध्यम हूँ भी। पर अपने 'मैं' को मिटाना इतना सरल नहीं है। सभी कुछ इस मैं की प्रतिष्ठा के लिए ही तो हो रहा है। मेरा रचना संसार ही मेरी सृष्टि है। मैं इसका सृष्टा हूँ। सृष्टा, सृष्टि से पृथक नहीं होता। परमात्मा जैसी कोई वस्तु है कहाँ? मेरे अंदर ही वह सारतत्त्व है, जो सृष्टि में प्रकट होता है। ब्रह्मा अपनी ही सृष्टि सरस्वती पर मुग्ध हो गये। अपने सृजन के प्रति आसक्ति होती है। यही है आत्म भाव। यह एक अवरोध है। सद्गुरु की अनुकंपा से ही यह अवरोध मिटता है। तभी 'बर्क' और 'फना' में छलांग लगती है। बेशर्त समर्पण और सहज श्रद्धा से ही यह संभव है। सद्गुरु कहते हैं तुमने अपने रोग का निदान कर लिया, अपनी कमी या त्रुटि समझ ली, तो आधा काम हो गया, शेष छोड़ो अस्तित्व पर।

मेरे शरीर से विदा होने पर शायद परिवार वाले पत्रों के इस कबाड़ को व्यर्थ मान जला दें या कबाड़ी को तौलकर बेच दें। जब तक मैं शरीर में हूं, तभी तक इनका महत्त्व है।

क्या इन्हें स्वयं जला दूँ? पर नहीं, यह प्रेमी मित्रों द्वारा अभिव्यक्त किये प्रेम को जलाना होगा। मैं इन्हें सहेज कर ही रखूँगा। भले ही लोग बाद में मुझे अहंकारी कहें। कुछ भी कहें। मुझे कभी भी किसी के कहने, कटाक्ष की परवाह रही ही नहीं।

यह लोगों का प्रेम है, उनके प्रेम की अभिव्यक्ति है। भला कहीं कोई प्रेम को भी जला सकता है?

मैं जानता हूँ–मन का यह तर्क भी एक सूक्ष्म छलावा है। मैं अपने अहंकार को, 'स्व' को अच्छी तरह जानता हूँ।

जब शरीर ही नहीं रहेगा, तो पीछे से कौन क्या करेगा, किसका क्या होगा, इसकी फिक्र करने से लाभ क्या? मुझे स्मरण आ रहा है–

जब च्वांगत्सू शरीर छोड़ रहा था तो उसके शिष्य आपस में विचार-विमर्श कर रहे थे- कैसे कितनी भव्य शव यात्रा निकाली जाये? पर सदगुरु का कुछ धर्म, किसी को ज्ञात नहीं था इसलिए साहस कर एक शिष्य ने उनसे

पूछा-"आपके शरीर को हम लोग पृथ्वी में क्या यूं ही दफन कर दें? अथवा उसे ताबूत में रखकर दफन करें। ताबूत में रखने से कीड़े और चींटियाँ शरीर को भोजन न बना सकेंगी। अथवा उसे जला दें?

च्वांगत्सू ने कहा- "मूर्खो। अभी तो मैं जीवित हूँ। अभी तो प्रकट होते सत्य से व्यर्थ की चिंता में तुम लोग चूके जा रहे हो। मरने की बाद की अभी से फिक्र क्या करना? हम जीवन भर जीवन को ही भोजन के रूप में खाते रहे हैं। अनाज, फल, सब्जी, ये भी सभी जीवित सूक्ष्म प्राणी ही हैं। मरने के बाद यदि जीवन, फिर इन्हें जीवन के लिए अपना भोजन बनाता है तो देह का कर्ज कुछ तो चुक जायेगा। सभी भौतिक वस्तुएँ नाशवान हैं। पर जो शाश्वत, स्थिर और चैतन्य हैं, पहले उसे जानो। सभ्यताएँ, संस्कृतियाँ और साम्राज्य मिट जाते हैं। जिसका प्रारंभ है, उसका अंत है। शिलालेख मिट जाते हैं, फिर स्याही से लिखे कागजों का क्या मोल?"

अपनी मूर्च्छा पर हंसता हूं और हँसे चले जाता हूँ।---

# मृत्यु के द्वार से वापसी

कल बाजार से सात-आठ किलो सब्जी खरीद कर लौट रहा था। तभी चक्कर आने लगे। पूरा शरीर पसीने से डूब गया। थैला एक दुकान पर पटक कर आहिस्ता-आहिस्ता आगे बढ़ा। जब न चला गया, तो पान की दुकान के पीछे पड़ी एक बैंच पर बैठ गया। बैठे-बैठे न जाने कब बेहोश होकर नीचे भूमि पर लुढ़क पड़ा। जाने कितनी देर अचेत रहा? जब होश आया तो देखा चार-छः लोग घेरे खड़े हैं। कोई मुंह पर पानी की छींटे दे रहा था। एक ने बताया-अचानक नीचे गिर जाने पर बीच सिर में भी घाव हो गया है। हाथ से टटोल कर देखा, पीड़ा का अनुभव हुआ। रीढ़ की हड्डी और कंधों में भी दर्द था। पनवाड़ी परिचित था। उसने घर सूचना भेज दी थी। मैं धीमे-धीमे उठ खड़ा हुआ। पसीने से अब भी डूबा था, कमजोरी भी थी पर होश में आ गया था। एक रिक्शे पर बैठ कर घर आ गया।

कमरे में बैठकर पंखे के नीचे पसीना सुखाने लगा। पानी पिया। आहिस्ता-आहिस्ता अपने कमरे में आकर हृदय रोग की दवाएँ लीं। चोट पर बहू ने मरहम लगा दी और मैं शांत लेट गया। पत्नी की आवाज आई-"कहां हो तुम"? पर मेरे मुंह से इतनी भी आवाज नहीं निकल रही थी कि मैं यहाँ हूँ। उसने दरवाजे के बाहर से देखा और बड़बड़ाती ऊपर चढ़ गई- "क्यों जाते हो बाजार? क्या जरूरत थी इतनी चीजें लाने की? तबीयत ठीक नहीं तो घर बैठकर आराम करो"

वह दो घंटे बाद नीचे उतरी। सफाई देने लगी। "मैं समझी तुम ऊपर चले गये हो। ऊपर गई तो तुम्हें न देखकर सोचा कि तुम ध्यान कराने चले गये होंगे। बहू बता रही थी कि चोट लगी थी। चक्कर आ गया था। लाओ यूकीलिप्टस का तेल लगा दूं। तेल जरूर लगाया उसने, पर साथ अपनी सफाई देती रही कि मैंने आवाज दी थी-'तुम बोले क्यों नहीं?' सारा दोष मेरा ही था।

पर अच्छा हुआ, बहू मुझे सोता समझकर अपना कर्तव्य पालन कर नीचे चली गई थी। पत्नी ने समझ लिया था-ऐसा तो होता ही रहता है। खास बात क्या है?

मैं अकेला बैठकर ध्यान में गहरे उतर गया था। अकेला आया था, अकेला ही हूं, अकेला ही जाना है। किससे क्या अपेक्षा करना? सभी नाते रिश्ते स्वार्थ के हैं। मैं जब तक सभी के लिए उपयोगी हूं तभी तक पूंछ है।

सर्विस करते जब एनजाइना का पहला अटैक पड़ा था, तब तुरंत डॉक्टर आया था। सभी घर वाले, मित्र, पत्नी परेशान हो गये थे। तब मैं कमाऊ पूत था। अभी भी मेरी वैसी ही उपयोगिंता होती, तो बहू ने फोन कर लड़के को फैक्ट्री से बुलाया होता। पड़ोस में किसी से कहकर डॉक्टर बुला लिया होता। पत्नी ने पूरा घर सिर पर उठा लिया होता। पर कोई विशेष बात नहीं। बाजार से पहले भी बोझा लादकर आते हुए पसीने में डूबकर चक्कर आते रहे हैं। एक सामान्य बात हो गई है।

सिर में चोट लगी थी। ध्यान में बैठते ही शीघ्र ही गहरे ध्यान में चला गया। जैसे चोट खाकर सहस्रार सक्रिय हो गया। ज़ेन सद्‌गुरु तभी शिष्य के सिर पर डंडे से प्रहार करते थे। अस्तित्व ने मुझे विकसित करने के लिए ही यह परिस्थिति निर्मित की। उस दुर्घटना के लिए उन पर धन्यवाद से भर गया। मन विसर्जित हो गया था। सारे शिकवे शिकायत दूर हो गये। पत्नी की गलतफहमी को धन्यवाद दिया, जो वह मुझसे 1:30-2 घंटे दूर रही। यह समाधि लगती कैसे? यह अलौकिक अनुभव होता कैसे? बहू को भी धन्यवाद दिया कि उसने साहस बनाये रखा। लड़के को फोन नहीं किया। डॉक्टर नहीं बुलाये। ठीक ही थी उसकी उपेक्षा और तटस्थता।

1/2 घंटे की समाधि टूटी। रीढ़ की हड्डी व कंधे का दर्द बढ़ गया था। कमजोरी बहुत अधिक थी। आर्निका की एक खुराक ली। दूध में फिटकरी हल्दी मिलाकर पी ही चुका था।

सोचने लगा-इसी अकेलेपन में संसार से चुपचाप कूच कर जाऊं। कितनी सुंदर विश्राममयी मृत्यु होगी? परम शून्यता, न माया न मोह। न कोई अपेक्षा और न कोई पकड़। जीवन को भरपूर जी लिया। बाजार जाने से पूर्व एक पृष्ठ अनुवाद किया था। अंतिम क्षण तक सृजन में डूबा रहा। जितना हो चुका अनुवाद हो चुका बचा हुआ कोई और करेगा पूरा।

कोई न कोई किए अनुवाद को पूना डिस्पैच कर ही देगा, न भी किया, तो कौन सा आसमान टूट पड़ेगा? कोई और उसे पूरा करेगा।

किसी के जाने से कहीं कोई भी कमी नहीं होती। हां, पत्नी मेरी मृत्यु पर रोने-धोने का नाटक बखूबी निभायेगी, इसलिए नहीं कि उसे दुःख होगा, केवल इसलिए लोग देखें कि उसे कितना अधिक दुःख हुआ है? कितना बड़ा पहाड़

उस पर टूटकर गिर पड़ा है। वह देखेगी-उसके अपने कितने लोगों ने उसकी हाजिरी भरकर उसके दु:ख को बांटा? यह सभी आयोजन वह अपनी नाक की खातिर शानदार तरीके से करेगी।

लड़का मेरी इच्छा बताते हुए कहेगा पापा ने कहा था-"कोई धूम-धड़ाका नहीं, कोई पंडित पुरोहित नहीं, कोई पिंडदान या कर्मकाण्ड मत करना। बस चिता पर आग रखकर फूंक देना। न किसी संबंधी को खबर करना और न सूतक तेरहवी आदि कोई संस्कार करना। पर पत्नी ऐसा हरगिज न होने देगी। उसकी बहन ने अपने पति के मरने पर संस्कार में रु. 60000 खर्च किए। वह किससे कम है? वह एक लाख खर्च करेगी। पर शायद उसे मेरी कही बातों और ओशो के सुने प्रवचनों का ख्याल आ जाये?

जब मैं मर ही गया, फिर पीछे जो भी हो मुझे उससे मतलब क्या? लोग जीवित रहते फिक्र नहीं करते। मरने पर भी मरने वाले की नहीं, अपनी ही पद प्रतिष्ठा और नाक की खातिर ही पूरा तमाशा करते हैं। कुछ दिन वे सभी के केंद्र बिंदु बने रहते हैं। पर मैं तो चाहता हूं मेरे मरते ही मेरा शरीर मेडिकल कॉलेज को दे दिया जाये। आंखें, गुर्दे, जिगर, बोनमैरो सभी कुछ उपयोगी शरीर से निकालकर जरूरतमंदों को दे दिया जाये। पर अपना सोचा कब होता है? सुकारात और च्वांगत्सू के शरीर छोड़ने का ख्याल आ गया। उन चैप्टर्स का मैंने ही तो अनुवाद किया था। मेरे भी दो तीन शिष्य हैं। पर अभी तक कोई नहीं आया। पर मैं कोई सुकरात या च्वांगत्सू नहीं हूं।

ध्यान कराने वाला एक शिक्षक भर हूं। सत्य से किसे क्या मतलब?

यह सोचना कि मरते हुए चार शिष्य तुम्हें घेरे हों, तुम अंतिम सत्य की व्याख्या कर रहे हो, तो यह भी तो अहंकार तृप्त करने के समान ही है। आसक्ति शिष्यों में लगी रहेगी।

अच्छा है-अकेले में परम मौन में विदा हो जाऊँ। कोई न हो मृत्यु के समय। यह क्षण सर्वोत्कृष्ट क्षण है। सभी से मुक्ति, अपने से मुक्ति। यों चले जाओ, जैसे कोई फूल मुरझा कर अपने आप मर जाता है। जैसे कोई पत्ता सूख कर नीचे गिर पड़ता है।

जब तक कोई भी अपेक्षा है, वासना है, किसी के भी निकट होने की अभिलाषा है, तब तक मन है, संसार है। चारों ओर पूर्ण शून्यता हो--परमशांति हो सघन जीवन्त मौन हो।

अस्तित्व ने ऐसी ही परिस्थितियाँ निर्मित कर दी हैं। अस्तित्व का परम अहोभाव और धन्यवाद। यह मृत्यु का रिहर्सल है। मैं श्वासन में शांत लेट गया

हूं। देह का मन का बोध जाता रहा है। केवल होने भर का होश है। परम आनंद है, परम संतोष है,----ज्योति बुझ कर समा जाये शून्य में। कितना आनंद है---?

मैंने मृत्यु का सर्वस्वीकार भाव से स्वागत किया और मृत्यु वापस चली गई।

एक और जीवन क्यों---आखिर क्यों? क्या इसलिए कि कुछ अनुवाद और कराने हैं मेरे माध्यम से! क्या इसलिए कि प्राप्त थोड़ी बहुत सम्पदा को बाँटना है कुछ लोगों को? क्या इसलिए कि स्वामीजी की शरण और सान्निध्य में जाकर कुछ विकसित और होना है।

जो सुविचार, सतर्क समाधि लगी, यह भी क्या कम सौभाग्य है?

न सहज समाधि की आकांक्षा है और न बुद्ध होने की। मैं बुद्धू ही भला।

जर्जर हो चुका है शरीर। कितने रोग, कितनी दवाएँ? अच्छा है मुक्ति मिले। फिर मिले नया शरीर। न भी मिले तो भी ठीक। मैं परमशून्य में सूक्ष्म रूप से ही विचरण कर रहा हूं, देहमुक्त होने पर भी करता रहूंगा। तब यह शाश्वत रूप से निरंतर होगा, पर अभी तो जब चाहता हूं-देह और मन में वापस लौट आता हूं। रूप, रस, स्पर्श, गंध और ध्वनियों का आनन्द लेता हूं। कुछ दूसरों से लेता हूं कुछ दूसरों को देता हूं। मानव देह पाने का फर्ज चुकाता हूं। अक्षर रूपी बीजों को उर्वर हृदयों की धरती पर बोता हूं और अपने आनंद में उन्हें सहभागी बनाता हूं।

मेरी मूर्च्छा और मन के इस जाल की यह दस्तावेज अन्य साधकों के लिए आगे बढ़ने में सहायक होगी। मैं सत्य की यात्रा पर निकला हूं, इसीलिए एक-एक कर सारे मुखौटे उतारता जा रहा हूं। मैं अभी तक पूरी तरह 'कन्डीशनिंग' और दमित कामवासना से मुक्त नहीं हो सका हूं। उन्हें तटस्थता से देखता रहता हूं। मैं भी साधारण जन सामान्य हूं। मुझमें कोई विशेषता नहीं है। लेखन मेरा स्वभाव है। थोड़ा बहुत मेरे माध्यम से कोई लिखवा गया तो उस पर दावा करने का मेरा अधिकार क्या?

जब मुझे जो अनुभव होता है, जब जो विचार या भाव उठता है, मैं उसी को लिखे रहा हूँ। यह मेरे मन और आत्मभाव की एक्स-रे और अल्ट्रा साउण्ड रिपोर्ट है।

# नहीं, यह आत्मप्रलाप नहीं, यह मन का ही उद्वेग है।

12.3.2007

हृदय कहता है- बहुत कुछ कर लिया ज्ञानभेद! अब तो तू विश्राम में चला जा। अब कुछ कर ही मत। कर-कर के कर्ता भाव बहुत बड़ा कर लिया। तूने नौ खण्डों में ओशो की जीवनी लिखी, नौ और भी ग्रंथ लिखे। अंग्रेजी से अनुवाद भी किए। तेरी ओशो संसार में एक छवि बन गई। तुझे पाठकों के सैंकड़ों पत्र मिले। अब और क्या चाहिए तुझे?

तू महज़ दिखावे के लिए कहता है-मुझे अब नाम, प्रतिष्ठा कुछ भी नहीं चाहिए। कुछ भी नहीं चाहिए तो 'कोई नहीं', 'कुछ नहीं', बनकर क्यों नहीं रहता?

लोग ओशो को होशपूर्वक समझना ही नहीं चाहते, जो समझना चाहते हैं, अज्ञात में कूदने का साहस नहीं जुटा पाते। उनका समर्पण पूरा नहीं है। समर्पण का अर्थ होता है-भूत, भविष्य को सपना समझ कर वर्तमान में क्षण-क्षण जीते हुए, वर्तमान के भी पार समय के पार चले जाना।

कभी-कभी अनुवाद करते-करते अपने में डूब जाता हूँ। जब कभी झपकी भी लग जाती है। बहुत आनंद भरी निद्रा। जागने पर कुछ याद नहीं रहता। ओशो के एक प्रवचन में पढ़ा था-यह योग निद्रा है। कहीं यह मेरा भ्रम तो नहीं है? कहीं ऐसा तो नहीं कि मेरा शरीर और मन श्रम करते-करते इतना थक जाते हैं कि वे विश्राम चाहते हैं। मैं कहीं अपनी महत्त्वाकांक्षा की बैलगाड़ी में उन्हें बैल की तरह जोते हुए उनसे बेगार तो नहीं ले रहा हूं? एक स्वर कहता है-सब कुछ छोड़कर विश्राम कर। तेरा सभी किया व्यर्थ है।

किसी को तेरी कोई भी जरूरत नहीं। कोई नहीं करता तुझे प्रेम। जिन्होंने तुझसे किया भी प्रेम, तेरे रूप, यौवन, बुद्धि, पद, प्रतिष्ठा, धन से किया, तेरे साहित्यिक और आध्यात्मिक लेखन से किया पर अब तेरे पास रहा क्या? यौवन, पद, प्रतिष्ठा, धन कुछ भी तो नहीं रहा तेरे पास। अब वह उमंग, उछाह और जीवन्तता कहाँ?

तेरे पास रह गया जर्जर शरीर, जिसमें तमाम-रोगों ने डेरा डाल रखा है। दवाओं की वैसाखियों से तू उसे घसीट रहा है।

घर परिवार के लिए तेरी कोई उपयोगिता न रही। ओशो जगत ने ही तेरे कृतित्व को सराहा क्या? ओशो टाइम्स, ओशो वर्ल्ड ने तेरे बारे में एक शब्द तक नहीं लिखा।

तभी होश आता है-प्रतिष्ठा सम्मान पाने की भूख और तृष्णा कहीं अचेतन में अभी भी छिपी हुई है। तू चाहता है-तेरा सम्मान हो। लोग तेरे चरण स्पर्श करें। जयजयकार करें। तुझे लोगों का प्रेम मिले। तू लोगों को जगाने चला है। ओशो की 750 प्रवचन मालाएँ जिन्हें न जगा सकीं तू अपने कार्यो से उन्हें जगाने चला है।

ओशो ने करुणा कर मानवता के कल्याण के लिए, घर संसार छोड़कर खानाबदोश बन क़र, नगरों, देश-विदेश में घूमते हुए समग्र जीवन में अहिंसात्मक विद्रोह का स्वर बुलन्द किया। इस नष्ट होती पृथ्वी को बचाने के लिए उन्होंने यातनाएँ सहीं, अपमान और गालियाँ सहीं। उनकी हत्या करने के कई प्रयास किए गए। उन्हें विष दिया गया, उन्हें रेडिएशन से गुजारा गया, और वे भयंकर पीड़ा के साक्षी बने फिर भी अपने वचनों द्वारा लोगों को जगाते रहे। उन्होंने डेढ़ वर्षो में आरेगन के मरूस्थल में स्वर्ग जैसा आश्रम बनाया, जिसमें अमरीकी बुद्धिजीवी रूपान्तरित होकर संन्यास लेने लगे।

लेकिन चर्च और सरकार ने उन्हें खतरनाक मानकर उन्हें गिरफ्तार किया। झूठे आरोप लगाकर जेल में बंद कर उन्हें भयंकर यातनाएँ दीं। उन पर चलने वाले अभियोग और भारी जुर्माने को अदा करने में पूरी कम्यून बिक गई। कम्यून मिटाने की शर्त पर ही उन्हें जीवन दान मिला। वे सदा के लिए अमेरिका से निष्कासित कर दिए गये। यूरोप के 21 देशों ने उनके अपने देश में प्रवेश पर रोक लगा दी। हिन्दी अंग्रेजी में ओशो की 650-700 प्रवचनमालाएँ हैं। सत्य की हर संभव और असंभव अभिव्यक्तियाँ की उन्होंने। जब उनकी ही बात नहीं सुनी लोगों ने, जब लोगों ने उन्हें न पढ़ा और न सुना, और जिन्होंने पढ़ा और सुना भी, उनमें से अधिकतम लोगों ने, शब्दों के पीछे छिपे बोध और मर्म को अपनी समझ नहीं बनाया। जब लोगों ने ओशों को ही नहीं समझा न उनके वचनों को समग्रता से पढ़ा या सुना, तो उनके बारे में 'तेरे लिखे को कौन पढ़ेगा? जो हिन्दी के प्रवचन हैं ओशो के उसमें सभी विधियों के सार सूत्र हैं। ध्यान, प्रेम, तंत्र, मौन सभी विधियों के। तू अंग्रेजी प्रवचनों को हिन्दी में अनुवाद कर कौन सा बड़ा तीर मार रहा है? लोंगों में प्यास और अभीप्सा है ही नहीं।

ज्ञानभेद! अब अपने पर दया कर और दूसरों पर भी। लिखना, लिखाना, छपाना सभी बंद कर। शिविर लेना तो बंद कर दिया-ठीक किया-अहंकार का प्रसारण था। लोगों में अभीप्सा कहाँ? कौन बदलना चाहता है अपने आप को? कोई नहीं होना चाहता शून्य। दो चार लोगों को भी व्यर्थ है ध्यान कराना। जिनमें सच्ची अभीप्सा है वे स्वयं पहुँच जायेंगे। जिनमें नहीं है अभीप्सा, वे सान्त्वना चाहते हैं, समाधि और बुद्धत्व चाहते हैं। धन तड़क-भड़क और प्रदर्शन चाहते हैं। और तेरा अभी स्वयं का दीया नहीं जला, तू दूसरों का दीया क्या जलायेगा? क्या हुआ जो तुझे सटोरी के अनुभव सद्गुरु की कृपा और प्रसाद से घट गये। सजगता और होश पहले से अधिक बढ़ गया। समझ कुछ बढ़ गई। मेरा धुंधला दर्पण कुछ स्पष्ट हो गया। तू कुछ विकसित हो गया। तेरी चारों और लिखी तरल चेतना अंदर की ओर सिमटती एकीकृत और कुछ ठोस हुई, पर अभी भी तू पूरा सजग और सचेतन कहाँ हुआ? अभी साक्षी कहाँ घटा? अभी सारे द्वंद्वों के पार कहाँ गया तू? अभी अचुनाव पूरी तरह घटा कहाँ? अभी भी अपनी निंदा और आलोचना सुनकर तू अंदर से थोड़ा बहुत उद्विग्न हो उठता है। अभी भी पूर्ण सर्वस्वीकार भाव कहाँ घटा? अब अपनी कमियाँ साफ-साफ नजर आती हैं। अभी निखारने, सँवारने और विकसित होने को काफी कुछ है।

## 10.4.2007

ओशो की अंग्रेजी की कुछ प्रवचन पुस्तकों का हिन्दी अनुवाद कर तूने समझ लिया कि जैसे तूने बहुत बड़ा काम कर लिया। हिन्दी ओशो प्रेमियों को विकसित और आनंदित होने का एक अवसर दे दिया। पर तेरा अनुवाद देखकर पूना आश्रम में किसी जिम्मेदार संन्यासी ने कहा-"किसने कहा था ज्ञानभेद से अनुवाद करने को? क्या उन्होंने आश्रम से अनुवाद करने की अनुमति प्राप्त की थी? उन्हें कैसे मालूम कि आश्रम किस प्रवचन का अनुवाद कराना चाहता है और किसका नहीं? ज्ञानभेद, ज्ञानभेद नहीं, अज्ञानभेद हैं।"

यह जानकर मुझे पीड़ा हुई। क्यों हुई पीड़ा? तू चाहता था-तेरे कार्य का स्वागत हो। प्रशस्ति हो। लगी न चोट? तू अपेक्षा करता ही क्यों है? जो भी कार्य तेरे अंतर्स्वर ने कराया, तूने कर दिया। अनुवाद करते हुए तू विकसित और आनंदित हुआ। क्या यह यथेष्ट नहीं है? वह छपे, न छपे और कब छपे यह तू सभी कुछ अस्तित्व पर छोड़ दे।

अस्तित्व की प्रेरणा से ही मैंने पूना पत्र लिखा-यह अनुवाद मैंने सद्गुरु ओशो की प्रेरणा और अपने अंतर्स्वर को सुनकर किये हैं और यदि किसी ने अभी

तक यह अनुवाद न किये हों ओर भेजे गये अनुवाद यदि आपको ठीक लगें तो कृपया प्रकाशित करने की अनुमति दें। मैंने स्वामी संजय भारती से फोन पर भी बातचीत की। आखिर अनुमति मिल ही गई। प्रत्येक कार्य में बाधा आना सहज स्वाभाविक है, पर खुले हृदय और अंतर्स्वर की बात सुनकर किये गये कार्य व्यर्थ नहीं जाते।

पर शायद छपास की चाह है अभी। अधैर्य है। प्रतीक्षा करना अभी आया नहीं मुझे। प्रतीक्षा हो तो हो अनंत प्रतीक्षा। जाग ज्ञानभेद जाग। 'तुझे जगाते हुए हारे तारे सभी--पर अभी भी तू जागा नहीं।'

मैं फिर भी अनुवाद किए जा रहा हूँ। मुझे न निराशा है और न आशा। कुछ करना मेरा स्वभाव है। ऊर्जा है तो उसका उपयोग कर रहा हूं। उसमें आनंद मिलता है। रेचन ही समझ लो इसे।

स्व का निरीक्षण करते रहना, अपने को मांजते रहना, यही तो विकास है। मैं विकसित हो रहा हूँ। ध्यान की दृष्टि जब दर्पण सी उज्जवल होती है तो अपनी कमियां भलीभांति देख पाता हूं। उन कमियों त्रुटियों का मूल कारण तो मेरी आंशिक मूर्च्छा ही है।

मेरे प्रयास तो थक चुके। सद्‌गुरु पर श्रद्धा है। उनकी करुणा से ही प्रयासरहित प्रयास होगा। रूपान्तरण होगा। न भी हो रूपान्तरण, पर निखरेगा तो कुछ निश्चित ही। कुछ होगा, कुछ हो, यह भी तो चाह है। अभी वह अचाह उत्पन्न ही नहीं हुई। धैर्य से प्रतीक्षा कर रहा हूँ कि मेरी सजगता और होश और बढ़े। 28 अगस्त 2007

अनुवाद करते हुए निरन्तर विकसित हो रहा हूँ। समझ बढ़ रही है। ऐसा ल गता है, ओशो के वचनों का तीर जैसे सीधे हृदय में प्रवेश कर गया। कुछ मूर्च्छा टूट गई। थोड़ा सा अचेतन भाग चेतन हुआ।

'क्रिसटलाईजेशन' शब्द का ओशो ने अनेक प्रवचनों में उल्लेख किया है। विशेष रूप से इस शब्द का प्रयोग गुरुजियेफ किया करते थे। इसका शाब्दिक अर्थ तो जानता था। पर यह शब्द, समझ नहीं बना था। क्योंकि तब चेतना का अधिक भाग बाहर बिखरा हुआ था। ओशो कहते हैं कि बाहर बिखरी चेतना ही संसार है और अंदर सिमट आई चेतना ही ध्यान है। पर अभी चेतना, तरल है, बह रही है। अंदर सिमट आई चेतना भी जब तरल से ठोस बनती है, ठोस पदार्थ भी तब विशिष्ट प्रक्रिया से क्रिस्टल बनता है, जैसे पृथ्वी के दबाव और ऊष्मा से विशिष्ट परिस्थितियों में कोयला हीरा बनता है, वैसे ही समझ, ठोस, थिर होकर जब केंद्र पर पहुंच जाती है तो जैसे एक चमत्कार घटित होता है। अंदर

उजास और आनंद छा जाता है। आनंद उमड़ने लगता है। दृष्टि बदल जाती है। अखण्ड अस्तित्व से एक हो जाने का, परमशून्यता का अनुभव होता है। जब इस शब्द का अर्थ, हीरा बन कर जब हृदय में प्रविष्ट हुआ तो जैसे खुमारी छा गई। मैं परमानंद के सागर में डूग गया। शब्द के ग्रहण होने का अनुभव हुआ।

ज़ेन सद्‌गुरु तो शिष्य के रूपान्तरण के लिए स्थितियाँ निर्मित करते थे। कभी उसके सिर पर डंडे से प्रहार करते थे, कभी उसे खिड़की से उठाकर बाहर फेंक देते थे, और न जाने अप्रत्याशित रूप से अचानक चोट करने की कैसे नए-नए उपाय खोजते थे। पर ओशो के शब्दों की चोट ही वही कार्य करती है।

सूफी प्रवचनमाला के छठे प्रवचन का अनुवाद करते हुए 'अपराध बोध' शब्द का मर्म जाना, और उसका अर्थ समझ बनी। अपराध बोध से मुक्त होने के लिए ओशो बार-बार कहते हैं। बचपन से ही, परिवार, समाज और धर्म द्वारा नियमों, अनुशासनों और विश्वासों का जो ढांचा बच्चे के मन में थोप दिया जाता है, वह उसके रक्त की बूंद-बूंद में, कोष-कोष में व्याप्त हो जाता है। धर्म की अफीम के नशे की कंडीशनिंग से मैं किशोरावस्था में ही, बोध और समझ द्वारा अपने को मुक्त हो जाना समझता था। पर वह समझ का एक सीमित आयाम था। अनुवाद करते हुए अनुभव हुआ, कि ओशो जब एक ही बात पर, भिन्न-भिन्न कोणों से प्रकाश डालते हैं, उस बात की पर्ते उघारते हुए जब अर्थ के केंद्र बिंदु तक पहुंचाते हैं तो सभी दिशाओं से पड़ते प्रकाश में वह शब्द अपनी महिमा से आलोकित हो उठता है, फिर जैसे उस बीजाक्षर का विश्लेषण और संश्लेषण एक साथ होता है। उसके अणुओं के विखण्डन से जैसे चेतना का विस्फोट होता है। उस विस्फोट के अनुभव को शब्दों द्वारा अभिव्यक्त करना बहुत-बहुत कठिन है।

इस प्रवचन का अनुवाद करते हुए बोध हुआ कि मैं कंडीशनिंग से मुक्त कहाँ हुआ? वह मेरा भ्रम और अहंकार था। मैं अपराध बोध से ग्रस्त होकर एक अज्ञात भय से जकड़ा हुआ था, जो मुझे स्वतंत्रता के मुक्ताकाश में उड़ने के पूरे आनंद से वंचित किए हुए था। पिंजरा तो टूट गया था। हथकड़ियों और बेड़ियों से तो मुक्त कर लिया था अपने को, कुछ ऊपर उड़ा भी था, पर उस उड़ान में पूरा आत्मविश्वास न था। वह आकाश की ऊँचाइयों और बुलन्दियों पर न पहुंची थी। कहीं अंदर एक भय छिपा था।

सरकारी नौकरी करते हुए, काफी लंबी अवधि तक अपने उच्चाधिकारियों से, प्रतिकूल प्रविष्टि से, गलत काम करके पकड़े जाने के भय से कांपता रहा। पर स्त्री की ओर वासनामय दृष्टि डालने से, सम्पर्क जोड़ने से पत्नी की कलह

से भी डरता रहा। दमन करता रहा। पर मानसिक रूप से तो पर स्त्री के साथ मानसिक व्यभिचार और बलात्कार करता ही रहा। अपराध बोध की यह कंडीशनिंग कहीं गहरे में दबी थी। वह प्रायः उभर कर बाहर भी आती थी और एक अपराध बोध से भर देती थी।

ओशो कहते हैं-धर्म, मनुष्यता को अपने अधिकार में लेने ओर उस पर नियंत्रण रखने के लिए असंभव आदर्शों को निर्मित करता है। जैसे भारत में सेक्स को निंदित किंया गया। पर स्त्री की ओर बुरी दृष्टि से देखना और सोचना भी एक पाप कहा गया। पर यह एक सहज स्वाभाविक मानवीय प्रवृत्ति है। प्रत्येक पुरुष हर तीन मिनट में एक बार और स्त्री हर पांच मिनट के बाद एक बार सेक्स का चिंतन अवश्य करती है। इसमें बुरा कुछ भी नहीं। पाप कुछ भी नहीं। इसे सहजता से स्वीकार कर लेना है। मैं हूं कामी पर इसमें पाप जैसा कुछ भी नहीं। भोजन और श्वास की तरह सेक्स भी एक जरूरत है।

यह बोध, यह समझ, जब 'क्रिसटलाईज़' होकर हृदय में गहरे उतर गई, दसों दिशाओं में जब इसका अर्थ आलोकित हो उठा, तो जैसे एक विस्फोट हुआ। मुझे अनुभव हुआ कि जैसे मुक्त होकर शून्याकाश की अनंत ऊँचाइयों में अव्यक्त अदृश्य रूप से मुझे अपने होने भर का जैसे बोध हो रहा है। चारों ओर से अनुग्रह बरस रहा है। यह अभिव्यक्त करने के बाद स्पष्ट रूप से लग रहा है कि मैं उस अनुभव को ठीक से अभिव्यक्त ही नहीं कर सका। सेक्स के अपराध बोध से मुक्त होने पर, सेक्स का जब तक अतिक्रमण न हो जाए, बात अधूरी है। ओशो सेक्स द्वारा ही सेक्स के अतिक्रमण की कला सिखा रहे हैं। इस अतिक्रमण की झलकें मिली हैं, पर पूरा रूपान्तरण हुआ कहाँ है।---पर यह कंडीशनिंग तो हड्डी मांस मज्जा और कोष-कोष में पैबस्त हो चुकी है। लगता है, उससे मुक्त हो गया हूं। पर किसी अन्य प्रवचन से ओशो जब भिन्न कोण से भिन्न दिशा से उस पर प्रकाश डालते हैं तो अपनी कमी का, अपने अहंकार का बोध होता है।

हम हिन्दू या मुस्लमान हैं, यह भी एक कंडीशनिंग है। धर्म की कट्टरता की व्यर्थता और मूर्च्छा से भलीभांति परिचित हूं। पूजा-पाठ, मंदिर, कर्मकाण्ड सभी से मुक्त होकर, जाति-पांति और भेदभाव से अपने को मुक्त समझता था। पर ओशो का एक प्रवचन पढ़ा, जिसमें वह कहते हैं-'तुम चाहे हिमालय की गुफा में चले जाओ, चाहे तुम कितना ध्यान करो, पर अपने अंदर गहरे में झांककर देखना, तुम्हारे रक्तकणों में घुला 'हिन्दू' अभी जीवित है। अभी पूरी मूर्च्छा दूर नहीं हुई। कहीं टी.वी, रेडियो का अखबार में आतंकवादियों द्वारा किसी हिंदू के मारे जाने का समाचार सुनकर तुम्हारा हृदय दुखता है, लेकिन अफगानिस्तान या

ईराक में आतंकवादियों द्वारा मुसलमानों या ईसाइयों के मारे जाने का समाचार तुम्हें द्रवित नहीं करता।

हिन्दुस्तान पाकिस्तान का क्रिकेट मैच देखकर जो टीम अच्छा खेल रही है, उस खेल की प्रशंसा करने या उसमें आनंद लेने की अपेक्षा, भारत के जीतने पर क्यों प्रसन्नता अधिक होती है, क्यों भारत के हारने पर दुःख होता है? यह द्वंद्व अभी तक बना हुआ है। भारतवासी होने की कंडीशनिंग और भी सूक्ष्म है।

'नया मनुष्य' बनना, कंडीशनिंग से मुक्त होना है। बच्चे सा निर्दोष बनना है। कोरी स्लेट बनना है। यह प्रयास से नहीं, समझ या बोध से होता है। समझ के अंदर विस्फोट से होता है। पर्त दर पर्त अपने को उघाड़ते जाना है। अंदर खुदाई करते ही जाना है। नब्बे प्रतिशत अचेतन को चेतन बनाना है।

## 2 सितंबर 2007

एक सटोरी का अर्थ है-तुम्हारा कुछ प्रतिशत अचेतन, चेतन हुआ। यह उस सटोरी की सघनता और अवधि पर निर्भर करता है। यदि उस परमानंद या खुमारी की अवधि दो तीन दिन या एक सप्ताह तक बनी रहती है तो दो तीन प्रतिशत अचेतन चेतन हो सकता है। तुम्हारी सजगता और होश बढ़ सकता है। तुम्हारे अंदर उतना ही उत्सव आनंद बढ़ सकता है। ध्यान में शरीर और मन के पिघलने और अस्तित्व में धुल जाने की अनुभूति तुम्हारे अंधकारमय अचेतन को प्रकाशित करती है, उसमें तरंगें उत्पन्न करती हैं, अचेतन को चेतन बनाने की उमंग और उत्साह करता है। श्वासन में मृत्यु का साक्षात्कार, मृत्यु के भय से मुक्त करता है।

# आखिरी राज़

मेरी यह जीवन यात्रा बनाम अंतर्यात्रा पढ़कर काफी लोगों को यह भ्रम हो सकता है कि मैं बुद्धत्व को उपलब्ध हो गया हूं, अथवा मुझे सहज समाधि घट चुकी है। मुझे ऐसा कुछ भी नहीं हुआ। मुझे केवल सविचार और सबीज समाधि ही घटी है, जिसके संबंध में पंतजलि योगसूत्र में सद्गुरु ओशो कहते हैं।

सविचार समाधि में तर्क-वितर्क सभी गिर जाते हैं। शुद्ध मनन रह जाता है। यह मनन भी किसी संबंध में नहीं, मात्र उसे देखना, उस पर ध्यान करना, उसका साक्षी बने रहना रह जाता है। विषय का क्षेत्र बहुत विराट न हो, फिर भी साधक विषय के द्वारा आविष्ट रहता है। मैं किसी विचार या वस्तु को साक्षी बना देख रहा हूँ, तटस्थता से इस भाँति देखते हुए भी अप्रत्यक्ष रूप से वह विचार वह वस्तु, अथवा वह शून्यता, विद्यमान बनी रहती है! मैं साक्षी हो रहा हूं, इस 'मैं' का बोध अपरोक्ष अथवा सूक्ष्म रूप से बना ही रहता है।

सबीज समाधि में सम्यक श्रवण, और सम्यक मनन के बाद संदेहों का समाधान होकर समझ विकसित हो जाती है। विचारों को तटस्थता से देखते हुए घटने वाला निर्विचार जिसका विचार बना हुआ है, वह सबीज समाधि होती है।

निर्विल्प, निर्बीज और सहज समाधि ही महत्वपूर्ण है, जिसमें नब्बे प्रतिशत अचेतन भी चेतन हो जाता है। जिन्हें बुद्धत्व घटता है वे अपनी जीवन कथा स्वयं नहीं लिखते। यह तो एक साधक की अंतर्यात्रा की कहानी है। ऐसा नहीं कि जो मैंने लिखा है वह कुछ गलत है। इसका शब्द-शब्द सत्य है सटोरी घटना, शक्तिपात मिलना, शरीर मन का पिघल कर शून्य में समाहित होकर एकत्व की अनुभूति होना यह सभी कुछ सत्य है। पर यह स्थिति ध्यान में बैठने पर शांत, मौन थिर बैठे हुए ही होती है। यह स्थिति निरंतर नहीं बनी रहती। स्वप्न भी आते हैं। क्योंकि सभी कामनाएँ गिरी नहीं हैं। कहा जाता है कि बायज़ीद को बुद्धत्व घटने से पूर्व दो सौ सटोरी घटी थीं।

पर सविचार अथवा सबीज समाधि भी प्रयास से नहीं, प्रसाद से ही घटती है। नब्बे प्रतिशत अचेतन में समझ विकसित होने से, सजगता व होश बढ़ने से, उसका पचास प्रतिशत से कुछ अधिक भाग चेतन होता है। अभी भी काफी मूर्च्छा शेष है।

मैं एक पर्वत शिखर पर पहुंचा हूँ पर अभी भी सामने हिमाच्छित कई ऊँचे शिखर, मुझे मेरी वास्तविकता का बोध कराते खड़े हुए हैं। मैं अपनी त्रुटियों से बखूबी वाकिफ हूं। पर अब कुछ भी पाने की चाह नहीं रही। न यहाँ कुछ पाने जैसा है और न कुछ छोड़ने जैसा। धारा में बस बहे जा रहा हूँ। अभी सागर में समाहित कहाँ हुआ हूँ? समाहित ही हो जाता तो फिर यह कथा लिखने वाला बचता कैसे?

मैं अभी भी यह नहीं कह सकता कि मैंने अपने सभी प्रेम-प्रसंग ज्यों की त्यों लिख दिए हैं। क्योंकि जिन स्त्रियों से भावात्मक बौद्धिक अथवा मानसिक प्रेम किया, उसका उल्लेख करने से उनके पारिवारिक जीवन पर संकट आ सकता है। अपने बेबाक नग्न प्रसंग लिखकर मुझे किसी के जीवन को विषक्त बनाने का कोई अधिकार नहीं।

यह निश्चित है कि मुझमें कामवासना सामान्य लोगों से काफी अधिक है। यही ऊर्जा तो सृजनात्मक ऊर्जा बनी।

कबीर ठीक कहते हैं-साधना, खाला का घर नहीं है। घर बार जलाने के बाद ही एक सद्गुरु के साथ कदम से कदम मिलाकर चला जा सकता है।

पर सांसारिक प्रेम से ऊपर उठकर मैंने हृदय के प्रेम को जाना। ईर्ष्या और मालकियत से मुक्त होकर, बिना अपेक्षा के मैंने बेशर्त प्रेम का स्वाद लिया, जो प्रार्थना बना।

कवि और लेखक होने के नाते भावशून्यता के ही पूरी तरह पार नहीं जा सका। जब कभी इसके पार जाता हूँ तो झलक मिल जाती है। मात्र झलक न होकर घंटों और एक दो दिनों तक उसकी खुमारी रहती है।

पाठक स्वयं सोंचे कि जब सविचार और सबीज समाधि में इतना विकास और आनन्द है फिर सहज समाधि का स्वाद क्या होगा?

पर सार यही है कि जब तक धन, पद, यश और भोग की व्यर्थता का बोध नहीं होता, जीवन से जब ऊब उत्पन्न नहीं होती, जीवन व्यर्थ असार लगकर आत्महत्या करने जैसा भाव नहीं जन्मता, तब तक सत्य की साधना का प्रारम्भ ही नहीं होता। जब तक सभी संभव प्रयास करने के बाद करने वाला कर्ता विदा नहीं होता, असहाय स्थिति नहीं होती, तब तक समर्पण नहीं घटता। समर्पण घटते ही प्रसाद, अनुग्रह और ऊर्जा बरसती है। शक्तिपात भी होता है। समझो, परमात्मा तुम्हें चुन लेता है।

मैं साधकों को आश्वस्त करता हूँ कि ओशो अभी भी हैं। सच्चा प्रेम और समर्पण हो तो वे स्वयं प्रकट होते हैं। ओशो ऐसे बुद्ध हमें सौंप गए हैं, जिनके

नेत्रों में उन्हीं की ज्योति है, जिनकी एक दृष्टि, तुम्हारा रूपान्तरण कर सकती है पर वह दृष्टि मिलती तभी है जब तुम अंदर से खाली हो, तुम्हारा समर्पण पूरा हो। फिर खोजने की भी जरूरत नहीं होगी, कुंआ तुम्हारी प्यास बुझाने स्वयं तुम्हारे द्वार पर आकर दस्तक देता है।

हाँ! एक आखिरी जरूरी बात और। आप में से संभवत: कुछ समझदार लोग पूरी पुस्तक पढ़कर सोचने लग जायें कि स्वामी जी न तो इससे पूर्व पुस्तक 'बेइरादा नजर उनसे टकरा गई' में सद्‌गुरु ओशो के साथ अपनी नजरें टकराने का जिक्र किया, और न इस पुस्तक के अंत तक 'यह' नजर कब कैसे टकराई इसका जिक्र किया, फिर इन पुस्तकों के यह शीर्षक रखने का औचित्य क्या है?

मुझसे मिलने पर भी कई संन्यासी यही प्रश्न करते हैं-"आपकी ओशो से कब भेंट हुई?"

मैं उत्तर देता हूँ-"हुई भी और नहीं भी हुई। संसार के देखे मेरी उनसे कोई मुलाकात या भेंट नहीं हुई पर हृदय और आत्मा के तल पर इतनी गहरी मुलाकात हुई कि मैं, मैं न रहा। अब मैं बचा ही नहीं। मैं अब उसी का उपकरण हूँ।"

यों जुलाई या अगस्त 1955 या 1956 में मैंने दर्शनशास्त्र के प्रोफेसर राय के कमरे के आगे लुंगी बौर बिना बटन का कुर्ता पहने, खड़ाऊँ खटखटाते एक दाढ़ी और झील सी बड़ी-बड़ी पारदर्शी आँखों वाले युवक को जरूर देखा था, और कुछ क्षणों को मेरी आँखें भी उन आँखों से टकराई थीं, जिनकी याद भी मैं भुला बैठा था। उसे स्मरण कराया सद्‌गुरु ने ही स्वप्न देकर। एक दिन ध्यान के बाद मैं पछताते रुदन कर रहा था कि सन् 88 से जुड़ने पर रोज ही पूना जा दर्शन करने का कार्यक्रम बनाता रहता था पर उसका क्रियान्वयन न कर सका। तभी रोते-बिलखते दो क्षणों को जैसे आंख लग गई और सद्‌गुरु मुस्कुराते मुझे उठाकर हृदय से लगाते हुए जैसे कह रहे थे-पगले याद कर, तेरी इलाहाबाद यूनिवर्सिटी में ही मैं तुझसे मिला था। तेरी मेरी दृष्टि भी मिली थी और तुझे मैंने तभी चुन लिया था। मैं तो तभी से तेरे साथ ही हूँ। किसी दिन तू मेरे किसी प्यारे की आंखों में मेरी ही आँखें देखेगा। इतना कहते हुए सद्‌गुरु चले गये थे। और मैंने सचमुच उन अनाम अज्ञात स्वामी जी की आँखों में सतगुरु की ही दृष्टि देखी, जो कहीं मेरे गहरे अंतर्तम में डूब गई।

The grass grows by itself ज़ेन प्रवचनमाला के दूसरे प्रवचन 'सद्‌गुरु और शिष्य' में ओशो कहते हैं-

लीहत्सू ने अपने शिष्य यिनशेंग का अधैर्य और समय आने से पूर्व ही प्रश्न करने पर करुणामय होकर अपना उदाहरण देते हुए बताया-

आज मैं तुम्हें बताऊँगा कि मैंने अपने सद्गुरु से क्या सीखा है? सद्गुरु की सेवा करने के तीन वर्ष बाद भी मेरा मन यह सोचने का साहस न कर पाता था कि क्या ठीक है और क्या गलत? और न मैं मुँह से लाभ अथवा हानि के बारे में ही कुछ कहने का साहस कर सकता था? केवल तभी- मैंने सद्गुरु की कृपा दृष्टि से इतना सब कुछ प्राप्त किया।

ओशो कहते हैं-तीन वर्षो में लाओत्से ने लीहत्सू को हजारों लाखों बार जरूर देखा होगा, लेकिन वह दृष्टि न थी, और तुम उस अंतर को केवल तभी जानोगे, जब मैं तुम्हें उस दृष्टि से देखूंगा। मैं वह दृष्टि व्यक्ति विशेष को ही देता हूँ, और केवल वही उसे जान पाता है---दृष्टि को अर्जित करना होता है, तुम्हें उसके लिए तैयार होना होता है। दृष्टि में एक प्रामाणिक सघन ऊर्जा होती है, यह सद्गुरु के अस्तित्व का ही हस्तान्तरण है। तुम्हारे अंदर गहरे में प्रविष्ट होने का यह उसका पहला प्रयास है। केवल तभी वैसा हुआ, कि मैंने सद्गुरु की एक दृष्टि से इतना अधिक प्राप्त किया।---उस दृष्टि से तुम्हारे अस्तित्व का आंतरिक केंद्र एक भिन्न प्रकार के भ्रमर गुंजन से भर उठता है तुम एक अलग सुर-ताल में जीने लगते हो। वास्तव में तुम फिर वही नहीं रह जाते। उस दृष्टि के द्वारा पुराना विसर्जित हो जाता है, और एक नूतन व्यक्ति अस्तित्व में आता है।

तीन वर्ष तक श्रद्धापूर्वक लाओत्से के निकट रहकर मौन में उसे पीते और जीते हुए, उसकी सेवा करते हुए, समाज द्वारा थोपी कंडीशनिंग गिर जाती है, जो तुम्हें किसी चीज के ठीक और गलत होने की जानकारी देती थी। तब तुम्हारी अपनी अंतस चेतना जागृत होती है। अभी तक समाज द्वारा दिया विवेक नकली था उधार का था। अब तुम्हारे अंदर सच्चा विवेक और अंतर्दृष्टि उत्पन्न होती है।

सद्गुरु की वह दृष्टि, उसे जीते हुए, समर्पण, श्रद्धा और सद्गुरु की देशना को पीने, पचाने और जीने से अर्जित करनी होती है। इसके बाद ही अपनी अंतर्दृष्टि, सद्गुरु की करुणा से उत्पन्न होती है। उसके लिए शर्त है- कंडीशनिंग से मुक्ति। समाज, धर्म द्वारा थोपे गए सभी नीति, नियम और अनुशासन के ढांचे मिट जायें। सारे रंगीन चश्मे उतार दिए जायें, सारे मुखौटों से मुक्त होकर असली चेहरा मिल जाये।

एक अन्य प्रवचन में ओशो कहते हैं कि परमानंद का सर्वोच्च शिखर दो ध्यानी प्रेमियों के शरीरों का एक दूसरे में समा जाने या पिघल जाने पर घटता

है और दूसरा शिखर आनंद समझ और प्रज्ञा के लयबद्ध हो जाने के बाद घटता है। इस बौद्धिक और मनोवैज्ञानिक मिलन से घटने वाला परमानंद, पहले वाले शिखर आनंद से दस बीस गुना अधिक होता है। पर तीसरा होता एक सद्‌गुरु और एक शिष्य की दो आत्माओं के मिलन से उत्पन्न शिखर आनंद जो अद्वितीय होता है।

सद्‌गुरु की देशना के अनुसार कंडीशनिंग से मुक्त एक ध्यानी व्यक्ति की दृष्टि निर्मल होनी चाहिए, उसकी समझ विकसित होनी चाहिए। सद्‌गुरु की समझ और बोध के साथ लयबद्धता होने का भी परमानंद मुझे घटा है। तीसरी तरह का मिलन तो कभी अनायास घटेगा। न सही इस जन्म में अगले जन्मों में घटे अथवा घटे ही नहीं। भविष्य अनिश्चित है। कौन जान सकता है उसे? अभी तो यह क्षण बहुत सुंदर और बोधपूर्ण है, इसे ही समग्रता से जी लिया जाये।

□□□

# ओशो का हिंदी साहित्य

**उपनिषद**
सर्वसार उपनिषद
कैवल्य उपनिषद
अध्यात्म उपनिषद
कठोपनिषद
ईशावास्य उपनिषद
निर्वाण उपनिषद
आत्म-पूजा उपनिषद
केनोपनिषद
मेरा स्वर्णिम भारत (विविध उपनिषद-सूत्र)

**कृष्ण**
गीता-दर्शन
(आठ भागों में अठारह अध्याय)
कृष्ण-स्मृति

**महावीर**
महावीर-वाणी (दो भागों में)
जिन-सूत्र (दो भागों में)
महावीर या महाविनाश
महावीर : मेरी दृष्टि में
ज्यों की त्यों धरि दीन्हीं चदरिया

**बुद्ध**
एस धम्मो सनंतनो (बारह भागों में)

**अष्टावक्र**
अष्टावक्र महागीता (छह भागों में)

**लाओत्से**
ताओ उपनिषद (छह भागों में)

**कबीर**
सुनो भई साधो
कहै कबीर दीवाना
कहै कबीर मैं पूरा पाया
न कानों सुना न आंखों देखा (कबीर व फरीद)

**शांडिल्य**
अथातो भक्ति जिज्ञासा (दो भागों में)

**अन्य रहस्यदर्शी**
नाम सुमिर मन बावरे (जगजीवन)
अरी, मैं तो नाम के रंग छकी (जगजीवन)
कानों सुनी सो झूठ सब (दरिया)
अमी झरत बिगसत कंवल (दरिया)
हरि बोलौ हरि बोल (सुंदरदास)
ज्योति से ज्योति जले (सुंदरदास)
अजहूं चेत गंवार (पलटू)
सपना यह संसार (पलटू)
काहे होत अधीर (पलटू)
जस पनिहार धरे सिर गागर (धरमदास)
का सोवै दिन रैन (धरमदास)
सबै सयाने एक मत (दादू)
पिव पिव लागी प्यास (दादू)
कन थोरे कांकर घने (मलूकदास)
रामदुवारे जो मरे (मलूकदास)
भक्ति-सूत्र (नारद)
शिव-सूत्र (शिव)
भजगोविन्दम् मूढ़मते (आदिशंकराचार्य)
एक ओंकार सतनाम (नानक)
जगत तरैया भोर की (दयाबाई)
बिन घन परत फुहार (सहजोबाई)
पद घुंघरू बांध (मीरा)
नहीं सांझ नहीं भोर (चरणदास)
संतो, मगन भया मन मेरा (रज्जब)
कहै वाजिद पुकार (वाजिद)
मरौ हे जोगी मरौ (गोरख)
सहज-योग (सरहपा-तिलोपा)
बिरहिनी मंदिर दियना बार (यारी)
प्रेम-रंग-रस ओढ़ चदरिया (दूलन)

दरिया कहै सब्द निरबाना (दरियादास बिहारवाले)
हंसा तो मोती चुगैं (लाल)
गुरु-परताप साध की संगति (भीखा)
मन ही पूजा मन ही धूप (रैदास)
झरत दसहुं दिस मोती (गुलाल)
जरथुस्त्र : नाचता-गाता मसीहा (जरथुस्त्र)

**प्रश्नोत्तर**

नहिं राम बिन ठांव
प्रेम-पंथ ऐसो कठिन
उत्सव आमार जाति, आनंद आमार गोत्र
मृत्योर्मा अमृतं गमय
प्रीतम छवि नैनन बसी
रहिमन धागा प्रेम का
उड़ियो पंख पसार
सुमिरन मेरा हरि करैं
पिय को खोजन मैं चली
साहेब मिल साहेब भये
जो बोलैं तो हरिकथा
बहुरि न ऐसा दांव
ज्यूं था त्यूं ठहराया
ज्यूं मछली बिन नीर
दीपक बारा नाम का
अनहद में बिसराम
लगन महूरत झूठ सब
सहज आसिकी नाहिं
पीवत रामरस लगी खुमारी
रामनाम जान्यो नहीं
सांच सांच सो सांच
आपुई गई हिराय
बहुतेरे हैं घाट
कोंपलें फिर फूट आईं
फिर पत्तों की पांजेब बजी
फिर अमरित की बूंद पड़ी
क्या सोवै तू बावरी
चल हंसा उस देस
कहा कहूं उस देस की
पंथ प्रेम को अटपटो
माटी कहै कुम्हार सूं
मैं धार्मिकता सिखाता हूं, धर्म नहीं

**झेन, सूफी और उपनिषद की कहानियां**

बिन बाती बिन तेल
सहज समाधि भली
दीया तले अंधेरा

**तंत्र**

संभोग से समाधि की ओर
तंत्र-सूत्र (पांच भागों में)

**योग**

पतंजलि : योग-सूत्र (पांच भागों में)
योग : नये आयाम

**विचार-पत्र**

क्रांति-बीज
पथ के प्रदीप

**पत्र-संकलन**

अंतर्वीणा
प्रेम की झील में अनुग्रह के फूल
पाथेय

**बोध-कथा**

मिट्टी के दीये

**ध्यान, साधना**

ध्यानयोग : प्रथम और अंतिम मुक्ति
नेति-नेति
चेति सकै तो चेति
हसिबा, खेलिबा, धरिबा ध्यानम्
समाधि कमल
साक्षी की साधना
धर्म साधना के सूत्र
मैं कौन हूं
समाधि के द्वार पर
अपने माहिं टटोल
ध्यान दर्शन
तृषा गई एक बूंद से
ध्यान के कमल

जीवन संगीत
जो घर बारें आपना
प्रेम दर्शन

**साधना-शिविर**

साधना-पथ
मैं मृत्यु सिखाता हूं
जिन खोजा तिन पाइयां
समाधि के सप्त द्वार (ब्लावट्स्की)
साधना-सूत्र (मेबिल कॉलिन्स)
ध्यान-सूत्र
जीवन ही है प्रभु
रोम-रोम रस पीजिए

**राष्ट्रीय और सामाजिक समस्याएं**

देख कबीरा रोया
स्वर्ण पाखी था जो कभी और अब है भिखारी जगत का
शिक्षा में क्रांति
नये समाज की खोज
नये भारत की खोज
नये भारत का जन्म
नारी और क्रांति
शिक्षा और धर्म
भारत का भविष्य

**विविध**

अमृत-कण
मैं कहता आंखन देखी
एक एक कदम
जीवन क्रांति के सूत्र
जीवन रहस्य
करुणा और क्रांति
विज्ञान, धर्म और कला
शून्य के पार
प्रभु मंदिर के द्वार पर
तमसो मा ज्योतिर्गमय
प्रेम है द्वार प्रभु का
अंतर की खोज
अमृत की दिशा
अमृत वर्षा
अमृत द्वार
चित चकमक लागे नाहिं
एक नया द्वार
प्रेम गंगा
समुंद समाना बुंद में
सत्य की प्यास
शून्य समाधि
व्यस्त जीवन में ईश्वर की खोज
अज्ञात की ओर
धर्म और आनंद
जीवन-दर्शन
जीवन की खोज
क्या ईश्वर मर गया है
नये मनुष्य का धर्म
धर्म की यात्रा
स्वयं की सत्ता
सुख और शांति
अनंत की पुकार

---

*ओशो के ऑडियो-वीडियो प्रवचन एवं साहित्य के संबंध में समस्त जानकारी हेतु संपर्क सूत्र :*


**साधना फाउंडेशन**

**17 कोरेगांव पार्क, पुणे 411001**

**फोन : 020-6136655 फैक्स : 020-6139955**

**E-mail: distrib@osho.net Website: www.osho.com**